Prip: 8ᵈ

2196

COURS ÉLÉMENTAIRE

DE

BOTANIQUE

COURS ÉLÉMENTAIRE

DE

BOTANIQUE

POUR LA PRÉPARATION AU

Certificat d'études Physiques, Chimiques et Naturelles

PAR

Aug. DAGUILLON

PROFESSEUR ADJOINT A LA FACULTÉ DES SCIENCES DE PARIS

REVU ET MIS A JOUR

PAR

Louis MATRUCHOT

PROFESSEUR ADJOINT DE BOTANIQUE A LA FACULTÉ DES SCIENCES DE PARIS,
DÉLÉGUÉ A L'ÉCOLE NORMALE SUPÉRIEURE

Ouvrage orné de 644 gravures intercalées dans le texte

DIX-NEUVIÈME ÉDITION
entièrement refondue
et conforme au programme officiel du 20 février 1907

PARIS

LIBRAIRIE CLASSIQUE EUGÈNE BELIN

BELIN FRÈRES

RUE DE VAUGIRARD, 52

1912

Tout exemplaire de cet ouvrage non revêtu de notre griffe sera réputé contrefait.

Belin frères

SAINT-CLOUD. — IMPRIMERIE BELIN FRÈRES.

PRÉFACE

Les *Leçons élémentaires de Botanique* d'Aug. Daguillon ont dû leur légitime notoriété aux qualités de méthode, d'élégance et de clarté qui caractérisaient avant tout l'enseignement oral de l'auteur. Dix-huit éditions successives, enlevées dans l'espace de quinze années, témoignent du grand succès remporté par ces *Leçons* auprès des Étudiants.

Mais depuis l'année 1894-95, date de la création de l'enseignement P. C. N. dans les Universités, la science avait progressé. Sur bien des points, l'ouvrage, qui ne faisait que reproduire fidèlement les leçons originelles, avait besoin d'être revu, corrigé, complété, et Daguillon lui-même avait pensé donner de son livre une édition nouvelle, complètement remaniée et mise à jour. Il avait même déjà commencé ce travail de revision, lorsque la maladie et la mort vinrent le surprendre et l'abattre, encore en pleine force physique et intellectuelle.

Ayant reçu de ses éditeurs et de sa famille la mission de revoir l'ouvrage de notre ami, en tenant compte des progrès récents de la science, nous avons d'abord pieusement conservé toutes les corrections et additions que l'auteur lui-même avait déjà notées sur une soixantaine de pages de son livre. Pour le reste, nous avons touché au texte d'une main aussi légère que possible, et, dans les parties nouvelles, nous nous sommes efforcé de conserver les qualités maîtresses de l'ouvrage, à savoir la précision et la clarté.

L. Matruchot.

PROGRAMME OFFICIEL
DU 20 FÉVRIER 1907

Caractères distinctifs des végétaux. — Constitution générale de la plante; forme et structure du corps. — Divers degrés d'élévation du végétal; perfectionnement de l'organisme. — Principaux types de végétaux et notions sur les grands groupes du règne végétal.

I. — Morphologie.

La cellule. — Protoplasme. Noyau. Dérivés du protoplasme (amidon, etc.). Suc cellulaire et substances dissoutes. Membrane. — Formation et multiplication des cellules.

Les tissus. — Origine et formation. — Epiderme, poils et stomates. — Liège. — Parenchyme et sclérenchyme. — Tissu sécréteur et différentes formes. — Tissu criblé et tissu vasculaire. — Tissus primaires et tissus secondaires. — Groupement des tissus en appareils.

Les membres. — 1° *La racine.* — Caractères extérieurs. — Différentes sortes de racines. — Mode de végétation. — Ramification.

Structure primaire et structure secondaire chez quelques types de végétaux. — Origine et développement.

Influence du milieu sur la forme et la structure de la tige. Adaptations.

2° *La tige.* — Caractères extérieurs. — Distinction d'avec la racine. — Mode de végétation. — Ramification.

Structure primaire et structure secondaire chez les principaux groupes de végétaux. — Comparaison de la structure de la tige avec celle de la racine. Principales anomalies de structure. — Origine et développement.

Influence du milieu sur la forme et la structure des racines. Adaptations.

3° *La feuille.* — Conformation générale. Parties constitutives. Nervation et ramification. — Phyllotaxie.

Structure des différentes parties de la feuille. — Origine, croissance, durée et chute des feuilles.

Influence du milieu sur la forme et la structure de la feuille. Adaptations.

4° *La fleur.* — Conformation générale chez les Angiospermes. — Nature des pièces florales.

Disposition des fleurs sur l'axe, des pièces florales sur le réceptacle. — Symétrie de la fleur. — Diagramme. — Polymorphisme. — Préfloraison. — Parties accessoires de la fleur.

Forme et structure du calice, de la corolle, de l'androcée et du gynécée. — Etude spéciale de l'étamine et du pollen, du pistil et de l'ovule.

Conformation de la fleur chez les Gymnospermes.

Fécondation. — Phénomènes préparatoires : pollinisation et germination du pollen. — Phénomènes essentiels : formation de l'embryon et de l'albumen. — Parthénogenèse et apogamie. — Différence entre les Angiospermes et les Gymnospermes.

Développement de la graine et du fruit; leur constitution. — Dissémination des graines et des fruits.

Germination de la graine. — Développement de la plante. — Multiplication de certaines plantes par bouturage, marcottage, greffe. — Durée de la vie de la plante.

II. — **Physiologie.**

Caractères de la substance vivante. — Propriétés fondamentales du protoplasme. — Conditions physiques et chimiques de la vie active. — Manifestations vitales.

1º *La nutrition*. — Plantes à chlorophylle et plantes sans chlorophylle. — Eléments nutritifs minéraux ou organiques. — Absorption de l'eau et des substances minérales; phénomènes osmotiques. — Circulation de la sève brute dans la plante; ses organes et son mécanisme. — Transpiration.

Fonction chlorophyllienne et assimilation du carbone. — Fixation et assimilation de l'azote. — Circulation de la sève élaborée. — Formation et emploi des réserves. Rôle et importance des diastases. — Sécrétion et excrétion.

Modes spéciaux de nutrition : plantes parasites, saprophytes, symbiotiques, etc.

2º *La respiration*. — Ses caractères. — Mécanisme des échanges gazeux; importance des stomates. — Asphyxie et respiration intramoléculaire. — Vie aérobie et anaérobie. — Fermentation. — Production de chaleur et de lumière.

3º *L'accroissement*. — Ses conditions. — Turgescence de la cellule. — Plasmolyse. — Phases de l'accroissement. — Croissance des divers membres de la plante. — Action des agents extérieurs sur l'accroissement. — Périodicité de l'accroissement.

4º *Le mouvement*. — Mouvement externe chez les cellules nues ou libres. — Mouvement interne ou protoplasmique. — Mouvements de courbure en rapport avec l'accroissement : spontanés (nutation, circumnutation), ou provoqués par les agents physiques (pesanteur, lumière, chaleur, etc.). — Mouvements déterminés par les variations de la turgescence ou par des actions mécaniques.

III. — Systématique.

Notions sur l'espèce. — Variétés et races. — Hybrides et métis. — Concurrence vitale; sélection naturelle et artificielle. — Hérédité. *Classification*. — Nomenclature. — Aperçu des caractères employés pour distinguer les groupes naturels (embranchements, classes, familles, etc.).

1° *Thallophytes*. — A. *Champignons* : Myxomycètes, Oomycètes, Urédinées, Ustilaginées, Basidiomycètes, Ascomycètes.

B. *Algues* : Bactériacées et Cyanophycées, Chlorophycées, Phéophycées, Floridées, Characées.

Association d'un champignon et d'une algue : *Lichens*.

2° *Muscinées* : Hépatiques et Mousses.

3° *Cryptogames vasculaires* : Fougères, Hydroptéridées, Equisétacées, Lycopodiacées.

4° *Phanérogames gymnospermes* : Cycadées, Conifères, Gnétacées.

5° *Phanérogames angiospermes*. — A. *Monocotylédones* : Graminées, Cypéracées, Aroïdées, Palmiers, Liliacées, Amaryllidées, Iridées, Orchidées.

B. *Dicotylédones apétales* : Salicinées, Cupulifères, Urticacées, Euphorbiacées, Polygonacées, Chénopodiacées. — *Dicotylédones dialypétales* : Renonculacées, Papavéracées, Crucifères, Malvacées, Caryophyllacées, Rutacées, Légumineuses, Rosacées, Ombellifères. — *Dicotylédones gamopétales* : Primulacées, Apocynées, Borraginées, Solanacées, Scrofulariacées, Labiées, Rubiacées, Composées.

COURS ÉLÉMENTAIRE DE BOTANIQUE

CHAPITRE PREMIER

Caractères généraux des êtres vivants.

Caractères généraux des êtres vivants. — La *Botanique* est la science qui s'occupe des *plantes* ou *végétaux* ; les végétaux sont des *êtres vivants*. Il convient donc d'indiquer, au début de l'étude de la botanique, les traits essentiels des caractères auxquels on reconnaît la *vie*, en insistant particulièrement sur ceux qui se manifestent avec le plus d'évidence chez les végétaux.

Quand, au siècle dernier, la chimie s'est définitivement constituée, on a pu se demander si l'étude de la composition chimique des êtres vivants ne permettrait pas de les définir.

Y aurait-il, par exemple, quelque *corps simple* qui, ne se rencontrant *jamais* dans les minéraux, se rencontrerait au contraire chez tous les êtres vivants et pourrait, par suite, servir à les caractériser? — En procédant à l'analyse *élémentaire* des organes empruntés aux êtres vivants les plus divers, animaux ou végétaux, on n'en a jusqu'à ce jour isolé aucun corps simple étranger à la liste de ceux qu'on a pu retirer des minéraux. Tout ce qu'on peut remarquer à cet égard, c'est que les corps simples qui prennent la part la plus importante à la formation des êtres vivants sont : le carbone, l'hydrogène, l'oxygène et l'azote.

S'il n'y a pas de corps simple caractéristique des êtres vivants, du moins les composés dits *organiques*, qui forment la majeure partie de la substance des êtres vivants et en sont extraits par l'analyse *immédiate*, offriraient-ils quelque caractère qui les distingue nettement des composés minéraux ? En aucune façon. Et si les composés organiques sont généralement de formule plus complexe que les composés minéraux, si on a pu au premier abord leur attribuer une origine mystérieuse, les nombreux exemples de synthèses aujourd'hui réalisées dans les laboratoires permettent de penser qu'il n'est pas un composé organique que la science ne puisse, un jour ou l'autre, reconstituer artificiellement, en dehors de l'être vivant, à partir de ses éléments simples.

Bref, ce n'est pas la chimie qui nous fera connaître les caractères des êtres vivants.

Ces caractères peuvent être rattachés à trois groupes principaux, suivant qu'on les tire du *mode de conservation* des êtres vivants, de leur *origine* ou de leur *structure*.

Modes de conservation. — Un être vivant est capable : 1° de se conserver lui-même; 2° de conserver l'espèce à laquelle il appartient.

Nutrition. — Pour se conserver lui-même, un être vivant *se nourrit*, c'est-à-dire qu'il est le siège d'échanges continuels de matière pondérable avec le milieu dans lequel il est plongé : à ce dernier il emprunte, dans un temps donné, une certaine quantité de matière, qui constitue un *gain* ou *aliment*; et dans le même temps il restitue au milieu extérieur une certaine quantité de matière, qui constitue une *perte* ou *excrément* (*fig.* 1). Au premier rang des phénomènes de *nutrition*, il convient de citer, comme un cas particulier, le phénomène de la *respiration*, par lequel l'être vivant absorbe, dans un temps donné, une certaine quantité d'oxygène pris au milieu extérieur, et rejette dans le même temps une quantité corrélative d'anhydride carbonique : l'oxygène est l'aliment; l'anhydride carbonique est l'excrément.

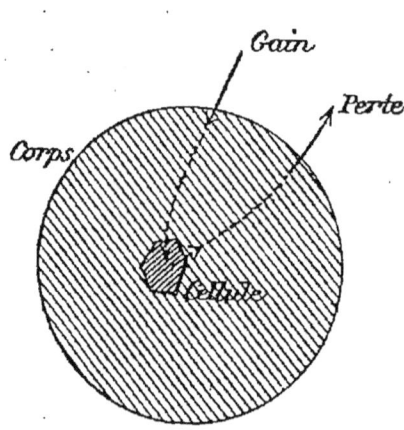

Fig. 1. — Nutrition d'un être vivant (figure théorique).

Développement. — Une conséquence directe de la nutrition est le développement ou *évolution* de l'être vivant. Quand les gains sont supérieurs aux pertes, l'être vivant *croît :* c'est ce qu'on observe généralement dans la période dite de *jeunesse*. Quand les pertes deviennent sensiblement égales aux gains, il demeure stationnaire : c'est un caractère ordinaire de l'*adulte*. Quand les pertes sont supérieures aux gains, il *décroît :* c'est un des caractères de la *vieillesse*. Enfin, il *meurt*. Ainsi, au cours de son développement, l'être vivant ne cesse pas de se modifier, soit dans sa forme extérieure, soit dans sa constitution intime. On peut dire qu'à un moment donné, alors même qu'il paraît invariable dans sa forme extérieure, il n'en subit pas moins des modifications internes ; il ne reste jamais identique à lui-même : son corps peut être alors comparé à un moule de forme invariable dont le contenu serait incessamment modifié par une active circulation de matière, sorte de *tourbillon vital*, comme disait Claude Bernard.

Pendant certaines phases du développement de l'être vivant, les échanges de matière qu'il effectue avec le milieu extérieur se manifestent clairement ; il absorbe, par exemple, dans un temps court, une quantité considérable d'oxygène et rejette, dans le même temps, une quantité considérable d'anhydride carbonique : on dit que la *vie* est alors *active* ou *manifestée*. Pendant d'autres phases du développement, les échanges nutritifs perdent beaucoup de leur intensité ; parfois même il devient malaisé de les mettre en évidence ; par exemple, le phénomène respiratoire ne se traduit plus, dans un temps court, que par l'expulsion d'une quantité infiniment petite d'anhydride carbonique : la *vie* est alors *ralentie ;* on parle même parfois de vie *latente*, afin d'indiquer que les phénomènes nutritifs sont, pour ainsi dire, absolument cachés. Pour que la vie s'exerce activement, pour qu'elle soit manifestée, il faut que l'être vivant reçoive, en quantité suffisante, de la *chaleur*, de l'*air*, de l'*eau*, et, de plus, d'autres *substances nutritives* qu'il trouve soit dans le milieu extérieur, soit dans son propre corps s'il les y a préalablement emmagasinées. C'est en réunissant toutes ces conditions autour d'un être se trouvant à l'état de vie ralentie, qu'on provoquera son passage de cet état à celui de vie active.

Reproduction. — Si l'être vivant est capable, par les phénomènes de nutrition, de conserver l'individu qu'il est, il peut aussi conserver l'espèce à laquelle appartient cet individu : il *se reproduit*, c'est-à-dire qu'il donne naissance à de nouveaux êtres vivants, plus ou moins semblables à lui.

Aussi bien que leur mode de conservation, l'origine des êtres vivants permet de les séparer nettement des objets inertes : *tout être vivant provient d'un autre être vivant, existant avant lui et plus ou moins semblable à lui.*

On a longtemps admis, il est vrai, que certains êtres vivants seraient capables de naître spontanément, dans un milieu jusque-là inerte dont ils seraient les produits : c'était la théorie de la *génération spontanée*. Or, bien que tous les phénomènes qui se passent, soit dans l'intérieur de l'être vivant, soit entre l'être vivant et le milieu extérieur, paraissent soumis à des lois physico-chimiques, on n'a jamais pu, jusqu'à ce jour, réaliser scientifiquement, par des moyens physico-chimiques, la transformation de la matière brute en un être vivant. D'autre part, toutes les fois qu'on croyait avoir observé, sans l'avoir artificiellement provoquée, une transformation semblable, c'est-à-dire l'apparition spontanée d'êtres vivants dans un milieu où il n'en existait auparavant aucun, il a été possible de démontrer que l'observation était erronée, que ces êtres résultaient du développement et de la multiplication de germes microscopiques introduits accidentellement dans le milieu inerte. On ne connaît donc pas de génération spontanée dans la nature actuelle.

La question des générations spontanées. — Nous touchons ici à un problème capital de la biologie, problème dont la résolution définitive a exercé, sur l'histoire de la science pure et de ses applications, une influence si profonde qu'il est indispensable d'en connaître les multiples péripéties. Aussi bien, n'est-il pas de meilleure « leçon de choses » pour faire comprendre, dès le début de l'étude de la biologie, quelles sont les exigences de la méthode expérimentale, instrument de travail désormais indispensable à tous les biologistes.

L'histoire de la lutte entre les partisans et les adversaires de la génération spontanée peut être partagée en trois périodes : la première s'étend jusqu'à l'invention du microscope (fin du dix-septième siècle) ; la deuxième depuis cette date jusqu'au milieu du dix-neuvième siècle ; la troisième jusqu'aux immortels travaux de Pasteur.

C'est une croyance très générale et très ancienne, aussi ancienne que le monde, que la croyance à la *génération spontanée* des êtres vivants. Les savants les plus illustres de l'antiquité, du moyen âge et des temps modernes, y ont ajouté foi. C'est ainsi qu'Aristote explique la génération des Anguilles par une sorte de décomposition spontanée du limon. Van Helmont attribue gravement la naissance des Souris à la décomposition d'un morceau de fromage entouré d'un linge sale. La croyance à la génération spontanée régnait encore sans conteste dans la science au début du dix-septième siècle.

C'est vers cette époque qu'une longue série d'observations, faites de tous côtés par divers naturalistes, ont contribué à montrer que beaucoup d'êtres vivants, réputés jusque-là inférieurs et capables de naître spontanément, proviennent en réalité de parents préexistants.

Chacun sait qu'un morceau de viande exposé au contact de l'air ne tarde pas à héberger des larves de Mouches (vers de viande). L'apparition de ces larves était alors couramment considérée comme spontanée et résultant d'une décomposition de la viande. Pour Redi, ces larves devaient provenir d'œufs pondus par des Mouches adultes à la surface de la viande. Afin de le prouver, il montra qu'il suffisait simplement de recouvrir d'une gaze fine un morceau de viande fraîche pour empêcher qu'il fût infesté par des larves de Mouches : les Mouches n'avaient pu franchir la gaze pour pondre leurs œufs à la surface de la viande. C'est, on le sait, la précaution qu'on prend couramment aujourd'hui pour soustraire la viande aux méfaits de ces animaux.

De même Vallisneri montra que les larves qui se développent à l'intérieur des fruits (vers de fruits) proviennent toujours d'œufs que des insectes y ont introduits.

De même, encore, les ingénieuses recherches de Swammerdam sur le développement de divers insectes coupèrent court à de nombreuses légendes, qui attribuaient à beaucoup d'entre eux une génération spontanée.

Toutes ces observations contribuèrent rapidement à ébranler la théorie de la génération spontanée, et les esprits éclairés ne tardèrent pas à s'en détacher pour admettre que tout être vivant proviendrait de parents préexistants.

A la fin du dix-septième siècle, et par un singulier paradoxe, une invention qui a rendu aux recherches scientifiques les plus éclatants services est venue, sur ce point du moins, arrêter le progrès et tout remettre en question : le microscope, en révélant l'existence d'une multitude d'êtres vivants infiniment petits (Infusoires, Levures, etc.) qui échappent à l'œil nu, et leur apparition rapide dans des matières primitivement exemptes de tout être vivant, restitua à la théorie de la génération spontanée une partie de la faveur qu'elle avait perdue. Beaucoup de savants ou de philosophes, et quelques-uns des plus éminents, furent portés à admettre que, si les êtres supérieurs, animaux ou végétaux, ne peuvent provenir que de parents préexistants, il n'en serait pas de même de ces êtres inférieurs, que le microscope seul nous fait connaître : ceux-ci proviendraient de l'organisation spontanée d'une matière primitivement inerte.

La question resta longtemps en suspens, faute d'expériences; ce n'est que vers le milieu du dix-huitième siècle que les partisans et les adversaires de la génération spontanée tentèrent de vider le différend qui les séparait en faisant appel aux ressources de la méthode expérimentale.

En 1748, un prêtre anglais, Needham, enferma dans un flacon bien bouché une matière capable d'entrer en putréfaction (c'était de l'eau renfermant des morceaux de viande) et plongea le tout dans un récipient rempli de cendre chaude (*fig.* 2). Au bout de quelque temps, la putréfaction se manifesta à l'intérieur du flacon et la matière putréfiée se montra pleine d'organismes microscopiques. La chaleur, disait Needham, avait tué tous les germes vivants que pouvait renfermer la matière première; aucun autre germe n'avait pu s'introduire dans le flacon, soigneusement fermé; or le liquide en putréfaction fourmillait, au contraire, d'êtres infiniment petits; ces êtres ne pouvaient donc provenir que d'une génération spontanée. Cette expérience, toute

Fig. 2.
Expérience de Needham (schéma).

grossière qu'elle fût, trouva une telle créance que la conclusion en fut acceptée par des esprits élevés. Buffon, qui engagea Needham à renouveler son expérience et à en varier la forme, en tirait argument pour l'établissement d'une théorie qui lui permettait d'expliquer l'origine et l'évolution des êtres vivants. Pour lui, le corps d'un être vivant, même d'organisation supérieure, serait une sorte de moule à l'intérieur duquel seraient coulées une infinité de particules élémentaires, infiniment variées, et agencées de manière à constituer les divers organes : il leur donnait le nom de *molécules organiques*. Quand la mort atteint le corps d'un être vivant, l'édifice serait détruit, les molécules organiques se dissocieraient. Dispersées par la décomposition du cadavre, elles pourraient ensuite entrer dans de nouvelles constructions, être coulées dans de nouveaux moules. De cette façon pourraient se reconstituer, aux dépens des éléments provenant de la destruction d'un être complexe, de nouveaux êtres vivants, la plupart d'organisation très simple, de dimensions microscopiques, mais pouvant aussi atteindre une organisation et des dimensions supérieures. C'est ainsi que Buffon attribuait la formation des Ascarides, des Vers de terre, des Champignons, à une association spontanée de molécules organiques. C'était revenir aux doctrines d'Aristote et de Van Helmont;

c'était imprimer à la science un véritable mouvement de recul.

Toutefois les expériences de Needham et les théories qui en découlaient ne furent pas acceptées sons contestation. En 1765, l'abbé Spallanzani reprit l'expérience de Needham, mais il prolongea plus longtemps le séjour de la matière putréfiable dans la cendre chaude. Il n'observa pas de putréfaction, d'où il conclut qu'en chauffant la matière putréfiable assez fortement pour tuer les germes qu'elle pouvait renfermer, on y empêchait le développement de tout être vivant.

« Si vous n'observez pas de génération spontanée », lui répondait Needham, « c'est que vous chauffez trop. Peut-être
» altérez-vous ainsi la composition de l'air que renferme le
» flacon au-dessus de la matière putréfiable ; peut-être aussi
» détruisez-vous, dans celui-ci, la *force végétative* qu'il
» possède. » La première objection était acceptable, bien qu'elle manquât de précision, dans l'état où était alors la connaissance de la composition normale de l'air ; quant à la seconde, qui ne voit qu'elle avait un caractère beaucoup moins scientifique ? La « force végétative » du liquide putréfiable rappelait trop la « vertu dormitive » de l'opium.

La question restait donc pendante. Elle attendit encore sa solution définitive pendant toute la moitié du dix-neuvième siècle.

C'est, en effet, vers le milieu de ce siècle que prit naissance, en face de la théorie de la génération spontanée, celle du *panspermisme*. Quelques savants, qui se refusaient à accepter les conclusions de Needham et de Buffon, émirent nettement l'opinion que les êtres microscopiques qui semblent naître spontanément dans les matières en putréfaction proviennent, sans exception, de germes con-

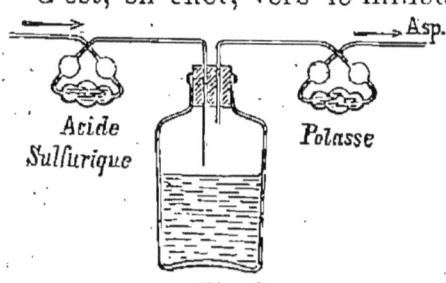

Fig. 3.
Expérience de Schultze (schéma).

tenus dans ces liquides ou qui leur sont apportés par l'air extérieur.

Parmi les défenseurs de cette idée nouvelle, le premier en date est Schultze, qui reprit en 1836 l'expérience de Spallanzani, en la modifiant de manière à éluder une partie des objections qui lui avaient été adressées (*fig.* 3). Schultze remplissait à moitié un flacon à large goulot (A) avec de l'eau dans laquelle il avait placé quelques morceaux de viande. Le bouchon qui fermait le goulot était traversé par deux tubes de verre coudés au-dessus de ce bouchon : l'un de ces tubes, qui descendait à l'intérieur du flacon à peu près jusqu'au niveau de l'eau, se continuait par un laveur de Liebig, renfermant de l'acide sulfurique concentré, puis s'ouvrait librement dans l'air extérieur; l'autre, qui descendait moins bas à l'intérieur du flacon, se continuait par un laveur contenant de la potasse, puis communiquait avec un aspirateur. Ce dispositif permettait d'établir, en faisant fonctionner l'aspirateur, un renouvellement continu de l'air au-dessus du liquide. Schultze faisait bouillir le liquide renfermant la viande, de manière à tuer tous les germes qu'il pouvait contenir; puis il le laissait refroidir : l'air extérieur rentrait dans l'appareil après avoir barboté dans l'acide sulfurique ou la potasse. De temps en temps, Schultze renouvelait l'air en établissant, à l'aide de l'aspirateur, un courant qui le faisait barboter dans l'acide sulfurique avant d'arriver au contact du liquide. Il n'observait aucune fermentation, ce qu'il expliquait en admettant que tous les germes contenus au début dans la matière putréfiable avaient été tués par l'ébullition, et que ceux qui auraient pu être apportés par l'air étaient tués au passage par l'acide sulfurique ou la potasse.

On pouvait encore objecter à l'expérience de Schultze que le contact de l'acide sulfurique avait fait perdre à l'air quelques propriétés susceptibles de permettre le développement spontané des êtres vivants aux dépens de la matière putréfiable.

En 1837, Schwann modifia l'expérience de Schultze (*fig.* 4).

Des deux tubes destinés à l'aération du flacon l'un s'ouvrait librement dans l'air extérieur, l'autre communiquait avec un aspirateur; tous deux étaient recourbés en U sur leur parcours, et les parties recourbées venaient plonger dans un alliage en fusion (B), dont la température de fusion était à peu près celle à laquelle le mercure entre en ébullition. L'air qui rentrait dans l'appareil après son refroidissement ou qu'on renouvelait à l'aide de l'aspirateur avait été calciné par son passage à travers l'alliage en fusion. Aucun phénomène de fermentation ne se produisait, aucun être vivant ne se développait dans le liquide, ce que Schwann expliquait par l'action de la calcination, qui avait tué tous les germes contenus dans l'air. Mais on pouvait adresser à son expérience une objection semblable à celle que suscitait l'expérience de Schultze : la calcination pouvait avoir fait perdre à l'air une propriété nécessaire à l'organisation spontanée de la matière putréfiable.

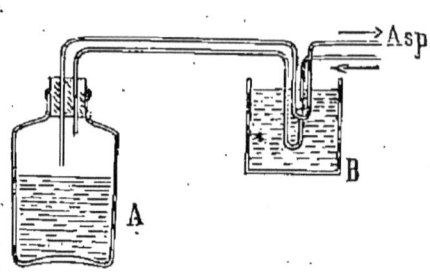

Fig. 4.
Expérience de Schwann (schéma).

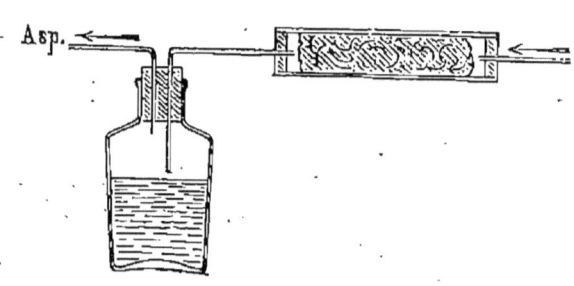

Fig. 5. — Expérience de Schröder et Dusch (schéma).

Schröder et Dusch, dans l'expérience qu'ils firent en 1854, assurèrent l'aération du flacon à l'aide d'un courant d'air qui traversait simplement de l'ouate de coton tassée à l'intérieur d'un tube (*fig.* 5). Mais ici encore, on pouvait incriminer le contact de l'air avec l'ouate.

D'ailleurs, quelque frappantes que fussent les expériences de Schultze, de Schwann, de Schröder et Dusch, elles n'étaient pas de nature à résoudre définitivement la question de l'origine des êtres vivants. D'abord elles ne réussissaient pas toujours, et tout insuccès pouvait être interprété victorieusement par les partisans de la génération spontanée. Puis les panspermistes se contentaient de montrer que là où leurs adversaires croyaient observer des phénomènes de génération spontanée, l'apparition des êtres vivants *pouvait* s'expliquer par un apport de germes contenus dans l'air extérieur : c'est en arrêtant ces germes hypothétiques qu'ils pensaient empêcher le développement des êtres vivants. Mais ils n'établissaient pas l'exactitude de leur hypothèse, ils ne montraient pas ces germes et ne prouvaient pas, d'une manière évidente, que c'est eux qui engendrent la vie. La question était donc toujours pendante, et les adversaires du panspermisme pouvaient en 1859, avec Pouchet, directeur du Muséum d'histoire naturelle de Rouen, relever le drapeau de la génération spontanée.

Ce naturaliste entreprit de démontrer expérimentalement la possibilité d'une génération spontanée. Parmi les expériences qu'il soumit au jugement de l'Académie des sciences de Paris, une de celles qui pouvaient paraître les plus nettes et les plus concluantes était la suivante (*fig.* 6). Il remplissait un bocal d'eau aussi pure que possible ; après avoir fait bouillir cette eau, il retournait le bocal sur le mercure ; puis il y introduisait un certain volume d'air préparé artificiellement, à l'aide d'un mélange d'oxygène et d'azote, obtenus dans le

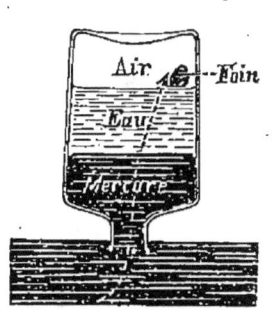

Fig. 6. — Expérience de Pouchet (schéma).

laboratoire. D'autre part, il introduisait une bourre de foin dans un petit flacon bouché à l'émeri, qu'il portait ensuite pendant 20 minutes dans une étuve à une température de 100 degrés. Enfin, débouchant ce flacon sous le mercure, il faisait parvenir la bourre de foin dans l'eau bouillie à travers le mercure. Au bout de quelques jours, il redressait le bocal, examinait au microscope une goutte de l'eau dans laquelle avait baigné la bourre de foin et y voyait fourmiller les organismes microscopiques. Or, semblait-il, toutes les précautions avaient été prises pour éviter l'accès d'aucun germe vivant dans l'intérieur de l'appareil : l'eau avait été privée de germes par l'ébullition ; l'air, préparé artificiellement dans le laboratoire, n'en contenait aucun ; quant au foin, la température élevée à laquelle il avait été préalablement porté avait tué tous les germes qui pouvaient y être adhérents. Comment s'expliquer, dès lors, l'apparition des êtres vivants sans admettre qu'ils s'étaient formés par génération spontanée ?

L'argumentation était spécieuse ; l'expérience pouvait paraître concluante ; l'Académie, loin de se désintéresser d'une question aussi grave, sollicita de nouvelles recherches, destinées à confirmer ou à réfuter les conclusions de Pouchet.

Pasteur répondit à son appel.

Ses études antérieures sur les fermentations, en lui révélant le rôle capital joué par les microrganismes dans ces phénomènes, l'amenaient à refuser à ces infiniment petits une origine essentiellement différente de celle des organismes plus complexes, à nier l'hypothèse de la génération spontanée et à se ranger dans le camp des panspermistes.

Il commença par montrer où était le défaut de l'expérience de Pouchet, et, pour emprunter une comparaison imagée à l'expérience grossière de Van Helmont, « par où les souris étaient entrées. » Pasteur admit que ce n'était ni par le foin, ni par l'air, ni par l'eau, et que Pouchet avait pris des précautions suffisantes pour éviter l'accès des germes par cette triple voie. Mais restait le mercure. Or, quelque pur, quelque propre que fût le mercure employé dans l'expérience de Pouchet, chacune des manipulations dont il était l'objet devait avoir pour effet d'y faire pénétrer des poussières atmosphériques et, parmi ces poussières, des germes d'êtres vivants. Quand, par exemple, la main ou l'instrument de l'expérimentateur pénétrait dans le mercure pour y ouvrir le flacon qui contenait la bourre de foin, des germes pouvaient s'introduire par cette voie dans le mercure et, de là, dans l'eau du récipient. Cette simple remarque suffisait pour ôter à l'expérience de Pouchet la rigueur dont elle paraissait entourée : malgré son appareil scientifique, sa valeur était tout juste égale à celle de l'expérience de Van Helmont.

Pasteur ne se contenta pas de démasquer le vice de l'expérience de Pouchet; il prit à son tour l'offensive et, par une série mémorable d'expériences, établit définitivement la victoire du panspermisme.

Il fallait d'abord montrer, avec toute évidence, l'existence dans l'atmosphère de ces germes auxquels le panspermisme attribue le développement, en apparence spontané, des êtres microscopiques qui peuplent les liquides organiques. Pour cela (*fig.* 7), Pasteur fit passer un rapide courant d'air dans un tube de verre dont l'ouverture était interceptée par une bourre de coton-poudre : deux ressorts à boudin (r, r'), formés par des fils de platine et placés de part et d'autre de la bourre de coton-poudre, la maintenaient solidement en place. Après avoir laissé le courant d'air circuler pendant quelques heures, il voyait la bourre prendre une coloration noire. Arrêtant le courant d'air, il extrayait la bourre du tube de verre et dissolvait le coton-poudre dans un mélange d'alcool et d'éther qui remplissait un verre de montre. Un dépôt noirâtre se formait au fond du verre de montre ; c'était la réunion de toutes les poussières arrêtées par le coton-poudre. Lavé, délayé dans l'eau, puis examiné au microscope, ce dépôt montrait, au milieu des particules inorganisées qui en formaient la majeure partie, des éléments qui se présentaient avec tous les caractères des corpuscules reproducteurs de certains organismes inférieurs.

Fig. 7. — Tube et bourre de coton pour retenir les poussières atmosphériques. — C, coton ; r, r', ressorts à boudin.

Les germes que l'air renferme, ainsi que le montre l'observation précédente, sont-ils effectivement capables de se développer et de donner naissance à des êtres vivants? C'est ce que Duclaux a montré directement en malaxant dans l'eau, et non plus dans l'éther, une de ces bourres noircies par les poussières de l'air, et en plaçant cette eau, chargée de germes encore vivants, dans des conditions favorables à leur développement. Il a vu les germes se développer dans la goutte d'eau et donner naissance à des organismes nouveaux.

Pasteur, reprenant ensuite avec plus de rigueur l'expérience de Schultze, se proposa d'établir les deux propositions suivantes : 1° Un milieu, privé de germe vivant, demeure intact aussi longtemps qu'il reste en présence d'un air privé lui aussi de germes vivants ; — 2° L'introduction d'un germe vivant dans le milieu intact est nécessaire et suffisante pour y provoquer le développement d'une multitude d'êtres vivants.

Pour établir la première proposition (*fig.* 8), il prenait un ballon à long col dans lequel il introduisait une infusion (M) ;

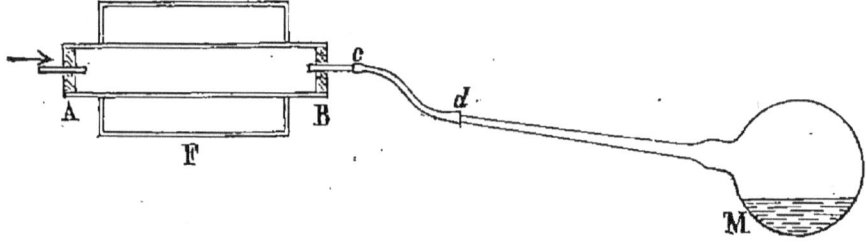

Fig. 8. — Une expérience de Pasteur (schéma).

à l'aide d'un tube de caoutchouc (*cd*), il ajustait le col de ce ballon à un large tube de platine (AB) susceptible d'être placé à l'intérieur d'un fourneau (F) et chauffé au rouge. Il faisait bouillir l'infusion de manière à tuer tous les germes vivants qu'elle pouvait contenir ; la vapeur se dégageait par le col du ballon, le tube de caoutchouc et le tube de platine, de manière à chasser l'air chargé de germes que renfermait l'appareil. Quand il jugeait l'ébullition suffisante pour que ce résultat fût parfaitement obtenu, il laissait refroidir l'infusion : l'air extérieur rentrait alors dans l'appareil, mais en traversant le tube de platine chauffé au rouge ; tous les germes vivants que cet air pouvait entraîner étaient tués par la calcination. Quand le ballon était rempli d'air calciné, Pasteur en fermait le col à la lampe et le laissait au repos. Un ballon ainsi préparé pouvait être conservé indéfiniment sans qu'on vît aucun trouble se manifester dans l'infusion qu'il contenait.

Restait à prouver qu'en introduisant dans l'infusion des germes semblables à ceux que la calcination avait détruits au passage, on provoquait l'apparition d'êtres vivants. Pour le démontrer, Pasteur modifia légèrement l'expérience précédente (*fig.* 9). Le ballon contenant l'infusion (M) était

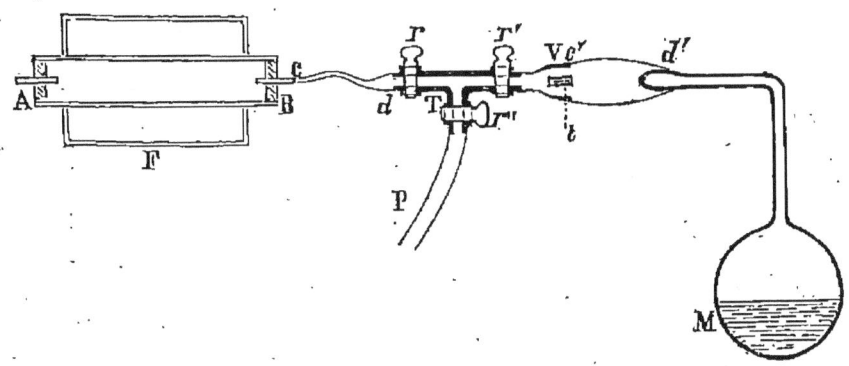

Fig. 9. — Une autre expérience de Pasteur (schéma).

préparé comme il vient d'être dit et fermé à la lampe; son col était, de plus, coudé. En le tenant pendant quelques jours en observation, Pasteur s'assurait que l'infusion restait absolument limpide : elle ne contenait donc aucun germe. A l'aide d'un tube de caoutchouc (c' d'), il reliait alors le col effilé et fermé du ballon à un tube de verre fort (V) qui contenait, emprisonnée dans un petit tube de verre (t), une bourre de coton souillée de poussières atmosphériques. Ce tube de verre fort était mis, à son tour, en rapport avec un tube de laiton (T) de la forme d'un T, dont chaque branche portait un robinet. L'un de ces robinets (r') pouvait faire communiquer le tube de laiton avec le tube de verre fort; le second (r'') permettait de le faire communiquer avec une machine pneumatique (P); le troisième (r), par l'intermédiaire d'un tube de caoutchouc (cd), le mettait en relation avec le tube de platine (chauffé au rouge) de l'expérience précédente (AB). Fermant ce dernier robinet et ouvrant les deux autres, l'expérimentateur faisait le vide, à l'aide de la machine pneumatique, dans toute la partie de l'appareil comprise entre le ballon et le tube de platine ; puis, fermant r'' et ouvrant r, il laissait rentrer dans l'espace vide l'air extérieur, calciné à son passage dans le tube de platine. Répétant la même opération plusieurs fois de suite, il parvenait à priver complètement de germes l'air qui remplissait toute la partie de l'appareil entourant le petit tube chargé de la bourre contaminée. Brisant alors la pointe du ballon sans la détacher du tube de caoutchouc, il faisait passer la bourre chargée de germes dans le col du ballon, sans en dépasser le coude, puis fermait rapidement le col à la lampe. Abandonnant le ballon à lui-même pendant plusieurs jours, il ne voyait se produire aucun trouble dans l'infusion : l'air introduit dans le ballon pouvait donc être considéré comme pur de tout germe. Puis il inclinait le col du ballon de manière à faire tomber dans l'infusion la bourre arrêtée au niveau du coude : quelques heures après, le liquide manifestait un trouble qui augmentait rapidement ; examiné au microscope, il se montrait chargé d'organismes. On ne pouvait évidemment attribuer le développement de ces êtres vivants qu'à la pénétration dans l'infusion des germes fixés sur le coton.

A ces expériences, qu'il était permis de trouver concluantes, on avait toutefois le droit d'objecter encore que l'air qui parvenait jusqu'à l'infusion avait été modifié par la calcination ou par son passage à travers le coton, et on pouvait supposer que cette modification avait eu pour effet de s'opposer à la génération spontanée, qui se serait manifestée dans des conditions normales. Pasteur tint à répondre à cette objection. Il fit bouillir une infusion dans un ballon à col très allongé et recourbé plusieurs fois à la lampe, de manière à présenter une forme sinueuse (*fig.* 10). Puis il laissa refroidir l'infusion; elle resta indéfiniment limpide, sans manifester la moindre trace d'aucun organisme vivant : le courant de l'air extérieur, en pénétrant dans le ballon refroidi, était brisé par les sinuosités du col et déposait au passage, sur les parois humides de ce col, toutes les poussières, inertes ou organisées, qu'il pouvait renfermer; il arrivait ainsi jusqu'au contact de l'infusion, absolument pur de tout germe. Balard eut l'idée de compléter cette expérience

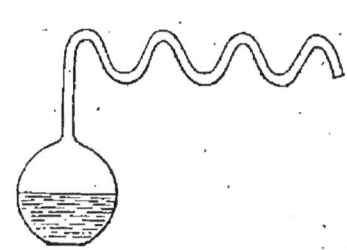

Fig. 10. — Ballon à col sinueux.

en inclinant avec précaution le contenu limpide du ballon jusqu'à ce qu'il vînt mouiller les parois du tube sinueux, préalablement fermé à la lampe à son extrémité libre, et en redressant ensuite le ballon de manière à laisser l'infusion reprendre sa position initiale : très rapidement le liquide se troublait; au moment où le ballon avait été incliné, l'infusion était allée puiser sur les parois du tube sinueux les germes capables de la troubler.

Le physicien anglais Tyndall a donné à cette dernière expérience de Pasteur une forme plus frappante encore et plus démonstrative (fig. 11). On sait qu'un faisceau de lumière qui pénètre, par une étroite ouverture, dans une salle obscure, n'y est visible que grâce aux pous-

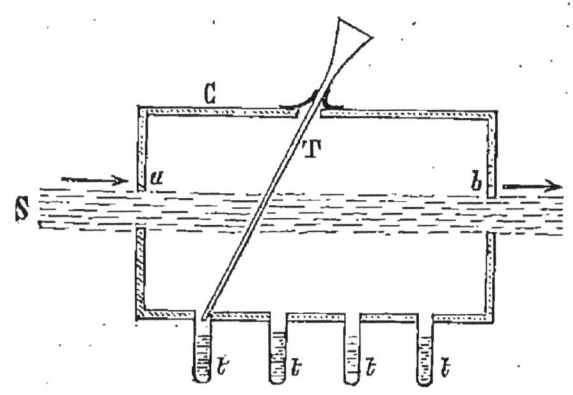

Fig. 11. — Expérience de Tyndall (schéma).

sières que l'atmosphère tient en suspension et qu'il éclaire au passage. Si l'atmosphère de cette enceinte est laissée en repos, les poussières tombent peu à peu; si, de plus, les parois ont été préalablement enduites d'une substance capable de les fixer, l'atmosphère est bientôt purifiée de toutes les poussières qu'elle renfermait : le faisceau lumineux devient alors invisible. On comprend qu'on possède ainsi un moyen optique de reconnaître la limpidité parfaite de l'atmosphère d'une enceinte fermée. Tyndall fit construire une caisse (C) dont les parois étaient soigneusement noircies à l'intérieur et qui présentait sur deux de ses faces, opposées l'une à l'autre, deux fenêtres vitrées (*a* et *b*) permettant le passage d'un faisceau lumineux (S). Une autre fenêtre, également vitrée et placée sur une troisième face, permettait de reconnaître le degré de visibilité de ce faisceau lumineux. Au fond de la caisse étaient mastiqués plusieurs tubes à essai (*t*) pendant verticalement au-dessous d'elle. A la face supérieure était ménagée une ouverture dans laquelle pouvait se déplacer un entonnoir muni d'un long tube (T) : l'entonnoir était fixé à la paroi rigide de la caisse par une membrane assez souple pour permettre de le déplacer aisément, mais assez imperméable pour empêcher la pénétration des poussières extérieures à l'intérieur de la caisse. La surface interne de celle-ci était enduite d'une mince couche de glycérine, capable, grâce à sa viscosité, de retenir les poussières qui venaient s'y fixer. La caisse étant ainsi disposée, un faisceau lumineux qui la traversait était d'abord rendu très visible par les nombreuses poussières que l'air tenait en suspension ; mais en abandonnant la caisse à elle-même, à l'abri de tout mouvement, on ne tardait pas à voir diminuer l'intensité de ce faisceau ; enfin, il devenait impossible de le distinguer ; on pouvait admettre alors que toutes les poussières contenues dans l'air de la caisse avaient été retenues par la couche de glycérine. Ceci fait, on versait, à l'aide de l'entonnoir convenablement dirigé, dans chacun des tubes à essai un bouillon nutritif fraîchement préparé. On soumettait ce bouillon à une nouvelle ébullition à l'intérieur même des tubes à essai, en chauffant ceux-ci extérieurement. Puis on le laissait revenir à la température ordinaire et on constatait qu'il restait indéfiniment limpide. Il n'y avait ici à incriminer ni la calcination de l'air, ni son passage à travers de l'ouate : c'est par un simple repos qu'il avait été privé de germes; il fallait donc bien attribuer à ces germes, et à eux seuls, le développement des êtres vivants dans le bouillon nutritif.

On pouvait encore incriminer, en définitive, dans toutes les expériences auxquelles Pasteur s'était livré ou que ses recherches avaient inspirées, l'ébullition préalable du liquide nutritif : c'était une objection à laquelle pouvaient se retenir, comme à une planche de salut, les derniers partisans de la génération spontanée. L'expérience de Balard sur le ballon à col sinueux permettait bien d'affirmer que la faculté génésique du liquide n'avait pas été altérée par l'ébullition. Cependant, Pasteur ne se déclara pas encore satisfait. Il se proposa de recueillir directement et à froid, dans le corps même d'animaux vivants, des liquides organiques, tels que du sang, du lait, de l'urine (*fig.* 12) : pour cela, il introduisait dans l'organe qui contenait le liquide la pointe (*a*), effilée et fermée à la lampe, d'un tube de verre donnant accès dans un récipient protégé, d'autre part, contre les poussières atmosphériques par une bourre de coton (*b*); il brisait la pointe à l'intérieur de l'organe; en produisant une aspiration du côté de la bourre, il provoquait la pénétration du liquide dans le récipient et,

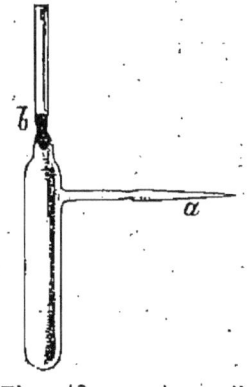

Fig. 12. — Appareil pour recueillir aseptiquement les liquides organiques.

quand il en avait une quantité suffisante, il fermait rapidement la pointe brisée, à l'aide de la lampe d'émailleur. Le liquide ainsi recueilli pouvait séjourner indéfiniment dans le ballon sans se corrompre; extrait du ballon, il ne manifestait au microscope la présence d'aucun être vivant. Ainsi tombait la dernière objection à la théorie du panspermisme, dont les affirmations peuvent être résumées sous la forme suivante :

Dans tous les cas où on croyait avoir observé la génération spontanée de quelque être vivant, il a été possible de montrer par quelle voie le germe de cet être vivant avait pu être introduit dans le milieu où il s'était développé.

Toutes les fois qu'on fait parvenir, dans un milieu favorable, des germes vivants d'êtres organisés, ces germes évoluent et donnent naissance à des êtres vivants.

Plus brièvement encore : *Dans l'état actuel de la science, tout être vivant, quelque simple qu'il soit, doit être considéré comme provenant d'un être vivant qui existait avant lui.*

Organisation. — Un troisième caractère des êtres vivants est l'*organisation*. Il faut remarquer que le corps d'un être vivant peut contenir des éléments inertes, par exemple des substances chimiques définies, soit à l'état de dissolution, soit sous forme de cristaux : bien que ce soit généralement des produits de l'activité de l'être qui les contient, ces éléments ne constituent pas de la matière vivante.

La matière vivante, le *protoplasme*, comme on l'appelle, paraît renfermer toujours, çà et là, des corpuscules microscopiques, de contour nettement limité, de forme généralement arrondie, à peu près de même nature qu'elle-même et paraissant ainsi, au premier abord, formés d'une sorte de protoplasme condensé : on leur donne le nom de *noyaux*.

D'autre part, il est rare que cette matière vivante atteigne des dimensions quelque peu considérables, devienne, par exemple, visible à l'œil nu, sans se morceler en éléments plus petits dont la somme constitue le corps tout entier de l'être vivant : ce sont les *éléments anatomiques* ou *plastides*.

Un *plastide* se compose d'une petite masse de protoplasme, contenant ordinairement un noyau, et limitée souvent elle-même par une sorte d'enveloppe extérieure dite *membrane*. Cette membrane, généralement facile à distinguer chez les végétaux, est ce qui avait frappé les premiers observateurs, auxquels avait échappé l'existence même du protoplasme, qui est cependant la partie la plus importante du plastide ; de là vient que, ne voyant de celui-ci que l'enveloppe, ils lui avaient donné le nom de *cellule*, terme bien défectueux, mais que l'usage a consacré.

On distingue chez les êtres vivants deux types de structure. Dans la *structure continue*, le protoplasme, ordinairement de dimensions infiniment petites, ne s'est pas morcelé : le corps de l'être vivant peut être considéré comme réduit à une cellule unique ou unicellulaire. Dans la *structure discontinue*, ou *cloisonnée*, le protoplasme, de dimensions généralement considérables, est morcelé en cellules plus ou moins nombreuses, ordinairement séparées par des membranes ; le corps est *pluricellulaire :* telle est la structure de tous les végétaux supérieurs ; une coupe mince faite au travers d'une tige, d'une racine, d'une feuille (*fig.* 13), permet d'en reconnaître les traits essentiels.

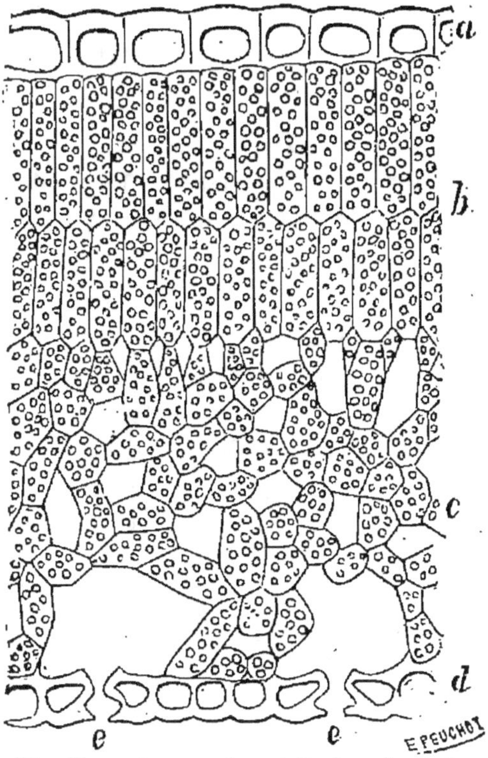

En résumé, tout être vivant est *organisé :* c'est un organisme. Les

Fig. 13. — Coupe mince faite dans le limbe d'une feuille et très grossie.

expressions d'*être organisé* et d'*organisme* sont synonymes de celle d'*être vivant*.

L'élément essentiel de l'organisation des êtres vivants étant la cellule, il paraît utile de placer ici une étude générale des propriétés de ces éléments. Cette étude a reçu le nom de *cytologie*.

CHAPITRE II

La cellule végétale.

La cellule végétale. — Pour fixer nos idées, nous porterons notre attention sur une cellule arrivée au terme moyen de son développement, déjà adulte par conséquent, et encore vivante. De plus, nous supposerons, pour un instant, que la constitution de cette cellule reste identique à elle-même pendant toute la durée de notre observation : hypothèse contraire à la réalité des faits, puisque nous savons déjà que l'organisme, dans ses moindres éléments, est le siège d'échanges incessants qui en modifient continuellement la structure et la composition chimique : hypothèse nécessaire, pourtant, si nous voulons donner une base solide à notre étude. Ainsi, nous considérerons une cellule *vivante*, *adulte* et à l'état *statique*, si on peut ainsi parler.

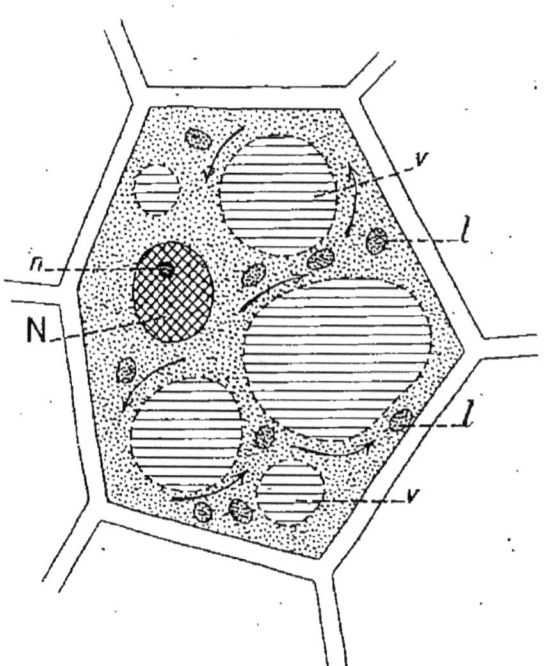

Fig. 14. — Une cellule végétale (schéma). — N, noyau; *n*, nucléole; *l*, leucites; *v*, vacuoles pleines de suc cellulaire liquide. Le protoplasme est représenté par le pointillé général, et les flèches indiquent la direction des courants protoplasmiques.

La cellule est généralement microscopique ; son diamètre varie, suivant les cas, de quelques millièmes de millimètre à 200 millièmes de millimètre. Le millième de millimètre ou *micron* est ordinairement désigné, pour abréger, par la lettre grecque µ (qu'on prononce *mu*) ; on dira, par exemple, qu'une cellule a 5 ou 6 µ de diamètre. Si les dimensions des cellules sont infiniment petites, leur nombre est infiniment grand dans les organismes de grande taille.

Le protoplasme. — Des trois parties principales qui constituent la cellule (membrane, protoplasme, noyau), la plus essentielle est le *protoplasme* : c'est, comme on l'a dit, « la base physique de la vie ». Une cellule vivante peut être dépourvue de membrane, témoin ce corpuscule reproducteur ou zoospore d'Algue (*fig.* 15). D'autre part, certaines cellules vivantes peuvent n'avoir qu'un noyau incomplètement différencié, telles sont les Algues du groupe des Cyanophycées, ou Algues bleues, chez lesquelles le noyau est réduit à une *chromidie*, c'est-à-dire à une charpente nucléaire éparse dans le protoplasme. Mais, du moment qu'une cellule ne contient plus de protoplasme, elle a cessé de vivre : une cellule réduite à sa membrane est une cellule morte.

Fig. 15.
Zoospores d'Algue.

Ses propriétés. — On peut étudier successivement les *caractères physiques* du protoplasme, ses *caractères chimiques*, enfin ceux qui en font, à proprement parler, une matière vivante, en un mot ses *caractères biologiques*.

Propriétés physiques. — Le protoplasme est une matière semi-fluide, c'est-à-dire d'une consistance voisine de celle d'un sirop très épais, transparent et à peu près incolore. Il est *plastique*, c'est-à-dire qu'il est susceptible de se déformer, sans se briser, sous l'action d'une cause extérieure ; mais il paraît incapable, quand cette cause cesse d'agir, de revenir de lui-même à sa forme initiale : il n'est pas *élastique*.

Le protoplasme ne se mélange pas avec l'eau ; il se comporte vis-à-vis de celle-ci comme ferait une goutte d'huile ;

entre une goutte d'huile et ce qui l'entoure, tout se passe comme si l'huile était séparée de l'eau par une membrane offrant une certaine résistance; on peut appeler *tension superficielle* la valeur de cette résistance, la force qui s'oppose au mélange des deux liquides. On a pu s'assurer que le corps protoplasmique est effectivement terminé vers l'extérieur par une zone hyaline, plus résistante que la masse du protoplasme, et qui se montre en général, à un fort grossissement, traversée de nombreuses stries perpendiculairement à la surface : c'est la *couche membraneuse* du protoplasme ou *membrane protoplasmique*. Quand la cellule est pourvue d'une membrane, celle-ci est doublée intérieurement par la couche membraneuse du protoplasme. Souvent le corps protoplasmique est creusé de cavités, qui contiennent généralement des liquides, et qu'on appelle des vacuoles; dans ce cas, on observe autour de chaque vacuole une couche membraneuse qui isole du contenu vacuolaire le corps protoplasmique, comme la couche extérieure l'isole de la membrane. Or, le protoplasme, qui est perméable à l'eau, ne l'est pas à toutes les substances que celle-ci peut tenir en dissolution ; ainsi il n'est pas rare qu'il soit complètement imperméable au sucre et au chlorure de sodium, ainsi qu'à certaines matières colorantes d'origine végétale, comme la safranine, extraite du Safran, et l'hématoxyline, extraite du bois de Campêche. On peut admettre que c'est l'existence de la couche membraneuse qui s'oppose à la pénétration de ces substances; qu'une déchirure se produise, en effet, dans la couche membraneuse, aussitôt elles diffusent dans le protoplasme.

Structure du protoplasme. — Il reste à examiner de plus près, pour terminer l'étude physique du protoplasme, la structure qu'il révèle quand on l'étudie aux plus forts grossissements que fournit le microscope. Les premiers observateurs avaient pu comparer le protoplasme à une sorte de gelée homogène; mais cette comparaison ne résiste pas à un examen approfondi.

Depuis longtemps le microscope a montré l'existence fréquente, à l'intérieur du protoplasme, de granules infiniment petits, plus réfringents que sa portion homogène, et qu'il ne faut pas confondre avec les noyaux, beaucoup plus volumineux ; ces granules paraissent d'ailleurs manquer dans la couche membraneuse. Ces observations anciennes, reprises et généralisées par divers histologistes, les conduisirent à attribuer au protoplasme une *structure* qu'on peut qualifier de *granuleuse :* dans une masse homogène seraient distribués des granules plus résistants et plus réfringents ; pour certains de ces histologistes, la partie essentiellement vivante du protoplasme serait représentée par les granules ; pour d'autres, au contraire, ces granules ne seraient que des corpuscules inertes, englobés par la partie homogène et vivante du protoplasme.

Mais, depuis longtemps aussi, on avait remarqué que le protoplasme du cylindre-axe des fibres nerveuses présente une striation longitudinale qui peut conduire à le considérer comme formé de fibrilles rapprochées parallèlement les unes aux autres et plongées dans une substance homogène. C'était l'ébauche d'une théorie de la *structure fibrillaire* du protoplasme.

De nouveaux observateurs ont complété cette notion et ont admis que le protoplasme comprendrait non pas un système unique de fibrilles, orientées suivant des directions variables, mais un véritable réseau résistant et réfringent, dont les mailles seraient baignées par une substance homogène et plus fluide. Dans cette hypothèse, les granules seraient, au moins en partie, dépourvus d'existence propre ; ce seraient simplement les points d'intersection des filaments du réseau. En adoptant cette théorie *réticulaire* de la structure protoplasmique, on peut comparer la substance plus réfringente qui formerait les mailles du réseau au squelette du corps d'une éponge, et lui donner le nom de *spongioplasme,* réservant celui d'*hyaloplasme* à la substance fluide qui baignerait ces mailles. Ici encore on doit se demander quelle est, du spongioplasme ou de l'hyaloplasme, le plus essentiel, celui qui est vraiment vivant.

D'autres théories ont encore été émises pour rendre compte de la constitution intime du protoplasme. Entre toutes ces théories, il serait difficile de se prononcer définitivement, et, d'ailleurs, il est fort probable qu'il n'y a pas un type unique de structure du protoplasme, mais plusieurs ; il est même possible que le protoplasme d'un même plastide n'ait pas le même type de structure physique aux divers âges de son existence. En tous cas, il ne saurait plus être question d'assimiler le protoplasme à une substance homogène : il faut, de toute nécessité, si l'on veut tenir compte des faits observés, lui attribuer une organisation propre. Ainsi se manifeste dans toute sa généralité, même chez les êtres à structure dite continue, ce caractère fondamental de la vie, qui est l'*organisation*.

Propriétés chimiques. — La composition chimique du protoplasme paraît être essentiellement variable suivant l'organisme ou même le plastide auquel il appartient ; il n'y a pas, à vrai dire, un protoplasme identique à lui-même dans l'ensemble des êtres organisés, mais une infinité de protoplasmes.

On peut dire, cependant, d'une manière générale, que tout protoplasme contient surtout du carbone (C), de l'hydrogène (H), de l'oxygène (O), de l'azote (Az), un peu de soufre (S), combinés de diverses façons : il semble qu'en ne tenant compte que de sa composition chimique, il doive être assimilé à un mélange de substances albuminoïdes, accompagné fréquemment de diastases, d'amides, d'alcaloïdes, etc., et auquel s'ajoutent des substances ternaires et des matières minérales. L'analyse du protoplasme d'un plasmode de *Fuligo septica* a donné, pour 100 de matière sèche, 30 de substances azotées (albuminoïdes, diastases, amides, alcaloïdes), 41 de substances ternaires et 29 de matières minérales. De fait, les réactifs chimiques du protoplasme se rapprochent pour la plupart de ceux des substances albuminoïdes. Le protoplasme, en brûlant, dégage, comme les composés albuminoïdes, des vapeurs ammoniacales ; il laisse, d'ailleurs, quelques cendres dues aux matières minérales.

1° **Réactifs coagulants et fixateurs**. — Certains réactifs ont la propriété de coaguler, c'est-à-dire de durcir le protoplasme en le tuant; de ce nombre est l'alcool. Leur action peut être expliquée par leur avidité pour l'eau, dont ils dépouillent plus ou moins complètement le protoplasme. La glycérine joue un rôle analogue vis-à-vis du protoplasme, mais sans le tuer : elle traverse, par un phénomène d'osmose, la membrane cellulaire et refoule devant elle le protoplasme, qui se contracte vers le milieu de la cellule (*fig.* 16); on dit qu'il y a *plasmolyse* et que la cellule est *plasmolysée*. Cette réaction, en détachant le protoplasme de la membrane cellulaire qui l'enveloppe, permet de distinguer plus aisément la couche membraneuse, signalée tout à l'heure.

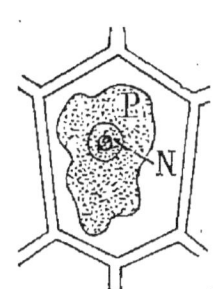

Fig. 16. — Cellule dont le protoplasme a été contracté par la glycérine (plasmolyse). P, protoplasme; N, noyau.

D'autres réactifs *fixent*, comme on dit, le protoplasme dans l'état où il se trouve au moment où s'exerce leur action; on peut citer le bichlorure de mercure ou sublimé corrosif, l'acide picrique, etc.

2° **Réactifs colorants**. — L'iode, employé par exemple en solution dans l'iodure de potassium, colore le protoplasme en jaune brunâtre; c'est encore en brun qu'il est coloré par le brun Bismarck. La fuchsine le colore en rose : coloration qu'on peut aussi lui communiquer par l'action combinée du sucre et de l'acide sulfurique concentré, etc.

En soumettant le protoplasme de divers plastides de même espèce arrivés à un état donné de développement, à l'action de réactifs colorants déterminés, on ne tarde pas à s'apercevoir qu'ils réagissent d'une manière sensiblement identique, d'où l'on peut conclure que leur composition est sensiblement la même. Si donc les protoplasmes de plastides d'espèces différentes diffèrent par leur composition chimique, comme on l'a vu plus haut, du moins chacun d'eux a-t-il, à un état donné de développement, une composition déterminée et pour ainsi dire *spécifique*.

3° **Réactifs dissolvants**. — Certains réactifs attaquent le protoplasme et le dissolvent plus ou moins rapidement : l'acide acétique, à chaud ; — la potasse étendue, l'hypochlorite de soude, l'eau de Javel, à froid. Ces réactions ont leur utilité quand on veut débarrasser une cellule de son protoplasme pour étudier plus aisément sa membrane.

Propriétés biologiques. — Comme l'être vivant entier, dont il est l'élément fondamental, le protoplasme se nourrit : il est le siège d'un échange continuel de matière avec le milieu qui l'entoure ; une des principales manifestations de cet échange est le phénomène respiratoire. La conséquence de la nutrition est le caractère de l'évolution, qui se retrouve dans le protoplasme comme dans l'être vivant tout entier.

Une propriété essentielle du protoplasme et qui, au premier abord du moins, n'est pas toujours évidente chez l'être vivant tout entier, est la *motilité* : le protoplasme est capable de se mouvoir spontanément ou du moins sans qu'une cause extérieure apparente provoque directement son déplacement.

Les manifestations de la motilité protoplasmique offrent une grande variété. On peut toutefois les rattacher à deux types principaux.

Quand le protoplasme est dépourvu d'une membrane d'enveloppe, en un mot quand il est nu, sa motilité peut se traduire par des changements de forme extérieure ou des déplacements d'ensemble.

Nous apprendrons plus tard à connaître, sous le nom de *plasmode*, l'appareil végétatif de champignons Myxomycètes, tels que celui qui se développe fréquemment à la surface de la tannée et qui, pour cette raison, a reçu le nom de « fleur de tan ». Cet appareil végétatif se réduit à une simple masse de protoplasme nue, qui jouit de la curieuse propriété de se déplacer à la surface des supports : c'est en poussant continuellement, dans le sens du déplacement, de nouveaux prolongements protoplasmiques et en rétractant en même temps les prolongements plus anciens, que le protoplasme effectue, dans ce cas, son mouvement de reptation. Par analogie avec les mouvements que présentent les Amibes, qui sont les animaux les plus inférieurs en organisation, on dit que les plasmodes présentent des mouvements « amiboïdes ».

Dans d'autres cas, le corps protoplasmique possède une forme invariable et nettement déterminée; mais il se prolonge à l'extérieur par de minces filaments qui s'agitent d'un mouvement continuel et battent l'eau à la manière de fouets; c'est grâce à ces fouets, appelés *cils vibratiles*, que le corps protoplasmique se déplace dans l'eau (*fig.* 15). C'est ce qu'on peut observer sur les corpuscules reproducteurs d'un grand nombre d'Algues; on leur donne le nom de *zoospores* pour exprimer la ressemblance apparente que leur communique le mouvement des cils vibratiles avec des animaux microscopiques.

Quand le protoplasme est enveloppé d'une membrane et qu'il fait partie intégrante d'une cellule, sa forme extérieure est absolument fixée par la membrane qui le limite : il est alors parcouru intérieurement par un grand nombre de courants que rend visibles le déplacement des granules inclus dans sa masse. On peut observer aisément ces courants dans les cellules de la feuille d'une plante aquatique très répandue, *Elodea canadensis*. La feuille est constituée, chez cette plante, par deux assises de cellules; elle est, d'ailleurs, assez mince pour que leur contenu puisse être examiné de face, par simple transparence. Le protoplasme de chaque cellule est bourré de corpuscules verts, que nous apprendrons plus tard à connaître sous le nom de *corps chlorophylliens*. Il se décompose en deux parties : l'une entoure immédiatement le noyau, placé près du centre de la cellule; l'autre forme à la membrane cellulaire une sorte de doublure intérieure; entre la masse centrale du protoplasme et la couche pariétale s'étendent des filaments protoplasmiques, sorte de réseau irrégulier dont les mailles sont occupées par des vacuoles. Si on examine pendant quelques minutes, à l'aide d'un fort grossissement, les corps chlorophylliens répandus dans le protoplasme d'une cellule, on ne tarde pas à s'apercevoir qu'ils se déplacent d'un mouvement lent et régulier : dans certains filaments du réseau, ils se dirigent du centre vers la périphérie; dans d'autres, ils suivent une direction opposée; dans la couche pariétale, ils se déplacent parallèlement à la surface de la cellule. Ce sont les courants protoplasmiques qui entraînent ainsi les corps chlorophylliens.

Il semble donc que le protoplasme, enveloppé dans une membrane résistante, dépense en mouvements internes la motilité qu'il ne peut employer à des déplacements d'ensemble et à des changements de forme extérieure.

En analysant de plus près les déplacements amiboïdes d'un plasmode de Myxomycète, on peut s'apercevoir que les déformations perceptibles à l'œil nu sont accompagnées de courants intérieurs, que révèlent au microscope les déplacements des corpuscules inclus dans le protoplasme : au mouvement externe s'ajoute ici le mouvement interne.

A la motilité, dont nous venons d'étudier quelques manifestations, le protoplasme joint l'*irritabilité*, et c'est précisément sa motilité qui peut servir de mesure à son irritabilité. Si on chauffe légèrement la préparation dans laquelle on observe une feuille vivante d'*Elodea canadensis*, on voit s'accélérer les courants qui entraînent les corps chlorophylliens; le protoplasme est donc sensible aux variations de température. Si une préparation, après avoir été exposée longtemps à l'obscurité, est portée brusquement à la lumière, on voit aussi se modifier les courants internes et la distribution du protoplasme, qui en est la conséquence : le protoplasme est donc sensible aussi aux variations de l'éclairement. On a montré encore qu'il est sensible à l'électricité. Bref, le protoplasme, végétal ou animal, manifeste, avec la dernière évidence, une irritabilité qui paraît, au premier abord, être le propre de l'organisation animale.

Le noyau. — Chaque cellule est généralement pourvue d'un noyau différencié; celui-ci se distingue du protoplasme, au milieu duquel il est plongé, par une plus grande réfringence. Comme, d'ailleurs, il est ordinairement limité par un contour assez net, il est parfois possible de l'apercevoir à l'aide du microscope, sans l'emploi d'aucun réactif spécial. C'est ainsi qu'en examinant de face, dans une goutte d'eau, un lambeau d'épiderme arraché à une écaille d'un bulbe d'Oignon ou de Jacinthe, on voit apparaître dans chaque cellule un noyau volumineux, de forme ovoïde. Mais il est nécessaire, le plus souvent, pour bien mettre en évidence l'existence du noyau, d'employer des réactifs colorants. L'iode, qui teinte le protoplasme en jaune brunâtre, colore le noyau d'une teinte plus foncée. Le carmin, la fuchsine le colorent en rouge plus ou moins foncé. L'hématoxyline, matière colorante extraite du bois de Campêche, le violet de Paris, lui communiquent une coloration violette. Le bleu d'aniline le colore en bleu, le vert de méthyle en vert. Ces deux derniers réactifs doivent agir en milieu acide, condition qu'on réalise en plongeant pendant quelques secondes, dans une solution d'acide acétique à 1 p. 100, la préparation colorée par le vert de méthyle ou le bleu d'aniline.

La composition chimique du noyau est très analogue à celle du protoplasme; elle est quaternaire (carbone, hydrogène, oxygène, azote); on y trouve, en plus, une certaine quantité de phosphore. On peut vraisemblablement le considérer, lui aussi, comme essentiellement formé de substances protéiques spéciales, riches en phosphore, qu'on a appelées des *nucléines* : l'assimilant dès lors au protoplasme, on donne le nom de *nucléoplasme* à la matière qui le constitue, réservant celui de *cytoplasme* à la partie du protoplasme qui lui est extérieure.

Sa structure. — Le noyau ne possède pas une structure homogène. Depuis longtemps déjà on avait reconnu la présence fréquente, à son intérieur, de corpuscules plus petits auxquels on avait donné le nom de *nucléoles*, diminutif du mot *noyau*; parfois même on avait observé, inclus dans les nucléoles, des corpuscules plus petits encore, auxquels on avait donné le nom de *nucléolules*. Les progrès de la micrographie, en augmentant le pouvoir grossissant de nos microscopes et en faisant connaître chaque jour de nouveaux moyens de fixer ou de colorer les éléments du noyau, ont permis de s'assurer que la structure en est beaucoup plus complexe encore; à vrai dire, nucléoles et nucléolules n'en constituent pas les éléments les plus essentiels.

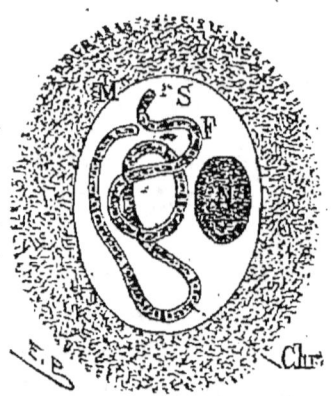

Fig. 17. — Structure du noyau (schéma).— M, membrane nucléaire; F, filament nucléaire; Chr., corpuscules chromatiques; N, nucléole.

Le noyau (*fig.* 17) est limité extérieurement par une membrane très fine, qui l'isole du cytoplasme et qu'on peut appeler *membrane nucléaire*. Est-ce un produit de l'activité du noyau lui-même, ou bien est-elle déposée à sa surface par le cytoplasme? C'est un point qui ne paraît pas encore complètement éclairci.

La cavité limitée par cette membrane est remplie d'une substance semi-fluide et transparente, à laquelle on donne souvent le nom de *suc nucléaire*. Dans le suc nucléaire baigne une sorte de réseau formé de filaments ramifiés et anastomosés, occupant presque toute la cavité de la membrane nucléaire; ce *réseau nucléaire* paraît se réduire dans certains noyaux, surtout chez les cellules végétales, à un simple filament (*filament nucléaire*) pelotonné sur lui-même un grand nombre de fois. C'est le réseau ou filament nucléaire qui, dans le noyau, fixe surtout les réactifs colorants, le vert de méthyle en particulier : un fort grossissement montre qu'après l'action de ce réactif, la membrane et le suc nucléaire sont à peine teintés de vert, tandis que le filament a pris une coloration foncée. A un grossissement plus fort encore, on peut distinguer dans le réseau lui-même deux parties : une substance hyaline, dite *linine*, qui en forme comme le squelette et que les réactifs colorent faiblement; dans l'intérieur ou à la surface du cordon de linine sont distribuées, en série longitudinale, des granulations (*corpuscules chromatiques*) constituées par une autre substance, dite *chromatine*, qui fixe énergiquement la matière colorante. On donne le nom de *paralinine* à la substance qui forme le suc nucléaire.

On voit que la structure du nucléoplasme est, pour ainsi dire, calquée, trait pour trait, sur celle du cytoplasme; si l'on adopte la théorie réticulaire, le réseau nucléaire représente le spongioplasme, et le suc nucléaire l'hyaloplasme; dans la théorie alvéolaire, les mailles du réseau correspondraient en réalité à des cloisons séparant des alvéoles.

A l'intérieur de la membrane nucléaire, baignant dans le suc nucléaire et enveloppés par les éléments du réseau, se trouvent un ou plusieurs corpuscules, ordinairement arrondis, de diamètre sensiblement supérieur à celui des filaments : ce sont les *nucléoles*, qui contiennent parfois, à leur tour, des *nucléolules* de forme analogue, mais de dimensions plus petites encore. Les nucléoles se distinguent généralement des autres parties du noyau par la manière dont ils se comportent à l'égard des réactifs colorants : c'est ainsi que, dans le noyau du sac embryonnaire du Lis, un mélange de fuchsine et de vert de méthyle colore le nucléole en rose, tandis que les corpuscules chromatiques fixent la coloration verte.

Dans les cellules de certains Végétaux, particulièrement chez les Végétaux inférieurs, on observe au moment de la division cellulaire, à l'intérieur du cytoplasme, en dehors du noyau, mais au voisinage immédiat de la membrane nucléaire, souvent dans une sorte de dépression ou fossette de cette membrane, des sphères de très petites dimensions, qui paraissent être de même nature que le cytoplasme, mais qui s'en distinguent par une réfringence spéciale et se colorent mieux par certains réactifs colorants : ce sont les *sphères directrices* ou *sphères attractives*, ou encore *centrosphères*. Examinée à un fort grossissement, la sphère directrice montre, sous une sorte d'écorce claire, une partie centrale plus sombre, le *centrosome*. Prenant le tout pour la partie, on étend quelquefois, assez improprement, le nom de centrosome à la sphère directrice tout entière.

Membrane nucléaire, suc nucléaire, réseau nucléaire, nucléole : tels sont, en résumé, les éléments essentiels qui composent le noyau.

On sait qu'il n'y a pas de protoplasme qui ne possède au moins un noyau plus ou moins différencié. De cette association constante on est naturellement amené à conclure que le noyau joue un rôle important dans la vie du protoplasme.

De quelle nature est ce rôle, c'est ce que montrent assez clairement l'observation et l'expérience.

Les poils radicaux, que porte la racine au voisinage de son sommet, sont de simples cellules ; ces poils s'allongent ordinairement par leur extrémité libre ; or, on peut constater que c'est au voisinage de cette extrémité, où la croissance, et par suite la nutrition, est particulièrement intense, que se trouve le noyau. D'autres poils, au contraire, s'allongent par leur extrémité basilaire, et chez ces poils c'est au voisinage de celle-ci qu'est situé le noyau. Ainsi dans une cellule douée d'un accroissement inégal, le noyau occupe la partie qui s'accroît le plus : il semble être toujours là où la nutrition atteint son maximum. Ces indications de l'observation sont confirmées par les résultats que fournissent les expériences dites de *mérotomie.*

Soit un organisme unicellulaire dont le protoplasme renferme un noyau et se prolonge extérieurement en pseudopodes capables de capter les particules alimentaires, une Gromie[1] par exemple. A l'aide d'un fin scalpel coupons le corps protoplasmique, et séparons-le en deux parties, dont une seule renferme le noyau. Sous l'influence de cette blessure nous verrons d'abord les deux masses protoplasmiques rétracter leurs pseudopodes et prendre une forme arrondie ; mais bientôt elles s'étaleront de nouveau et reformeront des pseudopodes. Etudions alors la manière dont chacune de ces

---

1. Les Gromies sont des *Foraminifères*, Protozoaires assez voisins des Amibes, dont il a déjà été question, mais dont le protoplasme est protégé par une sorte de carapace calcaire, en dehors de laquelle il émet des pseudopodes.

masses se comporte à l'égard des particules alimentaires qu'elle peut rencontrer. Celle qui contient un noyau les ingère, les digère et s'accroît de manière à reprendre plus ou moins rapidement le volume de la cellule primitive, sans que sa composition chimique subisse aucune modification appréciable : elle a donc gardé, comme la cellule primitive, la faculté d'assimilation. La masse protoplasmique sans noyau semble bien au début se comporter de la même façon, et, par une sorte d'addition de particules alimentaires, elle aussi accroît son volume; mais bientôt cette addition même prend fin, et d'ailleurs on peut s'assurer que la composition chimique du protoplasme s'est modifiée en même temps qu'il a crû : il n'a donc pas assimilé; aussi, ce protoplasme se morcelle et se résout en globules plus petits, qui meurent et se désagrègent complètement.

Ainsi la présence d'un noyau dans le cytoplasme est indispensable à ce dernier pour l'exercice de sa fonction d'assimilation : il semble que les substances alimentaires ingérées par le cytoplasme soient transmises au nucléoplasme, auquel reviendrait le rôle de les élaborer et d'en faire du cytoplasme de même espèce. *Le noyau est donc l'organe de l'assimilation;* c'est lui qui fixe les propriétés spécifiques de chaque protoplasme.

Le bon sens indique que cette influence favorable du noyau sur le cytoplasme ambiant ne doit pas s'étendre à une distance indéfinie : on estime à 1/60 environ le rapport entre la masse d'un noyau et celle du cytoplasme qu'il tient sous sa dépendance; à l'ensemble formé par cette petite masse cytoplasmique et son noyau on donne souvent le nom d'*énergide*.

La membrane. — Le terme de *membrane* manque un peu de précision. Si l'on devait considérer comme une véritable membrane cette couche limitante dont on a signalé plus haut la présence à la surface de toute masse protoplasmique, couche qui fait partie du protoplasme lui-même et qui, comme lui, est attaquable à la pepsine, il faudrait dire que tout plastide est pourvu d'une membrane. On admet au contraire qu'un plastide est nu quand son protoplasme n'est protégé que par cette couche, entièrement vivante. Il arrive souvent qu'au sein de la couche membraneuse du protoplasme se déposent des substances inertes, inattaquables à la pepsine; alors on peut dire vraiment que cette couche constitue une membrane, mais une membrane encore vivante, autour du corps protoplasmique. Si enfin le protoplasme sécrète, en dehors de la couche membraneuse elle-même, une sorte de coque entièrement formée de substances inattaquables à la pepsine, il se trouve enveloppé par une membrane qui ne renferme plus rien de vivant : il semble, au premier abord, que ce soit le caractère de la membrane que possèdent généralement les cellules végétales; on pourra se demander plus loin si cette manière de voir est absolument exacte.

Sa composition chimique. — Parmi les substances chimiques assez diverses qui peuvent prendre part à la constitution de la membrane d'une cellule appartenant à une portion adulte et molle du corps de la plante, il faut signaler en premier lieu la *cellulose*, qui tire précisément son nom du rôle qu'elle joue dans la constitution des cellules. La cellulose est formée par une combinaison de carbone, d'hydrogène et d'oxygène : c'est une substance *ternaire*. Les poids d'hydrogène et d'oxygène qui entrent dans la constitution d'une molécule de cette substance sont dans le même rapport que ceux qui contribuent à former une molécule d'eau : elle peut être considérée, par suite, comme résultant de la combinaison de quelques atomes de carbone avec quelques molécules d'eau, ce qu'on exprime en disant qu'elle appartient au groupe des *hydrates de carbone*, de formule générale $C^n(H^2O)^n$. Sa formule brute, déterminée par l'analyse élémentaire, est $C^6H^{10}O^5$ qu'on peut écrire $C^6(H^2O)^5$. Pour s'en procurer une quantité considérable, il suffit de recueillir du coton, qui en est entièrement formé. Le papier est formé, lui aussi, au moins en grande partie, de cellulose.

La cellulose n'est pas soluble dans les réactifs alcalins. Elle est, au contraire, dissoute à la longue par les acides forts, tels que l'acide chlorhydrique et l'acide sulfurique. Mais son dissolvant par excellence est le bleu céleste ou réactif de Schweizer : c'est, comme on le sait, le liquide, d'un beau bleu, qu'on obtient en faisant passer à plusieurs reprises de l'ammoniaque sur de la tournure de cuivre, ce qui fournit une solution ammoniacale d'azotite de cuivre. On peut montrer la solubilité de la cellulose dans ce réactif en y plongeant du coton, qui s'y dissout plus ou moins rapidement, ou en constatant que, versé sur un filtre de papier, le réactif de Schweizer le perce presque immédiatement.

Soumise à l'action des acides étendus ou de certains chlorures, comme les chlorures de zinc et de calcium, la cellulose devient colorable en bleu par l'iode. Ainsi s'explique l'action du chlorure de zinc iodé ou chloro-iodure de zinc[1] sur les membranes cellulosiques. Ce réactif les colore en bleu. D'une manière générale, ce sont surtout les colorants acides qui se fixent sur la cellulose. Rapproché de sa solubilité dans les acides forts, ce caractère assigne à la cellulose une fonction chimique analogue à celle des bases.

Avec la cellulose se rencontrent encore, dans les membranes des cellules végétales, surtout dans les membranes jeunes, des composés moins bien définis, dits *composés pectiques*. Pour avoir une idée de ce que représentent les composés pectiques, il suffit de penser aux gelées de fruits, aux marcs de carottes, etc., qui en sont en grande partie formés. Ce sont des composés ternaires (carbone, hydrogène, oxygène), amorphes, assez voisins des gommes et des mucilages. Parmi eux figure l'*acide pectique*, souvent combiné sous forme de *pectate de calcium*.

Les dissolvants des composés pectiques sont, en particulier, les alcalis étendus; ils sont, par contre, insolubles dans le réactif de Schweizer. Ils ne donnent pas, avec le chlorure de zinc iodé, la coloration bleue, caractéristique de la cellu-

---

1. Pour préparer du chlorure de zinc iodé, on dissout du zinc dans l'acide chlorhydrique; puis on évapore la dissolution jusqu'à consistance sirupeuse; enfin on y ajoute de l'iodure de potassium et quelques paillettes d'iode.

lose; leurs colorants sont le bleu de méthylène, le vert d'iode, la safranine, qui leur donne une teinte orangée, le rouge de ruthénium, qui les teinte en rose, etc.; d'une manière générale, ils fixent surtout les colorants basiques. En résumé, ils paraissent remplir une fonction chimique analogue à celle des acides, et on voit que tous leurs caractères s'opposent assez nettement à ceux de la cellulose.

On peut admettre que, dans les végétaux supérieurs, d'organisation pluricellulaire, c'est la rigidité des membranes cellulosiques qui oppose un obstacle insurmontable à la communication des mouvements d'un élément protoplasmique au suivant et détermine l'immobilité de l'organisme tout entier. Ainsi l'observation d'un caractère en apparence bien secondaire, la présence d'une membrane cellulosique autour du protoplasme, en même temps qu'elle nous aide à comprendre l'apparente immobilité des plantes, nous fournit la meilleure solution qu'on puisse donner actuellement d'un problème qui se pose forcément devant le biologiste : trouver un caractère distinctif des animaux et des végétaux.

Il n'y a pas, en effet, de cellules incontestablement animales dont les protoplasmes soient entourés de membranes cellulosiques. Il n'y a pas, au contraire, d'organismes incontestablement végétaux qui ne revêtent, à un moment donné, leur protoplasme d'une enveloppe cellulosique. Nous pouvons donc, dans l'état actuel de nos connaissances, considérer la cellulose comme une substance caractéristique de l'organisation végétale et faire, de la présence ou de l'absence de cette substance, le critérium qui nous permettra de déterminer le caractère végétal ou animal d'un organisme dont la place nous paraîtra, de prime abord, douteuse : les végétaux sont, par définition, des êtres vivants dont le protoplasme s'enveloppe, au moins à une période déterminée de son évolution, d'une membrane de cellulose.

Sa structure. — Quelle est la structure intime de la membrane cellulaire?

En observant, à un très fort grossissement, des coupes transversales faites dans les membranes très épaisses de certaines cellules (*fig.* 18), on reconnaît qu'elles sont formées par une série de couches concentriques, alternativement claires et sombres, parce qu'elles sont inégalement réfringentes ; les deux couches extrêmes, la plus externe et la plus interne, sont toujours claires. Si on soumet la membrane à l'action d'un réactif très avide d'eau, comme l'alcool absolu, elle se contracte, perd ses couches sombres et devient entièrement claire. Si, au contraire, on la soumet à l'action d'un réactif susceptible de lui fournir un excès d'eau, comme la potasse étendue, la membrane se gonfle, perd ses couches claires et devient entièrement sombre. En résumé, quand on dessèche la membrane, elle s'éclaircit ; quand on la gorge d'eau, elle s'obscurcit. On peut conclure de là que la présence normale de couches concentriques, alternativement claires et sombres, à l'intérieur de la membrane, doit être attribuée à une inégale répartition de l'eau dans toute son épaisseur : les couches claires sont pauvres en eau ; les couches sombres en renferment, au contraire, en excès.

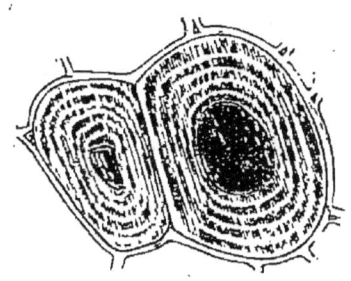

Fig. 18. — Coupe transversale de deux cellules à membranes très épaisses.

D'autres membranes (*fig.* 19), examinées de face, à un fort grossissement, présentent un aspect différent : elles manifestent l'existence de deux systèmes

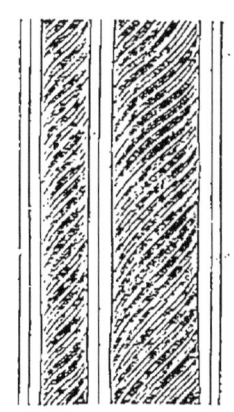

Fig. 19. — Membranes cellulaires à structure striée, vues de face.

de stries, alternativement claires et sombres, se coupant sous un angle plus ou moins aigu, et qui correspondent vraisemblablement à deux systèmes de couches inégalement réfringentes, dirigées perpendiculairement à la surface de la membrane. Cette inégalité de réfringence doit être encore attribuée à une inégale répartition de l'eau. Il suffit de rapprocher cette observation de la précédente pour être amené à considérer chacune des couches concentriques, claires ou sombres, de la membrane cellulaire comme décomposée, à la façon d'un damier, en une multitude d'éléments de forme parallélipipédique, inégalement riches en eau et alternant suivant une loi régulière, et ainsi la membrane tout entière serait formée par la juxtaposition d'une multitude d'éléments infiniment petits.

Dans cette hypothèse, la structure de la membrane serait assez comparable à celle d'un cristal et, de fait, certaines membranes très épaisses, examinées dans la lumière polarisée, entre les nicols croisés, présentent le phénomène bien connu de la croix noire, qui manifeste, comme on le sait, la biréfringence des corps cristallisés.

Nægeli a donné le nom de *micelles* aux éléments infiniment petits dont la juxtaposition formerait ainsi la membrane tout entière. Il a étendu, d'ailleurs, au protoplasme lui-même cette conception de la structure micellaire et admis que la substance vivante, dans toute son étendue, serait formée par l'association d'éléments comparables à des cristaux et susceptibles d'absorber une quantité plus ou moins forte d'eau.

CHAPITRE III

La division cellulaire.

Origine des cellules végétales. — Constituée comme il vient d'être dit, la cellule offre les mêmes caractères que l'être vivant tout entier, dont elle est en quelque sorte la « monnaie ».

Pas plus que l'être vivant tout entier dont elle fait partie, la cellule ne reste un seul instant identique à elle-même : elle se modifie constamment dans ses dimensions, dans sa forme, dans sa structure, dans la constitution chimique de ses divers éléments ; en un mot elle *évolue*.

Et pas plus qu'il n'y a de génération spontanée d'êtres

vivants, il n'y a de génération spontanée de cellules : *toute cellule provient d'une cellule préexistante*, qui s'est reproduite en lui donnant naissance.

Avec l'énoncé de cette autre loi : *tout être vivant est formé d'une ou de plusieurs cellules*, la proposition qui vient d'être formulée constitue le fondement de la *théorie cellulaire*.

Bipartition cellulaire. — Le mode qu'on observe le plus ordinairement de reproduction des cellules est la division d'une cellule préexistante, ou *cellule mère*, en deux cellules nouvelles ou *cellules filles;* c'est le phénomène de la *bipartition cellulaire*.

On voit d'abord le noyau de la cellule mère se diviser en deux noyaux nouveaux, qui viennent occuper deux pôles opposés à l'intérieur de cette cellule, et ainsi la bipartition de la cellule commence par la bipartition du noyau. Connaissant le rôle capital que joue le noyau dans les phénomènes d'assimilation protoplasmique, on comprend la nécessité de la bipartition préalable du noyau : sans elle, une des deux cellules filles, étant privée de noyau, serait par là même privée de la faculté d'assimilation.

Bipartition du noyau. — Autrefois, alors qu'on ignorait la structure du noyau, on donnait du phénomène de la bipartition nucléaire, une description très simple : le noyau s'étranglerait vers son milieu ; puis, l'étranglement s'accentuant davantage, les deux moitiés du noyau ne seraient plus réunies que par un mince pédicule qui s'étirerait progressivement ; enfin la rupture de ce pédicule déterminerait la formation de deux noyaux indépendants, qui ne tarderaient pas à s'écarter l'un de l'autre et à reprendre les dimensions et la forme du noyau primitif. La division du noyau serait *directe* (*fig*. 20).

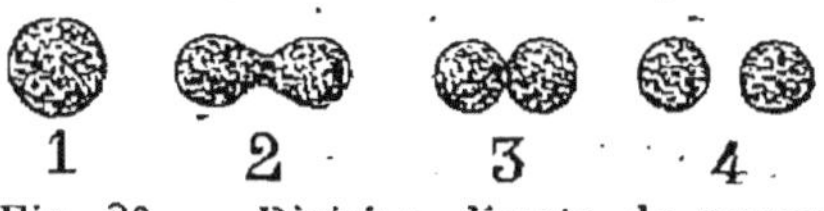

Fig. 20. — Division directe du noyau (schéma). — 1, 2, 3, 4, quatre phases successives de la division.

Les progrès réalisés dans la connaissance de la structure du noyau ont conduit à observer de plus près le phénomène de sa bipartition. On a constaté que, dans la plupart des cas, la description précédente est en défaut : à la division directe il faut substituer un phénomène beaucoup plus complexe, qu'on a désigné des noms de *division indirecte, caryokinèse, mitose*. La division directe, qu'on appelle aussi *amitose*, n'est plus considérée aujourd'hui que comme un processus exceptionnel, qu'on n'observe que chez certains organismes inférieurs ou encore dans les formations pathologiques (cancer, galles végétales, etc.).

Il est relativement facile d'observer sur le vivant les principaux phénomènes de la bipartition cellulaire et de la caryokinèse, en prenant comme matériel d'observation les poils qui recouvrent les étamines de *Tradescantia*; en détachant ces poils par la base et en les immergeant dans une solution de saccharose à 3 p. 100, on peut les conserver en vie assez longtemps et, sur certains d'entre eux tout au moins, observer, à l'aide du microscope, et sans la moindre coloration, les principaux stades de la division.

Mais si l'on veut connaître dans tous ses détails, pour un tissu quelconque, et pour les diverses espèces végétales, le phénomène de la division indirecte, il faut avoir recours à une technique plus complexe.

On fixe dans sa structure, on durcit et on colore par un réactif colorant du noyau (voir p. 39) un organe ou un fragment d'organe dans lequel on sait que les cellules sont en voie de multiplication ; puis, à l'aide d'un rasoir, on cherche à obtenir des tranches de cet organe assez minces pour qu'elles puissent être examinées par transparence au microscope avec un grossissement suffisant : c'est la méthode dite des « coupes minces ». Dans ce cas, il est manifestement impossible de suivre la série continue des modifications d'un seul et même noyau ; il faut rapprocher les aspects différents que présentent, au cours de leur division, des cellules aussi comparables que possible, et reconstituer, par la pensée, la succession des états par lesquels doit passer une d'entre elles.

On peut diviser la série des phénomènes de la caryokinèse en trois phases successives, la *prophase*, la *métaphase* et l'*anaphase*. Mais, pour bien comprendre chacune de ces phases, il convient d'examiner d'une part ce qui se passe dans le noyau lui-même, et d'autre part ce qui, pendant le même temps, se passe en dehors de lui, dans le cytoplasme.

Dans le noyau lui-même on voit, au début de la prophase, s'opérer une sorte de concentration de la substance chromatique (*fig.* 21, 1 et 2). Parmi les filaments dont l'ensemble constitue le réseau nucléaire, certains s'amincissent progressivement, puis disparaissent, tandis que d'autres, condensant pour ainsi dire en eux toute la chromatine des premiers, s'épaississent notablement ; or la réunion de ces régions épaisses forme un cordon continu, plus ou moins contourné sur lui-même en spirale, auquel on donne le nom de *spirème* (*fig.* 21, 2).

Puis le spirème se rompt de distance en distance et se trouve ainsi remplacé par une série de tronçons appelés *chromosomes* (3). En raison même de la forme du spirème, les chromosomes affectent des formes assez contournées, souvent celles de lettres J ou V majuscules. Mais il est surtout essentiel de remarquer que le nombre des chromosomes est rigoureusement déterminé pour une espèce donnée : il est, par exemple, de 12 dans la division de certaines cellules du Lis Martagon.

Ensuite se produit (fait capital) une division longitudinale de chaque chromosome. Comme les filaments du réseau nucléaire, duquel il provient, le chromosome comprend, avec un support de linine, quelques granulations de chromatine qui peuvent être assez inégales de volume et de forme (*fig.* 22, 1). A un moment donné, par une sorte d'étranglement progressif que l'on pourrait comparer à celui que subit le noyau dans l'amitose, chacune de ces granulations se divise transversalement en deux moitiés sensiblement égales, de sorte que la rangée primitivement simple de granulations est remplacée par deux rangées parallèles et de même composition (*fig.* 22, 2). Puis le chromosome est entamé par une sorte de fissure longitudinale qui sépare ces deux rangées et qui, débutant en général au niveau de la partie coudée, s'étend de proche en proche jusqu'aux extrémités ; le chromosome

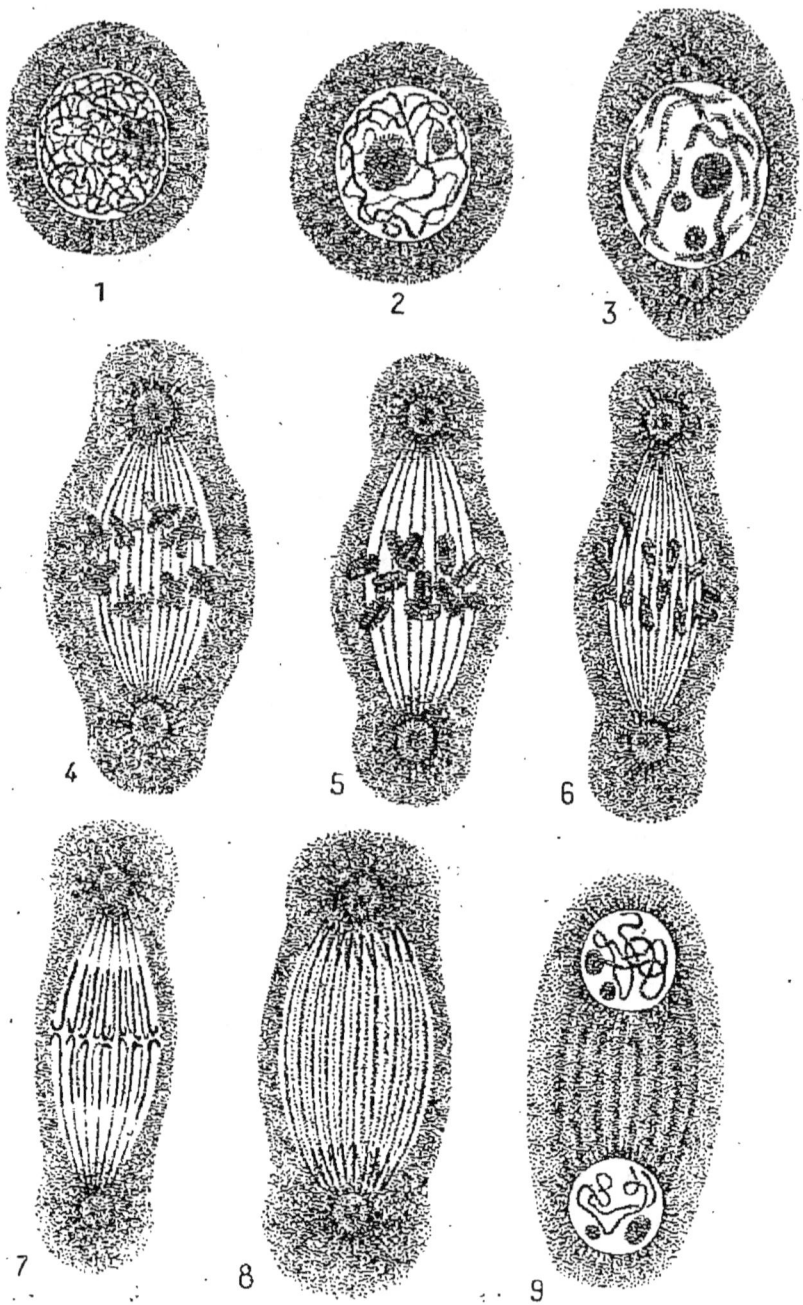

Fig. 21. — Stades successifs de la caryokinèse du noyau. — 1, noyau au repos. — 2, stade du spirème. — 3, le filament chromatique se tronçonne en chromosomes. — 4, les chromosomes se rassemblent vers l'équateur. — 5, stade de la plaque équatoriale : chaque chromosome se fend longitudinalement en deux parties égales. — 6, les deux moitiés de chaque chromosome tendent à s'écarter l'une de l'autre. — 7, stade du tonnelet. — 8, les nouveaux chromosomes se rendent aux pôles. — 9, les deux noyaux-fils sont reconstitués.

primitif est remplacé par deux chromosomes de même forme, appliqués l'un contre l'autre (3). Le nombre total des chromosomes se trouve ainsi doublé (*fig.* 22, 4) : il est par exemple de 24 chez le Lis Martagon.

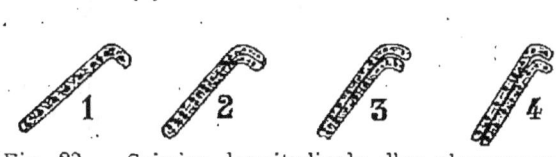

Fig. 22. — Scission longitudinale d'un chromosome (schéma).

En même temps, la membrane nucléaire, qui séparait primitivement le cytoplasme du nucléoplasme, disparaît peu à peu ; c'est d'abord au niveau des pôles que se manifeste cette sorte de fonte de la membrane ; puis elle s'étend de proche en proche en rayonnant à partir de ce point, et il devient impossible de fixer une limite entre le cytoplasme et le suc nucléaire.

Pendant que ces modifications se produisent dans le noyau, on voit s'organiser, au sein du cytoplasme, des *filaments achromatiques*, sorte de fibrilles réfractaires aux réactifs colorants, provenant peut-être d'une orientation des granulations protoplasmiques, et rayonnant à partir d'un centre qui est une sphère directrice : ainsi se constitue l'*aster*, figure en forme d'étoile, d'abord incomplète, puis se complétant peu à peu (*fig.* 21, 3 et suiv.).

Entre les deux pôles, le protoplasme s'organise en une série de filaments achromatiques, semblables à ceux qui constituaient les rayons de l'aster primitif ; chaque filament dessine, d'un pôle à l'autre, une ligne courbe, et leur ensemble représente une sorte de fuseau, dit *fuseau central* ; les deux moitiés écartées de l'aster primitif, ou *cônes antipodes*, forment par leur réunion l'*amphiaster* (4) : c'est en général vers ce moment que commence à disparaître la membrane nucléaire. De chacun des pôles rayonne bientôt une nouvelle série de filaments achromatiques qui se dirigent vers les chromosomes, maintenant distincts et déjà dédoublés : c'est un *cône d'attraction*.

Plus tard se produit un déplacement de ces nouveaux filaments. Considérons, dans un des cônes d'attraction, le filament qui, partant d'un des pôles, vient toucher un groupe de deux chromosomes frères, et le filament qui, continuant celui-là dans le second cône d'attraction, aboutit à l'autre pôle : la réunion de ces deux filaments forme un arc qui semble exécuter autour de sa corde (la ligne des pôles) un mouvement de rotation, entraînant avec lui les deux chromosomes qu'il supporte. Chaque paire de filaments exécutant un mouvement analogue, mais plus ou moins étendu, les deux cônes d'attraction sont bientôt remplacés par un *fuseau périphérique*, qui enveloppe de toutes parts le fuseau central ; quant aux chromosomes, s'appuyant généralement par leur région coudée sur le fuseau périphérique, ils se sont pour ainsi dire étalés dans un plan perpendiculaire à la ligne des pôles, à égale distance de ceux-ci, et constituent ainsi, suivant l'équateur de la figure, un amas de substance chromatique qui, reconnu de bonne heure par les observateurs des phénomènes de caryokinèse, a reçu le nom de *plaque nucléaire* ou *plaque équatoriale*. (5).

Ainsi, au terme de la prophase, la dislocation progressive du noyau primitif a eu pour résultat la constitution d'une figure assez complexe, dont les éléments essentiels sont : l'amphiaster avec les deux pôles ; — le fuseau central, qui réunit ceux-ci ; — le fuseau périphérique, qui entoure le précédent ; — enfin la plaque nucléaire avec des chromosomes suspendus deux par deux aux filaments du fuseau périphérique. Cette figure caractérise la courte période qu'on appelle métaphase.

Mais bientôt commence l'anaphase. On voit s'écarter l'un de l'autre les deux chromosomes qui composent chaque paire (*fig.* 21, 6) : l'un d'eux, tournant ordinairement sa partie coudée vers un des pôles, s'en rapproche progressivement, pendant que l'autre, prenant une direction opposée, se rapproche de l'autre pôle ; tout se passe comme si les filaments des cônes d'attraction se raccourcissaient, de manière à attirer les chromosomes vers les pôles qui occupent leurs sommets. Et de fait, à mesure que les deux groupes de chromosomes s'écartent ainsi l'un de l'autre (*fig.* 21, 7), derrière eux s'effacent les filaments du faisceau périphérique, remplacés, il est vrai, par un dernier système de filaments achromatiques, dits *filaments connectifs* (8).

Ayant ainsi cheminé au sein du protoplasme, chaque groupe de chromosomes se trouve bientôt très voisin d'un des pôles (8). Alors les chromosomes dont le nombre est exactement le même que celui des chromosomes du noyau primitif (par exemple 12 dans le cas du Lis Martagon), et qui sont aussi très rapprochés les uns des autres, s'ajustent, pour ainsi dire, bout à bout, de manière à reconstituer un spirème. Puis apparaît, à quelque distance de ce dernier, une fine membrane qui l'isole du cytoplasme, enfermant avec lui un nouveau suc nucléaire (9). Enfin le spirème s'allonge, s'amincit, émet dans toute sa longueur des ramifications latérales qui s'anastomosent entre elles ; bref, il reconstitue un réseau nucléaire. Dès lors, la cellule mère renferme deux noyaux semblables au noyau initial [1].

Si on se rappelle que la segmentation longitudinale des tronçons du spirème a eu pour effet de diviser la substance de ce filament en deux moitiés rigoureusement équivalentes, et que les deux segments fournis par chaque tronçon se partagent toujours entre les deux noyaux nouveaux, on voit que la division du noyau consiste essentiellement en une bipartition rigoureuse de son filament constitutif.

Comment se comportent, au cours de la bipartition nucléaire, les nucléoles contenus dans le noyau de la cellule mère? On les voit disparaître peu de temps après la résorption de la membrane nucléaire, sans qu'il soit possible de dire exactement ce que deviennent les produits de leur destruction. On voit, au contraire, reparaître de nouveaux nucléoles à l'intérieur des noyaux qui proviennent de la bipartition, sans qu'il soit possible de préciser leur origine. Peut-être la substance constituante des nucléoles forme-t-elle

---

[1]. On remarquera, dans les stades successifs de la figure 21 (page 52), l'apparition puis la disparition des asters, des sphères directrices et du fuseau achromatique, ainsi que la fonte progressive de la membrane du noyau primitif et la réapparition de membrane autour des noyaux-fils.

pour le noyau une sorte de réserve nutritive qui serait précisément employée au phénomène de la bipartition; mais il n'est pas possible, actuellement, de le dire avec certitude.

L'étude un peu minutieuse que nous venons de faire de la bipartition nucléaire nous montre que ce phénomène complexe peut être, au moins théoriquement, décomposé en une série de stades assez distincts. Il faut dire, il est vrai, que cette succession est sujette à certaines variations, suivant les cellules dans lesquelles on la considère. Quoi qu'il en soit de ces variations, les stades extrêmes sont distribués symétriquement par rapport à un stade moyen, celui de la segmentation longitudinale des chromosomes, qui marque le point culminant de la bipartition.

De cette étude, nous devons retenir surtout deux remarques essentielles. Première remarque : la segmentation longitudinale des tronçons du filament nucléaire a pour résultat de le diviser en deux moitiés rigoureusement équivalentes. Deuxième remarque : le noyau n'est pas seul à jouer un rôle dans la caryokinèse ; il se constitue, dans le cytoplasme avoisinant, des filaments disposés en asters autour de deux pôles d'attraction ou sphères directrices.

Ce qui donne à l'étude de ces phénomènes un intérêt très grand, c'est que la nature animale ou végétale des cellules dans lesquelles on les étudie ne leur imprime pas de différences sensibles. Cette identité dans le processus de phénomènes aussi généraux est bien faite pour combler entre les deux « règnes » le fossé que les anciens naturalistes croyaient si profond.

Le cloisonnement. — Il nous faut maintenant examiner, chez la cellule végétale, les phénomènes qui suivent la division du noyau.

Nous avons dit que la division d'une cellule initiale, ou *cellule mère*, en deux cellules nouvelles, ou *cellules filles*, comporte ici deux phases : la bipartition du noyau et le cloisonnement.

Au moment où les noyaux des deux cellules filles viennent de se constituer, ils sont encore reliés l'un à l'autre par les fils du fuseau achromatique, qui ont servi, comme nous le savons, à guider les segments du filament nucléaire dans leur déplacement au sein du protoplasme (*fig.* 23).

Si la division du noyau n'est pas suivie de cloisonnement, ces fils ne tardent pas à s'effacer, leur nombre diminue progressivement et bientôt disparaît toute trace des phénomènes qui ont accompagné la formation des noyaux nouveaux.

Si, au contraire, une cloison doit apparaître entre ces

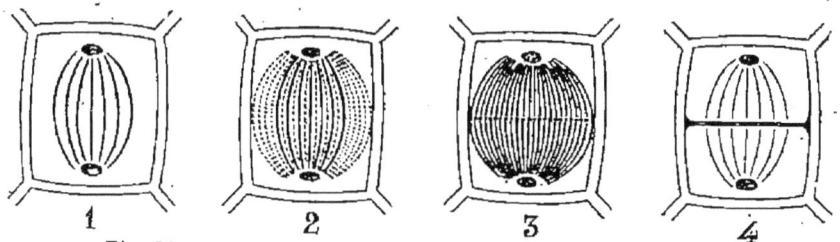

Fig. 23. — Principales phases du cloisonnement (schéma).

derniers, on voit bientôt se former de nouveaux fils achromatiques entre ceux qui avaient pris part à la caryokinèse ; il s'en forme aussi d'autres vers l'extérieur du fuseau, qui se renfle dans le plan de son équateur et finit par atteindre les limites extérieures de la cellule mère, c'est-à-dire la membrane cellulosique (2).

En même temps se dépose vers le milieu de chaque fil une sorte de granulation de nature albuminoïde, se colorant, par exemple, en jaune par l'iode : sur une coupe longitudinale du fuseau achromatique, toutes ces granulations, situées à peu près dans un même plan, donnent l'aspect d'une droite pointillée, perpendiculaire à la ligne des pôles du fuseau (3).

Bientôt les nodosités albuminoïdes, augmentant de volume, entrent en contact les unes avec les autres et forment, au sein du protoplasme, une lame continue qui s'appuie sur la face interne de la membrane de la cellule mère : celle-ci est, dès lors, cloisonnée (4). Cependant, les fils achromatiques qui ont servi de supports aux premiers éléments de la lame albuminoïde se sont progressivement effacés : leur rôle est terminé.

Plus tard, la nouvelle membrane, ainsi constituée, s'imprègne, dans sa zone moyenne, de composés pectiques; puis aux composés pectiques s'ajoute la cellulose, surtout dans les deux faces extrêmes de la membrane. Peu à peu, la cellulose devient plus abondante, les composés pectiques étant surtout relégués dans la lame moyenne, et il vient un moment où la membrane de séparation entre les deux cellules filles a pris la même valeur et le même aspect que la membrane totale de la cellule mère : le cloisonnement est terminé.

CHAPITRE IV

Les tissus végétaux.

Tissus végétaux. — Les deux cellules filles, résultant de la bipartition nucléaire et du cloisonnement, peuvent à leur tour se comporter comme la cellule mère qui leur a donné naissance : chacune d'elles peut diviser son noyau et cloisonner son protoplasme, de manière à former deux cellules nouvelles, et ainsi de suite; de sorte qu'une cellule initiale peut, de proche en proche, donner naissance à tout un massif de cellules qui en proviennent par des bipartitions successives, à un *tissu*, comme on dit.

Méristème. — Par l'étude même de l'origine des tissus, on voit qu'un tissu jeune, encore en voie de cloisonnement, est nécessairement formé de cellules polyédriques, à protoplasme compact, à noyau volumineux, étroitement serrées les unes contre les autres sans aucun interstice; les diverses faces de leurs membranes, qui les séparent deux à deux, forment entre elles autant de murs mitoyens. On donne à un tel tissu le nom de *méristème*.

Différenciation. — Mais le méristème ne constitue qu'une forme transitoire de tissu : les cellules, d'abord identiques entre elles, ne tardent pas à revêtir des aspects divers ; chacune d'elles évolue d'une façon déterminée, *se différencie* des autres, comme on dit ; au cloisonnement succède, en un mot, la *différenciation*, et le corps de la plante, qui s'était d'abord montré *homogène*, ne tarde pas à devenir *hétérogène*.

La différenciation des cellules peut porter sur l'agencement des cellules entre elles, sur les rapports mutuels qu'elles contractent. Elle peut aussi porter sur la constitution chimique et la structure de leurs membranes. Elle peut, enfin, porter sur leur contenu, c'est-à-dire sur les divers éléments inclus dans le protoplasme.

Agencement des cellules. Méats et lacunes (*fig.* 24). — Soient trois cellules, d'abord étroitement juxta-

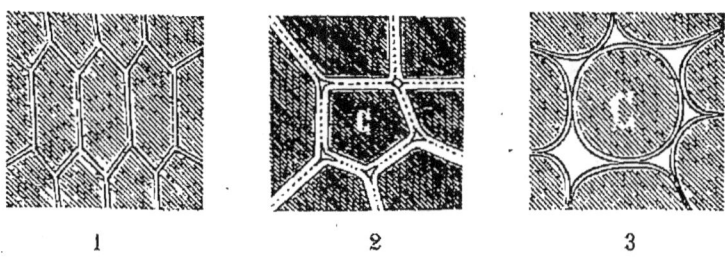

Fig. 24. — Formation des méats (schéma).

posées et séparées deux à deux par ces murs mitoyens que constituent les membranes issues du cloisonnement (1). Ces cellules, en s'accroissant, pourront se repousser mutuellement, chacune d'elles tendant à prendre une forme sphérique. Bientôt, au point de concours des trois membranes de séparation, une délamination se produira au sein de la masse cellulosique et l'on verra paraître une cavité de forme grossièrement tétraédrique, qui, sur une coupe transversale, se traduira par un espace triangulaire (2) : cette cavité, qui se remplit d'un mélange gazeux analogue à l'air, est un *méat intercellulaire*. Imaginons que les cellules continuent à s'accroître et à tendre vers la forme sphérique : le méat s'élargira ; les fentes, qui avaient ébauché précédemment la séparation des trois cellules, pourront se prolonger à travers les membranes cellulosiques. Si on imagine, de plus, que le même phénomène se produise en chacun des points où concourent trois cellules du méristème, on comprendra facilement que celui-ci va se transformer en un groupe de cellules dont chacune possédera une membrane propre, indépendante de celles des cellules voisines, avec lesquelles elle entrera seulement en contact par des portions limitées de surface (3). Le tissu sera dès lors traversé, dans toute son étendue, par des *espaces aérifères* dont les plus étroits seront de simples méats, tandis que les plus vastes, limités par un grand nombre de cellules, mériteront un nom différent, celui de *lacunes;* ce sera un *tissu lacuneux.*

Il arrive parfois que les méats ou lacunes renferment de petites masses de nature pectique — des *bouchons pectiques intercellulaires,* comme on dit — derniers vestiges laissés par les parties moyennes des membranes séparatives des cellules du méristème primitif.

Sa croissance. — En même temps que la cellule dont elle fait partie, la membrane s'accroît : elle augmente à la fois en surface et en épaisseur. Quel est le mécanisme de cet accroissement? Deux théories ont été proposées pour répondre à cette question.

Pour les uns, Nægeli par exemple, la membrane s'accroîtrait à la fois dans toutes ses parties; elle se laisserait pénétrer dans toute son épaisseur par les éléments nouveaux; elle se nourrirait, en un mot, par *intussusception.* Les micelles[1] anciens s'accroîtraient jusqu'à atteindre une certaine limite imposée à leur taille; en même temps, des micelles nouveaux se déposeraient, par une sorte de cristallisation, dans les intervalles des micelles anciens.

Pour d'autres, la membrane s'accroîtrait simplement par un dépôt d'éléments nouveaux à la surface des éléments anciens : elle se nourrirait par *apposition.*

Si la théorie de l'apposition permet de comprendre aisément l'accroissement de la membrane en épaisseur, elle est

---

1. Voir page 48.

insuffisante à expliquer son accroissement en surface. La plupart des botanistes se sont donc ralliés à l'idée de l'intussusception. Mais, remarquant que tout accroissement soit de l'ensemble, soit d'une partie de l'être vivant, paraît généralement lié à un phénomène de multiplication, que toute cellule nouvelle, par exemple, provient de la multiplication d'une cellule préexistante, remarquant aussi que l'on voit parfois la membrane s'accroître alors qu'elle n'est plus en contact avec un protoplasme vivant (voir par exemple plus loin la formation de l'œuf chez les Algues vertes du groupe des Conjuguées), on a proposé d'attribuer aux micelles une individualité et une autonomie plus grandes et de les considérer comme des éléments vivants, capables de se multiplier par bipartitions successives (*dermatosomes* de Wiesner).

Différenciation de la membrane cellulaire. — La différenciation de la membrane cellulaire peut tenir soit à son mode de croissance et à la structure définitive qui en résulte, soit aux modifications chimiques qu'elle subit.

Ornementation. — Parfois la membrane, en s'accroissant, s'épaissit également dans toutes ses parties : elle garde alors un aspect uniforme dans toute son étendue. Souvent, au contraire, elle subit des épaississements inégaux en ses différents points et de cette inégalité résulte un contraste assez marqué entre les régions diversement épaissies.

Considérons, pour fixer les idées, une cellule appartenant à la partie interne d'un méristème et étudions un des modes de différenciation que peut subir la structure de sa membrane. Supposons qu'elle s'épaississe uniformément dans presque toute son étendue et reste mince seulement dans certaines parties qui, vues de face, présenteraient une forme à peu près circulaire. Lorsque la membrane aura achevé sa croissance, à ses parties minces correspondront, sur sa face interne, des sortes de puits dont le fond se laissera facilement traverser par la lumière : si on examine la membrane de face, les parties minces se dé-

4

tacheront sur le fond général sous forme de *ponctuations*. On dit alors que la *cellule* est *ponctuée*.

Il peut encore se faire que les portions minces de la membrane en représentent, au contraire, la majeure partie et que sa face interne porte, vers le protoplasme qu'elle recou-

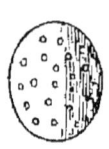   

Fig. 25. — Divers ornements de la membrane. — Cellules ponctuée, rayée, annelée, spiralée.

vre, des bandes épaissies en forme d'anneaux successifs, ou un fil saillant en forme de spirale : dans le premier cas on dit que la *cellule* est *annelée*, dans le second, qu'elle est *spiralée*. Une forme intéressante de ponctuations est celle des *ponctuations aréolées* qu'on observe notamment dans le bois des Conifères (Pin, Sapin, etc.). Vue de face, une ponctuation aréolée offre l'aspect d'une tache claire, de forme circulaire, entourée d'une aréole plus sombre, qui se détache sur le fond uniformément opaque de la membrane. Une coupe faite à travers la ponctuation montre qu'à ce niveau la membrane porte sur sa face interne, celle qui est en contact avec la cavité cellulaire, une dépression en forme de puits dont le diamètre est plus étroit à l'entrée qu'au fond. Comme la face interne de la cellule adjacente porte, au point correspondant, une dépression de même forme, il en résulte qu'au niveau de la ponctuation la membrane de séparation de deux éléments voisins présente une plage d'épaisseur minima, comprise entre deux sortes d'antichambres pourvues d'étroits orifices. Un rayon lumineux qui traverse la membrane dans cette région rencontre un écran dont l'épaisseur varie avec la distance qui le sépare du centre de la ponctuation : l'épaisseur maxima est à l'extérieur de la ponctuation ; l'épaisseur minima correspond à l'orifice central ; entre ces deux épaisseurs extrêmes sont intercalées des épaisseurs progressivement décroissantes. De là vient que la ponctuation, vue de face, se montre bordée par deux circonférences concentriques : la plus interne limite extérieurement la zone de moindre épaisseur, tandis

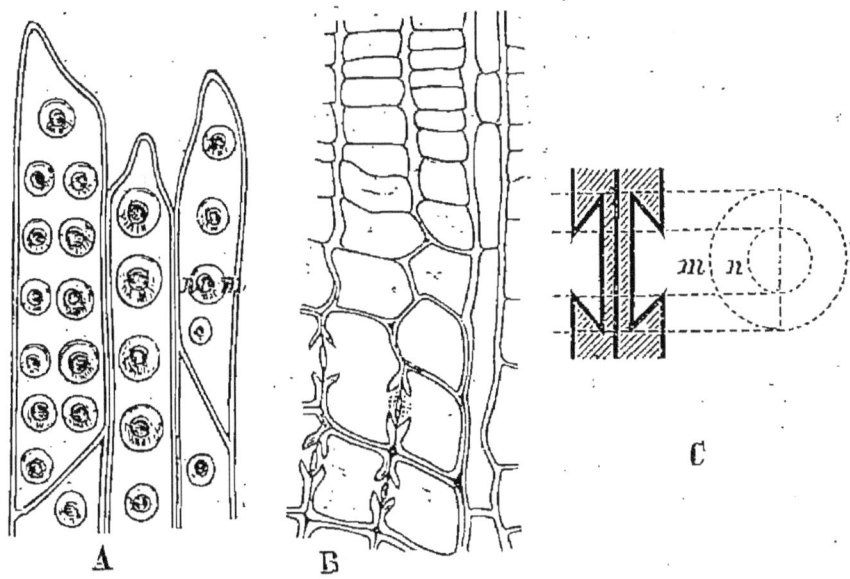

Fig. 26. — Eléments du bois des Conifères, vus de face en A, coupés transversalement en B ; C représente une coupe schématique d'une ponctuation aréolée. — *m*, contour extérieur d'une ponctuation ; *n*, son contour intérieur.

que la plus externe limite, du côté de la ponctuation, la partie de la membrane où l'épaisseur est maxima.

Les faces internes des membranes cellulaires peuvent ainsi présenter les modes les plus divers d'ornementation. Il en résulte une sorte de *sculpture*. Elle peut être *en creux*, si les parties minces de la membrane sont les moins étendues, ou *en relief*, si les parties épaisses forment, au contraire, l'exception. Mais ce qu'il faut surtout remarquer, à propos de ces sculptures internes des membranes cellulaires, c'est qu'elles se correspondent toujours exactement d'une cellule à la cellule voisine. Soit, par exemple, une cellule qui porte sur sa face interne une ponctuation circulaire ; la face interne de la cellule voisine portera, exactement en regard de cette ponctuation, une ponctuation identique (*fig.* 27). Ainsi se trouvent réservées, dans la cloison de séparation de deux cellules voisines, des parties de moindre épaisseur, disposition éminemment favorable aux échanges nutritifs qui se produisent de l'une à l'autre entre protoplasmes voisins.

En contractant artificiellement les deux corps protoplasmiques que sépare la membrane, et en les colorant par des réactifs appropriés, divers observateurs sont arrivés à montrer que ces corps protoplasmiques communiquent souvent l'un avec l'autre par des filaments très fins qui traversent la membrane à travers des ouvertures infiniment petites. Ainsi se manifeste une véritable continuité du protoplasme de cellule en cellule et, si l'on rétablit par la pensée cette continuité entre toutes les cellules qui composent le corps entier de la plante, on est amené à assimiler ce corps, au moins théoriquement, à une masse unique de protoplasme que cloisonnent, de distance en distance, les membranes cellulaires. C'est, d'ailleurs, à cette conclusion que conduit aussi l'étude de la formation des méristèmes, qui nous a occupés tout à l'heure.

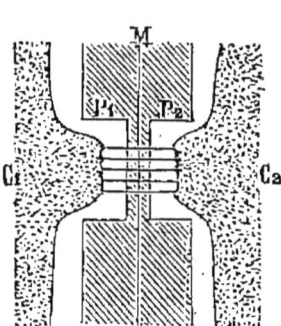

Fig. 27. — Correspondance de deux ponctuations entre deux cellules voisines (schéma). — C_1, C_2, les deux cellules ; M, membrane de séparation en coupe transversale ; P_1, P_2, les deux ponctuations; le fond de la ponctuation est traversé par des filaments protoplasmiques.

Modifications chimiques. — La membrane des cellules végétales peut subir, au cours de sa différenciation, d'importantes modifications chimiques.

La partie externe de la membrane des cellules qui forment la limite extérieure du corps de la plante et qui sont en contact avec l'air extérieur (*fig.* 13, *a*, *d*) subit fréquemment le phénomène de la *cutinisation*. Elle cesse de manifester les réactions de la cellulose : elle perd, par exemple, sa solubilité dans le bleu céleste et se colore non plus en bleu, mais en jaune par le chloroiodure de zinc. Par contre, elle acquiert des propriétés nouvelles : elle se colore, par exemple, en rouge par la fuchsine ammoniacale[1], en vert par le vert d'iode. On admet que la cellulose de ces membranes s'est transformée en une autre substance ternaire, moins riche en oxygène, dont la formule brute paraît être $C^6H^{10}O$, et on donne à cette substance le nom de *cutine*. La présence de la cutine à l'extérieur du corps de la plante a un rôle protecteur.

Une transformation analogue peut affecter des cellules situées plus profondément dans le corps de la plante, souvent à une distance considérable de sa surface ; toutes les faces sont alors transformées. La membrane devient réfringente, irisée, élastique, peu perméable aux liquides et aux gaz ; elle a perdu sa nature cellulosique, se colore en rouge par la fuchsine ammoniacale : on donne le nom de *subérine* à la substance nouvelle qui remplace alors la cellulose et qui paraît différer très peu de la cutine, et on désigne la transformation du terme de *subérification*. Cette transformation s'observe, en particulier, dans les cellules constitutives du liège ; elle a encore pour but de protéger le corps de la plante.

La *gélification* est une autre modification de la membrane ; celle-ci prend une consistance cornée et devient susceptible de se gonfler au contact de l'eau : elle se transforme alors en une sorte de gelée qui s'y dissout plus ou moins complètement : c'est ce qu'on observe par exemple dans les cellules qui limitent extérieurement le tégument d'une graine de lin, et chacun sait qu'au contact de l'eau les graines de lin fournissent un mucilage abondant, propriété qu'on utilise pour la préparation des cataplasmes. Quand la gélification porte sur les zones moyennes des membranes de séparation de

---

1. Pour obtenir la fuchsine ammoniacale, on met quelques parcelles de fuchsine dans l'alcool à 95°, qui se teinte d'un beau rouge, puis on y ajoute de l'ammoniaque jusqu'à ce que la liqueur soit absolument décolorée. Pour employer ce réactif, on y plonge rapidement le tissu étudié, qu'on lave ensuite dans l'eau pure : les parties cutinisées apparaissent en rouge.

cellules primitivement groupées en massif, elle a pour effet de permettre à ces cellules de se séparer les unes des autres ou, comme on dit encore, de les *dissocier* au contact de l'eau.

Dans la cutinisation, la subérification, la gélification, la cellulose est *transformée* en une substance différente.

Les éléments qui constituent le bois subissent une modification d'un autre ordre : la cellulose de leurs membranes *s'imprègne* d'une substance ternaire moins riche en oxygène que la cellulose, moins pauvre cependant que la cutine et la subérine, dont la formule paraît être $C^{19}H^{24}O^{10}$, et qu'on a appelée la *lignine*. Les membranes imprégnées de lignine ou, comme on dit encore, *lignifiées*, deviennent dures, cassantes et prennent une coloration foncée. Elles se colorent en rouge par la fuchsine ammoniacale, en vert par le vert d'iode (ce qui ne permettrait pas de les distinguer des membranes cutinisées); elles se colorent aussi en jaune d'or par le sulfate d'aniline, en rose par la phloroglucine additionnée d'acide chlorhydrique : c'est le réactif le plus rigoureux et le plus sensible de la lignine. La lignification a pour effet d'assurer aux tissus qui la subissent une résistance plus grande ; elle joue pour la plante tout entière un rôle de soutien.

La lignine est soluble dans l'acide nitrique ou la potasse à chaud sans pression : en faisant agir ces réactifs sur le bois, on constate qu'il reprend les propriétés de la cellulose, par exemple, qu'il devient colorable en bleu par le chloroiodure de zinc : ainsi l'on peut s'assurer que la lignification n'a pas fait disparaître la cellulose : c'est une incrustation plutôt qu'une transformation.

Différenciation du contenu cellulaire. — A l'intérieur du protoplasme des cellules différenciées, on peut observer des corpuscules de forme déterminée, des *éléments figurés*.

La chlorophylle et les chloroleucites. — Au nombre de ces éléments, il convient de citer en première ligne ceux qui communiquent à beaucoup d'organes végétaux leur coloration verte caractéristique.

On a donné le nom de *chlorophylle* à la matière colorante verte des feuilles, des tiges, etc. Si on étudie au microscope la structure d'un organe vert, on constate que la chlorophylle est le plus souvent localisée dans certains corpuscules, de forme déterminée, dits *corps chlorophylliens*, à l'exclusion du protoplasme, qui demeure incolore. Tantôt la cellule contient un seul corps chlorophyllien : il est alors de grande taille. Tantôt, et c'est le cas le plus fréquent, la cellule en contient un grand nombre : ils sont alors petits et de forme arrondie ; c'est ce qu'on peut observer dans les cellules de la plupart des feuilles (*fig.* 28, A).

Si on soumet un organe vert, une feuille par exemple, à l'action prolongée de l'alcool, celui-ci se colore en vert ; l'organe, au contraire, se décolore et l'étude microscopique qu'on en peut faire montre que les corps chlorophylliens existent encore, déformés par l'action de l'alcool, mais reconnaissables cependant et offrant les mêmes caractères que le protoplasme. On peut en conclure qu'il faut distinguer dans le corps chlorophyllien au moins deux choses : une sorte de *substratum* protéique qui lui donne sa forme générale, et au moins une matière colorante, ou *pigment*, qui imprègne ce substratum. Concluons aussi qu'il faut rejeter absolument l'ancien terme de « grains de chlorophylle » qui servait à désigner

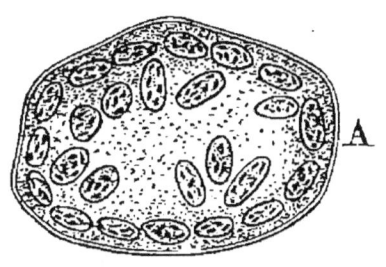

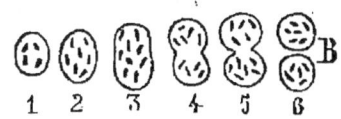

Fig. 28. — Corps chlorophylliens A, une cellule du parenchyme d'une feuille, bourrée de corps chlorophylliens ; B, phases successives de la bipartition d'un corps chlorophyllien. (Les taches noires contenues dans les corps chlorophylliens représentent des grains d'amidon.)

les corps chlorophylliens : il semblait indiquer que le corps chlorophyllien serait formé entièrement de chlorophylle.

Quelle est l'origine des corps chlorophylliens ? Les cellules des organes jeunes, soustraits encore à l'action de la lumière, renferment souvent de très petits corpuscules, possédant la même forme et la même disposition que les corps chlorophylliens dans les organes plus âgés, mais totalement incolores. Ces corps, d'abord très petits, ne tardent pas à s'accroître, puis à se multiplier par bipartitions successives (*fig.* 28, B). Il est donc permis de supposer qu'ils proviennent eux-mêmes des divisions successives de corpuscules préexistants. Or on est convenu de réunir, sous le nom de *leucites*, tous les corpuscules protéiques de forme bien déterminée, inclus dans le protoplasme des cellules et jouissant de la propriété de se multiplier par bipartitions successives, possédant par conséquent leur autonomie au sein du protoplasme. Les observations précédentes conduisent donc à considérer les corps chlorophylliens comme une forme particulière de leucites : ce sont des *chloroleucites*.

L'action de la lumière est une condition généralement nécessaire au verdissement des plantes, par conséquent à la formation de la chlorophylle. Une plante qui se développe à l'obscurité reste incolore ou faiblement colorée en jaune; on dit qu'elle est *étiolée*. Il est cependant des plantes susceptibles de verdir à l'obscurité aussi bien qu'à la lumière : on peut citer les Fougères, plantes d'ombre, certaines Algues, etc. Si on étudie, dans une plante étiolée, la structure des cellules qui devraient normalement renfermer de la chlorophylle, on constate que les chloroleucites s'y sont développés; mais ils sont simplement imprégnés d'une substance jaune, qu'on peut dissoudre par l'alcool et qu'on appelle *xanthophylle* ou *étioline*.

Si on soustrait à l'obscurité une plante étiolée, avant que l'étiolement ne l'ait tuée, et qu'on l'expose à la pleine lumière, cette plante ne tarde pas à verdir. Quand le verdissement est suffisamment accentué, on peut s'assurer, par une étude microscopique, que ce sont les corps précédemment chargés de xanthophylle qui se sont imprégnés de chlorophylle. La formation de la chlorophylle n'a pas été accompagnée de la destruction de la xanthophylle; le second pigment s'est simplement superposé au premier.

Par ce qui précède, on voit que le corps chlorophyllien,

complètement développé, comprend trois parties : 1° un substratum protéique ; — 2° un pigment jaune qui imprègne ce substratum (c'est la xanthophylle) ; — 3° un pigment vert superposé au premier (c'est la chlorophylle).

Pour isoler la chlorophylle à l'état de pureté, on se procure des feuilles bien vertes, des feuilles d'Epinard, par exemple, qu'on dessèche à l'étuve après les avoir fait bouillir quelques instants dans l'eau. On pulvérise dans un mortier les feuilles ainsi préparées et on agite, avec de l'alcool fort (absolu ou à 95° par exemple), la poudre qu'on a obtenue : l'alcool prend une teinte d'un beau vert ; il a dissous la chlorophylle, mais aussi la xanthophylle et diverses impuretés. On fait passer l'alcool coloré sur du noir animal, qui retient toutes les matières colorantes et laisse passer l'alcool avec les autres substances qu'il tient en dissolution. Sur le noir animal on verse d'abord de l'alcool faible, par exemple de l'alcool à 65°, qui dissout la xanthophylle et passe coloré en jaune ; le noir animal retient encore la chlorophylle ; on verse alors de l'huile légère de pétrole, qui dissout ce second pigment et passe colorée en vert [1]. Il suffit d'évaporer rapidement la dissolution de chlorophylle pour obtenir des cristaux dont on peut faire l'analyse élémentaire. La chlorophylle provenant des feuilles d'Epinard a fourni les résultats suivants :

Carbone.	73,97
Hydrogène	9,80
Oxygène	10,33
Azote.	4,15
Cendres, phosphates	1,75
	100,00

Si on tient compte des poids atomiques du carbone, de l'hydrogène, de l'oxygène et de l'azote, on voit que la chlo-

---

[1]. On peut encore séparer la xanthophylle de la chlorophylle d'une façon plus rapide : l'alcool fort, coloré en vert par le mélange de chlorophylle et de xanthophylle, est agité avec un égal volume de benzine ; après repos, la benzine, teintée d'un beau vert par la chlorophylle, se rassemble à la surface ; au fond reste l'alcool, teinté de jaune par la xanthophylle.

rophylle doit être considérée comme une substance quaternaire, pauvre en oxygène, plus pauvre encore en azote.

On a reconnu, de plus, que la composition de la chlorophylle varie dans certaines limites suivant la nature des plantes employées à la préparer. En un mot, il n'y a pas *une* chlorophylle, mais *des* chlorophylles. C'est peut-être ainsi qu'il faut s'expliquer les différences qu'on observe dans l'action de la lumière sur le verdissement, suivant les espèces qu'on étudie.

L'amidon. — Un autre exemple d'éléments figurés qu'on rencontre fréquemment à l'intérieur du protoplasme des cellules végétales est fourni par l'*amidon*. L'amidon est une substance extrêmement répandue dans le corps des plantes. Certains organes en sont littéralement bourrés : tels les tubercules de la Pomme de terre ; c'est à ces organes qu'on devra s'adresser si on veut préparer l'amidon en quantité suffisante pour pouvoir en déterminer la composition chimique.

Pour extraire l'amidon d'un tubercule de Pomme de terre, on l'épluche avec soin et on en lave la surface ; puis, à l'aide d'une râpe, on le réduit en une sorte de pulpe qu'on délaie dans un filet d'eau sur un fin tamis placé au-dessus d'une terrine. Le tamis retient les débris des cellules du tubercule, détruites par le râpage. L'eau passe avec un aspect laiteux : on la recueille dans la terrine, où elle dépose une poudre blanche qu'on peut recueillir par décantation et dessécher. C'est cette poudre, fine et criant sous le doigt, qui constitue l'amidon.

L'analyse chimique de l'amidon montre que c'est une substance ternaire. Sa formule brute serait $C^6H^{10}O^5$, comme celle de la cellulose. C'est donc, comme la cellulose, un hydrate de carbone.

L'amidon est insoluble dans l'eau. Au contact de l'eau chaude (de 60° à 65°), il gonfle et se transforme en une masse gélatineuse qu'on appelle *empois d'amidon*.

Soumis à l'action d'un réactif iodé, à condition que ce réactif contienne un peu d'iode libre, l'amidon forme avec celui-ci une combinaison chimique, dite *iodure d'amidon*, qui présente une coloration bleue. On peut employer, par exemple, une solution d'iodure de potassium, dans laquelle on a fait dissoudre une quantité d'iode suffisante pour qu'il en reste quelques paillettes au fond de la dissolution. Quand la cellulose se colore en bleu, sous l'action de l'iode et de l'acide sulfurique ou sous l'action du chloroiodure de zinc, l'acide ou le chlorure de zinc transforme la cellulose en son isomère l'amidon, et c'est ce dernier qui donne avec l'iode un composé de couleur bleue.

Fig. 29. — Un grain d'amidon, isolé et très grossi, présentant le phénomène de la croix noire.

Examiné au microscope, l'amidon se montre formé d'une multitude de corpuscules dits *grains d'amidon* (*fig.* 29). Les grains d'amidon extraits d'un tubercule de Pomme de terre ont un contour ovoïde ; ceux qu'on peut extraire d'une foule d'autres plantes ont, d'ailleurs, les contours les plus variés ; mais, quelle que soit la forme, chaque grain se montre, généralement, formé d'une série de couches concentriques emboîtées les unes dans les autres et dont le centre commun est généralement placé en dehors du centre géométrique du grain. Ces couches sont alternativement claires et sombres ; la couche externe est toujours claire et le noyau qui occupe le centre commun de toutes les couches concentriques est toujours sombre. A quelle cause faut-il attribuer cet aspect caractéristique qui rappelle celui de certaines membranes cellulaires ? Comme dans ce dernier cas, à une inégale répartition de l'eau dans l'épaisseur du grain : les couches claires seraient pauvres en eau ; les couches sombres en renfermeraient, au contraire, en excès.

Placé dans la lumière polarisée, entre les nicols croisés, le grain d'amidon présente le phénomène caractéristique de la croix noire ; les deux branches de la croix se rencontrent au centre même du grain (*fig.* 29). De cette propriété on conclut que le grain d'amidon peut être comparé à un groupe de cristaux rayonnant autour d'un centre. Il posséderait, en un mot, comme la membrane, une structure cristalloïde.

Si, au lieu d'observer l'amidon extrait mécaniquement d'un tubercule de Pomme de terre, on l'étudie en place, dans les cellules qui le contiennent (*fig.* 30), on répète toutes les observations qui viennent d'être faites ; les caractères qui en résultent peuvent, par conséquent, servir à le définir rigoureusement.

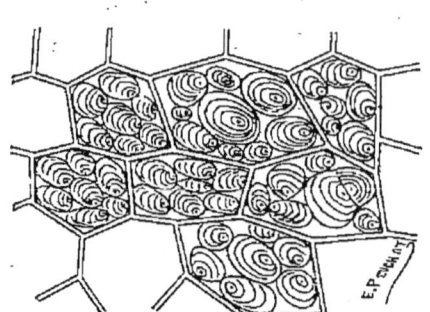

Fig. 30. — Quelques cellules d'un tubercule de Pomme de terre, gorgées de grains d'amidon.

Quelle est l'origine des grains d'amidon dans les cellules végétales ? Pour répondre à cette question, il est nécessaire d'examiner des organes très jeunes, par exemple des tubercules de Pomme de terre en voie de formation et n'ayant encore que quelques millimètres de long. Divers observa-

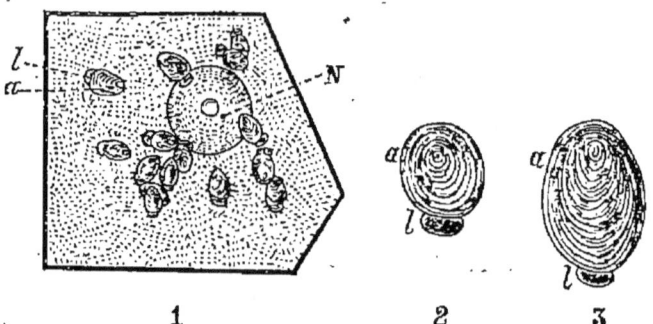

Fig. 31. — Formation d'un grain d'amidon. — 1, une cellule entière, avec quelques grains d'amidon en formation ; 2 et 3, un seul grain, plus grossi. — N, noyau de la cellule ; *l*, leucite ; *a*, matière amylacée.

teurs, opérant ainsi, ont constaté que l'amidon serait le produit de l'activité de corpuscules spéciaux, inclus dans le protoplasme, auquel ils ressembleraient par leur composition protéique, mais indépendants de lui, se multipliant par bipartitions successives et provenant toujours de parents antérieurs, de leucites en un mot (*fig.* 31). Dans une cellule d'un tubercule très jeune de Pomme de terre, de nombreux leucites, groupés autour du noyau, se colorent entièrement en jaune par l'iode : ils ne présentent encore aucune trace de dépôt amylacé. Un peu plus tard, chaque leucite dépose sur son flanc un premier globule d'amidon qui ne tarde pas à s'accroître et à prendre sa structure caractéristique : le centre des couches concentriques est toujours opposé au leucite formateur. Puis le grain d'amidon augmente de plus en plus, tandis que se réduit le leucite, épuisé par le travail d'élaboration de l'amidon. Enfin toute trace du leucite formateur disparaît et le grain d'amidon prend son aspect définitif, dans lequel la position excentrique du noyau est le seul vestige de son origine.

Le leucite, à l'intérieur ou sur le flanc duquel se produit l'amidon, est-il bien l'agent de cette formation ? D'aucuns le pensent. D'autres considèrent simplement le leucite comme un support choisi par le protoplasme pour y déposer le produit de son activité propre. Quelques-uns vont plus loin et contestent jusqu'à l'existence des leucites amylifères : l'amidon pourrait se déposer simplement au sein du protoplasme de la cellule jeune, par une sorte de précipitation chimique, sans qu'aucun corpuscule figuré prenne part à son élaboration. On voit que la question de l'origine des grains d'amidon est encore très controversée. Remarquons toutefois que les chloroleucites renferment très fréquemment dans leur sein des granules d'amidon. Il paraît dès lors difficile de ne pas attribuer tout au moins aux chloroleucites de cette catégorie un certain rôle dans la formation de l'amidon.

Quelle que soit l'origine des grains d'amidon, on doit se demander comment ils s'accroissent. Ici encore, plusieurs théories se sont trouvées en présence.

Pendant longtemps on a supposé que le grain d'amidon, formé de couches concentriques, devait s'accroître par une simple *apposition* d'éléments nouveaux à la surface des parties déjà existantes.

Plus tard, diverses observations ont conduit à lui attribuer un mode de croissance tout différent, et l'on a admis que le grain d'amidon s'accroît par pénétration d'éléments nouveaux dans toute son épaisseur, par *intussusception* en un mot. La disposition en couches concentriques n'aurait aucune relation avec le mode d'accroissement. Comment s'expliquer autrement, pensait-on, la présence constante d'une couche claire à la surface du grain d'amidon ?

Certaines observations fournissent cependant des arguments contre cette manière de voir et font pencher la balance en faveur de la théorie de l'apposition. Au moment où la plante utilise la réserve nutritive que constitue le grain d'amidon, celui-ci est corrodé sur toute sa surface et ne tarde pas à présenter un contour absolument irrégulier. Or, si on place un organe amylacé, dont les grains ont déjà subi ce phénomène de corrosion, dans des conditions favorables à une nouvelle formation d'amidon, on ne tarde pas à voir se déposer autour de la surface corrodée de chaque grain une série de couches concentriques, d'abord irrégulières comme cette surface même, puis moins irrégulières, enfin régulièrement arrondies (*fig.* 32). On assiste, en un mot, à une apposition d'amidon nouveau à la surface d'un amidon plus ancien.

Fig. 32. — Un grain d'amidon, d'abord corrodé, puis ayant repris son accroissement.

Mais si c'est à l'apposition qu'il faut attribuer l'accroissement de diamètre du grain d'amidon, il reste à expliquer pourquoi la couche externe, quel que soit l'âge du grain d'amidon, se montre toujours peu hydratée. Pour l'expliquer, on peut admettre qu'après le dépôt d'éléments nouveaux à la surface du grain déjà formé, l'eau introduite dans le grain se répartit inégalement dans sa profondeur, de manière à le décomposer en couches d'hydratation différente. Ainsi la théorie de l'intussusception se trouverait mise, autant que possible, d'accord avec la théorie de l'apposition.

Aleurone. — L'*aleurone* se présente, dans les cellules, sous forme de globules ordinairement arrondis, solubles dans l'eau, insolubles dans l'huile ou la glycérine : on comprend que, pour les observer, c'est dans un de ces derniers réactifs qu'il est nécessaire de placer la coupe qu'on veut examiner. Le corps du grain d'aleurone (*fig.* 33) est formé d'une substance albuminoïde. Il peut être absolument homogène ; souvent, au contraire, il contient, enclavés dans sa masse, des corpuscules figurés qu'on peut rapporter

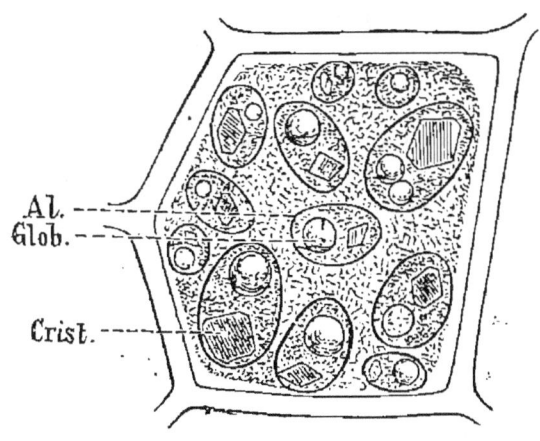

Fig. 33. — Une cellule contenant des grains d'aleurone (Al.).—Glob., globoïde; Crist., cristalloïde.

à deux types principaux ; les uns, dont le contour est arrondi, sont qualifiés de *globoïdes;* l'étude de leurs réactions chimiques a permis de reconnaître qu'ils sont formés par un *glycéro-phosphate de calcium et de magnésium;* les autres, limités par des faces à peu près planes, sont qualifiés de *cristalloïdes;* leur composition chimique paraît être albuminoïde, comme celle du corps qui les emprisonne.

Corps gras. — C'est encore à l'état figuré que les *corps gras* se rencontrent à l'intérieur du protoplasme de certaines cellules végétales. Ils s'y présentent sous forme de gouttelettes arrondies et brillantes.

Suivant leur consistance, les corps gras portent des noms différents : s'ils sont solides, ce sont des *beurres;* s'ils sont liquides, on les appelle des *huiles.* Mais c'est là une distinction très artificielle : chauffé, un beurre fond et prend la consistance liquide d'une huile ; refroidie, une huile se fige et prend la consistance solide d'un beurre ; l'état physique d'un corps gras d'espèce déterminée varie donc en fonction de la température.

Les corps gras sont légers et non volatils : une goutte d'huile, un fragment de beurre, mis en contact avec du papier, y laissent une tache qu'on ne peut faire disparaître en chauffant, une tache *indélébile*, comme on dit pour abréger.

Ils sont insolubles dans l'eau. Si dans un tube à essai on verse de l'eau et de l'huile, puis qu'on agite vivement le contenu, l'huile est partagée en une multitude de petites gouttelettes que l'eau tient en suspension : un tel mélange est qualifié d'*émulsion*, et le corps gras est dit *émulsionné*. Qu'on laisse le tube en repos et on ne tarde pas à voir les gouttelettes se réunir peu à peu les unes aux autres en gouttes de plus en plus grosses, qui, à leur tour, se soudent en une masse continue ; celle-ci vient enfin, grâce à sa légèreté plus grande que celle de l'eau, se rassembler à la partie supérieure du tube à essai, tandis que l'eau reste au fond.

Les corps gras sont peu solubles dans l'alcool à froid, avec lequel ils forment des émulsions comme avec l'eau ; l'huile de ricin fait cependant exception à la règle : elle s'y dissout facilement. — Par contre, ils sont solubles dans l'éther, la benzine, le sulfure de carbone.

Au point de vue de leur constitution chimique, ce sont des composés ternaires (C, H, O). Plus exactement, ce sont des *éthers gras de la glycérine*, c'est-à-dire qu'on peut considérer un corps gras comme résultant d'une combinaison de la glycérine avec un acide de la série grasse, avec élimination d'eau : dans la formule de la glycérine ($C^3H^8O^3$), un certain nombre de molécules de l'acide se substituent à un nombre égal de molécules d'eau, qui sont éliminées. — On soumet le corps gras à l'action d'un alcali, la potasse ou la soude, par exemple, l'alcali se combine avec l'acide gras de manière à former un sel appelé *savon ;* de l'eau se substitue à l'acide ainsi pris et de la glycérine se trouve reconstituée : c'est le phénomène de la *saponification*, et on dit que le corps gras a été *saponifié*.

Certains observateurs disent avoir assisté, dans plusieurs cas, à l'élaboration de gouttelettes grasses par des corpuscules protéiques, de forme déterminée, et capables de se multiplier par bipartitions successives, des leucites en un mot. Si ces observations se généralisaient, la formation des corps gras apparaîtrait comme une nouvelle fonction des leucites, parmi lesquels il y aurait lieu d'établir une catégorie spéciale, celle des *éléileucites*, répondant à ce rôle particulier.

Essences. — C'est aussi sous forme de gouttelettes liquides, incluses dans le protoplasme des cellules, que se montrent les *essences* ou *huiles essentielles*.

Ce sont des essences qui constituent généralement les parfums qu'on peut extraire de nombreuses espèces végétales ; citons les essences de rose, de citron, de fenouil, de lavande, etc.

Les essences sont légères et volatiles : une goutte d'essence, déposée sur du papier, y laisse une tache qui disparaît assez rapidement, par suite de l'évaporation de l'essence, qu'on peut rendre plus rapide en chauffant la feuille de papier.

Elles sont peu solubles dans l'eau. Si on agite une essence avec de l'eau, elle y forme une émulsion ; quand celle-ci a été détruite par le repos et que l'essence, plus légère que l'eau, s'est rassemblée à la surface, l'eau a pris l'odeur de l'essence : indice d'une légère dissolution de celle-ci.

Elles sont solubles dans l'alcool à froid, l'éther, le sulfure de carbone, les huiles grasses.

On voit que, par divers caractères, notamment leur solubilité dans l'alcool froid et leur volatilité, les essences se distinguent nettement des corps gras, avec lesquels pourrait les faire confondre leur nom très impropre d'« huiles » essentielles.

Au point de vue de leur constitution chimique, les essences sont des composés binaires, c'est-à-dire formés seulement de deux corps simples, qui sont le carbone et l'hydrogène ; plus exactement, ce sont des *carbures d'hydrogène*, dont la formule est, par exemple, fréquemment $C^{10}H^{16}$.

Au contact de l'air, les essences s'oxydent facilement, et le produit de l'oxydation s'y dissout ; le résultat d'une oxydation forte est une *résine*, produit solide, non volatil, insoluble dans l'eau, mais soluble dans l'essence qui l'a formée. Les résines peuvent se trouver naturellement mélangées aux essences dont elles dérivent par oxydation; le mélange qui en résulte est ce qu'on appelle une *oléorésine*.

Des essences on peut rapprocher le *caoutchouc*, qui se trouve à l'état naturel, dans l'intérieur du corps de la plante, sous forme d'émulsion. C'est en se réunissant de proche en proche les unes aux autres que les gouttelettes de cette émulsion constituent la masse élastique qui est le caoutchouc brut du commerce.

Tels sont les principaux corps figurés qui peuvent être directement inclus dans le protoplasme des cellules différenciées.

Substances dissoutes. — Certaines substances chimiques peuvent être simplement dissoutes dans l'eau que contiennent les *vacuoles* intracellulaires; le liquide ainsi constitué, quelle que soit sa composition chimique, a reçu le nom général de *suc cellulaire*.

Parmi ces substances, il en est qui peuvent être naturellement précipitées sous forme cristalline à l'intérieur même

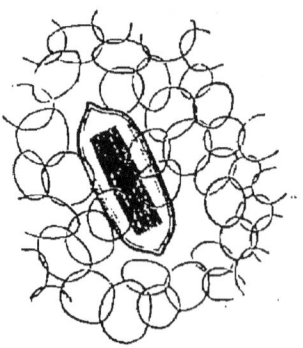

Fig. 34.
Une cellule à raphides.

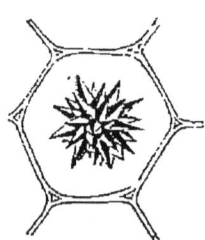

Fig. 35. — Une cellule renfermant un cristal d'oxalate de calcium « en Oursin ».

de la cellule qui les a produites, par suite de la concentration ou de l'évaporation du suc cellulaire. C'est ainsi que s'explique la présence fréquente de cristaux, constitués généralement par des sels organiques, le plus souvent de l'oxalate de calcium. Cette substance se rencontre dans certaines cellules de la feuille des Lentilles d'eau (*Lemna*), sous forme de longues aiguilles cristallines ou *raphides* associées en faisceaux (*fig.* 34). Plus fréquemment, elles forment de petits cristaux octaédriques, quelquefois isolés, ordinairement associés en mâcles qui offrent un peu l'aspect hérissé d'un test d'Oursin : ces cristaux « en Oursin » (*fig.* 35) s'observent facilement dans le pétiole de la feuille du Lierre : on peut en trouver jusqu'à l'intérieur de certains grains d'aleurone.

D'autres substances restent dissoutes dans le suc cellulaire.

Les unes sont quaternaires, les autres ternaires.

Parmi les substances quaternaires qui peuvent être dissoutes dans le suc cellulaire, il convient de signaler les *alcalis organiques* ou *alcaloïdes*, tels que la *quinine*, la *morphine*, la *codéine*, etc. Ce sont des composés azotés qui jouent dans les combinaisons chimiques le rôle de bases ou alcalis, ainsi que l'indique leur nom ; ils s'unissent aux acides pour former des sels (*sulfate de quinine*, par exemple).

Parmi les composés ternaires, signalons d'abord l'*inuline*, substance isomère de l'amidon, mais soluble dans l'eau et, par suite, dans le suc cellulaire, où le microscope ne permet pas de la déceler sur le vivant. Si on découpe en fragments un organe riche en inuline, tel qu'un tubercule de Dahlia ou de Topinambour, et qu'on laisse pendant quelques jours ces fragments dans l'alcool, on peut observer ensuite dans les cellules des sortes d'aiguilles cristallines, groupées en rayonnant autour d'un centre, de manière à constituer des masses plus ou moins sphériques, qu'on appelle *sphérocristaux ;* ces cristaux sont constitués par de l'inuline, que l'alcool a précipitée.

Les gommes et les mucilages, qui proviennent généralement, comme on l'a vu plus haut, d'une modification des membranes de certaines cellules, peuvent aussi se rencontrer à l'intérieur même des cellules.

Comme la cellulose, comme l'amidon, les *sucres* sont des hydrates de carbone. Tous sont solubles dans l'eau.

On peut distinguer, parmi les sucres, deux groupes principaux : le groupe des *saccharoses* et celui des *glucoses*.

Au groupe des saccharoses appartiennent le sucre de Betterave et le sucre de Canne. Leur formule est $C^{12}H^{22}O^{11}$. qu'on peut écrire $C^{12}(H^2O)^{11}$. L'expérience démontre que, bien que solubles dans l'eau, ils ne sont pas directement assimilables par l'organisme humain : le poids de sucre de saccharose que contient une masse d'eau sucrée injectée dans une grosse veine se retrouve intégralement dans les urines au bout de peu de temps : les tissus l'ont refusé.

Au groupe des glucoses appartient par exemple le sucre de fruits ou *fructose*. La formule des glucoses est $C^6H^{12}O^6$ ou $C^6(H^2O)^6$. Une solution de sucre de glucose, chauffée dans un tube à essai avec la liqueur de Fehling, liquide d'un beau bleu qui est un tartrate double de cuivre et de potassium, donne un précipité rouge brique. On peut reconnaître par l'expérience que le glucose ajoute à sa solubilité dans l'eau la propriété d'être directement assimilable par l'organisme. Si on injecte dans une grosse veine une certaine masse d'une solution de glucose, on ne retrouve dans les urines aucune trace de ce glucose, dont les tissus ont fait leur profit.

Les sucres de saccharose se laissent dédoubler et *intervertir* par l'action des acides ou des bases étendus : une molécule de saccharose $C^{12}H^{22}O^{11}$ fixe une molécule d'eau H^2O et se dédouble en deux molécules de sucre appartenant au groupe des glucoses $C^6H^{12}O^6$: l'une de ces molécules est formée de glucose proprement dit, dont la solution dévie à droite le plan de polarisation de la lumière ; l'autre est une molécule de *lévulose*, dont la solution dévie à gauche le plan de polarisation.

La réaction peut être exprimée par la formule :

$$\underset{\text{Saccharose.}}{C^{12}H^{22}O^{11}} + H^2O = \underset{\text{Glucose.}}{C^6H^{12}O^6} + \underset{\text{Lévulose.}}{C^6H^{12}O^6}.$$

On désigne du nom de *glucosides* des composés, la plupart ternaires, qui n'appartiennent pas au groupe des hydrates de carbone, dont la réaction est neutre ou faiblement acide et qui, sous l'action de certains agents, par exemple les acides étendus, peuvent se décomposer en donnant d'une part du glucose (d'où le nom de « glucosides »), de l'autre, un corps neutre ou acide. Parmi les glucosides, il convient de signaler surtout les *tanins*. On les trouve abondamment dans un grand nombre d'écorces. Ils jouissent de la propriété de former avec la gélatine des combinaisons stables et imputrescibles, ce qui explique leur emploi pour le tannage des peaux. Avec les sels ferriques, ils donnent des précipités de couleur foncée, plus ou moins noire, et c'est sur cette réaction qu'est fondée la fabrication des encres à écrire ordinaires de couleur noire.

Vacuoles. — Compact et dense dans les cellules du méristème, le protoplasme y paraît entièrement dépourvu de vacuoles. Si la cellule différenciée doit en renfermer, c'est un peu plus tard, quand cette cellule a acquis des dimensions plus considérables, que le microscope y révèle nettement la présence d'une ou plusieurs vacuoles.

Celles-ci ont-elles apparu spontanément? C'est ce qu'on est d'abord tenté d'admettre. On suppose alors que le liquide vacuolaire, résultant d'un travail protoplasmique, s'accumule sur certains points en gouttelettes d'abord infinitésimales, puis plus volumineuses et reconnaissables au microscope; autour de chaque gouttelette, le protoplasme se condenserait de manière à lui former une fine enveloppe : ce serait la portion de couche membraneuse qui entoure chaque vacuole : toute vacuole proviendrait de la multiplication d'une vacuole préexistante.

Certains observateurs disent avoir assisté au phénomène de la bipartition des vacuoles, et

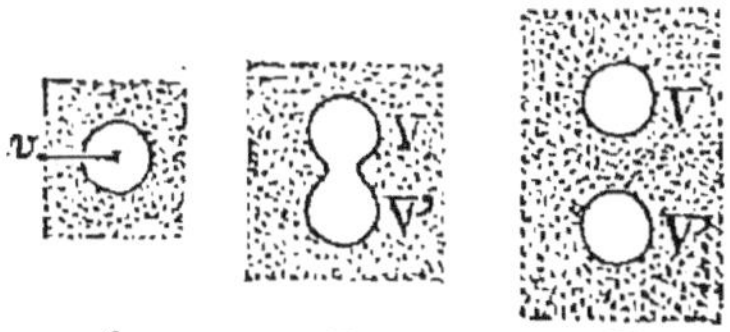

Fig. 36. — Division d'une vacuole initiale en deux vacuoles nouvelles (V, V') (schéma).

de cette observation on a pu induire que toute vacuole proviendrait d'une vacuole préexistante : si le microscope ne nous révèle pas toujours l'existence de vacuoles primitives dans le protoplasme de la cellule jeune, c'est l'imperfection de l'instrument qu'il faudrait accuser. Acceptons pour un instant cette hypothèse : les vacuoles auraient leur autonomie au sein du protoplasme et seraient assimilables à des

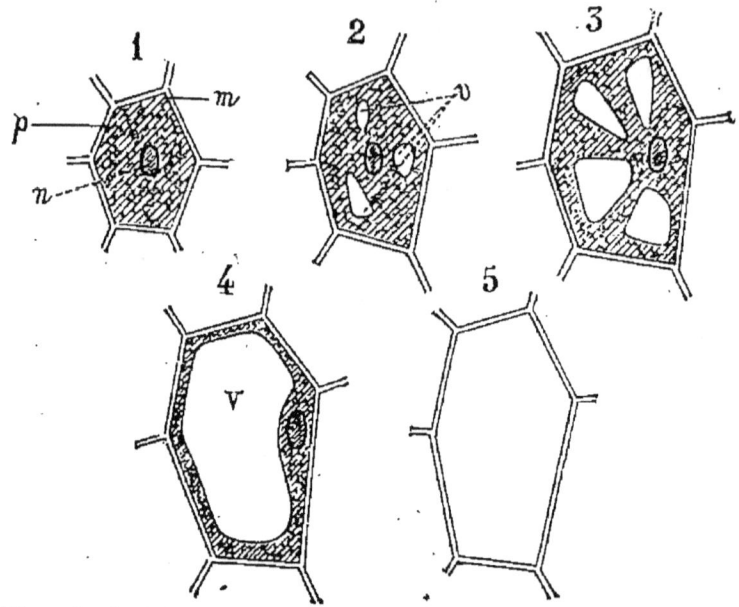

Fig. 37. — Evolution des vacuoles d'une cellule végétale. — *m*, membrane ; *p*, protoplasme ; *n*, noyau ; *v*, vacuoles ; V, vacuole plus grande résultant de leur fusion.

leucites ; ce seraient des leucites à contenu liquide, des *hydroleucites*.

Si on se souvient de la véritable nature des corps chlorophylliens, de l'origine attribuée généralement aux grains d'amidon, de la notion des éléileucites, etc., on voit quelle importance prendrait le rôle joué par les leucites dans la biologie cellulaire.

Quelle que soit l'origine des vacuoles incluses dans le protoplasme, elles ne tardent pas à s'accroître : s'accroissant, elles arrivent à n'être plus séparées les unes des autres que par de minces filaments ou lames protoplasmiques ; ces filaments ou ces lames finissent par se rompre ou se résorber, et toutes les vacuoles de la cellule se confondent en une seule, qui refoule le protoplasme contre la membrane cellulaire où il ne forme plus qu'une couche pariétale. Il peut se faire enfin que la vacuole unique, continuant à s'accroître, détruise toute trace du protoplasme, qui se résorbe ainsi que le noyau : la cellule se réduit alors à une membrane inerte qui emprisonne une goutte de liquide; c'est une cellule morte.

Les grains d'aleurone peuvent être considérés comme des vacuoles dont le contenu, primitivement liquide, se serait peu à peu concentré et finalement solidifié : les cristalloïdes, les cristaux d'oxalate de calcium, qu'on y observe fréquemment, seraient le résultat de précipitations au sein du liquide de l'hydroleucite.

Classification des tissus végétaux. — On peut faire, en quelque sorte, la synthèse des notions qui viennent d'être acquises sur les principaux modes de différenciations anatomiques, en essayant d'établir une *classification des tissus végétaux*.

Certains tissus sont entièrement formés de cellules dont le contenu protoplasmique a complètement disparu, de cellules mortes : on peut les qualifier de *tissus morts*. Dans d'autres, au contraire, les cellules ont gardé leur protoplasme, voire leur noyau; elles sont encore capables de se nourrir et de se multiplier : ces *tissus* peuvent être dits *vivants;* on les appelle encore des *parenchymes*.

Tissu cutineux. — Au premier rang des tissus vivants, signalons le *tissu cutineux*. C'est lui qui forme l'assise la plus externe des organes aériens (tige et feuilles) dans les plantes d'organisation supérieure, assise à laquelle on donne le nom d'*épiderme*.

Parenchyme sécréteur. — L'un des plus importants parmi les tissus vivants est le parenchyme sécréteur. Dans certaines plantes, il est formé par des cellules isolées. De ce nombre sont les cellules à raphides de la feuille des Lentilles d'eau, ou encore les cellules à oxalate de calcium des feuilles du Lierre.

Tous les organes des Euphorbes contiennent un liquide blanc, ayant l'aspect du lait, qu'on voit perler goutte à goutte au niveau de la section quand on broie une feuille, une tige, une racine, et qu'on appelle *latex :* c'est une sorte d'émulsion naturelle. Ce liquide est contenu dans de grandes cellules indéfiniment ramifiées (*fig.* 38), qui s'étendent d'un bout à l'autre du corps de la plante, depuis les extrémités des radicelles jusque dans le parenchyme vert des feuilles, et dans lesquelles le noyau primitif a subi de nombreuses

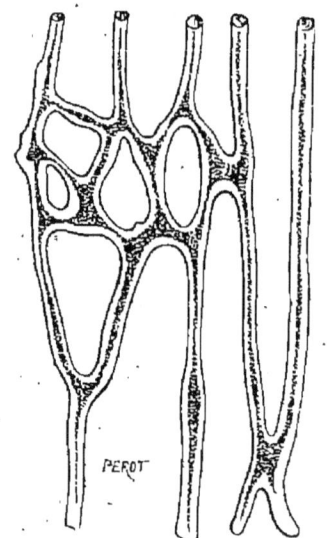

Fig. 38. — Vaisseaux laticifères d'une Euphorbe.

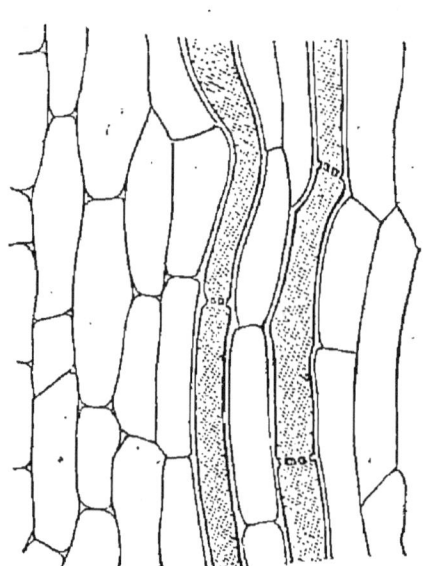

Fig. 39. — Laticifères de la Chélidoine.

bipartitions, non suivies de cloisonnements : à de tels éléments, dans lesquels les énergides restent associés en un corps continu, on réserve le nom d'*articles.*

Dans d'autres plantes, par exemple dans la Chélidoine ou Grande Éclaire, dont le latex est jaune, le tissu sécréteur est formé par des files de cellules dans lesquelles les cloisons transversales sont perforées de nombreuses ouvertures qui favorisent la circulation du latex de cellule en cellule (*fig.* 39).

Chez la Laitue, le Pissenlit, la Scorsonère, etc. (*fig.* 40), le tissu sécréteur est un véritable réseau de cellules dont les files sont ramifiées et anastomosées et résorbent complètement leurs cloisons de séparation : on donne à ce type nouveau d'appareil le nom de *symplaste*.

On réunit souvent, sous le nom de *laticifères*, tous les canaux susceptibles de renfermer du latex. Par les exemples qui précèdent, on voit que ces canaux peuvent avoir les origines les plus diverses et que leur valeur morphologique est très inégale.

Une des formes les plus compliquées que puisse revêtir le tissu sécréteur est celle dans laquelle il est constitué

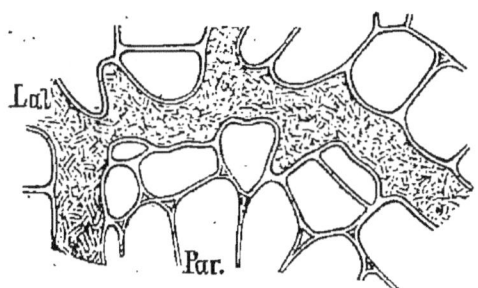

Fig. 40. — Laticifère de la Scorsonère. — *Lat.*, le laticifère; *Par.*, parenchyme ambiant.

par de véritables canaux, dits *canaux sécréteurs*, dont les parois pluricellulaires enferment, en dehors d'elles-mêmes, dans un espace clos, le liquide excrété. Tels sont les canaux qui, dans les feuilles des Pins, des Sapins, des Cèdres (*fig. 41*), etc., contiennent les oléorésines caractéristiques de ces plantes. Une coupe transversale faite dans une feuille de Pin montre que le canal résinifère, qui s'étend d'un bout à l'autre de la feuille, est limité par deux assises concentriques : 1° une assise interne, dont les éléments possèdent un protoplasme actif, éliminent et

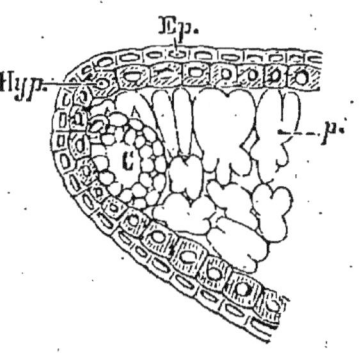

Fig. 41. — Coupe transversale dans une feuille de Cèdre, montrant l'épiderme (*Ep.*), l'hypoderme (*Hyp.*), le parenchyme (*p.*) et un canal sécréteur (C).

rejettent dans la cavité centrale la matière résineuse; — 2° une assise externe, dont les éléments ont épaissi et lignifié leurs membranes, de manière à constituer autour de l'assise interne une sorte d'étui protecteur. Si on suit pas à pas le développement de ce canal, on observe qu'il tire son origine d'une file longitudinale de cellules placées bout à bout dans le sens même de l'allongement de la feuille. Dans chacune de ces cellules (*fig.* 42, 1), le noyau subit deux bipartitions successives, suivies de cloisonnement (2), et ainsi se forment quatre cellules disposées à peu près à

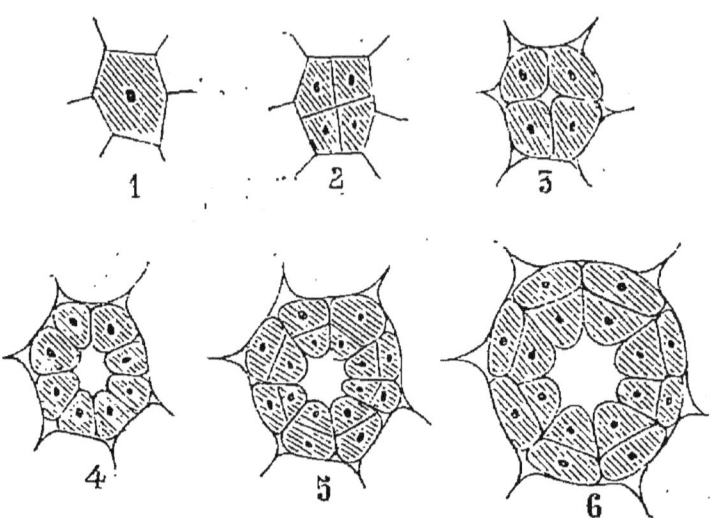

Fig. 42. — Formation d'un canal sécréteur (schéma).

angle droit et ménageant entre elles un méat de forme quadrangulaire (3). Chacune des cellules subit ensuite un cloisonnement radial qui a pour effet de substituer aux quatre cellules primitives huit cellules groupées régulièrement autour du méat sensiblement agrandi (4). Puis chacune des huit cellules ainsi constituées subit un cloisonnement tangentiel qui la décompose en une cellule interne et une cellule externe (5, 6) : la cellule interne reste vivante et devient sécrétrice, la cellule externe épaissit, lignifie sa membrane et devient protectrice. Comme les mêmes faits se produisent dans toute une file de cellules alignées bout à bout, un canal se trouve bientôt constitué, avec la structure typique que nous avons décrite tout à l'heure.

Si les phénomènes que nous venons de décrire, et qui aboutissent à la formation d'un canal sécréteur, se localisent dans une cellule unique ou dans un groupe de cellules initiales très limité en longueur, ils aboutissent à la formation d'un organe court, auquel le nom de canal sécréteur ne convient plus et qu'on appelle une *poche sécrétrice* : c'est dans des poches sécrétrices qu'est localisé le liquide acide qui s'échappe d'une écorce d'orange ou de citron quand on vient à la déchirer.

Sclérenchyme. — Parmi les tissus morts, signalons d'abord le *sclérenchyme*, formé de cellules dont la membrane s'est lignifiée et épaissie considérablement, de manière à réduire progressivement la cavité centrale, dans laquelle le protoplasme s'est résorbé et a disparu.

Tantôt les cellules du sclérenchyme gardent sensiblement les mêmes dimensions suivant toutes les directions de l'espace, ou, comme on dit pour abréger, restent *isodiamétriques*; on dit alors que le *sclérenchyme* est *à éléments courts*. Tantôt, au contraire, les cellules du sclérenchyme s'accroissent beaucoup plus dans une direction que dans toutes les autres; leurs extrémités se terminent en pointe, de manière à leur donner grossièrement une forme de fuseau ; de telles cellules sont appelées *fibres* et le *sclérenchyme* qu'elles constituent est *à éléments longs*. Il peut se faire que les cellules du sclérenchyme soient isolées les unes des autres, au sein d'un parenchyme par exemple ; mais elles peuvent aussi être associées de manière à former des sortes de paquets : des fibres, par exemple, peuvent être rapprochées côte à côte et engrenées par leurs extrémités aiguës avec des éléments semblables qui leur font suite ; dans ce cas le groupe de fibres associées forme un faisceau.

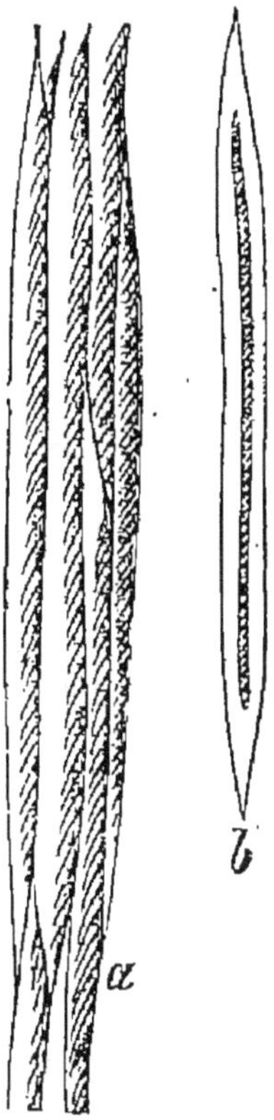

Fig. 43. — Fibres végétales. — *a*, un faisceau de fibres ; *b*, une fibre isolée, en coupe longitudinale.

L'épaississement considérable et la lignification des membranes dans le sclérenchyme permettent évidemment à ce tissu de jouer un rôle de soutien dans l'organe auquel il appartient.

On comprend qu'il soit souvent difficile d'établir une limite absolument nette entre un *parenchyme scléreux* (voir plus haut) dont les cellules auraient presque complètement perdu leur protoplasme et un *sclérenchyme* dont quelques éléments en contiendraient encore des traces.

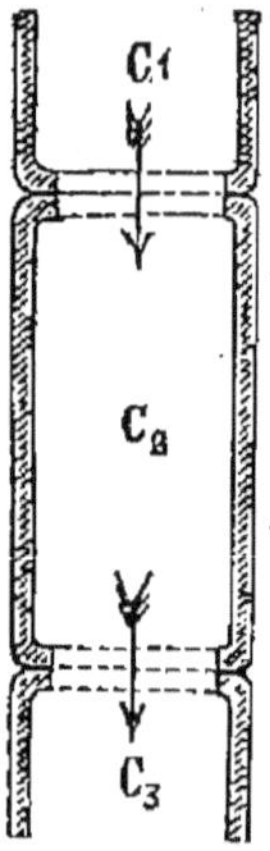

Tissu vasculaire. — D'autres tissus morts ont pour rôle essentiel de transporter les liquides à travers le corps de la plante ; on les dénomme *tissus conducteurs*. De ce nombre est le *tissu vasculaire*, constitué par des *vaisseaux*.

Imaginons que plusieurs cellules, placées bout à bout en file longitudinale, s'allongent suivant la direction même de cette file ; puis que leurs protoplasmes, envahis par de larges vacuoles et refoulés contre les membranes, se résorbent et finissent par disparaître totalement ; enfin que les parties latérales des membranes s'épaississent et se lignifient, en même temps que celles qui forment les cloisons de séparation des cellules s'amincissent et tendent à disparaître. Ainsi se trouvera constitué un canal à l'intérieur duquel pourront circuler les liquides. C'est à ce canal qu'on donne le nom de *vaisseau*. Si les cloisons de séparation des cellules constitutives n'ont pas complètement disparu, le vaisseau est dit *imparfait* ou *fermé*; si les cloisons ont disparu complètement, c'est un vaisseau *parfait* ou *ouvert*. En même temps que les membranes des cellules qui forment le vaisseau s'épaississent, elles s'ornent sur leurs faces internes de

Fig. 44. Formation d'un vaisseau (schéma). — C_1, C_2, C_3, trois cellules concourant à former le vaisseau. (Les flèches indiquent la possibilité d'un courant liquide.)

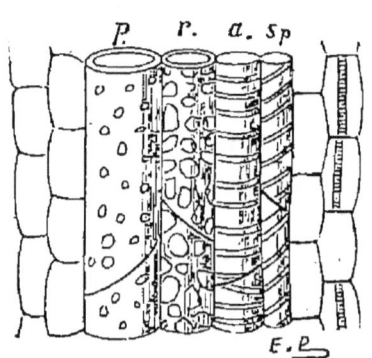

Fig. 45. — Un groupe de vaisseaux vus de profil. — *p.*, vaisseau ponctué ; *r.*, vaisseau réticulé ; *a.*, vaisseau annelé ; *Sp.*, vaisseau spiralé.

sculptures diverses, dont la variété permet de distinguer des *vaisseaux spiralés*, des *vaisseaux annelés*, des *vaisseaux ponctués*, etc. (*fig.* 45).

Tissu criblé. — Un autre exemple de tissu conducteur est le *tissu criblé*, dont les éléments essentiels sont les *tubes criblés*.

Pour concevoir l'organisation d'un tube criblé (*fig.* 46), il faut imaginer que des cellules placées bout à bout s'allongent suivant une même direction, perdent leurs noyaux, creusent leurs protoplasmes de grandes va-

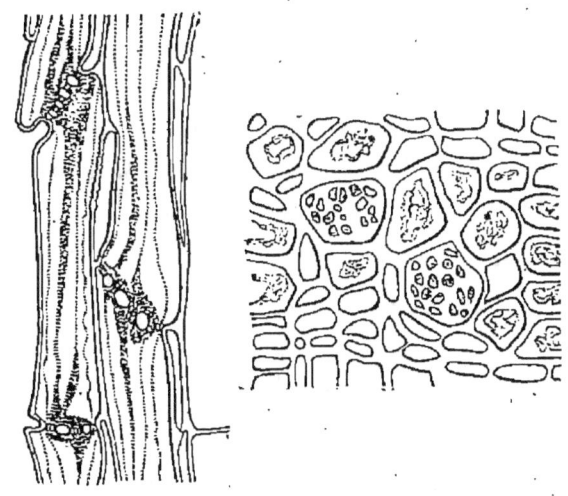

Fig. 46. — Un groupe de tubes criblés : à gauche en coupe longitudinale, à droite en coupe transversale.

cuoles centrales qui le refoulent contre les parois, et percent les cloisons qui les séparent deux à deux de nombreuses ouvertures constituant des sortes de *cribles :* par les ouvertures de ces cribles, les contenus de deux cellules voisines peuvent communiquer plus ou moins largement. Un tube criblé constitue ainsi une sorte de vaisseau, bien différent d'un vaisseau ligneux : il s'en distingue par la constitution chimique de sa membrane extérieure, qui reste à l'état de cellulose pure, par la persistance d'une partie de son contenu protoplasmique, et par l'aspect tout spécial qu'imprime aux cloisons transversales de séparation la présence des cribles qui les traversent.

CHAPITRE V

Les grandes divisions du règne végétal.

Les grands embranchements du règne végétal. Leurs caractères extérieurs. — Nous possédons maintenant sur l'organisation générale des plantes des notions suffisantes pour permettre d'aborder l'étude spéciale des principaux groupes végétaux.

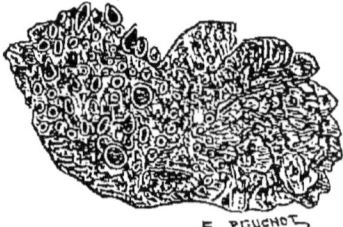

Fig. 47. — Lichen (Parmélie).

L'étude sommaire de la forme extérieure des plantes nous permettra immédiatement de distinguer quatre types principaux qui pourront être représentés par : un Lichen, une Mousse, une Fougère, une Renoncule.

Si nous observons le corps d'un Lichen (*fig.* 47), il se montre formé d'une lame verdâtre, de contour irrégulier, dans laquelle il n'est possible de distinguer ni tige ni feuilles différenciées ; cette lame représente à la fois la racine, la tige et la feuille ; on lui donne le nom de *thalle*. Les Lichens appartiennent à un premier embranchement, celui des plantes à thalle ou *Thallophytes*.

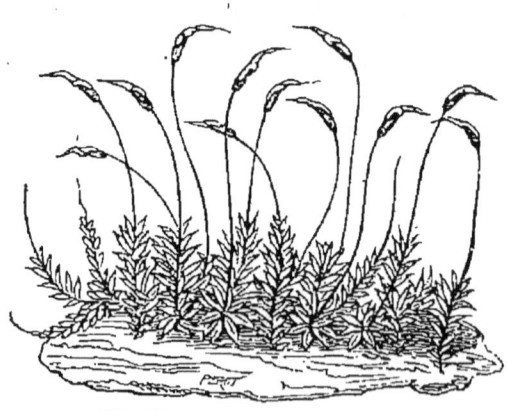

Fig. 48. — Mousse (Polytric.).

Si d'une touffe de Mousse (*fig.* 48) nous détachons avec précautions un pied, nous y observerons une sorte d'axe cylindrique et grêle portant de distance en distance des lames aplaties et vertes, limitées dans leur accroissement et insérées suivant une loi déterminée ; à son extrémité inférieure, cette tige verticale se continue parfois par une portion horizontale, souterraine même, dont la surface est couverte de feuilles modifiées qui constituent des écailles protectrices. A l'extrémité inférieure de la tige aérienne, ou sur toute la longueur de la tige horizontale, sont fixés des poils, simples ou ramifiés, qui puisent dans le sol, à la manière de racines, les substances nutritives nécessaires au développement de la plante, mais qui n'ont ni les dimensions ni la structure de racines véritables : ce sont des poils *rhizoïdes*. Une Mousse possède donc une tige, des feuilles, mais pas de racines :

Fig. 49. — Fougère (Polypode).

elle appartient à l'embranchement des *Bryophytes* ou *Muscinées*.

Un pied de Fougère, par exemple d'une Fougère de nos pays, telle qu'un Polypode, comprend une tige, des feuilles et des racines (*fig.* 49) : la tige est cet organe souterrain, de forme à peu près cylindrique, s'accroissant constamment en longueur, dépourvu de matière colorante verte, auquel sont fixées, de distance en distance, ces lames découpées, dressées verticalement en l'air, limitées dans leur accrois-

Fig. 50. — Renoncule bulbeuse.

sement et colorées en vert, qui constituent les feuilles ; quant aux racines, ce sont ces filaments grêles, incolores, mais de structure beaucoup plus compliquée que les rhizoïdes des Mousses, qui sortent de distance en distance de l'intérieur de la tige souterraine et enfoncent en terre leur lacis chevelu. Les Fougères appartiennent à l'embranchement des *Ptéridophytes*.

Une Renoncule, arrivée au terme de son développement, comprend, aussi bien qu'une Fougère, une racine et une tige chargée de feuilles (*fig.* 50). Mais de plus, on voit, à un moment donné, se former de distance en distance, aux extrémités de certaines branches, des appareils de structure compliquée, de couleur vive, qui jouent un rôle manifeste dans la reproduction de la plante et auxquels on donne le nom de *fleurs*. Tige, feuilles, racines, fleurs, tels sont les organes dont la présence constante caractérise l'embranchement des *Anthophytes* ou *Phanérogames*.

Par opposition au mot Phanérogame, on qualifie de *Cryptogame* toute plante dépourvue de fleurs : les Ptéridophytes, les Bryophytes, les Thallophytes sont des Cryptogames.

Les caractères fondamentaux des quatre embranchements, que l'étude de la forme extérieure, ou *morphologie externe*, vient de nous permettre de définir, peuvent être résumés dans le tableau suivant :

					Exemples :
Phanérogames.........	Tige	Feuille	Racine	Fleur	Renoncule.
Ptéridophytes.........	Tige	Feuille	Racine	0	Fougère.
Bryophytes...........	Tige	Feuille	0	0	Mousse.
Thallophytes..........	Thalle		0	0	Lichen.

Leurs caractères anatomiques. — Les connaissances que nous avons dès maintenant acquises sur l'organisation interne du corps des plantes nous conduisent à nous demander si l'étude de la forme intérieure ou *structure*, c'est-à-dire la *morphologie interne*, faite à l'aide du microscope dans les quatre plantes qui nous ont servi d'exemples, va nous fournir des résultats concordant avec les précédents.

Une coupe longitudinale faite dans la tige, dans la feuille, dans la racine de la Renoncule ou, d'une manière plus générale, dans un organe quelconque d'une plante Phanérogame, quelle qu'elle soit, nous révélerait l'existence de tissus véritables, provenant de méristèmes d'abord homogènes, puis différenciés ; elle nous montrerait, de plus, que ces tissus peuvent comprendre soit des cellules ordinaires, soit des fibres, soit des vaisseaux ; retenant surtout l'existence de ce dernier élément, c'est ce que nous exprimerons en disant que les Phanérogames sont des plantes *vasculaires*.

Dans le corps d'une Fougère ou, d'une manière plus générale, dans celui d'une Ptéridophyte, le microscope nous révèlerait également une structure vasculaire.

Rien de semblable dans le corps d'une Mousse ou, en général, d'une Bryophyte. Autour de l'axe de la tige on distingue bien, dans quelques grandes espèces de Mousses, une sorte de cordon plus résistant dans lequel on pourrait s'attendre à rencontrer des vaisseaux ; souvent les feuilles des Mousses présentent, dans leur plan de symétrie, une sorte de nervure à laquelle on pourrait aussi être tenté d'attribuer une structure vasculaire ; une observation plus approfondie de ces parties permet de s'assurer qu'elles ne contiennent, comme tout le reste de la plante, que des cellules ordinaires et nulle trace de vaisseaux différenciés. Le corps de la Mousse possède donc une structure que nous pouvons qualifier de *cellulaire*. Et cette observation nous amène à faire une remarque qui a son importance. Les Fougères, Cryptogames à racines, contiennent des vaisseaux ; les Mousses, Cryptogames sans racines, n'en contiennent pas ; la présence des vaisseaux semble donc liée à l'existence des racines. Cette relation ne doit pas nous étonner : anticipant sur l'étude de la physiologie des plantes vasculaires, nous pouvons admettre que les vaisseaux, éléments conducteurs des liquides puisés par la plante dans le sol, ne se développent que là où se sont formés des membres spéciaux, les racines, pour assurer l'absorption de ces liquides.

Le corps d'un Lichen, comme celui d'une Mousse, ou, pour parler plus généralement, le corps d'une Thallophyte, comme celui d'une Bryophyte, possède une structure uniquement cellulaire.

Nous pouvons dès lors ajouter aux notions tirées de la

morphologie externe celles que nous a fournies la morphologie interne et diviser ainsi qu'il suit l'ensemble du règne végétal :

EXEMPLES :

PLANTES
- à racines ou vasculaires
  - à fleurs. *Phanérogames.* Renoncule.
  - sans fleurs. *Ptéridophytes.* Fougère.
- sans racines ou cellulaires
  - à feuilles. *Bryophytes.* Mousse.
  - sans feuilles. *Thallophytes.* Lichen.

On voit que cette façon de définir les quatre embranchements du règne végétal creuse entre les Ptéridophytes et les Bryophytes un fossé beaucoup plus profond que celui qui sépare les Phanérogames des Ptéridophytes ou les Bryophytes des Thallophytes. Tout ce que nous apprendrons, par la suite, de l'organisation et du développement de chacun de ces groupes légitimera de plus en plus cette manière de voir.

CHAPITRE VI

Les Thallophytes. — Les champignons.

§ 1er. — Les Siphomycètes.

Thallophytes. Algues et Champignons. — L'embranchement des Thallophytes peut être décomposé en deux classes : la classe des *Champignons* et celle des *Algues*. Les Algues sont des Thallophytes aquatiques et pourvus de chlorophylle ; les Champignons en sont, au contraire, dépourvus.

Champignons. — Siphomycètes. — Mucoracées. — Dans la classe des *Champignons*, examinons, pour débuter, l'*ordre* des *Siphomycètes* et, dans cet ordre, la *famille* des *Mucorinées*.

Type : Mucor mucedo. — C'est à cette famille qu'appartiennent un grand nombre de Champignons qui se développent sur les matières animales ou végétales en décomposition, qui vivent, comme on dit d'un mot, en *saprophytes;* ce sont, pour parler plus simplement, des *Moisissures*.

Qu'on dispose des confitures, des fruits cuits, de la colle de pâte, du pain mouillé, des excréments d'animaux, comme du crottin de cheval, etc., sur des assiettes recouvertes de cloches destinées à y maintenir une humidité suffisante, et qu'on abandonne le tout, pendant quelques jours, à une température convenable, on ne tardera pas à voir paraître à la surface de ces matières toute une flore de Moisissures, de couleurs et d'aspects divers, parmi lesquelles il sera facile de trouver plusieurs espèces du groupe que nous voulons étudier. Prenons pour type la Moisissure blanche ordinaire qui se développe communément sur le crottin de cheval abandonné à l'humidité ; elle appartient au genre *Mucor* ; son nom d'espèce est *Mucor mucedo*.

Mycélium. — Elle se montre sous la forme d'un lacis floconneux de filaments blancs qui s'étalent à la surface du milieu nutritif et pénètrent dans sa profondeur. Détachons, avec une pince fine, quelques-uns de ces filaments ; portons-les dans une goutte d'eau, sur le porte-objet du microscope, et utilisons les réactifs dont nous connaissons maintenant l'emploi. Nous constaterons que ces filaments sont ramifiés à l'infini et d'une façon assez

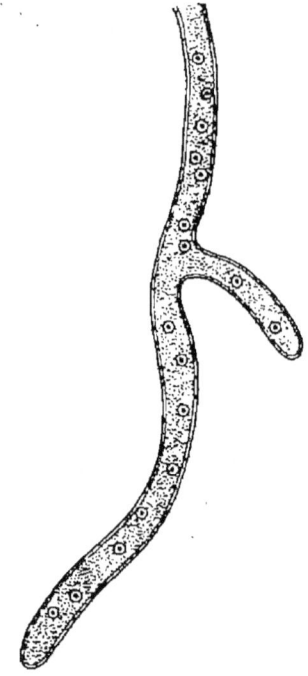

Fig. 51. — Un fragment de mycélium de *Mucor mucedo*, très grossi (schéma).

irrégulière. Nous aidant d'un grossissement plus considérable (*fig.* 51), nous pourrons voir que chaque filament est enveloppé par une membrane de cellulose, bleuissant au chloroiodure de zinc. Les extrémités des filaments, terminées en doigt de gant, renferment du protoplasme; les parties plus larges et plus éloignées des extrémités en sont dépourvues : il est remplacé par un liquide clair et hyalin. De nombreux noyaux, de structure très simple, se remarquent au sein du protoplasme. Nulle part ce dernier ne se montre coupé transversalement par un système régulier de cloisons; on observe cependant parfois, entre la partie du tube qui contient du protoplasme et celle qui en est dépourvue, une cloison séparatrice, de nature cellulosique; on peut apercevoir aussi de semblables cloisons dans les parties mortes des filaments; mais la formation de ces cloisons est accidentelle ou irrégulière : normalement les filaments présentent une structure continue et c'est ce caractère très général qui a fait donner aux Champignons de ce groupe le nom de Siphomycètes.

Les filaments ainsi constitués représentent l'appareil végétatif, le *thalle* du Champignon. Quand un thalle offre l'aspect filamenteux que nous venons de décrire, on lui donne aussi le nom de *mycélium*.

Multiplication par simple division. — Un fragment de ce mycélium, détaché mécaniquement et transporté sur un milieu nutritif favorable, continue à s'y développer, formant un nouveau mycélium, semblable au premier. Cette séparation, qu'il est aisé de reproduire artificiellement, est souvent réalisée dans la nature : c'est une *multiplication par simple division*. Mais la Moisissure possède aussi des moyens plus parfaits de reproduction.

Reproduction par spores. Sporanges. — Quand le mycélium a acquis une certaine vigueur et si le milieu où il se développe est suffisamment aéré, on voit se former de distance en distance des organes différenciés dont chacun se présente avec l'aspect d'une très petite épingle qui serait fixée par sa pointe au mycélium et dont la tête globuleuse s'élèverait au-dessus de la surface générale de la Moisissure ; ces organes, visibles facilement à la loupe, et même à l'œil nu, ont reçu le nom de *sporanges*.

Leur formation. — Un rameau différencié du mycélium, riche en protoplasme, se dresse et s'allonge, à un moment donné, perpendiculairement au support de la Moisissure (*fig.* 52). Quand il a cessé de s'allonger par son extrémité, celle-ci se renfle légèrement en forme de bouton ; puis le protoplasme qui occupe ce renflement se sépare, à l'aide d'une cloison un peu surélevée, appelée *columelle*, du reste du mycélium et, dès lors, l'extrémité du rameau constitue un article isolé : cet article est le *sporange ;* le rameau qui la supporte est le *pédicelle* de ce sporange.

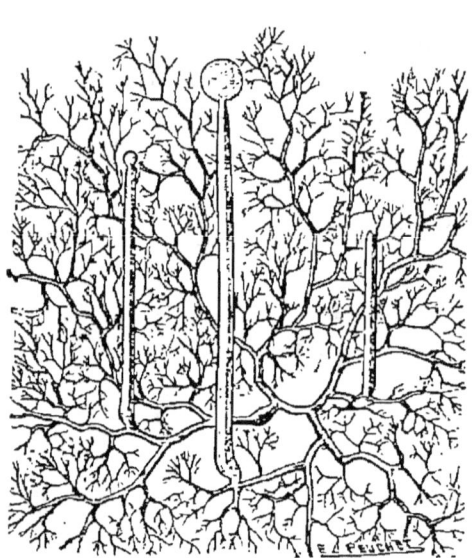

Fig. 52. — Premières phases de la formation du sporange de *Mucor mucedo* (la figure montre trois sporanges inégalement avancés).

Plus tard (*fig.* 53), les noyaux contenus dans le protoplasme du sporange se multiplient abondamment. Entre les noyaux ainsi formés paraissent simultanément des cloisons qui divisent le protoplasme en un grand nombre de cellules. Bientôt la lamelle moyenne de chaque cloison se gélifie (voir plus haut, p. 65), d'où résulte une dissociation des cellules-filles du sporange, qui imprègnent de cellulose leurs membranes d'enveloppe, s'arrondissent et constituent enfin autant de *spores ;* le sporange, ainsi que l'indique l'étymologie, est la cavité qui contient les spores.

Pendant que ces phénomènes se passent à l'intérieur du sporange, dont les dimensions se sont accrues considérablement, sa membrane d'enveloppe s'est incrustée extérieurement d'une multitude de petits cristaux d'oxalate de calcium qui lui donnent un aspect hérissé, et le pédicelle

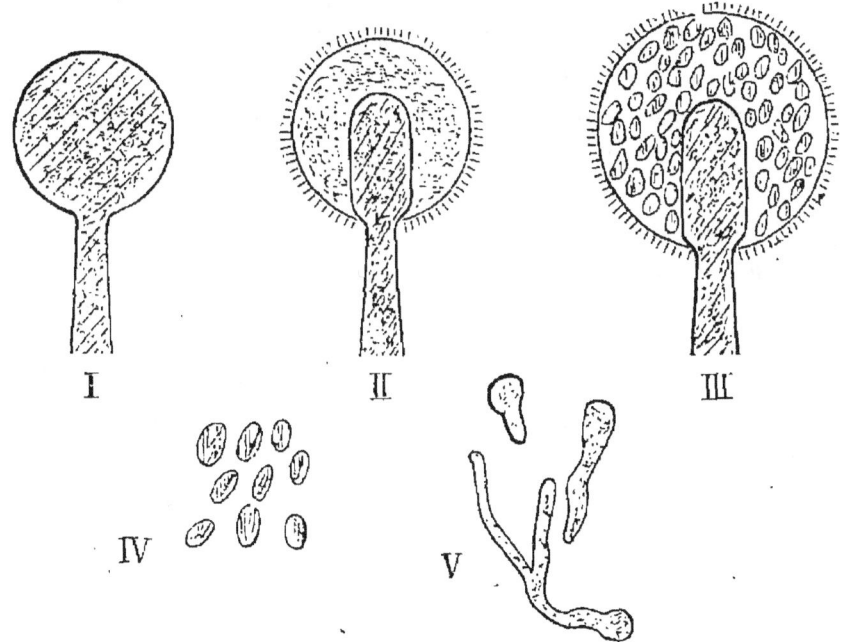

Fig. 53. — I, II, III, suite de la formation du sporange de *Mucor mucedo*; — IV, spores isolées; — V, germination de quelques spores.

s'est vidé peu à peu de son contenu protoplasmique. Le sporange a, dès lors, atteint sa maturité.

Déhiscence des sporanges. — Au bout d'un certain temps, la cellulose qui constitue la membrane du sporange se transforme en une substance soluble dans l'eau, c'est-à-dire qu'elle se gélifie, comme s'étaient gélifiées auparavant les membranes séparatrices des spores; si alors le pédicelle, gorgé d'eau, en laisse sortir une gouttelette ou si le sporange est humecté de toute autre façon, la membrane se dissout dans toute son étendue, mettant en liberté les spores qu'elle protégeait : c'est le phénomène de la *déhiscence du sporange*. Quelques cristaux d'oxalate de calcium nagent dans la gouttelette qui a déterminé la déhiscence, derniers vestiges de la membrane sporangiale.

Spores mûres; leur fragilité. — Recueillies et

examinées au microscope, les spores se manifestent comme de simples cellules, dont chacune contient un ou plusieurs noyaux et est protégée par une membrane très fine de cellulose : ce sont des organismes extrêmement fragiles. Et, de fait, quand la déhiscence d'un certain nombre de sporanges a mis en liberté quelques milliers de spores, l'expérience prouve que le plus grand nombre de ces éléments succombe aux conditions défavorables qu'ils rencontrent dans le milieu extérieur.

Leur germination. — Semons, au contraire, quelques spores issues d'un sporange, une seule si nous le pouvons, pour simplifier l'observation, sur un liquide nutritif, par exemple un jus sucré tel que du jus de pruneaux cuits, et plaçons le semis dans un lieu où la température se maintienne au voisinage de 20°. La spore se nourrit aux dépens des substances alimentaires qu'elle trouve dans le milieu extérieur; elle ne tarde pas à s'accroître, elle se gonfle, et bientôt son protoplasme, repoussant la membrane cellulosique qui l'enveloppe, forme dans le jus sucré une sorte de hernie qui s'allonge progressivement : nous avons assisté au phénomène de la *germination de la spore*.

Vie ralentie. — Si nous avions recueilli, en quantité un peu considérable, des spores mûres et si nous les avions conservées pendant quelque temps dans un flacon bien sec et bien bouché, maintenu dans un lieu également sec et à une température moyenne, la poussière formée par les spores nous aurait paru absolument inerte ; et cependant si, après ce séjour peu prolongé, nous avions replacé les spores dans les conditions favorables que nous indiquions tout à l'heure, nous en aurions vu au moins un certain nombre germer comme au sortir du sporange. Malgré leur aspect inerte, les spores n'étaient donc pas mortes, puisqu'elles avaient conservé la faculté de se nourrir et de s'accroître, à condition d'être placées dans des conditions favorables, puisqu'elles avaient, en un mot, conservé leur *pouvoir germinatif*. On dit quelquefois, pour exprimer cet état particulier dans lequel se trouvent les spores mûres, qu'elles sont à l'état de « vie cachée » ou *vie latente*, qu'on oppose à l'état de *vie manifestée*, qui est celui des spores germant. Des expériences précises, sur lesquelles le moment n'est pas venu d'insister, ont montré que cet état, par lequel passent beaucoup d'organes végétaux et, en particulier, d'organes reproducteurs, doit être plutôt qualifié de *vie ralentie :* les phénomènes biologiques, la respiration par exemple, ne sont pas absolument suspendus, comme on avait pu le croire; leur intensité n'est que diminuée dans un rapport souvent considérable.

Définition plus précise de la germination. — Nous pouvons dire que le phénomène de la germination de la spore consiste essentiellement en un *passage de la spore de l'état de vie ralentie à l'état de vie active.* Trois conditions sont généralement nécessaires pour ce passage, ainsi que nous aurons l'occasion de le dire plus tard : il faut que la spore reçoive, en quantité convenable, de l'*humidité*, de l'*air* et de la *chaleur*.

Reconstitution du mycélium. — Revenons maintenant au phénomène de la germination. Le tube germinatif, issu de la spore, continue à s'allonger dans le milieu nutritif; bientôt il se ramifie plus ou moins régulièrement dans toutes les directions, de manière à former une tache circulaire à la surface du liquide. En même temps que se modifie la forme extérieure du tube, le protoplasme se déplace à l'intérieur de son enveloppe cellulosique, se portant de préférence vers les extrémités du tube principal ou de ses ramifications successives. Le noyau ou les noyaux de la spore n'ont par tardé à se multiplier; puis les noyaux nombreux provenant de ces bipartitions successives sont entraînés dans les masses protoplasmiques au voisinage des extrémités en voie d'allongement, où ils continuent à se multiplier. Chaque fois que le protoplasme, dans son déplacement, a cessé d'occuper une portion de tube cellulosique, il forme derrière lui une sorte de cloison de cicatrisation qui isole de la partie morte la partie vivante. Bref, le lacis compliqué qui est sorti de la spore après la germination a bientôt

6.

reconstitué un mycélium absolument semblable à celui qui l'avait produite.

Signification morphologique du mycélium de Mucor mucedo. — Avant de pousser plus loin notre étude, une question se pose. Quel rôle joue la cellule, élément anatomique du corps des plantes, dans la constitution du mycélium de *Mucor mucedo*? Ce mycélium est-il pluricellulaire? Non, puisque son protoplasme n'est pas cloisonné. Est-il donc unicellulaire? La présence de noyaux multiples dans les parties vivantes du thalle doit au moins nous inspirer quelque hésitation à répondre affirmativement; ces noyaux proviennent, en effet, des bipartitions successives d'un certain nombre de noyaux initiaux, et nous sommes habitués à considérer une cellule simple comme pourvue d'un simple noyau. Nous dirons que le mycélium de *Mucor mucedo* est un corps protoplasmique continu, enveloppé de cellulose et dans lequel sont enfermés de nombreux noyaux; un tel organisme est désigné, pour abréger le langage, du nom d'*article*.

Définition générale d'une spore. — D'une manière générale une *spore* est un élément microscopique, tantôt unicellulaire, tantôt pluricellulaire, qui s'est formé par un simple morcellement du corps de la plante et qui, mis en liberté dans des conditions favorables, a pu, à lui seul, la reproduire.

Dissémination naturelle de la Moisissure. — Dans les conditions naturelles, la Moisissure, à mesure qu'elle s'étend, produit continuellement des spores. Celles-ci sont entraînées par l'air, par l'eau qui circule à la surface du sol, mais la plupart d'entre elles périssent avant d'avoir rencontré des conditions favorables à leur développement. Quelques-unes, au contraire, rencontrent ces conditions avant d'avoir perdu leur pouvoir germinatif; chacune d'elles devient alors le point de départ d'un thalle nouveau. Ainsi s'explique la forme circulaire des premières taches à la surface d'une substance organique qui moisit : le centre de chacune de ces taches n'est pas autre chose que le point où s'est fixée la spore qui lui a donné naissance.

Les spores sont donc essentiellement des *organes de dissémination* de l'espèce.

Reproduction par œufs. — En dehors de la formation des spores, le *Mucor mucedo* possède un autre procédé de reproduction qui est la formation des œufs.

Formation de l'œuf.
— Quand *Mucor mucedo* va former un œuf (*fig.* 54), deux branches voisines appartenant à des mycéliums différents envoient l'une vers l'autre des rameaux qui s'attirent mutuellement et ne tardent pas à entrer en contact; aussitôt après on voit leurs extrémités s'arrondir et se renfler. Bientôt le protoplasme qui occupe chaque extrémité s'isole du mycélium par une cloison transversale, et ainsi se détache de chaque rameau un élément avec son protoplasme, ses noyaux et son enveloppe de cellulose; ces deux éléments sont séparés l'un de l'autre par une double membrane. Les deux corps protoplasmiques, mis en présence, continuent à s'accroître; puis la double membrane de séparation se gélifie, ouvrant une large communication entre les deux cavités; les deux corps protoplasmiques, se détachant de leurs enveloppes cellulosiques, entrent en contact, se fondent l'un dans l'autre et forment une masse unique; en même temps les noyaux s'unissent aussi deux à deux. De cette combinaison, protoplasme à protoplasme et noyaux à noyaux, de deux éléments anatomiques, résulte un élément nouveau, de forme sphérique, auquel on donne le nom d'*œuf*. Chose remarquable : le volume total de l'œuf ainsi formé paraît sensiblement inférieur à la somme des volumes des corps composants; la

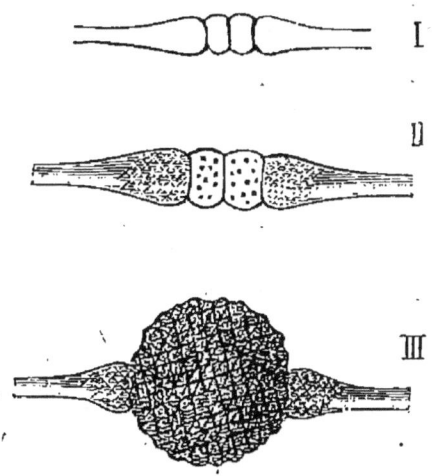

Fig. 54. — Formation et germination de l'œuf de *Mucor mucedo* (trois phases successives) (schéma). En III, l'œuf a grandi et s'est transformé en zygospore.

formation de l'œuf a été accompagnée d'une contraction protoplasmique. Les corps composants, détachés de leur enveloppe cellulosique, étaient des protoplasmes nus : l'œuf s'enveloppe immédiatement d'une membrane de cellulose, indépendante de celle qui limite la cavité à l'intérieur de laquelle s'est opérée la fusion. En résumé, l'œuf provient de la *combinaison intime de deux protoplasmes différents, accompagnée d'une contraction générale de l'élément résultant, d'une fusion de noyaux et de l'apparition d'une membrane cellulosique.*

On donne le nom de *gamètes* aux deux éléments qui contribuent à la formation de l'œuf ; dans le cas qui vient de nous occuper, les deux gamètes sont absolument identiques, ce qu'on exprime en disant que l'œuf a été formé par *isogamie* ou encore par *conjugaison égale*.

Chez le *Mucor*, les gamètes renferment chacun plusieurs noyaux, qui se fusionnent deux à deux dans l'œuf : celui-ci est donc, dès le début, plurinucléé. Mais c'est là, hâtons-nous de l'ajouter, un cas exceptionnel : d'ordinaire, chez les végétaux, les gamètes n'ont chacun qu'un seul noyau, et l'œuf lui-même est par suite uninucléé.

Développement de l'œuf en embryon. — L'œuf ainsi formé reste fixé vers le milieu du filament mycélien résultant du rapprochement des gamètes. Bientôt il s'accroît, puisant l'aliment nécessaire à son accroissement dans les parties voisines du mycélium, qui se gonflent et se gorgent de matières nutritives ; ses noyaux se divisent de proche en proche un grand nombre de fois ; son protoplasme met, à son tour, en réserve les éléments nutritifs ; plus tard, la membrane cellulosique, qui appartient en propre à l'œuf, épaissit et cutinise sa zone la plus externe, tandis que la membrane qui limite la cavité dans laquelle a eu lieu la fécondation subit une modification analogue : l'œuf se développe donc en un organisme plus volumineux et plus complexe, qui est une sorte d'*embryon* arrêté dans son développement, et auquel on donne le nom de *zygote*.

Germination de la zygote. — Quand les conditions

du milieu extérieur deviennent tout à fait nuisibles à la vie de la Moisissure, son mycélium se flétrit, puis finit par disparaître ; la zygote, détachée des filaments qui la supportaient jusque-là, se maintient alors à l'état de vie ralentie jusqu'à ce qu'elle rencontre de nouveau des conditions favorables au développement de l'espèce. Quand ces conditions se trouvent réalisées, la zygote passe de l'état de vie ralentie à celui de vie active : elle germe. Suivant la nature du milieu dans lequel elle se trouve placée, le résultat de cette germination peut offrir des aspects divers : si elle est placée dans un milieu très nutritif, comme un jus sucré, le tube germinatif, auquel elle donne naissance, se développe en un mycélium nouveau, qui, au bout d'un certain temps, peut former des sporanges et se multiplier par spores ; si la zygote est exposée simplement à l'air humide, le tube germinatif se dresse verticalement et forme immédiatement un sporange à son extrémité.

Rôle de la zygote. — Grâce à l'épaisseur et à la cutinisation de la membrane protectrice qui l'enveloppe, ainsi qu'à l'abondance des matières grasses de réserve qu'elle renferme, la zygote est susceptible de résister longuement aux agents extérieurs. On voit donc que, si, chez ces végétaux, la spore se manifeste comme un organe de dissémination, c'est à la zygote qu'appartient le rôle de conserver l'espèce dans les conditions les plus défavorables.

Mucorinées. — Nous connaissons l'organisation générale et le développement d'une espèce de Mucorinées qui peut nous servir de type. Nous devons maintenant passer en revue les modifications principales que subit ce type dans les autres espèces ou genres de la famille des Mucorinées.

Ces modifications peuvent porter sur l'organisation du mycélium, sur celle de l'appareil sporifère ou encore sur le mode de formation de l'œuf.

Certaines espèces du genre *Mucor* sont susceptibles de se développer à l'abri de l'air, dans la profondeur du liquide nutritif qui les alimente. Dans cette végétation étouffée, le mycélium prend un aspect nouveau (*fig.* 55) : le filament indéfiniment ramifié qui le constitue, au lieu de demeurer continu, s'étrangle vers son extrémité, de manière à isoler un court segment arrondi à ses deux bouts ; puis, le même phénomène se renouvelant un grand nombre de fois, les extrémités des rameaux mycéliens prennent l'aspect de chapelets à grains légèrement allongés. Cette forme bourgeonnante du thalle rappelle l'aspect que présente normalement le thalle des Levures, celui de la Levure de bière par exemple. Or, une des propriétés essentielles de la Levure de bière, quand elle est soustraite au contact de l'air, est de décomposer le jus sucré dans lequel elle vit, en formant de l'alcool et en dégageant de l'anhydride carbonique : c'est le phénomène de la *fermentation alcoolique*. De même, si l'on fournit du sucre de glucose au *Mucor* dont la végétation est étouffée, il se comporte comme la Levure de bière et produit, lui aussi, le phénomène de la fermentation alcoolique. Ainsi se manifeste à nous la relation étroite qui existe souvent entre la forme d'un organisme et les phénomènes physiologiques dont il est le siège : quand la végétation d'un *Mucor* est étouffée, au lieu de respirer à la façon d'une plante supérieure, il se comporte comme un ferment, et cette modification importante de sa biologie imprime à son corps une déformation spéciale : il s'adapte à la fermentation en prenant la forme bourgeonnante ; la fonction a directement modifié l'organe.

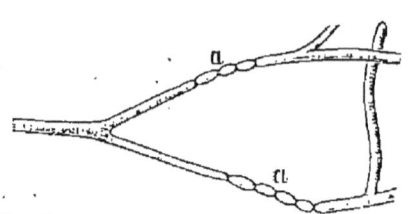

Fig. 55. — Un fragment de *Mucor* dont certaines parties (*a*) ont pris la forme bourgeonnante.

Les variations que subit l'appareil sporifère chez les Mucorinées peuvent intéresser le mode de déhiscence du sporange. C'est ainsi que, dans le genre *Pilobolus*, la moitié supérieure du sporange mûr se cutinise, tandis que la membrane subit, au-dessous de cette calotte terminale et le long d'une ligne circulaire, le phénomène de la gélification ; quand le sporange reçoit une goutte d'eau, sa membrane se gonfle et se laisse pénétrer par l'eau le long de cette ligne circulaire ; le contenu du sporange, distendu par l'eau de pénétration, fait éclater la calotte supérieure qui peut être projetée violemment à une distance parfois très grande ; entraînées par cette projection, les spores se trouvent disséminées.

Certaines Mucorinées possèdent deux sortes de sporanges : les uns, de grande taille, contiennent un grand nombre de spores ; les autres, beaucoup plus petits, en renferment un petit nombre ; toutes ces spores sont d'ailleurs identiques entre elles ; c'est ce qu'on observe, par exemple, dans le genre *Helicostylum*.

Le polymorphisme de l'appareil sporifère est poussé plus loin chez les Mortiérelles (genre *Mortierella*). Ces Moisissures possèdent des sporanges qui se développent comme ceux du *Mucor*, forment et mettent en liberté leurs spores par des procédés analogues. Mais elles possèdent aussi une seconde forme de spores qui naissent isolément en différents points du mycélium (*fig.* 56). Un rameau mycélien se dresse verticalement, puis il s'étrangle vers son extrémité, de manière à en détacher une sorte de corpuscule arrondi qui se sépare bientôt de son support par une cloison transversale. Ce corpuscule s'accroît, épaissit et cutinise la couche externe de sa membrane, qui se hérisse parfois de saillies comparables à des piquants ; ainsi se trouve constituée une spore qui se détache plus tard par la rupture du filament qui la supporte. Cette spore se distingue essentiellement de celles que produisent les sporanges par son origine exogène.

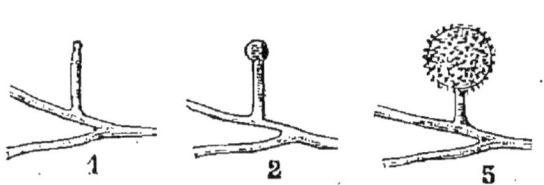

Fig. 56. — Trois phases successives de la formation d'une conidie de *Mortierella* (schéma).

Les spores qui ont une telle origine reçoivent le nom général de *conidies*. On peut donc dire que certaines Mucorinées ajoutent à leurs spores endogènes, formées à l'intérieur d'un sporange, des spores exogènes ou conidies formées isolément aux extrémités de filaments mycéliens. Il est même des Mucorinées, comme les *Cunninghamella*, qui n'ont pas d'autres spores que des conidies.

C'est sur le mode de formation de l'œuf que portent les variations les plus importantes, auxquelles nous devons nous arrêter quelques instants.

Chez une Moisissure connue sous le nom de *Phycomyces nitens* (*fig.* 57), les deux filaments mycéliens, dont les extré-

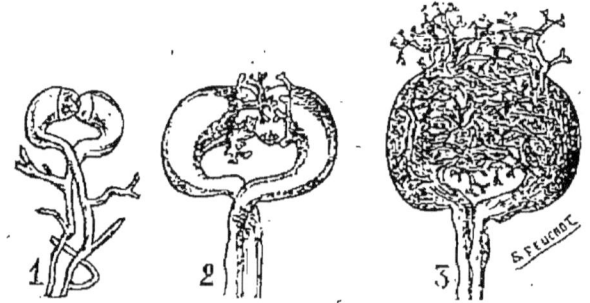

Fig. 57. — Trois phases successives de la formation de l'œuf de *Phycomyces nitens*; les gamètes appartiennent à deux thalles différents.

mités vont former les gamètes, s'entre-croisent à la façon de deux mors de pince; deux gamètes identiques se différencient à leurs extrémités, entrent en contact et se fondent pour constituer l'œuf; puis, pendant que l'œuf se transforme en embryon, il ne tarde pas à s'envelopper d'une sorte de buisson rameux et noirâtre qui lui forme une nouvelle enveloppe protectrice.

Il est certaines Mucorinées (*Sporodinia*, *Zygorhynchus*, etc.), qui ne possèdent qu'une seule sorte de thalles, et c'est *sur les rameaux d'un même thalle* qu'on voit se former les deux gamètes qui, en se fusionnant, donnent l'œuf; par suite, chez ces espèces, la formation des œufs s'observe fréquemment.

Mais, chez un grand nombre de Mucorinées (*Mucor*, *Rhizopus*, *Phycomyces*, etc.), il existe deux sortes de thalles, — d'ailleurs en apparence à peine différents, l'un seulement plus robuste et l'autre moins — et c'est *nécessairement sur des thalles différents* que doivent prendre naissance les deux gamètes dont la fusion donnera l'œuf. Chez ces espèces, les œufs ne se forment donc, dans la nature, que lorsque par hasard deux thalles de sorte différente se trouvent rapprochés et entremêlent leurs rameaux : mais artificiellement on provoquera sûrement la formation des œufs en cultivant deux thalles de sorte différente et en les faisant croître côte à côte.

Il se passe donc chez les Mucorinées quelque chose d'analogue à ce qu'on observe chez les végétaux les plus élevés en organisation. Dans certaines espèces de Phanérogames, en effet, chaque individu porte à la fois les deux gamètes dont la fusion produira l'œuf; la plante est *bisexuée*. Dans d'autres Phanérogames, les gamètes sont produits par des individus distincts, chaque individu est *unisexué*. Mais, tandis que chez les Phanérogames, les deux gamètes (ainsi que les organes qui les produisent) sont morphologiquement bien différents l'un de l'autre, chez les Mucorinées, au contraire, les deux gamètes sont identiques ou presque identiques, ainsi que les thalles qui les portent.

Dans les *Phycomyces*, de même que dans les genres

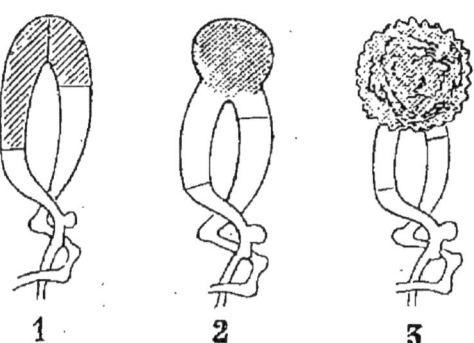

Fig. 58. — Trois phases successives de la formation de l'œuf d'un *Syncephalis* (schéma).

Syncephalis (fig. 58) et *Rhizopus*, une inégalité fréquente se manifeste entre les deux gamètes : l'un d'eux est presque toujours sensiblement plus petit que l'autre; mais, à cela près, la constitution des deux gamètes paraît absolument identique et l'œuf qui résulte de leur fusion occupe une position intermédiaire entre leurs deux positions initiales : l'œuf de ces Mucorinées est toujours *isogame*.

C'est surtout en dehors de la famille des Mucorinées, en étudiant sommairement une autre famille appartenant à l'ordre des Siphomycètes, que nous verrons se modifier le procédé de formation de l'œuf.

Péronosporées. — Les *Péronosporées* sont des Champignons à thalle continu qui vivent en parasites dans le parenchyme des Phanérogames vivants et y provoquent de redoutables maladies. Citons : la maladie de la Pomme de terre, produite par le développement, à l'intérieur des feuilles et des tubercules, de *Phytophthora infestans*; — le *mildiou* de la Vigne, causé par *Plasmopara viticola*, qui attaque les feuilles; — la *rouille blanche* des Crucifères, et plus spécialement du Chou, causée par *Cystopus candidus*; — le *meunier* de la Laitue, causé par *Bremia lactucæ*.

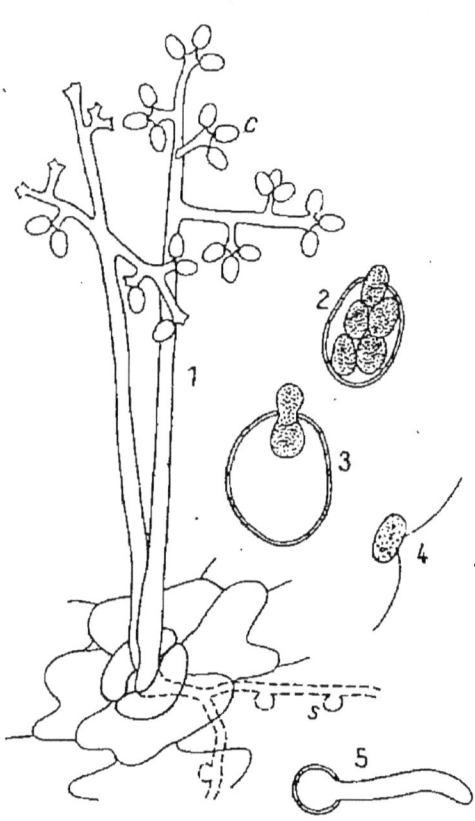

Fig. 59. — Appareil conidien de *Plasmopara viticola*. — 1, arbuscule conidifère sortant par l'ouverture d'un stomate; *c*, conidie; le mycélium porte, à l'intérieur de la feuille, des suçoirs *s*. — 2, conidie se transformant en un zoosporange; 3, une zoospore sortant du zoosporange; 4, zoospore en liberté; 5, zoospore germant en un filament. (La feuille attaquée est renversée, la face inférieure en haut.)

Le mycélium de *Plasmopara viticola*, par exemple, se compose d'un tube indéfiniment ramifié, dépourvu de cloisons, qui étend ses rameaux dans les espaces intercellulaires de la feuille de la vigne et enfonce, de distance en distance, à l'intérieur des cellules, de petits suçoirs renflés en boules.

Quand le thalle a acquis une certaine vigueur, il envoie vers l'extérieur un rameau qui s'échappe par l'ouverture d'un stomate, se dresse perpendiculairement à la surface épidermique, se ramifie assez régulièrement, et, après quelques complications, se termine par des rameaux sporifères : chacun de ces rameaux porte quelques spores exogènes à son extrémité. Ces arbuscules se développent en une nuit et les conidies sont mûres au matin. La spore, détachée du rameau qui l'a produite, et tombant dans une goutte d'eau à la surface de la feuille, s'y transforme en un petit sporange, d'où sortent cinq à huit spores ; ces spores, dépourvues de membranes, sont mobiles, grâce à deux prolongements protoplasmiques, dits *cils vibratiles*, qui frappent l'eau d'un mouvement cadencé. Après avoir nagé quelque temps, les spores mobiles, dites *zoospores*, se fixent en un point de la surface de la feuille de vigne, perdent leurs cils vibratiles, s'entourent d'une membrane et germent en donnant un filament qui pénètre dans le tissu de la feuille et y provoque la maladie.

C'est au moment où le champignon donne naissance à des zoospores qu'on peut le mieux combattre le développement du mildiou ; ces zoospores, dépourvues de membrane, sont très fragiles et tuées par une solution de sulfate de cuivre à 3 p. 100.

La formation de l'œuf a été aussi observée chez les Péronosporées (*fig.* 60). Ce phénomène se produit toujours à l'intérieur du corps de la plante hospitalière. Une branche du thalle se renfle en sphère à son extrémité qui se sépare, à l'aide d'une cloison transversale, du reste du filament et devient un *oogone*. Puis la portion centrale du protoplasme de l'oogone se condense et forme une petite masse sphérique foncée, appelée *oosphère*, qu'entoure une portion plus claire et finement granuleuse : c'est l'élément femelle. D'autre part, de la branche qui supporte l'oogone, ou d'une branche voisine, se détache un rameau qui renfle son extrémité en forme de massue, l'isole de lui-même par une cloison transversale et vient l'appliquer contre l'oogone ; une *anthéridie* est ainsi formée : c'est l'élément mâle. Bientôt l'anthéridie pousse, à travers la paroi et la partie claire du protoplasme de l'oogone, un fin ramuscule qui rencontre l'oosphère ; ce ramuscule se perce à son sommet et déverse dans l'oosphère une portion du protoplasme de l'anthéridie. Ce protoplasme mâle et celui de l'oosphère se combinent intimement en se contractant et s'enveloppant d'une membrane de cellulose : l'œuf est constitué. On voit qu'ici, il n'y a plus isogamie ; les deux gamètes diffèrent par leur forme, leur origine et leur rôle et l'*hétérogamie* est manifeste. Un des gamètes, plus volumineux, reste immobile : c'est le gamète *femelle* ; l'autre, plus petit, se déplace pour féconder le premier : c'est le gamète *mâle*.

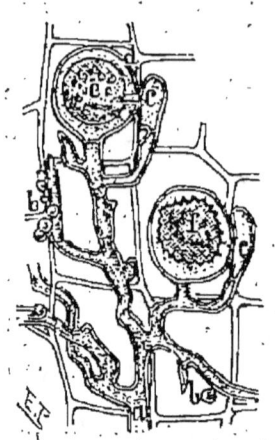

Fig. 60. — Formation de l'œuf d'une Péronosporée. — *a*, mycélium ; *b*, suçoirs ; *c*, anthéridie ; *d*, oogone ; *e*, oosphère ; *f*, œuf.

Au point de vue du rôle des noyaux dans la formation de l'œuf, les Péronosporées présentent une gradation fort intéressante. Chez toutes, l'oogone et l'anthéridie renferment de nombreux noyaux au début. Mais deux cas principaux sont à distinguer.

Chez certains *Cystopus*, tout le contenu de l'oogone et tout le contenu de l'anthéridie prennent part à la formation de l'œuf ; les deux gamètes plurinucléés fusionnent leurs noyaux deux à deux, et l'œuf lui-même est plurinucléé, comme celui des Mucorinées.

Chez d'autres espèces de *Cystopus*, au contraire, et chez la plupart des Péronosporées, tous les noyaux de l'oogone dégénèrent et se résorbent, sauf un, qui reste au centre de la grosse masse protoplasmique femelle : le gamète femelle, c'est-à-dire l'oosphère, est, dans ce cas, uninucléé. De même, l'anthéridie envoie à l'intérieur de l'oogone une masse protoplasmique munie d'un noyau unique, tous les autres noyaux se résorbant : le gamète mâle est alors, lui aussi, uninucléé. Enfin, l'œuf résultant de la fusion de deux gamètes à un seul noyau est, lui aussi, tout d'abord uninucléé.

Entre ces cas extrêmes, on trouve divers cas intermédiaires. Les Péronosporées nous offrent donc toutes les transitions entre le mode de formation de l'œuf des Mucorinées d'une part, où s'observe la fusion de nombreux noyaux mâles avec de nombreux noyaux femelles et qu'on peut appeler une *fécondation multiple*, et, d'autre part, le mode de *fécondation simple*, qui est le cas de beaucoup le plus fréquent chez les végétaux et où n'interviennent que des gamètes à un seul noyau.

La membrane de l'œuf ne tarde pas à s'épaissir et à se différencier en une couche externe, rugueuse, d'un brun sombre, et une couche interne, incolore ; celle-ci se décompose elle-même en une zone interne très mince et une zone externe plus épaisse. Le protoplasme granuleux de l'œuf contient un abondant dépôt de matières nutritives. Ainsi protégé et pourvu pour la résistance aux conditions défavorables, l'œuf, mis en liberté par la destruction du parenchyme foliaire de la plante infestée, passe l'hiver à l'état de vie ralentie et germe au printemps suivant. Le mode de germination de l'œuf est très variable, dans une même espèce, suivant les conditions extérieures : dans le cas le plus simple, les deux couches externes se rompent et la couche interne se développe en un tube ; celui-ci s'allonge en un thalle rameux qui pénètre directement dans le corps d'une plante de l'espèce hospitalière ; d'autres fois, l'œuf donne naissance à des zoospores qui se fixent et germent comme il a été dit plus haut.

§ 2. — Les Myxomycètes.

Les Champignons précédemment étudiés sont essentiellement caractérisés par la présence d'un mycélium formé de tubes non cloisonnés ; c'est en raison même de ce caractère que ces Champignons ont reçu le nom de Siphomycètes.

Parmi les ordres qui, avec celui-là, composent la classe des Champignons, il en est un qui offre une organisation inférieure ; le thalle, dépourvu de membrane, y est sans forme définie : c'est l'ordre des *Myxomycètes*. Il en est enfin deux autres dont le thalle est fait de filaments régulièrement cloisonnés et qui, au point de vue de la reproduction et du développement, offrent, au contraire, une organisation supérieure : ce sont les ordres des *Ascomycètes* et des *Basidiomycètes*.

Myxomycètes. — Il n'est pas rare d'observer, en automne, à la surface des feuilles mortes ou des fragments

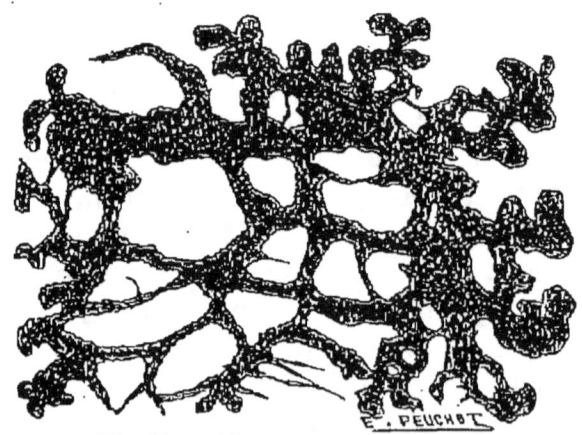

Fig. 61. — Plasmode de Myxomycète.

pourris d'écorce détrempée par la pluie, des plaques gélatineuses, de couleur variable, blanche, jaune ou rouge, de contour indéterminé (*fig.* 61), dont la nature vivante sera révélée par l'existence d'échanges nutritifs avec l'extérieur, en particulier par l'existence du phénomène respiratoire :

une de ces plaques gélatineuses, placée dans une atmosphère confinée, formée d'air ordinaire, lui a pris au bout de quelques heures une fraction notable de son oxygène et lui a fourni en échange une certaine quantité d'anhydride carbonique. L'examen microscopique de ces plaques montre qu'elles possèdent les réactions et l'aspect des protoplasmes : on y observe, en particulier, de nombreux noyaux. Elles représentent un état particulier du développement des Myxomycètes : on leur donne le nom de *plasmodes*. Elles constituent, en réalité, la partie végétative, le thalle du champignon.

La « fleur de tan », qui est le plasmode de *Fuligo septica*, se développe parfois abondamment dans les tanneries, à la surface de la tannée, et y forme des lames irrégulières, de couleur jaune, dont la largeur peut atteindre 2 à 3 décimètres, l'épaisseur 2 à 3 centimètres.

Recueillons un fragment de ce plasmode sur une feuille de papier que nous disposerons verticalement contre un support, et notons avec soin la position qu'il occupe à la surface du papier. Au bout d'un temps suffisamment long, trois heures par exemple, répétons la même observation. Nous constaterons que le plasmode s'est déplacé très sensiblement, de 6 à 7 centimètres par exemple. Si nous avions fixé, par le dessin, la forme primitive du plasmode et si nous tentons d'en obtenir une figure nouvelle au moment de la seconde observation, nous reconnaîtrons que le contour extérieur s'est sensiblement modifié : des prolongements saillants ou *pseudopodes* se seront formés dans la direction du déplacement, tandis que, dans la direction opposée, d'autres seront rentrés dans le corps du plasmode, se seront *rétractés*, comme on dit. Le plasmode aura donc rampé à la surface de son support à la manière de ces petits animaux protozoaires qu'on appelle des Amibes, par *mouvements amiboïdes*. Dans certains cas, il se sera déplacé de haut en bas, et nous pourrions être tentés d'expliquer simplement le déplacement par un effet de la pesanteur : la masse visqueuse aurait coulé à la surface de son support.

Dans d'autres cas, au contraire, le déplacement se sera produit de bas en haut : il faudra bien admettre alors que le plasmode est doué de *motilité*.

Si nous cherchons la cause qui a pu déterminer la direction prise par le plasmode en voie de déplacement, nous trouverons toujours quelque influence extérieure, une source de chaleur, de lumière, le voisinage d'un milieu plus nutritif, etc. Nous devrons donc admettre aussi que le plasmode réagit contre le milieu qui l'entoure, et lui attribuer une *irritabilité*.

Motilité et irritabilité sont deux propriétés essentielles de la matière vivante. Elles sont ici rendues particulièrement évidentes, grâce à l'absence de membrane cellulosique autour du protoplasme.

Nous dirons donc que les Myxomycètes sont caractérisés à l'état adulte par l'organisation fort simple de leur thalle : c'est une masse protoplasmique, dépourvue de membrane cellulosique, contenant de nombreux noyaux et douée de mouvements amiboïdes ; on la désigne du nom de plasmode.

Remarquons, à ce propos, combien se ressemblent les corps végétatifs d'êtres tels que les Amibes et les Myxomycètes, qu'on s'accorde cependant à ranger, les premiers dans le règne animal, les seconds dans le règne végétal. Ceci nous montre que, comme on dit, les deux règnes *se touchent par la base*, c'est-à-dire se rapprochent et se confondent presque par leurs formes les plus simples. La motilité et la sensibilité ne sont nullement l'apanage exclusif du règne animal ; comme nous venons de le voir et comme nous le verrons maintes fois dans la suite, on les retrouve à divers degrés dans le règne végétal. Mais elles y sont souvent masquées par la présence de cette enveloppe rigide qu'est la membrane cellulosique. Aussi peut-on considérer la présence de cette membrane, *tout au moins à un moment donné de l'existence*, comme la caractéristique des végétaux. Les Myxomycètes qui, comme nous l'allons voir, acquièrent une telle membrane au moment de leur reproduction, doivent donc être rangés dans le règne végétal, dont ils constituent les formes les plus inférieures en organisation.

Reproduction des Myxomycètes. — Il nous reste maintenant à étudier la reproduction et le développement des Myxomycètes : nous nous bornerons, pour cela, à l'examen d'un type simple appartenant au genre *Arcyria*, *Arcyria incarnata* par exemple, dont la couleur rouge attire facilement les regards.

Quand le plasmode s'apprête à fructifier, on le voit gagner, en général, quelque partie élevée du support sur lequel il s'est développé, puis se ramasser sur un point en une sorte de boule reliée au reste du plasmode par un pédicelle rétréci et très court (*fig.* 62) : cette boule n'est pas autre chose qu'un *sporange* en voie de formation.

La couche superficielle du pédicelle, puis du sporange, ne tarde pas à s'épaissir et à durcir de bas en haut, leur formant à tous deux une enveloppe résistante de nature cellulosique.

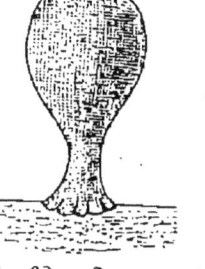

Plus tard (*fig.* 63), le contenu protoplasmique du sporange se segmente en autant de corpuscules qu'il renferme de noyaux ; chacun de ces corpuscules s'arrondit, s'entoure d'une membrane de cellulose, bleuissant au chloroiodure de zinc, et forme une *spore*. Remarquons, en passant, la présence de la cellulose autour de la spore : c'est elle qui nous a permis plus haut d'affirmer le caractère végétal du Myxomycète.

Fig. 62. — Sporange de Myxomycète, très grossi.

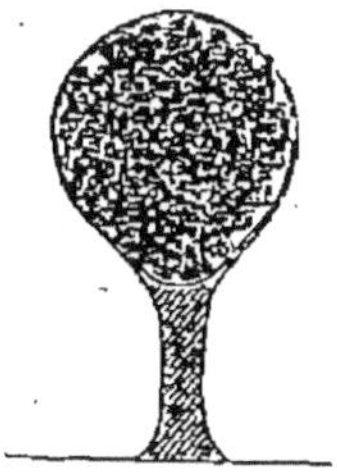

Fig. 63. — Coupe longitudinale du même (schéma). — Le réseau enfermé dans le sporange est le *capillitium* ; les corpuscules arrondis, emprisonnés dans ce réseau, sont les spores.

Cependant tout le protoplasme n'a pas été employé à la formation des spores : certaines portions se sont séparées de la masse générale et se sont condensées en filaments résistants, dont l'ensemble, intercalé entre les spores, constitue ce qu'on appelle le *capillitium* ; c'est, dans l'espèce qui nous occupe, une sorte de réseau, formé de tubes ramifiés, anastomosés et hérissés de verrues sur leurs surfaces externes; les mailles du réseau sont occupées par les spores. La constitution chimique, l'aspect, la couleur du capillitium le rapprochent tout à fait de la membrane enveloppante du sporange; ses filaments sont étroitement pelotonnés à l'intérieur de cet organe; on peut s'assurer que la dessiccation a pour effet de les déployer, tandis que l'humidité leur rend leur forme pelotonnée.

Quand le sporange a atteint sa maturité complète, l'enveloppe externe se déchire vers le sommet (*fig.* 64), probablement sous la pression exercée par le capillitium desséché: celui-ci se répand au dehors, déploie ses mailles et dissémine ainsi les spores qu'elles contiennent.

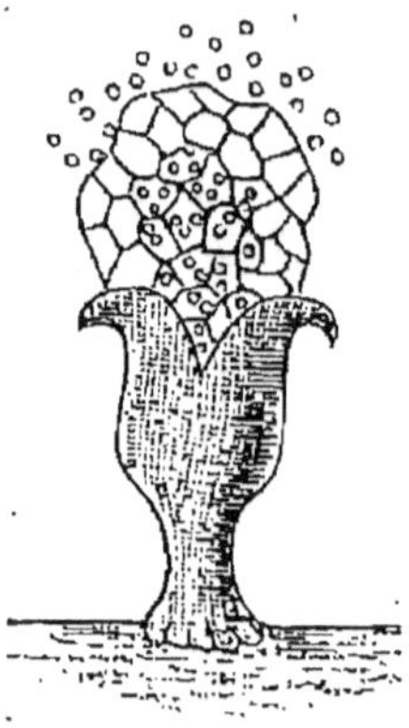

Les spores, mises en liberté, peuvent conserver pendant des années entières leur pouvoir germinatif, à condition de rester sèches. Mais, le plus souvent, elles rencontrent immédiatement des conditions favorables à leur germination (*fig.* 65). La membrane cellulosique de la spore se déchire et laisse échapper le corps protoplasmique, qui reste d'abord immobile dans l'eau. Puis celui-ci s'allonge, émet un cil vibratile et devient mobile: il se déplace alors dans l'eau à l'aide de son cil, c'est une *zoospore*. Bientôt la zoospore perd son cil vibratile et continue à se déplacer par des mouvements amiboïdes, qu'elle manifestait déjà, d'ailleurs, quand elle était en possession de son cil; dans ce nouvel état, on lui donne le nom de *myxamibe*.

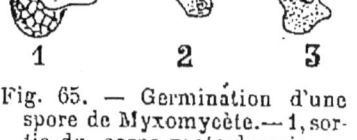

Fig. 64. — Déhiscence du même (schéma).

Fig. 65. — Germination d'une spore de Myxomycète.—1, sortie du corps protoplasmique; 2, zoospore; 3, myxamibe.

Fig. 66. Bipartition d'un myxamibe.

Le myxamibe, une fois constitué, s'accroît aux dépens du milieu nutritif, puis (*fig.* 66) se divise en deux myxamibes, qui peuvent à leur tour subir une nouvelle bipartition, et ainsi de suite tant que l'aliment ne fait pas défaut.

Quand le milieu nutritif est épuisé, on voit, au contraire, les myxamibes se rapprocher deux à deux et se fusionner ; les corps plus volumineux, résultant de cette fusion, se réunissent à leur tour et ainsi se forment des masses protoplasmiques, dans lesquelles on reconnaît autant de noyaux qu'il y a eu de myxamibes constituants (*fig.* 67) ; ce sont des *plasmodes* de tous points identiques à celui qui nous a servi de point de départ : ainsi se trouve expliquée la présence, à l'intérieur du plasmode, d'un grand nombre de noyaux.

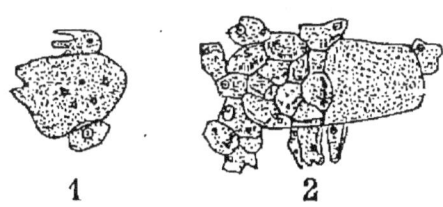

Fig. 67. — Deux phases successives de la formation d'un plasmode.

Spore, zoospore, myxamibe, plasmode, sporange, spore, tel est le cycle que parcourt généralement, dans son évolution, un Champignon de l'ordre des Myxomycètes.

A différents états de développement (myxamibe, plasmode), le Myxomycète peut, en présence de conditions défavorables, se ramasser sur lui-même et s'envelopper d'une membrane résistante : il forme alors un *kyste*, qui peut attendre pendant un temps considérable, à l'état de vie ralentie, le retour de conditions plus favorables. Alors la paroi du kyste s'entr'ouvre, le corps protoplasmique en sort et poursuit son développement.

Il est aujourd'hui établi, pour un certain nombre d'espèces, et le fait est sans doute général, que le Champignon Myxomycète ne peut parcourir son cycle complet de développement que s'il vit en contact avec des bactéries dont il se nourrit (Pinoy). Le plasmode des Myxomycètes ne se développe donc pas simplement aux dépens de matières organiques en décomposition ; il vit en véritable parasite sur des colonies de Bactéries.

§ 3. — Les Ascomycètes.

Ascomycètes. — Avec l'ordre des *Ascomycètes*, nous abordons un type d'organisation tout différent. Ici le thalle est composé de filaments indéfiniment ramifiés, souvent enchevêtrés les uns dans les autres de manière à donner une fausse apparence de tissu, parfois anastomosés; tou-

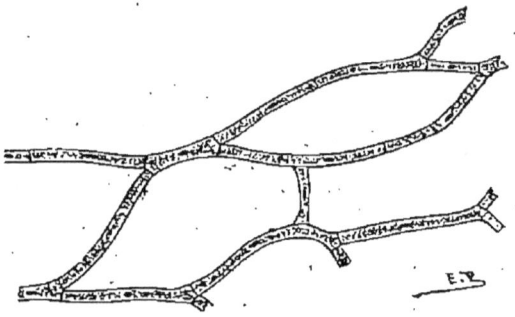

Fig. 68. — Mycélium cloisonné (schéma).

jours cloisonnés transversalement en cellules successives dont chacune contient un noyau ou bien en articles successifs dont chacun contient deux noyaux : c'est un *thalle cloisonné* (*fig.* 68).

Étude d'un type : Pézize. — Les Ascomycètes sont surtout caractérisés par la présence à peu près constante d'une forme d'appareil reproducteur qu'il sera facile de comprendre en étudiant un Champignon du genre *Pézize*.

Les Pézizes possèdent un thalle ramifié et cloisonné qui se développe soit sur des matières organiques en décomposition, telles que des feuilles mortes, soit à l'intérieur du corps de plantes vivantes, par exemple dans le parenchyme de leurs feuilles. De place en place, ce thalle vient produire à la surface du milieu nutritif, en ramifiant abondamment et feutrant ses filaments mycéliens, des organes massifs qui s'étalent en forme de coupes et auxquels on donne le nom de *périthèces* (*fig.* 69). Une coupe mince, faite dans les tissus d'un périthèce jeune et examinée à un faible grossissement, montre qu'il est tapissé par une couche continue, striée per-

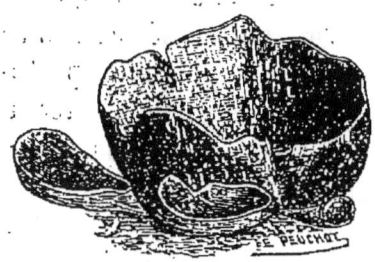

Fig. 69. — Un périthèce de Pézize.

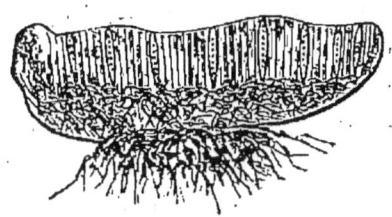

Fig. 70. — Coupe d'un périthèce de Pézize, vue à un faible grossissement.

pendiculairement à sa surface et à laquelle on donne le nom d'*hyménium* (*fig.* 70). A un plus fort grossissement (*fig.* 71), on reconnaît que l'hyménium est formé par une multitude de filaments dirigés normalement à la surface, terminés en doigts de gant et dépourvus de cloisons transversales dans leurs parties extrêmes : ce sont des *paraphyses*. En suivant ces filaments vers l'intérieur du périthèce, il est facile de s'assurer que chacun d'eux n'est que l'extrémité différenciée d'un tube mycélien. Quand le périthèce est un peu plus âgé, on voit s'insinuer, entre les paraphyses, d'autres filaments provenant aussi d'une ramification des tubes mycéliens et qui ne tardent pas à subir une différenciation plus profonde pour devenir des *asques*.

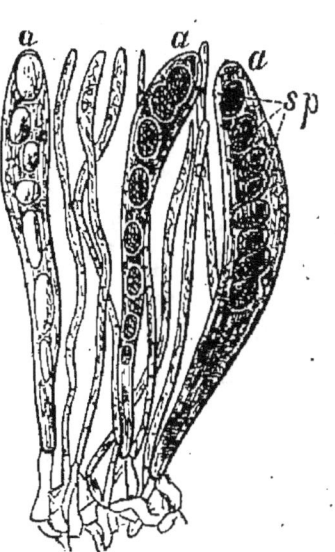

Fig. 71. — Une portion de l'hyménium, plus grossie. — *a*, trois asques, à divers états de développement ; *sp*, ascospores.

Ces filaments ont toujours pour origine une cellule à deux noyaux ; à un moment donné, les deux noyaux se fusionnent en un seul, plus volumineux ; cette fusion, qui a reçu le nom de *caryogamie*, est un phénomène absolument général au début de la formation de l'asque (Dangeard). Bientôt l'extrémité de chaque filament se renfle en forme de massue ; le noyau volumineux subit trois bipartitions successives, donnant naissance à huit noyaux qui se rangent en série linéaire à l'intérieur de la cellule mère ; bientôt une partie du protoplasme se condense autour de chaque noyau, puis s'entoure d'une membrane de cellulose et constitue une *spore ;* la partie inemployée du protoplasme, à laquelle on réserve le nom d'*épiplasme*, est utilisée ensuite pour la nutrition des spores, qui s'accroissent sensiblement et différencient ordinairement leur membrane en deux couches, une couche interne formée de cellulose pure (*endospore*) et une couche externe cutinisée (*exospore*) ; cette dernière présente elle-même, assez fréquemment, un pore que nous désignerons tout de suite du terme de *pore germinatif*. La cellule mère dans laquelle se sont ainsi différenciées huit spores, par une formation endogène à laquelle ne prend part qu'une partie du protoplasme maternel, a reçu le nom général d'asque ; les spores incluses sont des *ascospores*. C'est la présence constante des asques dans leurs appareils reproducteurs qui a mérité aux Champignons dont l'étude nous occupe actuellement le nom d'*Ascomycètes*.

Quand l'asque et les ascospores sont arrivées à maturité, la membrane de l'asque subit, suivant une ligne circulaire voisine de son sommet, le phénomène de la gélification ; plus tard, l'eau qui afflue dans les paraphyses voisines les distend outre mesure ; la pression qu'elles exercent dès lors sur l'asque provoque bientôt une déchirure suivant la ligne de gélification : la partie supérieure de la membrane se soulève à la manière d'un couvercle, d'un *opercule*, comme on dit, et les spores sont projetées à l'extérieur, avec une force souvent assez grande pour leur faire parcourir une distance de plusieurs mètres.

Les spores, mises en liberté par la rupture de l'asque, peuvent, grâce à la protection efficace assurée par leur exospore cutinisée, rester assez longtemps à l'état de vie ralentie, sans perdre leur pouvoir germinatif. Aussitôt qu'une spore rencontre des conditions favorables à son développement, un premier filament mycélien se forme au niveau du pore germinatif, qui constitue dans l'exospore une région de moindre résistance ; puis ce premier filament s'allonge, se cloisonne, se ramifie, et bientôt se trouve reconstitué un nouveau thalle, de même espèce que celui qui a fourni les spores. Sur ce thalle peuvent se former des périthèces de Pézize par simple bourgeonnement et enchevêtrement de filaments, sans qu'on observe aucun phénomène sexuel au cours du développement de ces périthèces.

Connaissant maintenant, par l'étude d'un type assez simple, les caractères essentiels de l'ordre des Ascomycètes, nous allons passer en revue les principales modifications qu'il subit dans les divers genres d'Ascomycètes. Ces modifications portent : 1° sur la structure de l'asque et le nombre des spores qu'elle forme ; — 2° sur le mode de déhiscence de l'asque ; — 3° sur le mode de distribution des asques dans l'appareil reproducteur, en un mot sur la structure du périthèce ; — 4° sur l'origine du périthèce, qui, dans plusieurs cas aujourd'hui connus, est corrélative d'un phénomène sexuel.

Variations de l'asque. — Le nombre des spores que produit l'asque est ordinairement de 8, comme dans les Pézizes. Il peut cependant s'abaisser à 4, par la suppression de la troisième bipartition du noyau de l'asque. Si, au contraire, la bipartition du noyau se poursuit plus longtemps, le nombre des spores peut s'élever à 16, 32 ou encore un plus grand nombre ; mais ce qui différencie toujours l'asque à nombreuses spores d'un sporange véritable, c'est le phénomène de caryogamie qui est à l'origine de son développement.

La déhiscence de l'asque ne se fait pas toujours suivant le mode que nous avons décrit dans le genre Pézize. Dans le genre *Ascobolus*, très voisin du précédent, l'asque, arrivée à maturité, se gorge d'eau dans sa partie basilaire, de sorte que les 8 spores sont refoulées vers le sommet ; puis la turgescence qui résulte de cet afflux liquide fait éclater la membrane au voisinage du sommet, et la masse des spores est projetée au dehors avec une grande force. Très souvent la déhiscence résulte, plus simplement, d'une dissolution totale et simultanée de la membrane de l'asque, qui a pour effet de mettre en liberté les spores.

Origine du périthèce. L'œuf chez les Ascomycètes. — Chez un certain nombre d'Ascomycètes, le développement du périthèce est lié à la formation d'un œuf, et le mode de formation de cet œuf est très différent suivant les types.

Chez *Pyronema confluens*, petite Pézize couleur feu qu'on trouve fréquemment sur les places charbonnières dans les bois, l'œuf se fait par fusion de deux gamètes plurinucléés ; les noyaux mâles se fusionnent avec les noyaux femelles deux à deux : il y a donc ici, comme chez certaines Péronosporées, une fécondation multiple.

Dans les *Dipodascus*, les deux gamètes sont encore plurinucléés ; mais, de même que chez les Péronosporées en général, il y a ici dégénérescence de tous les noyaux sauf deux, un noyau mâle et un noyau femelle, qui se fusionnent pour donner le noyau de l'œuf.

Enfin, chez la plupart des Ascomycètes où la formation de l'œuf a été observée (Levures, *Sphærotheca*), les deux gamètes sont uninucléés : il y a dès lors fécondation simple.

Nous retrouvons donc, dans la série des Champignons Ascomycètes comme dans la série des Siphomycètes, la même réduction progressive du nombre des noyaux concourant à la formation de l'œuf. Dans l'un et l'autre groupe, nous aboutissons finalement au mode de fécondation par gamètes uninucléés, qui est la règle absolue chez les Végétaux supérieurs.

On trouve, chez les Ascomycètes, de nombreuses variations dans la forme et le rôle respectifs des gamètes. Parfois (Levures, *Eremascus*) il y a égalité parfaite des gamètes mâle et femelle : l'œuf est isogame. Mais, le plus souvent, le gamète mâle est une cellule plus petite, qui déverse son contenu à l'intérieur d'un oogone renfermant le gamète femelle : l'œuf est alors hétérogame. L'hétérogamie, peu marquée dans les *Sphærotheca* et les *Dipodascus*, l'est davantage dans les *Pyronema*, où existe un oogone en forme de bouteille, surmonté d'un long col dans lequel se déverse le contenu d'une anthéridie en massue. Mais c'est chez les *Laboulbenia* et formes voisines, vivant sur les Insectes, qu'on trouve la plus forte différenciation sexuelle. Le gamète femelle y est une oosphère volumineuse contenue dans un oogone de structure complexe, où l'on peut distinguer une paroi faite d'une assise de cellules et un poil terminal bicellulaire, dit *trichogyne*. Le gamète mâle est une petite cellule née à l'intérieur d'une anthéridie et *rendue libre;* un tel gamète mâle, lorsqu'il est mis en liberté hors de l'anthéridie qui lui a donné naissance, porte le nom d'*anthérozoïde*. La fusion des gamètes se fait par l'intermédiaire du trichogyne, sur lequel viennent se fixer les anthérozoïdes.

Quel que soit le mode de formation de l'œuf, celui-ci, chez les Ascomycètes, germe tout aussitôt après la fécondation, sans qu'il y ait passage à l'état de vie ralentie, et donne un embryon filamenteux directement fixé sur le mycélium de la plante mère. Ce sont certaines cellules de cet embryon, munies originairement de deux noyaux, qui se transforment en asques, par le processus que nous avons étudié antérieurement. L'embryon, provenant de la germination de l'œuf, et qui donne les asques, a reçu le nom d'*ascogone*.

Chez de nombreux Ascomycètes, les œufs ne se forment pas ; mais tantôt l'oogone est néanmoins bien différencié et germe directement, sans fécondation, en donnant un ascogone normal : on dit alors qu'il y a *parthénogenèse;* tantôt il n'y a pas trace d'organes sexués, l'ascogone se développe aux dépens d'un rameau non différencié du mycélium : on dit alors qu'il y a *apogamie*, et c'est précisément le cas chez la Pézize que nous avons prise au début comme type.

Mais qu'il y ait fécondation, parthénogenèse ou apogamie, et les trois cas s'observent dans des formes très voisines, le développement du périthèce se poursuit d'une façon qui est toujours à peu près la même et qui semble uniquement commandée par le développement de l'ascogone. Parfois l'ascogone se réduit à une asque (Levures, *Eremascus, Dipodascus*), et alors il ne se forme pas de périthèce. Mais, d'ordinaire, l'ascogone est un filament plus ou moins développé; dans ce cas les filaments voisins bourgeonnent autour de lui des rameaux qui vont se ramifiant et s'intriquant jusqu'à former une enveloppe charnue au sein de laquelle grandit et mûrit l'ascogone : cette enveloppe est le périthèce.

Variations du périthèce. — La structure du périthèce est assez variable dans toute l'étendue de l'ordre des Ascomycètes et assez constante dans chaque genre, pour qu'elle ait permis d'établir parmi eux cinq familles dont les caractères nous seront fournis par l'étude sommaire de quelques exemples.

Gymnoascées. — On emploie dans l'industrie, sous le nom de *Levure de bière*, une matière blanc-jaunâtre et pulvérulente dont l'introduction à l'intérieur d'une dissolution de sucre de glucose, par exemple le moût de bière, en provoque la *fermentation :* le sucre de glucose est dédoublé en alcool éthylique et anhydride carbonique, conformément à la formule :

$$C^6H^{12}O^6 = 2(C^2H^6O) + 2(CO^2)$$
Glucose. Alcool. Anhydride carbonique.

avec formation de quelques produits accessoires, comme la glycérine et l'acide succinique. Un faible poids de Levure suffit, sans augmenter lui-même sensiblement, à faire fermenter un poids considérable de sucre, à condition que la Levure soit privée du contact de l'air.

Si on prend une petite quantité de Levure et qu'après l'avoir délayée dans l'eau on l'examine au microscope, on constate qu'elle est formée d'un grand nombre de cellules ovoïdes, éparses ou réunies en chapelets : dans ce dernier cas, les dimensions des cellules d'un même chapelet vont ordinairement en décroissant d'une extrémité à l'autre.

GYMNOASCÉES.

Chacune de ces cellules, enveloppée d'une fine membrane de cellulose, est dépourvue de chlorophylle. La Levure est donc bien un Champignon; son nom spécifique est *Saccharomyces cerevisiæ*.

Pour nous rendre compte du mode de développement de la Levure de bière, examinons-la dans une goutte du liquide sucré dont elle provoque la fermentation, *exposée au contact de l'air*; nous verrons bientôt chaque cellule pousser une sorte de bourgeon qui, s'accroissant peu à peu, se séparera de la cellule mère et formera une cellule nouvelle; celle-ci, avant même sa séparation, pourra bourgeonner à son tour, et ainsi de suite (*fig.* 72, *a*). Cette observation nous explique le groupement des cellules de la Levure en chapelets; nous pouvons aussi en conclure que la Levure de bière est un Champignon dont le thalle, au cours de son développement, se cloisonne et se dissocie en cellules distinctes.

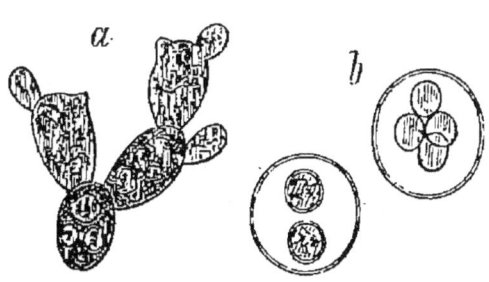

Fig. 72. — Levure de bière. — *a*, thalle bourgeonnant; *b*, formation des spores.

Quand la Levure de bière est cultivée dans certaines conditions déterminées, par exemple au contact de l'air sur des tranches de betterave ou de carotte, elle se reproduit en formant des asques renfermant généralement quatre ascospores. Lorsque la membrane de l'asque se détruit, les ascospores sont mises en liberté; si elles rencontrent un milieu favorable, contenant du glucose, elles peuvent germer et reconstituer un nouveau thalle, dissocié comme celui qui les a produites.

C'est une espèce voisine de la Levure de bière, l'*Endomyces albicans*, qui provoque, dans la bouche des jeunes enfants dont l'alimentation est défectueuse, la maladie connue sous le nom de *muguet*.

A côté des Levures se placent encore des Champignons se

développant d'ordinaire sur les plumes, les ongles ou la corne des Oiseaux ou des Mammifères (*Ctenomyces*); on y a rattaché également les parasites qui provoquent chez l'homme les « Teignes » ou « Trichophyties », maladies de la peau et du cuir chevelu, dont les agents sont les *Trichophyton* ou genres voisins (Matruchot et Dassonville).

L'ensemble des formes d'Ascomycètes dont il vient d'être parlé constitue la famille des *Gymnoascées*, qu'on peut caractériser par l'absence de périthèces véritables : les asques y naissent directement sur le mycélium et ne sont pas ou sont peu protégées par les filaments voisins.

Pézizacées. — D'autres Ascomycètes, plus voisins des Pézizes, réunissent comme elles leurs asques en une assise externe ou hyménium qui tapisse la surface concave d'une sorte de coupe. De ce nombre est la Morille, chez laquelle l'appareil reproducteur (*fig.* 73) forme une sorte de massue, dont l'extrémité renflée présente une surface gaufrée : chacune des alvéoles irrégulières circonscrites par ces gaufrures est l'équivalent d'un périthèce de Pézize.

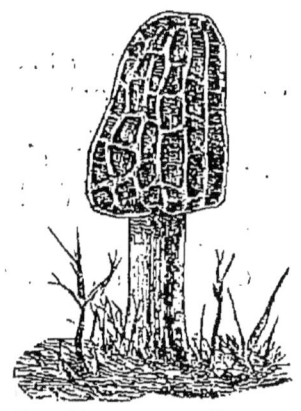

Fig. 73. — Appareil reproducteur de la Morille.

Enfin, beaucoup de Champignons voisins des Pézizes vivent en symbiose avec des Algues, formant des associations parfaitement définies qu'on appelle des Lichens et que nous apprendrons dans la suite à mieux connaître.

Chez les Morilles, les Pézizes et les formes qui leur ressemblent, les asques sont toujours portées par un périthèce plus ou moins charnu ; en outre ce périthèce est ouvert à maturité, et par suite les asques sont toujours disposées à nu à la surface du Champignon. Tels sont, en résumé, les caractères des Ascomycètes de la famille des Pézizacées.

Sphériacées. — On voit souvent faire saillie, sous les couches superficielles de l'écorce des plantes ligneuses, de petits tubercules de forme hémisphérique qui disséminent, à la maturité, une fine poussière de spores; ce sont les appareils reproducteurs de Champignons auxquels on donne, en raison de leur forme, le nom de *Sphéries*. Une coupe faite à travers un de ces tubercules montre que sa surface est

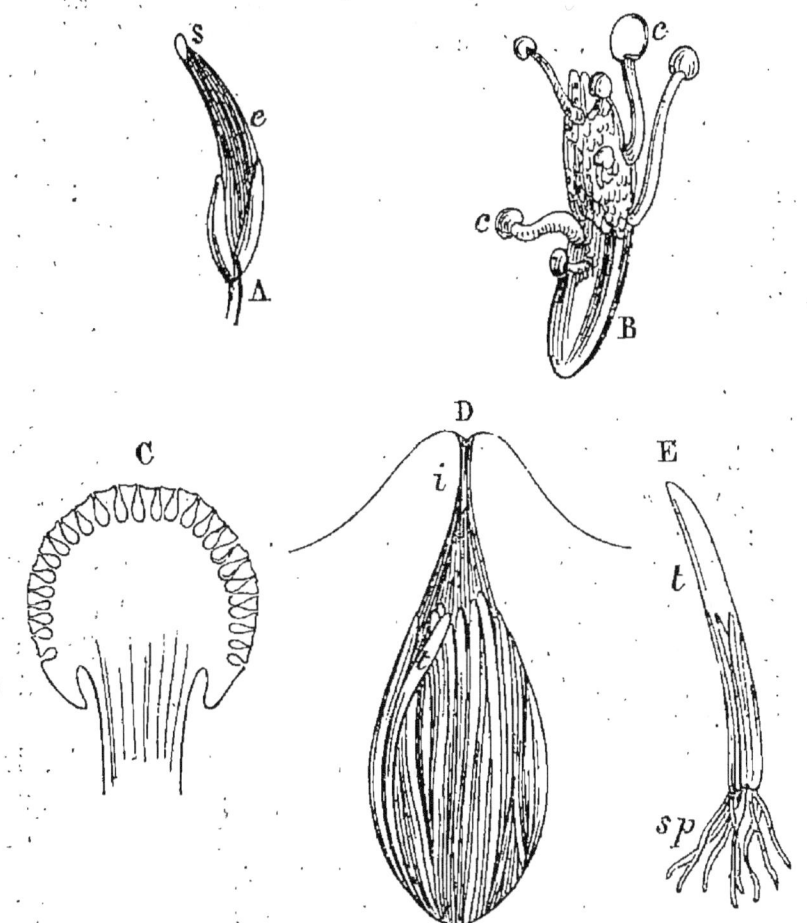

Fig. 74. — Ergot du Seigle. — A, Ergot développé ; B, le même, plus grossi et germant ; C, coupe grossie d'une tête chargée de périthèces ; D, coupe plus grossie d'un périthèce ; E, une asque, très grossie. — *e*, ergot ; *c*, tête chargée de périthèces ; *i*, ouverture du périthèce ; *t*, asque ; *sp*, ascospores.

creusée d'un certain nombre de petites cavités qui s'ouvrent à l'extérieur par autant d'orifices. Chacune de ces cavités contient, à la maturité, des asques allongées dont les sommets convergent vers l'orifice de sortie.

On connaît, sous le nom d'*ergot du Seigle* (*fig.* 74), une modification pathologique que subit, sous l'influence d'un parasite, l'ovaire de certaines Graminées, du Seigle par exemple : les tissus de cet organe sont peu à peu envahis par le mycélium d'un Champignon (*Claviceps purpurea*) et, sous l'action du parasite, l'ovaire grandit et fait bientôt saillie à l'extérieur, en forme d'ergot. Cette production, dure et cornée, est formée par un lacis inextricable de filaments mycéliens, étroitement enchevêtrés les uns dans les autres. Elle peut rester longtemps à l'état de vie ralentie ; puis, quand elle se trouve placée dans des conditions favorables à son développement, on voit se produire à sa surface de petites colonnettes dressées, dont les extrémités se renflent en forme de boules, de couleur violette. Une coupe longitudinale faite au travers d'une de ces boules montre que sa surface est criblée de petites cavités en forme de bouteilles, dont chacune abrite des asques ; les huit spores que contient chacune de ces asques ont d'ailleurs une forme très spéciale : elles sont allongées et filiformes.

Les *Cordiceps* vivent en parasites sur les Insectes, particulièrement sur les Chenilles, qu'ils envahissent et tuent par leur mycélium et sur le corps desquelles ils édifient un périthèce charnu, dont la tête allongée est remplie de petites cavités pleines d'asques.

Les Sphéries, le Champignon de l'ergot du Seigle, les Cordiceps sont encore des Ascomycètes. Comme leurs asques présentent ce caractère commun d'être abritées dans des sortes de bouteilles qui s'ouvrent à l'extérieur par d'étroits orifices, on en fait une famille distincte, celle des *Sphériacées*. Un certain nombre de Sphériacées vivent en symbiose avec des Algues, constituant ainsi des Lichens.

Périsporiacées. — Une coupe transversale faite dans un tubercule de Truffe (*fig.* 75) montre qu'il est limité extérieurement par une couche périphérique, que forme un feutrage épais de filaments mycéliens. Sous cette enveloppe résistante, un tissu plus lâche forme une sorte de réseau dont les filaments sont stériles. Dans les mailles de ce réseau sont enfermés des filaments fertiles dont les extrémités se terminent par des asques sphériques, dont chacune contient quatre ou deux grosses spores à membrane externe cutinisée et souvent hérissée de piquants. La Truffe est encore un Ascomycète ; elle est le type d'une famille nouvelle, que caractérise la situation profonde des asques, enfermées à l'intérieur de l'appareil sporifère : c'est la famille des *Périsporiacées*.

Laboulbéniacées. — Enfin, sous le nom de *Laboulbéniacées*, on rassemble des Champignons qui vivent fixés à la carapace des Insectes par une sorte de suçoir.

Nous avons vu comment se forment les œufs chez les Laboulbéniacées. En germant, l'œuf donne un embryon sur lequel se développent de nombreuses asques à huit spores bicellulaires ; l'ascospore, mise en liberté et venant à rencontrer le corps d'un Insecte, y adhère et germe en donnant un nouveau thalle.

Fig. 75. — Coupe grossie d'un tubercule de Truffe. — *a*, couche périphérique ; *t*, asques.

Formes conidiennes. — Si l'asque est l'appareil sporifère dont la présence constante permet de caractériser et de définir l'ordre des Ascomycètes, les Champignons de ce groupe peuvent aussi posséder d'autres appareils reproducteurs : ils peuvent former des spores exogènes, des *conidies*, dont la disposition à la surface du mycélium peut revêtir les formes les plus diverses, — si diverses que, quand les asques ne se forment pas, on peut être tenté de décrire chacun de ces appareils conidiens comme appartenant à une espèce distincte et de rapporter cette espèce à un ordre très différent de celui des Ascomycètes.

On décrit, sous le nom d'*Oïdium*, un appareil conidien formé d'un filament unique qui bourgeonne à son extrémité, formant ainsi un chapelet de spores dont la plus ancienne est, à chaque instant, la plus voisine de l'extrémité ; au-dessous des spores déjà formées, le filament en reconstitue

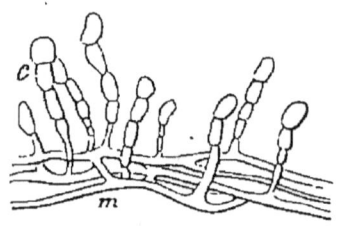

Fig. 76. — Oïdium avec conidies (*c*) ; *m*, mycélium.

sans cesse de nouvelles : les plus anciennes se détachent et sont disséminées, pendant qu'elles sont remplacées par les plus jeunes. C'est à la forme *Oïdium* qu'appartient l'appareil conidien du Champignon qui produit sur la Vigne la maladie dite de l'Oïdium (*fig.* 76).

Que le filament conidifère, au lieu de rester simple, se ramifie au voisinage de son extrémité de manière que les

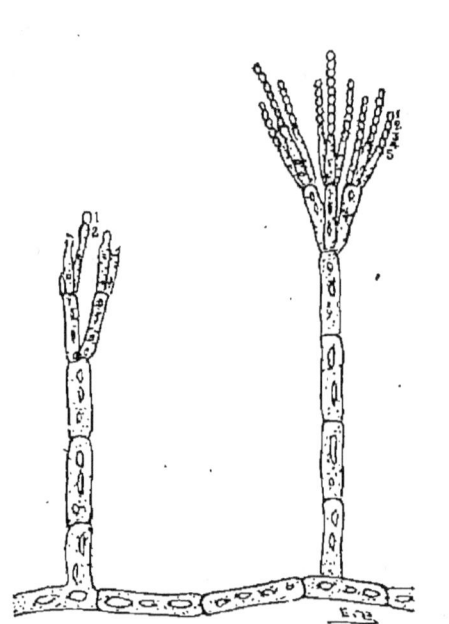

Fig. 77. — Appareil conidien de *Penicillium*. (Les numéros indiquent l'ordre de formation des spores.)

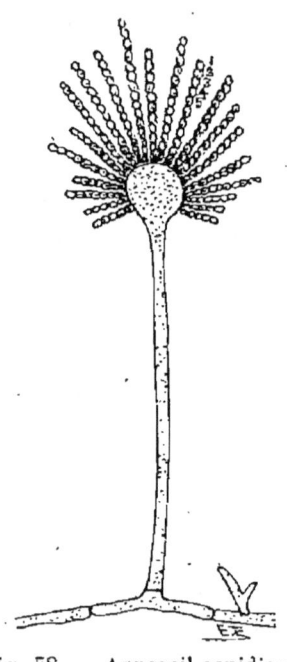

Fig. 78. — Appareil conidien d'*Aspergillus*. (Les numéros indiquent l'ordre de formation des spores.)

sommets de toutes ses ramifications viennent se placer à peu près dans un même plan : l'appareil conidien sera formé par la somme de plusieurs filaments comparables à celui de l'*Oidium* et présentera une vague ressemblance avec un pinceau ; on lui donne alors le nom de *Penicillium* (*fig.* 77).

On réserve le nom d'*Aspergillus* (*fig.* 78) à un appareil conidien constitué par un axe dressé dont l'extrémité, renflée en forme de sphère, porte sur toute sa surface de petits bourgeons qui se comportent comme les filaments de l'*Oidium* ou du *Penicillium;* il résulte de là que l'appareil présente, à la maturité, une certaine ressemblance avec un goupillon, ce qui justifie son nom.

C'est aux formes *Penicillium* et *Aspergillus* qu'appartiennent les appareils conidiens de plusieurs Moisissures très communes.

C'est par l'étude du développement de chacune de ces Moisissures, suivi pas à pas à partir de la germination de la conidie, qu'on est arrivé à déterminer la place qu'elles doivent occuper dans la classification des Champignons. Un exemple va nous permettre de nous en rendre compte.

Polymorphisme des Ascomycètes. — Quand on expose, dans un lieu chaud et humide, des grains de raisin au contact de l'air, on ne tarde pas à voir se former à la surface de ces grains un duvet brun verdâtre, légèrement cendré.

En examinant au microscope un fragment de ce duvet, on voit (*fig.* 79,1) qu'il est formé par des filaments cloisonnés, ramifiés et enchevêtrés, qui représentent évidemment un mycélium de Champignon. De distance en distance, un filament se dresse et, par un bourgeonnement de son extrémité, produit une cou-

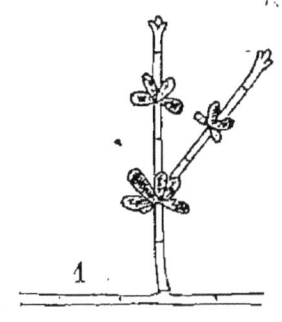

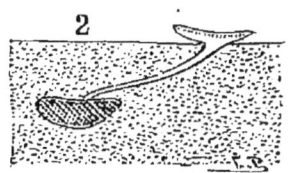

Fig. 79. — Développement de *Peziza Fuckeliana* (schéma). — 1, appareil conidien ; 2, formation du périthèce sur un sclérote ensablé.

ronne de spores exogènes ou conidies; puis le filament continue à s'allonger en se cloisonnant transversalement; plus loin, il peut bourgeonner de nouveau et former une nouvelle couronne de conidies, et ainsi de suite. Souvent aussi on voit se produire, au-dessus d'une de ces conidies, une ramification latérale qui se comporte comme le filament principal et forme, de distance en distance, des verticilles de conidies. Ce sont les membranes des conidies qui, en épaississant et cutinisant leur couche externe, donnent à la Moisissure son aspect pulvérulent et sa couleur cendrée. A cette Moisissure on avait donné le nom de *Botrytis cinerea*.

Recueillons quelques-unes de ces conidies; semons-les sur un milieu nutritif convenable, par exemple sur du jus d'orange ou sur des feuilles de vigne : elles ne tardent pas à germer. De chacune d'elles sort un filament qui se cloisonne, se ramifie, épuise peu à peu le milieu nutritif et finit par former, en feutrant ses ramifications, un massif compact et foncé, comparable à l'ergot du Seigle, et qu'on appelle un *sclérote*. Ce sclérote desséché peut être conservé pendant très longtemps à l'état de vie ralentie. Si on le place, dans des conditions de température et d'aération suffisantes, sur du sable humide, il ne tarde pas à repasser à l'état de vie active : de nouveaux filaments mycéliens se forment à sa surface et bientôt on voit paraître, sur certaines ramifications, de nouveaux appareils conidiens; on se retrouve en présence de *Botrytis cinerea*. Si on enfonce profondément le sclérote dans le sable (*fig.* 78, 2), il germe d'une façon différente : les filaments mycéliens qui en sortent s'enchevêtrent étroitement les uns dans les autres, constituant un cordon qui atteint bientôt la surface du sable et s'y dilate en forme de coupe; à la surface de cette coupe se différencie un hyménium contenant des asques; bref, le sclérote donne naissance à une forme spéciale de Pézize, qui était déjà connue sous le nom de *Peziza Fuckeliana*.

On voit ainsi qu'une même espèce de Champignon peut, suivant les conditions dans lesquelles elle se trouve placée, revêtir des formes assez différentes pour qu'elles aient été d'abord décrites comme des espèces distinctes. *Botrytis cinerea* et *Peziza Fuckeliana* sont deux états successifs d'une espèce *polymorphe*. Dans la nature, c'est à la surface des grains de raisin moisis qu'on observe la forme conidienne; c'est sur les feuilles mortes de Vigne, tombées à terre, qu'on observe, en automne et en hiver, les sclérotes sur lesquels se développera au printemps la forme ascosporée.

Comme il convient de ne conserver à une même espèce qu'un nom unique, on a généralement abandonné les noms spécifiques qui avaient été jadis donnés aux formes conidiennes des Champignons Ascomycètes et on a conservé ceux qui correspondaient aux formes ascosporées : ce sont, en effet, les plus importantes à connaître, celles qui permettent de définir la position de ces Champignons dans la classification végétale. C'est ainsi que *Botrytis cinerea* a disparu de la nomenclature pour faire place à *Peziza Fuckeliana*. De même, l'*Oidium* de la Vigne a perdu sa valeur spécifique : il représente la forme conidienne d'un Ascomycète, du groupe des Périsporiacées, qu'on appelle *Uncinula americana*. Les *Aspergillus* sont les formes conidiennes des *Eurotium*, etc.

En résumé, les Ascomycètes présentent deux sortes de spores, *ascospores* et *conidies*, ayant une origine et, comme on dit, une valeur morphologique très différentes; les conidies sont des *spores directes*, les ascospores sont des *spores de passage*.

Les conidies, en effet, *naissent directement* sur le mycélium et en germant redonnent directement le même mycélium :

Thalle → *conidies* → *thalle*.

Les ascospores, elles aussi, donnent en germant le mycélium du Champignon; mais leur origine est tout autre. Elles naissent, en effet, sur un embryon différencié (ascogone) qui, dans le cas le plus explicite, tire son origine d'un œuf formé directement sur le thalle, ce qu'on peut résumer ainsi :

Thalle → *œuf* → *ascogone* → *ascospores* → *thalle*.

Or, même dans les cas de parthénogenèse ou d'apogamie,

les ascospores ne doivent pas être considérées comme naissant directement sur le thalle, mais bien sur un ascogone plus ou moins différencié : dès lors, elles doivent être considérées comme étant toujours des *spores de passage*.

§ 4. — Les Basidiomycètes.

Les Basidiomycètes. — L'ordre des *Basidiomycètes*, qu'il nous reste à examiner pour terminer l'étude de la

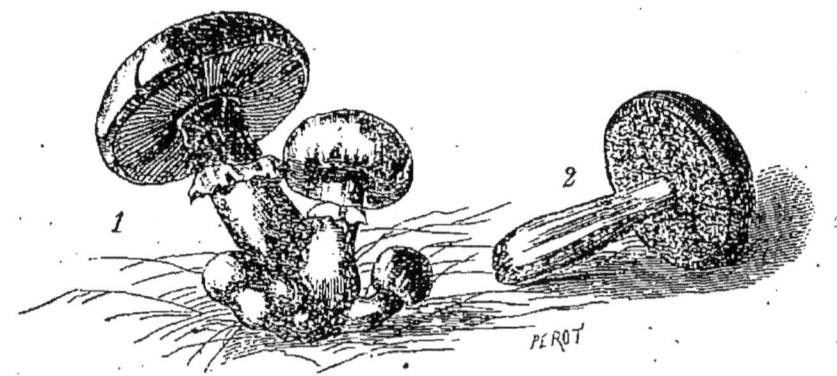

Fig. 80. — Basidiomycètes. — A gauche, Champignon de couche ; à droite, Cèpe.

classe des Champignons, renferme les plantes que le vulgaire désigne le plus ordinairement de ce nom de « Champignons » (*fig.* 80) : le Champignon de couche, qu'on cultive sur du fumier, dans les galeries souterraines des carrières abandonnées de la banlieue de Paris et qu'on utilise couramment dans l'alimentation ; — la Chanterelle, le Cèpe, comestibles aussi ; — l'Amadouvier, dont certaines parties fournissent la matière connue sous le nom d'*amadou*, etc.

Étude d'un type : Psalliota campestris. — Pour acquérir une connaissance suffisante de l'organisation des Basidiomycètes, prenons un exemple commun, que chacun peut se procurer aisément, le Champignon de couche : il appartient au grand genre *Agaric* et répondait naguère au nom d'*Agaricus campestris;* mais comme il a fallu, en raison du grand nombre d'espèces que renferme le genre Agaric, le décomposer en genres secondaires, le Champignon de couche a été rangé dans le genre *Psalliota* et a reçu la dénomination de *Psalliota campestris*.

Ce que l'on connaît généralement du Champignon de couche, ce qu'on utilise dans l'alimentation, c'est l'appareil sporifère : il se compose, comme chacun sait, d'une sorte de chapeau porté par un pied central et présentant sur sa face inférieure, tournée vers le sol, de nombreuses lamelles disposées en rayonnant.

Thalle. — Pour étudier l'appareil végétatif, le thalle du Champignon, soulevons le pied du chapeau avec un peu du fumier sur lequel il s'est développé. Nous verrons se détacher, de la base du pied, des rameaux blancs, enchevêtrés et anastomosés, qui constituent ce que les cultivateurs appellent le *blanc de Champignon* (*fig.* 81). Dissociés avec des aiguilles fines et vus au microscope, ces rameaux se montrent formés par des filaments cloisonnés transversalement, disposés parallèlement, accolés entre eux et anastomosés, en un mot étroitement feutrés, de manière que chaque rameau présente l'aspect d'un tissu. On se rappelle que lorsque, le thalle d'un Champignon se réduit à des filaments isolés les uns des autres, il reçoit le nom de *mycélium;* quand les filaments mycéliens s'enchevêtrent, comme ici, en un faux tissu, on donne à celui-ci le nom de *stroma;* nous dirons

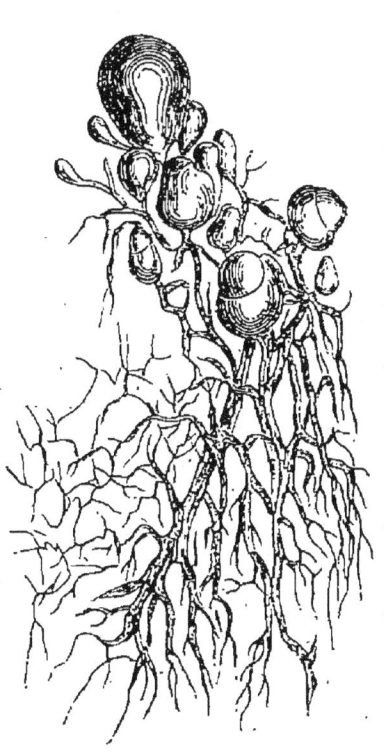

Fig. 81. — *Psalliota campestris.* — Mycélium portant des chapeaux en voie de développement.

8.

donc que le thalle du Champignon de couche est constitué par un mycélium cloisonné, feutré en stroma.

C'est ce stroma que les cultivateurs utilisent pour multiplier le Champignon de couche : les fragments de *blanc de Champignon*, piqués à quelque profondeur dans le fumier, qui constitue pour lui un milieu favorable, se développent en formant de nouveaux filaments mycéliens ; ces derniers s'étendent dans le fumier, s'y enchevêtrent et propagent le stroma de proche en proche. C'est ce stroma qui vient plus tard affleurer à la surface du fumier et y former ses appareils reproducteurs.

Appareil sporifère. — Revenons à l'appareil sporifère du Champignon de couche et examinons de plus près la manière dont il forme et met en liberté les spores. Si on l'étudie quand il est encore très jeune, on observe que les lamelles portées par sa face inférieure ont une couleur blanche, à peine teintée de rose. Prenons une feuille de carton léger, une carte de visite par exemple ; découpons dans cette feuille une ouverture suffisante pour laisser passer à frottement doux le pied du chapeau et disposons celui-ci dans un lieu où il soit à l'abri des chocs et des mouvements de l'air. Bientôt nous verrons le chapeau, dont la face supérieure était fortement convexe, s'épanouir et s'étaler dans un plan ; en même temps, les lamelles prennent une coloration plus foncée, d'abord brune, puis presque noire ; quand elles ont acquis cette teinte, on observe sur la feuille de carton, placée au-dessous d'elles, des traînées d'une poussière brune qui reproduisent exactement la disposition rayonnante des lames. Recueillons un peu de cette poussière et examinons-la au microscope ; nous verrons qu'elle est formée par des corpuscules microscopiques et arrondis qui ne sont autre chose que des spores. Chacune d'elles comprend un protoplasme granuleux, renfermant un noyau ; elle est protégée par une membrane dont la couche externe est uniformément cutinisée, sauf en un point qui constitue un *pore germinatif*. De la disposition affectée par les spores recueillies au-dessous du chapeau, on peut évidemment conclure qu'elles ont pris naissance à la surface des lamelles.

Placée dans des conditions favorables, une spore germe et forme un filament mycélien, qui se ramifie un grand nombre de fois, puis reconstitue un stroma semblable à celui qui avait fourni l'appareil sporifère. A l'occasion de recherches faites sur diverses maladies qui atteignent le Champignon de couche dans les carrières de la banlieue parisienne, Costantin et Matruchot sont parvenus à obtenir le développement complet de *Psalliota campestris* à partir de la spore, ce qui a permis de préparer d'une façon aseptique le « blanc de Champignon » utilisé dans la culture industrielle du Champignon de couche.

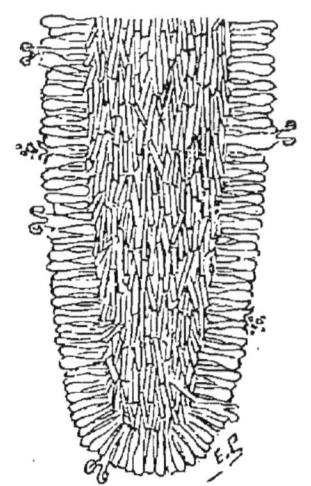

Fig. 82. — Coupe dans une lamelle de *Psalliota campestris*.

Comment se forment les spores à la surface des lamelles?

Une coupe transversale faite dans une lamelle jeune (*fig.* 82) montre qu'elle est formée de filaments enchevêtrés de manière à donner l'aspect d'un tissu; c'est ce qu'on appelle un *faux tissu*. Ces filaments divergent assez régulièrement à partir du milieu de la lamelle, de façon à venir se terminer sur ses deux faces opposées. Les cellules qui occupent les extrémités des filaments se rapprochent étroitement les unes des autres et se juxtaposent, formant ainsi, à la surface de la lamelle, une fine membrane qui offre toutes les apparences d'une assise continue : on donne à cette assise externe le nom d'*hyménium*.

Parmi les cellules qui constituent l'hyménium, les unes restent stériles : ce sont des *paraphyses;* les autres sont fertiles et produisent des spores : ce sont des *basides*.

La *baside* (*fig.* 83) possède généralement une forme de massue, amincie vers l'intérieur de la lamelle, renflée du côté de la surface externe. Jeune, elle contient toujours deux noyaux (*fig.* 83, 1), qui se fusionnent bientôt pour former un gros noyau unique (1'); à l'origine de la baside, il y a donc, comme à l'origine de l'asque, un phénomène de *caryogamie*. Puis le gros noyau unique se divise en deux dans une direction transversale par rapport à l'axe de la baside, et chacun de ces noyaux se rapproche de la surface externe, entraînant avec lui une moitié du protoplasme.

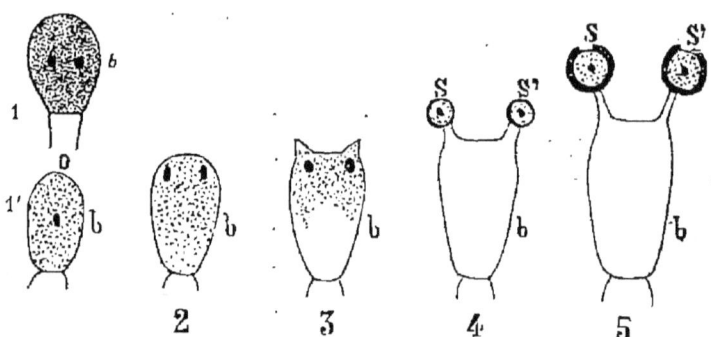

Fig. 83. — Phases successives du développement d'une baside de *Psalliota campestris* (schéma). — *b*, baside ; S, S', basidiospores.

Plus tard, en face de chaque noyau, la membrane se soulève et pousse vers l'extérieur une sorte de prolongement en forme de corne. Les deux appendices ainsi formés, auxquels on donne le nom de *stérigmates*, se renflent à leurs extrémités, et les noyaux, avec le protoplasme qui les entoure, s'engagent dans ces renflements. Une cloison transversale se forme à l'extrémité de chaque stérigmate et isole le renflement terminal, qui constitue dès lors une cellule indépendante. Cette cellule épaissit et cutinise sa membrane dans sa partie extérieure, sauf en un point directement opposé à son point d'attache sur le stérigmate; bientôt, elle présente tous les caractères d'une spore, avec son pore germinatif. La rupture du stérigmate donne enfin la liberté à la spore, que les mouvements de l'air entraînent plus ou moins loin. Formées par les basides, les spores ont reçu le nom spécial de *basidiospores*.

Définition générale de la baside. — C'est suivant un procédé très analogue à celui que nous venons d'étudier que se forment toujours les spores des Basidiomycètes :

elles prennent naissance, en nombre déterminé et par une sorte de bourgeonnement, sur une cellule mère qu'on désigne du nom de *baside*. Mais, tandis que la baside du Champignon de couche cultivé ne produit que deux spores, la plupart des basides en produisent quatre : à cet effet, le gros noyau unique de la baside subit, non pas une seule bipartition, mais deux bipartitions successives. Parfois même une nouvelle bipartition donne naissance à huit noyaux, et le nombre des spores s'élève à huit par baside. Ce nombre peut même s'élever davantage encore; il devient alors moins fixe et, dans une certaine mesure, indéterminé. Le caractère essentiel de la baside réside, non dans la fixité du nombre des spores qu'elle forme, mais dans le phénomène de caryogamie qui est l'origine de son développement.

Variations du thalle. — Passons rapidement en revue les principales variations qu'éprouvent, dans l'ordre des Basidiomycètes, l'appareil végétatif et l'appareil reproducteur.

Chez certains Basidiomycètes, tels que les Coprins, petits Champignons à chapeau qui se développent fréquemment sur le fumier de Cheval, l'appareil végétatif se réduit habituellement à un mycélium : les filaments pluricellulaires qui le constituent ne s'enchevêtrent pas assez étroitement pour former un stroma. Chez d'autres Basidiomycètes, au contraire, la différenciation de l'appareil végétatif est poussée plus loin que chez le Champignon de couche : le stroma forme, à l'intérieur du milieu sur lequel se développe le Champignon, des sortes de cordons cylindriques abondamment ramifiés, qui s'enfoncent en terre ou sous l'écorce des arbres. En raison de leur ressemblance avec des racines, ces cordons rameux ont reçu le nom de *rhizomorphes*. Les rhizomorphes d'*Armillaria mellea* qui pénètrent dans l'intérieur des racines des Pins ont la curieuse propriété de dégager de la lumière dans l'obscurité : c'est un phénomène de phosphorescence physiologique.

L'appareil végétatif des Basidiomycètes peut se compliquer davantage encore : les cordons stromatiques s'enchevêtrent les uns dans les autres et forment des massifs plus ou moins volumineux dans lesquels les cordons les plus externes épaississent, cutinisent et colorent fortement leurs membranes; ce sont des sclérotes, qui peuvent passer un temps plus ou moins long à l'état de vie ralentie. C'est ainsi qu'une espèce de Coprin, *Coprinus stercorarius*, quand elle se développe dans un milieu compact et peu aéré, dans la bouse de vache par exemple, y forme des sclérotes de couleur foncée, capables de germer plus tard et de donner naissance à de nouveaux filaments mycéliens.

Variations de l'appareil sporifère. — L'appareil hyménial des Basidiomycètes est susceptible aussi de nombreuses variations.

Chez les Théléphores (*Thelephora*), l'appareil sporifère, fixé à l'écorce des arbres, est un chapeau sessile, et l'hyménium, absolument lisse, en revêt uniformément la surface inférieure.

Fig. 84. — Appareil reproducteur de Chanterelle.

Chez les Chanterelles (*Cantharellus*), l'appareil sporifère (*fig.* 84) est un chapeau pourvu d'un pied sur lequel viennent se perdre des côtes que porte la face inférieure du chapeau. C'est sur ces côtes qu'est localisé l'hyménium.

Dans les formes multiples qui appartiennent à l'ancien genre *Agaricus*, nous savons déjà que les basides sont localisées sur les lamelles rayonnantes que porte la face inférieure du chapeau.

Chez les Bolets (*Boletus*), tels que le Cèpe comestible, le chapeau est soutenu, comme chez les Agarics, par un pied central et c'est encore à sa face inférieure qu'est localisé l'hyménium; mais celui-ci occupe les faces internes d'un grand nombre de petits tubes, disposés verticalement et côte à côte comme des tuyaux d'orgue et ouverts à leurs extrémités inférieures (*fig.* 85). — Chez certains Polypores (*Polyporus*), tels que l'Amadouvier, le pied vient s'attacher latéralement à la face inférieure du chapeau ou bien il peut manquer totalement, ainsi que chez les Théléphores ; dans ce dernier cas, l'appareil sporifère, comme celui des Théléphores, est fixé par une large surface à l'écorce des arbres (*fig.* 86). Mais, que le chapeau soit sessile ou pédonculé, l'hyménium revêt ici, comme chez les Bolets, la surface interne de tubes cylindriques portés par la face inférieure du chapeau.

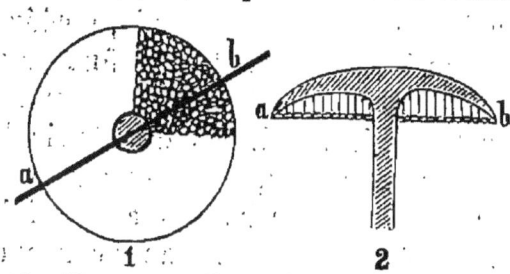

Fig. 85. — Appareil reproducteur de Bolet (schéma). — 1, chapeau vu par sa face inférieure ; 2, le même, coupé suivant un plan passant par l'axe du pied. (*ab* est la trace de ce plan sur celui de la première figure.)

Chez les Vesse-loups (*Lycoperdon*), l'appareil sporifère, arrivé à maturité, forme une masse ovoïde dont la surface externe est stérile ; cette masse est creusée intérieurement de cavités que séparent des cloisons et que tapisse intérieurement un hyménium ; quand les spores ont atteint leur maturité, les cloisons séparatrices des cavités se résorbent et l'enveloppe extérieure se déchire plus ou moins irrégulièrement pour mettre en liberté la poussière des spores mûres.

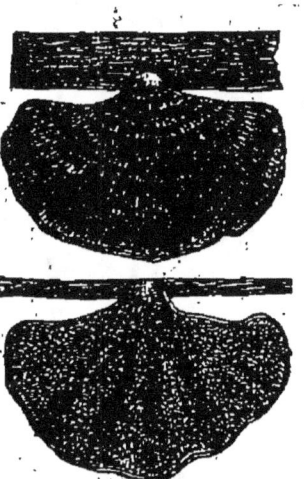

Fig. 86. — Appareil reproducteur de Polypore, vu par sa face supérieure (en haut) et par sa face inférieure (en bas).

Les Trémelles (*Tremella*) vivent sur le bois mort ; leur appareil sporifère se présente sous la forme d'une masse gélatineuse dont la surface est creusée de sillons irréguliers qui lui donnent une certaine ressemblance avec une masse cérébrale ; la surface est sporifère dans toute son étendue.

144   COURS ÉLÉMENTAIRE DE BOTANIQUE.

Les Auriculaires (*Auricularia*) vivent en parasites sur les tiges ligneuses des plantes ; l'Oreille de Juda (*Auricularia auricula-Judæ*), par exemple, se développe à l'intérieur des branches du Sureau et vient former ses appareils sporifères en hiver à la surface des rameaux dépourvus de feuilles. Les appareils sporifères des Auriculaires ont la forme de lames gélatineuses, concaves-convexes, fixées au substratum par leurs faces convexes et produisant des spores dans toute l'étendue de leurs faces concaves.

Les Puccinies (*Puccinia*) vivent en parasites sur les végétaux vivants et spécialement sur leurs feuilles ; leurs appareils sporifères, très réduits et bien visibles seulement à l'aide du microscope, se forment à la surface des plantes infestées et y produisent des taches, colorées de teintes diverses, auxquelles on donne vulgairement le nom de *rouilles*.

Les Ustilages (*Ustilago*) sont aussi parasites des végétaux supérieurs, en particulier des graminées ; ils fructifient souvent dans l'ovaire de la plante attaquée en y donnant un amas de spores noires qui ont fait donner à ces maladies le nom de *charbons*.

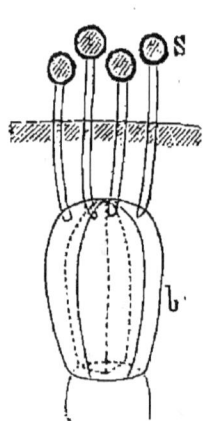

Fig. 87. — Baside de Trémelle (schéma). — *b*, la baside ; S, les basidiospores. (Le trait pointillé indique la limite de la masse gélatineuse, marquée par des hachures.)

Variations de la baside. — Des modifications importantes se manifestent, chez certains Basidiomycètes, dans la structure même de la baside.

La baside des Trémelles (*fig*. 87) présente une forme ovoïde. A son extrémité libre, elle produit quatre stérigmates qui s'allongent considérablement de manière à porter les spores qui les terminent au-dessus de la surface libre d'une masse gélatineuse, qui pénètre et enveloppe extérieurement tout l'appareil sporifère. Cette baside présente ce caractère particulier d'être intérieurement divisée, par deux cloisons rectangulaires longitudinales, en quatre cellules indépendantes dont chacune sert de base à un des quatre stérigmates.

Chez les Tulostomes (*Tulostoma*), Champignons dont l'appareil sporifère offre de grandes ressemblances avec celui des Vesse-loups, la baside (*fig.* 88) est cylindrique et de forme allongée ; son noyau subit deux bipartitions successives, donnant naissance à quatre noyaux qui se disposent

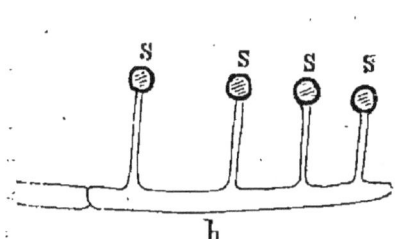

Fig. 88. — Baside de Tulostome (schéma). — *b*, la baside ; S, les basidiospores. (Les stérigmates sont, en réalité, extrêmement réduits et les spores ne sont pas toutes fixées d'un même côté de la baside.)

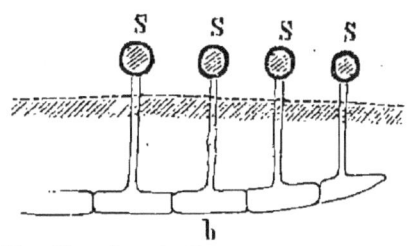

Fig. 89. — Baside d'Auriculaire (schéma). — *b*, la baside ; S, les basidiospores. (Le trait pointillé indique la limite de la masse gélatineuse, marquée par des hachures. Même remarque que ci-dessus au sujet de la position des spores.)

en file longitudinale ; puis chacun d'eux, avec une partie du protoplasme de la baside, pousse un prolongement latéral et bientôt la baside sert de support à quatre stérigmates latéraux, terminés par autant de spores.

La baside des Auriculaires (*fig.* 89) offre certaines ressemblances avec celle des Tulostomes ; elle est allongée et cylindrique comme celle-ci, mais les deux bipartitions successives que subit son noyau sont suivies de cloisonnement : chacune des cellules qui résultent de ce cloisonnement sert de support à un des stérigmates.

Chez les Puccinies, les basides sont constituées de la même façon que chez les Auriculaires ; mais, de plus, elles naissent toujours sur des éléments différenciés qui ont reçu le nom de *téleutospores* ou mieux *probasides*.

Il en est de même chez les Ustilages, mais ici le nombre de spores que fournit la baside est éminemment variable.

On voit que la baside des Trémelles se rapproche de la baside normale par la position terminale de ses stérigmates et qu'elle s'en distingue par son cloisonnement. Les basides

des Tulostomes, des Auriculaires et des Puccinies se séparent nettement de toutes les autres par la position latérale de leurs stérigmates ; celle des Auriculaires et des Puccinies se distingue de celle des Tulostomes par sa nature pluriloculaire : la baside des Auriculaires et des Puccinies est à celle des Tulostomes ce que la baside des Trémelles est à la baside typique des Basidiomycètes.

Appareils conidiens. — On observe parfois, chez certains Basidiomycètes, des spores supplémentaires qui viennent s'ajouter à celles que fournit l'appareil basidial, caractéristique de chaque groupe. Ces spores supplémentaires sont des *conidies* et les appareils qui les forment sont des *appareils conidiens*. Il n'est pas rare d'observer, par exemple, sur certains filaments dressés du mycélium de *Coprinus stercorarius*, des petits bouquets, latéraux ou terminaux, de spores allongées en forme de fines baguettes (*fig.* 90). Arrivées à maturité, ces conidies se séparent transversalement en une file d'articles qui bientôt se dissocient et sont disséminés. Ces articles se montrent très pauvres en réserves nutritives et, par suite, incapables de germer quand ils ne rencontrent que les conditions strictement nécessaires au passage de la vie ralentie à la vie active, c'est-à-dire de l'eau, de l'air et de la chaleur. S'ils sont placés, au contraire, dans un milieu riche en matières nutritives, ils commencent par augmenter de volume, s'arrondissent et enfin entrent en germination.

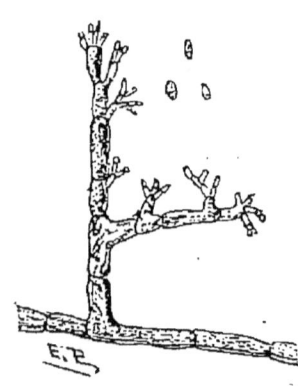

Fig. 90. — Appareil conidien de *Coprinus stercorarius*.

La production d'appareils conidiens est surtout abondante et variée chez les Pucciniacées, c'est-à-dire chez les Puccinies et formes voisines ; là le polymorphisme est extrême et il convient de l'étudier avec détail, tant à cause de l'importance de ces parasites pour l'agriculture, qu'à cause des notions nouvelles que nous en pourrons tirer

Étude d'un type de Pucciniacées : Puccinia graminis. — Nous prendrons comme type le Champignon qui produit la *rouille du Blé*. Son développement a été étudié avec beaucoup de soin par Tulasne, dont les observations ont été complétées depuis par d'autres savants : il est maintenant connu à peu près dans tous ses détails.

On voit souvent se former en été, à la surface des feuilles du Blé, des lignes parallèles aux nervures et présentant une couleur jaune orangée (*fig.* 91). Ces taches sont connues depuis longtemps des agriculteurs sous le nom de *rouille orangée* du Blé. Si on fait une coupe transversale de la feuille attaquée, au niveau d'une de ces taches, on voit que le corps de la feuille est envahi par un grand nombre de filaments, cloisonnés et ramifiés, qui s'insinuent dans les méats intercalés entre les cellules, sans attaquer celles-ci

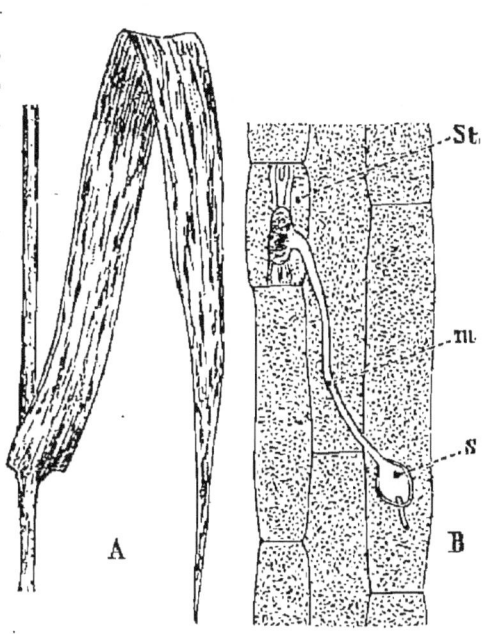

Fig. 91. — *Puccinia graminis.* — A, rouille du Blé ; B, germination d'une urédospore (S) et pénétration de son tube germinatif (m) à travers un stomate (St) d'une feuille de Blé.

et, par conséquent, sans produire aucune déformation sensible du corps de la plante. Ce thalle est formé d'articles à deux noyaux. Au voisinage immédiat de la surface, certains filaments soulèvent et déchirent l'épiderme et se terminent par de grosses spores à deux noyaux, à protoplasme orangé, à membrane peu colorée, mince, verruqueuse, pourvue de quatre pores occupant quatre points équidistants sur l'équateur de la cellule (*fig.* 91). Ce sont ces spores qui, serrées étroitement les unes contre les autres, communiquent à la tache de rouille sa couleur orangée. Détachées de leurs pédicelles et disséminées par le vent, ces spores peuvent tomber à la surface de plantes voisines appartenant à la même espèce. Une spore fixée, par exemple, sur une feuille, y passe quelque temps à l'état de vie ralentie; puis elle germe, son tube germinatif pénètre dans le corps de la plante à travers l'ouverture d'un stomate, s'enfonce et se ramifie dans les interstices des cellules sous-jacentes (*fig.* 91, B); après un temps qui varie de six à dix jours, la région attaquée par la spore est complètement envahie par la rouille. On avait primitivement donné au Champignon qui produit la rouille orangée du Blé le nom d'*Uredo linearis*, et les spores orangées, dont le rôle évident est de disséminer l'espèce, ont été qualifiées du nom d'*urédospores*.

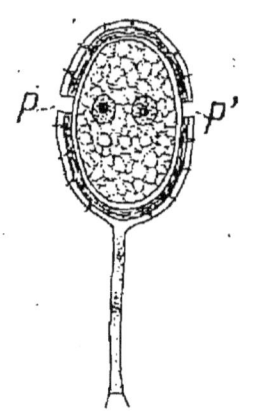

Fig. 92. — Une urédospore, très grossie. — *p, p'*, pores germinatifs.

Vers la fin de l'été, un peu avant l'époque de la moisson, l'aspect des pieds de Blé attaqués subit une modification. Les lignes parallèles qui avaient, au début de l'été, une couleur orangée, prennent alors une couleur beaucoup plus foncée, tournant vers le noir; c'est ce que les cultivateurs désignent sous le nom de *rouille noire* du Blé. Une coupe transversale, faite alors au travers d'une feuille attaquée, montre que les urédospores ont à peu près disparu; elles sont remplacées par des éléments d'aspect très différent (*fig.* 93). Porté à l'extrémité d'un pédicelle, chacun de ceux-ci (*fig.* 94) est divisé par une cloison transversale en deux loges juxtaposées; il est, en un mot, biloculaire. A l'état jeune, chaque loge renferme deux noyaux, comme les articles du

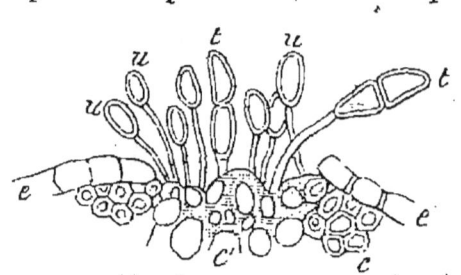

Fig. 93. — Coupe à travers une tache de rouille du Blé. — *c*, épiderme de la feuille, soulevée; *u*, urédospores; *t*, téleutospores.

thalle sur lequel elle a pris naissance; puis ces deux noyaux se fusionnent en un seul gros noyau unique : il se passe ici, comme à l'origine de la baside normale, un phénomène de *caryogamie*. Outre ce gros noyau, chaque loge à maturité comprend un protoplasme à peu près incolore, enveloppé d'une membrane épaisse, fortement colorée et cutinisée. Cette cutinisation s'étend au pédicelle lui-même; elle ne respecte, dans chacune des loges, qu'un point qui constitue un *pore germinatif*. Fixée solidement à son support par un pédicelle cutinisé, cet élément ne s'en détache pas à la façon d'une urédospore, mais à la moisson, le tout, y compris le pédicelle, tombe d'une seule pièce sur le sol.

On avait donné primitivement au Champignon qui produit la rouille noire le nom de *Puccinia graminis* et à ses éléments biloculaires, qu'on prenait pour des spores, le nom de *téleutospores*. L'étude attentive du développement de la rouille du Blé a montré que *Puccinia graminis* n'est pas autre chose qu'un état nouveau d'*Uredo linearis*; les deux espèces n'en forment qu'une.

Les éléments dits téleutospores, organisés pour résister à des conditions défavorables, passent l'hiver sur le sol à l'état de vie ralentie. Au printemps, ils germent dans l'air humide (*fig.* 95). Chaque loge produit un court filament qui s'en échappe par le pore germinatif, divise son noyau en deux, puis en quatre, puis à l'aide de trois cloisons transversales se découpe en quatre cellules placées bout à bout. Bientôt chacune de ces cellules pousse latéralement un pro-

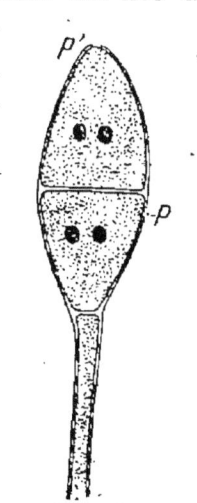

Fig. 94. — Une téleutospore jeune, très grossie. — *p, p',* pores germinatifs.

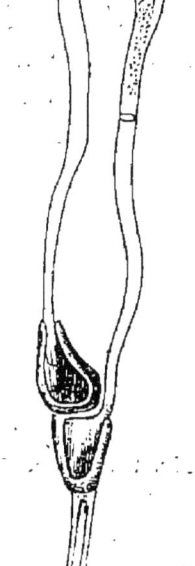

Fig. 95. — Germination d'un téleutospore.

longement dont l'extrémité se renfle et se différencie en une spore. Dans cette spore passe le noyau de la cellule qui lui a donné naissance.

Nous devons reconnaître à ce court filament tous les caractères d'une vraie baside, tirant son origine d'une caryogamie et se cloisonnant transversalement à la façon d'une baside d'Auriculaire. Aussi les quatre spores qu'il porte sont-elles de véritables *basidiospores*. Quant à la loge qui porte la baside et qui a été le siège de la caryogamie, son existence est constante et caractéristique de tout ce groupe de champignons parasites : on lui donne le nom de *probaside*. La « téleutospore » des Puccinies est donc formée de deux probasides.

A maturité, les basidiospores se détachent de leurs supports et sont entraînées par le vent. Où et comment germent-elles ?

Jamais une basidiospore ne germe sur le Blé ni sur aucune Graminée voisine. Mais si, d'aventure, elle tombe sur une feuille fraîchement épanouie d'Epine-vinette (*Berberis vulgaris*), elle s'y fixe et ne tarde pas à y germer. Le tube germinatif perce successivement les deux parois opposées de la cellule épidermique sur laquelle était tombée la spore ; puis il se ramifie et forme un mycélium cloisonné, formé de cellules uninucléées, qui s'étend dans les espaces intercellulaires de la feuille. Il s'accroît en même temps que celle-ci et, pendant que la feuille achève son développement, il vient former, sur ses deux faces opposées, deux sortes de taches : à la face supérieure de la feuille d'Epine-vinette apparaissent de petites taches ; la face inférieure porte des taches sensiblement plus grandes (*fig.* 96). La nature et l'origine de ces taches sont facilement établies par une coupe transversale de la feuille attaquée (*fig.* 97).

Fig. 96. — Une feuille d'Epine-vinette, attaquée par *Puccinia graminis*.

Sous la face supérieure de la feuille se creusent des sortes de bouteilles s'ouvrant par d'étroits orifices. La paroi de la bouteille est formée par une couche de filaments mycéliens, étroitement serrés, de laquelle se détache une sorte de pinceau de poils, qui fait saillie au niveau de l'orifice. Du fond de la bouteille partent d'autres rameaux, serrés les uns contre les autres, plus courts que les poils stériles et for-

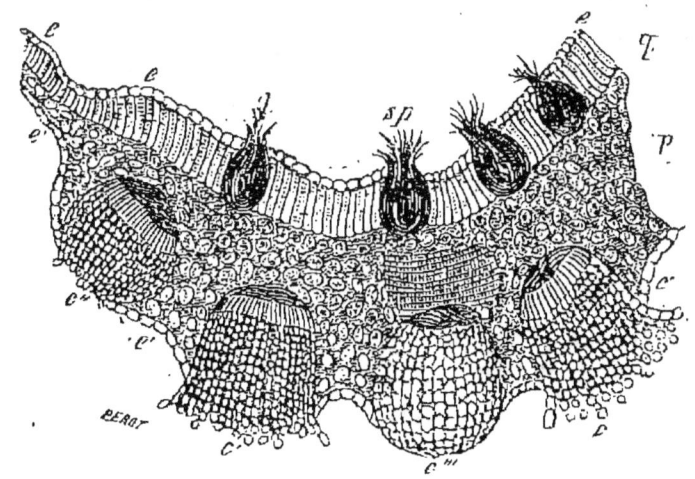

Fig. 97. — Coupe à travers une feuille d'Epine-vinette, attaquée par *Puccinia graminis*. — *e*, *e'*, épiderme de la feuille; *g*, tissu en palissade; *p*, tissu lacuneux; *sp*, écidioles; *c*, *c'*, *c''*, *c'''*, écidies, de plus en plus jeunes.

mant à leurs extrémités, par une série de bourgeonnements successifs, de véritables chapelets de petites conidies rondes et uninucléées. Les premiers observateurs qui ont décrit ces curieuses productions à la face supérieure des feuilles d'Epine-vinette ont donné au Champignon qui les provoque le nom d'*Œcidiolum exanthematum*; on désigne les bouteilles sporifères du nom d'*écidioles*, et les spores qui s'y forment du nom d'*écidiolispores*.

Les écidiolispores, dépourvues de réserves nutritives, germent difficilement. Quand elles rencontrent un milieu suffisamment nutritif, elles grossissent, puis germent et forment des conidies secondaires qui contribuent à disséminer le Champignon dans les feuilles voisines d'Epine-vinette; il est probable, bien que le fait n'ait pas été observé directement, que le tube germinatif, issu d'une de ces conidies, perce une cellule épidermique pour pénétrer dans la feuille qu'il attaque.

Sous la face inférieure de la feuille d'Epine-vinette, au niveau d'une des larges taches, on observe une masse sphérique, formée de files pluricellulaires, étroitement serrées les unes contre les autres, de manière à simuler un tissu compact. Ce massif est entouré extérieurement par une couche de minces filaments enchevêtrés ; arrivé à maturité, il repousse et déchire l'épiderme de la feuille et s'épanouit en une sorte de coupe largement ouverte. La paroi de cette coupe est formée d'une assise de cellules à peu près hexagonales ; le fond est occupé par une assise de longues cellules dont chacune se prolonge par une des files qui constituent le corps même du massif. Il devient alors manifeste que chacune de ces files n'est pas autre chose qu'une série de conidies produites successivement par la cellule qui lui sert de base : d'abord polyédriques, par suite de la pression qu'elles exercent les unes sur les autres d'une file à la suivante, ces spores ne tardent pas à s'écarter, à s'arrondir, et elles forment, à la surface même de la feuille, une masse pulvérulente que le vent dissémine facilement. Les spores ainsi mises en liberté sont, ainsi que les cellules sur lesquelles elles ont pris naissance, binucléées. L'assise pluricellulaire qui entoure le massif des conidies s'insère aussi par sa partie profonde sur un cercle de courts rameaux qui lui sert de base : les éléments qui forment cette assise ont donc la même valeur morphologique que les chapelets de conidies auxquels elles constituent une enveloppe protectrice.

C'est sous le nom d'*OEcidium Berberidis* qu'on avait d'abord décrit le Champignon qui provoque les taches de la face inférieure d'une feuille d'Epine-vinette ; on a donné le nom d'*écidies* aux coupes sporifères qui correspondent à ces taches, et celui d'*écidiospores* aux conidies dont elles sont bourrées. On sait maintenant, et la description précédente en fait foi, qu'*OEcidium Berberidis* et *OEcidiolum exanthematum* ne sont qu'une seule et même espèce : l'un et l'autre ne sont que des états particuliers du développement de *Puccinia graminis*.

Mais on a appris aussi que les différences extérieures si frappantes qui avaient fait donner des noms spécifiques distincts à ces deux formes, correspondent en réalité à un mode de développement foncièrement différent. Tandis que les écidioles et les spores qui en sortent sont constituées par des cellules à un seul noyau, les spores qui sortent des écidies sont des éléments binucléés. C'est qu'en effet, au début de la formation de l'écidie, on assiste à un phénomène particulier qui a pour résultat le doublement du nombre des noyaux. Le mycélium qui court sous l'épiderme donne naissance à de courts rameaux dressés assemblés par paires. Or, dans chaque paire, on peut voir deux cellules uninucléées semblables, appartenant à l'extrémité des deux rameaux voisins, se fusionner en une seule, sans qu'il y ait toutefois fusion des deux noyaux. Le résultat de cette fusion de cellules peut être considéré comme un œuf, de formation isogame, présentant cette particularité d'avoir deux noyaux non encore fusionnés.

Aussitôt formé, chaque œuf germe en donnant un chapelet de spores binucléées (écidiospores) qui se désarticulent et sont mises en liberté. Dans la germination de l'œuf et dans les divisions ultérieures de cellules binucléées, toujours les deux noyaux marchent de pair et se divisent côte à côte simultanément, on dit que ce sont des *noyaux conjugués*.

Les écidiospores sont incapables de germer sur l'Epine-vinette; il faut, pour qu'elles poursuivent leur développement, que les mouvements de l'air les apportent sur des feuilles de Blé. La spore qui se trouve placée dans ces conditions ne tarde pas à produire un tube germinatif qui pénètre dans la feuille par l'ouverture d'un stomate et reconstitue bientôt un nouveau mycélium, à articles binucléés, semblable à celui qui provoque la rouille; il suffit de six à dix jours pour que ce mycélium ait achevé son développement jusqu'à la formation des spores.

Nous voilà ainsi revenus à notre point de départ. Le Champignon dont nous venons de faire l'étude a passé par trois

9.

états successifs. Dans le premier, il envahit les feuilles du Blé et produit alors une première sorte de spores, les *urédospores*, qui ont pour fonction de disséminer l'espèce sur le Blé, puis des éléments spéciaux dits improprement téleutospores et formés essentiellement de deux probasides accouplées, qui ont pour rôle de conserver l'espèce en passant l'hiver à la surface du sol.

De la germination au printemps, à la surface du sol, de chaque probaside, résulte le développement d'une baside donnant naissance à une deuxième forme de spores, les *basidiospores*, au nombre de quatre par probaside. C'est le deuxième état du Champignon, le seul où il ne soit pas fixé sur une plante parasitée.

Les basidiospores sont incapables de germer sur le Blé; ce n'est qu'en tombant sur les feuilles de l'Épine-vinette qu'elles sont capables de poursuivre leur développement. Elles fournissent alors un mycélium qui envahit la feuille tout entière; c'est le troisième état de notre Champignon. Sous cette nouvelle forme, il produit une troisième sorte de spores, les *écidiolispores*, servant uniquement à disséminer l'espèce sur l'Épine-vinette par l'intermédiaire de conidies secondaires. Puis sur le même mycélium apparaissent des œufs dont la germination donne naissance à une quatrième sorte de spores, les *écidiospores*, dont la fonction est de faire passer le champignon de l'Épine-vinette au Blé où se ferme le cycle de son développement. Ce cycle peut être représenté, d'une manière schématique, par le tableau suivant :

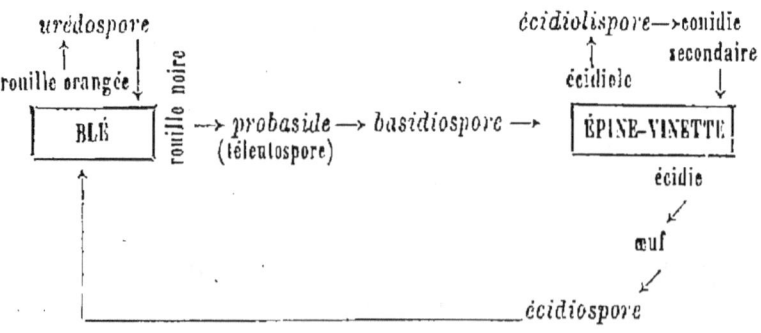

Il faut distinguer, dans ce cycle de développement, deux phases successives : 1° la phase *uninucléée*, qui va de la probaside à l'œuf et qui comprend des éléments (cellules végétatives ou spores) à un seul noyau; 2° la phase *binucléée*, qui va de l'œuf à la probaside, et qui comprend des éléments à deux noyaux conjugués.

Ayant établi définitivement la continuité de toutes les formes qui avaient été précédemment décrites sous des noms différents, les botanistes ont dû, pour se conformer aux règles de la nomenclature, abandonner tous ces noms, sauf un seul. Comme, de toutes les formes de spores que possède l'espèce qui vient d'être décrite, celle qui se rencontre le plus constamment et se manifeste, par conséquent, comme la plus caractéristique, est la basidiospore, marquant le terme du développement de *Puccinia graminis*, c'est à cette dernière dénomination qu'on a dû s'arrêter pour désigner l'espèce.

L'étude du développement de *Puccinia graminis*, que nous venons de faire avec quelque détail, présente un grand intérêt, parce qu'à un polymorphisme très grand de l'appareil reproducteur, s'ajoute cette condition nouvelle, que le développement complet du Champignon ne s'accomplit que s'il passe successivement, et dans un ordre déterminé, par deux hôtes différents, le Blé et l'Epine-vinette : au polymorphisme se joint donc l'*hétérœcie;* on dit encore que le Champignon est *hétéroïque.*

Cette hétérœcie est-elle absolument nécessaire au développement de l'espèce? C'est une question encore controversée, même en ce qui concerne *Puccinia graminis*, qui semblerait pouvoir se perpétuer sur le Blé, d'une année à l'autre, par l'intermédiaire d'une forme de conservation du Champignon, encore mal connue, incluse dans la masse du grain. Il existe, d'ailleurs, des Champignons appartenant au groupe des Urédinées et dont le développement total s'accomplit sur un seul et même hôte : ce sont des Urédinées *autoïques*.

L'autœcie, favorable à la perpétuation de l'espèce, entraîne la disparition d'un certain nombre des formes multiples de spores que possèdent les Urédinées hétéroïques; la « téleutospore », formée d'une ou d'un petit nombre de probasides, est la forme qui se conserve avec le plus de constance quand toutes les autres ont disparu.

Quoi qu'il en soit, l'hétérœcie est la condition ordinaire du développement de *Puccinia graminis*, et de cette observation la culture peut tirer une conséquence pratique. Depuis longtemps déjà, on avait remarqué la fréquence de la rouille dans les champs de Blé bordés par des haies d'Epine-vinette. Maintenant qu'on connaît le passage, sur les feuilles de l'Epine-vinette, du Champignon qui provoque la maladie, cette observation s'explique aisément. Comment, dès lors, empêcher la propagation de la rouille? Un remède bien simple consiste à proscrire absolument l'Epine-vinette du voisinage des terres à Blé : l'Epine-vinette manquant, le développement de la Puccinie se trouve entravé.

Caractères généraux des Basidiomycètes. — On voit, en résumé, que les Basidiomycètes peuvent être caractérisés d'abord par la structure cloisonnée ou pluricellulaire de leur thalle, puis par le mode de formation de leurs spores, qui naissent, en nombre déterminé (ordinairement quatre), par une sorte de bourgeonnement de cellules spéciales, dites *basides*.

Classification des Champignons. — En laissant de côté un grand nombre de formes dont la position est encore douteuse, la classe immense des Champignons peut être divisée en quatre ordres seulement, qui, rangés à raison de la complexité croissante qu'offrent les caractères de leur thalle et de leur reproduction, sont les suivants :

1° l'ordre des *Myxomycètes*, renfermant tous les Champignons qui ont un thalle formé de protoplasme nu, sans membrane cellulosique;

2° l'ordre des *Siphomycètes*, comprenant tous ceux qui ont un thalle muni d'une membrane et non cloisonné;

3° l'ordre des *Ascomycètes*, dont le thalle est muni d'une membrane et cloisonné, et qui forment leurs spores caractéristiques (*ascospores*), *en nombre déterminé*, dans des cellules-mères spéciales qu'on appelle des *asques*;

4° l'ordre des *Basidiomycètes*, dont le thalle présente les mêmes caractères que celui des Ascomycètes, et qui forment leurs spores caractéristiques (*basidiospores*), en nombre déterminé, *sur* des cellules-mères spéciales appelées *basides*.

Le tableau suivant permet d'embrasser d'un coup d'œil les traits essentiels de cette classification fort simple :

CLASSE				ORDRES
CHAMPIGNONS	à thalle pourvu de membrane cellulaire	à thalle cloisonné	à spores naissant en nombre déterminé sur des basides....	*Basidiomycètes*.
			à spores naissant en nombre déterminé dans des asques...	*Ascomycètes*.
		à thalle non cloisonné.		*Siphomycètes*.
	à thalle motile, dépourvu de membrane cellulaire............			*Myxomycètes*.

CHAPITRE VII

Les Algues.

Les Algues. — La classe des *Algues* comprend des Thallophytes vivant généralement dans l'eau ou tout au moins dans un air très humide. Elles diffèrent essentiellement des Champignons par la présence, dans leurs cellules, de la matière colorante verte qu'on désigne du nom de *chlorophylle*. Cette substance peut être simplement répandue dans le protoplasme, qu'elle imprègne uniformément; mais, le plus souvent, elle est localisée dans des corpuscules spéciaux, de forme déterminée, inclus dans le protoplasme et que nous avons appelés *corps chlorophylliens*.

On peut montrer aisément que les Algues renferment de la chlorophylle. Même lorsqu'elles sont brunes ou rouges, ce qui pourrait faire supposer, au premier abord, qu'elles en sont dépourvues, elles n'en renferment pas moins ce pigment; mais il est en combinaison avec une autre substance colorante, brune ou rouge suivant les groupes d'Algues qu'on étudie. On peut s'en assurer facilement en chauffant, avec une allumette, un fragment de *Fucus*, Algue marine brune, plus connue sous le nom de Varech : on voit immédiatement verdir la partie chauffée; la coloration brune a été détruite par la chaleur et la chlorophylle apparaît. On peut aussi faire bouillir dans l'eau douce l'Algue brune ou rouge qu'on a extraite de la mer : bientôt elle verdit en communiquant sa teinte, brune ou rouge, à l'eau douce, qui détruit la combinaison et dissout l'autre pigment, tandis que la chlorophylle y est insoluble.

Grâce à la présence de ces pigments, les Algues peuvent, comme nous le verrons plus tard, décomposer l'anhydride carbonique et en fixer le carbone; elles sont, par suite, capables d'élaborer, de toutes pièces, les substances carbonées nécessaires à leur nutrition et elles peuvent avoir, dans le milieu qu'elles habitent, une existence indépendante, à la façon de la plupart des plantes supérieures.

Le thalle des Algues peut présenter tous les degrés de complication : sa structure est parfois continue; fréquemment, au contraire, elle est cloisonnée. Par une sorte de compensation, c'est souvent quand la structure est continue que la forme extérieure du corps atteint sa complication la plus grande. C'est ainsi que, chez les Algues du genre *Caulerpa* (*fig.* 98), le thalle, qui possède une structure continue, est formé d'une sorte de tube horizontal et ramifié dont la longueur totale peut atteindre un mètre et qui forme, de distance en distance, des expansions foliacées; cette sorte de tige rampante porte, d'autre part, des ramifications qui vont se fixer au rocher par autant de crampons.

Les modes de reproduction sont aussi très variés chez les Algues : les unes sont capables de former des œufs ; d'autres se multiplient uniquement par des spores ; souvent les deux modes de reproduction se rencontrent simultanément dans une même espèce.

Classification des Algues. — Essentiellement hétérogène, soit par la forme de l'appareil végétatif, soit par le mode de reproduction, le groupe des Algues est d'une classification difficile. Faute de pouvoir établir une meilleure répartition, on s'accorde généralement aujourd'hui à grouper les Algues, d'après les pigments qui les colorent, en quatre ordres principaux.

Il est des Algues chez lesquelles la matière colorante est uniformément répandue dans le protoplasme des cellules : c'est une combinaison de chlorophylle et de *phycocyanine*. Ces

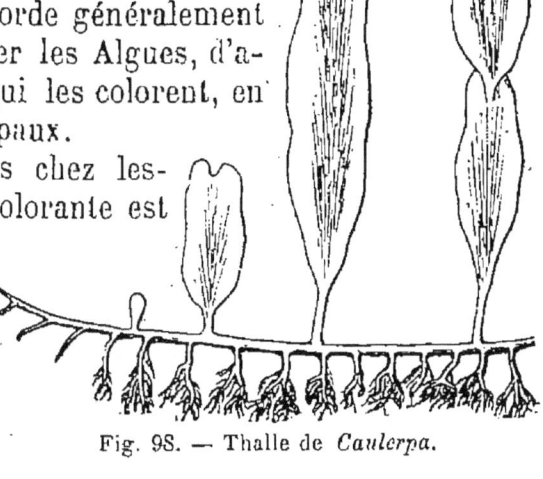

Fig. 98. — Thalle de *Caulerpa*.

Algues forment l'ordre des Algues bleues ou *Cyanophycées*.

Chez d'autres Algues, le pigment est uniquement formé de chlorophylle, qui est localisée dans des éléments spéciaux, dans des corps chlorophylliens. C'est l'ordre des Algues vertes ou *Chlorophycées*.

Certaines Algues renferment une combinaison de chlorophylle et d'un pigment brun dit *phycophéine;* c'est ce pigment complexe qui, localisé sur des chromoleucites, détermine la coloration brune du thalle. Ces Algues forment l'ordre des Algues brunes ou *Phéophycées*.

Dans un dernier ordre d'Algues, on trouve la chlorophylle combinée à un pigment rouge appelé *phycoérythrine* et localisée sur des leucites qui présentent une coloration rouge. C'est l'ordre des Algues rouges qu'on désigne fréquemment du nom de *Floridées*.

§ 1ᵉʳ. — Les Cyanophycées.

Les Cyanophycées. — Les *Cyanophycées* vivent soit dans la mer, soit dans l'eau douce, soit dans l'air humide. Chez elles, le protoplasme est teinté uniformément par un pigment bleu-verdâtre qui communique au corps de la plante une teinte générale de même nuance.

Les Oscillaires. — Un premier exemple de Cyanophycées nous sera fourni par les *Oscillaires*. Ces plantes vivent souvent dans l'air humide, par exemple au pied des murs exposés à l'humidité. On en trouve aussi en pleine eau douce; elles peuvent alors prendre un développement très grand et former, à la surface de l'eau stagnante, une couche continue qu'on désigne communément du terme de « fleur d'eau ». On peut aussi observer des Oscillaires à la surface des sols bourbeux.

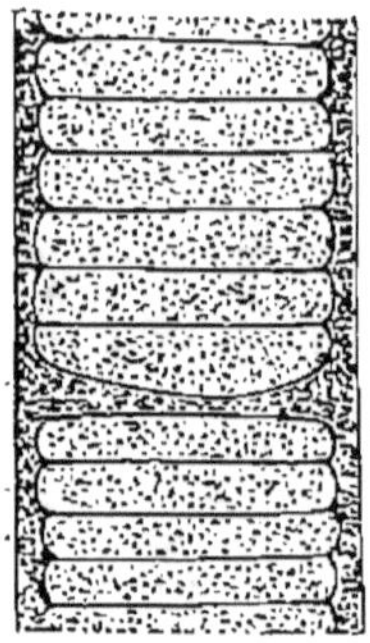

Si l'on prend, à l'aide d'une pince fine, un fragment d'un thalle d'Oscillaire et qu'on l'examine au microscope, on observe qu'il est formé d'un filament simple et pluriloculaire (*fig.* 99), aminci vers ses deux extrémités qui se terminent en pointe mousse (*fig.* 100). Les loges qui le constituent sont toutes semblables entre elles; dans la partie la plus large du filament, elles sont plus larges que hautes; au voisinage des extrémités, elles se rétrécissent progressivement et leur hauteur finit par devenir sensiblement égale

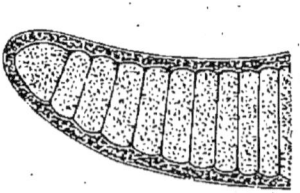

Fig. 99. — Un filament d'Oscillaire, très grossi. — La gaine gélatineuse, qui entoure le filament, commence à former entre deux cellules le disque qui limitera une hormogonie.

Fig. 100. — Extrémité, très grossie, d'un filament d'Oscillaire.

à leur largeur. Le protoplasme, uniformément teinté de vert bleuâtre, ne renferme pas de noyau proprement dit, mais une sorte de corps central dit parfois *chromidium*, ou *noyau chromidial*, qui n'est autre chose qu'un noyau réduit à son réseau chromatique sans membrane ni nucléole. Ce chromidium se retrouve chez beaucoup de Cyanophycées ; comme il semble être un noyau encore peu différencié et mal individualisé, on considère que les végétaux qui en renferment sont les moins élevés en organisation et on les désigne du nom de Protophytes. On retrouve un noyau chromidial chez un certain nombre de Protozoaires et, comme nous le verrons plus loin, chez les Bactéries.

Le protoplasme des Oscillaires est enveloppé extérieurement par une mince membrane, de nature cellulosique, très résistante, que l'action de la glycérine ne permet pas de séparer du protoplasme. Le filament tout entier est protégé extérieurement par une mince gaine, de nature gélatineuse, qui ne pénètre pas dans les intervalles des cellules.

Les filaments d'Oscillaires présentent un phénomène physiologique très remarquable : sous l'action de la lumière, ils sont animés de mouvements d'oscillation qui ont valu à ces Algues le nom dont on les désigne. C'est là une manifestation singulière et encore peu expliquée de la motilité protoplasmique.

Comment s'accroît un filament d'Oscillaire ? Quand une des cellules du filament a atteint ses dimensions définitives, elle peut se cloisonner transversalement et se diviser ainsi en deux cellules nouvelles, le noyau chromidial se partageant entre elles. Ce phénomène peut d'ailleurs se passer simultanément dans toutes les cellules d'un même filament ; l'accroissement en longueur se produit à la fois par toutes les parties du filament : il est, comme on dit en un mot, *intercalaire*.

Comment se multiplient les Oscillaires ? A un moment donné, on voit se déposer une sorte de disque gélatineux au milieu de la membrane qui sépare deux cellules consécutives : puis ce disque s'étend latéralement, accroît son épaisseur et bientôt le filament tout entier se trouve décomposé en deux tronçons compris dans une gaine commune de gélatine. Le même phénomène peut, d'ailleurs, se répéter un certain nombre de fois et le filament se décompose en une série de tronçons. Plus tard, par dissolution des disques gélatineux qui les séparent, ces tronçons se désarticulent et chacun d'eux forme une sorte de bouture naturelle, ou *hormogonie*, qui se meut pendant quelque temps par des mouvements d'oscillation, puis perd bientôt sa motilité et végète séparément en reconstituant un nouveau filament d'Oscillaire.

Les Oscillaires ne forment ni spores ni œufs.

Les Nostocs. — On désigne sous le nom de *Nostocs* des masses gélatineuses, de forme irrégulière, de couleur vert-

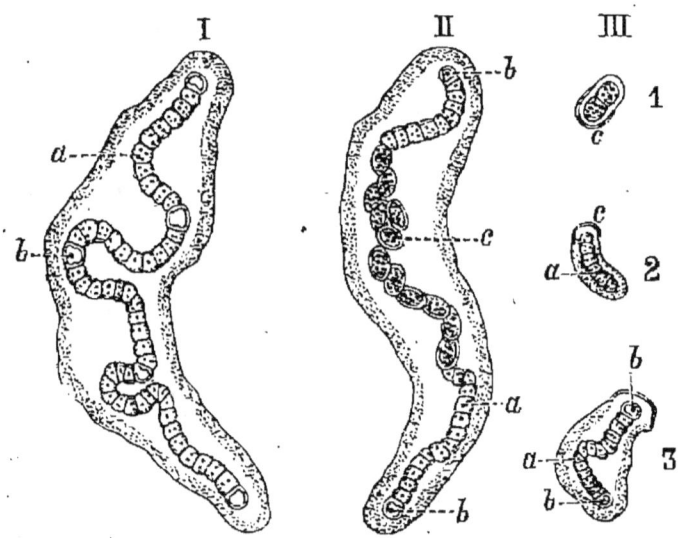

Fig. 101. — Un Nostoc : — 1, filament végétatif ; 2, filament formant des spores de conservation ; 3, germination d'une de ces spores. — *a*, cellule ordinaire ; *b*, hétérocyste ; *c*, spores.

bleuâtre, qu'il n'est pas rare de rencontrer au pied des arbres, dans les chemins humides des bois. Écrasé sur le porte-objet du microscope, un fragment d'une de ces masses gélatineuses se montre bourré de filaments pelotonnés sur eux-mêmes, d'organisation pluricellulaire, mais plus complexe que celle des Oscillaires (*fig.* 101). Les cellules qui forment un filament sont de deux sortes. Les unes, formées d'un protoplasme dense et compact, incontestablement vivantes par conséquent, présentent les mêmes caractères que les cellules d'un filament d'Oscillaire et renferment dans leur protoplasme un noyau chromidial. De distance en distance, la série de ces cellules est interrompue par une cellule plus grande, dont le protoplasme a disparu pour être remplacé par un liquide incolore et hyalin ; c'est par conséquent une cellule morte. Sa membrane, colorée en jaune, présente deux boutons saillants vers l'intérieur au niveau de ses points d'attache sur les cellules voisines. On donne le nom d'*hétérocystes* à ces cellules spéciales, dont le rôle est d'ailleurs absolument inconnu. Plongés dans la masse gélatineuse qui les enveloppe, les filaments des Nostocs ne présentent pas ces curieux phénomènes de motilité que nous avons observés chez les Oscillaires. Leur accroissement en longueur est uniforme dans toutes les parties, c'est-à-dire intercalaire comme celui des filaments d'Oscillaires ; puis, parmi les cellules nouvellement formées, la plupart restent à l'état de cellules végétatives, tandis qu'une cellule, de distance en distance, perd son protoplasme, dilate et épaissit sa membrane, prend, en d'autres termes, les caractères d'un hétérocyste.

Chez les Nostocs comme chez les Oscillaires, les filaments peuvent se multiplier par une sorte de bouturage naturel, en formant des *hormogonies* qui se désarticulent et sont douées de mouvements d'oscillation, ce qui les distingue des filaments adultes, entièrement dépourvus de cette motilité spéciale.

Mais à la multiplication par hormogonies, les Nostocs ajoutent un procédé spécial de conservation. On voit, dans certaines conditions, une ou plusieurs cellules végétatives, appartenant à un segment compris entre deux hétérocystes, accroître considérablement leur protoplasme et cutiniser fortement les parties externes de leur membrane. Ainsi se constituent des sortes de *kystes* ou *spores de conservation*, qui peuvent passer un temps considérable à l'état de vie ralentie. Lorsque, en effet, les conditions extérieures deviennent défavorables au Nostoc, la gélatine se dessèche et se détruit, les cellules végétatives meurent et disparaissent, les spores de conservation persistent seules. Au retour de conditions favorables, la spore germe. Sa couche cutinisée se rompt et se déchire ; le protoplasme, revêtu par la couche interne cellulosique de la membrane, s'échappe au dehors et forme un premier filament, qui ne tarde pas à se cloisonner transversalement en cellules successives. Bientôt ces cellules sécrètent une gaine gélatineuse dont elles s'enveloppent extérieurement ; puis, par de nouveaux cloisonnements, elles augmentent progressivement leur nombre ; enfin, elles se différencient, les unes en cellules végétatives, les autres en hétérocystes ; un nouveau filament de Nostoc se trouve reconstitué.

§ 2. — Les Chlorophycées.

Les Chlorophycées. — La plupart des *Chlorophycées* ou Algues vertes habitent l'eau douce ou l'air humide. Quelques-unes, cependant, sont des plantes marines. Chez elles, la chlorophylle n'est combinée à aucun autre pigment et elle imprègne, au sein du protoplasme, des corpuscules figurés ou corps chlorophylliens. Les cellules des Chlorophycées sont constamment pourvues de noyaux véritables, ce qui les distingue encore de celles des Cyanophycées. La plupart des Chlorophycées produisent des œufs ; certaines ne possèdent même que ce mode de reproduction et ne paraissent pas susceptibles de se multiplier par spores.

Étudions successivement quelques exemples simples pris dans cet ordre des Chlorophycées.

Les Protococcacées. — Tout le monde connaît cet enduit vert et pulvérulent qui, dans le monde entier, couvre la surface humide de la terre, des rochers, des vieux murs, de l'écorce des arbres. Il suffit de racler, avec la pointe d'un canif, un menu fragment de cet enduit et de le porter dans une goutte d'eau sous l'objectif du microscope, pour s'assurer qu'il est formé d'un grand nombre de petites cellules vertes, à contours arrondis, serrées les unes contre les autres, mais en réalité distinctes (*fig.* 102). Examinée à un grossissement plus considérable, chaque cellule se montre pourvue d'un noyau; son protoplasme est, de plus, bourré

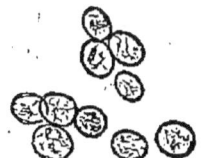 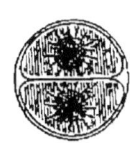  

Fig. 102. — *Protococcus viridis*. — A gauche, quelques cellules grossies; à droite, trois phases successives de la formation de quatre spores (grossissement plus fort).

de nombreux corps chlorophylliens. A ces caractères, nous reconnaissons un Thallophyte de la classe des Algues et de l'ordre des Chlorophycées. On lui donne le nom de *Protococcus viridis*.

Le mode de reproduction de cette Algue est extrêmement simple. On voit, à un moment donné, le noyau d'une cellule subir deux ou plusieurs bipartitions successives; puis des cloisons se formant toutes à la fois séparent les noyaux ainsi formés et le protoplasme se trouve décomposé en autant de masses; par délamination des cloisons cellulosiques, ces masses se dissocient et forment autant de spores enfermées dans la membrane de la cellule mère. Bientôt celle-ci se déchire et met en liberté les spores, incapables de se mouvoir par elles-mêmes. Chacune d'elles s'accroît, reprend les dimensions de la cellule mère qui l'a formée et reconstitue ainsi un nouveau thalle de *Protococcus*.

Ce sont là les phénomènes de reproduction qui se passent quand l'Algue est simplement exposée à l'air humide. Si elle est entièrement submergée, une modification intéressante se manifeste. Les spores, au lieu de s'entourer d'une membrane rigide de cellulose, restent nues; leur protoplasme prend une forme de poire et son extrémité aiguë se prolonge par deux cils vibratiles; à l'aide de ces cils, la spore se déplace rapidement dans l'eau : c'est une *zoospore*. Après s'être ainsi déplacée quelque temps, la zoospore perd ses cils vibratiles, devient immobile, s'entoure d'une membrane de cellulose et reconstitue un nouveau thalle de *Protococcus*, semblable à celui qui l'avait produite. Nous avons ici un premier exemple de l'action que peut exercer l'influence du milieu sur le mode de développement d'une espèce donnée : suivant que ce milieu est aérien ou aquatique, *Protococcus viridis* forme des spores immobiles ou des zoospores mobiles.

Ce qui est l'exception dans cette espèce, normalement terrestre, devient la règle chez les Algues qui appartiennent à des espèces voisines, normalement aquatiques : elles se reproduisent constamment par des zoospores.

Protococcus viridis est le type de la famille des *Protococcacées*, caractérisées par la taille microscopique et la structure continue de leur thalle qui ne se cloisonne qu'au moment de la formation des spores. Si, au premier abord, l'organisation de ces plantes ne paraît guère plus compliquée que celle des Oscillaires ou des Nostocs, la structure intime de leur corps protoplasmique, pourvu d'un noyau véritable et de corps chlorophylliens, les place sensiblement au-dessus des Cyanophycées.

Les Siphonées. — La famille des *Siphonées* comprend encore des Algues vertes à thalle continu; mais ce thalle peut atteindre des dimensions considérables. Ce sont des plantes généralement marines; tel le genre *Caulerpa*, que nous avons déjà cité pour la complexité de son appareil végétatif. Quelques-unes cependant vivent dans les eaux douces ou même sur la terre humide; tel le genre *Vaucheria*, qu'il est facile de se procurer et que nous allons prendre pour type dans l'étude de cette famille.

Les Vauchéries se rencontrent fréquemment à la surface de la terre humide, surtout quand elle est argileuse. Leur thalle est constitué par un filament grêle, richement ramifié, dont les branches peuvent atteindre 30 centimètres de long et couvrent le sol d'une sorte de fin gazon. Nulle part on n'aperçoit de cloison transversale, divisant le thalle en cellules successives; on y observe, d'autre part, de nombreux noyaux plus ou moins régulièrement disposés; à ce double caractère, on reconnaît l'élément anatomique que nous avons déjà décrit sous le nom d'*article*. Le protoplasme est bourré de corps chlorophylliens, sauf dans certains rameaux qui s'enfoncent à l'intérieur du sol et constituent autant de crampons fixateurs.

Les Vauchéries se reproduisent tantôt par des spores, tantôt par des œufs. Dans certaines espèces, les spores sont immobiles; dans d'autres, au contraire, elles sont douées d'une grande motilité : ce sont des *zoospores*. Nous supposerons, pour fixer les idées, que c'est une de ces dernières espèces, *Vaucheria sessilis* par exemple, qui sert d'objet à notre étude.

Au moment où la zoospore va se former (*fig.* 102, I), on voit, à l'extrémité d'un rameau, une partie du protoplasme se séparer du reste du thalle par une cloison transversale de cellulose, qui détermine ainsi un article multinucléé. Au sein du protoplasme ainsi isolé se forme une large vacuole. Puis ce protoplasme se détache de la membrane qui l'enveloppe et se contracte en une masse arrondie et volumineuse, qui n'est pas autre chose qu'une zoospore. Celle-ci a donc pris naissance par une sorte de rénovation totale du contenu d'une cellule. Bientôt, par gélification de la cellulose en un point voisin de l'extrémité, se forme un orifice circulaire. La zoospore s'étire pour traverser cet orifice et s'échapper au dehors; il arrive parfois qu'en franchissant l'orifice elle se sépare en deux parties, dont chacune forme une zoospore indépendante.

Mise en liberté dans la mince couche d'eau qui baigne le filament de Vauchérie, et examinée à un fort grossissement, la zoospore se présente sous la forme d'une masse ovoïde, très volumineuse, qui peut atteindre des dimensions suffisantes pour être visible à l'œil nu. Son protoplasme renferme une grande vacuole : c'est celle que nous avions déjà observée dans le corps protoplasmique dont la rénovation a fourni la zoospore. Il contient en outre des corps chlorophylliens, nombreux surtout au voisinage de la surface, où ils se pressent en foule au-dessous de la couche membraneuse du protoplasme. La surface de la zoospore est couverte d'une sorte de duvet de cils vibratiles ; les examinant de plus près, on voit qu'ils sont groupés, deux par deux, en face de petits noyaux logés dans la couche membraneuse ; cette grande zoospore peut, si l'on veut, être considérée comme une sorte de zoospore composée, formée par l'association de nombreuses petites zoospores à deux cils. Pendant quelque temps, la zoospore se déplace dans l'eau, grâce aux mouvements de ses cils vibratiles ; puis ces mouvements se ralentissent, les cils vibratiles se flétrissent et tombent, le protoplasme de la zoospore s'entoure d'une membrane de cellulose qu'il avait ébauchée pendant sa période de motilité ; la zoospore se fixe alors à un support que lui fournit le sol ; elle ne tarde pas à s'accroître, puis à s'allonger en un filament qui se ramifie et reconstitue bientôt un nouveau thalle, semblable au premier.

Quand un œuf va se former (*fig.* 103, II), on voit paraître, en deux points rapprochés d'un même filament, deux protubérances qui ne tardent pas à s'allonger en forme de courts rameaux. Chacun de ces rameaux subit ensuite une différenciation propre.

L'un des rameaux, après s'être séparé, à sa base, du filament qui le supporte, par une cloison transversale de cellulose, se renfle en une sorte de sac ovoïde dont l'extrémité libre se recourbe en forme de bec. Le protoplasme inclus dans ce sac ne tarde pas à se contracter, de manière à former une masse arrondie, très dense, pourvue d'un seul noyau, présentant, en un mot, tous les caractères d'une *oosphère*. La cavité dans laquelle s'est différenciée cette oosphère mérite, dès lors, le nom d'*oogone*. Une faible partie du protoplasme, voisine du bec de l'oogone, forme une sorte de bouton transparent et de nature mucilagineuse.

Bientôt le sommet du bec de l'oogone gélifie sa paroi de manière à ouvrir un orifice terminal; le bouton mucilagineux qui surmonte l'oosphère s'en détache alors et s'échappe

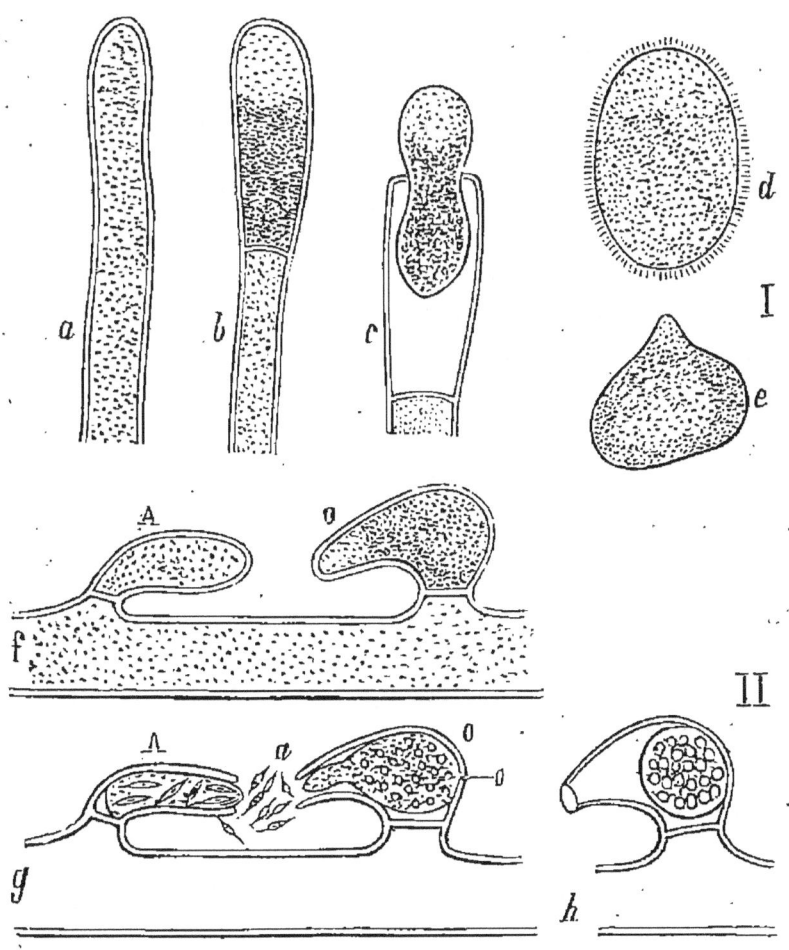

Fig. 103. — *Vaucheria sessilis*. — I, formation et germination de la zoospore (*a*, *b*..., *c*, phases successives); II, formation de l'œuf (*f*, *g*, *h*, phases successives); A, anthéridie; *a*, anthérozoïdes; O, oogone; *o*, oosphère.

par l'orifice terminal; la sortie de ce globule détermine dans l'oogone un vide qui provoque un courant de pénétration venu de l'extérieur.

Le second rameau, plus grêle et plus long que le premier, se recourbe fréquemment en forme de corne; il s'isole à sa base par une cloison cellulosique séparant du thalle un article multinucléé; son protoplasme se divise en autant de petites masses qu'il y a de noyaux; chacune de ces masses possède une forme ovoïde et porte, fixés à son flanc, deux cils vibratiles, l'un dirigé en avant, l'autre en arrière. Plus tard, une ouverture se produit à l'extrémité du rameau; par cet orifice terminal, les corpuscules inclus dans la membrane sont mis en liberté et on les voit se déplacer dans l'eau, grâce aux mouvements de leurs cils vibratiles. A n'étudier que leur aspect général et leur mode de locomotion, ces corpuscules semblent présenter tous les caractères de zoospores à deux cils. Mais si on place quelques-uns d'entre eux dans des conditions aussi favorables que possible à leur développement, et qu'on étudie de près la manière dont ils se comportent, pendant un temps suffisamment prolongé, on ne tarde pas à voir les cils vibratiles perdre leur motilité, se flétrir et disparaître; les corpuscules eux-mêmes dégénèrent et se détruisent à leur tour. Ils sont donc incapables, à eux seuls, de reconstituer de nouvelles Algues semblables à celle qui les a formés, et ne sauraient, par suite, être assimilés à des spores.

Mais qu'un de ces corpuscules vienne à atteindre l'ouverture terminale de l'oogone voisin, par exemple au moment où le globule mucilagineux vient d'être expulsé; appelé par le courant que provoque cette expulsion, il pénètre dans l'oogone, atteint l'oosphère, perd ses cils vibratiles et se confond avec elle, noyau à noyau, protoplasme à protoplasme. La fusion du corpuscule avec l'oosphère est suivie d'une contraction de celle-ci, qui s'enveloppe en même temps d'une fine membrane de cellulose. A ce double caractère nous reconnaissons le phénomène de la formation d'un œuf. L'élément différencié qui est venu se combiner avec l'oosphère pour déterminer la formation de l'œuf doit être considéré comme un élément mâle. Pour indiquer à la fois son rôle dans la fécondation et sa motilité propre, on lui donne le nom d'*anthérozoïde*. La cavité à l'intérieur de laquelle le protoplasme s'est divisé pour produire les anthérozoïdes reçoit, dès lors, le nom d'*anthéridie*, et nous pouvons résumer le mode de formation de l'œuf chez les Vauchéries en disant que l'œuf se constitue par le procédé de l'*hétérogamie avec oosphère immobile et anthérozoïde motile*.

L'œuf, une fois constitué, ne tarde pas à cutiniser fortement sa membrane cellulosique dans sa couche externe. En même temps son protoplasme se colore fortement en rouge, tournant fréquemment au brun, et l'œuf passe à l'état de vie ralentie. Quand il rencontre, plus tard, des conditions favorables à son développement, il germe : la partie cutinisée de la membrane se déchire et par l'ouverture s'échappe au dehors un tube enveloppé de cellulose, qui reconstitue bientôt un nouveau thalle de Vauchérie.

Les Confervacées. — La famille des *Confervacées* comprend, comme la précédente, des Algues vertes et filamenteuses, dont le thalle se ramifie fréquemment. Mais ici les filaments sont cloisonnés transversalement de manière à former des files de cellules juxtaposées bout à bout. Quelquefois les cloisons sont peu nombreuses, très espacées, et les segments qu'elles déterminent, renfermant plusieurs noyaux, ont la valeur morphologique d'articles : c'est ce qui arrive, par exemple, dans le genre *Sphæroplea* et cette disposition établit une sorte de trait d'union entre le thalle cellulaire des autres Confervacées, comme les *Œdogonium*, et le thalle continu des Siphonées.

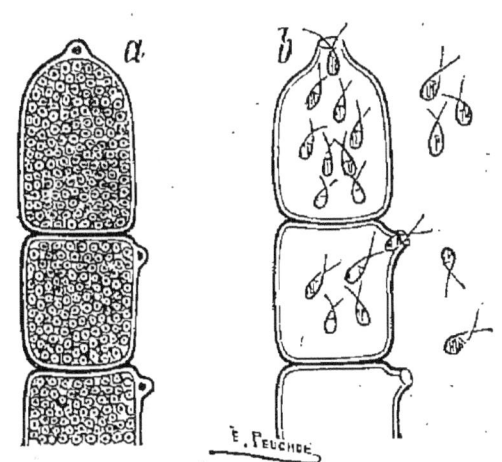

Fig. 104. — Formation des zoospores d'une Confervacée (*a*, *b*, deux phases successives) (schéma).

Cette famille des Confervacées est très hétérogène et rassemble des formes qui diffèrent profondément soit par la structure du thalle, soit par les divers modes de reproduction.

La plupart des Confervacées habitent les eaux douces; quelques-unes cependant, comme les Ulves (*Ulva*), habitent la mer. Certaines flottent librement dans l'eau, tel le genre *Sphæroplea;* d'autres y sont fixées à un support, tel le genre *Œdogonium*.

Ces Algues se reproduisent soit par des zoospores (*fig.* 104), soit par des œufs : chez les *Œdogonium*, par exemple, où la formation de l'œuf a été étudiée de près, il résulte, comme chez les Vauchéries, de la fusion d'un anthérozoïde avec une oosphère.

Les Conjuguées. — Un quatrième et dernier exemple nous sera fourni par la famille des *Conjuguées*. Ce sont encore des Algues vertes et filamenteuses, habitant les eaux douces. Leurs filaments ne sont jamais ramifiés; les cellules qui les forment sont toutes semblables entre elles. Par ces deux caractères, les Conjuguées offrent certaines analogies avec les Cyanophycées; mais l'organisation interne des cellules, pourvues de noyaux avec nucléoles ainsi que de corps chlorophylliens volumineux et différenciés, leur assure une supériorité incontestable sur les Algues bleues.

Jamais on n'a vu se former de spores chez les Conjuguées; la formation de l'œuf s'y manifeste au contraire très fréquemment : il résulte toujours de la fusion ou *conjugaison* de deux protoplasmes semblables et dépourvus de cils vibratiles.

Étudions, par exemple, le mode de formation de l'œuf dans le genre *Spirogyra*.

Les Spirogyres se reconnaissent aisément à l'aspect très particulier de leurs corps chlorophylliens; chacun d'eux est une sorte de ruban plat ayant une forme de spirale très régulière et semblant se raccorder, à ses deux extrémités, à travers la cloison, avec les corps chlorophylliens des deux cellules voisines; il résulte de cette apparence que le filament tout entier semble parcouru, d'un bout à l'autre, par un ou plusieurs rubans verts continus et enroulés en spirale.

Quand l'œuf va se former (*fig.* 105), on voit se produire,

à la surface de deux cellules qui se font vis-à-vis dans deux filaments parallèles, deux saillies qui semblent venir au-devant l'une de l'autre. Puis, les saillies se développant davantage, leurs extrémités viennent s'appliquer étroitement l'une contre l'autre. Un peu plus tard, les protoplasmes des deux cellules en regard se contractent vers le milieu des cavités qui les enferment et y forment deux masses ovoïdes. Bientôt on voit se résorber la double membrane qui traverse le tube de communication entre les deux cellules ; l'un des deux corps protoplasmiques, un peu en avance sur l'autre, entre en mouvement, pénètre dans le tube de communication, le parcourt d'un bout à l'autre, puis vient s'appliquer étroitement contre le corps protoplasmique opposé. Plus tard, les deux protoplasmes se confondent, ainsi que les noyaux qu'ils renferment, et de la fusion des deux corps protoplasmiques résulte un œuf, qui s'entoure d'une membrane d'abord mince,

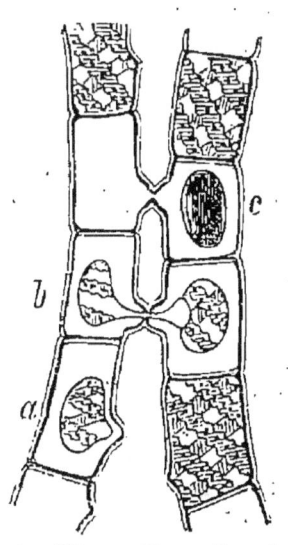

Fig. 105. — Formation de l'œuf d'une Spirogyre (*a, b, c*. trois phases successives).

puis épaisse, résistante et fortement colorée. Ici les deux gamètes qui ont pris part à la formation de l'œuf sont identiques ; l'œuf a été formé par *isogamie*. Remarquons, toutefois, qu'un des deux gamètes fait tout le trajet nécessaire pour assurer la conjugaison : c'est là, si l'on veut, une sorte d'ébauche de l'hétérogamie. Mais il faut ajouter qu'il est impossible de désigner à l'avance celui des deux protoplasmes qui devra se déplacer. D'ailleurs, il existe des genres voisins du genre *Spirogyra*, dans lesquels l'isogamie est parfaite. C'est ainsi que dans le genre *Mesocarpus*, qui tire son nom de cette disposition, chacun des deux gamètes fait la moitié du trajet nécessaire à la conjugaison et l'œuf se forme à égale distance des deux filaments, à mi-chemin des deux cellules qui ont pris part à sa formation.

10.

Les *Desmidium* ont les mêmes caractères généraux que les genres précédents, mais, par suite de la gélification précoce et constante des membranes, le thalle se dissocie sans cesse en cellules isolées.

Classification des Chlorophycées. — Les quelques exemples que nous avons passés en revue nous donnent une idée suffisante de l'organisation et du mode de développement des Chlorophycées. Les notions ainsi acquises peuvent être résumées dans le tableau suivant, qui présentera, sous forme synoptique, la classification de quelques-unes des familles principales de cet ordre :

ORDRE.   FAMILLE.

CHLOROPHYCÉES
- ne formant pas de spores, se reproduisant uniquement par œufs .... *Conjuguées.* Spirogyra.
- formant des spores, ayant un thalle
  - cloisonné .... *Confervacées.* Œdogonium.
  - continu
    - de grande taille ... *Siphonées.* Vaucheria.
    - de petite taille ... *Protococcacées.* Protococcus.

§ 3. — Les Phéophycées.

Les Phéophycées. — Les *Phéophycées* ou Algues brunes sont des plantes olivâtres ou jaunes, chez lesquelles les leucites sont imprégnés d'une combinaison de chlorophylle et d'un pigment jaune qu'on appelle la *phycophéine*.

La plupart des Algues brunes sont marines; quelques-unes cependant habitent les eaux douces.

Leur thalle est ordinairement filamenteux et pluricellulaire; il peut se faire, d'ailleurs, que les éléments qui le forment se dissocient en cellules distinctes; souvent, au contraire, les filaments, très abondamment ramifiés, s'enchevêtrent étroitement les uns dans les autres de manière à simuler un tissu ; parfois, enfin, le thalle des Phéophycées est formé d'un massif pluricellulaire, tirant son origine d'un méristème dont les éléments se cloisonnent suivant trois directions de l'espace.

Les Algues brunes se reproduisent soit par des œufs, soit par des spores. Celles-ci peuvent être immobiles ; souvent aussi elles sont pourvues de cils vibratiles qui leur assurent une grande motilité : ce sont des zoospores.

Pour nous rendre compte à la fois des variations que peuvent offrir, chez les Algues brunes, l'appareil végétatif et l'appareil reproducteur, nous choisirons deux exemples, l'un parmi les représentants les plus simples de cet ordre, dans la famille des *Diatomées*, l'autre parmi les représentants les mieux organisés, dans la famille des *Fucacées*.

Les Diatomées. — Les *Diatomées* sont des Algues microscopiques, extrêmement répandues à la surface du globe : on peut les rencontrer dans la mer, les eaux saumâtres ou les eaux douces, ou même à la surface de la terre humide ; elles forment, au fond de l'eau ou sur la terre, une couche brune ou rougeâtre, de consistance gélatineuse. Enfin, ce sont elles qui, avec les Algues vertes unicellulaires et les menus animaux, constituent une bonne part de ces organismes microscopiques flottant dans les eaux et dont l'ensemble a reçu le nom de *plankton*.

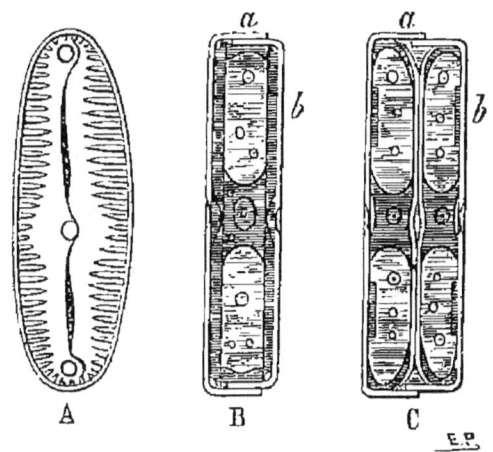

Fig. 106. — Organisation et multiplication des Diatomées. — A, une carapace de *Pinnularia*, vue de face ; B, une Pinnulaire, vue en coupe optique ; C, la même, après sa bipartition ; *a*, *b*, valves de la carapace.

Le corps d'une Diatomée (*fig.* 106) est formé d'une simple cellule, aplatie en forme de disque. Vu de face, ce disque offre une forme circulaire, elliptique ou losangique. Examinons, pour fixer les idées, un individu appartenant au genre *Pinnularia* (*fig.* 106). Son contour présente la forme d'une sorte d'ellipse légèrement déformée de manière à porter, en quatre points diamétralement opposés, de légères saillies anguleuses. La membrane cellulaire, dont le fond est formé de cellulose, est fortement incrustée de silice, ce qui lui donne une rigidité et une dureté très grandes. La surface est ornée de stries et de dessins délicats. Cette incrustation siliceuse et l'ornementation souvent très riche de la membrane sont deux caractères généraux des Diatomées : les détails de l'ornementation fournissent des indications qui permettent de reconnaître les espèces et les genres ; ils font, en même temps, de certaines espèces de Diatomées des objets commodes pour apprécier les qualités d'un microscope. La membrane comprend deux moitiés, deux *valves*, comme on dit, engagées l'une dans l'autre et formant comme le fond et le couvercle d'une boîte (*fig.* 106, B) : ce fond et ce couvercle coïncident avec les deux larges faces des valves.

Les carapaces des Diatomées, s'accumulant au fond de l'eau en masses considérables après la destruction des protoplasmes qu'elles enveloppent, constituent une sorte de sable très fin, entièrement siliceux, connu sous le nom de *tripoli*. Des dépôts importants de tripoli, dont l'origine remonte à l'époque tertiaire, se rencontrent dans le Cantal et aux environs d'Oran ; d'autres dépôts, d'origine plus récente, contribuent à former le sous-sol de plusieurs villes de l'Allemagne du Nord, de Berlin et de Kœnigsberg, par exemple. En raison de sa grande dureté, le tripoli est employé, comme on sait, pour nettoyer et polir les métaux ; quand il est très pur, il forme une poudre grisâtre qui est utilisée pour retenir la nitroglycérine, composé explosif : c'est ainsi qu'on fabrique la dynamite.

Examiné à un fort grossissement, le protoplasme d'une cellule de Diatomée révèle l'existence d'un noyau et de quelques leucites, teintés de jaune par la combinaison de chlorophylle et de phycophéine : chaque cellule en renferme ordinairement un ou deux, qui forment des plaques rubanées et de taille relativement grande.

Quand on observe dans l'eau une Diatomée vivante, on ne tarde pas à remarquer qu'elle se déplace spontanément par des mouvements brusques et saccadés dont il est assez difficile de dire exactement la cause : on les attribue souvent à une contractilité spéciale qui entraînerait des écartements et des rapprochements alternatifs des deux valves de la carapace. Grâce à ces mouvements d'oscillation, celle-ci rampe, en quelque sorte, à la surface de son support : c'est toujours par la face plane d'une des valves que se produit cette reptation.

Comment s'accomplit la multiplication des Diatomées? On voit souvent le protoplasme d'une cellule, placée dans des conditions favorables de nutrition, s'accroître considérablement de manière à distendre la membrane qui l'enveloppe et à écarter les deux valves de la carapace. Bientôt le noyau se divise en deux noyaux nouveaux, dont chacun vient occuper le milieu d'une des moitiés de la cellule. Entre ces deux noyaux se forme une cloison transversale, de nature cellulosique, qui se réfléchit sur ses bords de manière à doubler en partie le fond et le couvercle de la cellule mère (*fig.* 106, C). Plus tard, cette cloison cellulosique se dédouble, ce qui a pour effet de séparer les deux moitiés du corps protoplasmique, qui s'écartent en emportant avec elles les deux moitiés de la carapace siliceuse. Ainsi se trouvent formées deux cellules nouvelles. Dans chacune d'elles, la membrane, qui offre, comme celle de la cellule mère, la forme d'une boîte, est formée de deux parties assez différentes : le couvercle seul est de nature siliceuse, le fond est encore à l'état de cellulose pure. Chacune des deux cellules ainsi isolées ne tarde pas à incruster de silice la moitié de sa membrane qui en forme le fond; puis la membrane s'enveloppe tout entière d'une mince gaine gélatineuse et une nouvelle Diatomée se trouve reconstituée, semblable en tous points à celle qui s'est divisée pour la former.

Les mêmes phénomènes de bipartition peuvent se renouveler plusieurs fois de suite, et ainsi une cellule initiale donne naissance à un grand nombre de cellules semblables à elle.

Chez certaines espèces de Diatomées, les cellules, formées par bipartitions successives, peuvent rester associées en une file longitudinale dont les éléments sont réunis par une sorte de gaine gélatineuse ; le plus souvent, au contraire, les cellules se dissocient peu de temps après leur formation ; dans tous les cas, la plus grande dimension de chaque cellule est perpendiculaire au filament, réel ou idéal, dont elle fait partie (*fig.* 107).

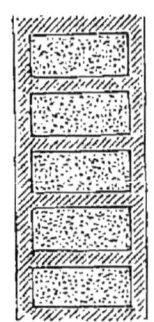

Fig. 107. — Disposition théorique des cellules d'une file de Diatomées.

Si on se reporte aux conditions qui président à la multiplication des Diatomées, on voit que chaque cellule nouvelle emprunte son couvercle à la cellule qui lui a donné naissance et qu'elle se reforme ensuite un fond, emboîté dans ce couvercle. Il résulte évidemment de là que les cellules successives auxquelles donne naissance la multiplication d'une cellule initiale ont des dimensions de plus en plus petites. Il semble donc que ces dimensions devraient décroître indéfiniment. En réalité, il n'en est rien : quand les dernières cellules provenant d'une semblable multiplication ont atteint un certain minimum de taille, au-dessous duquel elles ne sauraient descendre sans que la conservation de l'espèce fût compromise, on voit intervenir un phénomène qui a pour effet de rendre à la cellule ses dimensions primitives. Les deux valves de la carapace s'écartent et, par l'ouverture, le contenu protoplasmique, mis à nu, s'échappe dans l'eau. Il s'y nourrit directement, s'accroît de manière à reprendre ses dimensions initiales, puis s'enveloppe d'une fine membrane de cellulose, au-dessous de laquelle apparaît ensuite un premier dépôt de silice. Par l'accroissement et la différenciation de ce dépôt siliceux se constitue une carapace nouvelle, formée de deux valves ; enfin, la membrane s'entoure extérieurement d'une mince couche gélatineuse ; bref, une nouvelle cellule de Diatomée se trouve reconstituée, non seulement semblable, mais égale à la cellule normale. On donne le nom d'*auxospore* à cet élément qui vient

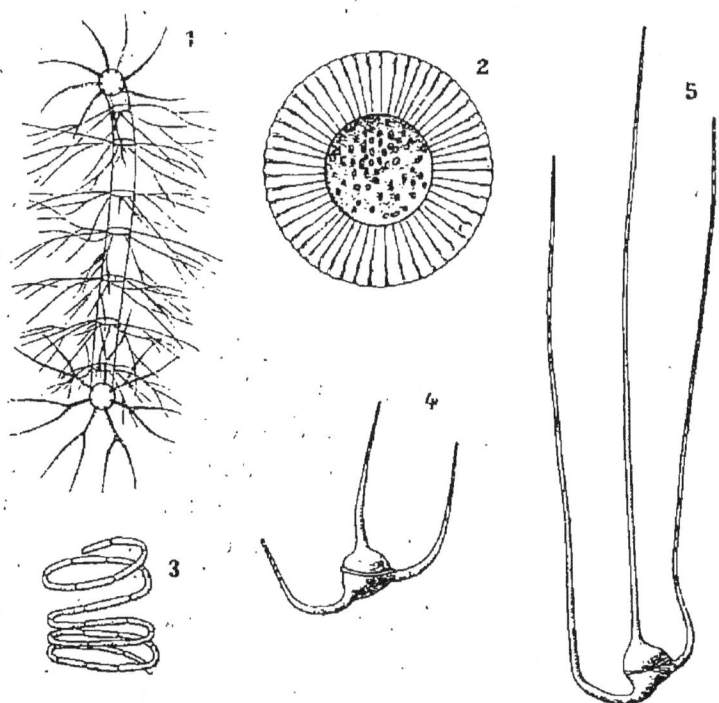

Fig. 108. — Adaptations diverses des espèces du plankton à la vie flottante. — 1. *Bacteriastrum*, avec longs poils ramifiés. — 2. *Planktoniella Sol.* en forme de disque aplati. — 3. *Rhizosolenia* en forme d'hélice. — 4, 5. *Ceratium* (famille des Péridiniacées), avec longs bras plus ou moins développés suivant la saison.

périodiquement rendre à la cellule de Diatomée ses dimensions normales.

Quelquefois deux cellules de Diatomées, au moment de fournir leurs auxospores, se rapprochent dans une gaine gélatineuse commune, puis chacune d'elles se dépouille de sa membrane et produit une auxospore. Celles-ci s'écartent l'une de l'autre et chacune se reconstitue une carapace propre. Les deux Diatomées se sont rapprochées comme pour un phénomène de conjugaison, mais cette conjugaison n'a pas eu lieu. Dans quelques cas, offerts par exemple par le genre *Surirella*, on a observé une véritable conjugaison des deux protoplasmes mis en liberté : ces deux corps se fondent l'un avec l'autre en un corps nouveau qui se contracte, s'enveloppe d'une membrane de cellulose et se différencie ensuite en une série nouvelle de Diatomées. Ici on assiste à une véritable conjugaison : l'œuf est formé par la réunion de deux gamètes identiques et non mobiles. Par ce caractère, ainsi que par la différenciation des leucites et la gélification constante des membranes, les Diatomées offrent de grandes affinités avec les Algues vertes de la famille des Conjuguées, en particulier avec les *Desmidium* à thalle dissocié.

Les Diatomées prennent, comme nous l'avons dit, une part importante dans la constitution du plankton des eaux marines et des eaux douces. Les espèces adaptées à la vie pélagique et flottante présentent des caractères remarquables, qui ont tous pour effet d'assurer le flottage, en retardant la chute verticale de l'organisme au sein des eaux. Parmi ces caractères d'adaptation, citons : la présence d'abondantes gouttelettes d'huile, qui diminuent la densité moyenne du corps cellulaire; la présence de longues soies ou arêtes (*fig.* 108), qui augmentent considérablement la surface de contact avec l'eau et par suite le frottement; la forme en disque ou en spirale du corps de l'Algue, qui s'oppose également à la chute en ligne verticale, etc. Le plankton marin renferme également de nombreuses Algues vertes, en particulier des Péridiniacées (*fig.* 108).

Les Fucacées. — Pour faire l'étude de la famille des Fucacées, prenons comme type le genre *Fucus*, qui lui a donné son nom et auquel appartiennent les Algues marines connues généralement sous le nom de Varechs.

Le thalle d'un Fucus (*fig.* 109) est massif et provient d'un méristème cloisonné dans trois directions. Sa forme extérieure est hautement différenciée. Par son extrémité inférieure, il se fixe aux rochers à l'aide de crampons qui simulent des racines. Sa partie flottante semble formée d'une tige principale qui se ramifie plus ou moins régulièrement et s'étale, de distance en distance, en expansions qui simulent des feuilles. Dans certaines espèces, le thalle porte, de distance en distance, des poches ovoïdes ou sphériques, renfermant un gaz qui paraît être de l'azote pur et constituant pour le thalle des sortes de flotteurs : c'est ce qu'on peut observer chez *Fucus vesiculosus*. Chez certaines plantes de la famille des Fucacées, dont le thalle est plus différencié encore que celui des Fucus, ces flotteurs, au lieu d'être dis-

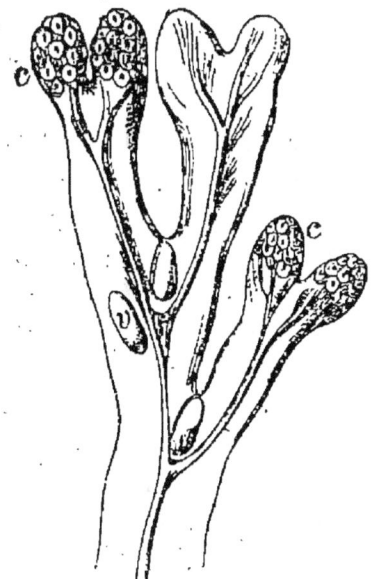

Fig. 109. — *Fucus vesiculosus*. —
v, vésicules ; *c*, conceptacles.

Fig. 110. — Thalle d'une Sargasse.

tribués irrégulièrement sur toute la surface du thalle, sont localisés aux extrémités de rameaux spéciaux où ils prennent l'aspect de fruits pédicellés ; c'est ce qu'on observe, par exemple, chez les Sargasses (*fig.* 110), dont les thalles, arrachés aux côtes américaines et entraînés par les courants marins, vont former, dans la moitié nord de l'Atlantique, entre les Canaries, les Açores et les Bermudes, cette immense prairie flottante, de 60 000 milles carrés de superficie, que les navigateurs connaissent sous le nom de « mer des Sargasses ».

Pas plus que chez les Conjuguées, on n'a observé chez les Fucacées la formation d'aucune spore : c'est uniquement par des œufs que ces Algues se reproduisent, et la formation de ces œufs y est connue dans presque tous ses détails. Examinons-la, pour fixer les idées, chez *Fucus vesiculosus*.

Chez cette plante, la surface entière du thalle porte, de distance en distance, des petites verrues ; chacune d'elles est percée à son sommet d'une ouverture dont la grosseur ne dépasse guère celle d'une pointe d'épingle. Une coupe transversale faite dans le thalle, au niveau d'une de ces ouvertures, montre qu'elle correspond à une sorte de poche dont toute la surface interne est tapissée de poils pluricellulaires, convergeant vers l'ouverture : cette poche est une *crypte pilifère*, et son ouverture porte le nom d'*ostiole*.

Les extrémités de certaines branches, renflées en forme de massues, portent une forme particulière de cryptes pilifères auxquelles on donne le nom de *conceptacles* (*fig.* 111, C) et qui sont les lieux de formation des organes de la repro-

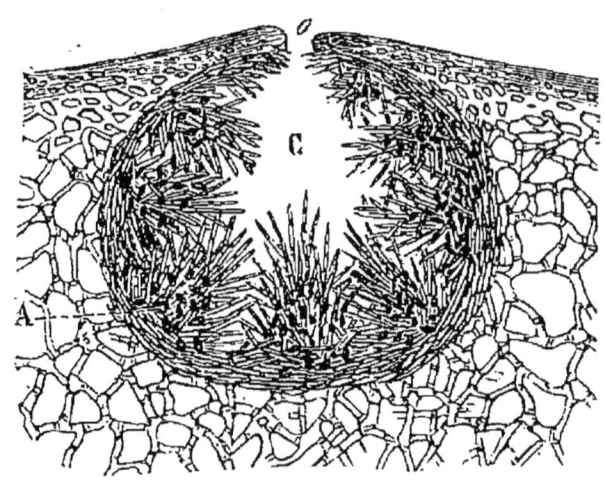

Fig. 111. — Coupe dans un conceptacle mâle de *Fucus vesiculosus*. — C, cavité du conceptacle ; o, ostiole ; A, anthéridies.

duction. Ces conceptacles sont de deux sortes : les uns renferment les organes mâles ; les autres, les organes femelles. Dans l'espèce qui nous occupe, ces deux sortes de conceptacles sont portés par des pieds différents; ce sont des *pieds mâles* et des *pieds femelles*.

Sur un pied mâle, une coupe transversale faite dans un conceptacle (*fig.* 111) montre que sa surface est hérissée intérieurement de poils stériles semblables à ceux d'une crypte pilifère. Mais entre ces poils stériles s'en développent d'autres qui ne tardent pas à se ramifier; parmi les rameaux latéraux que porte un de ces poils, certains cessent de se cloisonner, se renflent et forment des *anthéridies* (*fig.* 112). Le noyau d'une anthéridie ne tarde pas à se diviser en deux,

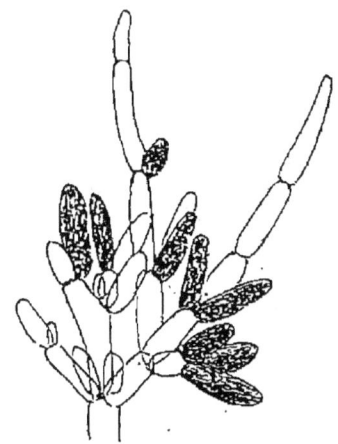

Fig. 112. — Un poil porteur d'anthéridies, plus grossi. — Les anthéridies sont teintées de gris.

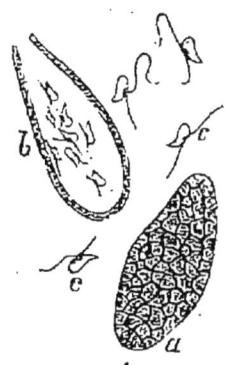

Fig. 113.

Anthéridie, plus grossie encore, d'abord pleine (*a*), puis vide (*b*); *c*, anthérozoïdes.

puis quatre, huit, seize, trente-deux, soixante-quatre noyaux nouveaux; ensuite, par une division totale et simultanée, le protoplasme se décompose en soixante-quatre petites masses dont chacune a pour centre un de ces noyaux (*fig.* 113, *a*). Quand chacune de ces masses a achevé sa différenciation, elle présente la forme d'une poire microscopique dont la partie renflée contient le noyau; son protoplasme est incolore dans presque toute son étendue; mais, au voisinage du noyau, on remarque un petit globule orangé, duquel se détachent deux cils vibratiles, l'un antérieur, assez court, l'autre postérieur, beaucoup plus long (*fig.* 113, *c*). Cette masse est un *anthérozoïde*.

Arrivées à maturité, les anthéridies se détachent de leurs supports et s'échappent à marée basse par l'ostiole du conceptacle, de manière à former, à l'entrée de cet ostiole, une gouttelette orangée. Au moment du flux, les anthéridies, gonflées par l'eau, se distendent, éclatent et mettent en liberté les anthérozoïdes qu'elles contiennent.

Une coupe transversale faite sur un pied femelle au niveau d'un conceptacle (*fig.* 114) nous montre encore, entre des cils stériles, des poils fertiles; mais ces derniers subissent

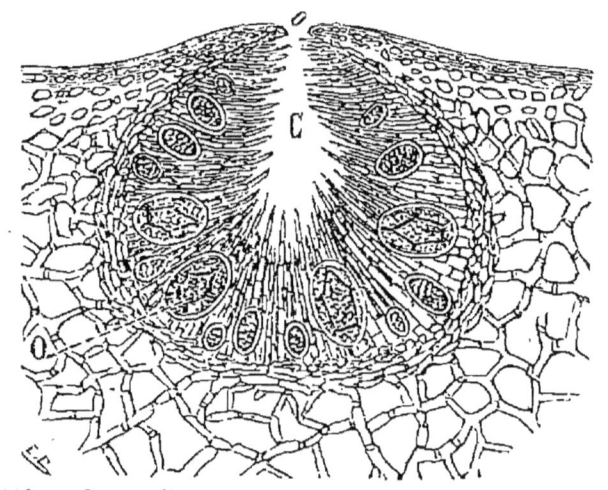

Fig. 114. — Coupe d'un conceptacle femelle de *Fucus vesiculosus*. C, cavité du conceptacle; o, ostiole; O, oogones.

une différenciation tout autre que sur les pieds mâles. Suivons pas à pas, à partir de son début, la formation d'un de ces poils (*fig.* 115). Une cellule de la face interne du conceptacle fait une saillie en forme de papille vers l'intérieur de la cavité; puis la partie saillante de cette cellule se sépare de la partie basilaire par une cloison transversale; plus tard, la partie saillante, proéminant davantage, s'allonge en forme de massue, puis se cloisonne transversalement de manière à constituer une sorte de poil bicellulaire. Des deux cellules de ce poil, l'une reste grêle; l'autre, la cellule terminale, se renfle et s'arrondit : c'est elle qui va constituer l'*oogone*. Son noyau se divise d'abord en deux, puis en quatre, enfin en huit, par trois bipartitions successives. Puis, un cloisonnement simultané de tout le corps protoplasmique le décompose ensuite en huit masses dont chacune a pour centre un des noyaux : les cloisons de séparation restent à l'état albuminoïde. Ensuite on voit se gélifier la lamelle moyenne de chaque cloison, et cette gélification a pour effet d'isoler les

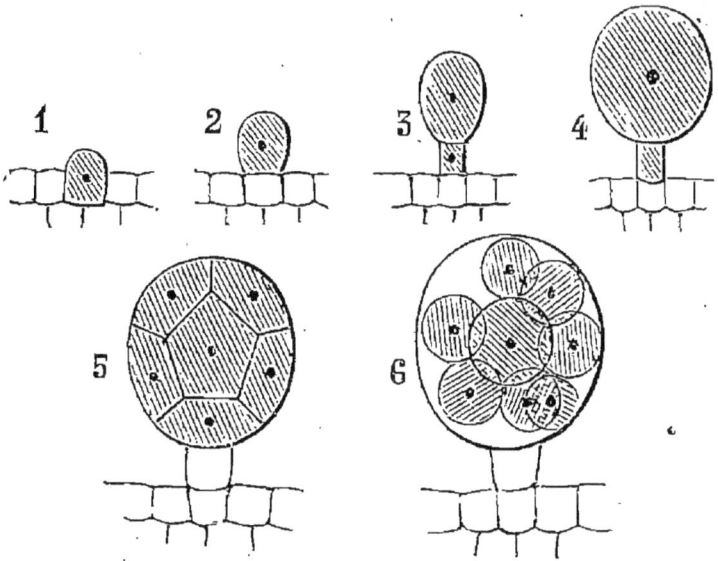

Fig. 115. — Phases successives de la formation d'un oogone (schéma).

huit masses protoplasmiques, qui s'arrondissent et se différencient en autant d'*oosphères*. En même temps la membrane de l'oogone s'est différenciée en deux couches concentriques.

Arrivé à maturité, l'oogone forme une ouverture circulaire dans la couche externe de sa membrane; par cette ouverture s'échappe le groupe des huit oosphères, encore enveloppées dans la couche interne. Tous les groupes semblables se réunissent, à marée basse, à l'entrée de l'ostiole du conceptacle, en une gouttelette olivâtre; au moment du flux, la mince membrane qui enveloppe les oosphères se distend, se rompt en deux temps successifs et met en liberté les huit oosphères qu'elle contient.

Si on lave dans un bocal plein d'eau de mer les extrémités d'un pied mâle de *Fucus vesiculosus* qui porte des conceptacles mûrs, le liquide prend une teinte orangée. Recueillant une goutte de ce liquide et l'examinant au microscope, on y voit nager en foule les anthérozoïdes, qui se déplacent à l'aide de leurs cils vibratiles : le cil antérieur fonctionne à la façon d'une rame, le cil postérieur joue le rôle d'un gouvernail. Ce mouvement des anthérozoïdes se poursuit pendant quelque temps; puis leur motilité diminue, les cils vibratiles se flétrissent, les anthérozoïdes meurent et se détruisent.

Si on lave, au contraire, dans un second bocal plein d'eau de mer les extrémités d'un pied femelle qui porte des conceptacles mûrs, le liquide prend une teinte olivâtre; examinant une goutte de ce liquide au microscope, on y peut distinguer un grand nombre d'oosphères, immobiles par elles-mêmes; au bout d'un certain temps elles se flétrissent et disparaissent.

Supposons enfin qu'on mélange les deux liquides, — le liquide orangé, fourmillant d'anthérozoïdes, et le liquide olivâtre, riche en oosphères : — on assistera au phénomène de la fécondation (*fig.* 116). Un certain nombre d'anthérozoïdes se groupent autour d'une oosphère; ils s'appliquent contre elle à l'aide de leurs cils vibratiles et, grâce aux mouvements de ces cils, ils la font tourner sur elle-même, pendant une demi-heure environ, par un mécanisme

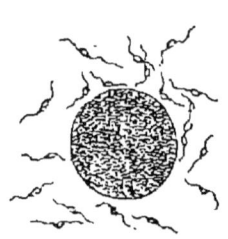

Fig. 116. — Fécondation d'une oosphère de Fucus.

qu'on pourrait comparer à celui du carrier mettant son treuil en mouvement, ou encore à celui par lequel certains acrobates font rouler une sphère sous leurs pieds. Au bout d'une demi-heure environ, ce mouvement se ralentit, puis cesse; l'oosphère, légèrement contractée, s'entoure d'une membrane de cellulose, qui lui manquait jusque-là : elle s'est transformée en un œuf. Effectivement on a pu reconnaître que l'un des anthérozoïdes — et un seulement — après avoir perdu ses cils vibratiles et cessé de se mouvoir, s'est fondu avec l'oosphère, noyau à noyau, protoplasme à protoplasme.

Certaines espèces de Fucus diffèrent de celle qui nous a servi de type par la réunion des anthéridies et des oogones dans un même conceptacle, qui est *hermaphrodite*. Chez certaines Fucacées, le nombre des oosphères que contient l'oogone diffère aussi de celui que nous avons observé chez *Fucus vesiculosus*. Mais, malgré ces variations secondaires, l'œuf se forme chez toutes les Fucacées par un procédé très analogue à celui qui vient d'être décrit : il résulte toujours de la fusion d'un anthérozoïde mobile avec une oosphère non mobile, mais détachée de la plante mère.

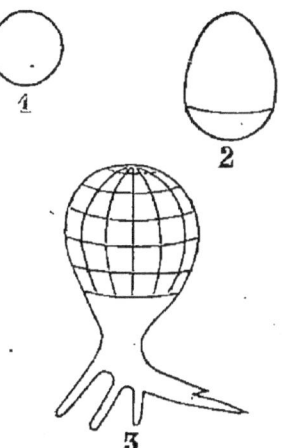

Fig. 117. — Germination d'un œuf de *Fucus* (schéma).

Aussitôt formé, l'œuf se fixe, puis se cloisonne en deux cellules : l'une, par des cloisonnements successifs suivis de différenciation, formera le crampon destiné à assurer la fixation de la plante nouvelle; l'autre reconstituera peu à peu un thalle nouveau, plus ou moins semblable au premier (*fig*. 117).

§ 4. — Les Floridées.

Les Floridées. — Les *Floridées* forment la famille la plus nombreuse de l'ordre des Algues. La plupart d'entre elles sont des Algues marines qui recherchent les eaux agitées; les espèces d'eau douce vivent de préférence dans les sources ou les chutes d'eau.

Le protoplasme des Floridées renferme des leucites dans lesquels la chlorophylle est ordinairement combinée avec un pigment de couleur rouge, la *phycoérythrine*. Cependant certaines Floridées sont plutôt jaunâtres, par exemple les *Nemalion*. D'autres sont vertes; de ce nombre sont certaines espèces de *Batrachospermum*, Algues qui vivent dans l'eau douce au voisinage des vannes de moulins et dont l'aspect général rappelle un peu celui des œufs de grenouilles, ce qui justifie leur nom. On voit, par parenthèse, combien est défectueuse la classification des Algues, qu'il a fallu, faute de mieux, établir d'après leur coloration, puisqu'on est amené à ranger parmi les Algues rouges, à cause de l'ensemble de leur organisation, des plantes qui, comme les Algues vertes, ne renferment que de la chlorophylle.

Le thalle des Floridées est toujours pluricellulaire. Il peut être simplement filamenteux, comme on le voit dans les genres *Callithamnion* et *Lejolisia*. Souvent, au contraire, le thalle, primitivement filamenteux, se complique de rameaux secondaires qui viennent s'enchevêtrer autour des branches principales de manière à leur former une sorte d'écorce protectrice ; c'est ce qu'on observe, par exemple, avec des degrés divers de complication, dans les genres *Batrachospermum* et *Nemalion*. Parfois aussi le thalle est formé d'une simple assise de cellules, ainsi qu'on l'observe dans le genre *Porphyra* (*fig.* 118). Il peut enfin être constitué par un massif pluricellulaire : dans le genre *Delesseria*, par exemple (*fig.* 119), c'est une lame aplatie qui offre l'aspect d'une grande feuille composée suivant le mode palmé, dont cha-

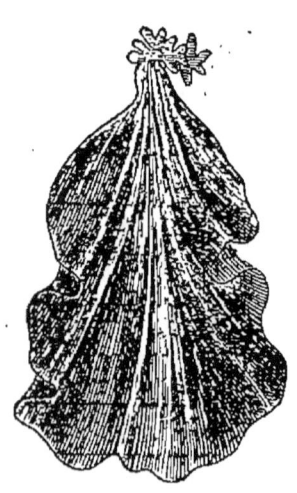

Fig. 118.
Thalle d'un *Porphyra*.

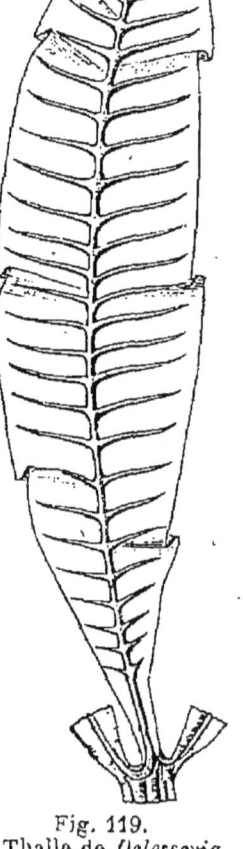

Fig. 119.
Thalle de *Delesseria*.

que foliole aurait une nervation pennée; cette lame se fixe à son support par un crampon qui pourrait être comparé à un pétiole.

La reproduction et le développement des Floridées présentent une foule de variations dans le détail desquelles il nous est impossible d'entrer. Attachons-nous seulement à un cas très simple, celui de *Nemalion multifidum*.

L'œuf est le résultat d'une hétérogamie très nette (*fig.* 120).

Sur certains rameaux du thalle se produisent des ramuscules secondaires dont les cellules terminales peuvent se différencier en autant d'*anthéridies*. Chaque anthéridie, par une sorte de rénovation de son contenu protoplasmique, fournit un anthérozoïde unique, qui est mis en liberté par la gélification de la membrane. L'anthérozoïde est un corps protoplasmique ovoïde, compact, entièrement nu, incapable de se mouvoir par lui-même et qui se laisse emporter au gré des courants. Quelque temps après sa sortie de l'anthéridie, l'anthérozoïde différencie à sa surface une mince couche de cellulose.

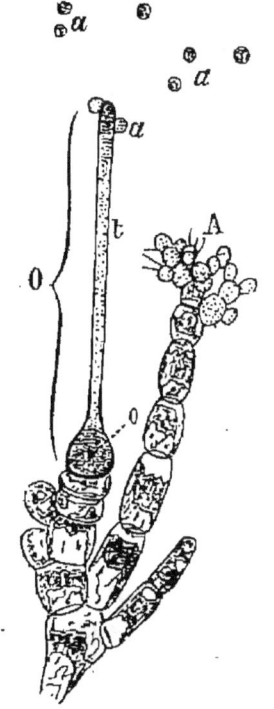

Fig. 120. — Formation de l'œuf chez les Floridées. — A, anthéridies; *a*, anthérozoïdes; O, oogone; *o*, oosphère; *t*, trichogyne.

A l'extrémité d'un autre rameau, et sur le même pied de *Nemalion*, peut se former un oogone. Arrivé à maturité, l'oogone présente une forme et une structure assez compliquées. Sa partie inférieure est occupée par une cavité sphérique, le *ventre*, dont la membrane cellulosique contient une oosphère, à protoplasme dense, à noyau volumineux, dépourvue de toute membrane propre d'enveloppe. Le ventre est surmonté par une sorte de prolongement grêle, en forme de poil, auquel on donne le nom de *trichogyne*. La membrane du trichogyne présente vers sa base un épaississement circulaire, de nature cellulosique, qui fait saillie vers l'intérieur, et rétrécit le calibre interne du poil; à l'extrémité, la membrane se gélifie et prend un aspect mucilagineux; la plus grande partie du trichogyne est occupée par un protoplasme riche en vacuoles; vers le sommet, au contraire, le protoplasme est dense et compact.

Quand un anthérozoïde, entraîné par les mouvements de l'eau, arrive au contact de l'extrémité du trichogyne, il y est retenu par la substance mucilagineuse qui couvre celle-ci; au point de contact avec le trichogyne, la double membrane de séparation se résorbe; par l'ouverture ainsi produite, l'anthérozoïde vide son contenu protoplasmique, qui chemine de proche en proche le long du trichogyne jusqu'à l'oosphère; la fécondation s'opère par fusion des protoplasmes et fusion des noyaux. Bientôt après, l'oosphère se contracte et s'entoure d'une membrane cellulosique qui s'applique, dans presque toute son étendue, contre celle de l'oogone et semble se confondre avec elle, mais qui s'en distingue nettement à la naissance du trichogyne.

Aussitôt après la formation de l'œuf, le trichogyne se flétrit et disparaît. En même temps, l'œuf bourgeonne par toute sa surface; chacun des bourgeons qu'il produit se développe en filament pluricellulaire et ramifié; de ce bourgeonnement résulte bientôt une sorte de buisson qui enveloppe l'œuf de toutes parts et auquel on donne le nom de *cystocarpe* (*fig.* 121). Les cellules extrêmes des ramifications du cystocarpe différencient, à un moment donné, leur pro-

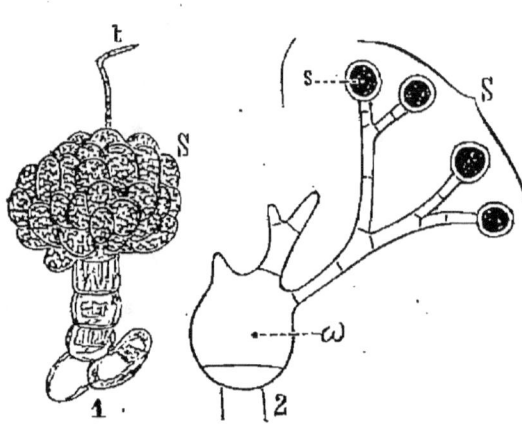

Fig. 121. — Formation du sporogone d'une Floridée. — (1, figure conforme à la réalité; 2, schéma); S, sporogone; t, restes du trichogyne; s, spores; ω, œuf.

toplasme, de telle sorte que chacune d'elles donne naissance à une spore, par un phénomène de rénovation totale. Mais il faut remarquer, pour que cette description soit exacte, que, dans le cas qui nous occupe, l'œuf s'est d'abord divisé en deux cellules superposées, dont la supérieure seule a contribué à la formation du buisson sporifère; ajoutons que c'est là un caractère spécial au genre *Nemalion* et que, chez la plupart des Floridées, l'œuf tout entier prend part à la formation du cystocarpe. Pour indiquer le rôle de ce dernier dans la production des spores, on peut encore lui donner le nom de *sporogone*.

Mise en liberté par la gélification de la membrane de la cellule mère, la spore est entraînée par les mouvements de l'eau; puis elle s'enveloppe d'une membrane de cellulose, se fixe et germe. La germination d'une spore fournit d'abord un filament très simple, qui rampe à la surface du support auquel elle s'est fixée; puis, sur ce thalle rudimentaire, par une sorte de bourgeonnement, se développe un thalle plus compliqué, semblable à celui qui a formé l'œuf.

Remarquons que les spores dont la germination a produit ce thalle nouveau sont indissolublement liées à la formation de l'œuf, dont elles ne sont que la continuation. Jamais on ne voit se former de cystocarpe autrement que par le développement d'un œuf, résultant lui-même de la fusion d'un anthérozoïde et d'une oosphère. Les spores du cystocarpe sont, en un mot, des *spores de passage*.

Tel est le développement complet de l'espèce dans le genre *Nemalion*. Mais, chez la plupart des Floridées, les choses se compliquent, en ce qui concerne la germination de l'œuf, d'un phénomène supplémentaire (*fig.* 121). L'œuf, une fois constitué, déverse son protoplasme dans une cellule plus ou moins éloignée, qu'on appelle *cellule auxiliaire*, par l'intermédiaire d'un tube de raccord qui peut être extrêmement court : dans certaines espèces de Floridées, la cellule auxiliaire est immédiatement appliquée contre l'oogone, et le passage du contenu de l'une dans l'autre se fait sans qu'il y ait, à proprement parler, de raccord. Le protoplasme de l'œuf se nourrit de celui de la cellule auxiliaire dans laquelle il a émigré (*fig.* 122); le noyau de celle-ci dégénère et disparaît, pendant que le noyau de l'œuf commence à se diviser. L'œuf, après avoir pris la place de la cellule auxiliaire et s'être nourri d'elle, continue donc à germer et forme un cystocarpe.

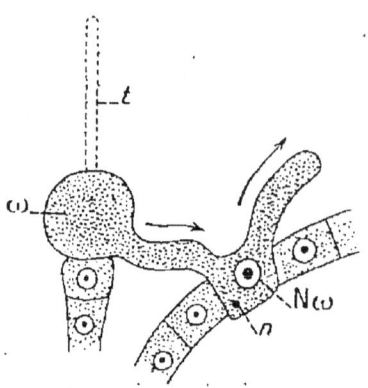

Fig. 122. — Rôle de la cellule auxiliaire chez les Floridées (schéma). — *t*, restes du trichogyne; ω, œuf ayant germé en un court filament; Nω, noyau de l'œuf après la fusion avec la cellule auxiliaire; *n*, noyau de la cellule auxiliaire en voie de dégénérescence. Les flèches indiquent le sens de la croissance du sporogone.

Dans certaines Floridées, le même filament issu de la germination de l'œuf se nourrit successivement de plusieurs cellules auxiliaires, et, en chacun des points d'anastomose, il donne un cystocarpe.

Suivant les cas, le sporogone est donc formé tantôt d'un seul cystocarpe, tantôt de plusieurs.

On voit, en résumé, que, chez les Floridées, le développement total d'une espèce peut être assimilé à une sorte de cycle, dont l'ordre est rigoureusement déterminé. Sur un thalle différencié de Floridée, un œuf se forme par la fusion d'un anthérozoïde avec une oosphère, par conséquent par un procédé conforme au type général de l'hétérogamie. Du développement de cet œuf résulte un organisme très différent du thalle précédent, qui reste en quelque sorte greffé sur lui et qui est le sporogone. Celui-ci produit et met en liberté des spores qui, en germant, reconstituent de nouveaux thalles, semblables au premier. Le tableau suivant permet d'embrasser d'un coup d'œil l'ensemble de ce développement.

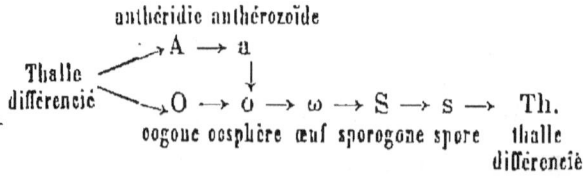

A ce procédé typique de reproduction, la plupart des Floridées joignent un mode de multiplication beaucoup plus simple (*fig.* 123). Sur certains rameaux, on voit se former, à un moment donné, des ramuscules latéraux qui produisent directement des spores. Le ramuscule, d'abord unicellulaire, ne tarde pas à se cloisonner transversalement en deux cellules : la cellule terminale évolue de manière à former un sporange; la cellule basilaire lui constitue une sorte de pédicelle. Le noyau du sporange, d'abord unique, se divise bientôt en deux; puis chacun de ces deux noyaux se divise à son tour et le protoplasme du sporange contient alors quatre noyaux. Chacune de ces bipartitions est suivie de cloisonnement; puis les lamelles moyennes des cloisons se gélifient, et ainsi se trouvent isolées, à l'intérieur du sporange, quatre masses protoplasmiques dépourvues d'enveloppe cellulosique : ce sont quatre spores qui, en raison de leur origine, ont reçu le nom de *tétraspores*. Bientôt, la couche externe du sporange se déchire et laisse échapper les quatre spores, enveloppées encore par la couche interne; puis celle-ci se détruit à son tour, et les spores sont mises en liberté. La spore libre ne tarde pas à s'entourer d'une membrane de cellulose, comme l'anthérozoïde au sortir de l'anthéridie; aussitôt elle se fixe, entre en germination et reproduit un nouveau thalle, semblable au premier. La tétraspore n'est donc pas, comme la spore provenant du cystocarpe, une spore de passage : c'est une spore proprement dite, capable, à elle seule, d'assurer la reproduction de l'espèce.

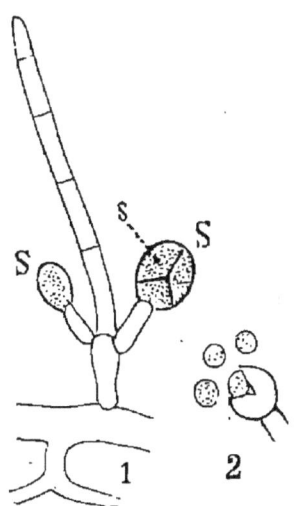

Fig. 123. — Formation des tétraspores d'une Floridée (1, formation du sporange; 2, sa déhiscence). — S, sporange; s, spores.

Ce que nous savons maintenant de l'organisation et du développement des Floridées nous permet évidemment de placer les plantes de cette famille au sommet de la classe des Algues et, d'une manière plus générale, de l'embranchement des Thallophytes.

CHAPITRE VIII

Les Bactéries et la technique bactériologique.

§ 1er. — Les Bactéries en général.

Pour terminer l'étude de l'embranchement des Thallophytes, il reste à passer en revue quelques groupes dont il serait inexact aujourd'hui de dire que leur organisation est moins connue que celle des groupes qui nous ont déjà retenus, mais dont la place dans la classification a été et est encore discutée : ce sont les *Bactéries*, les *Lichens* et les *Characées*.

Les Bactéries. — Le groupe des Bactéries comprend la plupart des organismes microscopiques et simples que le langage courant désigne du nom de *microbes*, terme très vague et insuffisant pour fixer nos idées sur leur véritable nature, puisqu'il signifie simplement « êtres vivants de très petites dimensions ». Toute Bactérie est un microbe; mais, réciproquement, tout microbe n'est pas une Bactérie : pour citer un exemple, les Levures, dont nous connaissons maintenant l'organisation et que nous classons parmi les Ascomycètes, appartiennent au domaine de la microbiologie, science des microbes.

Le rôle des Bactéries dans la nature, la part considérable qu'elles prennent, en particulier, à la production et à la propagation des maladies contagieuses font de leur étude, poussée beaucoup plus loin que nous ne saurions le faire ici, un des chapitres les plus importants de la Biologie générale.

Étude d'un type : Bacillus subtilis. — Si on veut étudier facilement, sur une seule espèce, les traits principaux de l'organisation et du développement des Bactéries, on peut s'adresser au *bacille du foin* ou *bacille subtil* (*Bacillus subtilis*), espèce très commune et inoffensive.

Pour se la procurer, il suffit de faire bouillir pendant quelques minutes, dans l'eau, du foin sec, découpé en paillettes ; on filtre le bouillon ainsi obtenu, de sorte qu'il soit absolument limpide ; puis on l'abandonne, dans un vase ouvert, au contact de l'air, à une température sensiblement supérieure à celle des appartements : la température de 36° centigrades paraît être la plus favorable ; on peut maintenir, dans une étuve, cette température constante pendant un temps aussi prolongé qu'on le désire. Au bout de vingt-quatre ou quarante-huit heures, on voit la surface du bouillon se troubler et bientôt se couvrir d'une mince pellicule grise qu'on appelle le *voile* ou la *fleur*.

En prenant, à l'extrémité d'une baguette de verre, un peu de ce voile, en le délayant dans une goutte d'eau et l'examinant à un fort grossissement, on y observe (*fig.* 124) de longues files de bâtonnets microscopiques, disposées parallèlement les unes aux autres et formant des sortes de faisceaux ondulés, noyés dans une masse gélatineuse. On donne le nom général de *zooglée* à un tel groupement de cellules, réunies dans une substance mucilagineuse à laquelle elles ont donné naissance.

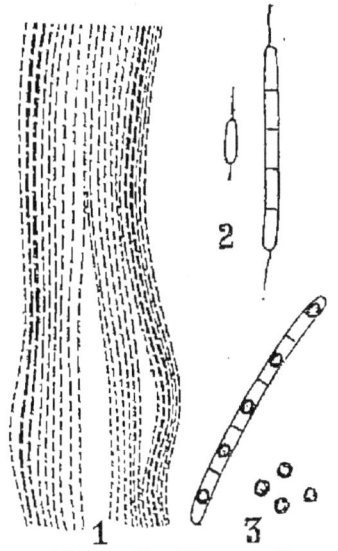

Fig. 124. — *Bacillus subtilis.* — 1, zooglée, à un faible grossissement ; 2, bâtonnets, plus grossis et pourvus de prolongements en forme de cils ; 3, formation et mise en liberté des spores.

Si on examine à un grossissement plus fort un de ces

bâtonnets, on reconnaît qu'il présente une forme cylindrique : il est généralement deux à trois fois plus long que large. Sa structure est très simple : il est entièrement constitué par un protoplasme homogène, dépourvu de noyau différencié, et muni d'une membrane cellulosique enveloppée d'une couche gélatineuse. Ajoutons toutefois que de récentes observations ont montré, chez certaines Bactéries, l'existence d'un noyau diffus, analogue au *chromidium* des Cyanophycées (voir plus haut, p. 161) ; il semble donc rationnel d'admettre qu'il en est de même chez la plupart des Bactéries et que ces végétaux possèdent un appareil nucléaire réduit à une charpente chromatique, sans nucléole ni membrane nucléaire.

Pour distinguer plus nettement les bâtonnets à l'intérieur de la zooglée, on peut employer divers colorants, en particulier le violet de gentiane, qui les colore en violet.

Si on examine, pendant un temps assez prolongé, les bâtonnets que renferme une goutte de la décoction de foin, on ne tarde pas à assister au phénomène de leur multiplication : un grossissement de 1 000 diamètres suffit pour en étudier tous les détails (*fig.* 125). Un bâtonnet (B), au moment où il va se multiplier, s'allonge sans se rétrécir ; puis, vers son milieu, ne tarde pas à apparaître une cloison transversale, de coloration plus foncée ; cette cloison se divise ensuite en deux feuillets, qui s'écartent l'un de l'autre, et deux bâtonnets nouveaux placés bout à bout (b_1, b_2) se trouvent constitués. Chacun de ces bâtonnets peut à son tour se diviser de la même façon : la division se renouvelle à une heure ou une heure et demie d'intervalle, d'autant plus rapidement que la température est plus élevée. De ces bipartitions répétées, il résulte que les bâtonnets se disposent en files longitudinales qui, arrêtées parfois à leurs deux extrémités par les limites de la surface qu'envahit le voile bactérien, sont forcées de se

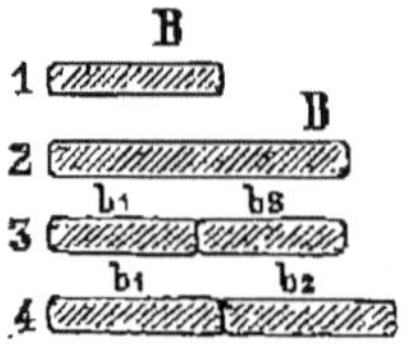

Fig. 125. — Multiplication d'une cellule de *Bacillus subtilis* (schéma). — B, le bâtonnet initial ; b_1, b_2, les deux bâtonnets auxquels il donne naissance.

plisser au fur et à mesure qu'elles s'allongent : ainsi la surface du voile se trouve bientôt couverte de rides visibles à l'œil nu.

Quand le milieu nutritif s'épuise, la multiplication des bâtonnets se ralentit peu à peu, puis s'arrête complètement. Pour se conserver dans le milieu où elle cesse de trouver un aliment suffisant, chaque Bactérie produit alors une *spore*. Quand une spore va se constituer, on voit peu à peu une partie du protoplasme se condenser autour d'un point, vers le milieu du bâtonnet, puis s'entourer d'une fine membrane et former ainsi une sorte de globule brillant. Bientôt tout le reste du bâtonnet se détruit, et ce globule, qui est une spore, est mis en liberté : sa membrane est alors devenue épaisse et résistante. Quand le liquide nutritif est complètement épuisé, toutes les spores tombent au fond du vase; elles se distinguent facilement des cellules végétatives par leur forme arrondie et parce qu'elles ne se colorent pas au violet de gentiane.

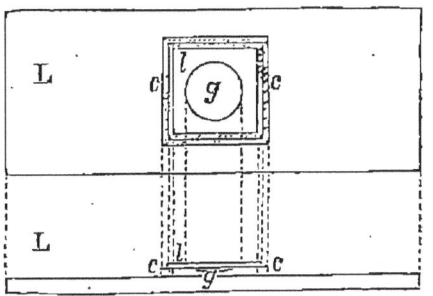

Fig. 126. — Chambre humide simple (schéma), en haut vue de face, dans le bas en coupe. — L, lame porte-objet ; *l*, lamelle couvre-objet ; *c*, cadre de carton ; *g*, gouttelette suspendue à la lamelle.

Si on veut suivre pas à pas le mécanisme de la formation des spores, on peut employer un petit appareil, de construction facile, qu'on appelle une *chambre humide* (*fig.* 126). Sur une lame de verre porte-objet (L), on dispose un petit carré de carton qu'on a évidé en son milieu de manière à en faire une sorte de cadre (*c*); puis, sur ce carton, qu'on maintient constamment humide en l'humectant de temps en temps, on pose une lamelle couvre-objet (*l*) dont la face inférieure porte une goutte de décoction de foin (*g*), renfermant quelques bâtonnets : l'espace compris entre la lame et la lamelle, constamment chargé d'humidité, constitue la chambre humide. L'appareil étant placé dans une pièce suffisamment chaude, on voit commencer, au bout de six à huit heures, la formation des spores ; au bout d'un jour environ, le milieu nutritif étant épuisé, les spores tombent à la partie inférieure de la gouttelette dans laquelle elles se sont formées.

Les spores sont beaucoup plus vivaces que les cellules végétatives. Une élévation de température qui tuerait la cellule végétative ne tue pas la spore. Les cellules végétatives de *Bacillus subtilis* meurent vers 100° ; ses spores résistent à une ébullition prolongée et même à une température de 105°. Pour les tuer, il faut les maintenir pendant une heure dans l'eau à 110° ; à sec, il est nécessaire de les porter à une température sensiblement plus élevée : il faut les maintenir pendant quelque temps à 180°. Les spores résistent aussi beaucoup mieux à la sécheresse que les cellules végétatives.

Semée dans une goutte d'infusion de foin fraîchement préparée et dépourvue de toute Bactérie, une spore germe (*fig.* 127). L'exospore se fend vers son milieu, perpendiculairement au grand axe de la spore ; par l'ouverture s'échappe une sorte de hernie, qui s'allonge bientôt en un tube enveloppé par l'endospore ; puis le tube s'accroît davantage, se cloisonne transversalement et, pendant que les débris de l'exospore se détruisent et disparaissent, on voit se former un premier filament de cellules végétatives, bientôt entouré d'une gaine gélatineuse qui les maintient associées en zooglée. Il arrive parfois que le cloisonnement du tube germinatif, dirigé dans ce cas suivant l'axe même de la spore, se produit à l'intérieur de l'exospore. A mesure que le filament s'allonge, il tend alors à écarter les deux moitiés de l'exospore et se replie à l'extérieur de celle-ci en une sorte d'arc (*fig.* 101, 2). Tantôt ce dernier se délivre de ses entraves et se redresse tout entier ; tantôt il se brise sous

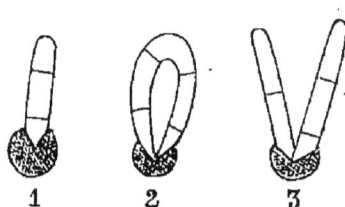

Fig. 127. — Germination d'une spore de *Bacillus subtilis* (schéma).

l'effort de la flexion qu'il éprouve et il semble qu'une spore unique ait donné naissance, par une sorte de bifurcation, à deux filaments divergents (*fig.* 127, 3). Mais ce sont là des détails spéciaux à la germination des spores de *Bacillus subtilis*.

On voit, par l'étude de ce type, que les Bactéries sont des êtres vivants, microscopiques et unicellulaires; le protoplasme est homogène, dépourvu de leucites, muni d'un noyau chromidial; la multiplication se fait par simple division; la conservation de l'espèce est assurée par la formation de spores, beaucoup plus résistantes que les cellules végétatives.

Extrême diffusion des Bactéries. — Nous savons maintenant — du moins autant que les données actuelles de la science nous permettent de l'affirmer — qu'il n'y a pas, dans la nature actuelle, d'êtres vivants, aussi simples qu'on veuille le concevoir, qui ne proviennent du développement de germes formés par des organismes préexistants. Les Bactéries ne font pas exception à cette règle. Leurs germes, prêts à poursuivre plus tard leur évolution, sont répartis dans l'air qui nous entoure, sur le sol et les corps divers qui le recouvrent, dans l'eau qui coule ou séjourne à sa surface, dans l'intérieur du sol lui-même. Le milieu où il se trouvent portés convient-il à leur développement, aussitôt ils passent de la vie très ralentie, qui caractérise leur état de repos, à une vie plus active : ils germent, et bientôt pullule l'espèce qu'ils avaient mission de conserver.

§ 2. — La technique bactériologique.

Il convient maintenant de nous demander comment on doit procéder pour faire l'étude méthodique d'une espèce déterminée de Bactéries.

Recherche des Bactéries. — La première chose à faire est de reconnaître l'existence des Bactéries dans le milieu soupçonné d'en contenir et qui doit nous fournir des éléments d'étude ; ainsi se pose tout d'abord devant nous le problème de la *recherche des Bactéries*.

Supposons, pour fixer les idées, qu'il s'agisse de mettre en évidence l'existence des Bactéries dans une de ces taches de couleur pourpre qui se développent rapidement, dans un lieu humide et chaud, à la surface de la colle de pâte ou des tranches de pain. On prend, avec l'extrémité d'une aiguille, un peu de la matière pâteuse qui offre cette coloration rouge et on l'étale en couche mince à la surface d'une lamelle couvre-objet. Pour être plus certain d'obtenir une couche uniformément mince, on peut intercaler la matière pâteuse entre deux lamelles qu'on fait glisser l'une sur l'autre entre le pouce et l'index, en tournant légèrement les deux doigts dans le même sens : on obtient ainsi à la fois deux lamelles chargées de la matière suspecte. On laisse sécher la surface contaminée de la lamelle, condition qui se trouve réalisée au bout de quelques minutes ; puis, pour rendre bien adhérente au verre de la lamelle la couche pâteuse qu'on va étudier, on coagule les substances albuminoïdes et les mucilages que renferme la préparation : pour cela, il suffit de passer rapidement, deux ou trois fois de suite, la lamelle, tenue à l'extrémité d'une pince, au-dessus de la flamme d'une lampe à alcool ou mieux d'un bec Bunsen, en ayant soin de tourner en haut la face chargée de Bactéries. On met dans un verre de montre un peu du réactif colorant qu'on désire employer, par exemple de la fuchsine, du violet de gentiane, du bleu de méthylène. On a toujours en réserve des solutions alcooliques concentrées de ces réactifs ; on verse, au moment de s'en servir, goutte à goutte, un peu de la solution concentrée dans de l'eau distillée. Sur le réactif colorant ainsi préparé et contenu dans le verre de montre, on dépose avec précaution la lamelle traitée comme il vient d'être dit, de manière qu'elle flotte, la face chargée de Bactéries en contact avec le réactif colorant. On laisse séjourner la lamelle de dix à trente minutes, suivant la nature de la préparation et celle du réactif colorant. Parfois, on peut accélérer la coloration en chauffant le réactif à une température qui varie entre 30 et 60 degrés : on emploie généralement pour cela une sorte de ruban métallique recourbé en S, qu'on chauffe à l'une de ses extrémités tandis qu'on dépose le verre de montre à l'extrémité opposée; la conductibilité du métal transmet la chaleur jusqu'au verre de montre. Ceci fait, on décolore la préparation par un lavage à l'eau distillée : les Bactéries seules conservent la matière colorante. On sèche la préparation en l'exposant à l'air ou, si l'on veut obtenir un séchage plus rapide, en la comprimant entre deux feuilles de papier buvard. Pour l'examiner au microscope, on verse une goutte de térébenthine ou de xylol, ou encore d'huile de cèdre, sur une lame porte-objet; on dépose à la surface de cette goutte la lamelle préparée, en mettant la face chargée de Bactéries en contact avec la goutte : écrasée par la lamelle, la goutte s'étale et devient infiniment mince; la préparation peut alors être examinée par transparence.

Cultures pures. — En examinant une préparation ainsi obtenue, on peut n'observer aucune forme de Bactéries; à moins de supposer que la préparation ait été défectueuse ou que les moyens d'observation soient insuffisants[1], on doit alors admettre que le milieu suspect est dépourvu de Bactéries. La préparation peut, au contraire, renfermer un grand nombre de Bactéries, de forme identique, appartenant par suite à une espèce unique. Enfin, il arrive souvent qu'elle contienne plusieurs formes de Bactéries, parmi lesquelles une peut dominer. Il s'agit alors de séparer cette forme dominante de toutes celles qui s'y trouvent mélangées; pour *isoler* l'espèce à laquelle appartient cette forme, il est nécessaire d'en obtenir une *culture pure*.

Milieux de culture. — Il faut d'abord faire choix d'un *milieu de culture*. Ce milieu doit renfermer les substances qui paraissent *a priori* le plus aptes au développement de l'espèce étudiée; il doit rappeler, en d'autres termes,

---

[1]. Il est souvent indispensable d'employer, pour l'examen microscopique des Bactéries, les *objectifs à immersion*.

autant que possible, le milieu naturel sur lequel cette espèce a été observée. Remarquons, d'ailleurs, que, d'une manière générale, tous les milieux favorables au développement des Bactéries ont une réaction alcaline. En même temps que le milieu de culture doit être favorable au développement de l'espèce qu'on étudie, il faut aussi que ce milieu se prête facilement à l'observation de ce développement.

Les milieux qu'on emploie, en tenant compte de ces données générales, peuvent être liquides ou solides.

Parmi les milieux liquides qu'on utilise le plus fréquemment, il faut citer les *bouillons* de viande, le bouillon de bœuf par exemple. Le bouillon qu'on prépare pour une culture de Bactéries doit être légèrement salé : il faut qu'il renferme environ 5 grammes de sel par litre. Il doit aussi être riche en substances azotées : on assure la réalisation de cette condition en y ajoutant environ 10 grammes de peptone par litre. Il doit encore être parfaitement dégraissé : on emploie, pour le préparer, de la viande minutieusement débarrassée de ses particules grasses et hachée en menus morceaux ; de plus, après avoir salé et peptonisé le bouillon, on le filtre à chaud sur du papier mouillé, qui arrête les derniers globules de graisse. Enfin, la réaction du bouillon doit être alcaline : on y ajoute avec précaution un peu d'une solution concentrée de carbonate de soude jusqu'au moment où un papier rouge de tournesol, trempé dans le bouillon, vire nettement au bleu.

On conçoit qu'on puisse varier à l'infini la composition du bouillon de culture, en y introduisant telle ou telle substance qu'on suppose favorable au développement de la Bactérie étudiée ou dont on veut déterminer l'action sur ce développement.

Comme milieux solides de culture, on peut citer, parmi les plus usités, des fragments de pommes de terre ou de carottes cuits dans la vapeur d'eau. Mais on comprend aisément que de semblables milieux offrent cet inconvénient d'avoir une composition absolument fixe, que l'expérimentateur ne peut pas modifier à son gré ; ces milieux sont, de plus, opaques, ce qui, dans certains cas, rend difficile l'observation des organismes qui s'y développent.

C'est pour obvier à ce double inconvénient qu'on a eu l'idée d'incorporer aux bouillons liquides destinés à la culture une substance fusible sous l'influence de la chaleur, solide à la température ordinaire et transparente sous ces deux formes, la *gélatine*. On a ainsi obtenu des *gélatines nutritives*, ou, si l'on préfère ce terme, des *bouillons gélatinisés*, constituant des milieux solides, assez transparents pour permettre l'observation et dont la composition chimique pouvait être variée à l'infini. Pour obtenir un tel milieu de culture, on commence par préparer le bouillon dont on a fait choix ; puis, avant de l'alcaliniser, on pèse environ 10 p. 100 de son poids de bonne gélatine en feuilles, qu'on découpe ensuite en menus fragments ; on introduit bouillon et gélatine dans un matras et on chauffe le mélange au bain-marie à une température inférieure à 60 degrés, pour éviter des coagulations de matières albuminoïdes ; une fois la gélatine fondue, on alcalinise le milieu par l'addition de carbonate de soude, on fait bouillir une heure à feu doux, enfin on filtre le mélange à chaud ; par refroidissement, il se solidifie.

Les milieux à la gélatine ont un inconvénient : cette substance fond à une température relativement basse, de sorte qu'il est impossible d'étudier, dans de semblables milieux, le développement d'une Bactérie au-dessus d'une température voisine de 25 degrés. C'est pour éviter cet écueil qu'on substitue souvent à la gélatine une substance assez analogue, connue sous le nom d'*agar-agar* ou *gélose*, sorte de gélatine qu'on extrait du thalle de certaines Algues du groupe des Floridées (*Chondrus*, *Gigartina*, etc.) : la gélose a l'avantage de rester solide aux plus hautes températures où l'on puisse cultiver les microorganismes ; on la mélange dans la proportion de 1 à 2 p. 100 au bouillon qu'on désire solidifier.

L'addition de 1 à 5 p. 100 de glycérine fournit des *gélatines glycérinées* ou des *géloses glycérinées* qui ont des propriétés nutritives plus énergiques.

On emploie encore, comme milieu solide de culture, le *sérum coagulé* : on sait, en effet, que la partie liquide du sang, dépouillée de sa fibrine, forme un liquide transparent, à peine teinté de jaune, qui, sous l'action de la chaleur, se prend en masse, se coagule en un mot.

Vases à cultures. — Après avoir fait choix d'un milieu pour la culture, il faut arrêter la forme du vase dans lequel on obtiendra celle-ci. Cette forme dépend de la nature du milieu. Quand on emploie un milieu liquide, on fait généralement usage de petits matras construits spécialement pour cet usage (*fig.* 128); c'est une sorte de petit ballon à fond plat dont le col est extérieurement rodé à l'émeri; sur ce col peut s'engager à frottement un bouchon creux dont la face interne est aussi rodée à l'émeri; la partie supérieure du bouchon se rétrécit et se termine par un tube dans lequel on introduit un tampon d'ouate destiné à arrêter les germes apportés par l'air. Le bouillon de culture remplit la moitié ou les deux tiers environ du ballon.

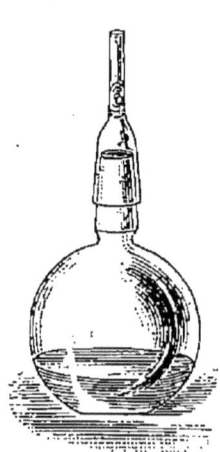

Fig. 128. — Matras pour culture de Bactéries.

Quand on emploie un milieu solide à la gélatine ou à l'agar-agar, on fait généralement usage de simples tubes à essai dans lesquels on verse, à l'aide d'un entonnoir, le mélange encore chaud et liquide; on remplit incomplètement le tube à essai; on le ferme avec un tampon d'ouate destiné à arrêter les germes; puis on laisse le milieu de culture se solidifier par refroidissement : si le tube est maintenu vertical pendant le refroidissement, la surface libre du milieu solide est peu considérable et de forme circulaire; si le tube est maintenu oblique, la surface libre du milieu solidifié est beaucoup plus étendue et possède une forme elliptique (*fig.* 129).

Quand la culture doit être faite sur un fragment de pomme de terre ou de carotte cuite, on emploie un tube à essai étranglé vers sa partie inférieure, de manière à se terminer par une sorte de petite ampoule. On découpe dans la pomme de terre ou la carotte une sorte de parallélépipède imparfait, un peu plus large à une de ses extrémités qu'à l'autre et taillé de telle sorte qu'il puisse entrer dans le tube, mais s'arrête au col inférieur. On lave avec soin ce bloc, on l'introduit dans le tube, et on ferme celui-ci avec un tampon d'ouate (*fig.* 130).

Stérilisation des vases. — Rappelons-nous l'extrême diffusion des germes de Bactéries, soit dans l'air qui nous entoure, soit à la surface des objets qui s'y trouvent plongés, et nous comprendrons aisément qu'il soit nécessaire, avant de chercher à établir une culture pure dans un des vases qui viennent d'être décrits, de tuer toutes les cellules végétatives et toutes les spores de Bactéries

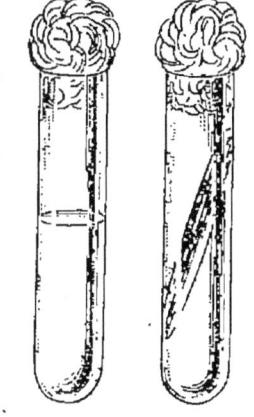

Fig. 129. — Tubes à cultures sur gélatine.

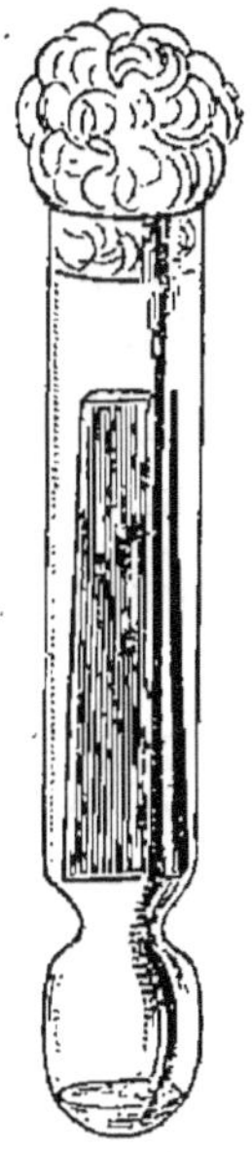

Fig. 130. Tube à culture sur pomme de terre.

que sa surface interne peut recéler : il faut, en un mot, *stériliser* le vase qui doit servir à la culture. Il suffit, pour cela, de le porter à une haute température. L'appareil qu'on emploie le plus fréquemment à cet usage est connu sous le nom de *four à flamber*. C'est une sorte de cylindre en tôle dans lequel peut être suspendu un panier en fil de fer qui contient les objets à stériliser. Ce cylindre est fermé par un couvercle percé d'une ouverture ; dans celle-ci on peut engager un bouchon qui porte un thermomètre, permettant de se rendre compte de la température intérieure. On dispose sous ce cylindre une grille à gaz qui sert à le chauffer ; les produits de la combustion circulent dans une sorte de manchon métallique qui entoure le cylindre et s'échappent par un tuyau latéral. On a reconnu qu'il suffit de laisser séjourner les objets de verrerie dans le cylindre pendant dix minutes, à sec et à une température de 180°, pour tuer toutes les cellules et toutes les spores de Bactéries qu'ils peuvent renfermer.

Les vases, avant d'être introduits dans le four à flamber, sont fermés à l'aide de bourres de coton ; en même temps que le verre, le coton est stérilisé et roussi par la chaleur. La teinte rousse prise par le coton sous l'action de la chaleur est une garantie que la stérilisation est parfaite, car elle témoigne d'une décomposition partielle de la matière organique à laquelle ne sauraient résister des organismes vivants.

Ainsi stérilisés par un passage dans le four à flamber, les vases peuvent être conservés indéfiniment, à condition qu'on ne les débouche pas : ils sont toujours prêts à servir pour des cultures pures.

Stérilisation des milieux. — Supposons qu'on veuille faire une semblable culture. On prend un vase stérilisé ; on le débouche au moment précis où on va y introduire le milieu de culture (bouillon, gélatine, gélose. sérum, pomme de terre, etc.) ; on le charge et on le referme aussitôt en replaçant le bouchon d'ouate.

Il s'agit maintenant de stériliser le contenu.

On utilise encore pour cela l'action de la chaleur ; mais, comme le milieu de culture qu'on a introduit et qu'il s'agit de stériliser est un milieu humide, il n'est plus nécessaire d'une température aussi élevée que pour la stérilisation à sec ; il suffit cette fois d'une température peu supérieure à 100°, soit 110° à 120° au maximum. Comme à ces températures et à la pression atmosphérique ordinaire l'eau du milieu de culture s'évaporerait rapidement, il est nécessaire d'opérer sous pression : on emploie à cet effet l'appareil connu sous le nom d'*autoclave Chamberland* (*fig.* 131). C'est une sorte de marmite de Papin, à double fond, à l'intérieur de laquelle on peut déposer, sur un fond mobile percé de trous, un panier en fil de fer qui renferme, côte à côte, les objets à stériliser. On verse dans la marmite une quantité d'eau suffisante pour qu'elle affleure au niveau du fond mobile ; puis on place le panier chargé sur celui-ci ; on met en place le couvercle de la marmite, on serre une série

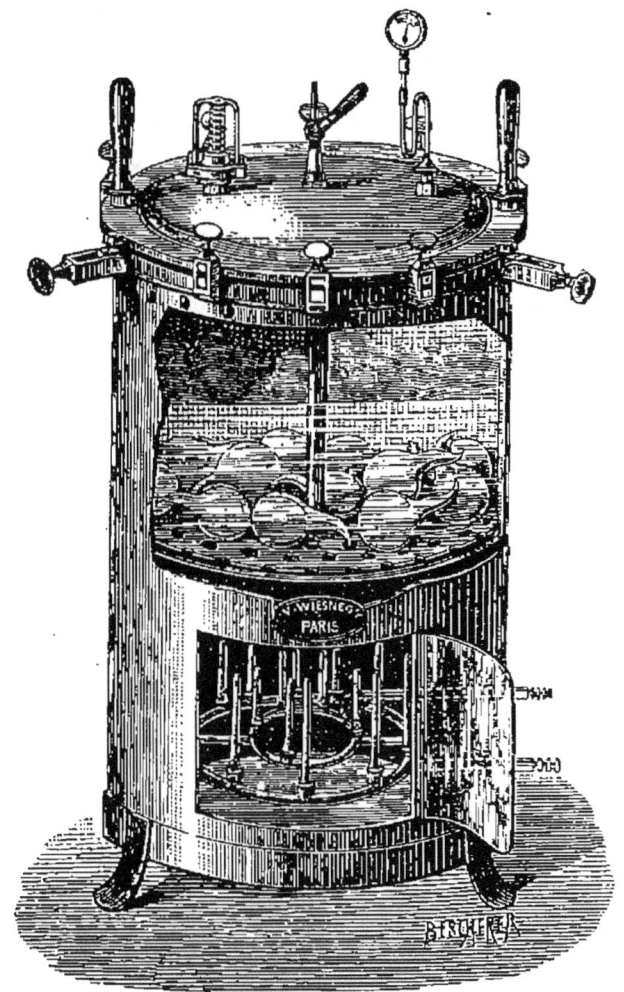

Fig. 131. — Autoclave Chamberland.

d'écrous qui permettent de rendre hermétique la fermeture et on allume le gaz que fournit une grille placée au-dessous de l'autoclave. L'eau entre bientôt en ébullition, ce qu'on reconnaît au dégagement de la vapeur, qui sort en sifflant par un robinet de dégagement laissé ouvert. Après un certain temps d'ébullition et lorsque le jet de vapeur qui s'échappe paraît suffisamment continu pour qu'on puisse supposer que l'air atmosphérique a été en totalité chassé de l'appareil, on ferme le robinet de dégagement. L'ébullition continue à l'intérieur de la marmite et la tension de la vapeur y augmente progressivement : un manomètre, fixé au couvercle, indique à chaque instant la pression interne et la température qui lui correspond. On règle généralement l'arrivée du gaz de telle sorte que l'aiguille du manomètre s'arrête au trait qui correspond à une température de 115° et à une pression d'une atmosphère et demie.

Ceci posé, on peut employer deux procédés de stérilisation avec l'autoclave.

On peut obtenir, en une seule séance, une stérilisation complète du milieu de culture : il suffit, pour cela, de maintenir l'appareil pendant quinze à trente minutes à 115°. C'est ainsi qu'on procède pour stériliser les fragments de pomme de terre ou de carotte qui servent de milieux solides de culture : ces fragments étaient crus quand on les a introduits dans les tubes de culture; ils sont cuits en même temps que stérilisés; l'eau résultant de la condensation de la vapeur se rassemble au fond de l'ampoule qui termine le tube, et on comprend par là l'utilité de l'étranglement, qui empêche cette eau de mouiller le fragment de pomme de terre ou de carotte.

Certains milieux solides de culture, comme les milieux à la gélatine, souffrent de ce procédé : une élévation trop forte de température peut enlever à la gélatine la faculté de se coaguler ultérieurement, ce qui est évidemment contraire à son mode d'emploi. D'ailleurs, il y a des espèces de Bactéries dont les spores résistent à des températures fort élevées, et on peut craindre qu'elles survivent même à une stérilisation d'une demi-heure à 115°, sous une pression d'une atmosphère et demie. C'est pour éviter ces multiples inconvénients que Tyndall a imaginé le procédé de la *stérilisation fractionnée*. Trois fois de suite, par exemple, à vingt-quatre heures d'intervalle, on chauffe pendant dix minutes, dans la vapeur d'eau à 100° d'un autoclave imparfaitement fermé, la gélatine qu'on se propose de stériliser. Chacune de ces opérations ne tue que les cellules végétatives des Bactéries contenues dans la gélatine; elle laisse intactes les spores; mais si l'on a eu soin de placer la gélatine, pendant l'intervalle de deux stérilisations consécutives, dans une étuve dont la température soit favorable à la germination des spores, un certain nombre d'entre elles ont eu le temps de germer et les cellules végétatives qu'elles ont formées sont tuées par la nouvelle stérilisation. Quand on a renouvelé cette opération un nombre suffisant de fois, on peut s'assurer que la stérilisation est complète. Par ce moyen, on tend, en quelque sorte, un piège aux spores, qu'on tue par surprise : ayant échappé à une première stérilisation, elles profitent de conditions favorables pour se développer; mais leur développement même assure leur perte, car les cellules végétatives résistent beaucoup moins à la chaleur que les spores qui les ont formées.

La méthode de Tyndall s'impose quand on veut stériliser un sérum destiné à la coagulation. C'est, en effet, entre 68° et 70° que le sérum commence à se solidifier. Il est donc impossible de le stériliser sans le coaguler si on cherche à obtenir la stérilisation du premier coup, par une forte élévation de température. Il est même nécessaire, dans ce cas, de multiplier les précautions et d'apporter de nouvelles modifications au procédé général de la stérilisation fractionnée. Huit fois de suite, à un jour d'intervalle, on chauffe le sérum, pendant une heure environ, à une température qui ne dépasse pas 58° ou 60°; après quoi, on peut considérer la stérilisation comme parfaite. On obtient alors la coagulation du sérum en le maintenant, pendant un temps qui varie entre une heure et six heures, à une température comprise entre 68° et 70°; en n'élevant pas plus la température, on est sûr de conserver au sérum toute sa limpidité.

La stérilisation d'un liquide peut être aussi obtenue par d'autres procédés que par l'action de la chaleur. Imaginons que le grain d'une substance poreuse soit assez fin pour

12.

arrêter, dans les liquides qui la traversent, toutes les cellules ou les spores de Bactéries : cette substance constituera un filtre capable de stériliser les liquides. On a essayé, dans ce but, un certain nombre de substances. L'une des meilleures est la porcelaine dégourdie, qui paraît capable d'arrêter tous les germes dont la taille ne descend pas au-dessous d'une certaine fraction de millième de millimètre : une eau chargée de Bactéries coule absolument dépourvue d'organismes, après avoir filtré au travers d'une plaque de porcelaine dégourdie, pourvu que cette plaque, d'un grain suffisamment serré, soit intacte et neuve, ou tout au moins soit au début de son emploi. Pour rendre pratique l'usage de cette matière filtrante, Chamberland a donné au filtre de porcelaine la forme d'une bougie (*fig.* 132) : c'est une sorte de tube cylindrique (A) en porcelaine dégourdie, fermé à l'une de ses extrémités et se terminant, à l'autre, par un goulot (B) ; le liquide qui doit être filtré est amené à l'extérieur de la bougie, en E, autant que possible sous pression. Il traverse les pores de la porcelaine en filtrant de l'extérieur à l'intérieur ; il dépose au passage les germes qu'il contenait, et s'écoule absolument limpide par le goulot.

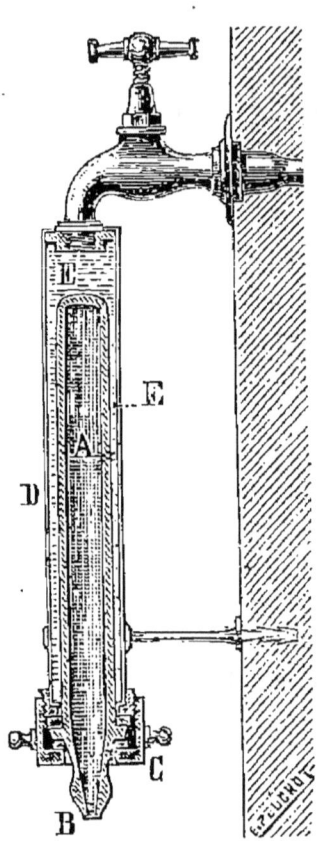

Fig. 132. — Filtre Chamberland à une seule bougie (coupe longitudinale). — A, bougie en porcelaine dégourdie ; B, son goulot ; D, cylindre métallique creux entourant la bougie et vissé sur le robinet ; E, espace creux séparant la bougie du cylindre et rempli d'eau ; C, armature métallique permettant de fixer la bougie dans le cylindre.

Enfin, de nombreuses expériences ont démontré que l'eau et les liquides transparents peuvent être stérilisés par l'action des radiations ultraviolettes du spectre (Courmont et

Nogier, Victor Henri) : mais, comme celles-ci sont rapidement absorbées par l'eau dans laquelle elles pénètrent, il convient, en vue d'une stérilisation complète, de ne faire agir ces radiations que sur une faible épaisseur de liquide, ne dépassant pas quelques millimètres.

Semis. — Le milieu de culture une fois préparé, puis introduit dans un vase stérilisé, enfin stérilisé à son tour, il reste à y déposer le germe de la culture qu'on veut y développer : c'est ce qu'on appelle *faire un semis*. On emploie, généralement, pour cet usage, un fil de platine solidement emmanché dans une baguette de verre et dont l'extrémité libre est souvent aplatie en forme de spatule (*fig.* 133) : le petit instrument ainsi établi est ce qu'on appelle une *aiguille à ensemencer*. Pour faire le semis, on se place, autant que possible, dans un endroit calme, à l'abri des mouvements de l'air qui pourraient avoir pour effet d'apporter des poussières et, par suite, des germes. On passe rapidement dans une flamme, celle d'une lampe à alcool, par exemple, l'extrémité du fil de platine jusqu'à ce qu'elle soit portée au rouge : on brûle ainsi et on détruit les germes qui pouvaient se trouver déposés à sa surface ; c'est ce qu'on appelle *flamber* l'aiguille. On laisse refroidir à l'air l'extrémité flambée jusqu'à ce que sa température ne soit plus assez élevée pour tuer les germes que l'aiguille est appelée à recueillir. On touche alors, avec cette extrémité, le point qu'on sait être infesté par les Bactéries : l'aiguille est ainsi chargée de germes. D'autre part, on débouche avec précaution le tube renfermant le milieu de culture : si ce milieu est solide, on peut même incliner le tube de manière à tourner son ouverture vers le sol, pour éviter mieux encore la pénétration des poussières de l'air. On porte ensuite rapidement l'extrémité de l'aiguille dans le milieu à ensemencer. S'il s'agit d'un milieu liquide, on se contente de l'y plonger et de l'agiter quelques instants. S'il s'agit d'un milieu à la gélatine, à la gélose ou au sérum coagulé,

Fig. 133.
Aiguille à semis.

on peut procéder de diverses façons : tantôt on pique l'aiguille dans la masse solide perpendiculairement à sa surface ; tantôt on trace sur cette surface un ou plusieurs traits avec l'extrémité de l'aiguille. Le semis est fait. On bouche rapidement le vase ensemencé, dont on flambe, pour plus de sûreté, l'ouverture en la passant deux ou trois fois dans une flamme : on tue ainsi les germes, étrangers au semis, qui auraient pu s'y déposer pendant l'opération.

Développement de la culture. — Après avoir ainsi procédé au semis, on place le vase ensemencé dans une étuve dont la température peut être maintenue indéfiniment constante, et bientôt on assiste au développement des Bactéries dont les germes ont été déposés par le semis. Si le milieu est liquide, si c'est un bouillon, par exemple, un trouble ne tarde pas à s'y manifester. Si le milieu est solide, si c'est de la gélatine nutritive, par exemple, on voit se former à sa surface ou dans sa profondeur des taches qui s'étendent de proche en proche et dont l'aspect varie suivant l'espèce de Bactéries qui les forme : chacune de ces taches constitue ce qu'on appelle une *colonie*.

Séparation des espèces. — On voit ainsi se manifester un des avantages que présentent les milieux solides de culture. Les germes que l'aiguille à semis a pris dans le milieu contaminé, au moment où on l'a chargée, peuvent être nombreux et divers. Dans un milieu liquide, ils se trouvent assez uniformément mélangés et peuvent se développer simultanément en tous les points, de telle sorte qu'il est assez difficile de les isoler. Si, au contraire, le semis a été fait sur ou dans un milieu solide, chaque germe occupe sur ou dans ce milieu une position déterminée : c'est autour de lui que se développe et s'étend la colonie qui provient de sa germination ; il y a donc plus de chances pour que les diverses espèces de Bactéries qui ont été introduites par le semis se séparent les unes des autres.

Mais il faut bien dire que cette *séparation des espèces* ne se produit pas toujours du premier coup et c'est ici qu'apparaît la supériorité des milieux à la gélatine, liquéfiables à des températures relativement basses, sur les milieux dont la liquéfaction ne s'accomplit qu'à température élevée, comme les milieux à l'agar-agar. Avant de faire dans la gélatine le semis des diverses espèces de Bactéries que renferme un milieu suspect, on commence par fondre la gélatine à une température douce (30° par exemple), très éloignée de celle qui pourrait tuer les Bactéries ou leurs germes. On plonge l'aiguille chargée dans le milieu encore liquide et on l'agite rapidement de manière à disséminer les germes dans toute la masse. Si la quantité recueillie à l'extrémité de l'aiguille était très faible, il y a quelques chances pour que les germes se trouvent isolés, par cette dispersion, à l'intérieur du milieu nutritif et pour que les espèces soient séparées du premier coup. Si cette première opération n'est pas suffisante et que le semis initial fournisse des mélanges d'espèces différentes, on peut, en prenant dans une des cultures ainsi obtenues la matière d'un nouveau semis, tenter une seconde séparation, et ainsi de suite jusqu'à ce qu'on obtienne des colonies nettement distinctes. Ces colonies peuvent alors fournir des semis qui donnent des cultures absolument pures.

Résumé. — Ainsi, pour nous résumer, voici quelle est la série des opérations auxquelles le bactériologiste peut être obligé de se livrer pour obtenir une culture pure : reconnaître l'existence des Bactéries dans le terrain qu'il suppose naturellement infecté ; — préparer un milieu de culture favorable au développement de ces Bactéries ; — introduire ce milieu dans le vase où la culture devra se faire, puis stériliser contenant et contenu ; — faire, dans ce milieu de culture, un semis à l'aide de quelques germes empruntés au terrain contaminé ; — placer le milieu ensemencé dans des conditions aussi favorables que possible au développement des germes ; — obtenir, si cela est nécessaire, la séparation des espèces de Bactéries qui s'y sont développées.

Applications de la technique bactériologique. — L'importance des méthodes de culture que, bien sommairement, nous venons d'exposer, n'échappera à personne. Ce n'est pas, en effet, au seul groupe des Bactéries qu'il est possible et nécessaire de les appliquer. Toutes les fois qu'on voudra suivre avec certitude le développement total d'un organisme inférieur, sans craindre qu'une observation défectueuse fasse attribuer à cette espèce des formes qui lui seront tout à fait étrangères et proviendront du développement simultané d'espèces différentes, il faudra recourir à la méthode des cultures pures, des cultures Pasteur, comme on les appelle aussi pour reporter l'honneur des résultats que cette méthode a fournis sur l'illustre savant qui, le premier, en a saisi toute l'importance et en a formulé les lois.

On peut, en particulier, appliquer la méthode des cultures pures à l'étude de l'évolution des Champignons[1], et, avec plus de difficultés, aux Algues et même aux plantes d'organisation plus élevée. Mais nous devons remarquer, en passant, que, si les milieux de culture que recherchent les Bactéries sont des milieux alcalins, les Champignons paraissent préférer, au contraire, les milieux acides.

§ 3. — Morphologie des Bactéries.

Maintenant que nous connaissons à la fois l'origine des Bactéries qui pullulent autour de nous et les procédés qu'il convient d'employer pour en faire une étude rationnelle, nous devons passer rapidement en revue quelques-uns des résultats auxquels cette étude a conduit.

Chez certaines espèces de Bactéries, la cellule végétative a la forme d'un bâtonnet cylindrique, à peu près deux ou trois fois plus long que large et elle est munie de cils : on rattache ces espèces au genre *Bacillus* (*fig.* 134, 1); ex.: *Bacillus subtilis*, *B. typhi*. Si la cellule en bâtonnet est dépourvue de cil, on est en présence du genre *Bacterium* (*fig.* 134, 2); (ex.: *Bacterium anthracis*).

Chez d'autres, le bâtonnet est courbe et rigide; dépourvu

---

[1]. C'est ce qu'ont fait en France, dès 1873, Van Tieghem et Le Monnier, en Allemagne Brefeld, et, après eux, de nombreux expérimentateurs.

de cil, c'est un *Vibrio* (*fig.* 134, 4); muni de cil à l'extrémité, c'est un *Microspira* (ex. : *Microspira comma*, ou Bacille virgule) (*fig.* 134, 3).

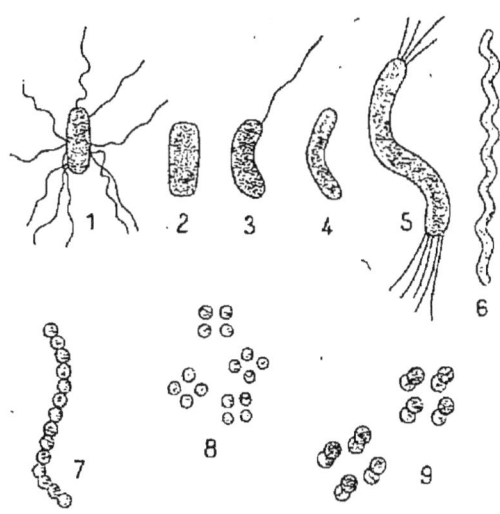

Fig. 134. — Diverses formes de Bactéries. — 1, *Bacillus*; 2, *Bacterium*; 3, *Microspira*; 4, *Vibrio*; 5, *Spirillum*; 6, *Spirochœte*; 7, *Streptococcus*; 8, *Micrococcus*; 9, *Sarcina*.

Si la cellule est allongée et enroulée sur elle-même de manière à décrire un ou plusieurs tours de spire, les formes correspondantes appartiennent aux genres *Spirochœte* et *Spirillum* (5,6). Les *Spirochœte* sont dépourvus de cils (ex. : *S. Obermeieri*) tandis que les *Spirillum* ont une touffe de cils à chaque extrémité (ex. : *S. undula*). — *Bacillus*, *Bacterium*, *Vibrio*, *Microspira*, *Spirochœte* et *Spirillum* présentent ce caractère commun qu'ils sont susceptibles, dans des conditions déterminées, de former des spores endogènes; leurs cellules végétatives se ressemblent d'ailleurs par leur forme générale, qui est toujours celle d'un cylindre plus ou moins rectiligne. A ce double titre, ces genres méritent d'être réunis dans un premier groupe, celui des Bacillées.

Chez les Streptocoques (*Streptococcus*) (*fig.* 134, 7), la cellule végétative a une forme à peu près sphérique, et elle est dépourvue de cils; la division se faisant dans une seule direction, les cellules restent unies en files longitudinales qui forment des sortes de chapelets (ex. : *Streptococcus erysipelatos*).

Le genre Micrococque (*Micrococcus*) (8) présente la même structure, mais le cloisonnement s'y fait dans deux directions perpendiculaires de manière à former, dans un plan, quatre cellules disposées aux sommets d'un carré (ex. : *Micrococcus pyogenes aureus*) ; c'est aussi à ce genre qu'appartient, sous le nom de *Micrococcus prodigiosus*, l'espèce qui produit à la surface de la colle de pâte ces taches pourpres dont nous avons eu l'occasion de parler.

Dans le genre Sarcine (*Sarcina*) (9), le cloisonnement de la cellule initiale se produit successivement suivant trois directions rectangulaires et donne lieu à huit cellules, qui occupent les sommets d'un cube : une espèce de ce genre (*Sarcina ventriculi*) se trouve communément à l'intérieur de l'estomac humain. — *Streptococcus*, *Micrococcus*, *Sarcina* ont ce caractère commun de posséder des cellules sphériques, isolées ou groupées de diverses façons ; les spores endogènes y sont inconnues ; ces deux caractères, l'un positif, l'autre négatif, permettent de les réunir dans un second groupe, celui des Coccées.

Les Leptothriches (*Leptothrix*), les Bégiates (*Beggiatoa*) ont des cellules cylindriques, associées en files longitudinales. Chez les Leptothriches, les filaments ainsi formés sont rectilignes et dépourvus de motilité ; chez les Bégiates, les filaments sont ondulés et capables d'un mouvement de rotation autour de leur axe. Une espèce de Leptothriche (*Leptothrix buccalis*) habite la cavité buccale de l'Homme et paraît jouer un certain rôle dans la production de la carie dentaire. Les Bégiates et de nombreuses Bactéries pourpres se rencontrent fréquemment dans les eaux sulfureuses : elles sont souvent connues sous le nom de *Sulfuraires*.

Est-il possible de définir rigoureusement la forme de la cellule dans chaque espèce du groupe des Bactéries, et peut-on de cette étude purement morphologique tirer une classification de ce groupe ?

Variabilité de la forme chez les Bactéries. — L'étude purement morphologique des Bactéries ne fournit que des notions incertaines sur la valeur spécifique de leurs formes. La variété de ces formes est, en effet, infinie, et entre deux formes, qui nous paraissent au premier abord très différentes, il est aisé de trouver un grand nombre d'intermédiaires qui conduisent de l'une à l'autre par gradations insensibles. D'autre part, en variant expérimentalement les conditions dans lesquelles se fait le développement, en ajoutant par exemple au milieu de culture des substances toxiques, il n'est pas rare de voir une forme se modifier assez sensiblement pour devenir au premier abord méconnaissable. La figure 135 met en évidence quelques-unes des formes les plus dissemblables que peut revêtir une espèce connue sous le nom de Bacille du pus bleu (*Bacillus pyocyaneus*), à cause de la coloration particulière qu'elle communique aux liquides purulents.

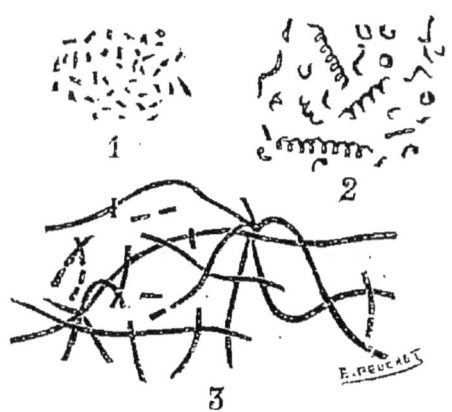

Fig. 135. — Bacille du pus bleu, cultivé dans le bouillon de bœuf : normal (1), additionné d'acide borique (2), de bichromate de potasse (3).

Bien que ces variations aient été obtenues en soumettant la culture à des conditions tout à fait exceptionnelles, on se rend compte aisément que la forme et la structure, souvent d'ailleurs insuffisamment connues, ne permettent pas de définir rigoureusement l'espèce en bactériologie ; il est souvent nécessaire de faire appel à d'autres indications que les caractères purement morphologiques. C'est ainsi qu'on distingue certaines espèces voisines de Bactéries par la différence des actions qu'elles produisent sur la gélatine des cultures : telles espèces laissent à la gélatine sa consistance solide, d'autres la liquéfient ; dans la façon dont celles-ci liquéfient la gélatine, on peut encore établir des distinctions précieuses, par exemple d'après la forme et l'aspect que présentent les régions déjà liquéfiées au milieu de la masse encore solide, etc. C'est aussi en étudiant la physiologie des Bactéries qu'on arrive à les caractériser mieux et plus aisément.

§ 4. — Physiologie des Bactéries.

L'étude physiologique des Bactéries demanderait, pour être complète, des développements considérables. Nous ne pouvons songer qu'à acquérir une connaissance sommaire des principales fonctions qu'elles remplissent dans la nature.

On désigne sous le nom de Bactéries *banales* ou *inactives* les espèces très nombreuses dont le rôle paraît nul ou, du moins, n'a pas été, jusqu'à ce jour, défini d'une façon précise.

Bactéries chromogènes. Bactéries pourpres. — Parmi les espèces *actives*, dont le rôle est mieux connu, certaines sont *chromogènes*, c'est-à-dire qu'elles sont capables d'élaborer des matières colorantes ou *pigments*, sécrétées dans la membrane et qu'elles diffusent *au dehors* dans le milieu où elles se développent; de ce nombre sont *Micrococcus prodigiosus* et *Bacillus pyocyaneus*, dont nous avons déjà eu l'occasion de parler.

Bien différentes sont les *Bactéries pourpres* qu'on trouve vivant dans certaines eaux naturelles, en particulier dans les eaux sulfureuses. Ces Bactéries renferment un pigment rouge violacé, dit *bactériopurpurine*, qui imprègne uniformément le protoplasme et qui jouit, au même titre que la chlorophylle, de la propriété d'assimiler le carbone de l'atmosphère. Les Bactéries pourpres sont donc assimilatrices; ce sont d'ailleurs les seules de tout le groupe : toutes les autres, incapables de fixer le carbone de l'air, doivent emprunter leur aliment carboné au substratum sur lequel elles vivent et sont forcément ou saprophytes ou parasites.

Bactéries ferments. — D'autres Bactéries doivent être considérées comme des *ferments*. En étudiant la Levure de bière, nous avons déjà eu l'occasion de voir un exemple de fermentation, la fermentation alcoolique, que d'autres plantes, comme les *Mucor*, sont capables aussi de réaliser dans certaines circonstances. Les phénomènes de fermentation, qui sont exceptionnels et, en quelque sorte, anormaux chez les Champignons, répondent au contraire, chez beaucoup de Bactéries, aux conditions normales de leur existence. Le nombre des fermentations aujourd'hui connues est très considérable; nous nous bornerons à l'étude d'un type très commun et très simple.

Si on expose à l'air, dans un vase largement ouvert, une boisson alcoolique, telle que du vin, du cidre, du poiré, on ne tarde pas à voir paraître à la surface du liquide une sorte de voile grisâtre, qui s'épaissit peu à peu et devient résistant, mais ne se plisse pas : au fur et à mesure que ce voile se développe et que l'espace qui lui est offert devient insuffisant, il peut s'étendre et en quelque sorte grimper le long des parois du vase. Si on soutire alors une partie du liquide contenu sous le voile, on reconnaît que son goût a été complètement modifié : il est devenu acide; le vin a été remplacé par du vinaigre, l'alcool par de l'acide acétique. C'est le phénomène de la *fermentation acétique*. S'étant passé au contact de l'air, il peut être assimilé à une *oxydation* que représente la formule suivante :

$$C^2H^6O + 2O = C^2H^4O^2 + H^2O.$$
$$\text{Alcool.} \qquad \text{Acide acétique.}$$

Si on prend, à l'extrémité d'une baguette de verre, un peu de la matière qui constitue le voile, on y voit pulluler des Bactéries extrêmement petites dont chacune présente ordinairement une forme arrondie à ses extrémités, étranglée vers son milieu, assez analogue, par conséquent, à celle d'un 8 (*fig.* 136).

Fig. 136. — *Bacillus aceti.*

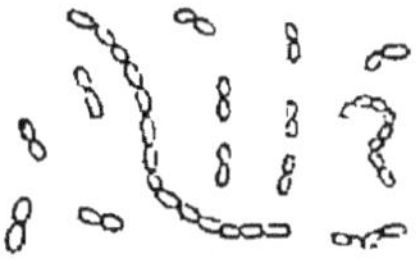

On peut reconnaître, par l'expérience, que ce sont ces Bactéries, et elles seules, qui réalisent la transformation de l'alcool en acide acétique. Vivant au contact de l'air, elles consomment de l'oxygène pour leur respiration propre; mais la plus grande partie de l'oxygène qu'elles prennent à l'air est fixée sur l'alcool, qu'elles oxydent et transforment en acide acétique.

La fermentation acétique consiste donc en une oxydation de l'alcool produite par une espèce de Bactéries qu'on a nommée *Bacillus aceti*.

L'application la plus ordinaire du phénomène de la fermentation acétique est bien connue de tout le monde : c'est la fabrication du vinaigre. On soutire le vinaigre au fur et à mesure de sa formation, sans enlever le voile qui l'a produit, et on remplace le vinaigre soutiré par de nouveau vin, que la Bactérie transforme à son tour en vinaigre. Un même voile peut ainsi fournir, pendant un temps très prolongé, des quantités considérables de vinaigre. Ce voile est ce qu'on appelle communément la *mère du vinaigre*.

Les phénomènes de fermentation consistent en réactions chimiques extrêmement variées. Les unes, comme la *fermentation acétique*, sont des *oxydations*. D'autres sont des *dédoublements* : de ce nombre est la *fermentation lactique*, qui transforme le sucre de lait en acide lactique. Il y a des fermentations qui consistent essentiellement en *réductions* ou encore en réductions accompagnées de dédoublements. Mais, quelle que soit la nature des phénomènes de fermentation, tous présentent des caractères communs : la réaction chimique se produit très rapidement, de manière à consommer une très grande quantité de la substance fermentescible, et sous l'action d'un poids très faible d'une substance active, qui n'est pas autre chose qu'un être vivant d'organisation simple. Ainsi les phénomènes de fermentation peuvent être réunis dans cette définition générale : *une fermentation est une réaction chimique telle que la matière soumise à cette réaction disparaisse en très grande quantité, en très peu de temps, et sous l'action d'une cause minime, mais pondérable, qui est toujours un être vivant.*

Bactéries pathogènes. — Il est des Bactéries qui, vivant en parasites dans le corps des êtres vivants (plantes, animaux surtout et, en particulier, espèce humaine), y provoquent des maladies contagieuses : c'est le transport de ces Bactéries ou de leurs spores d'un être sur un autre qui produit la contagion ; on les qualifie de *pathogènes*.

Le nombre des Bactéries pathogènes est très considérable ; chaque jour, pour ainsi dire, amène l'attribution à quelque espèce d'une nouvelle fonction pathogène. On ne saurait oublier que c'est à Pasteur que revient l'honneur d'avoir ouvert la voie dans cet ordre de découvertes. Convaincu, par ses mémorables travaux sur l'origine des êtres vivants et sur les fermentations, de l'extrême diffusion des germes dans le monde qui nous entoure, et pressentant le rôle que certains de ces germes pouvaient jouer dans le développement des maladies contagieuses, il eut l'occasion de vérifier pour la première fois son hypothèse au cours d'une mission dont il fut chargé pour étudier la *pébrine*, maladie qui décimait les Vers à soie dans les départements du Midi. A la suite de recherches caractérisées par une persévérance et une rigueur remarquables, il parvint à déterminer le rôle du parasite qui produit cette maladie[1] et fut ainsi amené à reconnaître par quel procédé on peut la combattre efficacement. S'attaquant plus tard à des maladies qui affectent les bestiaux ou les animaux de basse-cour, il détermina de même la nature des agents qui produisent le choléra des poules, le charbon, le rouget des porcs. Chacun sait que le procédé de vaccination qu'il a institué contre le charbon, en arrêtant la propagation de ce fléau, a rendu à l'élevage du bétail des services qui se chiffrent par millions. L'étude de la rage sollicita ensuite son génie. Guidé par l'induction, il chercha vainement à mettre en évidence le parasite qui, selon lui, devait communiquer la rage de l'animal malade à celui qu'il a mordu ; on sait aujourd'hui que ce parasite est si petit que nos microscopes ne permettent pas de l'apercevoir. Sans s'attarder à la solution de ce problème, qui n'offrait en elle-même qu'un intérêt purement scientifique, il

---

1. Ce parasite n'est pas un végétal ; les zoologistes le classent parmi les Sporozoaires.

traita la maladie comme si le microbe pathogène existait et il lui fut donné de découvrir le procédé de vaccination qui, mettant le couronnement à son œuvre scientifique, a procuré à son nom la plus légitime et la plus noble popularité. A vrai dire, ce magnifique résultat n'était que la conséquence d'une longue série de travaux dont nous connaissons maintenant quelques étapes et qui appellent, au moins au même degré, l'admiration et la reconnaissance de l'humanité.

A côté de Pasteur et sous son inspiration, les recherches sur les Bactéries pathogènes et sur le traitement des maladies qu'elles provoquent ont pris un essor merveilleux. Nous ne saurions prétendre à donner un exposé, même sommaire, des résultats, plus ou moins décisifs, que ces recherches ont fournis. Nous nous bornerons à l'étude d'un exemple, le traitement de la diphtérie. Suivant, autant que possible, l'ordre historique des résultats obtenus, nous aurons, chemin faisant, l'occasion de définir la plupart des termes que comporte l'étude des espèces pathogènes.

La diphtérie. — La *diphtérie* s'attaque surtout aux enfants; mais elle peut atteindre aussi les adultes.

Les manifestations qui la caractérisent sont de deux sortes. Les unes se produisent en des points déterminés de l'organisme : elles sont locales, comme on dit. Les autres s'étendent à l'organisme tout entier : ce sont des manifestations générales.

Parmi les manifestations locales, la plus importante est l'apparition, à l'entrée des voies respiratoires, de membranes grisâtres, dites *fausses membranes* ou *couennes :* elles sont le produit d'une sorte d'exsudation fibrineuse de la muqueuse attaquée. Quand les fausses membranes se développent dans le pharynx (et c'est surtout au voisinage des amygdales qu'elles sont fréquentes), la maladie porte le nom d'*angine couenneuse* ou *diphtérie pharyngée*. Quand elles se localisent dans le larynx et à l'entrée de la trachée, c'est le *croup* ou *diphtérie laryngée :* la formation des fausses membranes au niveau du larynx ou de la trachée peut amener rapidement l'asphyxie.

Au nombre des manifestations générales de la diphtérie, il faut surtout noter les accidents paralytiques : ils suivent parfois la guérison locale et apparente de la maladie et, trop fréquemment, se portent sur l'appareil respiratoire ; dans ce dernier cas, l'asphyxie peut survenir par cessation brusque des mouvements respiratoires, sans qu'il y ait lieu de l'attribuer à l'action directe des fausses membranes.

La diphtérie est une maladie éminemment contagieuse, même dans les cas bénins : en passant d'un individu malade à un individu sain, une diphtérie légère peut devenir mortelle.

Le bacille de la diphtérie. — En étudiant au microscope la structure des fausses membranes, Klebs y entrevit pour la première fois, en 1883, la présence constante d'un bacille, de forme et d'aspect déterminés, qui ne se rencontre nulle part ailleurs, même dans l'organisme malade. La colonie est formée de bâtonnets légèrement renflés à leurs deux extrémités et associés en groupes qui rappellent assez bien l'aspect d'un paquet d'épingles qu'on aurait laissé tomber sur une table (fig. 137).

Fig. 137. — Bacilles de Klebs-Lœffler, avec deux cellules épithéliales détachées.

En 1884, Lœffler reprit ces observations ; il reconnut de nouveau la présence constante et exclusive de ce bacille dans les fausses membranes.

Pour rapporter à ces deux savants tout l'honneur de leur importante découverte, on désigne souvent ce microrganisme du nom de « bacille de Klebs-Lœffler ».

Mais une question se posait immédiatement : le bacille dont la présence accompagne constamment les fausses membranes s'établit-il sur l'organisme déjà attaqué par la diphtérie, ou bien est-ce lui qui est la cause même de cette maladie ? Question importante et qu'il est nécessaire de résoudre chaque fois qu'on croit apercevoir le parasite producteur d'une maladie contagieuse. Des expériences étaient indispensables pour répondre à cette question. Lœffler obtint des cultures pures du bacille suspect ; à l'aide d'une seringue dont la canule se termine par une pointe taillée en biseau, il introduisit une petite quantité d'une de ces cultures sous la peau d'un lapin, d'un cobaye, d'un pigeon, d'une poule ; à la suite de cette *inoculation*, il vit apparaître des fausses membranes sur le point où elle avait été pratiquée. Quand l'inoculation d'un bouillon de culture offre ainsi ce caractère de provoquer une maladie contagieuse déterminée, on dit que la culture est *virulente* ou encore qu'elle constitue un *virus* : les cultures du bacille de Lœffler étaient donc virulentes. Cependant Lœffler, savant scrupuleux, ne voulut pas encore affirmer que le bacille fût l'agent producteur de la diphtérie : dans les cas de diphtérie qu'il avait provoqués artificiellement par l'inoculation, il n'avait pas reproduit les accidents paralytiques qui accompagnent si fréquemment la diphtérie humaine. Il sollicita de nouvelles expériences pour donner plus de certitude à ce qu'il ne voulait considérer encore que comme une hypothèse.

C'est à deux savants français, Roux et Yersin, qu'on doit le mémorable travail qui est venu, de 1888 à 1890, compléter et préciser les notions déjà acquises sur la biologie du bacille de Klebs-Lœffler. Ces habiles expérimentateurs le cultivèrent dans du bouillon, en présence d'un air constamment renouvelé, et reconnurent qu'une température de 37° est celle qui se prête le mieux à son développement ; c'est là, comme on dit plus brièvement, l'*optimum de température* pour le développement du bacille. Comparées à celles de la plupart des Bactéries, ses cellules sont assez peu résistantes : en milieu humide, il suffit d'une température de 58° pour les tuer en 10 à 20 minutes ; mais, si l'on prend soin de les dessécher auparavant à une température voisine de 40°, elles peuvent résister près d'une heure à une température de 100°.

Inoculé sous la peau d'un animal sain, un bouillon ainsi préparé lui communique une diphtérie parfaitement caractérisée, avec apparition de fausses membranes autour du point d'inoculation, et accompagnée d'accidents paralytiques généraux. De telles expériences levaient le dernier doute sur le caractère spécifique du bacille de Klebs-Lœffler : il est bien le bacille de la diphtérie, *Bacillus diphteriæ*, pour lui donner le nom qui lui appartient désormais.

Mécanisme de son action sur l'organisme. — Roux et Yersin ont montré, de plus, par l'étude des cultures pures, que le bacille de la diphtérie sécrète une substance azotée, voisine des diastases, douée de propriétés toxiques, une *toxine*, comme on dit en un mot. Au bout de trois ou quatre semaines, une culture pure, faite à 37° dans un air constamment renouvelé, renferme une quantité de toxine assez considérable pour qu'on puisse l'extraire en la précipitant; mais, jusqu'à présent, on n'est point parvenu à l'isoler à l'état pur. Les auteurs eurent l'idée de filtrer un tel bouillon de culture au filtre Chamberland, de manière à arrêter par la filtration tous les bacilles que renferme la culture et à ne laisser passer que la partie liquide avec la toxine qu'elle tient en dissolution. Ils inoculèrent à un cobaye le liquide ainsi filtré : ils ne constatèrent pas l'apparition de fausses membranes autour du point d'inoculation; mais des accidents paralytiques ne tardèrent pas à se manifester et, au bout de quarante-huit heures, l'animal mourait avec tous les symptômes de la diphtérie généralisée. Un centimètre cube de bouillon toxique suffisait à inoculer et à tuer huit cobayes.

De ces expériences on pouvait tirer une théorie assez plausible de l'*étiologie* de la diphtérie. Le bacille, apporté par l'air ou le contact d'objets ayant touché des diphtériques, s'introduit dans l'organisme par une excoriation d'une muqueuse : il pullule autour du point de pénétration et provoque une réaction des tissus voisins, qui amène la formation d'une ou plusieurs membranes. Mais, en même temps, les bacilles résultant de cette pullulation sécrètent une toxine qui se diffuse à travers l'organisme tout entier, agissant ainsi à une grande distance de la colonie bacillaire et provoquant, sur les points les plus divers, des accidents paralytiques.

On doit remarquer, d'ailleurs, que certaines conditions sont nécessaires au développement de la maladie.

Il semble d'abord que le bacille ne se multiplie que sur les muqueuses excoriées : une muqueuse intacte pourra recevoir le bacille sans qu'il trouve à sa surface la solution de continuité nécessaire pour lui permettre d'envahir l'organisme; parfois il ne tarde pas à périr, sans avoir causé de dommage. Mais, parfois aussi, il se conserve ou même cultive sur place et constitue pour le « porteur de germes » ou ses voisins un danger toujours imminent.

Il faut encore que le bacille, après avoir pénétré au niveau d'une excoriation, trouve un milieu favorable à son développement, un milieu doué, comme on dit, d'une *réceptivité* suffisante. La réceptivité est généralement plus grande chez les individus débilités par une maladie antérieure ou chronique : c'est ce qui explique la fréquence de la diphtérie chez les enfants tuberculeux ou chez ceux qui relèvent d'une affection moins grave, comme la rougeole ou la scarlatine. Quand la réceptivité de l'organisme est nulle, on dit qu'il est *réfractaire* à la maladie; certains individus, certaines espèces sont réfractaires à telle ou telle maladie déterminée.

Atténuation du virus diphtérique; vaccination. — On voit qu'après le beau travail de Roux et Yersin, le caractère parasitaire et microbien de la diphtérie était nettement défini; de plus, son étiologie était suffisamment connue pour fournir des indications précises à la *prophylaxie* : on désigne de ce terme l'ensemble des moyens qu'on peut employer pour éviter la propagation d'une maladie contagieuse. Mais ces mesures prophylactiques, qui sont du ressort de l'hygiène, deviennent impuissantes aussitôt que la maladie est déclarée. Il fallait donc chercher un moyen de rendre artificiellement réfractaires à la diphtérie les animaux qui lui sont normalement sensibles, de leur conférer, comme on dit, l'*immunité* ou, en un mot, de les *immuniser*.

Dès l'année 1890, Karl Fraenkel remarqua qu'en chauffant entre 60° et 70° la toxine provenant d'une culture diphtérique de trois semaines, par conséquent très virulente, on lui fait perdre une bonne partie de sa virulence : le virus est, comme on dit, *atténué*. Si on inocule le virus atténué à un cobaye, l'inoculation ne produit que des désordres très légers ; parfois même elle n'apporte aucun trouble à l'organisme. Mais si on inocule ensuite à l'animal qui a subi ce traitement une toxine normale, qui aurait été capable de le tuer dans les conditions ordinaires, l'organisme s'y montre complètement insensible ; il est donc devenu absolument réfractaire à la diphtérie : le virus atténué qui lui a été préalablement inoculé constitue un *vaccin*. Remarquons, d'ailleurs, que, pour que la vaccination soit efficace, il est nécessaire d'attendre au moins quatorze jours avant de la faire suivre d'une inoculation virulente.

Roux, Nocard et Martin obtinrent aussi, par un autre procédé, l'immunisation contre le poison diphtérique ; ils reconnurent que l'addition d'une petite quantité d'iode au bouillon de culture, préalablement privé de microbes par filtration sur bougie, en atténue sensiblement la *toxicité*, et qu'en injectant à des animaux le produit ainsi modifié, on leur confère l'immunité.

Enfin, Behring et Wernicke, de Berlin, proposèrent l'addition aux bouillons de culture de petites quantités de trichlorure d'iode.

Quand on inocule une culture virulente, contenant des bacilles, sous la peau d'un animal préalablement vacciné, on observe bientôt, autour du point d'inoculation, la formation d'une petite plaque de nécrose sous laquelle le bacille reste longtemps vivant : c'est donc à la toxine répandue par le bacille dans l'organisme, et non pas au bacille lui-même, que s'attaque le vaccin protecteur.

Mécanisme physiologique de l'immunité. — Quel est le mécanisme physiologique de l'immunité qui a été communiquée artificiellement à l'organisme vacciné ? Ce mécanisme est assez complexe. Tout d'abord le bacille qui envahit l'organisme produit, nous le savons, une toxine : l'organisme envahi lui répond par la production d'une substance capable de neutraliser les effets de la toxine, d'une *antitoxine*, en un mot. Par une vaccination simple ou par une série de vaccinations graduées, on introduit dans l'organisme une toxine d'abord atténuée (c'est-à-dire moins toxique que la toxine normale), puis de plus en plus active. L'organisme s'entraîne ainsi peu à peu à produire des quantités croissantes d'antitoxine, qui peuvent, au bout d'un certain temps, devenir suffisantes pour combattre efficacement l'introduction d'une toxine normale. L'antitoxine ne détruit pas la toxine : elle la neutralise en formant avec elle une combinaison *non toxique* pour l'organisme animal.

Quels sont les agents producteurs de l'antitoxine? La réponse qui semble obtenir aujourd'hui la faveur générale a son point de départ dans une théorie à laquelle Metchnikoff a attaché son nom.

On sait que le sang contient, en même temps qu'un grand nombre de globules rouges ou *hématies*, un petit nombre de globules blancs ou *leucocytes*; ces derniers sont dits encore *amibocytes*, à cause des mouvements amiboïdes qu'ils possèdent et qui leur permettent d'émigrer, de tissu en tissu, à travers les membranes les plus fines de l'organisme. Certains leucocytes sont petits, formés d'un seul noyau recouvert d'une faible masse protoplasmique : ce sont les *petits mononucléaires*; d'autres ont un corps protoplasmique volumineux, avec un noyau unique mais très développé : ce sont les *gros mononucléaires*. Chez d'autres enfin, le noyau s'allonge et s'étrangle jusqu'à se morceler en plusieurs fragments : ce sont les *polynucléaires*.

Or, dans les maladies microbiennes où la Bactérie pathogène, au lieu de rester localisée autour de son point de pénétration, envahit l'organisme tout entier, on a vu fréquemment les leucocytes entrer en lutte, corps à corps, avec l'ennemi; ce sont surtout les « polynucléaires » qui jouent ce rôle : un leucocyte, attiré par les sécrétions d'une Bactérie voisine, pousse vers elle des prolongements protoplasmiques de forme irrégulière, des *pseudopodes*, comme on dit; ceux-ci finissent par envelopper de toutes parts la Bactérie; elle se trouve bientôt introduite dans le corps du leucocyte, qui la digère et l'assimile ; le leucocyte, en un mot, a « mangé » la Bactérie (*fig.* 138). De là le nom de « cellules mangeuses » ou *phagocytes*, qu'on donne aussi à ces leucocytes pour résumer cette propriété ; de là encore le nom de *phagocytose* qu'on donne au phénomène de digestion de la Bactérie par le leucocyte. Dans le cas où la Bactérie, au lieu d'envahir l'organisme entier, agit à distance par les toxines qu'elle pro-

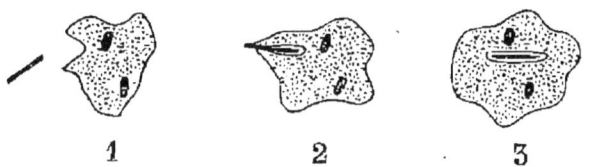

Fig. 138. — Diverses phases de la digestion d'un bacille par un phagocyte (schéma).

duit et diffuse, comme cela arrive dans la diphtérie, on a été amené, par analogie, à supposer que les leucocytes agissent encore, mais d'une façon différente : peut-être en fixant la *toxine ;* peut-être encore en sécrétant simplement des substances destinées à neutraliser l'action des toxines. Au cours de la vaccination, les leucocytes s'entraîneraient à produire des quantités successivement croissantes d'*antitoxine* et finiraient par conférer à l'organisme auquel ils appartiennent une immunité complète. Les leucocytes se présentent donc ainsi, à un double point de vue, comme les défenseurs naturels de l'organisme contre les Bactéries qui l'envahissent.

Avec Pfeiffer, certains ont voulu voir dans les phénomènes d'*agglutination* et de *lyse*, observés pour la première fois par cet auteur, le mode habituellement employé par l'organisme pour se défendre contre l'invasion microbienne.

L'étude du phénomène étudié n'a guère été poursuivie avec le bacille de la diphtérie ; mais, avec le vibrion du choléra, elle a donné jour à des notions du plus haut intérêt. Nous devons en dire quelques mots. Qu'on injecte dans le péritoine d'un cobaye neuf une culture virulente du vibrion du choléra et qu'on examine un peu de la sérosité qu'y déterminera la péritonite, on y reconnaîtra des vibrions très agiles, absolument semblables à ceux de la culture, et dont la multiplication amènera promptement la mort de l'animal.

Mais si, au contraire, le cobaye avait été *préalablement*

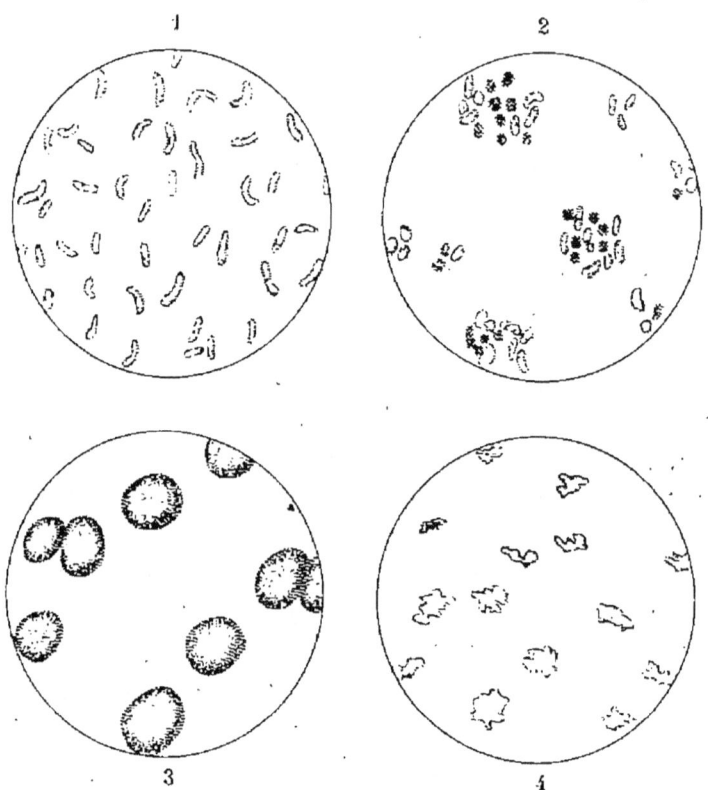

Fig. 139. — 1. Culture de vibrion mélangée à du sérum de cobaye neuf. — 2. Culture de vibrion mélangée à du sérum d'animal immunisé (bactériolyse). — 3. Globules rouges normaux. — 4. Globules rouges après l'action d'un sérum hémolytique (hémolyse).

vacciné par inoculation de vibrions atténués, les vibrions virulents injectés présenteront un tout autre aspect et subiront un sort bien différent. Dans une goutte de sérosité péritonéale, on reconnaîtra cette fois que les vibrions ne se sont pas multipliés, qu'ils sont rassemblés par groupes, *agglutinés* comme on dit (*fig.* 139, 1-2), qu'ils ont perdu leur motilité, sont renflés en boule et ont une tendance à se fondre, à se dissoudre dans le liquide ambiant. Lorsque le corps bactérien se désagrège ainsi dans le milieu ambiant, on dit qu'il y a *lyse bactérienne* ou *bactériolyse*.

Il existe donc, dans le sérum du cobaye immunisé, des substances capables d'agglutiner et de dissoudre les vibrions cholériques. L'existence de telles substances a été reconnue générale dans la plupart des maladies infectieuses. On leur a donné le nom d'*agglutinines* et de *bactériolysines*.

Ce phénomène, qu'on peut d'ailleurs réaliser *in vitro*, est généralement spécifique : en règle générale, le sérum des animaux vaccinés contre le vibrion du choléra agglutine ce vibrion et n'agglutine pas les autres bactéries pathogènes. Pfeiffer en a fait un procédé de diagnose du vibrion cholérique.

De même, pour la fièvre typhoïde, on a reconnu que le sérum d'un cobaye préalablement immunisé par des injections de bacilles atténués jouit de propriétés agglutinantes et bactériolysantes vis-à-vis d'une culture de bacille typhique. Mais il y a plus. Chez les malades humains atteints de fièvre typhoïde, *dès le commencement de l'infection* le sérum du sang présente cette propriété agglutinante ; on peut dès lors s'en servir pour diagnostiquer dès le début la nature de la maladie : c'est la méthode du *sérodiagnostic* de la fièvre typhoïde, qui rend de précieux services (Widal).

Les actions agglutinantes et lytiques du sérum ne s'exercent pas uniquement et spécialement sur les bactéries. Injectons à un cobaye une petite quantité de globules rouges de lapin, et répétons l'opération plusieurs fois à un certain temps d'intervalle. Nous verrons le sérum de ce cobaye acquérir peu à peu la propriété d'agglutiner et de dissoudre *in vitro* les hématies de lapin (*fig.* 139, 3-4). Ce sérum a acquis des propriétés *hémoagglutinantes* et *hémolytiques*.

Le phénomène est d'ailleurs beaucoup plus général encore. L'injection de cellules animales ou végétales diverses, de matières albuminoïdes, de toxines solubles, en un mot de *corps* quelconques, détermine une réaction de l'organisme, laquelle se traduit par la production d'*anticorps* dont l'effet est d'entraver l'action des premiers. On peut distinguer deux catégories parmi ces anticorps.

Les uns sont, pour ainsi dire, des agents de condensation : ils *agglutinent* les cellules bactériennes ou autres, ils *précipitent* les matières albuminoïdes, ils *neutralisent*, en les rendant insolubles, les toxines solubles. A cause de leurs propriétés coagulantes, on peut grouper tous ces anticorps sous le nom général de *coagulines*.

Les autres sont, au contraire, des agents de décondensation et de dissolution. Ils détruisent, en les liquéfiant ou les dissolvant, les « corps » préalablement coagulés. On leur donne le nom de *lysines*.

Coagulines et lysines agissent le plus souvent de pair, la coaguline d'abord, la lysine ensuite. On retrouve, dans l'étude des phénomènes de digestion, des faits de tout point comparables.

Guérison de la diphtérie; la sérothérapie. — Pour en revenir à l'étude spéciale de la diphtérie, nous savons maintenant comment les recherches de Frænkel, Roux, Behring, ont permis d'obtenir, par diverses méthodes, la vaccination de l'organisme animal contre la diphtérie. Mais toutes ces méthodes étaient inapplicables au traitement de la diphtérie humaine : la vaccination exige, en effet, un certain temps pour que l'organisme s'accoutume à la toxine, et ce temps est de beaucoup supérieur à la durée normale de l'évolution de la maladie; la mort surviendrait donc rapidement, avant que la vaccination n'ait produit ses effets. Un procédé *curatif* de la diphtérie était donc encore à trouver.

Sur ces entrefaites, était née en France une méthode entièrement nouvelle pour le traitement de certaines maladies contagieuses. Le point de départ de cette méthode est, en effet, une expérience faite en 1888 par Richet et Héricourt et qui, au premier abord, ne paraît intéresser en rien le traitement de la diphtérie.

Il existe une septicémie spéciale, due à une Bactérie dite *Micrococcus pyosepticus*, qui s'attaque au Lapin et amène rapidement sa mort, tandis qu'elle ne produit chez le Chien que des lésions locales très légères. Richet et Héricourt eurent l'idée d'infuser du sang de Chien dans l'appareil circulatoire du Lapin; en inoculant ensuite au Lapin ainsi traité un bouillon de culture pure du Microcoque, ils constatèrent que le Lapin était devenu réfractaire à la septicémie; ils observèrent, de plus, que l'immunité acquise était plus complète, quand le Chien qui fournissait le sang infusé avait été préalablement inoculé avec une culture du Microcoque.

L'expérience de Richet et Héricourt devait être le point de départ d'une méthode un peu différente et très féconde dans ses résultats. En 1890, l'Allemand Behring, en collaboration avec le Japonais Kitasato, ayant rendu des Lapins réfractaires au tétanos, maladie microbienne, obtint la vaccination des souris contre l'inoculation d'une culture virulente du bacille tétanique en leur injectant, vingt-quatre heures avant cette inoculation, une petite quantité du sang des lapins réfractaires ($0^{cm^3},2$ à $0^{cm^3},5$ par souris).

Behring et Kitasato firent ensuite des expériences analogues sur la diphtérie et reconnurent que le sérum provenant du sang d'un animal vacciné possède, à son tour, des propriétés vaccinatrices ou antitoxiques : injecté sous la peau d'un animal sensible à la diphtérie, ce sérum le rend lui-même réfractaire à la maladie; mais l'immunité ainsi conférée est de courte durée. De plus, la propriété vaccinante du sérum ne se manifeste que s'il provient d'animaux rendus artificiellement réfractaires à la maladie, et non de ceux qui y sont naturellement réfractaires; point important et qu'il est bon de rapprocher d'une des observations suggérées à Richet et Héricourt par leur expérience fondamentale : la propriété vaccinante du sang du Chien contre la septicémie à laquelle il est naturellement réfractaire est accrue par une inoculation préalable du virus de la septicémie. Le sérum antitoxique possède un pouvoir préventif de *cinquante mille*, c'est-à-dire que pour rendre un animal, normalement sensible à la diphtérie, réfractaire à l'inoculation d'un certain volume de culture toxique (1/2 centimètre cube par exemple), il suffit de lui inoculer, douze heures avant, 1/50000 de ce même volume de sérum antitoxique.

Ainsi était créée, de toutes pièces, une nouvelle méthode d'intervention contre les maladies contagieuses, dite *sérothérapie*, dont l'importance n'est pas moindre que celle de la grande découverte de Pasteur sur l'atténuation des virus. La sérothérapie consiste en principe, comme on le voit, à rendre un animal réfractaire à la maladie par une ou plusieurs vaccinations successives, à recueillir le sérum extrait du sang de l'animal immunisé, puis à inoculer ce sérum, doué de propriétés antitoxiques, aux animaux qu'il s'agit de préserver. Mais le traitement était encore purement *préventif* : il n'était pas applicable à la maladie déclarée.

L'application de la sérothérapie a été étendue depuis, avec des résultats divers, au traitement de diverses maladies contagieuses, et il y a là, pour la bactériologie, un vaste champ d'études à explorer. En ce qui concerne la diphtérie, qui intéresse particulièrement l'espèce humaine, les progrès ont été très rapides, grâce en particulier aux travaux du docteur Roux, qui a repris en France l'application de la méthode de Behring.

Roux s'est d'abord préoccupé d'obtenir des cultures extrêmement virulentes du bacille de la diphtérie : nous savons déjà que c'est dans un courant d'air suffisamment renouvelé, à une température de 37°, qu'on peut obtenir, au bout de trois semaines ou un mois, des cultures exceptionnellement riches en toxine.

Il fallait ensuite faire choix de l'animal à immuniser. Après quelques essais, Roux a choisi le Cheval : c'est un animal de grande taille, qui peut, par conséquent, fournir beaucoup de sérum ; d'ailleurs, il supporte mieux que d'autres animaux de taille comparable, la Vache par exemple, l'inoculation de grandes quantités de toxine ; il peut être, de plus, saigné fréquemment sans inconvénient ; enfin, on peut obtenir lentement la coagulation de son sang, condition favorable à la préparation du sérum.

On obtient, par filtration, sur filtre Chamberland, d'un bouillon de culture virulent, la toxine débarrassée des bacilles, on l'atténue par l'addition d'une petite quantité de trichlorure d'iode. Ensuite, on introduit sous la peau du cheval, à intervalles réguliers, des doses modérées, puis successivement croissantes, du virus atténué, en employant de préférence des injections fréquentes et faibles plutôt que des injections rares et fortes ; enfin, pour terminer, on inocule à l'animal ainsi entraîné des doses croissantes de toxine pure : au bout de huit à dix semaines environ, le cheval est complètement immunisé ; il peut supporter, sans inconvénient, l'inoculation d'un volume de toxine pure atteignant 500 centimètres cubes.

C'est le cheval ainsi immunisé qui va fournir le sérum antitoxique. Tous les vingt jours environ, on lui fait, avec un trocart, une ponction à la veine jugulaire et on extrait plusieurs litres de sang. Recueilli avec toutes les précautions aseptiques nécessaires, dans des ballons stérilisés, le sang se coagule lentement : on en recueille le sérum et on l'enferme, en procédant aseptiquement, dans de petits flacons fermés par des bouchons de caoutchouc stérilisés. Le sérum ainsi préparé peut se conserver indéfiniment dans un lieu frais et obscur : il est toujours prêt pour une inoculation.

Le sérum antidiphtérique possède à la fois des propriétés *préventives* et, ce qui est plus important, des propriétés *curatives :* il agit assez rapidement sur l'organisme attaqué par la toxine diphtérique pour en arrêter les effets. Aussitôt que des fausses membranes se manifestent dans les voies respiratoires d'un malade, on cherche si ces fausses membranes renferment le bacille de la diphtérie : il est nécessaire, pour cela, de recueillir, à l'extrémité d'une aiguille de platine flambée, une parcelle de la fausse membrane, puis d'ensemencer avec cette aiguille un milieu solide de culture (du sérum coagulé) ; le tube de culture est placé dans une étuve à 37°, et, au bout de douze à quinze heures, vingt-quatre heures au plus, l'examen des colonies qui se sont développées permet à un œil exercé de reconnaître la présence ou l'absence du bacille de la diphtérie. Si la maladie est bien la diphtérie, l'inoculation d'une ou plusieurs doses de 20 centimètres cubes de sérum antitoxique amène rapidement la disparition de la fièvre et la chute des fausses membranes; elle empêche, de plus, toute manifestation paralytique. En cas de doute, une inoculation doit être faite : les troubles très légers qui peuvent la suivre n'ont aucune importance si on les compare aux conséquences redoutables qui pourraient résulter de l'abstention.

Le traitement par le sérum antitoxique a considérablement abaissé la mortalité par la diphtérie, dans tous les cas où la maladie ainsi qualifiée n'était pas compliquée d'affections différentes, produites par d'autres microbes associés au bacille de la diphtérie; peut-être aurait-on le droit de dire qu'il l'a complètement supprimée. Il est aussi permis de ne voir qu'un début dans ce magnifique succès, dont l'humanité doit être profondément reconnaissante à la pléiade de chercheurs qui ont poursuivi l'étude de la diphtérie et de son traitement. Dans l'expression de cette reconnaissance, deux noms doivent être placés au premier rang et intimement associés, le nom d'un Allemand, Behring, et celui d'un Français, Roux. Mais ajoutons aussitôt qu'un nom plane au-dessus de tous les autres, celui du grand initiateur de toute recherche bactériologique, le nom de Pasteur.

Place des Bactéries dans la classification. — Pour achever l'étude des Bactéries, il nous reste à déterminer quelle place leur convient dans la classification.

La nature de la membrane, l'absence de leucites différenciés (le pigment assimilateur, lorsqu'il existe, imprégnant uniformément le protoplasme), la présence d'un noyau chromidial, enfin le mode de multiplication de certaines Bactéries rapprochent nettement ces végétaux des Algues de l'ordre des Cyanophycées. Il est vrai que, chez ces dernières, les cellules restent associées en files longitudinales. Mais si, chez la plupart des Bactéries, les cellules résultant de la multiplication se dissocient le plus généralement, nous savons que chez quelques genres, comme chez les Bégiates et les Leptothriches, elles restent unies en filaments continus : ces genres forment une sorte de trait d'union avec les Cyanophycées. Mais, dira-t-on, les Bactéries ne contiennent pas de chlorophylle, tandis que les Algues en sont pourvues. On peut répondre à cette objection que, si la chlorophylle a disparu chez les Bactéries, c'est probablement un effet dû au parasitisme ou au saprophytisme. Cet effet ne s'observe-t-il pas chez beaucoup d'espèces végétales, comme les Orobanches, la Cuscute, etc., dont il ne modifie cependant en rien la position dans la classification? D'ailleurs, il existe un petit nombre d'espèces de Bactéries qui renferment un pigment pourpre dont le rôle physiologique est comparable à celui de la chlorophylle.

Concluons que les Bactéries, sous le nom de *Bactériacées*, peuvent former une famille au voisinage des Cyanophycées.

CHAPITRE IX

Les Lichens.

On réunit sous le nom de *Lichens* des Thallophytes très répandus sur toute la surface du globe et qui se fixent à l'écorce des arbres, aux rochers, aux murs et, d'une manière plus générale, dans les lieux les plus secs.

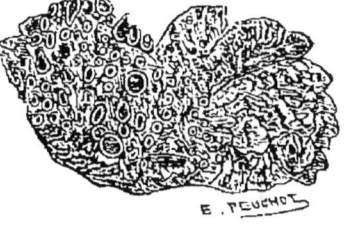

Fig. 140. — Lichen foliacé.

Divers aspects du thalle. — L'aspect du thalle des Lichens est extrêmement varié.

Chez les Peltigères (*Peltigera canina*, par exemple), et les Physcies, comme *Physcia parietina*, c'est une lame aplatie et plus ou moins ridée, découpée irrégulièrement sur ses bords, qui se fixe à son support (rocher, mur, tronc) par toute l'étendue de l'une de ses faces. Dans ce cas, on dit que le Lichen est *foliacé* (fig. 140).

Chez les Cladonies (*Cladonia pyxidata*), les Roccelles (*Roccella*), les Cénomyces (*Cenomyce rangiferina* ou Lichen des rennes), les Usnées (par exemple *Usnea barbata*, qui se suspend en masses chevelues aux branches des Pins), le thalle semble constitué par une sorte de tige qui se ramifie plus ou moins régulièrement et dont les derniers rameaux peuvent s'étaler de manière à prendre un aspect foliacé. On dit alors que le Lichen est *fruticuleux* (fig. 141).

Fig. 141. — Lichen fruticuleux.

Chez les Graphides (*Graphis*), les Verrucaires (*Verrucaria*), etc., le thalle est si étroitement fixé à son support qu'il semble ne former qu'une croûte à sa surface : *Graphis picta*, par exemple, se présente sous l'aspect de fins caractères d'une écriture grossière tracés à la surface du rocher. Dans ce cas, on dit que le Lichen est *crustacé*.

Enfin, le Lichen est qualifié de *gélatineux* quand le thalle est une masse de forme plus ou moins irrégulière et de consistance gélatineuse, comme dans le genre *Collema*.

Quelle que soit, chez les Lichens, la forme de la partie du thalle qui se développe à l'extérieur du support, elle se fixe toujours à ce dernier par des sortes de crampons grêles, qui s'y enfoncent plus ou moins profondément : en raison de leur ressemblance avec des racines, on donne à ces filaments le nom de *rhizines*.

Affinités apparentes des Lichens. — Si le Lichen est fixé au corps d'un être vivant, il paraît, au premier abord, se comporter vis-à-vis de celui-ci comme un parasite.

Si le support est formé par des débris d'origine organique, il semble que le Lichen se comporte en saprophyte. Dans un cas comme dans l'autre, le Lichen manifeste, par son mode d'existence, une certaine ressemblance avec un Champignon.

Mais, d'autre part, la couleur que présentent les Lichens est toujours mélangée plus ou moins franchement de vert, ce qui donne à penser que leur thalle renferme toujours une quantité plus ou moins forte de chlorophylle et tend à les rapprocher des Thallophytes de la classe des Algues.

On voit par là qu'une observation superficielle de l'organisation des Lichens conduit à les placer à égale distance des Champignons et des Algues. Mais l'étude microscopique de leur structure et celle de leur mode de reproduction vont nous éclairer sur leur véritable nature.

Structure d'un Lichen. — Examinons, pour fixer les idées, *Physcia parietina*, espèce qui croît, ainsi que l'indique son nom, à la surface des murs, des rochers, des troncs d'arbres, où son thalle foliacé attire les regards par sa couleur jaune verdâtre.

Une coupe transversale faite dans ce thalle et examinée à un fort grossissement y révèle la présence de deux sortes d'éléments anatomiques.

Des filaments incolores, cloisonnés transversalement, ramifiés et anastomosés, pourvus de membranes cellulosiques fortement épaissies, forment une sorte de réseau plus ou moins feutré : ce sont les *hyphes*. Assez lâche dans la partie du thalle située à égale distance de ses deux faces, le réseau des hyphes se tasse davantage au voisinage de ces faces : il y forme deux couches résistantes, qu'on peut appeler des *couches corticales*, réservant le nom de *tissu médullaire* au tissu plus mou qui est compris entre elles. A la face inférieure, celle qui regarde le support du Lichen, certains filaments du réseau se rapprochent parallèlement les uns aux autres de manière à former des sortes de faisceaux qui s'enfoncent à l'intérieur du support : ce ne sont pas autre chose que les rhizines, déjà visibles à l'œil nu. L'étude microscopique des rhizines permet de les considérer comme faisant partie intégrante du thalle, dont elles ne sont qu'une portion différenciée en vue de sa fixation et de son alimentation.

Dans les mailles du réseau formé par les hyphes, on aperçoit, d'autre part, des cellules vertes, riches en chlorophylle, de forme arrondie, isolées ou groupées en chapelets : dans l'exemple que nous avons choisi pour type, elles rappellent tout à fait celles de l'Algue verte que nous avons appris à connaître sous le nom de *Protococcus viridis*. Ces cellules vertes, auxquelles on donne le nom de *gonidies*, sont surtout nombreuses dans la partie du thalle voisine de la couche corticale supérieure ; elles deviennent d'autant plus rares qu'on se rapproche davantage de la face inférieure, sous laquelle elles font entièrement défaut.

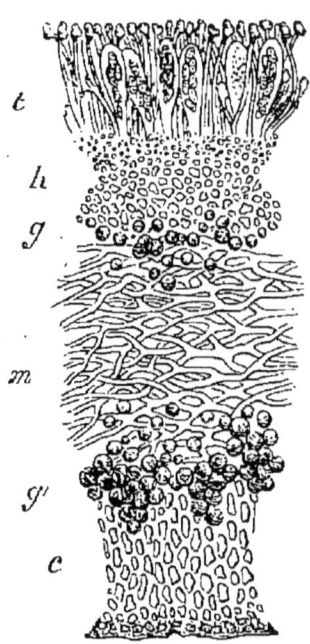

Fig. 142. — Coupe à travers le thalle d'un Lichen foliacé, passant par une apothécie. — *t*, hyménium ; *h*, couche corticale supérieure ; *g*, *g'*, couches à gonidies ; *m*, tissu médullaire ; *c*, couche corticale inférieure.

Quand on cherche à déterminer les relations qui existent entre les hyphes et les gonidies, on s'aperçoit que ce sont uniquement des relations de contact : souvent les hyphes enserrent de très près les gonidies ; quelquefois même une extrémité de filament peut percer la membrane d'une gonidie et pénétrer jusque dans son protoplasme à la façon d'une sorte de suçoir. Mais jamais on n'observe, entre les hyphes et les gonidies, aucune forme de passage qui permette de supposer qu'une cellule appartenant à une hyphe puisse se transformer en gonidie ou, inversement, qu'une gonidie puisse devenir un élément d'une hyphe.

Pour résumer ce que nous savons maintenant de la structure du thalle de *Physcia parietina*, nous voyons qu'il comprend, de haut en bas : une couche corticale supérieure, — une couche à gonidies, — une couche incolore, molle et spongieuse comme la couche à gonidies, — une couche corticale inférieure, — enfin des rhizines.

Multiplication : sorédies. — Les Lichens se multiplient rapidement et avec une grande facilité, à l'aide d'organes spéciaux qu'on appelle des *sorédies* (*fig.* 143).

Les sorédies sont des corpuscules arrondis, verdâtres, qui sont souvent réunis en assez grand nombre autour d'un même point, à la surface du thalle, et y forment une sorte de dépôt pulvérulent. Examinée à un fort grossissement, la sorédie se montre organisée

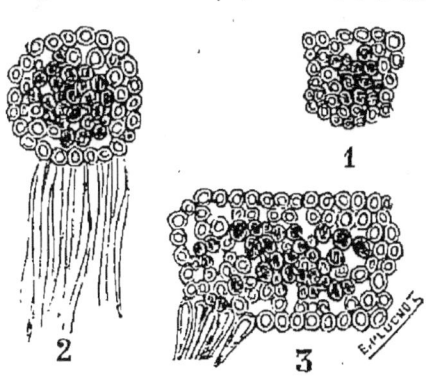

Fig. 143. — Trois phases du développement d'une sorédie.

d'après le même type que le Lichen tout entier, dont elle est, en quelque sorte, la miniature : on y trouve un réseau, constitué par des hyphes, qui forme ce qu'on pourrait appeler le squelette de la sorédie, et quelques gonidies qui occupent les mailles de ce réseau.

On a étudié d'assez près l'origine de ces singuliers corpuscules. On a vu, au moment où une sorédie va se former, à l'intérieur du thalle, des hyphes se rapprocher étroitement de quelques gonidies voisines. Ainsi enserrées, les gonidies peuvent encore se diviser et, par suite, se multiplier; de cette multiplication au sein du tubercule formé par les hyphes résulte bientôt une sorédie. Puis toutes les sorédies formées côte à côte, à l'intérieur de la couche à gonidies, l'envahissent complètement, font éclater la couche corticale supérieure et se répandent au dehors.

Détachée du thalle qui l'a produite, une sorédie peut être entraînée par les mouvements de l'air et déposée dans un milieu favorable à son développement. Alors les hyphes s'allongent, se ramifient, étendent au loin leur réseau; les gonidies qu'elles enferment se divisent et se multiplient; bientôt un nouveau thalle de Lichen se trouve reconstitué.

Reproduction : apothécies. — A ce procédé de multiplication, dont les Lichens usent largement pour leur dissémination à la surface du globe, ils ajoutent une reproduction proprement dite.

On voit se développer de distance en distance, à la surface du thalle de *Physcia parietina*, des organes de couleur jaune d'or, en forme de coupes évasées, fixées par leurs faces convexes au thalle du Lichen, et tournant vers l'extérieur leurs faces concaves : à ces organes on donne le nom d'*apothécies*. Une coupe transversale faite dans une apothécie montre que sa surface libre est limitée par une assise, dite *hyménium*, que forment les extrémités de filaments rapprochés côte à côte, perpendiculairement à cette surface. Parmi ces filaments, les uns sont stériles et leurs cellules terminales sont des *paraphyses;* les autres sont fertiles et les cellules qui les terminent se présentent avec tous les caractères d'*asques* octosporés, à peu près identiques à ceux qu'on observe dans un périthèce de Pézize; aucune gonidie ne se trouve intercalée entre les paraphyses et les asques.

Arrivées à maturité, les spores sont mises en liberté et projetées par la rupture des asques qui les contiennent : si on veut les recueillir, il suffit de placer, au-dessus d'une apothécie mûre, une lame de verre sur laquelle on ne tardera pas à trouver de petits groupes de spores, réunies huit par huit ou par multiples de huit.

Si on place quelques spores de Lichen, recueillies comme vient d'être dit, dans des conditions favorables à leur germination, c'est-à-dire sur un milieu nutritif exposé à un air humide et chaud, on voit chacune d'elles former un mycélium semblable à celui d'un Champignon, mais dont la durée est assez éphémère : après s'être allongé quelque peu et avoir formé quelques ramifications, le mycélium ne tarde pas à se flétrir et à disparaître, faute d'aliment.

Véritable nature des Lichens. — Jusqu'à l'année 1866, nul ne songeait à considérer un Lichen comme autre chose qu'une plante simple et autonome. C'est en 1866 qu'un botaniste allemand, De Bary, émit pour la première fois l'idée que le Lichen pouvait être formé par l'association intime de deux plantes différentes. En 1867, Schwendener reprit cette idée et la présenta avec plus de netteté.

Pour Schwendener, tout Lichen résulterait de l'association étroite de deux espèces différentes, dont l'une serait un Champignon, l'autre une Algue. Les hyphes représenteraient le mycélium du Champignon, mais, il faut le remarquer, un mycélium dans lequel les membranes cellulaires auraient acquis une épaisseur sensiblement supérieure à celle qu'on est habitué à rencontrer dans le mycélium des Champignons ordinaires; les apothécies du Lichen ne seraient pas autre chose que les périthèces du Champignon, qui appartiendrait généralement à l'ordre des Ascomycètes. Quant aux gonidies, ce seraient les cellules de l'Algue associée au Champignon.

Schwendener avait remarqué qu'à chaque type de gonidie observée chez les Lichens correspond un type d'Algue unicellulaire ou filamenteuse, offrant avec lui de grandes ressemblances. Guidé par cette remarque, il dressa un tableau comparatif de toutes les formes de gonidies et des espèces d'Algues qui leur ressemblent le plus. Ces espèces sont peu nombreuses : il en est qui reviennent fréquemment dans le tableau comparatif, parce qu'elles se rencontrent dans un grand nombre d'espèces différentes de Lichens. Certains Lichens peuvent aussi renfermer plusieurs formes différentes de gonidies. C'est à l'espèce *Protococcus viridis* que ces premières observations permettaient de rapporter les gonidies de *Physcia parietina*. Il faut toutefois remarquer que les gonidies observées dans les Lichens ont rarement une structure et des dimensions absolument identiques à celles des espèces d'Algues auxquelles elles ressemblent le plus.

Dans l'association que formeraient l'Algue et le Champignon réunis pour constituer un Lichen, quel bénéfice pourrait retirer chacun des associés? L'Algue, grâce à sa chlorophylle, décompose l'anhydride carbonique, fixe le carbone et en forme des substances hydrocarbonées : elle les transmettrait au Champignon, incapable de les élaborer lui-même. Mais, d'autre part, il est des substances azotées que le Champignon est susceptible d'élaborer plus vite que l'Algue : il les lui transmettrait en échange. D'ailleurs, en feutrant ses filaments mycéliens autour des cellules de l'Algue, il assurerait à celle-ci une protection efficace contre la sécheresse. S'il en est ainsi, on ne saurait dire que le Champignon vive en parasite aux dépens de l'Algue; il serait, bien entendu, encore moins exact de considérer l'Algue comme un parasite du Champignon ; le Lichen nous ferait assister à une association avec bénéfice réciproque, dans laquelle chaque membre donne autant qu'il reçoit et les deux espèces associées se rendent de mutuels services : à ce mode particulier d'association on a proposé de donner le nom de *symbiose*.

A peine émise, la théorie symbiotique subit de nombreux assauts. Les lichénologues renonçaient avec peine à considérer les objets de leurs études comme des espèces simples, susceptibles de former un groupe autonome. Ils ne manquèrent pas d'opposer à Schwendener toutes les objections que son hypothèse pouvait comporter.

Les gonidies, disaient-ils, ne ressemblent pas exactement aux cellules des espèces d'Algues auxquelles on veut les rapporter : elles sont, en particulier, plus volumineuses. Cela est vrai, et Schwendener l'avait reconnu lui-même. Mais la théorie symbiotique explique ces dissemblances. Si on l'accepte, en effet, on doit admettre que l'Algue profite de son association avec le Champignon. Dès lors, faut-il s'étonner que ses éléments prennent des dimensions plus considérables? De même, les membranes des hyphes sont sensiblement plus épaisses que celles des espèces de Champignons qui vivent en dehors de toute association lichénique. Mais, ici encore, la théorie trouve en elle-même une réponse à l'objection : le mycélium du Champignon ne doit-il pas s'adapter au rôle de protection qui lui revient dans l'association, et n'est-ce pas en épaississant ses membranes qu'il peut réaliser le plus efficacement cette adaptation ?

Et puis, ajoutaient les adversaires de la théorie nouvelle, il ne nous suffit pas, pour admettre la nature que vous attribuez aux gonidies, de ressemblances plus ou moins parfaites entre ces éléments et des Algues, qu'un tableau comparatif peut mettre en évidence. Montrez-nous les gonidies vivant en dehors du Lichen.

Il fallait, pour porter la conviction dans les esprits les plus prévenus, fournir à ces objections des réponses expérimentales. C'est ce qu'on a fait par deux méthodes différentes : on a réalisé tour à tour ce qu'on peut appeler, en empruntant à la chimie deux termes de son vocabulaire, l'*analyse* et la *synthèse* des Lichens.

L'*analyse* d'un Lichen consiste à isoler les deux espèces qui se sont associées pour le former. En immergeant dans l'eau, pendant un temps prolongé, certaines espèces de Lichens, Famintzine, Baranetzki et quelques autres expérimentateurs sont parvenus à détruire le Champignon, tout en laissant vivre l'Algue, apte à végéter dans ce milieu nouveau : l'Algue, rendue à la liberté par la rupture de l'association, perdait alors les caractères spéciaux que lui avait imprimés celle-ci ; elle reprenait ses dimensions, sa structure et sa biologie normales.

S'il est relativement aisé de séparer l'Algue de l'association lichénique, il a été moins facile d'isoler le Champignon. Cependant, en recueillant des spores de Lichen, à l'exclusion de toute autre cellule, et les faisant germer sur un milieu nutritif convenable, Möller est parvenu, en 1887, à obtenir le développement normal de quelques Champignons, qui vivaient ainsi en dehors de l'association lichénique, mais qu'il était impossible d'identifier à aucune espèce déjà connue.

Faire la *synthèse* d'un Lichen, c'est le composer de toutes pièces en partant de ses éléments constitutifs, c'est-à-dire de l'Algue et du Champignon. Cette synthèse a été ébauchée dès 1871 par Rees, en 1873 et 1874 par Bornet et par Treub.

Ces expérimentateurs préparaient, d'une part, une culture d'une espèce d'Algues susceptible, d'après la théorie, d'entrer dans la constitution d'un Lichen. D'autre part, ils faisaient germer des spores du Lichen correspondant et se procuraient ainsi un premier mycélium. Mélangeant ensuite à ce mycélium un peu de l'Algue cultivée, ils voyaient (*fig.* 144) les filaments mycéliens se diriger vers les cellules de l'Algue, se ramifier à leur surface, puis les entourer d'une sorte de réseau dont la disposition rappelait assez bien celle des hyphes autour des goni-

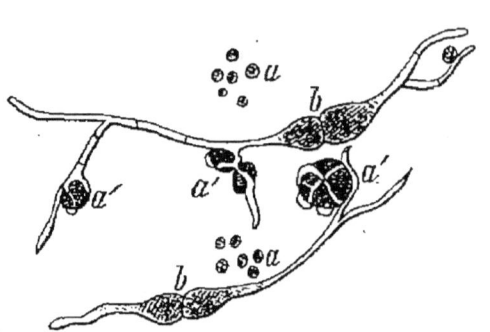

Fig. 144. — Première ébauche de la synthèse d'un Lichen. — *a*, cellules de l'Algue encore libres; *a'*, cellules de l'Algue enveloppées par le mycélium du Champignon et devenant des gonidies; *b*, spores ayant produit le mycélium.

dies des Lichens. Mais bientôt la culture était envahie par des Infusoires, des Moisissures, des Bactéries, et le Lichen, à peine ébauché, était rapidement étouffé. D'ailleurs, les cultures d'Algues ou de Champignons qui servaient dans ces expériences n'étaient pas faites de manière à éviter l'apport de germes étrangers par l'air ambiant: ces cultures n'étaient pas *pures* et, même lorsque l'ébauche du Lichen nouveau était assez avancée pour qu'il fût impossible d'en contester la nature, il était permis de craindre que ce Lichen nouveau, loin de provenir des cultures initiales, fût simplement le résultat du développement d'une sorédie tombée accidentellement dans la préparation.

En 1877, Stahl eut l'occasion d'étudier des espèces de Lichens à développement rapide et dont l'hyménium contient des gonidies très petites, susceptibles d'être projetées avec les spores à la maturité des apothécies; tels sont *Endocarpon pusillum* et *Polyblastia rugulosa*. Semant quelques spores, entremêlées de gonidies, sur de l'argile, terrain peu favorable au développement des Moisissures, il eut la bonne fortune d'observer le développement complet de ces espèces, depuis les premières phases de l'enchevêtrement des hyphes autour des gonidies jusqu'à la constitution de nouvelles apothécies. Mais ce n'était là qu'une observation et non une expérience : à cette observation on pouvait objecter que les cellules à chlorophylle, projetées avec les spores, qui reconstituaient plus tard les gonidies du Lichen nouveau, n'étaient pas, à proprement parler, des cellules d'Algues, mais bien des gonidies ayant déjà fait partie d'une association lichénique; l'observateur n'avait donc pas assisté à une véritable synthèse et la continuité de l'espèce n'avait pas été rompue.

C'est à un savant français, Gaston Bonnier, qu'on doit une réponse définitive et sans réplique aux objections qu'avait soulevées la théorie de Schwendener. Bonnier appliqua les procédés pastoriens à la synthèse des Lichens, en réalisant des cultures rigoureusement pures des espèces destinées à cette synthèse. Il préparait, d'une part, une culture de *Protococcus viridis*, dont il se procurait les éléments en un point éloigné des lieux habités, pour éviter, autant que possible, que la culture fût envahie par les Moisissures. D'autre part, il recueillait des spores sur une lame de verre placée au-dessus des apothécies mûres

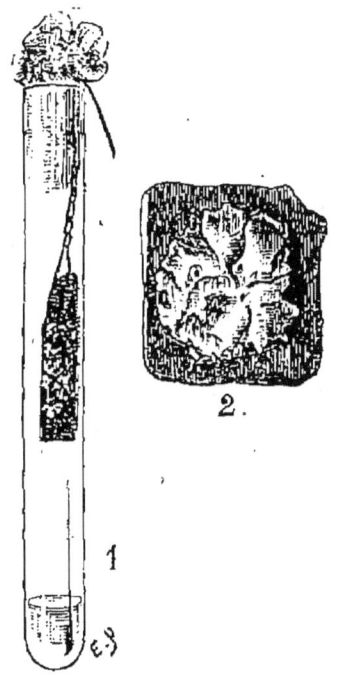

Fig. 145. — Synthèse complète d'un Lichen (d'après G. Bonnier). — 1, culture pure de deux espèces associées; 2, résultat de la synthèse.

d'un bel échantillon de Lichen, *Physcia parietina*, par exemple. Après s'être assuré au microscope que les spores recueillies étaient bien exemptes de tout autre élément vivant, il en semait quelques-unes, avec toutes les précautions nécessaires pour éviter l'introduction de germes étrangers, sur un milieu préalablement stérilisé (c'était, par exemple, un fragment d'écorce ou de roche, placé dans un tube de culture). A côté de ces spores, il semait aussitôt, avec les mêmes précautions, quelques cellules de *Protococcus viridis;* puis il abandonnait le semis à lui-même (*fig.* 145). Dans toutes les cultures, les germes apportés par l'air extérieur étaient arrêtés par un tampon d'ouate stérilisée : tantôt le renouvellement de l'air était simplement assuré par les mouvements que pouvaient provoquer les variations de température à l'intérieur de l'appareil; tantôt un dispositif particulier permettait d'établir, à l'aide d'un aspirateur, un courant d'air continu à travers la culture. Certaines expériences furent faites au laboratoire, d'autres dans des conditions plus voisines des conditions naturelles, c'est-à-dire en plein air, soit aux environs de Paris, soit dans des régions montagneuses, comme les Alpes et les Pyrénées, favorables au développement des Lichens. Beaucoup de ces expériences permirent seulement d'assister aux premières phases de la formation du Lichen et de voir les filaments mycéliens du Champignon chercher, puis atteindre et envelopper progressivement les cellules de l'Algue. Quelques-unes donnèrent un résultat plus complet : le développement de *Physcia parietina*, par exemple, put être obtenu jusqu'à la reconstitution complète d'un Lichen pourvu d'apothécies. Bonnier réalisa, de même, la synthèse de quelques autres espèces : soumises à l'examen de lichénologues compétents, elles furent déterminées comme des Lichens recueillis dans la nature et reçurent les noms qui leur revenaient d'après la théorie symbiotique.

La question de la nature réelle des Lichens est donc définitivement tranchée : le Lichen résulte bien de l'association, avec bénéfice réciproque, d'une espèce de Champignons (ordinairement un Ascomycète) avec une espèce d'Algues.

Propagation et conservation naturelles des Lichens. — Nous savons maintenant comment on peut, par l'association expérimentale des deux espèces qui le constituent, composer artificiellement le Lichen; mais il est permis de se demander comment il se conserve et se reproduit dans la nature. Les spores, disséminées par une apothécie du Lichen, peuvent rencontrer des gonidies, provenant de la destruction des parties voisines du thalle, ou des cellules d'une Algue vivant à côté de lui sur le même support : qui n'a observé, par exemple, le rapprochement presque constant, à la surface des murs ou des troncs d'arbres, de *Protococcus viridis* et de diverses espèces de Lichens? Quand une spore germe dans ces conditions, le mycélium qui en provient trouve donc facilement à sa portée les éléments nécessaires pour la reconstitution d'un Lichen.

Place des Lichens dans la classification. — La connaissance que nous possédons maintenant de la nature des Lichens doit-elle nous porter à supprimer ce groupe de la classification végétale? Ce serait pousser trop loin les conséquences de la théorie de Schwendener. Si la symbiose est facultative pour l'Algue qui entre dans la composition d'un Lichen, puisqu'elle peut vivre en dehors de l'association, elle est, au contraire, obligatoire pour le Champignon, qui, en dehors de cette association, est incapable de constituer une espèce autonome : on ne le rencontre jamais à l'état de liberté. Il semble donc convenable de considérer les Lichens comme un groupe spécial de Champignons qui vivent normalement associés avec diverses espèces d'Algues et doivent à cette association un ensemble spécial de caractères morphologiques et physiologiques : pour emprunter à M. Van Tieghem, une expression imagée, ce seraient des « Champignons alguisés ».

Rôle des Lichens dans la nature. — Les Lichens, supportant facilement la sécheresse et le froid, sont très bien organisés pour résister aux intempéries des saisons : là où ne pourrait vivre une Algue, un Lichen prospère. De là vient que les Lichens sont les derniers végétaux qu'on observe sur les parties les plus dénudées de l'écorce terrestre, soit qu'on s'approche des pôles, soit qu'on atteigne le sommet d'une montagne élevée. De là vient aussi le rôle que jouent les Lichens dans la formation de la terre végétale. On peut étudier ce rôle en observant comment les germes apportés par l'air peuplent progressivement un rocher primitivement dépourvu de toute espèce végétale, tel qu'un bloc volcanique résultant d'une éruption sous-marine. Ce sont les Lichens qui s'établissent les premiers sur la surface nue du rocher, qu'ils rongent et détruisent lentement. Leurs débris, décomposés et mêlés à ceux de la roche sous-jacente, constituent un premier aliment pour des végétaux d'organisation plus élevée : ce sont d'abord des Mousses, qui, dépourvues de racines, se fixent par de simples rhizoïdes au support qui leur est offert ; puis le corps des Mousses se détruit à son tour et ses débris viennent accroître l'épaisseur de la terre végétale ; alors s'établissent les plantes à racines (Ptéridophytes et Phanérogames).

CHAPITRE X

Les Characées.

Les Characées, avec leurs deux genres principaux, *Chara* et *Nitella*, sont des plantes vertes et filamenteuses, vivant dans les eaux douces ou saumâtres.

Dans l'étude de ce groupe, nous prendrons pour type une espèce quelconque du genre *Nitella* : l'organisation des *Nitella*, plus simple que celle des *Chara*, nous fournira cependant une connaissance suffisante des caractères généraux de la famille.

Appareil végétatif. — Un tronc cylindrique, dressé, porte de distance en distance des verticilles de rameaux dont la disposition alterne d'un verticille au suivant, de telle sorte qu'un rameau quelconque soit toujours exactement superposé à l'intervalle qui sépare deux rameaux dans le verticille qui lui est immédiatement inférieur. L'existence de ces verticilles successifs permet de fixer, à la surface du tronc, des repères, qui sont les *nœuds*, points d'attache des verticilles; on appelle *entre-nœud* l'intervalle qui sépare deux nœuds consécutifs (*fig.* 146).

La croissance terminale du tronc est illimitée; au contraire, celle des rameaux verticillés est limitée, de telle sorte que les dimensions de ces rameaux sont sensiblement inférieures à celles du tronc.

De même que le tronc principal porte des rameaux, ainsi les rameaux eux-mêmes portent, de distance en distance, des ramuscules plus petits, verticillés comme les rameaux eux-mêmes. Mais tandis que tous les rameaux d'un verticille ont des dimensions sensiblement égales, ce qui assure au verticille tout entier une symétrie par rapport à l'axe du tronc, les ramuscules qui composent un verticille secondaire ont

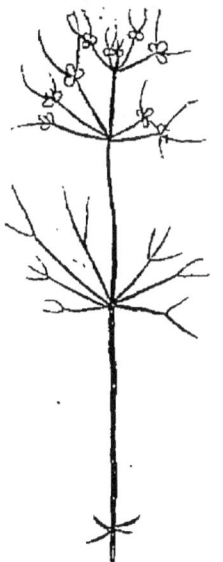

Fig. 146. — Aspect extérieur d'un pied de *Nitella*.

des dimensions inégales, décroissant régulièrement depuis l'un d'eux, qui a une longueur maxima, jusqu'au ramuscule diamétralement opposé, dont la longueur est minima (*fig.* 147). Ainsi le verticille secondaire est, dans son ensemble, symétrique par rapport à un plan, celui que déterminent l'axe du rameau et le ramuscule de longueur maxima ou minima : c'est une *symétrie*

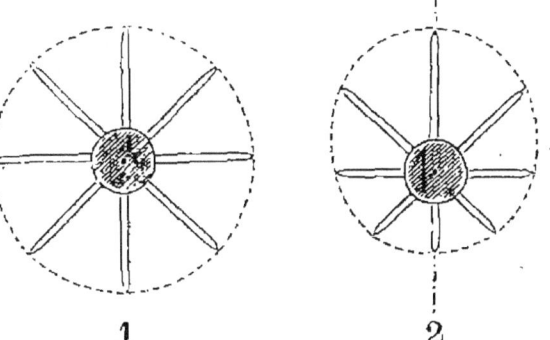

Fig. 147. — *Nitella*. — Schéma de la disposition d'un verticille de rameaux sur le tronc principal (1) et d'un verticille de ramuscules sur un rameau (2). (Le tronc et le rameau sont coupés transversalement et marqués de hachures.)

bilatérale. Nous verrons plus tard, en étudiant l'organisation des plantes supérieures, qu'un accroissement limité et une symétrie bilatérale sont des caractères essentiels de la feuille. Les observations précédentes nous permettent d'assimiler, dans une certaine mesure, les rameaux des Characées à des feuilles que supporterait l'axe principal, comparable à une tige. Nous voyons ainsi apparaître pour la première fois, avec une netteté assez grande, dans l'appareil végétatif de ces plantes une différenciation qui caractérise les embranchements supérieurs à celui des Thallophytes.

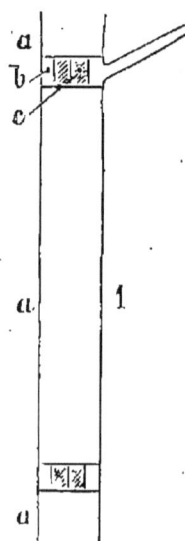

Fig. 148. — Schéma de la structure d'un tronc de *Nitella*. (1, coupe longitudinale; 2, coupe transversale au niveau d'un nœud.) — *a*, cellules internodales; *b*, cellules nodales périphériques; *c*, cellules nodales internes; *b'*, ébauche d'un rameau.

Dans l'angle qui sépare un rameau de l'entre-nœud immédiatement supérieur ou, comme on dit, dans l'*aisselle* de ce rameau, on voit parfois se former une sorte de bourgeon qui, en se développant et se différenciant, ne tarde pas à prendre tous les caractères du tronc principal. Or, nous verrons aussi que c'est aux aisselles des feuilles que se forment les branches chez les plantes d'organisation supérieure. Le mode de ramification du tronc des Characées fournit donc un nouveau point de rapprochement entre l'appareil végétatif de ces végétaux et celui des plantes à feuilles.

Au nœud le plus inférieur du tronc, on voit se détacher des filaments, simples ou ramifiés, dépourvus de chlorophylle, qui s'enfoncent dans le sol sur lequel se développe la plante et assurent sa fixation en même temps que son alimentation : jouant un rôle comparable à celui des racines, ces filaments ont reçu le nom de *rhizoïdes*.

Quand on étudie la structure du tronc principal d'un pied de *Nitella* (*fig.* 148), on reconnaît qu'il est formé par deux sortes de cellules assez différentes. Chaque entre-nœud est constitué par une seule cellule, dite *cellule internodale*, qui occupe toute l'épaisseur du filament et dont la longueur peut atteindre $0^m,10$ ou $0^m,15$. L'étude de la membrane et du contenu de cette cellule permet de reconnaître qu'elle a éprouvé une sorte de torsion autour de son axe, de manière que sa surface soit parcourue par une série d'hélices parallèles. Le protoplasme de la cellule internodale contient plusieurs noyaux et de nombreux corps chlorophylliens, étroitement serrés les uns contre les autres dans la couche pariétale; il est le siège de courants internes que mettent facilement en évidence les déplacements des corps chlorophylliens. Au niveau de chaque nœud se trouvent quelques cellules beaucoup plus courtes, disposées dans un plan perpendiculaire à l'axe du tronc et qu'on peut appeler des *cellules nodales :* la plupart sont disposées à la périphérie du nœud; deux cellules occupent une position centrale, à l'intérieur de l'anneau formé par les précédentes. Les cellules périphériques du nœud jouent un rôle important dans le développement de l'appareil végétatif : en s'allongeant, puis se cloisonnant transversalement et différenciant les éléments qui résultent de ce cloisonnement, elles forment les rameaux verticillés.

Fig. 149. — Une anthéridie (A) et deux oogones (O) sur un pied de *Nitella*.

Multiplication. — Les *Nitella* et, d'une manière plus générale, les Characées sont capables de se multiplier par une sorte de bouturage naturel. Un fragment, détaché du tronc principal ou d'une branche de *Nitella* et placé dans des conditions favorables, peut croître, se ramifier et reconstituer un pied nouveau, semblable à celui duquel il provient.

Reproduction. — Jamais on n'a observé la formation de spores chez les Characées.

La formation de l'œuf y est, au contraire, fort bien connue et mérite de nous arrêter quelques instants.

L'œuf résulte d'une hétérogamie avec anthérozoïde mobile

et oosphère immobile : c'est un cas extrêmement net de reproduction sexuée.

L'organe mâle, l'anthéridie (*fig.* 150), n'est pas autre chose que la région terminale d'une feuille, hautement différenciée. Arrivée à maturité, elle se présente sous la forme d'une petite sphère rouge dont le diamètre ne dépasse pas un millimètre. Cette sphère est creuse; sa paroi est formée par huit cellules aplaties ou *écussons* (c) dont chacune couvre un quart de la sphère. L'anthéridie est fixée au corps de la plante par une sorte de pédicule (b) qui vient s'engager entre quatre des huit écussons, qui sont tronqués, au voisinage du pôle de fixation. Du centre de la face interne de chaque écusson se détache une cellule allongée, ou *manche* (d), dont l'extrémité sert à son tour de support à une petite cellule de forme sphérique ou *tête* (e); les huit têtes convergent vers le centre de l'anthéridie. Chaque tête supporte six cellules plus petites (f) qui forment à sa surface comme autant de bourgeons; chacune de ces têtes secondaires sert de base à quatre filaments grêles et incolores, contournés plus ou moins irrégulièrement (g); chacun de ces filaments, examiné à un très fort grossissement, se montre formé par une longue série de cellules dont le nombre varie entre cent et deux cents et dont chacune produit, par rénovation de son contenu protoplasmique, un anthérozoïde à deux cils vibratiles. En tenant compte du nombre des écussons, des têtes, des filaments fertiles et des cellules mères d'anthérozoïdes que comprend chaque filament, il est aisé de calculer que le

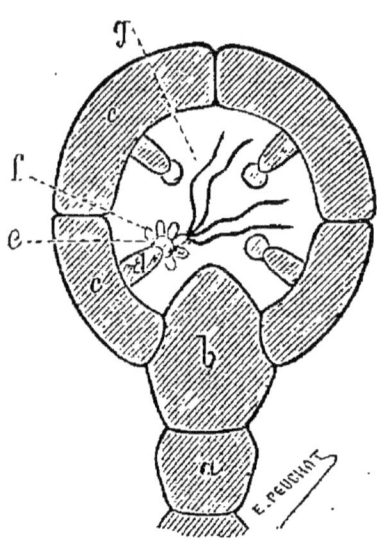

Fig. 150. — Coupe longitudinale d'une anthéridie de Characée (schéma). — a, cellule supportant l'anthéridie; b, pédicule de l'anthéridie; c, écusson; d, manche; e, tête principale; f, tête secondaire; g, filament chargé d'anthérozoïdes.

nombre des anthérozoïdes formés par une anthéridie varie entre vingt mille et quarante mille. Peu de temps après sa maturité, l'anthéridie désarticule ses écussons (*fig.* 151);

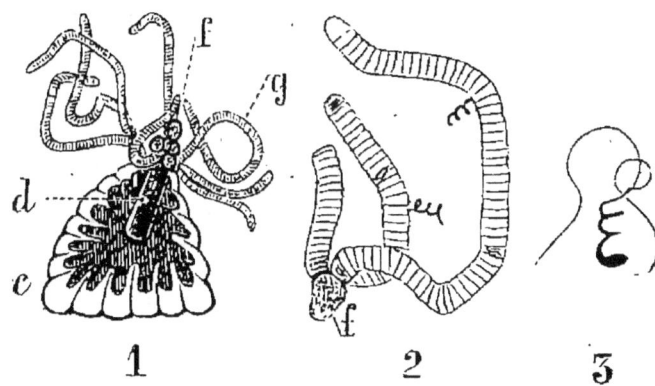

Fig. 151. — Dissémination des anthérozoïdes. — 1, un écusson isolé (*c*) avec son manche (*d*) et les têtes secondaires (*f*) qui portent les filaments fertiles (*g*); 2, une tête plus grossie, avec trois filaments expulsant quelques anthérozoïdes; 3, un anthérozoïde isolé et plus grossi.

les cellules mères d'anthérozoïdes sont, dès lors, en contact avec l'eau; par gélification de leurs membranes, elles ne tardent pas à mettre en liberté les anthérozoïdes, qui se déplacent rapidement à l'aide de leurs cils vibratiles.

L'organe femelle, l'oogone (*fig.* 152), provient du dernier nœud de la feuille que termine une anthéridie. Arrivé à maturité, il peut être décrit de la manière suivante. Une *cellule basilaire*, qui est une cellule internodale, sert de support général à l'oogone. Au-dessus d'elle se trouve une *cellule nodale*, des flancs de laquelle se détachent cinq cellules enroulées en spirale à la surface de l'oogone dont elles forment l'enveloppe extérieure : ce sont les *cellules pariétales*. Chaque cellule pariétale porte à son sommet deux petites cellules : l'ensemble des dix cellules ainsi constituées, qui se réunis-

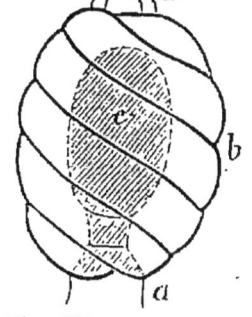

Fig. 152. — Un oogone de Characée, en coupe optique (schéma). — *a*, cellule basilaire; *b*, cellules pariétales; *c*, oosphère; *d*, coronule.

sent en une sorte de couronne autour du sommet de l'oogone, est ce qu'on appelle la *coronule*. Sur la cellule nodale repose un disque pluricellulaire, formant une sorte de coussinet qui soutient l'oosphère. Celle-ci est une masse volumineuse de protoplasme, qui contient un gros noyau. Elle est surmontée d'un globule gélatineux qui s'insinue entre les cellules de la coronule.

Peu de temps après la maturité de l'oogone, les cellules de la coronule s'écartent les unes des autres sur une partie de leur longueur, de manière à ménager cinq orifices en forme de boutonnières par lesquels peut pénétrer l'eau extérieure, entraînant les anthérozoïdes qu'elle contient. Traversant la gouttelette mucilagineuse qui surmonte l'oosphère, un anthérozoïde arrive jusqu'à celle-ci et de sa fusion avec elle résulte l'œuf. Après la fécondation, toutes les parties extérieures des cellules pariétales se détruisent et disparaissent ; seules, les faces de leurs membranes qui sont en contact avec l'œuf s'épaississent et se colorent, de manière à lui former une enveloppe protectrice, à la surface de laquelle on retrouve, sous forme de crêtes spiralées, les vestiges des cloisons de séparation des cellules pariétales. Détaché du corps de la plante mère, l'œuf attend, à l'état de vie ralentie, des conditions favorables à son développement. Quand ces conditions sont réunies, il germe. De cette germination résulte d'abord un appareil végétatif très simple, dont l'organisation se complique peu à peu pour reconstituer enfin un corps semblable à celui qui a fourni l'œuf.

Place des Characées dans la classification. — Quelle place convient-il de donner aux Characées dans la classification végétale? Par la simplicité de sa structure, leur appareil végétatif les rapproche évidemment des Thallophytes et, puisque ce sont des plantes pourvues de chlorophylle, vivant, par suite, d'une existence libre, il semble assez naturel de les placer au voisinage des Algues. Mais, si l'appareil végétatif des Characées reste simple dans sa structure anatomique, il l'est beaucoup moins dans son architecture générale, et nous avons vu que le corps d'un *Nitella* peut être considéré comme formé d'une tige qui porte des feuilles insérées suivant une loi régulière; par là les Characées semblent se rapprocher des Bryophytes. Il faut remarquer, d'ailleurs, que leur mode de développement ne manifeste en aucune façon cette succession régulière de formes, si caractéristique des Bryophytes et dont nous avons retrouvé l'équivalent chez les Algues de la famille des Floridées. Il paraît donc difficile de détacher les Characées de la classe des Algues pour les placer au niveau des Bryophytes et il semble préférable de les considérer comme des Algues vertes d'organisation très élevée.

CHAPITRE XI

Les Bryophytes.

§ 1er. — Les Mousses.

L'embranchement des *Bryophytes* ou *Muscinées* tire son nom des Mousses (en grec *Bruon*, en latin *Musci*), qui en forment la classe principale.

Les Mousses. — Les Mousses vivent parfois dans les eaux courantes ou marécageuses, parfois aussi dans des lieux très secs (à la surface de rochers dénudés par exemple); mais elles habitent le plus souvent les lieux humides, soit à la surface du sol, soit sur l'écorce des arbres.

Étude d'un type : Funaria hygrometrica. — Dans l'étude des Mousses, nous prendrons pour type une espèce qui se développe communément dans les bois, à la surface des aires circulaires sur lesquelles on a fabriqué du charbon de bois (*ronds de charbonniers*); c'est la Funaire hygrométrique (*Funaria hygrometrica*).

Appareil végétatif. — L'appareil végétatif de la plante, coloré en vert, se réduit à une tige qui porte à sa surface des feuilles nombreuses, isolées et régulièrement espacées, mais assez étroitement serrées les unes contre les autres, par suite de la brièveté des entre-nœuds qui les séparent (*fig.* 153).

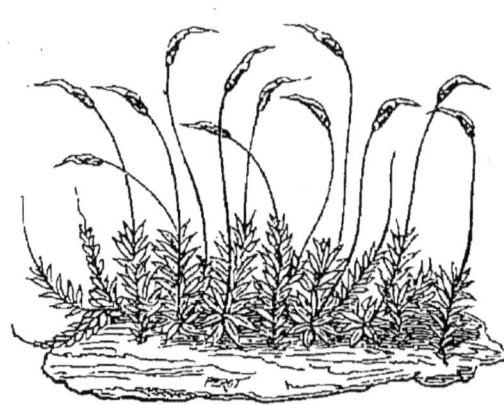

Fig. 153. — Mousse avec sporogones.

Tantôt la tige des Mousses est simple et courte : elle est alors entièrement verticale; tantôt elle est très ramifiée, et parmi ses ramifications, qui peuvent s'étendre sur une longueur considérable, il en est qui courent horizontalement à la surface du sol. A l'extrémité inférieure ou base des tiges verticales et, de distance en distance, à la surface des tiges horizontales, sont fixés des poils, simples ou ramifiés, toujours incolores,

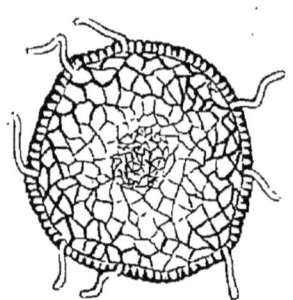

Fig. 154. — Coupe transversale d'une tige de Mousse.

qui s'enfoncent à l'intérieur du sol comme des racines et tirent de cette ressemblance leur nom de *rhizoïdes*.

Courte ou longue, simple ou ramifiée, la tige est toujours très grêle : son diamètre ne dépasse guère un millimètre dans les espèces les plus volumineuses.

Deux coupes, l'une transversale (*fig.* 154), l'autre longitudinale, pratiquées dans la tige d'une Mousse, permettent de reconnaître qu'elle est formée par un massif de cellules dont aucune ne se différencie de manière à constituer un vaisseau. Il arrive fréquemment, dans les espèces où la tige atteint sa plus grande complication de structure, et en particulier dans la Funaire hygrométrique, que les cellules voisines de l'axe, plus petites que les cellules périphériques, s'allongent dans la même direction que la tige tout entière et s'ajustent bout à bout ; mais jamais les protoplasmes et les membranes de ces cellules ne subissent la différenciation qui caractérise les éléments vasculaires.

Au microscope, les rhizoïdes se montrent formés par des filaments pluricellulaires, dont la structure simple rappelle celle d'un thalle : en un mot, ce ne sont pas de véritables racines.

Largement insérée par sa base à la surface de la tige, la feuille possède ordinairement une structure très simple : dans presque toute son étendue, elle est constituée par une seule assise de cellules ; mais cette assise se multiplie généralement, et en particulier chez la Funaire, suivant une ligne correspondant au plan de symétrie de la feuille, de manière à former une sorte de nervure médiane ; les cellules qui composent cette nervure sont allongées à la façon de celles qui occupent le voisinage de l'axe dans les tiges les plus différenciées.

Quand la tige se ramifie, c'est au-dessous d'une feuille, soit exactement dans son plan de symétrie, soit un peu de côté, que se développe le bourgeon qui produira la branche : la ramification est donc latérale et dépend de la disposition des feuilles à la surface de la tige.

Reproduction : formation de l'œuf. — La reproduction des Mousses est assurée par la formation d'un œuf, résultant de l'union d'un anthérozoïde mobile avec une oosphère immobile : elle nous offre, par conséquent, un nouvel exemple d'hétérogamie.

Dans la Funaire hygrométrique, l'élément mâle et l'élément femelle sont produits par des pieds différents : il existe, par suite, des *pieds mâles* et des *pieds femelles ;* la plante est, en d'autres termes, *dioïque*. Dans d'autres espèces, les deux éléments sont fournis par le même pied ; ces espèces sont *monoïques*.

Remarquons aussi que, dans l'exemple que nous avons choisi, les éléments reproducteurs sont portés par le sommet de la tige principale : c'est une Mousse *acrocarpe*. Dans d'autres espèces, dites *pleurocarpes*, ils occupent les sommets de rameaux latéraux.

Examinons, au moment de la reproduction, le sommet d'un pied mâle (*fig.* 155); nous verrons les feuilles qui en sont les plus voisines se rapprocher peu à peu, en même temps qu'elles deviennent de plus en plus petites, et former autour du sommet lui-même une sorte de rosette protectrice à laquelle on donne le nom d'*involucre*. Écartons les feuilles de l'involucre; nous distinguerons, au sommet de la tige, quelques organes en forme de massues, fixées par leurs extrémités les plus grêles : ce sont des *anthéridies*.

Fig. 155.
Anthéridies de Mousse.

Une anthéridie est supportée par une sorte de *pédicelle*, que forment quelques rangées de cellules. Sa paroi contient une seule assise de cellules, dont chacune renferme un grand nombre de corps chlorophylliens qui, d'abord verts, se colorent finalement en jaune ou en rouge. Son contenu est un massif de cellules à peu près cubiques, dont chacune produit un anthérozoïde (*fig.* 156). A cet effet, le noyau, très volumineux, s'accroît aux dépens du protoplasme, s'allonge et s'étire à l'intérieur de la membrane cellulaire et finit par se contourner sur lui-même en une spirale dont une extrémité est renflée et l'autre effilée. Pendant ce temps, la couche pariétale de protoplasme qui n'a pas été employé à la nutrition du noyau se découpe en deux minces lanières fixées à son extrémité effilée. Le noyau ainsi transformé n'est pas autre chose que le corps d'un anthérozoïde;

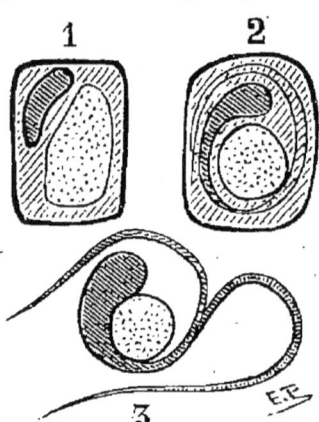

Fig. 156. — Trois phases successives de la formation d'un anthérozoïde de Mousse (schéma). — Le noyau de la cellule mère est couvert de hachures épaisses, son protoplasme de hachures plus claires et sa vacuole d'un dessin pointillé.

les deux minces lanières sont des cils vibratiles. En un mot, chaque anthérozoïde se forme dans sa cellule mère par une rénovation partielle du contenu de cette cellule.

A la maturité, l'eau qui remplit l'involucre distend le contenu de l'anthéridie et provoque l'ouverture de celle-ci à son sommet (*déhiscence* de l'anthéridie). Par la fente ainsi produite, les anthérozoïdes s'échappent au dehors, encore enfermés dans leurs cellules mères, et forment au sommet de l'anthéridie une sorte de gouttelette gélatineuse. Bientôt les membranes des cellules mères, gélifiées au contact de l'eau, se dissolvent à leur tour et mettent en liberté les anthérozoïdes, qui se déroulent et prennent dans l'eau leur aspect définitif (*fig.* 157) : c'est alors qu'on peut reconnaître le plus nettement la forme caractéristique de l'anthérozoïde et la présence de ses deux cils vibratiles. Chaque anthérozoïde entraîne avec lui pendant quelque temps une petite sphère creuse et remplie de liquide, qui n'est pas autre chose que la vacuole centrale de sa cellule mère.

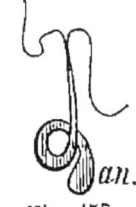

Fig. 157.
Anthérozoïde de Mousse.

Examinons maintenant le sommet d'un pied femelle, ordinairement plus grand et plus vivace que le pied mâle (*fig.* 158). Au centre d'un involucre, un peu différent de l'involucre mâle, nous observerons des sortes de petites bouteilles à col très long, à ventre très court, portées au sommet de la tige par de courts pédicelles. On donne à ces organes le nom d'*archégones*.

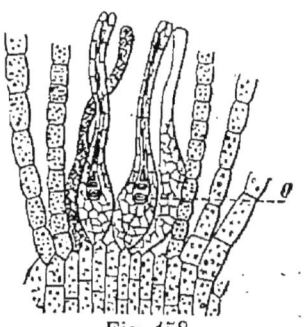

Fig. 158.
Archégones de Mousse.

Le *pédicelle* d'un archégone (*fig.* 159) est formé de plusieurs rangées de cellules. — Le *ventre* a une paroi formée de deux assises de cellules gorgées de corps chlorophylliens et renferme dans sa cavité interne une cellule volumineuse, sphérique, à protoplasme granuleux, à noyau nettement visible, dépourvue de membrane cellulosique : c'est une *oosphère*.

15.

— La paroi du *col* qui surmonte le ventre est formée par plusieurs files de cellules (de quatre à six en général), juxtaposées bord à bord, et dont les cellules extrêmes viennent former, au sommet du col, une sorte de *rosette*. L'axe du col est occupé par un mucilage qui écarte les cellules de la rosette et se répand à l'extérieur en une gouttelette terminale.

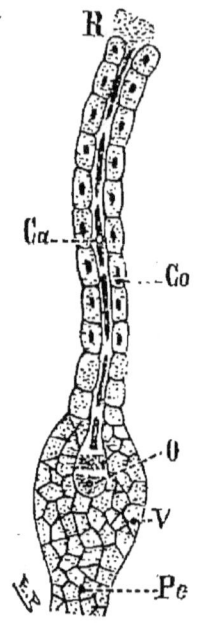

Fig. 159. — Coupe longitudinale d'un archégone mûr de Mousse. — Pe, pédicelle ; V, ventre ; O, oosphère ; Co, col ; Ca, cellules de canal ; R, rosette terminale.

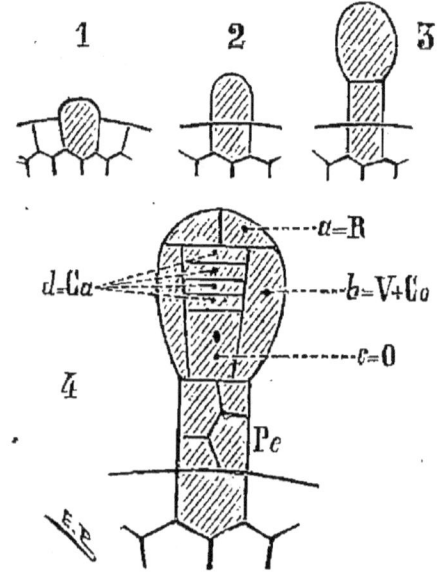

Fig. 160. — Quelques phases du développement d'un archégone de Mousse (schéma).

Il n'est pas sans intérêt de suivre pas à pas le mode de formation d'un archégone (*fig.* 160). On voit une cellule superficielle du sommet de la tige fertile pousser vers l'extérieur une saillie en forme de papille. Cette papille s'isole, par une cloison transversale, de la cellule qui l'a produite ; puis elle augmente de volume et, par une nouvelle cloison transversale, se divise en deux cellules superposées. La cellule inférieure, après plusieurs cloisonnements, forme le pédicelle d'un archégone, qui provient lui-même du développement de la cellule supérieure. Cette dernière détache de son sommet, par une cloison transversale, une sorte de calotte terminale; puis, par trois cloisons longitudinales, elle détache sur ses flancs trois cellules latérales, entourant une cellule centrale. Par deux cloisonnements longitudinaux et perpendiculaires entre eux, la calotte terminale donne naissance à quatre cellules qui deviennent les cellules de la rosette. Les trois cellules latérales, à la suite de cloisonnements multiples, contribuent à former les parois du col et du ventre. Enfin la cellule centrale se divise, par un nouveau cloisonnement transversal, en deux cellules superposées : la cellule inférieure devient l'oosphère; la cellule supérieure, dite *cellule de canal*, se divise bientôt en une file de cellules qui pénètrent dans le col et, en se gélifiant, fournissent les éléments du mucilage. — On voit, en résumé, que l'archégone tout entier provient d'une cellule unique empruntée à l'assise extérieure ou épiderme de la tige : c'est une sorte de poil différencié : on dit qu'il possède la valeur morphologique d'un poil.

En suivant, de même, le développement de l'anthéridie, on pourrait s'assurer qu'elle possède la même origine : elle provient tout entière du développement d'une cellule épidermique de la tige; par suite, elle a aussi la valeur morphologique d'un poil.

Nous connaissons la constitution et l'origine de l'élément mâle, l'anthérozoïde, et de l'élément femelle, l'oosphère. Comment s'accomplit la fécondation?

Les anthérozoïdes, mis en liberté par la destruction des parois de leurs cellules mères, se déplacent rapidement dans l'eau qui tapisse le corps de la Mousse et peuvent ainsi parcourir des distances considérables. Que l'un d'eux arrive au voisinage d'un archégone, il sera attiré par certaines substances qui diffusent du col, en particulier par du saccharose; il pénétrera dans la gouttelette mucilagineuse qui occupe le centre de la rosette. On peut remarquer que, dans les espèces monoïques, pourvues d'involucres hermaphrodites, le trajet que doit parcourir l'anthérozoïde pour atteindre le sommet d'un archégone est beaucoup plus court que dans le cas de la Funaire. Enfin, dans le cas des espèces dioïques, on conçoit que les petits animaux qui rampent à la surface des mousses puissent involontairement transporter du mucus rempli d'anthérozoïdes jusqu'au col de l'archégone.

L'anthérozoïde, retenu par la gouttelette mucilagineuse, s'y enfonce de plus en plus par le mouvement de ses cils; grâce à sa forme spiralée, il pénètre dans le col de l'archégone à la façon d'une vrille ou d'un tire-bouchon, le parcourt d'un bout à l'autre et atteint enfin l'oosphère. Arrivé à ce point, l'anthérozoïde cesse de mouvoir ses cils vibratiles, qui ne tardent pas à se flétrir et à disparaître; puis il se combine intimement avec l'oosphère, qui se contracte et s'entoure d'une membrane de cellulose : l'œuf est formé.

Développement de l'œuf : le sporogone. — A peine constitué, l'œuf se divise en deux cellules. Puis celles-ci ne tardent pas à subir de nouveaux cloisonnements. Bientôt l'œuf a donné naissance à un corps massif, fusiforme, pluricellulaire, qui occupe le ventre de l'archégone, croît par son sommet et s'enfonce par sa base dans les tissus de la tige : c'est un *embryon*.

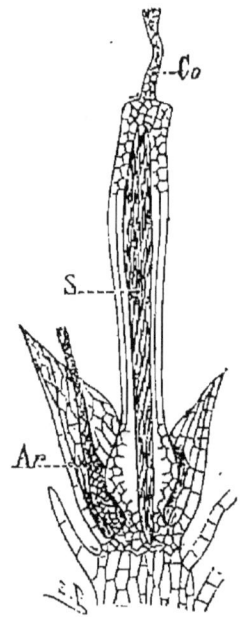

Fig. 161. — Développement de l'œuf de la Funaire en sporogone. — S, sporogone jeune; Co, coiffe; Ar, un archégone non fécondé.

Distendues par le développement de l'embryon, les parois de l'archégone s'étirent et s'amincissent : bientôt elles ne peuvent plus résister à la tension qu'elles supportent; le ventre se déchire vers sa base, suivant une ligne à peu près circulaire, et toute la partie supérieure de l'archégone, détachée de la base, forme au sommet de l'embryon une sorte de capuchon protecteur qu'on nomme la *coiffe* (fig. 161).

Pendant ce temps, le tissu de la tige a proliféré autour de la base de l'embryon, qu'il enveloppe d'une sorte de

DÉVELOPPEMENT DE L'OEUF : LE SPOROGONE.   265

bourrelet circulaire auquel on donne le nom de *vaginule*.

Plus tard, l'embryon, qui a cessé de s'accroître par son sommet, différencie sa forme extérieure en même temps que sa structure et se divise en deux régions distinctes : une partie supérieure, renflée, qui emporte avec elle la coiffe, et

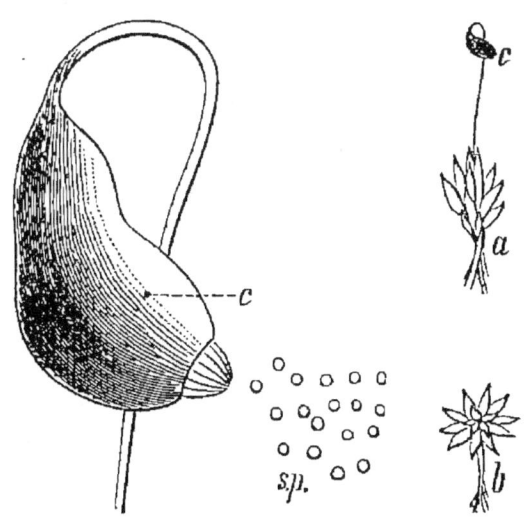

Fig. 162. — Formation du sporogone d'une Mousse. — *b*, un pied de Mousse sur lequel la fécondation n'a pas encore eu lieu ; *a*, un pied portant un sporogone ; *c*, capsule du sporogone (la même est figurée plus grossie à gauche avec des spores *sp*, qui s'en échappent).

qu'on nomme communément la *capsule*; une partie inférieure, grêle, en forme de long pédicelle, qu'on appelle communément la *soie* (*fig.* 162).

Portons notre attention sur la différenciation que subit ensuite la capsule et supposons, pour cela, que nous fissions dans cette capsule, prise à ses états successifs de développement, une série de sections transversales (*fig.* 163, 1). Au-dessous de plusieurs assises de cellules, nous observons une lacune de forme annulaire, que traversent de fins trabécules constitués par des files, simples ou ramifiées, de cellules à chlorophylle. La partie centrale de la coupe est occupée par un massif cellulaire dans lequel la troisième ou quatrième assise, à partir de la limite extérieure, ne tarde pas à se distinguer de toutes les autres. Cette assise (*fig.* 164) divise deux ou trois fois de suite ses cellules ; les cellules nouvelles qui résultent de ces cloisonnements répétés s'isolent bientôt les unes des autres ; puis, dans chacune d'elles, deux cloisonnements consécutifs donnent naissance à quatre cellules qui prennent bientôt les caractères de *spores*. Les cellules qui ont formé ces spores quatre par quatre, et qui les contiennent encore, sont donc des *cellules mères de spores*. L'assise dont les cloisonnements répétés ont produit les cellules mères peut être qualifiée d'*assise sporifère*; la capsule, à l'intérieur de laquelle se sont formées les spores, est un *sporange*, et l'embryon résultant du développement de l'œuf est un *embryon sporifère* ou,

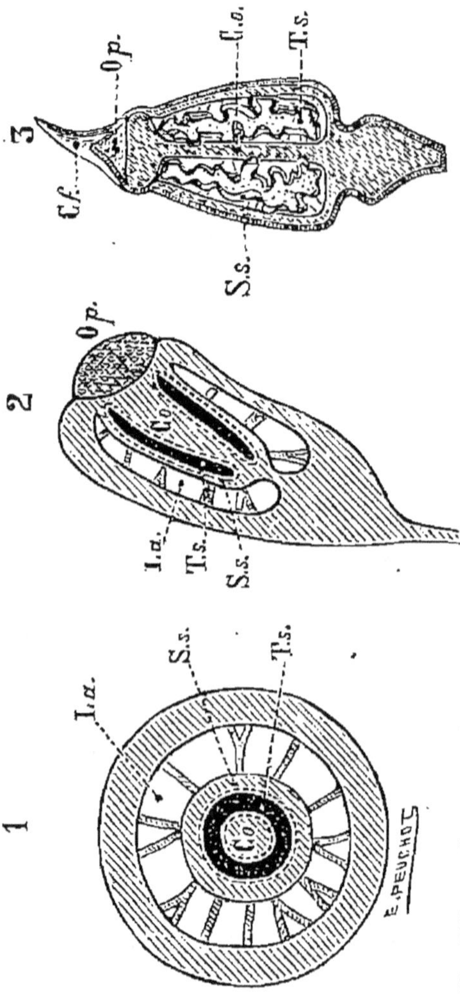

Fig. 163. — Structure du sporogone des Mousses (1, section transversale et schématique d'une capsule de la Funarie ; 2, section longitudinale et schématique de la même ; 3, section longitudinale d'une capsule de Polytric). — *La.*, lacune annulaire ; *S.s.*, sac sporifère ; *T.s.*, tissu sporifère ; *Co*, columelle ; *Op.*, opercule ; *Cf.*, coiffe.

pour employer le terme communément adopté, un *sporogone*. Autour du massif des cellules mères de spores, les assises voisines, devenues plus résistantes, constituent une enveloppe appelée *sac sporifère*.

Une coupe longitudinale faite suivant l'axe du sporogone (*fig.* 163, 2 et 3) permet de s'assurer que la lacune annulaire

DÉVELOPPEMENT DE L'ŒUF : LE SPOROGONE. 267

et le sac sporifère sont interrompus vers la base et vers le sommet de manière à présenter une forme de tonneau sans fond.

Quand la capsule a atteint sa maturité, elle prend une

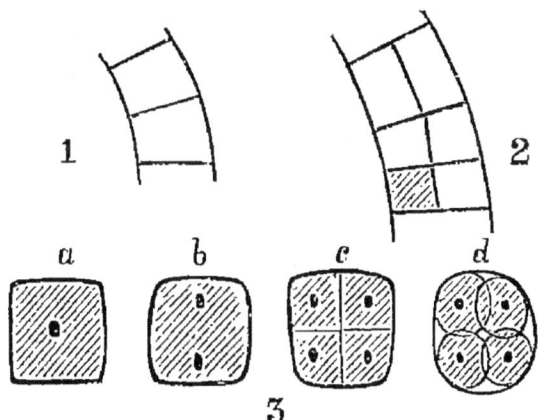

Fig. 164. — Évolution des cellules de l'assise sporifère (schéma). (La cellule couverte de hachures en 2 est une cellule mère de spores; la figure 3 représente la formation de quatre spores dans cette cellule mère.)

couleur brun foncé; les parois des cellules mères des spores se résorbent et les spores, groupées quatre par quatre à cause de leur origine, forment une poussière brune à l'intérieur du sac sporifère. Bientôt (*fig.* 165) la coiffe se détache de la capsule et tombe sur le sol : on voit alors paraître le sommet de la capsule, occupé par un disque circulaire qui forme couvercle et qu'on appelle *opercule*. Par un mécanisme assez compliqué, l'opercule se détache suivant son contour circulaire et tombe à son tour. Ce qui

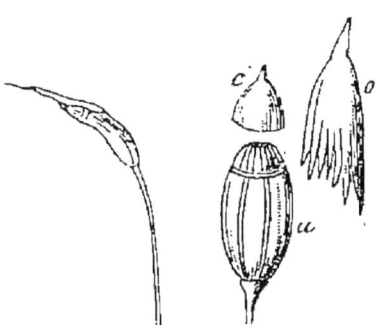

Fig. 165. — Capsule de Polytric : à gauche, entière; à droite, décomposée en ses divers éléments. — *a*, urne à bords ciliés; *c*, opercule; *o*, coiffe.

reste alors de la capsule forme une sorte de vase ouvert à sa partie supérieure et qu'on appelle l'*urne :* souvent le bord de l'ouverture présente une ou deux couronnes de petites dents dont les pointes sont tournées vers le centre et dont l'ensemble constitue ce qu'on appelle le *péristome*. Sous l'influence de la sécheresse, les dents du péristome se recourbent en dehors de manière à ouvrir l'urne largement. Ainsi s'est produite la *déhiscence* de la capsule. Il suffit alors du moindre mouvement imprimé à l'urne par les déplacements de l'air, pour que les spores s'échappent du sac sporifère et se répandent au dehors.

Développement de la spore : protonéma. — Recueillies sur une lame de verre et examinées au microscope, les spores se montrent ordinairement arrondies, tétraédriques dans certaines espèces ; leur membrane, jaune ou brune, est cutinisée dans sa zone externe ; leur protoplasme renferme des corps chlorophylliens.

Les spores des Mousses, conservées dans un lieu sec, peuvent demeurer pendant longtemps à l'état de vie ralentie, sans perdre leur pouvoir germinatif. Placées dans des con-

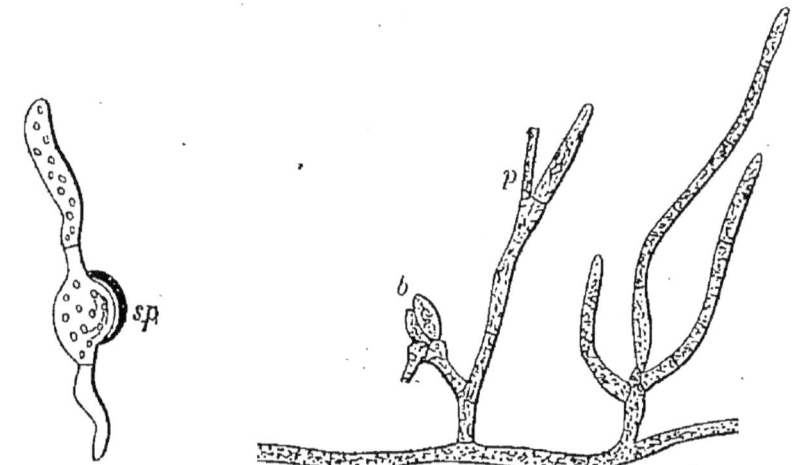

Fig. 166. — Spore (*sp*) de Mousse germant.

Fig. 167. — Protonéma de Mousse (*p*); *b*, première ébauche d'un bourgeon feuillé.

ditions favorables, par exemple à la surface de la terre humide, elles germent. Au moment de la germination d'une spore (*fig.* 166), la couche cutinisée de la membrane se déchire ; le protoplasme, refoulant devant lui la couche interne cellulosique, forme un premier filament vert, qui ne tarde pas à s'allonger, à se cloisonner transversalement, puis à se ramifier; bref, il constitue bientôt, à la surface du sol, une sorte de gazon très fin auquel on donne le nom de *protonéma* (fig. 167). Rayonnant également dans toutes les directions, le protonéma offre ordinairement l'aspect d'une tache circulaire. Certains filaments de protonéma, dépourvus de chlorophylle, s'enfoncent dans le sol et se comportent comme des rhizoïdes.

Quand le protonéma a atteint des dimensions suffisantes, on voit se former sur certaines de ses branches, dressés verticalement, des rameaux latéraux : chaque rameau s'isole à sa base par une première cloison, puis prend de nouvelles cloisons transversales. Bientôt, la cellule terminale du rameau, cessant de s'allonger, se divise, par un certain nombre de cloisons obliques, de manière à former un massif pluricellulaire, une sorte de petit tubercule. Plus tard, par une prolifération des cellules inférieures de ce tubercule, on voit se former des filaments incolores qui s'enfoncent dans le sol pour y chercher des matières nutritives, des rhizoïdes en un mot. En même temps, le tubercule s'allonge verticalement par sa partie supérieure et se différencie en un filament axile (une tige) et des lames appendiculaires (des feuilles); bref, ce tubercule prend l'aspect d'un bourgeon, qui n'a plus qu'à poursuivre son développement pour constituer un nouveau pied de Mousse, semblable à celui qui a servi de point de départ à notre étude.

Le protonéma, issu de la germination d'une spore, sert ainsi de support à toute une forêt de tiges feuillées, d'autant plus âgées qu'elles se sont formées sur une partie du protonéma plus ancienne, c'est-à-dire plus voisine de la spore initiale. Ainsi s'explique la forme, ordinairement circulaire et convexe, des taches de Mousse qui se développent dans les lieux humides.

Il convient de remarquer ici que les spores dont nous venons d'étudier la naissance et la germination ne sont nullement comparables aux éléments auxquels nous avons donné ce nom chez la majeure partie des Thallophytes. Une spore de Thallophyte, née sur la plante mère, donne directement en germant une plante semblable à la plante mère. Chez les Mousses, au contraire, la spore donne bien naissance, il est vrai, à une Mousse; mais elle n'est pas née directement sur une Mousse feuillée. Elle naît, suivant un processus spécial, sur le sporogone, qui est un embryon particulier, bien différent de la Mousse feuillée. Pour cette raison, Van Tieghem a donné un nom spécial à cette spore, qu'il dénomme *tomie*. Nous la désignerons simplement sous le nom de *spore de passage*.

Résumé du développement de la Mousse. — Si nous jetons un regard rétrospectif sur le développement total de la Mousse que nous venons d'étudier, nous voyons qu'elle a passé successivement par deux états tout à fait différents : l'un feuillé, l'autre beaucoup plus simple. C'est à l'état feuillé que la Mousse forme un œuf : cet œuf germe sur place et produit un organisme plus simple, greffé en quelque sorte sur le premier, le sporogone. Celui-ci seulement, par l'intermédiaire des spores de passage qu'il forme, donne naissance à de nouveaux pieds feuillés de Mousse qui, d'ailleurs, passent d'abord par l'état très simple de protonéma. Le développement total est ainsi coupé en deux tronçons par la dissémination des spores de passage entre le sporogone et l'état feuillé. A l'état feuillé, la Mousse ne forme jamais que des œufs; à l'état de sporogone, elle ne forme jamais que des spores. Les œufs formés sur la Mousse feuillée ne donnent jamais que des sporogones; la spore mise en liberté par un sporogone ne donne jamais qu'un protonéma, point de départ d'une nouvelle Mousse feuillée. Il y a, en un mot, une alternance forcée entre les deux états par lesquels passe successivement la Mousse au cours de son développement, qui peut être résumé par le tableau suivant :

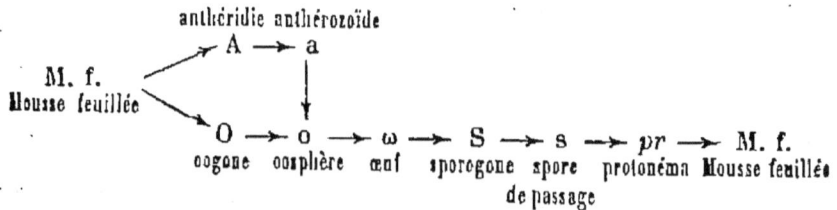

On donne le nom de *gamétophyte* au tronçon qui donne naissance aux gamètes, et de *sporophyte* au tronçon qui donne naissance aux spores de passage. Le gamétophyte va depuis la spore de passage jusqu'à l'œuf ; le sporophyte, de l'œuf jusqu'à la spore de passage. Le gamétophyte comprend la Mousse feuillée.

Multiplication. — Les Mousses peuvent se multiplier de diverses façons. Tantôt des bourgeons se forment sur les rhizoïdes et donnent naissance à autant de pieds nouveaux, capables de s'isoler de celui qui les a formés. Tantôt, en différents points de la tige, des feuilles ou des rhizoïdes, se développent de nouveaux protonémas qui s'étendent de proche en proche à la surface du sol et peuvent donner naissance à de nouveaux pieds feuillés. On voit aussi se former à la surface de la tige ou des feuilles, par une sorte de bourgeonnement, de petits massifs pluricellulaires et pédicellés qu'on nomme des *propagules* (*fig.* 168) : détaché de l'organe qui le porte, le propagule tombe sur le sol ; de sa surface part un nouveau protonéma qui devient le support de bourgeons feuillés.

Fig. 168. — Un pied d'*Aulacomnium* portant des propagules (Pr.). (A gauche, le sommet du pied, plus grossi.)

Les propagules sont, en somme, les spores proprement dites : à la façon des véritables spores des Thallophytes, elles naissent directement sur le corps végétatif de la plante feuillée et, en germant, reproduisent directement le protonéma et la plante feuillée.

Classification des Mousses. — La classe des Mousses renferme un grand nombre de genres et d'espèces, groupés en plusieurs familles.

A la famille des *Bryacées* appartiennent la plupart des Mousses de nos pays. Beaucoup sont *acrocarpes*, comme les *Barbula*, *Bryum*, *Polytrichum*, *Funaria*, etc... Quelques-unes sont *pleurocarpes*, comme les *Fontinalis*, qui se développent dans les eaux courantes, et les *Hypnum*, dont une espèce (*Hypnum triquetrum*) est employée pour garnir les jardinières d'appartements.

La famille des *Sphagnacées* renferme un seul genre, le genre *Sphagnum* ou Sphaigne (*fig.* 169). Les Sphaignes vivent dans les lieux très humides. Elles sont remarquables par la structure de leur appareil végétatif. La tige est enveloppée extérieurement par une gaine formée d'une ou plusieurs assises de cellules grandes, incolores et mortes; leurs membranes sont perforées de larges trous circulaires qui les font communiquer les unes avec les autres; de plus, elles portent fréquemment des bandes d'épaississement spiralées. Ainsi se forme autour de la tige une sorte de fourreau qui peut servir à conduire l'eau d'une extrémité à l'autre du corps de la plante. Au fur et à mesure que la tige allonge son extrémité supérieure et produit de nouvelles feuilles, la partie inférieure meurt et ne sert plus qu'à conduire l'eau, par sa gaine de cellules aquifères, vers la partie encore vivante. La feuille est formée d'une seule assise de cellules; mais ces cellules sont de deux sortes (*fig.* 170) : les unes, grandes, de forme losangique, possèdent la même structure que les cellules aquifères de la tige; les autres, petites et riches en corps chlorophylliens, forment, en s'ajustant bout à bout, une sorte de réseau intercalé entre les premières. Les tiges de Sphaignes, dressées côte à côte, forment, à la surface du sol humide, un gazon épais et feutré.

Fig. 169. — Sphaigne.

Formation de la tourbe. — Les Sphaignes jouent un rôle important dans la formation d'un combustible imparfait, brûlant avec beaucoup de fumée, qu'on appelle la *tourbe*.

Trois conditions essentielles sont nécessaires au développement des Sphaignes : il faut d'abord qu'elles aient toujours de l'eau à leur disposition; ensuite, que cette eau soit très limpide; enfin, que l'écoulement de l'eau se fasse lentement, pour que les plantes puissent se fixer définitivement au sol. Quand ces trois conditions se trouvent réunies, les tiges des Sphaignes s'allongent rapidement, et leurs parties mortes, plongées dans l'eau, se décomposent lentement en se carbonisant. On appelle *tourbière* un espace étendu sur lequel se carbonisent ainsi des Sphaignes; si on creuse une tranchée dans une tourbière, on observe, à la surface, des tiges et des feuilles parfaitement vivantes et, dans la profondeur, une matière d'abord jaunâtre, puis de couleur brune, de plus en plus compacte et de plus en plus riche en carbone : c'est la tourbe. On l'exploite au fur et à mesure qu'elle se forme et, si les conditions restent favorables à sa formation, elle se reconstitue sans cesse.

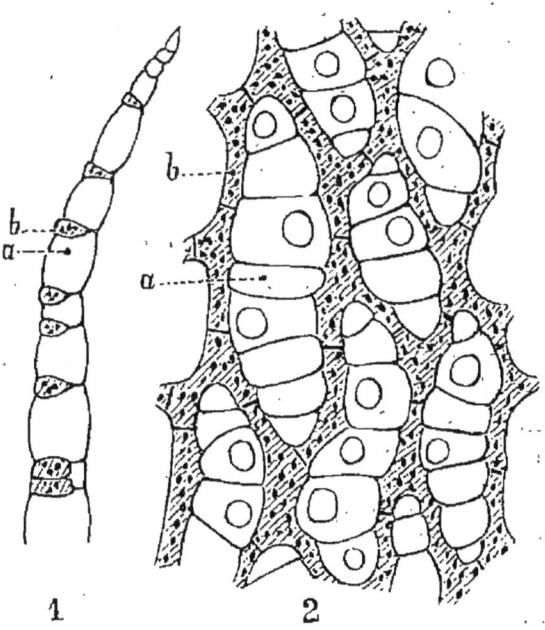

Fig. 170. — Une feuille de Sphaigne, très grossie (1, en coupe perpendiculaire à sa surface; 2, vue de face). — *a*, cellules aquifères; *b*, cellules à chlorophylle.

Pour que la décomposition des Sphaignes fournisse de la tourbe, il faut que la température ne soit pas trop élevée : car elle activerait outre mesure la décomposition des matières végétales; aussi n'observe-t-on pas de tourbière au-dessous du 45e degré de latitude.

Les tourbières sont surtout répandues dans les vallées où coulent très régulièrement des rivières dont l'eau est limpide, par exemple la vallée de la Somme. On en trouve cependant aussi dans quelques régions montagneuses, même sur des pentes assez raides ; cela tient à ce que le sol y est constamment imbibé d'eau par des suintements et que cette eau est retenue par certaines espèces de Mousses vivaces et très avides d'humidité.

§ 2. — Les Hépatiques.

A côté de la classe des Mousses, l'embranchement des Bryophytes renferme une classe moins nombreuse, mais non moins intéressante, celle des *Hépatiques*. Pour acquérir une connaissance suffisante des caractères essentiels de cette classe, bornons-nous à l'étude sommaire d'un type, qui nous sera fourni par la Marchantie (*Marchantia polymorpha*), espèce qu'on rencontre assez fréquemment entre les pavés des cours humides.

L'appareil végétatif de cette espèce se réduit à un thalle

Fig. 171. — Thalle d'une Marchantie ; à gauche, il porte un chapeau à archégone ; à droite, un chapeau à anthéridies.

riche en chlorophylle, qui se fixe au sol par des rhizoïdes et s'y étend en se ramifiant par dichotomies successives.

LES HÉPATIQUES.   275

Au moment de la reproduction, on voit se former de distance en distance, à la surface du thalle de la Marchantie, des organes dont l'aspect rappelle celui des chapeaux d'un Champignon (*fig.* 171). Ces chapeaux sont de deux sortes. Les uns, les chapeaux mâles, ont un bord faiblement découpé de sinuosités arrondies et portent sur leur face supérieure des anthéridies fixées au fond de petites cryptes (*fig.* 172); chaque anthéridie produit et met en liberté un grand nombre d'anthérozoïdes qui offrent les mêmes caractères que ceux des Mousses et portent, en particulier, deux cils vibratiles. Les autres, les

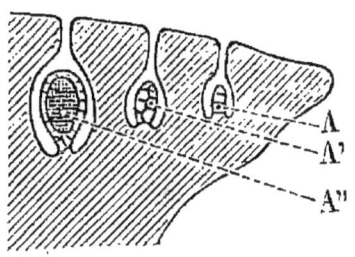

Fig. 172. — Coupe dans un chapeau mâle de *Marchantia polymorpha* (schéma). — A, A', A'', trois stades successifs du développement.

chapeaux femelles, ont un contour découpé de sinuosités beaucoup plus profondes; leur face inférieure porte des archégones ouvrant leurs cols vers le thalle qui sert de support au chapeau; chaque archégone contient une oosphère.

Après la fécondation, un ou plusieurs des œufs formés dans les archégones peuvent se développer. L'œuf, en se développant, fournit un sporogone sphérique qui reste fixé au chapeau par un pédicelle très court, enfoncé dans son tissu (*fig.* 173). Le contenu du sporogone mûr comprend des éléments de deux sortes : les uns sont des spores,

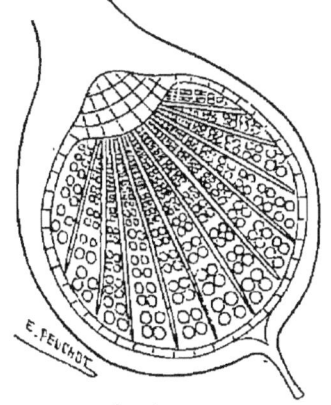

Fig. 173. — Coupe schématique dans le sporogone de *Marchantia polymorpha*.

groupées quatre par quatre; les autres sont de longues cellules régulièrement intercalées entre les groupes de spores, rayonnant à partir du pédicelle et dont chacune épaissit et lignifie sa membrane suivant des spirales régulières; ces cellules sont appelées *élatères* (*fig.* 174).

Quand le sporogone a atteint sa maturité, le pied du chapeau femelle s'allonge de manière à l'élever au-dessus du thalle et à favoriser la dissémination des spores. C'est alors que se produit la déhiscence du sporogone, qui se déchire irrégulièrement. Très sensibles aux variations de l'état hygrométrique, les bandes d'épaississement spiralées des élatères provoquent des mouvements de celles-ci, qui se recourbent en arcs et se déploient alternativement : ces déformations ont pour effet de projeter les spores à une distance souvent considérable.

Fig. 174. — Fragment, très grossi, d'une élatère de *Marchantia polymorpha*.

Fig. 175. — Un pied de *Jungermannia*, portant à son sommet un sporogone pédicellé et déhiscent en quatre valves.

Placée dans des conditions favorables, la spore germe et fournit un thalle d'abord simple et rudimentaire, qui se complique peu à peu et devient enfin semblable à celui qui portait les chapeaux sexués.

Chez toutes les Hépatiques, l'appareil végétatif ne se réduit pas à un thalle : beaucoup d'entre elles, comme les Jongermannes (*Jungermannia*) (*fig.* 175), possèdent une tige et des feuilles distinctes ; par là ces Hépatiques se rapprochent des Mousses.

Chez beaucoup d'Hépatiques, le pied du sporogone reste court comme chez la Marchantie ; chez d'autres, au contraire, il s'allonge dans la période qui précède immédiatement la dissémination des spores, mais cette élongation est toujours tardive et ne peut être comparée à l'allongement précoce du pied qui soutient la capsule d'une Mousse.

Si le sporogone de la Marchantie se déchire irrégulièrement à sa maturité, il n'en est pas de même chez toutes les Hépatiques : chez beaucoup de ces plantes la paroi du sporogone s'ouvre à sa maturité en quatre valves qui s'écartent brusquement de manière à disséminer les spores. Chez la plupart des Hépatiques, cette dissémination est favorisée par la présence d'élatères comparables à celles de la Marchantie.

La germination des spores chez les Hépatiques n'est pas suivie de la formation d'un protonéma filamenteux qu'on puisse comparer à celui des Mousses; il est vrai que dans cette dernière classe on peut citer des exemples de plantes dont le protonéma se présente avec l'aspect foliacé du thalle des Hépatiques à ses débuts : telles sont les Sphaignes, du moins quand leurs spores germent sur un support solide.

Réduction fréquente de l'appareil végétatif à un thalle, — élongation nulle ou tardive du pied du sporogone, — présence ordinaire d'élatères intercalées aux spores et favorisant leur dissémination, — absence de protonéma filamenteux : tels sont les caractères principaux qui permettent de distinguer, dans l'embranchement des Bryophytes, la classe des Hépatiques de celle des Mousses. Par ces caractères, la classe des Hépatiques forme un trait d'union entre l'embranchement des Thallophytes et celui des Bryophytes.

CHAPITRE XII

Morphologie des Plantes vasculaires ou Rhizophytes.

L'appareil végétatif des plantes vasculaires. — Nous voici arrivés à l'étude des plantes à racines. Caractérisé, nous le savons, par la haute différenciation de sa forme extérieure, l'appareil végétatif de ces plantes comprend une tige, une racine et des feuilles. Mais, nous le savons aussi, à cette différenciation de la forme extérieure correspond une différenciation de la forme intérieure, de la structure en un mot : aux cellules ordinaires, qui composent le corps entier d'une Thallophyte ou d'une Bryophyte, s'ajoutent, chez les plantes à racines, des cellules associées et modifiées de manière à constituer des *vaisseaux;* les plantes à racines sont en même temps *vasculaires.* Le moment semble donc venu d'étudier dans ses traits généraux l'organisation et la structure de l'appareil végétatif chez les plantes vasculaires. Nous étudierons ensuite les fonctions de cet appareil, et une bonne partie des notions physiologiques que nous aurons ainsi acquises s'étendront aux plantes cellulaires, dont nous avons maintenant terminé l'étude morphologique. C'est par la racine que nous commencerons l'examen de l'appareil végétatif des plantes vasculaires.

§ 1er. — La Racine.

Morphologie externe. — La racine est un organe de forme cylindro-conique; c'est un cylindre dont une des bases, la *base* de la racine, se continue par la tige et dont l'autre base, enfoncée à l'intérieur du sol, se termine par une extrémité conique qu'on appelle le *sommet* de la racine. Si l'on joint par une droite le sommet de la racine (supposée rectiligne) au centre de sa base, cette droite est pour l'organe tout entier un axe de symétrie.

L'allongement de la racine à l'intérieur du sol se poursuit pendant toute la durée de la vie de la plante : il n'est limité que par les limites mêmes de celle-ci.

Si l'on veut examiner de près l'extrémité de la racine, il est nécessaire de s'adresser à un organe qui se soit développé dans un sol suffisamment meuble pour qu'on puisse détacher de sa surface les particules qui gêneraient l'observation : on considérera, par exemple, une racine qui se sera développée dans la mousse humide, ou dans l'eau, ou simplement dans une atmosphère saturée d'humidité. On observera alors (*fig.* 176) que le sommet de la racine présente généralement une couleur un peu plus foncée que celle du reste de l'organe; il est, en effet, recouvert d'une sorte

LA RACINE. MORPHOLOGIE EXTERNE. 279

de capuchon résistant, qui s'use sans cesse par sa surface et se renouvelle par sa partie profonde, adhérente au corps de la racine; on donne à cet étui protecteur le nom de *coiffe*.

Dans sa partie immédiatement voisine de la coiffe, la surface de la racine est lisse. Un peu plus loin apparaît un duvet qui lui donne un aspect velouté; à la loupe, ce duvet se montre formé d'un grand nombre de poils, d'autant plus longs qu'on s'éloigne davantage de la coiffe; on les appelle *poils radicaux*. Après s'être poursuivi sur une longueur de deux à trois centimètres, ce manchon s'interrompt brusquement, rendant à la surface de la racine l'aspect lisse qu'elle conserve ensuite sur toute sa longueur. Chose curieuse, la longueur et la position du manchon de poils radicaux restent à peu près constantes pendant tout le cours de l'allongement de la racine.

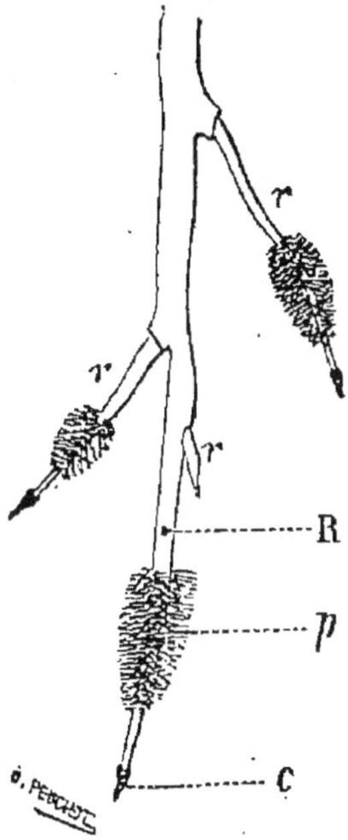

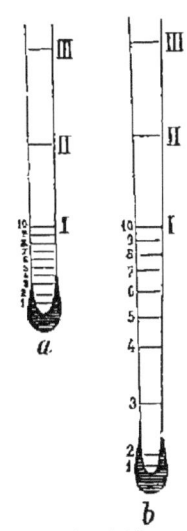

Fig. 176. — R, racine principale; *r*, radicelles; *c*, coiffe; *p*, poils radicaux.

C'est en nous demandant où et comment se produit l'accroissement en longueur de la racine que nous trouverons l'explication de cette dernière observation.

Si on coupe, avec la coiffe, l'extrémité d'une racine en voie de développement, cette racine cesse de s'accroître en longueur, ce qui tend à prouver que c'est au voisinage de la coiffe que se forment les éléments nouveaux destinés à augmenter la longueur de l'organe. On peut donner à cette conclusion une précision plus grande en répétant les expériences qui ont été imaginées par Ohlert et perfectionnées par Sachs (*fig.* 177).

Fig. 177.

Extrayons avec précaution une jeune racine qui a poussé dans un sol peu résistant, de la mousse humide par exemple. A l'aide de traits marqués avec un vernis inoffensif, divisons sa longueur totale en trois parties égales, et, l'ayant replacée dans la mousse, laissons-la poursuivre son développement. En l'extrayant de nouveau après quelques jours, nous observerons que la seule partie qui se soit allongée est la plus voisine du sommet. Divisons, à son tour, cette partie de la racine, de la même façon, en dix segments aussi égaux que possible et abandonnons une fois de plus la racine à elle-même; après quelques jours, les nouvelles positions occupées par les traits de division nous montreront, avec toute évidence, que la seule région qui se soit allongée est celle qui avoisine immédiatement la coiffe : ce sera, par exemple, le quatrième segment (à partir du sommet) qui aura subi l'allongement maximum.

C'est donc par une partie placée à une certaine distance de son extrémité inférieure que la racine s'accroît en longueur; c'est sous la coiffe que se forment les éléments nouveaux : ce qu'on exprime d'un mot en disant que l'accroissement en longueur de la racine est *subterminal*. Dès lors, la disposition des poils radicaux est facile à comprendre : la surface de la racine, d'abord nue quand elle quitte la coiffe protectrice sous laquelle elle s'est formée, se couvre peu à peu de poils; leur longueur croît à mesure que la coiffe s'éloigne d'eux, repoussée par des éléments plus jeunes; enfin, après avoir atteint leur maximum de longueur, ils se flétrissent et tombent. Ainsi, ce manchon de poils radicaux qui nous paraît invariable pendant toute la durée de l'allongement de la racine, se renouvelle en réalité continuellement : il se détruit sans cesse par son extrémité la plus éloignée du sommet de la racine, pendant que des éléments nouveaux se forment à l'extrémité opposée; on peut dire, en considérant un point éloigné de la coiffe à la surface de la racine, qu'il a passé successivement par trois états : nu, velu et dénudé.

On voit quelquefois la racine principale, celle qui est

située dans le prolongement de la tige, demeurer simple pendant toute la durée de son existence. En général, au contraire, elle ne tarde pas à se couvrir de ramifications, auxquelles on donne le nom de *radicelles*. Les radicelles qui naissent directement sur la racine principale sont des radicelles primaires ou encore des *racines de second ordre*.

La disposition des radicelles primaires à la surface de la racine principale est assez régulière ; elles sont insérées le long de plusieurs lignes droites qui seraient des génératrices du cylindre auquel appartient la surface de l'organe.

Il est intéressant d'étudier la naissance d'une radicelle à la surface de la racine qui la porte. On voit d'abord paraître une légère boursouflure, qui augmente peu à peu et finit par se percer à son sommet ; de l'ouverture sort un petit cordon blanchâtre protégé à son extrémité par une coiffe et qui ne tarde pas à s'allonger et à se couvrir de poils radicaux. On voit donc que la jeune radicelle vient de l'intérieur de la racine principale : son origine est, en un mot, *endogène*.

Les racines de second ordre peuvent, à leur tour, se ramifier et former des *racines de troisième ordre ;* puis celles-ci peuvent former des *racines de quatrième ordre*, et ainsi de suite, de sorte qu'au bout de peu de temps la racine pénètre le sol dans toutes les directions.

Les radicelles des divers ordres ont exactement le même aspect que la racine principale : comme elle, elles se terminent par une coiffe, portent des poils radicaux et s'allongent par une région voisine de leur extrémité.

L'étude de la morphologie externe de la racine permet, en résumé, de la définir comme *un organe cylindro-conique, symétrique par rapport à un axe, terminé par une coiffe au voisinage de laquelle se développent des poils radicaux, doué d'un allongement indéfini et subterminal, et présentant une ramification endogène.*

Morphologie interne : structure primaire. — Pour étudier la structure de la racine, faisons une section transversale de cet organe à une distance du sommet suffisante pour que la différenciation des tissus soit achevée ; au niveau des poils radicaux par exemple. Cette coupe nous montrera que l'axe de la racine est occupé par un cylindre assez grêle, qu'on appelle *cylindre central* ou *stèle;* il est enveloppé de toutes parts par une *écorce* épaisse (*fig.* 178).

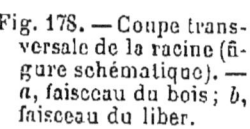

Fig. 178. — Coupe transversale de la racine (figure schématique). — *a*, faisceau du bois; *b*, faisceau du liber.

L'*écorce* (*fig.* 179) débute à l'extérieur par une assise formée de cellules étroitement serrées les unes contre les autres et dont un grand nombre se prolongent au dehors de la racine en forme de doigts de gant : chacun de ces prolongements est un *poil radical* et l'assise qui les forme a reçu, pour ce motif, le nom d'*assise pilifère*.

Sous l'assise pilifère, on rencontre généralement une assise dont les cellules subérifient plus ou moins fortement leurs membranes et qu'on appelle, pour cette raison, l'*assise subéreuse;* quand les poils radicaux se flétrissent et tombent, l'assise pilifère disparaît souvent avec eux : c'est alors l'assise subéreuse qui forme le revêtement externe de la racine.

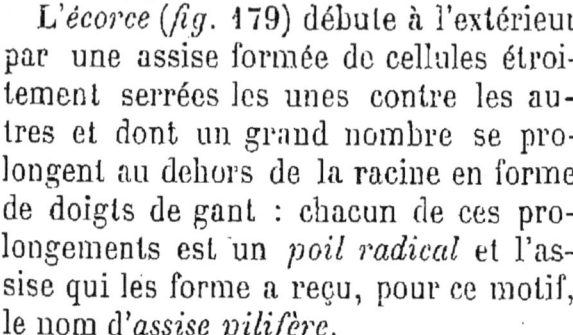

Sous l'assise subéreuse vient une série plus ou moins nombreuse d'assises concentriques, dont les éléments sont disposés sans ordre apparent : avec l'assise subéreuse qui les précède, ces assises forment la *zone corticale externe*.

Fig. 179. — Coupe transversale de l'écorce de la racine (figure théorique); l'écorce est limitée ici vers l'intérieur par le trait noir plus accentué qu'on voit à la partie inférieure de la figure.

Puis viennent des cellules disposées régulièrement, à la fois en assises concentriques et en files radiales. Chaque groupe de quatre cellules ainsi rapprochées ménage le long de l'arête commune un méat dont la section transversale présente une forme quadrangulaire. L'ensemble des assises ainsi définies forme la *zone corticale interne*.

MORPHOLOGIE INTERNE : STRUCTURE PRIMAIRE. 283

La dernière assise de l'écorce, ou *endoderme*, est formée de cellules qui continuent l'alignement radial des éléments de la zone corticale interne; ces cellules sont étroitement unies entre elles et leurs cloisons radiales de séparation montrent, sur la coupe transversale, des ponctuations caractéristiques : de couleur foncée quand on les examine sans réactif colorant, ces ponctuations se colorent en rouge par la fuchsine et offrent, d'une manière générale, toutes les réactions de la subérine. Par une série de coupes faites dans diverses directions ou en isolant une cellule de cette assise, on peut s'assurer que cette cellule, de forme à peu près cubique, porte, sur ses quatre faces de contact avec les cellules voisines de la même assise, une sorte de cadre subérifié et plissé transversalement de manière à s'engrener avec les cadres semblables de cellules voisines : c'est ce cadre qui, rencontré en deux de ses points par la coupe transversale, donne les ponctuations caractéristiques de l'endoderme (*fig.* 180).

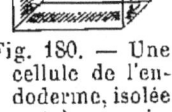

Fig. 180. — Une cellule de l'endoderme, isolée et très grossie.

Assise pilifère, assise subéreuse, zone corticale externe, zone corticale interne, endoderme : tels sont, en résumé, les éléments qui composent généralement l'écorce de la racine.

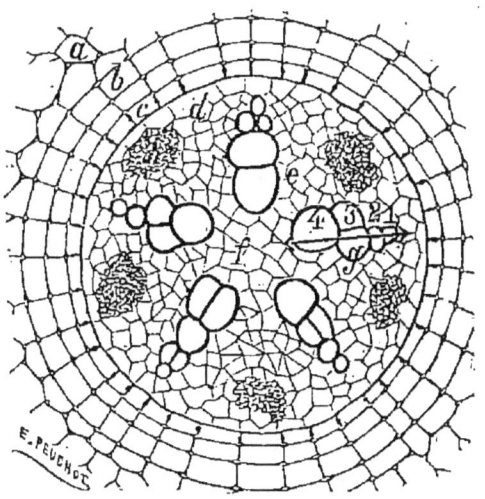

Fig. 181. — Coupe transversale du cylindre central de la racine (figure théorique). — *a*, *b*, écorce; *c*, endoderme, *d*, péricycle; *e*, rayon médullaire; *f*, moelle; *g*, faisceau du bois; 1, 2, 3, 4, vaisseaux qui le composent; *h*, faisceau du liber. (La flèche indique la direction dans laquelle est faite la coupe représentée dans la figure suivante.

Le corps du *cylindre central* (*fig.* 181) est formé par un tissu mou, à membranes cellulosiques, un *parenchyme* en un mot. Dans ce parenchyme *conjonctif*, sur une circonférence concentrique à la surface de la racine, on observe, à un faible grossissement, deux sortes de taches qui alternent régulièrement : les unes, de couleur sombre, ont la forme générale de triangles isocèles dont les bases sont tournées vers l'axe; les autres, de couleur claire, intercalées entre les précédentes, ont une forme plutôt lenticulaire et aplatie suivant le rayon. Par une série de coupes transversales, il est facile de s'assurer que ces taches correspondent à autant de cordons qui s'étendent d'un bout à l'autre de la racine et qu'on appelle des *faisceaux :* aux taches sombres correspondent les *faisceaux du bois* ou *faisceaux ligneux;* aux taches claires, les *faisceaux du liber* ou *faisceaux libériens.* La position des faisceaux du bois et du liber permet de distinguer dans le parenchyme du cylindre central trois régions : 1° en dehors des faisceaux, le *péricycle*, formé souvent d'une seule assise de cellules et quelquefois de plusieurs; — 2° en dedans des faisceaux, la *moelle ;* — 3° entre le péricycle et la moelle, dans les intervalles qui séparent les divers faisceaux, les *rayons médullaires primaires.*

Quelle est la composition d'un faisceau ligneux ? Sur une coupe transversale, on reconnaît, par exemple, que son extrémité adjacente au péricycle est occupée par un fin canal à parois lignifiées, se colorant en rouge par la fuchsine, en vert par le vert d'iode, en jaune par le sulfate d'aniline; puis, en se rapprochant de l'axe de la racine, on rencontre des canaux de plus en plus larges dont les parois sont encore lignifiées. Il faut avoir recours à une coupe longitudinale passant par l'axe de la racine et comprenant le faisceau ligneux pour reconnaître la nature réelle de ces divers élé-

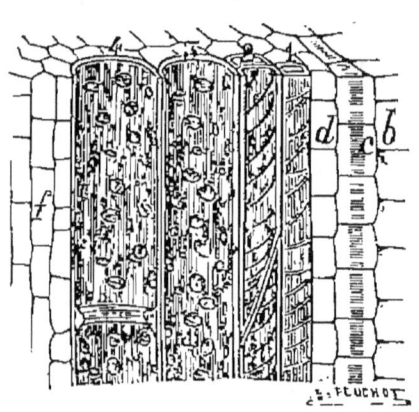

Fig. 182. — Coupe longitudinale d'un faisceau ligneux de la racine : — *b*, écorce; *c*, endoderme; *d*, péricycle; *f*, moelle; 1, 2, 3, 4, vaisseaux ligneux.

ments (*fig.* 182). On voit alors que le canal le plus fin n'est pas autre chose qu'un vaisseau dont la paroi présente sur sa face interne une bande d'épaississement spiralée : c'est un *vaisseau spiralé* ou encore une *trachée*. On peut remarquer que les cloisons de séparation entre les cellules consécutives du vaisseau n'ont pas disparu ; c'est, en un mot, un *vaisseau imparfait*. L'élément suivant est encore un vaisseau imparfait, mais de calibre un peu plus fort que celui du premier ; sa face interne porte une série de bandes d'épaississement annulaires : c'est un *vaisseau annelé*. Puis vient un vaisseau plus large, mais imparfait encore et dont l'ornementation interne consiste en une sorte de réseau plus ou moins irrégulier : c'est un *vaisseau réticulé*. Enfin, l'extrémité interne du faisceau est occupée par un vaisseau plus large que tous les autres, dans lequel les cloisons de séparation des cellules constitutives peuvent avoir complètement disparu, un *vaisseau parfait*, en un mot; son ornementation interne consiste en une série de plages minces, de forme arrondie, qui tranchent sur l'épaisseur générale du fond de la membrane : c'est un *vaisseau ponctué*. En résumé, et d'une manière plus générale, la dimension des vaisseaux dont la réunion constitue un faisceau ligneux va en croissant régulièrement de la périphérie vers l'axe de la racine ; imparfaits dans la région externe, ils tendent à devenir parfaits vers l'extrémité interne ; leur ornementation, spiralée ou annelée vers l'extérieur, devient ponctuée vers l'intérieur.

Tout autre est la structure d'un *faisceau libérien*. Une coupe transversale nous montre que les éléments qui constituent le liber sont en général de dimensions plus petites que les éléments du parenchyme conjonctif; mais c'est en général tout ce qu'elle nous montre. C'est encore une coupe longitudinale, passant par l'axe de la racine et par un faisceau libérien, qui sera particulièrement instructive (*fig.* 183). Le liber de la racine renferme des cellules à parois minces et cellulosiques, allongées suivant la direction de l'axe et peu différenciées : ce sont les éléments du *parenchyme li-*

286   COURS ÉLÉMENTAIRE DE BOTANIQUE.

bérien. Entre ces cellules on remarque, de distance en distance, de longs tubes, d'aspect tout différent, auxquels on

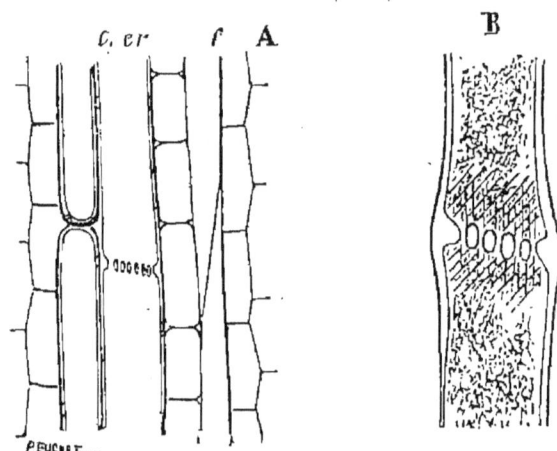

Fig. 183. — A, coupe longitudinale d'un faisceau libérien; B, coupe, plus grossie, d'un tube criblé. — *t.cr.*, tube criblé.

donne le nom de *tubes criblés* et dont nous connaissons la structure générale (Voir plus haut, p. 89).

Plus encore que l'observation de sa morphologie externe, l'étude sommaire que nous venons de faire de la structure d'une racine met en évidence la symétrie particulière de cet organe. On voit qu'on peut partager la coupe transversale de la racine en autant de secteurs équivalents qu'il y a de faisceaux de chaque sorte (cinq, par exemple, dans la coupe que représente la *fig.* 181), et que, si l'on fait tourner toute la figure, autour de l'axe, d'une quantité correspondant à l'angle d'un secteur, la figure se superposera sensiblement à elle-même : on dit que la racine a une symétrie *axile* ou *radiaire*.

Origine de la structure primaire. — Nous connaissons maintenant la structure que possède la racine à quelque distance de sa coiffe, au niveau des poils radicaux. Nous pouvons nous demander quelle est l'origine des tissus ainsi définis.

Pour répondre à cette question, il est nécessaire de pratiquer dans la racine une coupe longitudinale passant exactement par l'axe. Dans la partie de cette coupe qui confine à la coiffe, on verra que les cellules sont d'autant moins différenciées et d'autant plus étroitement serrées les unes contre les autres qu'elles se rapprochent davantage de la coiffe. Les plus voisines de la partie profonde de celle-ci offrent tous les caractères d'un tissu jeune, en voie de cloisonnement, d'un méristème en un mot : étant placé sous la coiffe, par

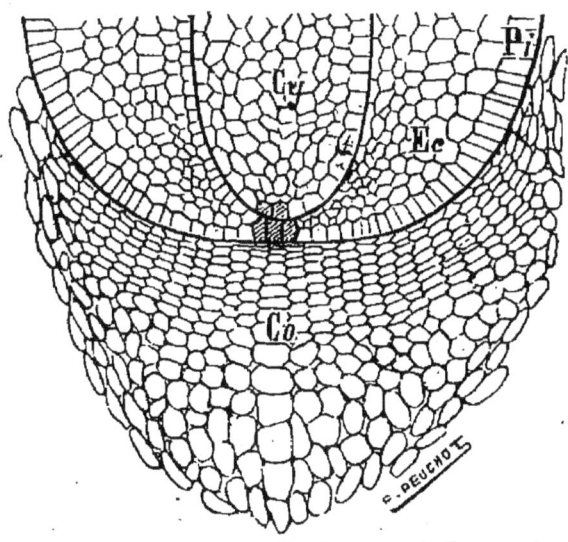

Fig. 184. — Coupe longitudinale et axile du sommet d'une racine. — Co, coiffe ; Pi, assise pilifère ; Ec, écorce ; Cy, cylindre central. (Les cellules initiales sont couvertes de hachures.)

conséquent à quelque distance du sommet de la racine, ce méristème peut être qualifié de subterminal.

Supposons qu'il s'agisse d'une racine de Phanérogame. Si nous portons notre attention sur la région centrale du méristème subterminal, en utilisant un grossissement plus considérable, nous observerons que le centre de ce méristème est occupé par un petit groupe de cellules à protoplasme plus opaque que celui de toutes les autres, à noyaux volumineux et dont les cloisonnements ont manifestement donné naissance aux cellules qui les entourent : c'est ce qu'on peut appeler les *cellules initiales* du méristème. Ces initiales sont distribuées sur trois plans superposés, dont chacun est occupé par quatre initiales disposées en croix ou, plus souvent, par une seule initiale.

L'initiale inférieure, en se cloisonnant parallèlement à ses faces latérales et à sa face inférieure, donne naissance à des séries nombreuses de cellules qui s'empilent en assises concentriques et constituent la coiffe : les cellules les plus voisines de l'initiale sont polyédriques et serrées les unes contre les autres; les plus éloignées de l'initiale, qui sont, par suite, les plus voisines de la surface de la coiffe, s'arrondissent, se dissocient et finalement se détachent. Ainsi s'explique le renouvellement continuel des tissus de la coiffe, qu'une observation superficielle nous avait déjà permis de reconnaître. Cette première initiale peut être appelée *initiale de la coiffe;* mais d'une façon plus générale on la dénommera *initiale de l'épiderme*, l'épiderme de la racine étant, dans le cas que nous examinons, limité à la coiffe.

L'initiale moyenne ne se cloisonne que parallèlement à ses faces latérales. Les cellules auxquelles elle donne ainsi naissance s'empilent les unes au-dessus des autres en séries longitudinales; puis elles se cloisonnent dans diverses directions et, entre autres, parallèlement à la surface externe de la racine, de manière à former les divers tissus de l'écorce. L'assise la plus interne parmi celles qui sont ainsi constituées se différencie plus ou moins loin du sommet et prend les caractères de l'endoderme. Cette initiale peut être appelée *initiale de l'écorce*.

Tantôt c'est l'assise la plus externe de l'écorce qui, dégagée de la coiffe qui la protège au voisinage du sommet, prolonge ses cellules en poils et devient l'assise pilifère, comme cela est ici figuré. Tantôt c'est l'assise la plus profonde de la coiffe qui reste adhérente à la surface de l'écorce et devient pilifère. Le premier cas est réalisé par les Monocotylédones, où l'épiderme de la racine comprend uniquement la coiffe et par conséquent est totalement exfolié. Le second cas s'observe chez la grande majorité des Dicotylédones, où l'épiderme de la racine n'est donc pas totalement absent, puisque, après l'exfoliation de la coiffe, l'assise profonde de l'épiderme subsiste encore sous forme d'assise pilifère.

L'initiale supérieure, se cloisonnant parallèlement à ses faces latérales et à sa face supérieure, donne naissance à des files de cellules qui s'empilent côte à côte, puis se cloisonnent dans diverses directions et forment le cylindre central : c'est l'*initiale du cylindre central*. Parmi les cellules qu'elle produit, les unes, en se différenciant, gardent des dimensions sensiblement égales dans les trois directions de l'espace; elles restent, comme on dit, *isodiamétriques :* ce sont elles qui forment le parenchyme conjonctif ou celui des faisceaux. D'autres s'allongent dans la direction de l'axe de la racine, s'ajustent bout à bout et forment, dans le parenchyme conjonctif, des cordons parallèles, régulièrement disposés sur une circonférence : c'est la première ébauche des faisceaux ligneux et libériens. On donne à ces cordons le nom de *filets de procambium*. Pour que le procambium achève sa différenciation, il suffira que les cellules ajustées bout à bout évoluent de manière à constituer soit des vaisseaux ligneux, soit des tubes criblés : dans le premier cas, le filet de procambium deviendra un faisceau ligneux; dans le second cas, ce sera un faisceau libérien. Dans le faisceau ligneux, ce sont les vaisseaux spiralés, les plus voisins de la périphérie, qui se différencient les premiers, c'est-à-dire le plus près du sommet de la racine; puis se différencient les vaisseaux annelés, plus loin encore les vaisseaux réticulés et, en dernier lieu, les vaisseaux ponctués; bref, la différenciation du faisceau se fait du dehors en dedans, ce qu'on exprime d'un mot en disant qu'elle est *centripète*. En étudiant, de même, la différenciation du faisceau libérien, on reconnaît qu'elle se fait dans la même direction : elle est encore centripète.

Les tissus qui composent la racine, dans la région des poils radicaux, proviennent, en définitive, de la première différenciation qui suit le cloisonnement du méristème subterminal; c'est ce qu'on exprime en disant que ce sont des *tissus primaires*. Étendant cette désignation à la structure qui résulte de leur association, on lui donne le nom de *structure primaire*.

Etude anatomique de la ramification. — Où et comment se forment les radicelles? Pour faire à cette question une réponse précise, il est nécessaire de fixer la nature de la plante à laquelle nous nous adressons. Supposons qu'il s'agisse d'une plante phanérogame dont la racine contient plus de deux faisceaux ligneux ou libériens, trois par exemple. C'est exactement en face d'un faisceau ligneux que quelques cellules du péricycle, zone la plus externe du cylindre central, vont se cloisonner et fournir la première ébauche d'une radicelle (*fig.* 185). Supposons encore, pour fixer les idées, que le péricycle de la racine ne comprenne qu'une assise de cellules, ce qui est effectivement le cas le plus général. Les cellules qui interviendront dans la formation de la radicelle constituent dans l'assise péricyclique une sorte de tache circulaire que nous pouvons appeler dès maintenant la *plage rhizogène*. Le centre de la plage rhizogène est occupé par une cellule (*fig.* 185, 1) qui se cloisonne la première, parallèlement à la surface de la racine, et se divise ainsi en deux cellules superposées à la pointe du faisceau ligneux (2). Puis le cloisonnement s'étend sur les côtés, d'abord aux cellules qui bordent immédiatement la cellule centrale, plus tard à celles qui bordent extérieurement ces dernières (3). Les cellules ainsi cloisonnées s'allongent dans la direction de l'extérieur et la plage rhizogène forme bientôt une saillie qui soulève l'endoderme voisin. Un peu plus tard, la plus extérieure des deux cellules qui proviennent du cloisonnement de la cellule centrale se divise, à son tour, par une nouvelle cloison tangentielle; puis le cloisonnement s'étend aux cellules qui la bordent immédiatement, et à celles-là seulement (4). La plage rhizogène est alors remplacée par un massif pluricellulaire, de forme conique, dont la saillie s'exagère de plus en plus vers l'extérieur et qui représente l'ébauche d'une radicelle. Son sommet est occupé par trois cellules superposées : la cellule externe (Co) devient l'initiale de la coiffe; la cellule moyenne (Ec) devient l'initiale de l'écorce; la cellule interne (Cy) devient l'initiale du cylindre central et, dès lors, la jeune radicelle possède un méristème subterminal, comparable en tous points à celui de la racine principale. Que ce méristème continue à fonctionner et que

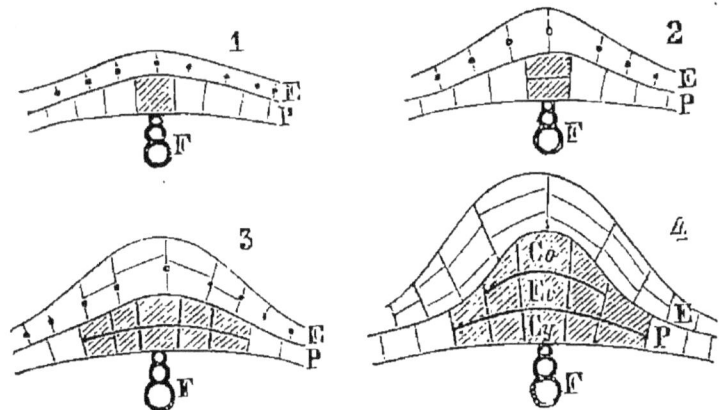

Fig. 185. — Premières phases de la formation d'une radicelle. — F, faisceau ligneux de la racine mère; P, son péricycle; E, son endoderme; Co, Ec, Cy, initiales de la radicelle.

les éléments auxquels il donne naissance se différencient, la radicelle ne tardera pas à posséder une structure primaire comparable aussi à celle de la racine principale. Les faisceaux ligneux et libériens qui se seront différenciés au sein de la radicelle se raccorderont à ceux de la racine principale, de manière à établir une continuité parfaite entre les stèles des deux membres.

Par ce qui précède, on peut s'expliquer aisément la disposition linéaire des radicelles à la surface de la racine principale et la fixité, dans chaque espèce, du nombre des rangées qu'elles forment : le nombre de ces rangées est égal à celui des faisceaux ligneux. On s'explique mieux aussi le caractère endogène de la ramification de la racine.

Il nous reste à voir comment la radicelle, constituée à l'intérieur du cylindre central de la racine mère, se fait jour jusqu'au dehors. On pourrait croire que c'est par une simple déchirure des tissus de l'écorce qu'elle parvient à les traverser. En réalité, il n'en est rien. En même temps que les cellules de la plage rhizogène se sont cloisonnées pour former la radicelle, les cellules endodermiques voisines se sont allongées suivant le rayon de la racine, puis ont subi une nombreuse série de cloisonnements tangentiels. Elles ont ainsi donné naissance à une sorte de fourreau, enveloppant de toutes parts la radicelle et l'isolant du reste de l'écorce : c'est ce qu'on appelle la *poche* de la radicelle. Sécrétant des diastases par sa surface, cette poche dissout et digère les membranes et le contenu des cellules corticales et transmet aux tissus de la radicelle, en voie de développement, les résultats de cette digestion. La poche digestive (c'est le nom qu'elle mérite et qu'on lui donne) fraye ainsi un passage à la radicelle, qu'elle précède et protège, en même temps qu'elle lui fournit les aliments nécessaires à son développement. Quand la poche digestive a traversé toute l'épaisseur de l'écorce, elle paraît au dehors, bientôt suivie de la radicelle elle-même, qui porte ainsi à ses débuts un double étui protecteur : la poche digestive, dont le rôle est désormais fini, et, au-dessous de celle-ci, sa coiffe propre. Chez certaines plantes, la racine mère ne forme pas de poche digestive à sa radicelle ; c'est alors cette dernière qui digère directement, par son sommet, les tissus de l'écorce.

La formation et la sortie des radicelles présentent, suivant les plantes chez lesquelles on les étudie, de nombreuses variations, dans le détail desquelles il nous est impossible d'entrer ; mais de ces multiples variations se dégagent deux faits généraux, l'origine profonde des radicelles et le rapport constant qui existe entre leur position et celle des faisceaux ligneux de la racine principale.

§ 2. — La tige.

La tige : morphologie externe. — Comme la racine principale, dont elle est le prolongement, la *tige principale* (*fig.* 186) possède une forme cylindro-conique qui lui assure une symétrie plus ou moins parfaite par rapport à un axe représenté par la droite qui unit son sommet au centre de sa base.

On désigne du nom de *collet* la limite de séparation entre la tige et la racine principales. Dans les premières phases du développement de ces deux organes, cette limite est nettement marquée par l'apparition des premiers poils radicaux;

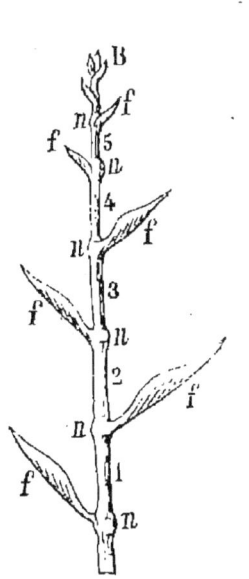

Fig. 186. — Jeune tige. — B, bourgeon terminal; *f*, feuilles; *n*, nœuds; 1, 2, 3, 4, 5..., entre-nœuds.

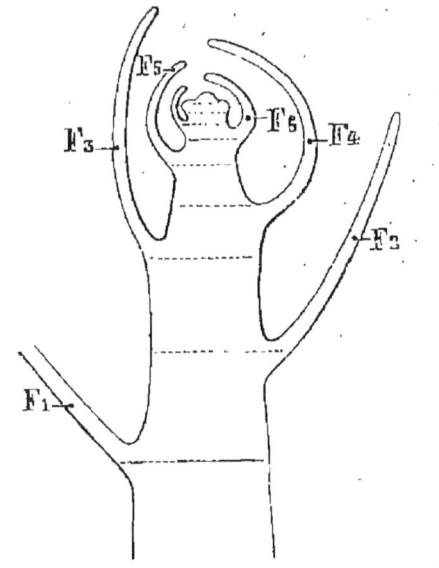

Fig. 187. — Coupe longitudinale et axile du sommet de la tige. F$_1$, F$_2$..., F$_6$, feuilles de plus en plus jeunes. Les traits pointillés correspondent aux nœuds successifs.

la partie de l'axe située au-dessus d'eux appartient à la tige. Plus tard, après la chute des premiers poils radicaux, la limite devient beaucoup moins précise; on peut remarquer toutefois que l'axe de la plante se rétrécit en général assez brusquement dans la région où la tige fait place à la racine.

La tige porte des feuilles à sa surface, ce qui permet d'y établir un certain nombre de repères. On appelle *nœuds* les points de la tige auxquels sont fixées les feuilles; un *entre-nœud* est l'intervalle qui sépare deux nœuds consécutifs.

On peut observer que les entre-nœuds les plus voisins du

sommet vont en décroissant régulièrement à mesure qu'ils se rapprochent de ce point. En même temps on voit diminuer les dimensions des feuilles qui correspondent aux nœuds successifs. Le sommet de la tige est occupé par un *bourgeon*, c'est-à-dire une agglomération de jeunes feuilles, serrées les unes contre les autres : à cause de sa position, cet organe a reçu le nom de *bourgeon terminal*. Une coupe longitudinale, faite suivant l'axe de la tige et passant par le bourgeon terminal, laisse voir (*fig.* 187) que les feuilles qui constituent ce dernier sont attachées en réalité à des niveaux différents, mais très rapprochés, de la tige qui les supporte et qu'elles s'emboîtent les unes dans les autres de manière à recouvrir et à protéger le sommet absolument nu de la tige.

En y regardant de plus près, ces observations montrent que les feuilles portées par la tige principale se forment les unes après les autres, tout près de son sommet et dans le bourgeon terminal. Quand les feuilles sont encore étroitement rapprochées, il n'y a pour ainsi dire pas d'entre-nœuds : ils sont tous d'une extrême brièveté. A mesure que la tige s'allonge, les feuilles se dégagent, en quelque sorte, une à une du bourgeon terminal et s'étagent lentement le long de la tige, s'y espaçant de plus en plus. A partir d'une certaine distance, les entre-nœuds cessent de s'allonger.

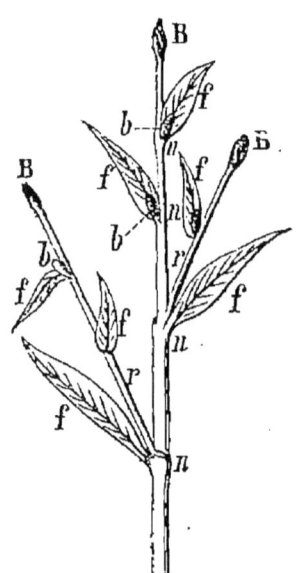

Fig. 188. — Tige ramifiée. — B, bourgeons terminaux ; *f*, feuilles ; *n*, nœuds ; *r*, branches ; *b*, bourgeons axillaires.

On peut conclure de là que les parties nouvelles de la tige se forment à son sommet, au centre du bourgeon terminal, et continuent à s'allonger pendant un certain temps après leur formation ; c'est ce qu'on exprime en disant que l'accroissement de la tige en longueur est à la fois *terminal* et *intercalaire*.

MORPHOLOGIE INTERNE : STRUCTURE PRIMAIRE. 295

La tige principale reste quelquefois simple; souvent, au contraire, elle se ramifie, en formant des *tiges secondaires* ou *branches* (*fig.* 188). La ramification de la tige est toujours latérale, c'est-à-dire que les branches apparaissent sur les flancs de la tige principale : c'est du fond de l'angle formé par une feuille et par l'entre-nœud qui lui est immédiatement supérieur, c'est-à-dire dans l'*aisselle* d'une feuille, que sort la branche; elle se manifeste d'abord sous la forme d'un bourgeon qui, en raison de sa position, reçoit le nom de *bourgeon latéral* ou *axillaire*. Quand un bourgeon axillaire se développe pour donner naissance à une branche, il est facile de voir que la surface de cette dernière est en continuité absolue avec celle de la tige principale; jamais elle n'est entourée à sa base d'un bourrelet semblable à celui qui circonscrit la base d'une radicelle; elle a donc son origine dans les parties extérieures de la tige, ce qu'on exprime en disant qu'elle est *exogène*. Les tiges secondaires présentent les mêmes caractères que la tige principale : chaque branche porte à son extrémité un bourgeon terminal; sur ses côtés sont des feuilles qui déterminent des nœuds et des entre-nœuds et qui protègent à leurs aisselles des bourgeons axillaires.

Des flancs de la tige peuvent se détacher des racines, auxquelles on donne le nom de *racines latérales :* elles se développent surtout lorsque la tige est horizontale et rampe à la surface du sol; elles sont d'ailleurs endogènes par rapport à la tige comme le sont les radicelles par rapport à la racine principale.

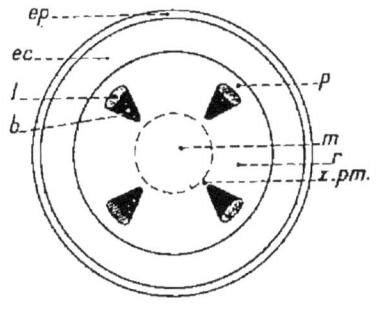

Fig. 189. — Structure primaire de la tige (schéma). — *ep*, épiderme; *ec*, écorce; *p*, péricycle; *r*, rayons médullaires; *z.pm*, zone périmédullaire; *l*, liber; *b*, bois; *m*, moelle.

Morphologie interne : structure primaire. — Pour étudier la structure de la tige, imaginons que nous fassions une section transversale dans une tige jeune, à quelque distance du collet. Nous verrons (*fig.* 189) que son axe est occupé par un *cylindre central* épais, qu'entoure extérieurement une *écorce* mince, autour de laquelle est un *épiderme* réduit à une assise de cellules. Quand on passe de la tige à la racine, le rapport entre les volumes de ces deux parties se trouve, comme nous le savons déjà, renversé : le cylindre central se rétrécit considérablement et ne forme plus qu'un filament grêle dans l'axe de la racine, dont le volume total est d'ailleurs très inférieur à celui de la tige.

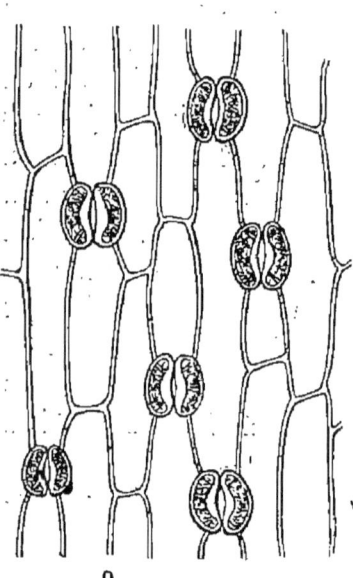

Fig. 190. — En haut, portion d'épiderme vue de face, avec quelques stomates. — En bas, un stomate isolé, coupé par un plan perpendiculaire à l'épiderme : *o*, ostiole; *Ch.*, chambre sous-stomatique.

La première assise qu'on rencontre en venant de l'extérieur est l'épiderme; il est formé de cellules très adhérentes entre elles, qui cutinisent plus ou moins fortement les faces externes de leurs membranes. Cette assise est interrompue, de distance en distance, par des ouvertures auxquelles on donne le nom de *stomates*.

Un stomate (*fig.* 190) se compose de deux cellules qui, vues de face, se présentent sous la forme de deux haricots microscopiques et se regardant par leurs bords concaves. Ces deux cellules, dites *cellules stomatiques*, ménagent entre elles, par l'écartement de leurs bords concaves, une ouverture appelée *ostiole*. Leur membrane, inégalement épaissie, présente son maximum d'épaisseur sur la face externe et sur celle qui regarde l'ostiole; c'est aussi sur ces deux faces que la cutinisation de la membrane est poussée le plus loin. Au-dessous du stomate, à l'intérieur des tissus de la tige, se trouve généralement une lacune assez étendue, à laquelle on donne le nom de *chambre sous-stomatique*.

MORPHOLOGIE INTERNE : STRUCTURE PRIMAIRE. 297

Comment se forme un stomate? Il est facile de s'en rendre compte en étudiant l'épiderme très jeune. On voit ainsi (*fig.* 191) qu'une cellule épidermique, d'abord simple et peu différente de celles qui l'entourent, se divise en deux, après

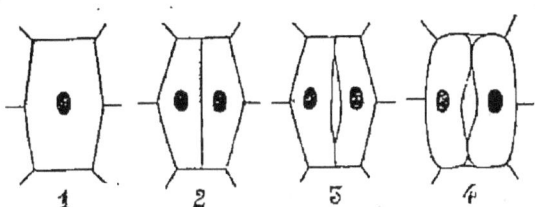

Fig. 191. — Formation d'un stomate (schéma).

une bipartition de son noyau. Puis la membrane de séparation de ces deux cellules nouvelles se délamine dans sa partie moyenne, ménageant, entre ses deux feuillets écartés, une ouverture qui est l'ébauche de l'ostiole. Les deux cellules ainsi écartées arrondissent leurs contours, épaississent et cutinisent leurs membranes : elles ne tardent pas à prendre les caractères de deux cellules stomatiques. Les cellules stomatiques tirent donc, en résumé, leur origine de la bipartition d'une cellule qu'on peut appeler leur *cellule mère*.

Tantôt les stomates sont distribués sans ordre à la surface de l'épiderme; tantôt ils sont rangés régulièrement en files longitudinales, parallèles à l'axe de la tige.

L'écorce de la tige est, d'une manière générale, moins différenciée que celle de la racine. Il est beaucoup moins facile d'y séparer une couche externe, dans laquelle les cellules seraient disposées sans ordre apparent, d'une couche interne, dans laquelle les éléments anatomiques seraient régulièrement ordonnés. La dernière assise de l'écorce, l'endoderme de la tige, ne présente que rarement les cadres plissés et subérifiés qui caractérisent si nettement l'endoderme de la racine. Parfois ces plissements, visibles dans la tige très jeune, disparaissent ultérieurement. Dans certaines tiges, l'endoderme se distingue de toutes les assises voisines parce qu'il emmagasine dans ses cellules un grand nombre de grains d'amidon, que les réactifs iodés permettent de mettre aisément en évidence.

La structure du cylindre central de la tige est bien différente de celle du cylindre central de la racine.

Au milieu du parenchyme conjonctif, qui forme la majeure partie du cylindre central de la tige, sont distribués, symétriquement autour de l'axe de l'organe, des faisceaux qui le parcourent dans le sens de la longueur. Tandis que, dans la racine, les faisceaux sont de deux sortes (des faisceaux ligneux, formés uniquement de bois, et des faisceaux libériens, formés entièrement de liber), il n'y a, dans la tige, qu'une catégorie de faisceaux : chacun d'eux comprend, du côté de l'axe de la tige, un cordon de bois et, du côté de la périphérie, un cordon parallèle de liber ; ce sont des *faisceaux libéro-ligneux* ou, comme on les appelle encore, des *faisceaux collatéraux*.

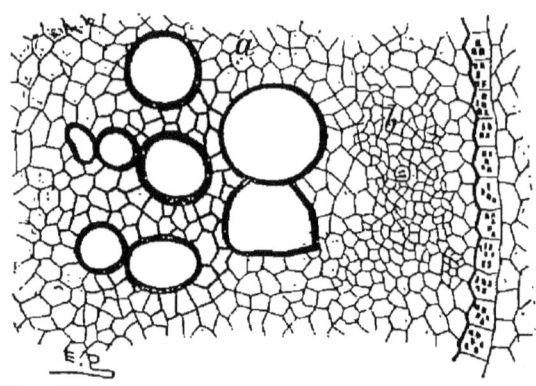

Fig. 192. — Coupe transversale d'un faisceau libéro-ligneux de la tige. — *a*, bois, *b*, liber.

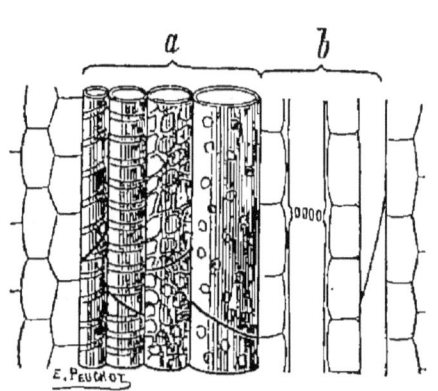

Fig. 193. — Coupe longitudinale d'un faisceau libéro-ligneux de la tige. — *a*, bois, *b*, liber.

Portons notre attention sur la composition d'un faisceau libéro-ligneux (*fig.* 192 et 193).

Le bois, qui forme la partie interne du faisceau, est essentiellement constitué, comme celui de la racine, par des vaisseaux ligneux. Mais tandis que, dans un faisceau de la racine, les vaisseaux les plus étroits et les moins parfaits (les vaisseaux spiralés et annelés) sont voisins du bord externe, laissant le bord interne aux vaisseaux les plus larges et les plus parfaits (les vaisseaux ponctués), on observe, au contraire, dans la tige, que les vaisseaux ponctués occupent le bord externe, voisin du liber, laissant le bord interne aux vaisseaux spiralés. En un mot, l'orientation des éléments vasculaires de la tige est inverse de celle que nous avons observée dans la racine.

On se rappelle aussi que le bois de la racine est exclusivement formé de vaisseaux ligneux. Dans le bois de la tige, de composition plus complexe, aux vaisseaux s'ajoutent d'autres éléments qui sont des *cellules ligneuses* et des *fibres*.

Les *cellules ligneuses* sont des éléments anatomiques dont l'allongement parallèle à l'axe de la tige n'est pas très sensiblement supérieur à leur accroissement suivant les autres directions. Leur membrane s'épaissit et se lignifie comme celle d'un élément vasculaire ; mais leur protoplasme, au lieu de se creuser de nombreuses vacuoles, pour se résorber finalement, comme celui d'un vaisseau ligneux, se conserve avec ses propriétés essentielles : les cellules ligneuses sont des éléments vivants.

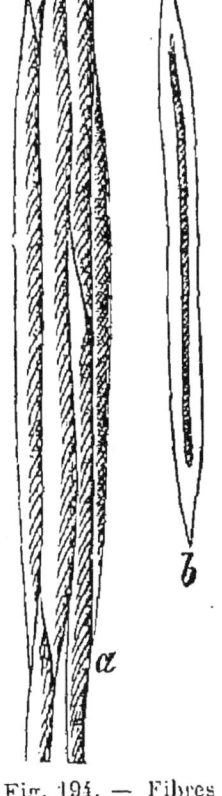

Fig. 194. — Fibres ligneuses végétales. — *a*, un faisceau de fibres; *b*, une fibre isolée, en coupe longitudinale.

Une *fibre ligneuse* (*fig.* 194) n'est pas autre chose qu'une cellule qui s'est accrue considérablement dans le sens longitudinal et dont les extrémités se terminent en pointe, de manière à lui donner grossièrement la forme d'un fuseau et à lui permettre de s'engrener avec les cellules semblables qui ont pu se développer à son voisinage : dans ce cas, le groupe de fibres associées forme un faisceau. La membrane s'est épaissie considérablement, de manière à réduire progressivement la cavité centrale, dans laquelle le protoplasme s'est résorbé et a disparu ; en même temps elle s'est lignifiée comme celle d'un élément vasculaire. La fibre est un élément mort, auquel l'épaississement considérable et la lignification de sa membrane permettent évidemment de jouer un rôle de soutien dans l'organe auquel il appartient.

Le liber de la tige ne diffère pas très sensiblement de celui de la racine. Les éléments qui le constituent essentiellement sont encore des *tubes criblés*. Entre ces tubes s'intercalent des éléments parenchymateux dits *cellules libériennes*, auxquels se mêlent, plus fréquemment que dans la racine et surtout vers la partie externe du liber, des *fibres libériennes* isolées ou réunies en faisceaux.

Entre le bois et le liber, qui forment les deux cordons parallèles du faisceau collatéral, est intercalée une zone parenchymateuse qui n'appartient ni au bois ni au liber et dont nous verrons prochainement le rôle important dans l'édification de la structure de certaines tiges.

L'existence de faisceaux dans le cylindre central de la tige permet de distinguer plusieurs régions dans le parenchyme conjonctif : le *péricycle*, qui circonscrit extérieurement les faisceaux ; — la *moelle*, qui est circonscrite par eux ; — les *rayons médullaires primaires*, qui unissent le péricycle à la moelle. Chacune des bandes parenchymateuses qui séparent le bois du liber dans un faisceau libéro-ligneux se raccorde, sur ses flancs, avec le parenchyme des deux rayons médullaires voisins.

Dans beaucoup de tiges, la différenciation du cylindre central peut être poussée plus loin. Le parenchyme circonscrit par les faisceaux se laisse subdiviser en deux zones, ayant chacune, comme nous le verrons, une origine distincte : au centre, la *moelle* proprement dite, et, autour de la moelle, la *zone périmédullaire* (*fig.* 189).

Souvent le péricycle contient des fibres à membranes lignifiées. Ces fibres peuvent être isolées au sein du parenchyme ambiant ; généralement elles sont réunies côte à côte de manière à former des faisceaux, qui sont souvent placés en face des faisceaux libéro-ligneux et se traduisent, sur une coupe transversale, par des arcs enveloppant extérieurement ces derniers ; il arrive même quelquefois que tous ces arcs confluent en un anneau continu, concentrique à la circonférence de la tige.

Origine de la structure primaire. — Pour étudier l'origine de la structure primaire de la tige, il est nécessaire de faire dans le sommet de cet organe une coupe longitudinale passant par l'axe. On reconnaît alors (*fig.* 195) que ce

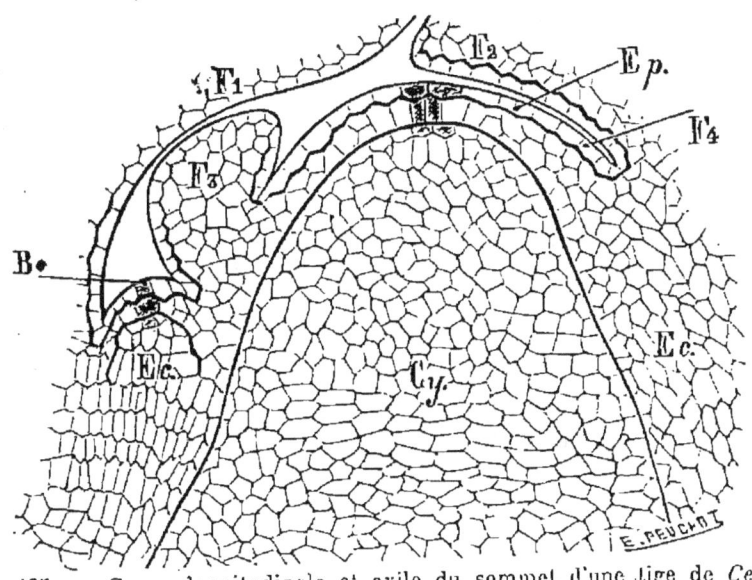

Fig. 195. — Coupe longitudinale et axile du sommet d'une tige de *Ceratophyllum*, très grossie. — Ec., écorce ; Cy., cylindre central ; Ep., épiderme ; F_1, F_2, F_3, F_4, feuilles successives ; B, bourgeon axillaire (première ébauche). — (Les cellules initiales sont couvertes de hachures.)

sommet est occupé par un méristème, que l'absence de toute coiffe protectrice met absolument à nu : c'est un *méristème terminal*. Ce sont les cellules issues de ce méristème qui s'empilent et se différencient pour constituer les tissus primaires de la tige. La structure du méristème varie suivant les plantes que l'on considère. Supposons, pour fixer les idées, qu'il s'agisse du méristème terminal d'une tige de *Ceratophyllum*.

Le centre de ce méristème est occupé par trois cellules

superposées, qui sont les trois *initiales* de la tige. La cellule supérieure ne se cloisonne que parallèlement à ses faces latérales et les segments résultant de ce cloisonnement ne se divisent pas parallèlement à la surface de la tige; ils en forment le revêtement externe, c'est-à-dire l'épiderme : cette cellule est l'*initiale de l'épiderme* (*fig.* 195). La cellule moyenne ne se cloisonne aussi que parallèlement à ses faces latérales; mais les segments qu'elle détache ainsi sur ses flancs ne tardent pas à se diviser parallèlement à la surface de la tige, de manière à former un ensemble d'assises cellulaires qui n'est pas autre chose que l'écorce : c'est l'*initiale de l'écorce* (*fig.* 195). La cellule inférieure se cloisonne à la fois parallèlement à ses faces latérales et à sa face inférieure ; de ces cloisonnements résulte un tissu qui est le parenchyme conjonctif du cylindre central : c'est l'*initiale du cylindre central*.

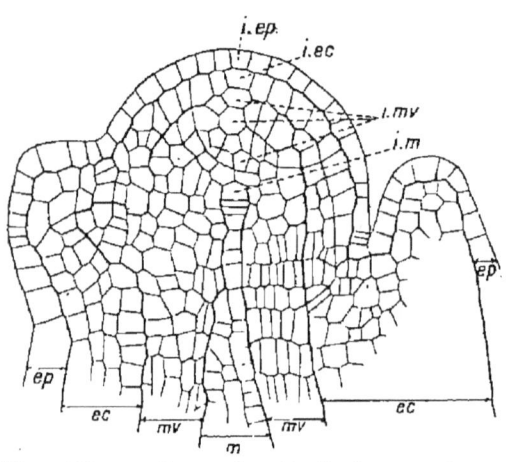

Fig. 196. — Coupe longitudinale et axile au sommet de la tige de *Mercuriale*, très grossie (d'après Flot); *ep*, épiderme ; *ec*, écorce; *mv*, méristème vasculaire; *m*, moelle ; — *i.ep*, *i.ec*, *i.mv*, *i.m*, initiales respectives des quatre régions précédentes.

Chez beaucoup de tiges, tandis que l'épiderme et l'écorce dérivent toujours chacun d'une initiale unique (*i.ep*, *i.ec*) (*fig.* 196), le cylindre central a une origine plus complexe et dérive de deux initiales ou groupes d'initiales superposées (Flot, Gaston Bonnier). L'initiale supérieure *i. mv* (ou le groupe d'initiales qui en tient lieu) donne naissance à un méristème, dit *méristème vasculaire*, où se différencient dans la suite les faisceaux libéro-ligneux et le parenchyme qui les englobe (comprenant le péricycle, les rayons médullaires et la zone périmédullaire). L'initiale inférieure *i. m* donne naissance à la moelle proprement dite.

Quand le cylindre central est destiné à contenir des faisceaux libéro-ligneux, on voit, à quelque distance du sommet, se différencier, dans le parenchyme conjonctif, quelques filets de procambium. Dans chacun de ces filets s'organisent ensuite du bois vers la face interne et du liber vers la face externe. Les éléments du bois qui se différencient les premiers sont les éléments les plus simples, par exemple les vaisseaux spiralés, qui en occupent le bord interne ; puis se différencient les vaisseaux réticulés, enfin les vaisseaux ponctués ; en un mot, la différenciation se produit de l'intérieur vers l'extérieur du faisceau : elle est centrifuge. C'est en sens inverse, suivant la direction centripète, que se différencient les éléments du liber. A mesure que s'accentue la différenciation des éléments ligneux et libériens, le bois et le liber tendent à se rapprocher l'un de l'autre et réduisent progressivement la zone neutre qui les sépare.

Ainsi se trouve réalisée la structure primaire de la tige ; elle résulte, comme on le voit, de la différenciation qui suit immédiatement les cloisonnements du méristème terminal.

Étude anatomique de la ramification. — Une coupe longitudinale faite dans la partie de la tige qui va produire un rameau, à l'aisselle d'une feuille, montre que cette région est occupée par une sorte de mamelon d'abord à peine saillant et très peu différencié. Si on examine la constitution de ce mamelon dans une tige de *Ceratophyllum*, par exemple, on voit que son sommet est occupé par une cellule de l'épiderme de la tige mère ; par de nombreux cloisonnements, parallèlement à ses faces latérales, cette cellule forme à la surface du mamelon une sorte de revêtement qui l'enveloppe à la façon d'un doigt de gant et qui est l'épiderme du jeune rameau en voie de formation : cette cellule est donc l'initiale de l'épiderme de la branche. Au-dessous d'elle, une cellule, empruntée à l'assise sous-épidermique de la tige mère, se cloisonne transversalement et donne naissance à deux cellules superposées, qui ne tardent pas à prendre des caractères analogues à ceux de l'initiale épidermique. De ces deux cellules, la plus voisine de la surface se cloisonne parallèlement à ses faces latérales et donne naissance à des segments qui, par de nouveaux cloisonnements, fournissent les tissus de l'écorce de la branche : c'est l'initiale de l'écorce; la cellule la plus profonde, par des cloisonnements parallèles à ses faces latérales et à sa face interne, donne naissance au cylindre central de la branche : c'est l'initiale du cylindre central. Dans certains cas, on trouve ici, comme pour la tige principale, une initiale spéciale pour la moelle. Ainsi, le méristème générateur de la branche, entièrement formé aux dépens de l'épiderme et de l'écorce de la tige mère, prend rapidement la même structure que le méristème terminal de celle-ci. Plus tard, des faisceaux libéro-ligneux s'organisent dans le cylindre central du rameau. Enfin, par la différenciation d'éléments cellulaires appartenant aux tissus de la tige mère, s'établissent des raccords entre les faisceaux libéro-ligneux de celle-ci et ceux du rameau qu'elle a formé.

Comparaison entre la racine et la tige. — Pour résumer et condenser les notions que nous avons maintenant acquises sur l'organisation et la structure de la tige, cherchons à présenter, sous forme synoptique, les différences essentielles qui la distinguent de la racine.

RACINE.	TIGE.
Morphologie externe.	
Coiffe.	Pas de coiffe.
Poils temporaires, localisés vers le sommet.	Pas de poils temporaires localisés vers le sommet.
Allongement subterminal.	Allongement terminal et intercalaire.
Pas de feuilles.	Feuilles.
Ramification endogène.	Ramification exogène.
Morphologie interne (structure primaire).	
Ecorce épaisse.	Ecorce mince.
Assise pilifère.	Epiderme stomatifère.
Ecorce très différenciée.	Ecorce peu différenciée.
Faisceaux ligneux et faisceaux libériens alternant.	Faisceaux libéro-ligneux.
Bois centripète.	Bois centrifuge.
Bois formé seulement de vaisseaux.	Bois composé de vaisseaux, de fibres et de cellules.
Initiales profondes.	Initiales superficielles.

Passage de la racine à la tige. — Cette comparaison nous révèle, entre la structure primaire de la racine principale et celle de la tige principale qui en occupe le prolongement, des différences assez profondes pour que nous soyons amenés à nous demander comment s'établit le passage entre l'une et l'autre. C'est dans l'étude de la région du collet qu'il convient de chercher la solution de cette question. Au niveau de cette région, le cylindre central de la racine, très grêle par rapport à l'écorce qui l'enveloppe, subit une dilatation considérable, qui a pour effet de diminuer dans la tige l'épaisseur relative de l'écorce. Mais ce n'est pas à ce changement de dimensions que se réduit le passage de la

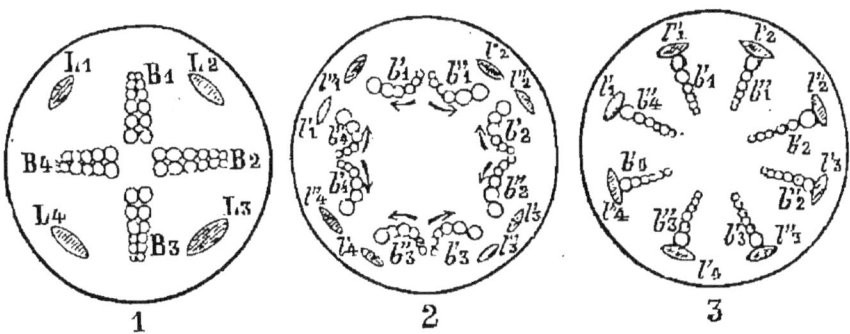

Fig. 197. — Passage de la structure du cylindre central de la racine du Haricot à celle du cylindre central de la tige (schéma). — 1, 2, 3, trois coupes successives faites dans la région intermédiaire. — B_1, B_2, B_3, B_4, faisceaux ligneux de la racine; L_1, L_2, L_3, L_4, ses faisceaux libériens; b'_1, b''_1, les deux moitiés tordues du faisceau B_1; l'_1, l'''_1, les deux moitiés écartées du faisceau L_1; etc.

structure de la racine à celle de la tige : la modification la plus intéressante porte sur la disposition des faisceaux de la stèle (*fig.* 197). Imaginons, pour fixer les idées, qu'il s'agisse du collet d'un pied de Haricot. Dans la racine principale de cette plante (1), la stèle contient quatre faisceaux ligneux disposés en croix et alternant avec autant de faisceaux libériens. Supposons encore, pour faciliter l'exposition, que chaque faisceau ligneux se réduise à deux rangées de vaisseaux. Dans la partie inférieure du collet (2), nous verrons les deux rangées qui constituent chaque faisceau écartées l'une de l'autre à partir de leur bord interne, de manière que la section transversale du faisceau prenne grossièrement la forme d'un V et que chaque groupe de vaisseaux ponctués tende à se rapprocher d'un des deux faisceaux libériens voisins. En même temps, chacun de ceux-ci se fend, en quelque sorte, dans le sens longitudinal, de manière à se diviser en deux cordons parallèles qui s'écartent l'un de l'autre. Plus haut (3), les deux moitiés de chaque faisceau ligneux se sont complètement séparées; chacune d'elles s'est tordue sur elle-même de 180°, de manière à tourner vers l'axe de la tige ses éléments les plus grêles, les éléments spiralés, et à appliquer, au contraire, contre le liber ses éléments les plus larges, les éléments ponctués. Ainsi se trouve constitué, à l'intérieur de la stèle, un groupe de faisceaux libéro-ligneux dont le nombre est double de celui des faisceaux ligneux ou libériens de la racine, ou, si l'on veut encore, égal au nombre total des faisceaux de celle-ci. — Ce n'est pas toujours suivant cette loi que s'établit le passage des faisceaux de la racine à ceux de la tige; mais, dans tous les cas, ce passage se fait par gradations insensibles, sans qu'on observe un saut brusque entre l'une et l'autre structure, et les faisceaux ligneux de la racine se continuent par des éléments de même nature qui présentent la torsion nécessaire pour aboutir à l'orientation qui caractérise la structure de la tige.

Il convient de remarquer que la structure observée au voisinage du collet n'est nullement un « raccord » qui s'établirait après coup entre les structures déjà constituées de la racine et de la tige. Au contraire, la région du collet est la première formée dans la jeune plante et c'est à ses extrémités que se greffent, pour ainsi dire, et se développent la jeune racine et la jeune tige.

Origine des racines latérales. — L'étude de la morphologie externe nous a déjà montré que certaines racines, dites latérales, se développent parfois sur les flancs de la tige. On peut se demander comment se constituent, au sein de cette dernière, les tissus d'une racine latérale. Supposons, pour nous limiter et pour fixer les idées, qu'il s'agisse d'une plante Phanérogame. Au moment où va se former la racine latérale, on voit se différencier dans le péricycle de la tige, ordinairement en face de l'intervalle qui sépare deux faisceaux libéro-ligneux, une plage rhizogène tout à fait comparable à celle qui précède la formation d'une radicelle dans une racine mère. Cette plage rhizogène ne tarde pas à subir des cloisonnements analogues à ceux qui précèdent la différenciation de la radicelle ; en même temps, la portion de l'endoderme qui avoisine la plage rhizogène forme une poche digestive à la jeune racine issue de ces cloisonnements. La racine, précédée de sa poche, qui lui ouvre la voie, traverse progressivement l'écorce de la tige ; bientôt elle paraît au dehors, enveloppée à son sommet de sa poche et de sa coiffe propre.

En résumé, la racine latérale prend naissance dans le péricycle de la tige à la façon d'une radicelle dans celui de sa racine mère : elle est endogène. De plus, elle traverse l'écorce de la tige comme la radicelle traverse celle de la racine.

A mesure que se différencient dans le corps de la racine latérale les faisceaux ligneux et libériens, ils se raccordent avec les faisceaux libéro-ligneux de la tige.

§ 3. — Formations secondaires de la tige et de la racine.

En étudiant l'origine de la structure primaire dans la racine et dans la tige, nous avons vu comment ces organes s'accroissent en longueur. Mais, en même temps qu'ils s'allongent, il arrive fréquemment aussi qu'ils augmentent leur diamètre, qu'ils s'épaississent en un mot. Quel est le mécanisme de cet épaississement ?

Tissus secondaires. — Nous savons qu'on réunit, sous le nom de *tissus primaires*, dans la racine ou dans la tige, tous ceux dont la différenciation suit immédiatement le cloisonnement du méristème qui occupe l'extrémité de l'organe. Imaginons que, parmi les éléments ainsi différenciés, il y en ait qui, restés vivants, c'est-à-dire en possession de leurs protoplasmes et de leurs noyaux, entrent dans une nouvelle période de cloisonnement; puis, qu'une différenciation nouvelle se manifeste dans les éléments produits par ce cloisonnement : les tissus qui résulteront de cette différenciation mériteront le nom de *tissus secondaires;* les cellules qui les constituent proviennent de deux cloisonnements successifs, séparés par une période de repos.

C'est précisément à la formation de tissus secondaires qu'est dû l'épaississement de la tige ou de la racine.

Les formations secondaires qui contribuent à épaissir l'axe de la plante ou ses ramifications sont le produit de l'activité d'assises cellulaires concentriques à la surface extérieure de cet axe et offrant, par conséquent, dans leur ensemble, une forme cylindrique : on les nomme *assises génératrices* de formations secondaires. Il est important de nous rendre compte, d'une manière générale, du mécanisme suivant lequel fonctionnent ces assises génératrices.

Fonctionnement d'une assise génératrice. — Considérons une cellule appartenant à l'assise génératrice,

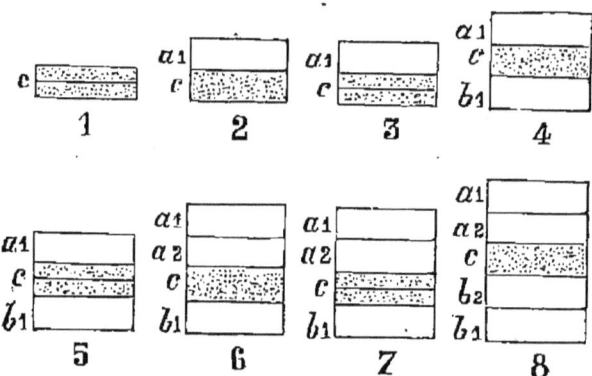

Fig. 198. — Schéma du fonctionnement d'une cellule appartenant à une assise génératrice. — c, la cellule génératrice; a_1, a_2, les deux premières cellules qu'elle détache sur sa face externe; b_1, b_2, les deux premières cellules qu'elle détache sur sa face interne.

ou, pour abréger le langage, une *cellule génératrice,* et supposons que nous puissions suivre pas à pas son évolution pendant toute la durée du fonctionnement de l'assise (*fig.* 198).

Nous verrons cette cellule (c), d'abord simple, se diviser en deux par une cloison parallèle à la surface de la tige ou de la racine (1) : cette bipartition donne le signal de l'entrée en activité de la cellule génératrice. Bientôt, l'une des deux cellules ainsi formées, la plus externe (a_1), par exemple, se trouve rejetée vers l'extérieur, tandis que l'autre reprend les dimensions et l'aspect primitifs de la cellule génératrice (2). Puis on voit se produire dans cette dernière cellule un nouveau cloisonnement tangentiel, c'est-à-dire parallèle à la surface extérieure de l'organe; ce cloisonnement détache vers l'intérieur une cellule nouvelle, de sorte que la cellule génératrice primitive se trouve remplacée par trois cellules superposées : une externe, une moyenne et une interne (3). Celle-ci (b_1) ne tarde pas à s'accroître et à repousser vers l'extérieur la cellule moyenne, qui reprend encore une fois les caractères d'une cellule génératrice : cette dernière est alors comprise entre deux cellules auxquelles elle a donné naissance et dont l'une est portée sur sa face externe, l'autre sur sa face interne (4).

Plus tard, la cellule génératrice se cloisonne de nouveau suivant une direction tangentielle (5); ce cloisonnement donne encore naissance, sur sa face externe, à une nouvelle cellule (a_2) qui vient se placer sous celle qui avait été formée la première et la rejette en dehors (6). Puis, après avoir repris ses dimensions primitives, la cellule génératrice se cloisonne une fois de plus (7) et détache, sur sa face interne, une quatrième cellule (b_2) qui s'intercale entre elle et la première cellule formée sur cette face, repoussant encore vers l'extérieur la cellule génératrice et tous les éléments qu'elle porte en dehors (8).

Des cloisonnements semblables continuent à se produire alternativement sur la face externe et sur la face interne de la cellule génératrice pendant toute la durée de son activité; de telle sorte qu'au bout de quelque temps, elle se trouve comprise entre deux piles de cellules auxquelles elle a donné naissance : une pile extérieure, dont les éléments sont d'autant plus âgés qu'ils sont plus externes, et une pile intérieure, dont les éléments sont d'autant plus âgés qu'ils sont plus internes.

Les phénomènes que nous venons de décrire isolément dans une cellule génératrice se produisent en réalité dans toutes les cellules qui composent l'assise génératrice ; de telle sorte que cette dernière, progressivement repoussée vers l'extérieur par les éléments qu'elle a formés sur sa face interne, ne tarde pas à être comprise entre deux couches ou feuillets de tissus secondaires dont chacun est formé de cellules ordonnées à la fois en assises concentriques et en files radiales. En même temps que l'assise génératrice est rejetée vers l'extérieur, elle doit recouvrir une surface de plus en plus considérable : à cet effet, ses cellules prennent de temps en temps des cloisons radiales qui augmentent leur nombre total et lui permettent de suivre fidèlement le développement en épaisseur de la tige ou de la racine (*fig.* 199).

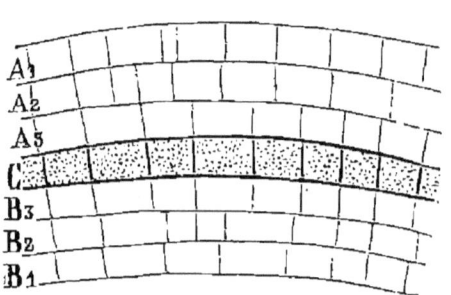

Fig. 199. — Schéma du fonctionnement d'une assise génératrice C. — A_1, A_2, A_3, les trois premières assises qu'elle a formées sur sa face externe ; B_1, B_2, B_3, les trois premières assises qu'elle a formées sur sa face interne.

Au cloisonnement qui produit les feuillets pluricellulaires, entre lesquels se trouve intercalée l'assise génératrice, succède bientôt la différenciation : les cellules qui proviennent des cloisonnements successifs de l'assise génératrice prennent peu à peu leurs caractères définitifs, qui varient suivant l'assise dont elles dérivent. On comprend aisément que les progrès de cette différenciation sont intimement liés au phénomène du cloisonnement, et que la différenciation est d'autant plus avancée, dans un élément appartenant à un tissu secondaire, que cet élément est plus éloigné de l'assise génératrice.

Tige : formations secondaires de la tige dans la première année. — Ces notions préliminaires une fois établies, voyons quelles sont les formations secondaires qui se produisent le plus ordinairement dans la tige, et examinons d'abord les phénomènes qui se passent au cours de la première année de la vie de cet organe.

Les tissus secondaires de la tige sont dus au fonctionnement de deux assises génératrices. L'une est toujours située plus près de l'axe que le liber primaire, *en dedans du liber*, pour parler plus brièvement : on peut l'appeler *assise génératrice intra-libérienne*. L'autre est située plus loin de l'axe que le liber, *en dehors du liber* par conséquent : on peut l'appeler *assise génératrice extra-libérienne*.

Bois et liber secondaires. — Le fonctionnement de l'assise intra-libérienne commence de très bonne heure ; s'il s'agit d'une tige issue de la germination d'une graine, ce fonctionnement suit de très près les phénomènes de la germination : à peine la structure primaire s'est-elle établie dans la jeune tige sortie de la graine que les tissus secondaires formés par l'assise intra-libérienne viennent modifier profondément cette structure.

Les premiers cloisonnements qui marquent le début de ces formations secondaires se produisent à l'intérieur des faisceaux libéro-ligneux primaires, dans cette zone parenchymateuse et neutre qui sépare le bois du liber : ainsi se constitue, dans chaque faisceau, un *arc générateur*. Puis, des cellules appartenant aux rayons médullaires primaires, et placées à la même profondeur que les arcs précédents, se cloisonnent à leur tour, formant ainsi, au travers des rayons médullaires, de nouveaux arcs générateurs qui sont comme autant de ponts jetés entre les faisceaux primaires. Plus tard, les arcs de première formation se raccordent avec ces derniers, et ainsi s'établit une assise continue, passant entre le bois et le liber de chaque faisceau libéro-ligneux et formant un méristème qu'on appelle fréquemment le *cambium* (*fig.* 200).

Comment se différencient les tissus qui proviennent du cloisonnement de cette assise ? Supposons, pour fixer les idées, qu'il s'agisse d'une plante ligneuse, par exemple d'un arbre de nos pays. Les assises formées sur la face interne de l'assise génératrice se différencient de manière à constituer du bois, qu'on appelle *bois secondaire;* les éléments de ce bois sont d'autant plus jeunes qu'ils sont plus externes : sa différenciation est, en un mot, *centrifuge*, comme celle du bois primaire, auquel il est superposé dans les faisceaux.

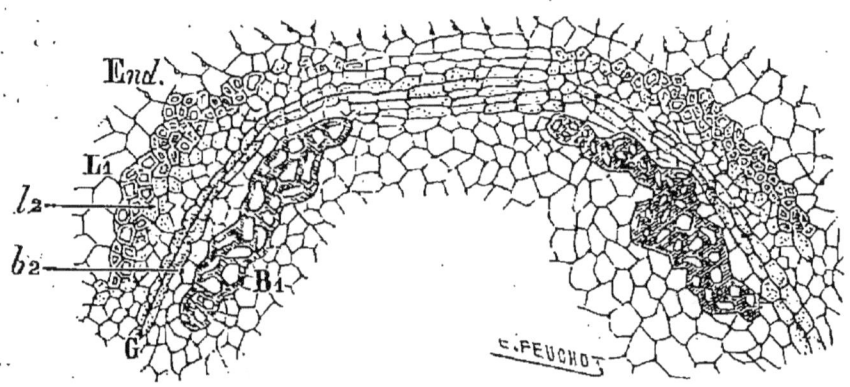

Fig. 200. — Début de l'activité de l'assise cambiale dans la tige (coupe transversale). — *End*, endoderme ; L_1, liber primaire ; B_1, bois primaire ; l_2, liber secondaire ; b_2, bois secondaire ; G, assise génératrice.

Les assises formées sur la face externe de cette même assise se différencient de manière à constituer du liber, qu'on appelle *liber secondaire :* les éléments de ce liber ont une *différenciation centripète*, comme ceux du liber primaire sous lequel il se place dans les faisceaux. On résume d'un mot ce mode d'activité de l'assise intra-libérienne, en disant que c'est une *assise génératrice libéro-ligneuse.*

Le bois secondaire se distingue du bois primaire parce qu'il ne renferme jamais de vaisseaux spiralés ou annelés, de trachées en un mot : les vaisseaux ponctués y dominent. Mais aux vaisseaux s'ajoutent d'autres éléments : des fibres et du parenchyme scléreux. Le bois secondaire ne reste pas identique à lui-même pendant toute la durée du fonctionnement de l'assise : au printemps, c'est un bois mou, renfermant des vaisseaux nombreux et larges, à membranes relativement minces; en automne, c'est un bois dur, où les vaisseaux sont moins nombreux et plus étroits, à membranes fortement épaissies; les fibres y dominent.

Le liber secondaire diffère du liber primaire par une abondance plus grande d'éléments fibreux et par ce fait que les tubes criblés qu'on y rencontre ont souvent plusieurs cribles juxtaposés côte à côte.

Le bois et le liber secondaires sont traversés par des sortes de rubans parenchymateux, dont les plans convergent suivant l'axe de la tige; ce sont autant de rayons médullaires nouveaux, destinés à remplacer les rayons médullaires primaires que les formations secondaires ont envahis, mais beaucoup plus minces que ces derniers; on leur donne le nom de *rayons internes* : chaque rayon interne pénètre à la fois dans le bois et le liber.

Aux approches de l'hiver, l'activité de l'assise génératrice intra-libérienne se ralentit et finit par s'éteindre complètement.

Liège. — C'est ordinairement vers le mois de juin que débute l'activité de l'assise génératrice extra-libérienne.

La situation de cette assise est assez variable suivant les plantes chez lesquelles elle se développe. Généralement elle est située dans l'écorce, où parfois elle est immédiatement sous-épidermique; le plus souvent elle y est placée à une profondeur plus grande. Quelquefois elle se forme dans le péricycle, à l'intérieur du cylindre central; mais, dans ce cas encore, elle est située en dehors du liber primaire et par conséquent toujours extra-libérienne.

Par les cloisonnements successifs de ses cellules, l'assise extra-libérienne forme sur chacune de ses faces un feuillet à plusieurs assises, qui ne tardent pas à se différencier.

Le feuillet externe donne du *liège*. C'est un tissu dont les cellules restent régulièrement ordonnées en files radiales aussi bien qu'en assises concentriques; leur membrane se subérifie; leur protoplasme se creuse d'une vacuole qui ne tarde pas à l'envahir tout entier et qui se gorge d'air : à ce dernier caractère, on reconnaît que le liège est un tissu mort.

On lui donne quelquefois le nom de *suber;* les botanistes allemands l'appellent *phellème*.

Le feuillet interne différencie ses éléments en cellules arrondies dont le protoplasme contient des corps chlorophylliens; c'est une sorte de parenchyme secondaire ou d'écorce secondaire, qu'on dénomme quelquefois *phelloderme*.

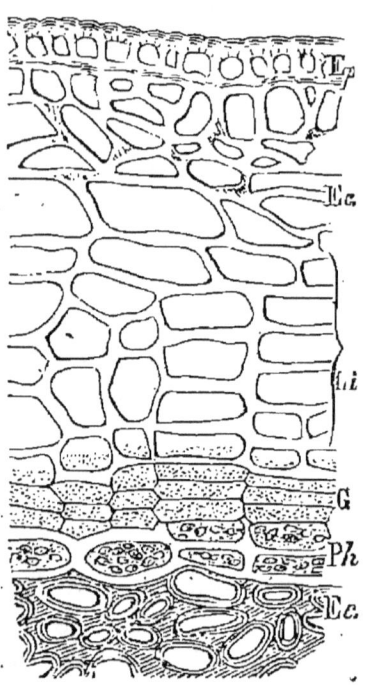

Fig. 201. — Début de la formation du liège (coupe transversale). — Ep, épiderme; Ec, écorce primaire; Li, liège; G, assise génératrice du liège; Ph, phelloderme.

On peut résumer le mode d'activité de l'assise génératrice extra-libérienne en la qualifiant *d'assise subéro-phellodermique* ou *phellogène*. On réunit, sous le nom de *périderme*, l'assise phellogène et les deux feuillets différenciés auxquels elle donne naissance; le périderme comprend donc, de dehors en dedans : le liège, l'assise phellogène et le phelloderme (*fig.* 201).

On conçoit aisément que le liège, avec ses cellules mortes et gorgées d'air, constitue pour la tige une sorte d'enveloppe isolante et protectrice. Tous les tissus situés en dehors de lui se trouvent séparés des autres parties vivantes de la plante : ils ne tardent pas à périr.

Lenticelles. — En même temps que l'assise phellogène produit du liège, à une profondeur plus ou moins grande, vers la périphérie de la tige, on voit parfois se développer, à la surface même de cet organe, de petites boursouflures de forme lenticulaire, qui font saillie vers l'extérieur et dont le diamètre est d'environ un millimètre : c'est ce qu'on appelle des *lenticelles* (*fig.* 202). Une coupe transversale de la tige, faite au niveau d'une lenticelle, montre que celle-ci est formée de cellules assez régulièrement arrondies, séparées par des méats et dont l'orientation en files radiales et en assises concentriques est moins nettement accusée que celle des cellules du liège; elles se rapprochent toutefois de celles-ci par leur contenu entièrement gazeux et par la subérification, assez faible, il est vrai, de leurs membranes. Dans la partie profonde de la lenticelle, les cellules sont plus étroitement serrées les unes contre les autres et gardent une forme polyédrique. Sur ses flancs, la lenticelle est en contact avec le périderme qui occupe les parties voisines de la tige.

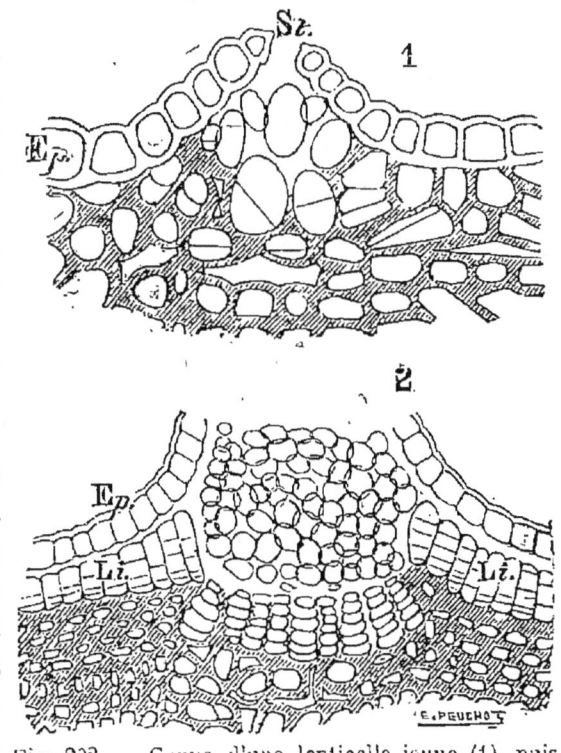

Fig. 202. — Coupe d'une lenticelle jeune (1), puis plus âgée (2). — *Ep.*, épiderme; *St.*, stomate; *Li.*, liège.

Quand on étudie les premiers stades de la formation d'une lenticelle, sur une tige de Sureau ou de Lilas, par exemple, on voit les cellules corticales qui bordent une chambre sous-stomatique subir des cloisonnements répétés et former des files de cellules nouvelles qui viennent peu à peu remplir la chambre sous-stomatique et en distendre les parois. Bientôt les deux cellules stomatiques s'écartent, l'épiderme se soulève et enfin se déchire pour livrer passage au massif pluricellulaire qu'il recouvre. En même temps, des cellules voisines de la chambre sous-stomatique et appartenant à une assise plus ou moins profonde de l'écorce sont entrées en cloisonnement et ont constitué le méristème phellogène : celui-ci ne tarde pas à se raccorder avec le méristème formateur de la lenticelle.

De toutes ces observations il résulte que les lenticelles doivent être considérées comme une modification locale du périderme. Mais à quelle nécessité répond cette modification? à quelle fonction s'adapte le périderme quand il se transforme en lenticelle? C'est ce qu'on peut imaginer assez facilement si on remarque que l'écartement des cellules de la lenticelle rend possible une circulation gazeuse à travers cet organe. Nous admettrons donc que les lenticelles ont pour rôle de rétablir, entre l'air extérieur et l'atmosphère interne de la tige, la continuité qui était assurée par les stomates dans la structure primaire et qui se trouve supprimée par la formation du liège : en un mot, les lenticelles sont au périderme ce que les stomates sont à l'épiderme.

Structure d'une tige d'un an. — Rapprochant les notions que nous avons acquises sur le fonctionnement des deux assises génératrices de tissus secondaires, nous pouvons maintenant nous rendre compte de l'état de la structure d'une tige principale ou d'une branche à la fin de sa première année d'existence (*fig.* 203). Sous l'épiderme, qui parfois est encore intact, peuvent se rencontrer quelques assises appartenant à l'écorce primaire. Au-dessous d'elles vient le liège; mais il peut aussi former le premier revêtement de la tige, si son origine est tout à fait superficielle ou si les tissus plus superficiels que sa formation a eu pour effet de tuer se sont détachés de la tige. Au-dessous du liège vient l'assise phellogène, doublée intérieurement par le phelloderme qui recouvre à son tour la partie interne de l'écorce primaire. Après avoir franchi l'endoderme et le péricycle, on rencontre d'abord les îlots du liber primaire, rejetés en dehors par des formations secondaires, ensuite la couche continue du liber

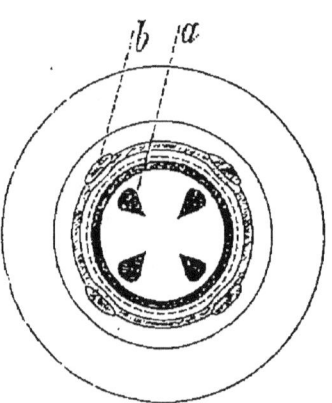

Fig. 203. — Coupe transversale d'une tige d'un an (figure théorique). — *a*, bois primaire; *b*, liber primaire.

secondaire, sous laquelle se trouve emprisonné le cambium ; au-dessous du cambium, l'anneau continu du bois secondaire ; puis, en face des îlots du liber primaire, ceux du bois primaire, dont les vaisseaux les plus internes, pourvus d'ornements spiralés ou annelés, forment autour de la moelle centrale une sorte d'anneau qu'on appelait autrefois l'*étui médullaire*.

Telle est la structure que présente une branche d'un an dans un arbre quelconque de nos pays, le Sureau par exemple. Il est assez facile d'en reconnaître les traits principaux, soit en coupant transversalement la branche, soit en l'écorçant : ce qu'on enlève, sous le nom vulgaire d' « écorce », c'est, avec les restes de l'écorce primaire, l'ensemble des formations péridermiques et toute la partie du cylindre central extérieure au cambium ; c'est au niveau de ce dernier tissu, dont les éléments jeunes et mous se dissocient facilement, que s'établit la séparation nette qui résulte de l'écorçage ; la couche blanche qui double intérieurement l'écorce arrachée n'est pas autre chose que le liber secondaire.

Formations secondaires des années suivantes. — Chez les plantes annuelles qui possèdent des formations secondaires, c'est à cela que se borne la structure de la tige, dans son maximum de complication. Telle est aussi sa structure chez les plantes vivaces après la première année de végétation. Mais, chez ces dernières, que se passe-t-il pendant les années suivantes ?

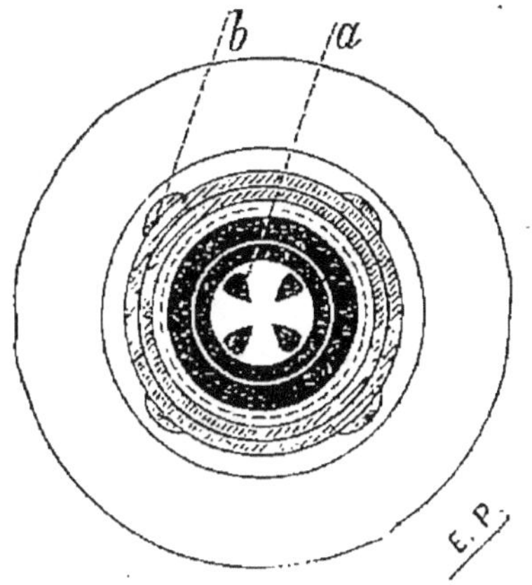

Après avoir fonctionné pendant tout l'été de la première année, l'assise génératrice intra-libérienne perd son activité et

Fig. 204. — Coupe transversale d'une tige de deux ans (figure théorique). — *a*, bois primaire ; *b*, liber primaire.

cesse de se cloisonner vers la fin de l'automne. Elle garde un repos complet pendant toute la durée de l'hiver ; mais, dès le retour du printemps, elle reprend son activité : en même temps que s'épanouissent les bourgeons qui vont donner naissance aux rameaux, le cambium commence à former sur sa face interne une nouvelle couche de bois secondaire, et sur sa face externe une nouvelle couche de liber secondaire; de telle sorte que, à la fin de la seconde année, une section transversale de la tige montre, de part et d'autre du cambium, deux couches concentriques de bois et de liber secondaires (*fig.* 204).

Pendant les années suivantes, le même phénomène se reproduit périodiquement. Chaque année, l'assise génératrice intra-libérienne reforme une couche de bois et une couche de liber (*fig.* 205).

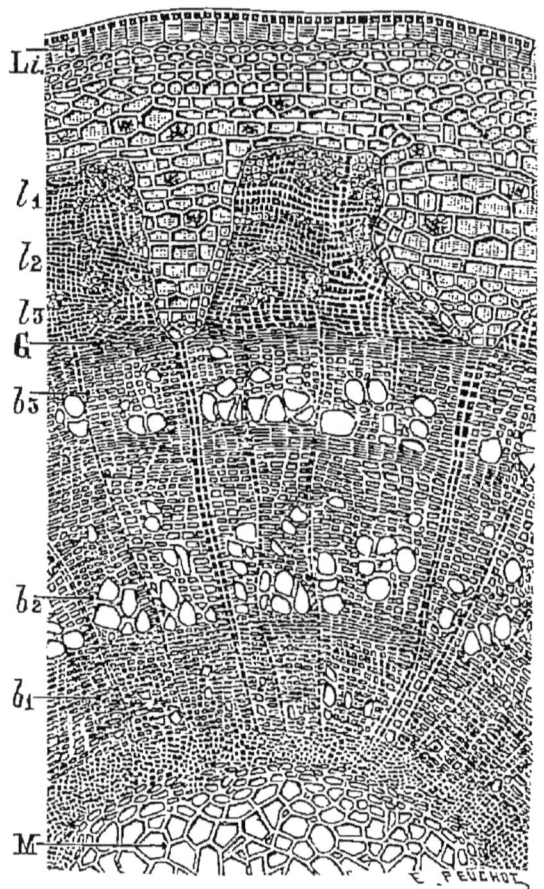

Fig. 205. — Coupe transversale d'une tige de trois ans. — Li., liège; l_1, l_2, l_3, couches libériennes des années successives; G. assise génératrice; b_1, b_2, b_3, couches ligneuses des années successives; M, moelle.

Les couches de bois ainsi formées s'empilent de l'intérieur vers l'extérieur, tandis que les couches de liber s'empilent en sens inverse. C'est toujours au voisinage de l'assise génératrice que se trouvent les dernières couches formées. Refoulé progressivement vers l'axe de la tige, le bois secondaire réduit de plus en plus l'étendue de la moelle, qui finit par disparaître complètement. Le bois le plus ancien, foncé, résistant et sec, forme ce qu'on appelle le *cœur*; le bois le plus jeune, plus clair, plus tendre et plus humide, constitue l'*aubier*.

La distinction entre les couches annuelles de bois secondaire est rendue facile par la différence qui existe entre le bois d'automne, compact et foncé, et le bois de printemps, plus léger et plus clair : on aperçoit toujours très nettement la limite de séparation entre le bois d'automne qui s'est formé à la fin d'une année de végétation et le bois de printemps qui lui a succédé après la période de repos hivernal.

On voit, par ce qui précède, que le nombre des couches ligneuses contenues dans une tige est précisément égal au nombre d'années qu'a vécu cette tige. Cette observation permet de déterminer l'âge d'un tronc ou d'une branche en comptant le nombre de couches concentriques de bois que montre sa section transversale.

Rejeté vers l'extérieur, pris entre l'écorce et la masse du bois secondaire, le liber forme une série de feuillets étroitement serrés les uns contre les autres comme les feuillets d'un livre, ce qui justifie son nom : le liber secondaire a été, en effet, connu et étudié avant qu'on soupçonnât l'existence du liber primaire.

A mesure que la tige s'épaissit par l'adjonction de nouvelles couches ligneuses, celles-ci doivent recouvrir une surface de plus

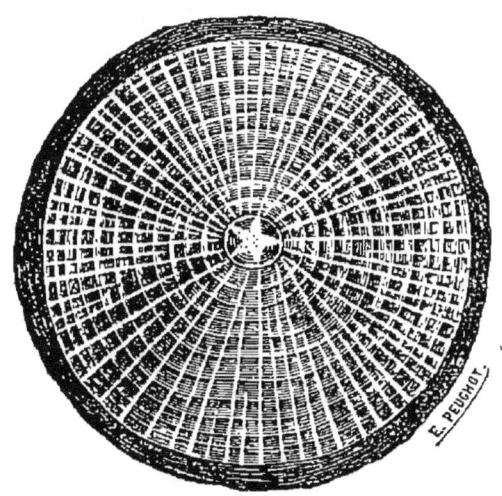

Fig. 206. — Coupe transversale d'une tige âgée.

en plus grande. Il devient, par suite, nécessaire qu'elles soient traversées par des rayons médullaires plus nombreux. Aussi voit-on chaque année, dans le bois et le liber nouveaux, de nouveaux rayons internes s'ajouter à ceux qui prolongent les rayons des années précédentes : intercalés à ceux-ci, les rayons nouveaux ne dépassent pas les limites du bois et du liber de l'année actuelle. Ainsi s'accroît, d'année en année, le nombre total des rayons médullaires qui sillonnent le corps ligneux de la tige (*fig.* 206).

En même temps que le cambium, l'assise extra-libérienne d'une tige vivace continue aussi à former des tissus secondaires. Après avoir produit pendant quelques années du liège sur sa face interne, il n'est pas rare de voir l'assise phellogène réduire peu à peu son activité, puis l'arrêter complètement ou, comme on dit encore, s'éteindre. Mais à cette première assise phellogène, dont le rôle est terminé, en succède une seconde, qui se différencie à un niveau plus profond dans l'intérieur de la tige. Rejeté vers l'extérieur par l'activité de cette nouvelle assise phellogène, le liège produit par la première se distend et se crevasse. Au bout d'un certain temps, la seconde assise phellogène s'éteint à son tour et elle est remplacée par une troisième assise, plus profonde encore, qui ajoute son liège propre à celui des deux assises précédentes. Puis une quatrième assise vient la remplacer, et ainsi de suite. De la sorte s'établit à la périphérie de la tige une couche, d'épaisseur souvent considérable, qui résulte de la superposition d'une série de lièges d'âges différents et à laquelle on donne le nom de *rhytidome*. Ordinairement, le rhytidome persiste dans toute son épaisseur et ne s'use que lentement par sa surface, de laquelle se détachent constamment des fragments peu étendus. Mais, dans certaines espèces, les assises phellogènes qui se succèdent de l'extérieur vers l'intérieur en se rapprochant de l'axe de la tige, au lieu d'avoir la forme de surfaces cylindriques, emboîtées les unes dans les autres, ont plutôt celle de verres de montre tournant leur concavité vers l'extérieur, et découpent dans les tissus externes de la tige de larges écailles qui s'en séparent d'une seule pièce et tombent sur le sol. C'est ainsi que s'explique la formation de ces plaques irrégulières, d'un vert grisâtre, qui se détachent constamment de la tige du Platane.

Chez le Chêne-Liège, le premier périderme fournit un liège mou et peu élastique, connu sous le nom de *liège mâle*, qu'on arrache lorsque l'arbre a environ quinze ans et qui n'est guère utilisé. Il se forme alors, à une profondeur plus grande dans la tige, un second périderme, qui fournit un liège de meilleure qualité, plus dur, plus élastique, et connu sous le nom de *liège femelle*. Au bout de dix à douze ans, le liège femelle a atteint une épaisseur de 17 à 20 centimètres. On l'arrache alors par larges plaques pour l'utiliser dans la fabrication des bouchons, des flotteurs, etc., et on laisse reposer l'arbre pendant une nouvelle période de dix à douze ans, nécessaire à la reconstitution d'une couche assez épaisse de liège. On peut ainsi exploiter l'arbre jusque vers cent cinquante ans.

En se déplaçant progressivement vers l'intérieur de la tige, l'assise phellogène peut dépasser les limites de l'écorce et atteindre, dans le cylindre central, le liber de formation secondaire. C'est alors aux dépens d'un tissu secondaire que se différencie la nouvelle assise phellogène : les tissus auxquels elle donne naissance doivent être, en bonne logique, qualifiés de *tissus tertiaires*.

Formations secondaires de la racine. — Les tissus secondaires ne se rencontrent pas uniquement dans la tige : les plantes dont la tige en est pourvue en forment aussi dans leurs racines, dont la structure se trouve ainsi considérablement modifiée. La première ébauche de l'assise intra-libérienne est représentée par une série d'arcs générateurs qui se différencient en face des faisceaux libériens, du côté de l'axe de la racine. Un peu plus tard, des arcs générateurs, semblables aux précédents, se différencient en face des faisceaux ligneux, mais sur leur bord externe et, par conséquent, aux dépens du péricycle. Enfin, tous ces arcs se raccordent latéralement les uns aux autres en une assise continue, de forme sinueuse, qui laisse en dedans les faisceaux ligneux et en dehors les faisceaux libériens (*fig.* 190, à gauche). A mesure que cette assise fonctionne, elle tend à arrondir son contour, à effacer les sinuosités qui le découpent, et elle finit par prendre une forme assez exactement circulaire. Sur sa face interne, l'assise génératrice intra-libérienne produit du bois secondaire; sur sa face externe, elle produit du liber secondaire. Le bois secondaire auquel elle donne naissance a une composition notablement différente de celle du bois primaire : celui-ci était formé exclusivement de vaisseaux; le bois secondaire renferme à la fois des vaisseaux, des fibres et du parenchyme sclé-

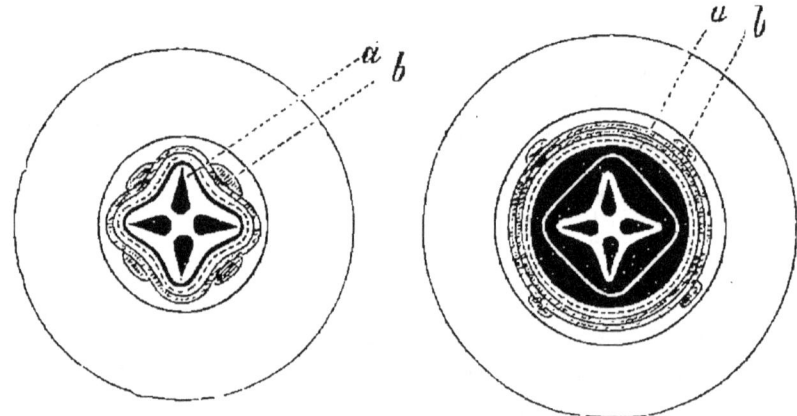

Fig. 207. — Formations secondaires de la racine (figure théorique). A gauche, racine d'un an; à droite, racine de deux ans. — *a*, bois primaire; *b*, liber primaire. (Dans la figure de droite, le trait pointillé partant de la lettre *a* devrait se prolonger jusqu'à l'une des taches noires voisines du centre).

reux; par là il se rapproche du bois de la tige. Remarquons aussi que la différenciation du bois primaire était centripète, tandis que celle du bois secondaire est centrifuge.

L'assise génératrice extra-libérienne peut se différencier à diverses profondeurs dans le corps de la racine; très souvent, elle s'établit à l'intérieur du cylindre central, mais toujours en dehors du liber, c'est-à-dire dans le péricycle.

Ainsi augmentée des tissus secondaires, la structure de la racine tend à se rapprocher de celle de la tige, et il peut être malaisé, au premier abord, de distinguer ces deux organes l'un de l'autre par le simple examen de leur constitution anatomique. Tant que cet examen permettra de retrouver les traces du bois et du liber primaires, il sera cependant possible de déterminer rigoureusement la nature de l'organe examiné. Les faisceaux ligneux, refoulés progressivement vers l'axe de la racine, n'en perdent pas pour cela leur position et leur orientation caractéristiques : dans une racine âgée, les vaisseaux les plus rapprochés de l'axe, qui enserrent la moelle, s'il en reste encore quelques vestiges, sont des vaisseaux ponctués, et les groupes qu'ils forment alternent régulièrement avec les faisceaux du liber primaire, rejetés en dehors des formations cambiales; dans une tige âgée, au contraire, les vaisseaux les plus rapprochés de la moelle sont des vaisseaux spiralés, et les groupes qu'ils forment sont directement opposés aux faisceaux du liber primaire.

Quand la racine dure plus d'une année, l'assise génératrice intra-libérienne, perdant son activité en hiver, la reprend au printemps pour la garder jusqu'en automne, et ainsi s'empilent, à l'intérieur du corps de la racine, des couches concentriques de bois et de liber secondaires dont la disposition contribue encore à accroître la ressemblance entre la racine et la tige âgées (*fig.* 207, à droite).

Comme l'assise phellogène de la tige, celle de la racine est capable de se déplacer en se rapprochant de l'axe; si elle s'est établie d'emblée dans le péricycle, comme il arrive fréquemment, elle se porte d'abord dans le phelloderme auquel elle a donné primitivement naissance, puis dans le liber secondaire issu de l'assise génératrice intra-libérienne : les tissus qu'elle forme dans ces conditions sont évidemment tertiaires.

§ 4. — La feuille.

La feuille : morphologie externe. — La *feuille* est le troisième des membres fondamentaux qui composent essentiellement l'appareil végétatif des plantes vasculaires. C'est un organe appendiculaire, ordinairement de couleur verte et de forme aplatie, porté par la tige au niveau d'un nœud.

324   COURS ÉLÉMENTAIRE DE BOTANIQUE.

La racine et la tige, que nous avons étudiées jusqu'ici, sont douées de plusieurs plans de symétrie : une tige dont rien n'a entravé le développement peut être, de diverses façons, partagée dans le sens de sa longueur en deux moitiés symétriques ; elle présente une *symétrie radiaire*. Il n'en est pas de même de la feuille. Il n'y a qu'un seul plan qui la divise en deux parties symétriques ; la feuille a donc une *droite* et une *gauche*, une *face supérieure* (ou *face ventrale*), qui regarde l'entre-nœud placé au-dessus d'elle, et une *face inférieure* (ou *face dorsale*), tournée vers l'entrenœud inférieur. C'est ce qu'on exprime en disant que la feuille a une *symétrie par rapport à un plan* ou *symétrie bilatérale*, ou encore que son organisation est *dorsiventrale*.

Tandis que la racine et la tige s'accroissent aussi longtemps que la plante même à laquelle elles appartiennent, la

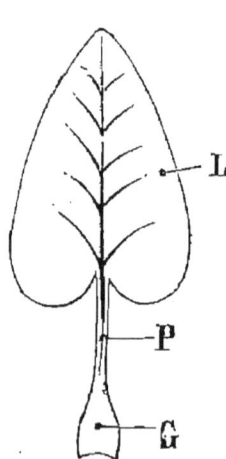

Fig. 208.
Feuille
de Giroflée.

Fig. 209.
Feuille pétiolée.

Fig. 210. — Les parties principales de la feuille (fig. théorique). — L, limbe ; P, pétiole ; G, gaine.

feuille, au contraire, après s'être épanouie au printemps, s'accroît pendant un certain temps, puis atteint des dimensions définitives qu'elle ne dépasse plus : elle est *limitée dans son accroissement*.

LA FEUILLE : MORPHOLOGIE EXTERNE.

La feuille comprend un certain nombre de parties qu'il est essentiel de distinguer tout d'abord.

La feuille de la Giroflée (*fig.* 208), celle du Lis, etc., se réduisent à une lame aplatie ou *limbe* qui s'insère sur la tige par une large surface. Dans ce cas, où la feuille présente sa forme la plus simple, on dit qu'elle est *sessile*.

Dans certaines feuilles, comme celle du Lilas, on peut, au contraire, distinguer très nettement deux parties : 1° une lame verte et aplatie qui est un *limbe*; — 2° une sorte de prolongement grêle, rattachant le limbe à la tige, qu'on appelle vulgairement la *queue* de la feuille et, dans le langage botanique, un *pétiole* (*fig.* 209).

D'autres feuilles, comme celle de la Ficaire, offrent une organisation plus compliquée (*fig.* 210). Au limbe et au pétiole s'ajoute une dilatation de la base de ce dernier, qui s'élargit en une *gaine*, enveloppant plus ou moins complètement la tige à laquelle elle forme une sorte de fourreau. La feuille comprend alors trois parties essentielles : la *gaine*, le *pétiole* et le *limbe*.

Une coupe transversale faite dans le pétiole de la feuille révèle en général, avec plus ou moins de netteté, la symétrie bilatérale de cet organe. Ordinairement, sa face supérieure est plus ou moins profondément excavée par une sorte de sillon qui la parcourt dans toute sa longueur, tandis que la face inférieure est assez régulièrement convexe. Parfois cependant la section transversale du pétiole est de forme absolument circulaire.

La symétrie bilatérale du limbe est, en général, beaucoup plus accusée que celle du pétiole. Au milieu des tissus verts qui occupent la majeure partie du limbe, on aperçoit ordinairement des filaments moins colorés et plus résistants, dont la ramification forme une sorte de réseau à mailles serrées : ce sont les *nervures*. Les nervures les plus volumineuses, facilement visibles, sont surtout saillantes à la face inférieure; les plus fines se distinguent très nettement quand on examine la feuille par transparence, en l'exposant à la lumière. Lorsque la feuille possède un pétiole, il se continue souvent dans le limbe par une grosse nervure qui en occupe la ligne médiane, qu'on appelle communément la *côte* de la feuille et de laquelle se détachent, avec une grande régularité, des nervures secondaires disposées suivant le mode penné. L'ordonnance des nervures ou, comme on dit encore, la *nervation* peut offrir d'autres dispositions; mais, en y regardant de près, on retrouve très généralement dans cette nervation des traces plus ou moins évidentes de la symétrie bilatérale. Quand une feuille tombée de l'arbre qui la portait est exposée à l'humidité du sol, elle ne tarde pas à être attaquée par une Bactériacée, l'*Amylobacter*, qui, par des phénomènes complexes de fermentation, détruit toutes les parties molles du limbe, ne respectant que les nervures : ainsi la feuille se réduit à une fine dentelle qui en reproduit exactement la forme et constitue une préparation naturelle des nervures.

C'est dans le bourgeon, terminal ou axillaire, qu'il faut chercher l'origine de la feuille dont on veut étudier le développement (*fig.* 211). Supposons, pour fixer les idées, qu'il s'agisse d'une feuille pourvue, à l'état adulte, d'un limbe, d'un pétiole et d'une gaine. La feuille se manifeste d'abord, au sommet de l'axe du bourgeon, sous la forme d'un petit mamelon, qui ne tarde pas à s'étaler transversalement de manière à prendre une forme aplatie et à constituer un limbe. Pendant cette période de l'existence de la feuille, sa croissance est limitée à sa région terminale. Bientôt la croissance terminale s'arrête et fait place à une croissance intercalaire. Le premier effet de celle-ci est la division de la feuille, par une sorte d'étranglement transversal, en deux parties successives, la gaine et le limbe. Puis la région étranglée s'allonge davantage et se différencie plus nettement du limbe, et il devient possible de distinguer un pétiole intercalé entre les

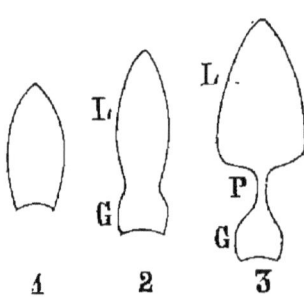

Fig. 211. — Développement d'une feuille (schéma). — L, limbe; G, gaine; P, pétiole.

deux régions extrêmes de la feuille. Enfin, tandis que la gaine et le pétiole cessent de s'accroître, il arrive souvent que le limbe poursuit, pendant longtemps encore, sa croissance intercalaire, qui se trouve le plus ordinairement localisée à sa base, c'est-à-dire dans sa région voisine du pétiole.

La *durée* de la feuille est généralement *limitée*. Epanouie au printemps et développée pendant toute la durée de l'été, elle perd, aux approches de l'automne, la coloration verte qui la caractérise, pour prendre une teinte jaune ou rougeâtre; peu à peu elle se détache, par sa base, de la branche qui la portait et tombe sur le sol. En même temps s'est formé à son aisselle un bourgeon qui demeure fixé à la tige et qui, au printemps suivant, produira une nouvelle branche, chargée de nouvelles feuilles. La feuille est donc, en général, un organe *caduc*. Cependant beaucoup d'arbres gardent leurs feuilles pendant plus d'une saison et restent ainsi couverts de feuilles pendant l'hiver; on les qualifie, pour ce motif, d'*arbres verts;* de ce nombre sont le Pin, le Sapin, le Cèdre et la plupart des arbres résineux appartenant à un même groupe, qui constitue la famille des Conifères.

Nous aurons ultérieurement l'occasion d'étudier quelques-unes des principales variations que peut présenter l'organisation générale de la feuille. Qu'il nous suffise actuellement de distinguer les *feuilles simples* des *feuilles composées*. On dit qu'une feuille est *simple* lorsque son limbe, quelque découpé que soit son contour, est entièrement continu, de telle sorte qu'on puisse passer d'un point

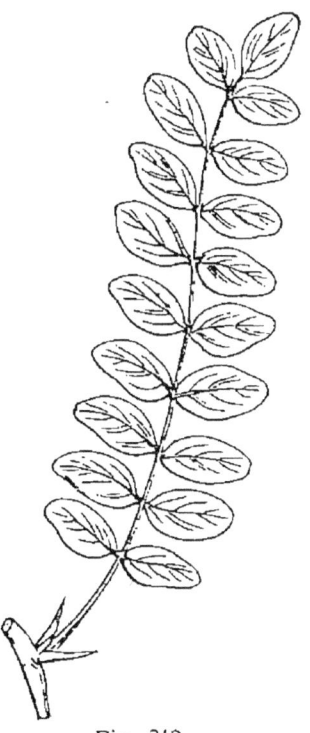

Fig. 212.
Feuille de Robinia.

quelconque de ce limbe à un autre point également quelconque sans en quitter la surface : telles sont les feuilles de la Giroflée, du Lilas, de l'Orme, du Chêne, du Platane, etc. On dit, au contraire, qu'une feuille est *composée* quand elle porte, sur un pétiole commun, des fractions séparées de limbe ou *folioles* : telles sont les feuilles du Robinia ou faux Acacia des parcs et jardins (*fig.* 212), celles du Marronnier d'Inde, etc.

Phyllotaxie. — La disposition des feuilles sur la tige est toujours la même dans une espèce donnée de plantes, mais elle varie beaucoup d'une espèce à l'autre. On appelle *phyllotaxie* la partie de la Botanique qui a pour objet l'étude des lois qui président à cette disposition.

Le plus souvent chaque nœud ne porte qu'une feuille.

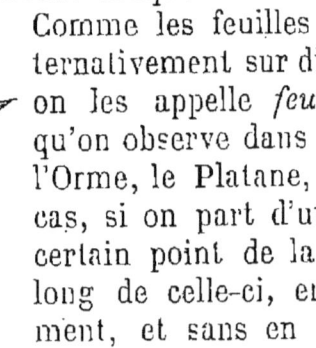

Fig. 213. — Feuilles alternes du Lin.

Comme les feuilles sont alors attachées alternativement sur diverses faces de la tige, on les appelle *feuilles alternes*. C'est ce qu'on observe dans le Blé, le Lin (*fig.* 213), l'Orme, le Platane, le Chêne, etc. Dans ce cas, si on part d'une feuille située en un certain point de la tige pour remonter le long de celle-ci, en comptant successivement, et sans en passer une, toutes les feuilles que l'on rencontre, on ne tarde pas à remarquer qu'on parcourt une hélice enroulée autour de la tige et sur laquelle les feuilles sont régulièrement espacées : on compte toujours le même nombre de feuilles et le même nombre de tours d'hélice avant de retrouver une feuille placée exactement au-dessus de celle qui a servi de point de départ. Supposons, par exemple, qu'on étudie la disposition des feuilles sur un rameau de Chêne : on comptera toujours cinq feuilles en décrivant deux tours d'hélice, avant de retrouver une feuille superposée à celle qui aura servi de point de départ. C'est ce qu'on exprime en abrégé à l'aide de la fraction $\frac{2}{5}$, dont le numérateur indique le nombre de tours d'hélice et le dénominateur le nombre de

PHYLLOTAXIE. 329

feuilles rencontrées. Cette fraction, qui symbolise la disposition des feuilles, est appelée *cycle foliaire*. La figure 214 reproduit en perspective un rameau qui porte des feuilles insérées suivant le cycle $\frac{2}{5}$: le rameau, s'amincissant progressivement de sa base vers son sommet, a la forme d'un

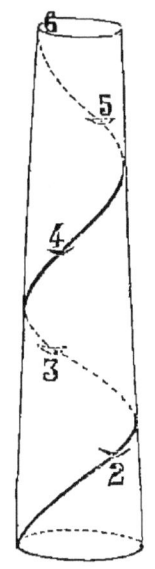

Fig. 214.
Disposition alterne des feuilles $\left(\text{cycle}\,\frac{2}{5}\right)$.

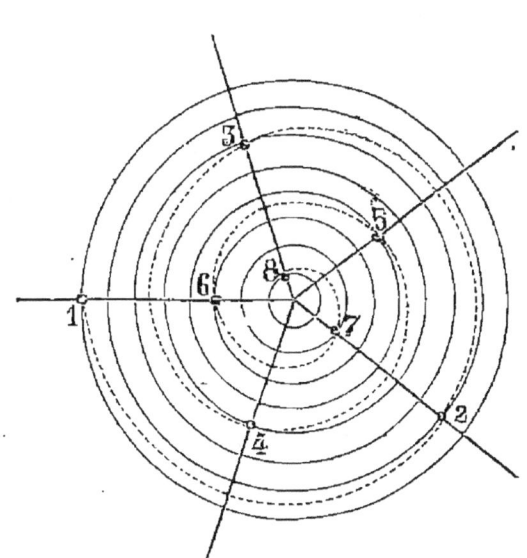

Fig. 215. — Représentation théorique du cycle foliaire $\frac{2}{5}$.

tronc de cône. Mais on peut adopter, pour figurer théoriquement les dispositions phyllotaxiques, des procédés qui fournissent des dessins moins encombrants.

Imaginons, par exemple (*fig.* 215), qu'on projette sur un plan perpendiculaire à l'axe du rameau et passant par le nœud le plus inférieur, les plans des nœuds successifs et la position occupée, à chaque nœud, par la feuille correspondante. Par suite de la réduction progressive du diamètre du rameau, les contours des nœuds formeront autant de circonférences concentriques. Fixons, sur la circonférence la plus extérieure, la position (1) de la feuille initiale, et traçons le rayon qui aboutit à ce point; puis, par le centre commun de toutes les circonférences, menons quatre autres rayons qui, avec le précédent, partagent chaque circonférence en cinq parties égales. La seconde feuille se projettera sur la circonférence qui suit immédiatement la plus externe, mais au point de rencontre de cette circonférence avec le troisième rayon, en 2. La troisième feuille se projettera sur la troisième circonférence, à son point de rencontre avec le cinquième rayon, en 3, et ainsi de suite : c'est seulement la sixième feuille qui, se projetant sur la sixième circonférence, se retrouvera sur le rayon aboutissant à la feuille initiale; on peut la désigner du numéro 6, mais on pourrait aussi, pour marquer sa superposition à 1, lui donner le symbole $1'$. A partir de cette feuille, les suivantes se répéteront dans le même ordre et chacune des feuilles de cette nouvelle série sera directement superposée à une des feuilles de la série précédente. Si on réunit par un trait continu les projections de toutes les feuilles successives, ce trait représentera la projection de l'hélice fictive sur laquelle sont insérées les feuilles.

Par la construction de la figure précédente, on peut se rendre compte de la signification concrète qu'on doit attribuer à la fraction qui symbolise le cycle foliaire : elle représente, en fonction de quatre angles droits, la valeur de l'angle dièdre formé par deux plans qui passeraient par l'axe de la tige et par les points d'insertion de deux feuilles consécutives : c'est ce qu'on appelle l'*angle de divergence*.

On peut observer que, dans la disposition alterne, toutes les feuilles que porte la tige sont réparties en files rectilignes dont le nombre est égal au dénominateur du cycle foliaire. Quand le cycle foliaire est $\frac{1}{2}$, comme dans le Blé ou dans l'Orme, les feuilles forment deux rangées opposées à la surface de la tige et on dit qu'elles sont *distiques*.

Les angles de divergence qui se rencontrent le plus fréquemment dans la nature appartiennent aux deux séries suivantes :

$$\frac{1}{2}, \frac{1}{3}, \frac{2}{5}, \frac{3}{8}, \frac{5}{13}, \frac{8}{21}, \frac{13}{34}, \ldots$$

$$\frac{1}{3}, \frac{1}{4}, \frac{2}{7}, \frac{3}{11}, \frac{5}{18}, \frac{8}{29}, \frac{13}{47}, \ldots$$

Connaissant les deux premiers termes de chacune de ces séries, il est facile d'écrire rapidement tous les autres : chaque terme s'obtient, en effet, en additionnant, numérateur à numérateur, dénominateur à dénominateur, les deux fractions qui le précèdent.

Dans certaines plantes, comme la Menthe (*fig.* 216), le Lilas, l'Érable, etc., chaque nœud porte deux feuilles, pla-

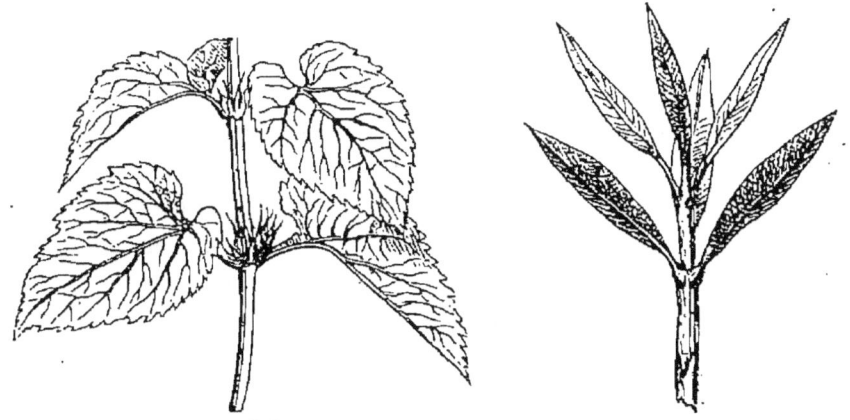

Fig. 216.
Feuilles opposées de la Menthe.

Fig. 217.
Feuilles verticillées du Laurier-rose.

cées exactement l'une en face de l'autre : on dit alors que les feuilles sont *opposées*.

Enfin, lorsque plus de deux feuilles, attachées au même nœud, forment à la tige une sorte de couronne ou *verticille*, on dit qu'elles sont *verticillées* : telles sont les trois feuilles qui, de distance en distance, se fixent au même point de la tige du Laurier-rose (*fig.* 217).

Morphologie interne. — Pour étudier sommairement

la structure de la feuille, bornons-nous à examiner ses deux parties les plus importantes, le pétiole et le limbe.

Le pétiole (*fig.* 218) est protégé extérieurement par un épiderme, continu avec celui de la tige, dont il n'est que le prolongement. Sous l'épiderme se trouve un parenchyme dont les éléments sont ordinairement allongés dans le sens général d'allongement du pétiole. Au milieu de ce parenchyme, on aperçoit des faisceaux libéro-ligneux, dont les sections transversales sont ordinairement disposées sur une sorte d'arc symétrique par rapport au plan de symétrie générale de l'organe. Dans chacun de ces faisceaux, le bois est tourné vers la face supérieure et ce sont les vaisseaux spiralés qui en occupent le bord extrême ; le liber est tourné, au contraire, vers la face inférieure. Parfois l'arc formé par les faisceaux libéro-ligneux du pétiole se ferme vers sa partie supérieure, de manière à offrir quelque ressemblance avec le cercle de faisceaux qu'on observe dans une tige ; mais, même dans ce cas, la symétrie bilatérale du pétiole se manifeste ordinairement par l'inégalité des faisceaux : ils sont plus grêles vers le milieu de la face supérieure, correspondant aux extrémités de l'arc, que vers la face inférieure, qui correspond à son milieu. Dans certains pétioles, les faisceaux libéro-ligneux, au lieu de rester distincts, s'unissent latéralement les uns aux autres, de manière à former, sur la section transversale, un croissant continu. Si, de plus, les extrémités du croissant se rapprochent assez l'une de l'autre pour qu'il se ferme, il peut paraître difficile au premier abord de reconnaître la symétrie bilatérale du pétiole ; c'est, en général, par une inégalité dans l'épaisseur de l'anneau libéro-ligneux que cette symétrie se laisse deviner.

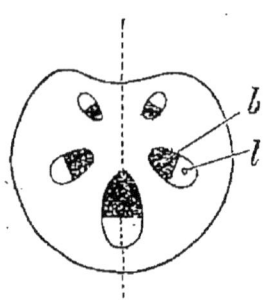

Fig. 218. — Coupe transversale du pétiole (figure théorique). — *b*, bois; *l*, liber d'un faisceau libéro-ligneux.

L'orientation du bois et du liber dans les faisceaux libéro-ligneux du pétiole s'explique aisément si on remarque que ces faisceaux se raccordent exactement avec ceux de la tige, dont nous connaissons la structure. Si, à l'aide de coupes successives, on suit, à l'intérieur de la tige, le trajet d'un faisceau libéro-ligneux qui vient du pétiole d'une feuille, on reconnaît (*fig.* 219) qu'après avoir traversé plus ou moins obliquement l'écorce, il descend verticalement dans le cylindre central, sur une longueur plus ou moins considérable, et se raccorde enfin avec un faisceau libéro-ligneux de la tige. De là vient que, parmi les faisceaux libéro-ligneux qu'on observe dans une coupe transversale du cylindre central, on peut, au moins théoriquement, distinguer deux groupes. Les uns cheminent provisoirement dans le cylindre central et vont le quitter pour se rendre à une feuille : ce sont les *faisceaux foliaires*. Les autres, poursuivant

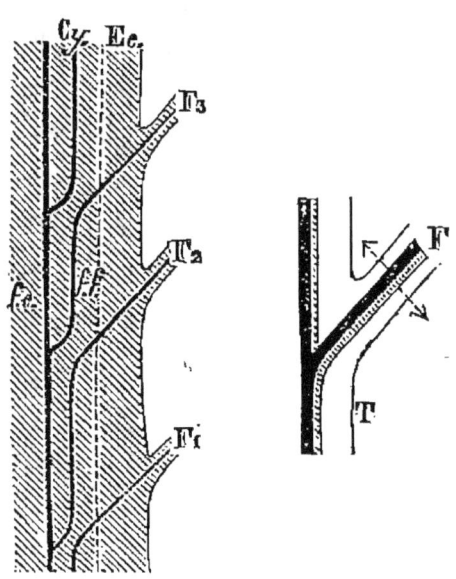

Fig. 219. — Raccord des faisceaux de la feuille avec ceux de la tige. — A gauche, coupe longitudinale d'une tige portant trois feuilles (F_1, F_2, F_3) : à droite, coupe, plus grossie, de la région d'attache d'une feuille (F). — Ec, écorce; Cy, cylindre central; f.c., faisceaux caulinaires; f.f., faisceaux foliaires. (Le trait pointillé et terminé par des flèches, à droite, indique la direction de la coupe dans la figure 201.)

leur trajet dans le cylindre central de la tige, sont destinés à envoyer plus haut des dérivations vers d'autres feuilles : ce sont les *faisceaux caulinaires*, qu'on appelle aussi *faisceaux réparateurs*, parce que ce sont eux qui remplacent dans le cylindre central les faisceaux détachés vers les feuilles. A vrai dire, c'est par une pure convention et pour faciliter la description des faisceaux libéro-ligneux de la tige, qu'on établit cette distinction. Parmi tous les faisceaux que renferme le cylindre central, il n'y en a pas un seul qui ne soit destiné à le quitter plus ou moins haut pour se rendre à une feuille.

Il faut remarquer, d'ailleurs, qu'une feuille ne se contente pas généralement de prendre à la tige un faisceau unique ; elle lui emprunte plusieurs faisceaux, qui ne s'en détachent pas toujours tous au même niveau : on appelle *trace foliaire*, dans le cylindre central de la tige, l'ensemble des faisceaux qui sont destinés à une même feuille.

Une section transversale faite dans le limbe montre qu'il est tapissé extérieurement par un *épiderme*, prolongement de celui du pétiole et de la tige. Tantôt les contours des cellules épidermiques sont polyédriques (*fig.* 220) ; tantôt ils sont sinueux. L'épiderme, entièrement incolore, est percé, de distance en distance, par des stomates, qui sont généralement plus nombreux à la face inférieure qu'à la face supérieure : dans les feuilles molles et herbacées, les deux faces en sont pourvues ; dans les feuilles des arbres, on n'observe généralement de stomates qu'à la face inférieure. Tantôt les stomates sont disséminés sans ordre à la surface de l'épiderme ; tantôt ils sont distribués régulièrement en files longitudinales, parallèles à la plus grande dimension de l'organe. C'est ce qu'on observe surtout dans les feuilles étroites et longues, comme celles des Graminées. Seules parmi toutes les cellules épidermiques, les cellules stomatiques renferment de la chlorophylle.

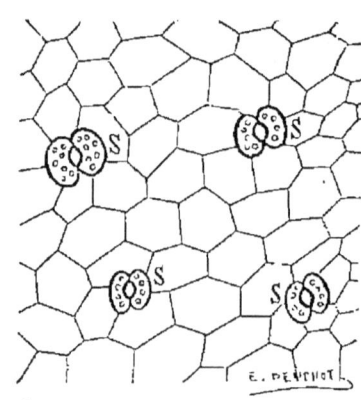

Fig. 220. — Un épiderme foliaire, vu de face. — S, stomates.

Entre les deux feuillets opposés de l'épiderme est intercalé un parenchyme auquel on donne le nom de *mésophylle* et dont les cellules sont bourrées de corps chlorophylliens (*fig.* 221) ; c'est le mésophylle qui, grâce à la transparence de l'épiderme, communique à la feuille tout entière sa coloration verte. Chez certaines feuilles, en particulier les feuilles dressées qui reçoivent un éclairement sensiblement égal sur les deux faces, ce parenchyme est *centrique*, c'est-à-dire qu'il affecte la même disposition au voisinage des deux faces de la feuille. En général, il prend, au contraire, des caractères différents suivant qu'il est plus ou moins rapproché de l'une de ces deux faces, et on dit alors qu'il est *bifacial*. Au voisinage de la face supérieure sont placées côte à côte de longues cellules, rangées perpendiculairement à la surface de la feuille comme les pieux d'une palissade et formant une ou plusieurs assises ; elles constituent le *tissu en palissade*. Vers la face inférieure, les cellules, disposées irrégulièrement, sont séparées par de nombreuses lacunes qui communiquent plus ou moins librement entre elles, de manière à permettre la circulation de l'air ; ainsi se trouve constitué le *tissu lacuneux*. Les cellules du tissu lacuneux renferment, comme celles du tissu en palissade, des corps chlorophylliens ; à égalité de volume, leur protoplasme paraît aussi riche en chlorophylle que celui du tissu en palissade, mais l'écartement des cellules et la moindre densité du tissu font qu'il contient, dans son ensemble, moins de chlorophylle que le tissu en palissade ; de là vient que la face inférieure de la feuille offre souvent une coloration moins intense que la face supérieure.

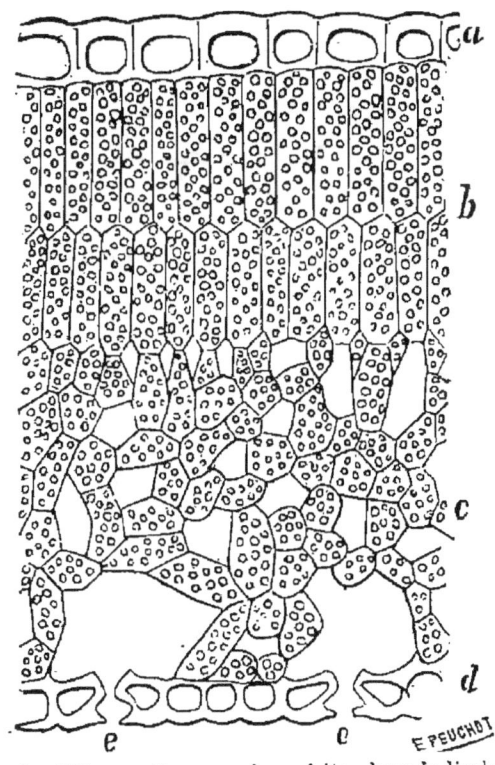

Fig. 221. — Coupe mince faite dans le limbe d'une feuille et très grossie. — *a*, épiderme supérieur ; *b*, tissu en palissade ; *c*, tissu lacuneux ; *d*, épiderme inférieur ; *e*, stomates.

Au milieu du mésophylle sont disséminées les *nervures*

(*fig.* 222). La partie essentielle d'une nervure n'est pas autre chose qu'un faisceau libéro-ligneux dans lequel l'orientation du bois et du liber est identique à celle que nous avons observée dans le pétiole. Il n'y a là rien qui doive nous surprendre : les faisceaux libéro-ligneux du limbe ne sont pas autre chose que les prolongements de ceux du pétiole. A mesure que les plus gros faisceaux du limbe se ramifient, ils deviennent plus grêles et leur structure se simplifie. Comment se terminent leurs dernières ramifications? Tantôt les faisceaux extrêmement déliés qui dérivent de deux nervures voisines se continuent exactement l'un par l'autre de manière à n'en former qu'un seul, de telle sorte qu'on peut passer sans discontinuité d'une nervure à l'autre : dans ce cas, les nervures sont *anastomosées*. Tantôt les dernières ramifications des faisceaux se terminent *librement* au sein du mésophylle. Si l'on suit, à l'aide de coupes successives, la simplification progressive de la structure d'une nervure très fine, on voit d'abord se réduire, puis disparaître la portion libérienne du faisceau qui la constitue. Le liber ayant disparu, le bois s'amincit à son tour; ce sont d'abord les vaisseaux les plus différenciés, voisins du liber, qui disparaissent; plus tard, les vaisseaux plus simples, voisins de la face supérieure du faisceau, se réduisent aussi et enfin la dernière extrémité de la nervure ne comprend plus que quelques vaisseaux spiralés ou annelés : ils sont, en quelque sorte, coiffés par un petit groupe de cellules mortes, ovoïdes, à membranes lignifiées et pourvues d'une ornementation spiralée, qu'on peut appeler des *cellules vasculaires*. Le plus souvent ce petit groupe de cellules vasculaires est plongé en plein mésophylle et entouré de tous côtés par des cellules bourrées de corps chlorophylliens (*fig.* 223). Mais il peut arriver que la nervure vienne se terminer au voisinage de

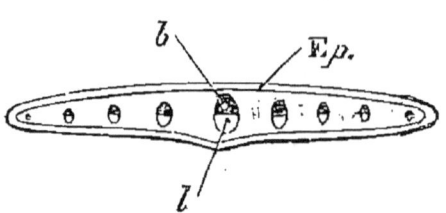

Fig. 222. — Coupe générale du limbe (figure théorique). — Ep., épiderme; *b*, bois; *l*, liber de la nervure principale.

l'épiderme, juste en face d'un stomate. Alors, les derniers vaisseaux et les cellules vasculaires sont enveloppés par un massif de cellules très petites et incolores, dont l'aspect diffère complètement de celui des cellules à chlorophylle qui les entourent (*fig.* 224). Nous verrons plus tard que ce massif peut se gorger d'eau dans certaines circonstances; donnons-lui, dès maintenant, le nom de *massif aquifère*. Pour la même raison, le stomate sous lequel est placé le massif reçoit le nom de *stomate aquifère*.

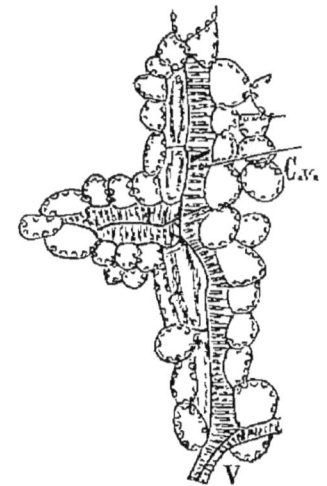

Fig. 223. — Terminaison libre d'une nervure dans le parenchyme chlorophyllien. — V, vaisseaux spiralés; C.v., cellules vasculaires.

Origine de la structure primaire de la feuille. — En étudiant au microscope la structure du mamelon qui va produire une feuille à l'intérieur d'un bourgeon, on reconnaît que le sommet de ce mamelon est occupé par un groupe de cellules jeunes, en voie de cloisonnement, c'est-à-dire par un méristème. Le centre de ce méristème comprend en général un petit nombre de cellules, qui sont les génératrices du méristème ou les initiales de la feuille. Parmi elles, la plus superficielle est l'initiale de l'épiderme; celles qui se trouvent placées plus profondément sont les initiales du mésophylle et de tous les éléments qui peuvent s'y trouver inclus.

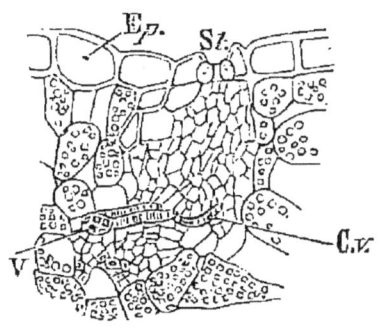

Fig. 224. — Terminaison d'une nervure sous un massif aquifère. — Ep., épiderme; St., stomate aquifère; V, vaisseaux spiralés; C.v., cellules vasculaires.

Aux tissus primaires de la feuille s'ajoutent rarement des formations secondaires.

Mécanisme de la chute des feuilles. — Nous

savons que la feuille est un organe généralement caduc. L'anatomie permet d'étudier le mécanisme qui en détermine la chute (*fig.* 225). Peu de temps avant que la feuille se

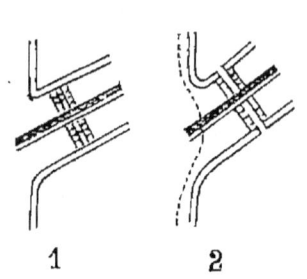

Fig. 225. — Mécanisme de la chute d'une feuille (schéma). (Le trait pointillé indique la position de l'assise phellogène dans la tige.)

détache de la tige, on voit s'établir, vers la base du pétiole, une assise génératrice de tissus secondaires, qui prend une direction perpendiculaire à celle du pétiole et le coupe en quelque sorte transversalement. Par quelques cloisonnements, elle forme au moins deux assises sur ses deux faces opposées. Puis l'assise génératrice meurt et les cellules qui la constituaient, formant le feuillet moyen, intercalé entre les deux feuillets extrêmes, se détruisent et disparaissent. Ainsi se trouve réalisée à travers le pétiole une section comparable à celle qu'aurait produite un instrument tranchant, ne respectant que les faisceaux libéro-ligneux. En même temps, les cellules restées vivantes au voisinage des vaisseaux du bois poussent, à l'intérieur de ceux-ci, des prolongements en forme de filaments ou de mycélium de champignon. Ces productions, qui ont reçu le nom de *thylles*, obstruent le calibre intérieur des vaisseaux et s'opposent au passage de la sève ascendante qui se rend à la feuille. Celle-ci, isolée peu à peu de la tige qui la porte, perd sa couleur verte et se dessèche. Comme elle n'est plus soutenue que par les faisceaux du pétiole, éléments peu résistants, un faible mouvement de l'air suffit alors pour rompre son attache et déterminer sa chute. On voit par là que c'est à une formation de tissus secondaires, phénomène exceptionnel dans la feuille, qu'est due la chute de cet organe. Quand l'assise génératrice qui a déterminé la chute de la feuille est située à quelque distance de la base du pétiole, comme le représente la figure 225, la feuille laisse une partie de son pétiole adhérente à la tige. Mais bientôt ce dernier vestige de la feuille tombée disparaît à son tour : une autre assise génératrice, qui est située plus profondément que la première et qui s'est ébauchée aussi avant la chute de la feuille, se raccorde avec l'assise phellogène de la tige; exfoliant tous les tissus placés en dehors d'elle, elle rétablit la continuité à la surface de la tige.

Comparaison entre la structure de la feuille et celle de la tige. — Si on cherche à comparer la structure de la feuille, organe appendiculaire, à celle d'une des parties qui constituent l'axe de la plante ou ses ramifications, on ne tarde pas à reconnaître que la feuille offre beaucoup plus de ressemblances avec la tige qu'avec la racine. Ses tissus se continuent plus ou moins exactement par ceux de la tige : l'épiderme, qui la revêt à la façon d'un gant, est le prolongement de l'épiderme de la tige; les faisceaux libéroligneux, qui parcourent son pétiole et se répandent dans le limbe sous forme de nervures, se raccordent, d'autre part, avec les faisceaux libéro-ligneux de la tige. Les principales différences qu'on observe entre la structure de la feuille et celle de la tige tiennent au mode de symétrie de chacun de ces organes : le premier possède la symétrie bilatérale, tandis que le second est symétrique par rapport à un axe.

On peut toutefois se demander s'il est permis d'établir, dans le parenchyme de la feuille, une distinction comparable à celle de l'écorce et du cylindre central dans le parenchyme de la tige. Considérons, pour un instant, la feuille comme une dépendance de la tige, naissant sur elle par cloisonnement de quelques-uns de ses tissus. Imaginons le cas très simple où chaque feuille n'emprunte à la tige qu'un faisceau unique et suivons ce faisceau au moment où il quitte le cylindre central pour se rendre à la feuille. Nous le voyons accompagné par un parenchyme conjonctif qui fait suite à celui du cylindre central et qui forme au faisceau une sorte de gaine l'entourant de toutes parts. Quels sont les éléments de ce parenchyme qui concourent à la formation de la gaine? La partie du péricycle qui borde extérieurement le faisceau l'accompagne dans la feuille et y forme son revêtement externe; sur ses flancs, le faisceau entraîne avec lui une partie des deux rayons médullaires qui l'avoisinent ; enfin, sur sa face interne, il est accompagné par une partie de la moelle. Ainsi se trouve constitué, autour du faisceau, un fourreau d'origine complexe qu'il serait aussi inexact d'attribuer exclusivement au péricycle qu'aux rayons médullaires ou à la moelle. Pour ne rien préjuger de sa nature, Van Tieghem a proposé de lui donner le nom de *péridesme*, qui exprime simplement sa situation autour du faisceau. Accompagné de son péridesme, le faisceau se revêt extérieurement d'un prolongement de l'endoderme de la tige, qu'on peut suivre plus ou moins nettement jusque dans l'intérieur de la feuille. L'ensemble formé par le faisceau et son péridesme représente une fraction du cylindre central (ou stèle) de la tige : Van Tieghem lui donne le nom de *méristèle*. C'est donc la méristèle, pénétrant dans la feuille, qui représente à l'intérieur de cet organe le cylindre central de la tige. Isolé de la méristèle par la gaine endodermique qui entoure celle-ci, et se continuant d'autre part exactement par le tissu cortical de la tige, le parenchyme de la feuille, aussi bien dans sa région palissadique que dans sa région lacuneuse, doit être regardé comme l'équivalent de l'écorce. On voit qu'en résumé, dans cette conception, la structure de la feuille peut être considérée, en quelque sorte, comme la monnaie de la structure de la tige.

Mais, en réalité, le membre le plus essentiel d'une plante d'organisation supérieure est la feuille : la morphologie et la physiologie s'accordent à donner aux feuilles la valeur d'unités dont l'association forme la plante tout entière. Dans cette autre manière de voir, énoncée autrefois par Gaudichaud, et reprise récemment avec nombreux arguments à l'appui par Gaston Bonnier et par Flot, la tige ne représente plus que le support commun de toutes ces unités : la tige est, comme on dit, l'ensemble de toutes les bases des feuilles qu'elle porte. Dès lors, ce n'est plus la tige qui existerait en premier et donnerait naissance à des feuilles ; c'est la feuille qui est l'élément primordial et primitif ; dès le début de la formation de la jeune plantule, des feuilles se développent, ce sont les bases qui constituent la première ébauche de la tige. Quant à la racine, c'est un organe supplémentaire qui répond aux nécessités de l'association des unités foliaires entre elles. Comme l'existence de la tige est liée à celle des feuilles, de même sa structure est subordonnée à la leur, et il paraît, dès lors, plus juste de considérer la structure de la tige comme la résultante des structures propres des feuilles qu'elle supporte. Au sein de son parenchyme cortical, la feuille contient une méristèle; c'est la fusion de toutes les méristèles provenant des feuilles successives qui compose la stèle à l'intérieur de la tige.

§ 5. — Influence du milieu sur la structure de la plante.

Nous connaissons suffisamment l'organisation de l'appareil végétatif chez les plantes supérieures pour nous poser aujourd'hui une question qui ne touche à rien moins qu'au grand problème de l'origine des espèces. Le milieu dans lequel se développe un être vivant a-t-il une influence immédiate sur la structure et la forme de son corps? Si cette influence existe, dans quelle mesure s'exerce-t-elle?

Une même espèce végétale, ou tout au moins un même organe appartenant à une plante donnée, sont souvent susceptibles de se développer indifféremment dans les milieux les plus divers, la terre, l'eau, l'air, etc. Par cela même, les plantes se prêtent mieux que les animaux aux recherches qu'il est nécessaire de poursuivre pour trouver la réponse à la question que nous nous sommes posée.

Influence du milieu souterrain. — La racine est un organe presque toujours souterrain; la tige est, au contraire, généralement aérienne. Ne peut-on se demander si, parmi les caractères qui distinguent ces deux organes, il n'en est pas qui tiennent précisément à la diversité ordinaire des milieux où ils se développent?

Chacun sait que certaines plantes possèdent normalement des tiges souterraines (*fig.* 226). Ces tiges ont, en général, une direction horizontale, une forme arrondie (même quand les tiges aériennes de la même espèce présentent une forme anguleuse); elles sont dépourvues de chlorophylle; les feuilles qu'elles portent sont extrêmement réduites : en un mot, leur aspect général les rapproche des racines et justifie le nom de *rhizomes* qu'on leur donne fréquemment. Pour trouver la réponse que nous cherchons, nous pourrions être tentés d'observer simplement la structure des rhizomes et la comparer à celle des tiges aériennes qui leur correspondent. En procédant ainsi, nous nous exposerions à de graves erreurs. Ne doit-on pas craindre, en effet, que les tiges qui évoluent en rhizomes à l'intérieur du sol et que le développement normal de l'espèce prédestine, en quelque sorte, à ce rôle n'aient dans leur structure quelque chose d'héréditaire qui échappe, en réalité, à l'influence du milieu?

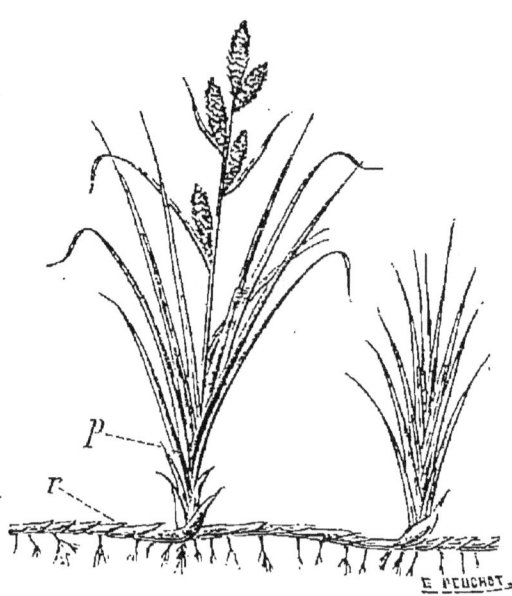

Fig. 226. — Carex des sables. — *p*, pousse aérienne; *r*, rhizome.

L'observation ne saurait donc suffire à la solution du problème. Il faut avoir recours à l'expérience.

Pour éviter cette cause d'erreur, inhérente aux caractères héréditaires des organes soumis à l'expérience, on devra s'adresser à des espèces qui soient, à l'état naturel, entièrement dépourvues de rhizomes. De deux individus appartenant à l'espèce choisie, on fera développer le premier dans des conditions normales, de manière que sa tige reste aérienne; on dirigera, au contraire, le développement du second de telle sorte que sa tige reste souterraine : on coiffera, par exemple, le pot dans lequel il poussera d'un tuyau ouvert aux deux bouts et on y accumulera de la terre, à mesure que la tige s'allongera, de manière qu'elle demeure constamment enterrée. Quand le développement des deux plantes sera suffisamment avancé, on comparera la structure de leurs tiges.

Pour qu'une telle expérience ait une rigueur vraiment scientifique, elle exige de nombreuses précautions.

Il importe d'abord que toutes les conditions étrangères au facteur dont on veut étudier l'action sur la tige soient aussi identiques que possible de part et d'autre : il faut, par exemple, que les graines qui fourniront les deux termes de comparaison soient semées sur le même sol et maintenues dans le même lieu, à la même température.

Quand l'expérience a pris fin, il est nécessaire que la comparaison porte sur des parties dont l'âge soit, autant que possible, exactement le même. On sait, en effet, combien la structure d'une tige se modifie avec l'âge et on sent combien il serait inexact de comparer une portion jeune d'une tige à une portion complètement différenciée d'une autre. Pour éviter toute erreur à cet égard, on comparera les régions moyennes de deux entre-nœuds occupant le même rang à partir du sommet de la tige.

Il faut enfin que les deux plantes soumises à la comparaison aient, autant que possible, la même origine. On choisira pour cela des graines aussi semblables que possible : ce seront, par exemple, des graines de même volume et de même aspect, recueillies sur une même plante mère. Mais pour comprendre que, même avec cette précaution, il y aura quelque chance d'erreur, il suffit d'observer que, dans un semis fait avec des graines de même origine, toutes les plantes qui se développent sont loin d'être absolument identiques : elles peuvent être inégalement fortes, soit en totalité, soit dans telle ou telle de leurs parties, et l'étude anatomique de leur organisation peut y révéler des différences notables. Pour éliminer, autant que possible, les erreurs que peuvent introduire dans la comparaison ces différences individuelles, on multipliera les semis de manière à obtenir un grand nombre de pieds, et c'est sur la moyenne des observations relevées que portera la comparaison.

Une série d'expériences ont été entreprises en appliquant cette méthode [1].

Les expériences ont porté sur un assez grand nombre d'espèces, appartenant aux groupes les plus divers : la Fève, la Courge, la Pomme de terre, la Belle-de-nuit, la Capucine, le Ricin, etc. Elles ont fourni des résultats remarquables par leur concordance. En comparant la structure d'une région déterminée de la tige enterrée à la structure de la région correspondante dans la tige aérienne, on observe des différences dont il est important de noter les principales.

Dans les tiges enterrées, les membranes des cellules épidermiques éprouvent, en général, une subérification plus ou moins complète, et cette subérification peut s'étendre de proche en proche aux assises voisines de l'écorce jusqu'à une profondeur plus ou moins grande.

L'épaisseur du parenchyme cortical augmente toujours, chez l'organe enterré, dans une proportion notable, et cette augmentation est due tout autant à l'accroissement du volume qu'à celui du nombre des cellules.

On voit quelquefois paraître, dans les tiges enterrées, à une certaine distance de l'épiderme, une puissante couche subéreuse, formée de plusieurs assises, qui tend à isoler les parties externes et mortifiées de la tige, des parties internes encore vivantes.

Certaines tiges aériennes contiennent, dans la partie externe de leur écorce, un tissu particulier, à membranes épaisses, mais cellulosiques, auquel on donne le nom de

---

[1]. Citons, en particulier, les expériences de Costantin sur l'influence du milieu souterrain et celle du milieu aquatique.

collenchyme, et qui joue dans l'organe un rôle de soutien. Or, on voit diminuer sensiblement ou même disparaître complètement ce tissu dans les tiges enterrées.

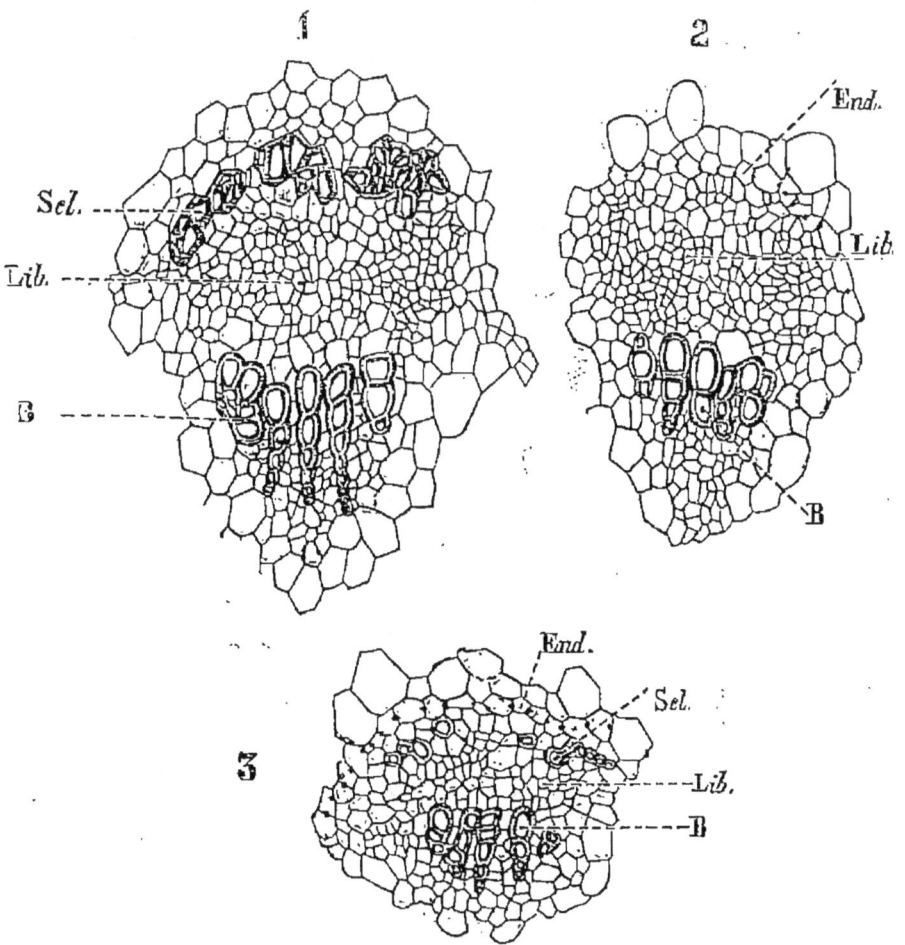

Fig. 227. — Comparaison entre trois tiges de Ricin développées à l'air libre et à la lumière (1), dans la terre (2), à l'air et à l'obscurité (3). La figure représente seulement un faisceau libéro-ligneux et les régions voisines.) B, bois; L*ib*., liber; S*cl*., sclérenchyme péricyclique; E*nd*., endoderme. (D'après M. J. Costantin.)

On sait aussi que les cellules endodermiques de la tige se distinguent généralement de celles de la racine par l'absence ou la disparition précoce des cadres plissés et subérifiés qui font adhérer ces dernières étroitement entre elles.

Dans les tiges enterrées, ces plissements persistent longtemps avec la plus grande netteté.

Souvent aussi, nous le savons, le péricycle de la tige contient des fibres lignifiées qui peuvent former un anneau continu autour du cylindre central ou constituer simplement des cordons parallèles aux faisceaux libéro-ligneux. Ces fibres diminuent considérablement, elles peuvent même disparaître complètement dans les tiges enterrées.

Un retard sensible se manifeste dans l'activité de l'assise génératrice libéro-ligneuse chez les tiges enterrées.

En même temps, le nombre et le calibre des éléments du bois se réduisent notablement.

Enfin les dimensions de la moelle, plus considérables dans la tige aérienne que dans la racine, se réduisent beaucoup. Pour évaluer avec plus de rigueur cette réduction de parenchyme médullaire, on détermine, par des mesures micrométriques, le rapport qui existe entre le diamètre de la moelle et celui de l'écorce : on constate une diminution sensible de la valeur de ce rapport quand on passe d'une tige aérienne à une tige enterrée.

Pour résumer les diverses modifications que cette étude comparative permet d'attribuer à l'influence du milieu souterrain, on peut les grouper sous trois chefs principaux. Cette influence a pour effet de développer dans la tige les tissus de protection (accroissement de l'écorce, subérification de l'épiderme, formation supplémentaire d'une couche subéreuse). Elle a aussi pour effet de réduire l'appareil de soutien (diminution du collenchyme, du sclérenchyme et des éléments lignifiés du bois). Elle se manifeste enfin par une réduction de la moelle.

A la vérité, les résultats que nous venons d'énoncer paraissent n'avoir pas la précision idéale qu'on leur pourrait désirer en pareille matière. Cela tient à ce que soumettre une tige normalement aérienne à l'influence du milieu souterrain, c'est faire agir sur elle un ensemble assez complexe de facteurs différents : en forçant une tige à vivre sous terre, on la soustrait complètement à l'action de la lumière;

on intercepte en partie l'arrivée des gaz qui lui parviendraient librement si elle vivait dans l'air; on lui assure extérieurement, par la terre où elle est plongée, un soutien qui lui manquerait dans l'air; on détermine autour de ses tissus une pression mécanique due au poids des éléments solides qui l'entourent, etc. Pour démêler, parmi les modifications nombreuses que produit sur la tige l'action du milieu souterrain, la part propre à chacun de ses facteurs, il est nécessaire de les isoler et de les faire agir séparément sur cet organe : c'est là un travail analytique que la Science contemporaine commence seulement à entreprendre.

Tout le monde sait que les plantes développées à l'abri de la lumière, dans une cave par exemple, perdent leur coloration verte, allongent considérablement les entre-nœuds de leurs tiges, réduisent sensiblement les dimensions de leurs feuilles : elles prennent, en un mot, les caractères spéciaux de l'*étiolement*.

On peut se demander si à ces modifications que subit la forme extérieure des organes chez les plantes étiolées ne correspondent pas des modifications de leur structure interne. Effectivement la tige d'une plante étiolée est caractérisée par une hypertrophie de l'écorce et surtout de la moelle, en même temps que par une réduction considérable de l'appareil vasculaire. Faisant étioler à l'air des plantes appartenant aux mêmes espèces qui avaient été soumises à l'influence du milieu souterrain, on a constaté que la suppression de la lumière entraîne certaines des modifications déjà observées en milieu souterrain; il en est d'autres, au contraire, que provoque l'action du milieu souterrain et qui ne semblent pas se manifester sous l'influence de l'étiolement. C'est ainsi que, dans une tige de Pomme de terre étiolée à l'air, la moelle reste épaisse et le collenchyme se réduit simplement sans disparaître complètement. Dans une tige de Ricin soumise aux mêmes conditions, on voit apparaître quelques-unes des fibres péricycliques que l'influence du milieu souterrain avait fait disparaître complètement. On voit donc, sans qu'il soit possible de donner beaucoup de précision à cette conclusion, que, parmi les effets dus à l'enterrement de la tige, il y a lieu de séparer ceux qui proviennent de l'étiolement et ceux qui ont des causes différentes; la réduction du bois et, dans une certaine mesure, celle de tout l'appareil de soutien, la persistance des plissements endodermiques, paraissent devoir être attribués à l'étiolement; les autres effets relèveraient de causes différentes.

Ce n'est qu'après s'être ainsi aidé des lumières de l'expérience qu'on pouvait faire appel aux résultats de l'observation. Comparant, chez un grand nombre de plantes appartenant aux familles les plus diverses de la classe des Dicotylédones, la structure des rhizomes à celle des tiges aériennes, on a dès lors reconnu une concordance frappante avec les résultats de l'expérience, et on a pu déterminer, d'une manière plus générale et partant plus précise, la nature des modifications qu'imprime le milieu souterrain à la structure de la tige.

L'étude précédente devait trouver son complément naturel dans celle des modifications qu'apporte le milieu aérien à la structure de la racine.

Si la nature nous offre des exemples nombreux de tiges souterraines, elle nous montre aussi des cas remarquables de racines latérales qui, nées sur les flancs de la tige, accomplissent tout leur développement dans l'air. C'est ainsi qu'un grand nombre d'espèces appartenant à la famille des Orchidées, telles que la Vanille, se fixent par leurs parties aériennes à d'autres plantes qui leur servent de supports et développent des racines adventives qui pendent verticalement dans l'air. Ces racines se distinguent généralement des racines souterraines par un ensemble de caractères spéciaux. Les assises les plus externes sont composées de grandes cellules pleines d'air, dont les parois subérifiées sont percées de trous qui permettent une facile communication d'une cellule à l'autre; ces assises forment à la racine une sorte d'enveloppe qu'on nomme le *voile*. Le voile n'est que l'épiderme de la racine; c'est un épiderme *composé* au même titre que la coiffe des racines souterraines, dont il est l'homologue dans les racines aériennes : le voile est, en un mot, une coiffe qui ne se détache pas. Outre le voile, un grand nombre d'assises appartenant soit à l'écorce, soit au péricycle, soit même à la moelle, subissent une lignification plus ou moins complète, ainsi qu'on peut l'observer, par exemple, dans les racines aériennes des Orchidées du genre *Vanda*.

Or, en forçant une racine aérienne de *Vanda* à se développer sous terre on voit disparaître, ou tout au moins s'atténuer, quelques-uns des caractères qu'elle devait à son existence aérienne : si le voile persiste, la lignification de l'écorce, de l'endoderme et du cylindre central diminue dans une proportion notable.

Renversant les conditions de l'expérience, on est parvenu à faire développer dans l'air humide des racines dont l'existence est normalement souterraine, par exemple des racines de Fève, de Pois, de Capucine, etc. : on a vu alors, dans le milieu aérien, l'écorce s'amincir, le système ligneux se développer, l'appareil de soutien prendre une importance plus grande.

De cette double série de recherches on a donc pu conclure que, parmi les caractères distinctifs de la tige et de la racine, il en est, comme les dimensions relatives de l'écorce et de la moelle ou le développement de l'appareil de soutien, qui peuvent être légitimement attribués à l'influence immédiate du milieu dans lequel se développent ces deux organes.

Influence du milieu aquatique. — Après l'influence du milieu souterrain sur la structure de la plante, on pouvait étudier celle qu'exerce le milieu aquatique.

C'est un fait d'observation courante que les organes développés dans l'eau (feuilles, tiges ou racines) présentent un ensemble de caractères dont la constance porte l'observateur à supposer qu'ils doivent être attribués à l'influence du milieu.

Chacun a pu remarquer, par exemple, l'allure spéciale

qu'adoptent les feuilles aquatiques. Celles qui flottent à la surface de l'eau comme les feuilles des Nénuphars, ont une forme généralement arrondie (*fig.* 228). Les feuilles submergées ont fréquemment un limbe rubané, comme cela s'observe chez les *Hippuris*. Souvent aussi, il est très découpé, comme on voit

Fig. 228. — Feuilles flottantes.

chez les *Myriophyllum*; parfois même, il est percé à jour par de nombreuses ouvertures qui occupent les mailles du réseau formé par les nervures : il est, comme on dit, *fenêtré* (*Ouvirandra fenestralis*). D'une manière générale, le parenchyme tend à se réduire dans les limbes submergés. Certaines espèces, qu'on peut qualifier d'*amphibies*, pos-

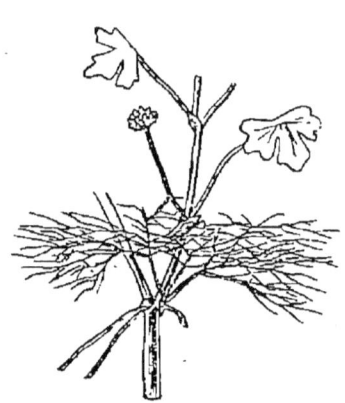

Fig. 229. — Un rameau de Renoncule aquatique avec ses deux sortes de feuilles.

sèdent à la fois des feuilles aquatiques et des feuilles aériennes. C'est ainsi que, chez *Ranunculus aquatilis*, les feuilles qui dépassent le niveau de l'eau ont un limbe échancré sur ses bords, mais largement développé toutefois, tandis que les feuilles submergées, dont le limbe est extrêmement découpé, se réduisent presque à leurs nervures qui forment une sorte de chevelure flottant au gré des courants (*fig.* 229).

L'exemple le plus remarquable de ce polymorphisme foliaire chez les plantes aquatiques nous est fourni par la Sagittaire (*Sagittaria sagittæfolia*); cette plante possède à la fois trois formes de feuilles : les unes, généralement aériennes, s'épanouissent en forme de fer de flèche; d'autres, aux contours assez régulièrement arrondis, s'étalent ordinairement à la surface de l'eau;

enfin, certaines feuilles restent submergées et se développent en longs rubans (*fig.* 230).

Toutes ces observations semblent manifester de la manière la plus nette l'influence qu'exerce le milieu aquatique

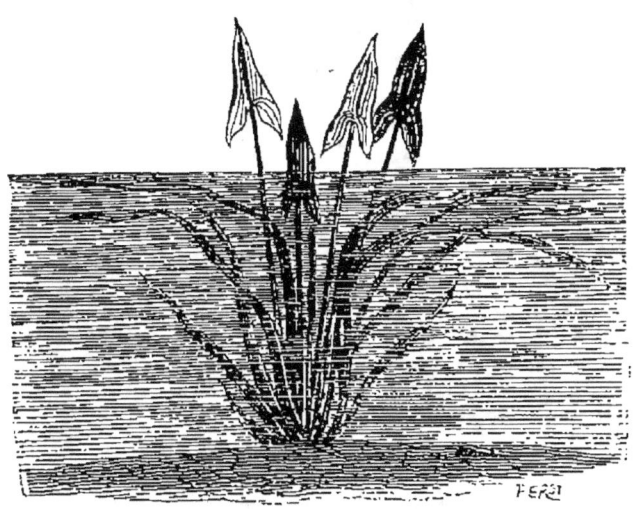

Fig. 230. — Feuilles de Sagittaire.

sur la forme des organes foliaires. L'étude de la structure des feuilles aquatiques paraît confirmer ces résultats.

Le parenchyme des feuilles aquatiques est généralement homogène et entièrement lacuneux : il est parcouru par un système complexe d'espaces aérifères qui lui donne une consistance en quelque sorte spongieuse. Il peut, d'ailleurs, se réduire, comme cela arrive surtout dans les feuilles rubanées, à un fort petit nombre d'assises : c'est ainsi que, dans les *Elodea*, il ne comprend que deux assises, appliquées étroitement l'une contre l'autre et qui ne sont pas autre chose que les deux faces de l'épiderme. L'épiderme, dépourvu de stomates et faiblement cutinisé, renferme des corps chlorophylliens aussi bien que le mésophylle. L'appareil conducteur se réduit considérablement : certains vaisseaux peuvent se résorber après leur formation et faire place à des lacunes qui s'ajoutent à celles qui proviennent des espaces intercellulaires.

Si concordantes qu'elles fussent, de telles observations ne pouvaient suffire pour définir avec précision l'influence du milieu : à l'observation devait s'ajouter l'expérience. Pour répondre à cette nécessité, on s'est proposé de modifier artificiellement les conditions dans lesquelles se développent normalement les feuilles. Si l'on cherche à changer brusquement le milieu dans lequel vit une feuille dont le déve-

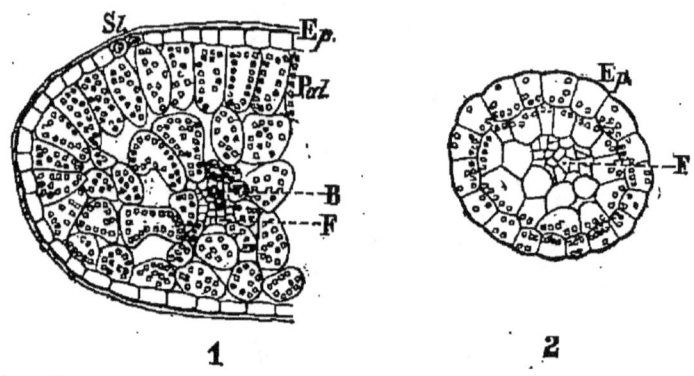

Fig. 231. — *Ranunculus aquatilis*. Sections transversales d'une feuille aérienne (1) et d'une feuille aquatique (2) (d'après M. J. Costantin). — Ep., épiderme; St., stomates; Pal., tissu en palissade; F, faisceau; B, bois.

loppement est déjà très avancé, ce changement est généralement funeste à l'organe, qui meurt rapidement. Mais, si l'expérience porte sur une feuille dont le développement est peu avancé, il semble qu'elle soit plus apte à se plier à de nouvelles conditions d'existence : sa consistance, sa coloration, ses dimensions se modifient; si l'expérience l'a saisie au début même de son développement, quand elle est à peine ébauchée dans le bourgeon, sa forme même peut être atteinte. Quant à sa structure, elle subit des transformations profondes (*fig.* 231 et 232). Chez une feuille que l'expérimentateur a forcée à se développer dans l'eau, les membranes de séparation des cellules épidermiques perdent la forme sinueuse qu'elles possèdent fréquemment à l'air libre et deviennent rectilignes; la cutinisation de l'épiderme s'affaiblit; les poils, s'il y en avait à l'air, disparaissent dans l'eau; le nombre des stomates diminue, et la chlorophylle, qui était exclusivement localisée dans les cellules stomatiques de la feuille aérienne, se répand uniformément dans toutes les cellules épidermiques; le tissu en palissade diminue d'épaisseur, le nombre des lacunes augmente, les cellules parenchymateuses s'appauvrissent en chlorophylle; on voit enfin se réduire notablement les éléments vasculaires et fibreux.

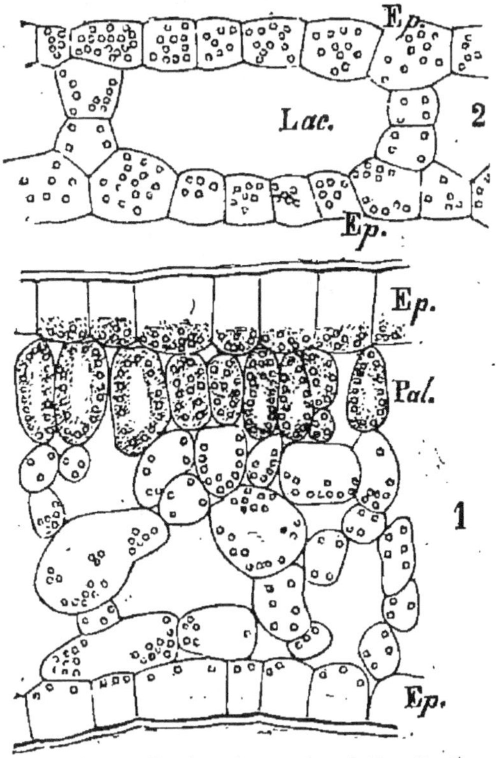

Les expériences n'ont pas seulement porté sur des plantes amphibies, comme la Sagittaire, qui se prêtent plus aisément que d'autres à ces changements de milieu; on a pu obtenir dans l'eau le développement complet d'espèces franchement terrestres, comme la Luzerne, et on a vu se manifester chez elles les modifications que nous venons d'énumérer.

Fig. 232. — *Sagittaria sagittæfolia*. Sections transversales du limbe d'une feuille rubanée aquatique (2) et d'une feuille rubanée qui a poussé dans l'air (1) (d'après J. Costantin). — Ep., épiderme; Pal., tissu en palissade; Lac., lacune.

Ici encore, comme on le voit, les résultats de l'expérience sont venus confirmer ceux de l'observation.

A la vérité, ces expériences, relatives à l'influence du milieu aquatique sur la forme et la structure des plantes, nous renseignent surtout *d'une façon globale*, sans nous faire connaître si tel ou tel de ces facteurs dont l'ensemble constitue le milieu aquatique agit plus ou moins que les autres. « Milieu aquatique », cela veut dire non seulement contact permanent avec l'eau ambiante, mais aussi température rendue plus uniforme, éclairement diminué, etc.; et précisément nous verrons plus loin que le facteur éclairement joue un rôle important dans les changements de forme observés.

Influence de la sécheresse atmosphérique. — S'il y a quelque intérêt à connaître l'influence exercée par le contact direct de l'eau sur la structure des plantes, on peut se demander si l'état hygrométrique de l'air n'a pas aussi

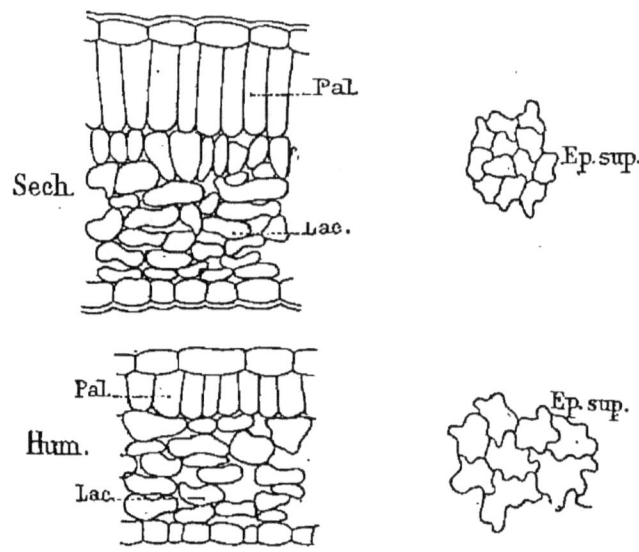

Fig. 233. — Epine-vinette (*Berberis vulgaris*). Comparaison entre deux feuilles développées, l'une dans une atmosphère sèche (première ligne), l'autre dans une atmosphère humide (deuxième ligne) (d'après Lothelier). A gauche, coupe du limbe; à droite, fragments de l'épiderme supérieur, vus de face. — Pal., tissu en palissade; Lac., tissu lacuneux.

quelque action sur la forme ou la structure des organes qui s'y développent.

On sait que chez certaines espèces, vivant ordinairement dans les lieux secs, les organes les plus divers peuvent acquérir une certaine rigidité et se terminer en pointe, constituer en un mot des piquants : cette transformation atteint les rameaux chez les Ajoncs (*Ulex europæus*), les feuilles chez l'Epine-vinette (*Berberis vulgaris*), etc. Or, on a pu cultiver deux échantillons entièrement comparables d'une de ces espèces, par exemple deux boutures provenant d'un même pied, l'une à l'air sec, l'autre dans un air saturé d'humidité : l'une était disposée sous une cloche où de petits flacons, régulièrement étagés et remplis d'acide sulfurique concentré, absorbaient toute la vapeur d'eau ; sous la cloche qui recouvrait l'autre, de petits flacons remplis d'eau assuraient la saturation de l'air. Toutes les autres conditions, telles que la température, l'éclairement, la nature du sol, étaient aussi identiques que possible de part et d'autre. Bientôt se manifestaient des différences profondes entre les deux pieds soumis à l'expérience : les piquants sont moins nombreux et moins puissants dans l'échantillon développé à l'air saturé, et les organes qui les forment tendent à reprendre leur constitution normale de rameaux ou de feuilles ; les feuilles ordinaires augmentent sensiblement de surface, mais en même temps diminuent d'épaisseur ; les assises de cellules en palissade diminuent de nombre, quand elles ne disparaissent pas complètement ; les lacunes se développent davantage ; en même temps se réduisent la cutinisation de l'épiderme et la lignification des éléments de conduction et de soutien (*fig.* 233). On en peut donc conclure, d'une manière générale, que la sécheresse de l'air augmente, dans une proportion notable, la différenciation qui aboutit à la transformation des feuilles ou des rameaux de l'appareil végétatif en piquants.

Influence de la lumière. — Les expériences dont nous venons de parler ont porté sur le milieu pondérable, terre ou eau ; mais il est aussi quelques facteurs impondérables dont on peut se proposer de mesurer l'influence sur la forme et sur la structure des plantes.

Parmi ces facteurs, le plus important à considérer est la radiation lumineuse. Déjà les recherches sur la structure des plantes étiolées avaient entamé cette question.

Mais il est d'autres faits qu'on doit rapporter à la même cause. Ainsi la Campanule à feuilles rondes possède deux sortes de feuilles : les feuilles de la base sont arrondies, les feuilles insérées plus haut sur la tige sont linéaires. Ce dimorphisme des feuilles est dû à l'éclairement. Quand les premières feuilles (feuilles arrondies) se développent, c'est au contact du sol et à l'ombre d'autres plantes ; plus tard, le long de la tige vivement éclairée, ne se développent que des feuilles linéaires ; mais, si l'on maintient à l'ombre un pied de Campanule ayant déjà développé des feuilles linéaires, on ne voit plus naître sur les rameaux supérieurs que des feuilles arrondies.

Chez la Sagittaire dont nous avons parlé précédemment,

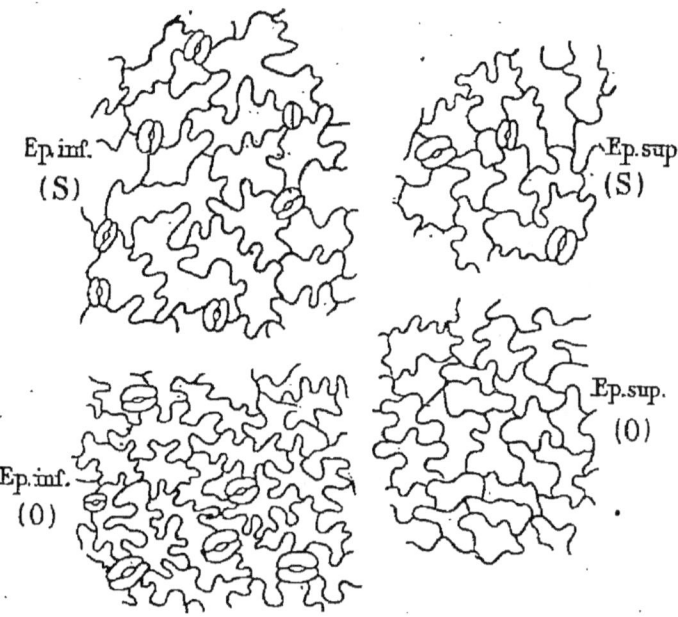

Fig. 234. — *Circæa Lutetiana*. — Comparaison entre les épidermes supérieur et inférieur d'une feuille développée au soleil (S) et ceux d'une feuille développée à l'ombre (O). (D'après L. Dufour.)

le polymorphisme des feuilles aériennes, nageantes ou aquatiques tient pour une part au facteur éclairement, car une Sagittaire placée dans l'air humide donne des feuilles en fer de lance si on la maintient à la lumière, et des feuilles rubanées si on la maintient à l'obscurité.

Mais, s'il est curieux de connaître l'influence de l'obscurité complète sur la structure des plantes, il n'y a pas un moindre intérêt à déterminer les différences qui se manifestent dans l'organisation d'une plante, suivant qu'elle se développe au soleil ou à l'ombre, conditions qui se trouvent fréquemment réalisées dans la nature.

L. Dufour a réalisé diverses expériences en vue d'établir l'influence de la lumière sur la forme et la structure des feuilles. Deux plants ou deux graines, aussi identiques que possible, d'une même espèce végétale étaient confiés au même sol et gratifiés du même arrosement; ils étaient placés, en un mot, dans les mêmes conditions, à une seule différence près : l'un était exposé librement chaque jour à l'action directe du soleil, tandis que l'autre y était soustrait par un bâti en bois ou un carton qui ne laissait parvenir jusqu'à la plante que la lumière diffuse. Or, la plante développée à la lumière était toujours plus volumineuse que la plante développée à l'ombre; ses tiges étaient plus fortes, ses feuilles plus larges et plus épaisses, sa floraison plus riche et plus hâtive. Si parfois dans la nature les feuilles qui se sont développées à l'ombre sous le couvert des bois, sont plus grandes et plus épaisses que les feuilles des plantes de même espèce développées au soleil, cela ne tient donc pas, comme le croyaient Stahl et quelques autres botanistes allemands, à ce que l'ombre facilite le développement de la feuille, cela tient, ainsi que l'a démontré Dufour, à l'action de l'humidité du sol : en soumettant à des arrosements inégaux deux plantes de même espèce placées dans des conditions absolument égales d'ailleurs, en y comprenant les conditions d'éclairement, il s'est assuré que l'arrosement du sol favorise le développement des feuilles.

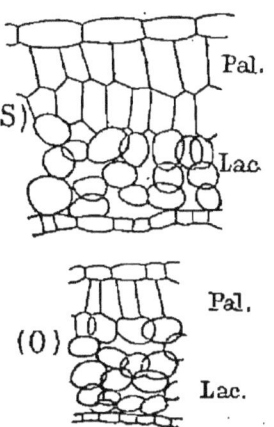

Fig. 235. — *Circæa Lutetiana*. — Comparaison entre le limbe d'une feuille développée au soleil (S) et celui d'une feuille développée à l'ombre (O). (D'après M. L. Dufour.)

La comparaison anatomique des feuilles qui s'étaient développées au soleil avec celles qui s'étaient développées à l'ombre (*fig.* 234 et 235) a montré, de plus, que l'action de l'éclairement direct a pour effet d'augmenter le nombre des stomates, d'accroître l'épaisseur totale des cellules épidermiques, l'épaisseur spéciale et la cutinisation de leurs pa-

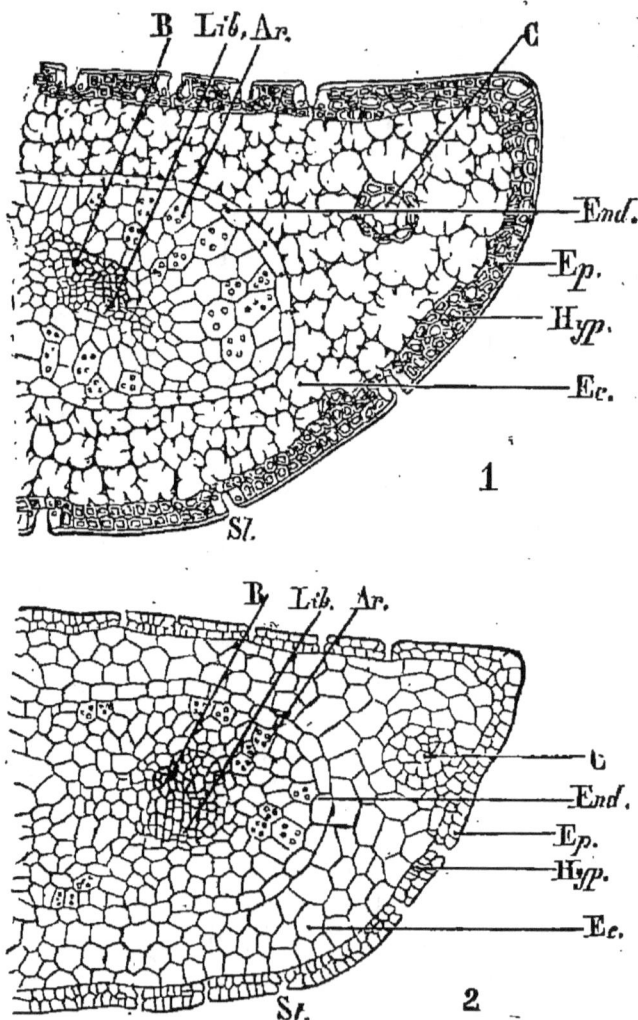

Fig. 236. — Pin d'Autriche. — Comparaison entre la structure d'une feuille développée à la lumière discontinue (1) et celle d'une feuille développée à la lumière continue (2). (D'après G. Bonnier.) — Ep., épiderme; St., stomate; Hyp., hypoderme; Ec., écorce; End., endoderme; Ar., tissu aréolé; B, bois; Lib., liber; C, canal sécréteur.

rois externes; elle augmente aussi le nombre et l'épaisseur des assises palissadiques, le nombre et le calibre des vaisseaux ligneux, le nombre et l'épaisseur des fibres, et, d'une manière plus générale, des éléments de soutien. En somme, toutes conditions égales d'ailleurs, les tissus de la feuille sont d'autant plus différenciés que l'éclairement a été plus intense.

Supposant cette dernière condition poussée à l'extrême, on pouvait se demander comment se développerait une plante soumise à un éclairement continu. C'est à cette question que Gaston Bonnier s'est proposé de répondre en exposant des plantes à la lumière continue que fournissent, pendant des mois entiers, de puissants foyers électriques.

Il fallait d'abord s'assurer que l'action de la lumière électrique sur les plantes produit des effets comparables à ceux de la lumière solaire. Pour cela, Bonnier a soumis concurremment à deux lumières discontinues, dont l'une était celle du jour et l'autre provenait d'une source électrique, deux lots de plantes aussi identiques que possible. Il a pu s'assurer ainsi que les plantes exposées à la lumière électrique se développent normalement, à condition que cette lumière soit tamisée par un verre assez épais pour absorber les radiations ultra-violettes, nuisibles à la vie des plantes. Deux lots équivalents d'une même espèce ont alors été exposés à la lumière électrique continue d'une part, discontinue de l'autre.

Après quelques mois de culture, Bonnier a pu constater que la lumière continue donne des feuilles plus larges, plus épaisses, d'un vert plus intense, mais dont les tissus présentent une différenciation beaucoup moindre que ceux des feuilles développées à la lumière discontinue (*fig.* 236).

Influence du climat sur la structure des plantes. — Nous savons comment il a été possible d'isoler quelques-uns des facteurs susceptibles d'exercer une influence sur la structure des plantes et d'analyser la nature de l'influence propre à chacun d'eux. Il nous reste à voir comment ces notions trouvent leur application dans l'étude des modifications apportées par le climat à la morphologie externe ou interne des espèces végétales.

L'observation prouve qu'à chaque climat correspond un

ensemble de caractères spéciaux de la végétation. Sans quitter les régions tempérées, les plantes des plaines se distinguent nettement, par leur faciès ordinaire, des plantes de montagnes. Qu'elles viennent de la plaine ou de la montagne, les plantes des régions tempérées se distinguent, à leur tour, de celles qui vivent dans les régions arctiques.

Or, qu'est-ce que le climat, sinon la résultante d'un certain nombre de facteurs de l'ordre de ceux que nous avons étudiés précédemment? En quoi, par exemple, le climat arctique se distingue-t-il de celui de nos plaines, sinon par des différences dans les quantités de chaleur, de lumière, d'humidité atmosphérique, que reçoivent les plantes pendant la durée totale de l'année?

Il est donc à supposer que l'observation, aidée, s'il est possible, de l'expérience, permettra de retrouver, dans la structure des plantes d'un climat donné, les traces des facteurs dont ce climat est la résultante.

Influence du climat alpin. — Prenons un exemple.

Les plantes de la région alpine présentent, dans leur allure générale, bien des caractères communs : les parties souterraines (racines ou rhizomes) sont très développées; les tiges aériennes sont, au contraire, très réduites, courtes, ramassées, et rampent généralement à la surface du sol; on exprime d'un mot cette allure générale en disant que les plantes sont « naines ». Parmi les espèces qu'on trouve dans cette région, il en est qui sont spéciales aux grandes altitudes; d'autres se rencontrent aussi dans les plaines, mais elles prennent, sur les sommets, des caractères si différents de ceux qu'elles ont dans les plaines qu'on a été tenté souvent de les décrire comme des espèces distinctes.

Cette différence d'aspect entre les plantes alpines et celles des plaines est-elle due à l'influence directe du climat? L'expérience seule permet de répondre à cette question.

Gaston Bonnier a poursuivi, depuis l'année 1884, à diverses altitudes, des cultures expérimentales et comparatives de nombreuses espèces, dans le but de déterminer l'influence que l'altitude peut exercer sur leur port et leur structure.

Les stations choisies ont été, d'une part, différents points de faible altitude, aux environs de Paris ou dans la forêt de Compiègne, par exemple ; d'autre part, quelques points d'altitude régulièrement croissante, soit dans le massif du Mont

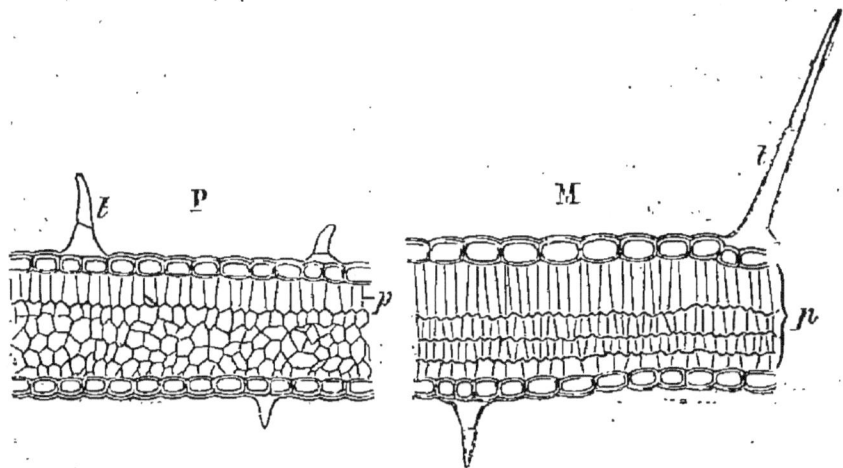

Fig. 237. — *Teucrium Scorodonia*. — Comparaison entre la structure d'une feuille (P) développée en plaine (altitude : 50 m.) et celle d'une feuille (M) développée en montagne (altitude : 1850 m.). (D'après G. Bonnier.) — *p*, tissu en palissade ; *t*, poil.

Blanc, soit dans les Pyrénées. Les altitudes des cultures étaient ainsi comprises entre 50 et 2400 mètres au-dessus du niveau de la mer.

Un même pied d'une plante vivace était fractionné en plusieurs individus d'égal volume, qui étaient ensuite plantés, à diverses altitudes, dans des terrains de composition aussi semblable que possible. Les sujets d'expérience étaient ainsi plus comparables que ne l'eussent été des plantes issues de semis. Quel que soit, en effet, le soin qu'on apporte à choisir, pour les semis, des graines équivalentes, on peut toujours craindre que leur équivalence ne soit qu'apparente et qu'elles ne soient pas, en réalité, absolument comparables ; au contraire, en divisant un pied d'une espèce vivace, ce sont des fragments réellement équivalents d'un même être qu'on soumet à l'expérience.

Les résultats qu'a fournis cette méthode (*fig.* 237) ont précisé ceux de l'observation. Les individus cultivés à de hautes altitudes sont demeurés nains; mais leurs feuilles, plus vertes et plus épaisses que celles des individus cultivés dans les plaines, étaient remarquables par le développement considérable de leur tissu en palissade; l'épiderme foliaire avait une forte cuticule; l'hypoderme, dans les espèces qui en étaient pourvues, prenait un développement plus considérable; dans les tiges, le liège acquérait aussi une épaisseur plus grande. D'une manière générale, l'accroissement de l'altitude paraît avoir pour effet de favoriser le développement de tous les tissus protecteurs. Ces résultats ont été confirmés ultérieurement par les travaux poursuivis sur le même sujet.

Influence du climat arctique. — G. Bonnier a eu, d'autre part, l'occasion d'examiner des plantes rapportées du Spitzberg et de l'île de Jean-Mayen par l'explorateur Ch. Rabot, et appartenant à des espèces que lui-même avait soumises, dans les Alpes, à ses expériences. Il a pu ainsi étudier l'influence du climat arctique sur la structure du corps des plantes. En comparant un échantillon arctique à un échantillon alpin de la même espèce, il a observé généralement que l'échantillon arctique possède des feuilles plus grandes et plus épaisses que celles de l'échantillon alpin, mais que le parenchyme de ses feuilles, presque entièrement lacuneux, possède une structure peu différenciée et que leur épiderme est faiblement cutinisé (*fig.* 238).

Or, en quoi le climat du Spitzberg ou de Jean-Mayen diffère-t-il de celui des Alpes?

Les conditions calorifiques paraissent être à peu près les mêmes dans les deux climats : si l'hiver se prolonge longtemps dans les régions arctiques et si, pendant ce long hiver, les quantités de lumière et de chaleur reçues par le sol sont extrêmement faibles, en été, au contraire, le soleil reste constamment au-dessus de l'horizon et la quantité de chaleur reçue pendant cette période compense l'insuffisance de celle qui a été reçue en hiver.

L'humidité du sol semble, d'autre part, être à peu près la même dans les deux régions.

On n'en saurait dire autant de l'humidité de l'atmosphère. Un des caractères du climat alpin est la grande sécheresse

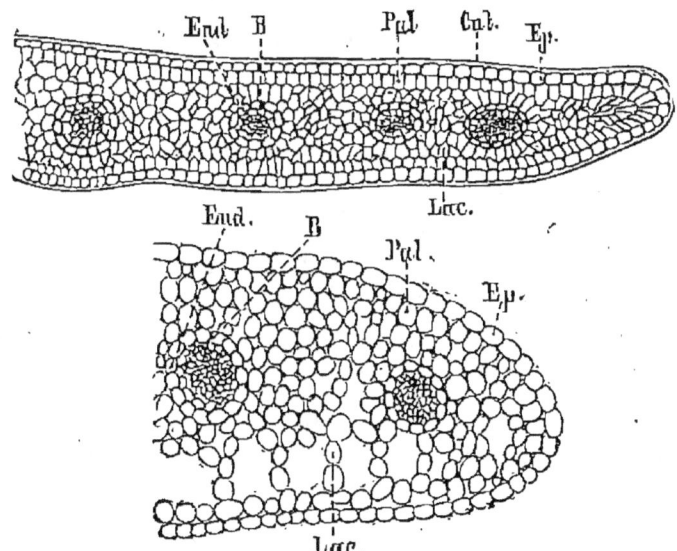

Fig. 238. — *Saxifraga oppositifolia*. — Comparaison entre la structure d'une feuille développée à une grande altitude dans les Alpes (en haut) et celle d'une feuille développée au Spitzberg (en bas). (D'après G. Bonnier.) — *Ep.*, épiderme; *Cut.*, cuticule; *Pal.*, tissu en palissade; *Lac.*, tissu lacuneux; *End.*, endoderme; *B*, bois.

de l'air. Au contraire, au voisinage des pôles, l'air est très chargé d'humidité.

Les conditions d'éclairement, pendant la période de végétation, sont aussi fort différentes. Dans les Alpes, l'éclairement est discontinu, grâce à l'alternative du jour et de la nuit, et très intense pendant le jour. Au voisinage des pôles, l'éclairement est continu, mais faible et diffus.

Il y a donc lieu de penser que les caractères spéciaux de la structure des plantes arctiques sont la résultante de deux causes différentes : la continuité de l'éclairement et la valeur élevée de l'état hygrométrique. Pour donner à cette hypothèse une certaine vraisemblance, il suffit de rapprocher les résultats expérimentaux obtenus par Gaston Bonnier en étudiant les effets de l'éclairement continu par la lumière électrique et ceux qu'ont fournis les études de Lothelier sur l'influence de l'humidité atmosphérique.

Considérations générales. — Cette étude rapide de quelques-uns des résultats obtenus dans une voie où il reste encore beaucoup à faire nous a permis de mesurer, une fois de plus, les multiples exigences de la méthode expérimentale, qui prend chaque jour une importance plus grande dans toutes les recherches biologiques.

Nous en retiendrons aussi cette conclusion qu'il faut renoncer à la conception de Claude Bernard, pour qui le corps de l'être vivant était une sorte de moule dans lequel circulerait un courant continu de matière sans cesse renouvelée, véritable « tourbillon vital », mais dont l'évolution morphologique serait entièrement soustraite à l'action du milieu ambiant. Le milieu ambiant n'exerce pas seulement son influence sur la physiologie de l'être vivant, c'est-à-dire, par exemple, sur les échanges de toute sorte dont il est, à un moment donné, le siège vis-à-vis de ce milieu ; il agit aussi sur sa structure. La plante, plus peut-être que l'animal, est douée d'une certaine plasticité : parmi les cellules, d'abord identiques entre elles, qui constituent le corps d'un organe jeune, d'une feuille par exemple, chacune évolue, sans doute, suivant des tendances héréditaires qui la poussent vers une différenciation déterminée, soit en cellule assimilatrice, soit en fibre, soit en cellule épidermique ; mais en même temps l'influence du milieu est capable d'imprimer à ces tendances des déviations souvent considérables, que l'expérience peut reproduire.

CHAPITRE XIII

Physiologie des plantes vasculaires.

Échanges gazeux. — Nous commencerons l'étude de la physiologie des plantes vasculaires par celles des *échanges gazeux* qui s'accomplissent entre la plante et le milieu extérieur.

Ces échanges constituent trois fonctions essentielles, qui sont la *respiration*, l'*assimilation chlorophyllienne* et la *transpiration*.

§ 1er. — La respiration.

Respiration végétale; sa généralité. — Toutes les plantes *respirent*, c'est-à-dire qu'elles absorbent de l'oxygène et rejettent de l'anhydride carbonique. La généralité de ce phénomène n'est plus aujourd'hui contestée par personne, et cependant pour l'établir il n'a pas fallu moins d'un demi-siècle de recherches.

Dès la fin du siècle dernier, un des fondateurs de la chimie, Priestley, avait reconnu que les plantes vertes, quand elles sont exposées à la lumière, absorbent l'anhydride carbonique contenu dans l'air ou dans l'eau qui les entoure et expulsent, en même temps, de l'oxygène : échange gazeux qu'on peut s'expliquer en admettant que la plante décompose en ses éléments l'anhydride carbonique qu'elle absorbe, pour rejeter l'oxygène et fixer le carbone. De cette observation, maintes fois répétée, on eut le tort de conclure que les végétaux avaient une respiration spéciale, inverse de celle des animaux. De cette hypothèse résultait un antagonisme remarquable entre le règne animal et le règne végétal : l'anhydride carbonique produit par la respiration des animaux serait détruit par les plantes, qui auraient ainsi pour rôle de purifier l'atmosphère destinée aux animaux.

Plus tard (1804, 1821-1822, 1833), De Saussure montra, par diverses séries d'expériences, que les plantes vertes placées à l'obscurité cessent d'absorber l'anhydride carbonique et de dégager l'oxygène, pour devenir le siège d'une respiration identique à celle des animaux : elles absorbent de l'oxygène et expulsent de l'anhydride carbonique. Il eut aussi l'occasion de constater que les parties de la plante dépourvues de matière verte, ou les plantes dont le corps entier en est privé, respirent, même en présence de la lumière, à la façon des animaux. Les expériences de De Saussure eurent pour effet de modifier l'idée qu'on se faisait de la respiration végétale : on attribua dès lors aux plantes deux sortes de respiration, qui alterneraient régulièrement comme le jour et la nuit et qui seraient inverses l'une de l'autre : par la *respiration diurne*, la plante absorberait de l'anhydride carbonique et rejetterait de l'oxygène ; par la *respiration nocturne*, elle absorberait de l'oxygène et rejetterait de l'anhydride carbonique.

Ce n'est qu'en 1850 et 1851 que des expériences simples, dues à Garreau, sont venues montrer l'inanité de cette distinction en établissant qu'une plante verte, même soumise à l'action de la lumière, rejette de l'anhydride carbonique. On peut donner à ces expériences la forme simple que représente la figure 239. Une plante verte, en pot, est placée sur un disque de verre bien plan. A côté d'elle on dispose un petit cristallisoir ou un verre à pied renfermant de l'eau de baryte. On recouvre le tout d'une cloche de verre dont le bord inférieur, bien rodé, est fixé au disque à l'aide de suif, de manière à intercepter toute communication entre l'atmosphère intérieure de la cloche et l'air qui l'entoure extérieurement. Au bout de quelque temps, deux heures par exemple, on constate que l'eau de baryte s'est troublée sensiblement : le cristallisoir ou le verre à pied renferme un précipité de carbonate de baryum. Si, à côté de cette première cloche, on a pris la précaution d'en disposer une seconde, identique à la première, mais recouvrant simplement un cristallisoir garni d'eau de baryte, c'est à peine si on constate, à la surface de celle-ci, la formation d'une mince pellicule de carbonate de baryum. C'est donc bien à l'activité de la plante mise en expérience qu'il faut attribuer la formation de la quantité notable d'anhydride carbonique qui a fourni, sous la première cloche, un abondant précipité. Si

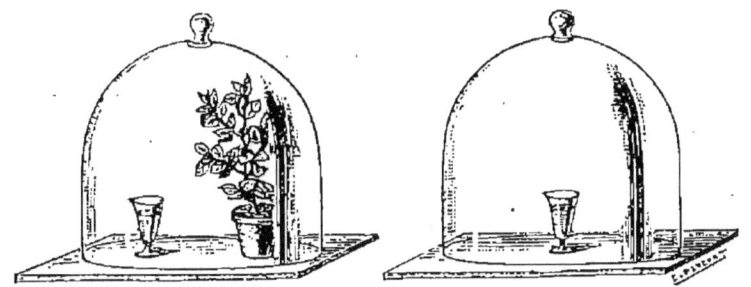

Fig. 230.

l'émission d'anhydride carbonique par une plante verte exposée à la lumière a longtemps échappé à l'attention des expérimentateurs, c'est qu'on ne prenait pas la précaution de soustraire ce gaz, aussitôt après sa formation, à l'action de la plante même qui le produit. Dans ces conditions, il est immédiatement repris par cette dernière, qui le décompose en ses éléments pour en fixer le carbone, et ainsi la respiration se trouve masquée par un phénomène profondément différent, celui même qu'avait observé Priestley et que tous les observateurs, après lui, avaient confondu avec la respiration : nous aurons à reprendre, dans la suite, l'étude détaillée de ce phénomène.

Ce qu'on doit conclure de l'expérience de Garreau, et de toutes les expériences semblables qui ont été faites ultérieurement, c'est que, *en présence de l'oxygène, avec ou sans lumière, le protoplasme vivant respire.*

Nature du phénomène respiratoire. — Maintenant que nous connaissons la généralité du phénomène respiratoire, nous devons nous demander quelle en est la véritable nature.

Les premiers expérimentateurs qui ont étudié la respiration, soit chez les animaux, soit chez les végétaux, ont pensé que le volume d'anhydride carbonique rejeté pendant un temps donné par un être qui respire, serait égal au volume d'oxygène qu'il absorbe dans le même temps : telle était l'idée première que Lavoisier se faisait de la respiration animale. Puisque, d'autre part, un volume d'anhydride carbonique renferme un volume d'oxygène égal au sien, on était naturellement porté à considérer la respiration comme une simple combustion : l'oxygène de l'air, introduit dans l'organisme, brûlerait le carbone des tissus et fournirait immédiatement l'anhydride carbonique expulsé par la respiration.

Mais de nombreux observateurs (Ingen-Housz, De Saussure, etc.) ont montré que le volume d'anhydride carbonique émis par un être ou par un organe, dans un temps donné, est généralement différent du volume d'oxygène absorbé dans le même temps. Dès lors, la notion de respiration perdait tout à la fois de sa simplicité et de sa netteté : la respiration ne pouvait plus être considérée que comme une chaîne complexe de réactions chimiques, d'ailleurs peu connues, dont les termes extrêmes seraient l'absorption de l'oxygène et l'expulsion de l'anhydride carbonique. Claude Bernard alla jusqu'à proposer de rayer du vocabulaire scientifique l'expression même de respiration.

D'autre part, divers expérimentateurs (De Saussure, Dehérain, etc.) ont admis que la plante, en respirant, peut, dans certaines circonstances, absorber de l'azote pris à l'air atmosphérique ou, plus fréquemment, en dégager. D'autres savants, il est vrai, parmi lesquels Boussingault doit être mis en première ligne, affirmaient, au contraire, que l'azote ne joue aucun rôle dans la respiration. S'il fallait donner raison aux premiers, on voit que la notion de respiration se compliquerait de plus en plus et qu'il deviendrait bien difficile d'en fixer la définition précise.

Devant cette divergence d'opinions, des études nouvelles s'imposaient : elles ont été réalisées de 1884 à 1886, par Bonnier et Mangin, dans une série de recherches aujourd'hui classiques. Ces expérimentateurs ont fait porter leurs premières expériences sur des plantes ou des organes dépourvus de chlorophylle, et c'est en prenant pour bases les résultats de ces premières recherches qu'ils ont entrepris l'étude de la respiration chez les plantes vertes.

Pour donner une idée succincte de leur travail, bornons-nous à l'étude de la respiration chez les Champignons et à la description sommaire d'une des méthodes qu'ils ont employées, la méthode dite de l'atmosphère confinée.

Un lot de Champignons est placé sous une cloche hermétiquement close. A cette cloche est adapté un appareil spécial, dit *appareil à prises*, qui permet de prélever, chaque fois qu'on le veut, un certain volume de l'air enfermé sous la cloche. On adapte, d'autre part, à celle-ci un petit manomètre à air libre qui permet de mesurer, à chaque instant, la pression de l'air intérieur.

On commence par analyser, avant d'y introduire les Champignons soumis à l'expérience, la composition chimique de l'atmosphère contenue sous la cloche. Pour cela, on en fait passer un certain volume dans un tube divisé en parties d'égale capacité : supposons que ce volume occupe cent divisions du tube. On fait passer dans celui-ci une solution de potasse qui absorbe l'anhydride carbonique contenu dans le mélange gazeux : la diminution du volume de la masse gazeuse soumise à l'analyse permet d'évaluer la quantité d'anhydride carbonique qu'elle renfermait. On fait ensuite passer dans le tube de l'acide pyrogallique ; avec la potasse qui imprègne encore la surface interne du tube, il forme du pyrogallate de potasse, qui absorbe l'oxygène : la nouvelle diminution de volume qu'on observe permet de doser l'oxygène que renfermait l'atmosphère primitive. Ce qui reste du mélange gazeux n'est autre chose que l'azote.

On laisse ensuite les Champignons sous la cloche pendant un temps suffisamment long, deux heures par exemple. Sous l'influence de la respiration des plantes, la composition de l'atmosphère se modifie. Quand on a décidé de mettre fin à l'expérience, on fait une seconde analyse de cette atmosphère, dont on prélève de nouveau cent volumes à l'aide de l'appareil à prises. En comparant les résultats de l'analyse finale à ceux de l'analyse initiale, on peut se rendre compte de la nature des échanges gazeux qui se sont produits entre les plantes et l'atmosphère.

Quelles sont les causes qui peuvent entacher d'erreur les conclusions d'une telle expérience?

Si l'expérience se prolonge trop longtemps, plus de trois à quatre heures par exemple, la quantité d'oxygène renfermée sous la cloche peut diminuer au point d'altérer profondément la marche normale de la respiration. Pour que l'expérience offre quelque garantie, elle doit donc être toujours suffisamment courte.

Une autre cause d'erreur tient souvent à un défaut d'interprétation des résultats de l'analyse finale. Si le volume d'oxygène absorbé par la respiration est supérieur au volume d'anhydride carbonique émis, il se manifeste une diminution du volume total de l'atmosphère confinée. En admettant que la quantité d'azote soit restée absolument constante, la proportion de cet azote dans un volume donné du mélange (cent volumes par exemple) se trouve augmentée, et l'analyse finale semble mettre en évidence un dégagement d'azote : le résultat brut de cette analyse donnerait donc une conclusion erronée. Cette hypothèse est plausible : est-elle exacte? En consultant les indications du petit manomètre adapté à la cloche, on constate, effectivement, presque toujours une diminution de pression dans l'atmosphère confinée : le volume de cette atmosphère a donc diminué. En supposant que la quantité d'azote soit restée rigoureusement constante et en rapportant les résultats fournis par l'analyse initiale et l'analyse finale à un même volume d'azote, on peut calculer quelle doit être la diminution de pression. S'il n'y a pas de différence entre la diminution lue au manomètre et celle que fournit le calcul, on peut admettre l'exactitude de l'hypothèse qui a servi de base à ce dernier. Or, c'est ce qu'ont vérifié très sensiblement toutes les expériences de contrôle faites par Bonnier et Mangin. On peut donc affirmer que l'azote ne joue aucun rôle dans la respiration végétale. On peut, de plus, en admettant cette inertie de l'azote, faire subir, comme nous venons de le dire, aux résultats des analyses les corrections nécessaires et en déduire, dans chaque cas particulier, la valeur réelle du rapport qui existe entre le volume de l'anhydride carbonique émis et celui de l'oxygène absorbé.

La valeur de ce rapport, que nous désignerons, pour abréger, par le symbole $\frac{CO^2}{O^2}$, est-elle soumise aux variations des conditions physiques que supporte extérieurement la plante? Est-elle soumise, en particulier, aux variations de la température, de l'éclairement, de la pression de l'oxygène dans l'air? Les expériences nombreuses et variées de Bonnier et Mangin les ont conduits à cette conclusion remarquable que, pour un même organe, à un même état de développement, la valeur du rapport $\frac{CO^2}{O^2}$ est indépendante de la température, de l'éclairement, de la pression de l'oxygène et, d'une manière plus générale, de toutes les conditions physiques réalisées par le milieu extérieur.

Obtenir un tel résultat, c'était répondre à la question que nous nous posions en abordant l'étude de la nature du phénomène respiratoire. Il y a lieu de maintenir le mot de respiration, mais en lui donnant une signification plus précise. La respiration est bien une chaîne complexe de réactions dont les termes extrêmes sont une absorption d'oxygène et une émission d'anhydride carbonique; mais ces deux phénomènes se règlent à chaque instant l'un sur l'autre, de telle sorte que dans un organe donné, à un instant donné, il y ait un rapport constant, et indépendant des conditions extérieures, entre le volume d'anhydride carbonique émis et le volume d'oxygène absorbé.

Variations de l'intensité respiratoire. — Si la *nature* du phénomène respiratoire est constante dans un organe donné, à un état donné de son développement, on n'en saurait dire autant de son *intensité*.

Par quoi peut-on mesurer l'intensité de la respiration? Puisque nous connaissons la constance du rapport $\frac{CO^2}{O^2}$, nous pouvons nous contenter de mesurer soit le volume de l'oxygène absorbé, soit celui de l'anhydride carbonique émis. Or, s'il existe un rapport constant entre ces deux volumes, chacun d'eux, pris séparément, varie peut-être dans des

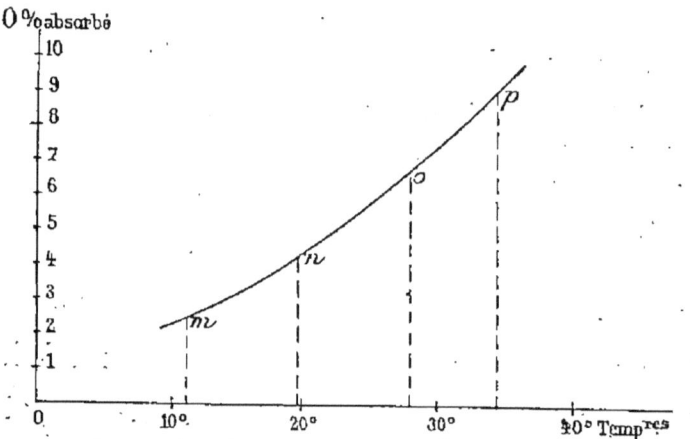

Fig. 240. — Courbe représentant les variations de l'absorption d'oxygène avec la température chez une Agaricinée (*Collybia velutipes*). (D'après Bonnier et Mangin.)

limites très étendues. Proposons-nous, par exemple, d'étudier l'influence qu'exercent la température et l'éclairement sur l'intensité du phénomène respiratoire.

L'influence de la température avait été remarquée par De Saussure, puis par Garreau et par De Fauconpret. L'étude de cette influence a été reprise et complétée par Bonnier et Mangin. Ils ont reconnu que l'intensité de la respiration augmente d'une façon régulière avec la température. Si l'on cherche à traduire par une courbe (*fig.* 240) cette augmentation d'intensité, en portant sur l'axe des abscisses des longueurs proportionnelles aux températures et, sur les ordonnées correspondantes, des longueurs proportionnelles soit au volume d'oxygène absorbé, soit au volume d'anhydride carbonique émis, on reconnaît que la courbe représentative du phénomène affecte la forme d'une parabole dont l'axe serait parallèle à l'axe des ordonnées; à partir de la température la plus basse à laquelle commence la respiration, cette fonction augmente d'intensité jusqu'à la température la plus élevée qui laisse intacte l'organisation de la plante.

L'influence exercée par l'éclairement sur l'intensité respiratoire est également remarquable : toutes conditions égales, d'ailleurs, une plante respire moins activement à la lumière qu'à l'obscurité; la lumière, en un mot, retarde la respiration. Bonnier et Mangin ont estimé à une valeur comprise entre $\frac{2}{3}$ et $\frac{19}{20}$ le pouvoir retardateur de la lumière sur la respiration.

Résistance à l'asphyxie. — Nous avons fait remarquer plus haut, en étudiant les conditions dans lesquelles doit se faire une expérience en présence d'une atmosphère confinée, qu'il ne faut pas donner à cette expérience une trop longue durée. Qu'arrive-t-il quand elle se prolonge trop longtemps?

Enfermons un organe riche en matières nutritives et dépourvu de chlorophylle, un tubercule de

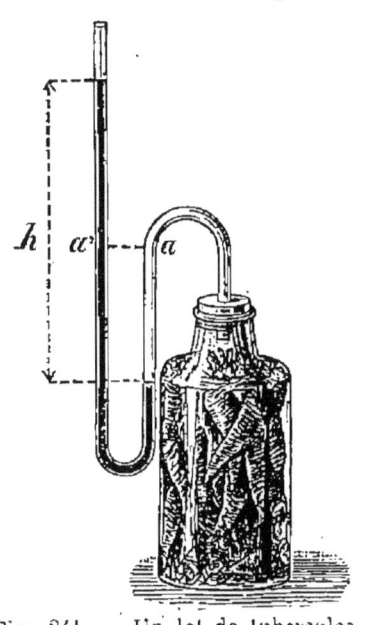

Fig. 241. — Un lot de tubercules de Betterave disposés pour l'étude de la résistance à l'asphyxie. — aa' indique le niveau du mercure dans le manomètre au début de l'expérience; h est la différence de niveau qui manifeste le dégagement de gaz carbonique sans absorption d'oxygène.

Betterave, par exemple, dans une éprouvette soigneusement bouchée et communiquant avec un manomètre à air libre (*fig*. 241). Pendant les premières heures de l'expérience, nous verrons le manomètre accuser une dépression de l'atmosphère confinée : c'est qu'alors le tubercule respirera normalement et de telle sorte que le rapport $\frac{CO^2}{O^2}$ soit inférieur à l'unité.

Puis, après avoir atteint un certain minimum, la pression de l'atmosphère confinée commencera à augmenter; elle reprendra bientôt une valeur égale à celle de la pression extérieure et, poursuivant sa marche ascensionnelle, elle dépassera cette valeur et continuera à croître. Ces variations de la pression à l'intérieur de l'éprouvette pourront être inscrites sous la forme d'une courbe, dont la figure ci-jointe

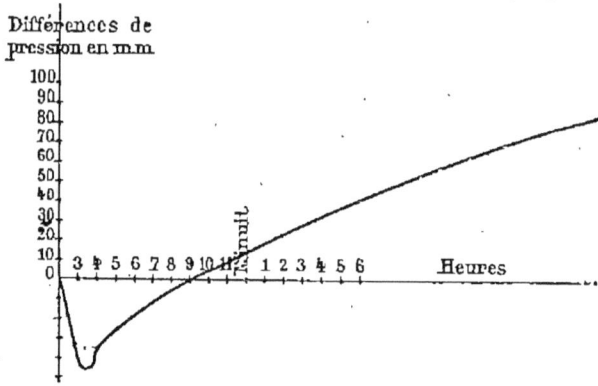

Fig. 242. — Variations de pression pendant le séjour prolongé de *Psalliota campestris* dans une atmosphère confinée. — La courbe donne les différences de la pression intérieure avec la pression extérieure ramenée à 760ᵐᵐ. Toutes les pressions ont été ramenées à la même température (15°). (D'après Bonnier et Mangin.)

(*fig.* 242) donne une idée approchée. Si, au bout de vingt-quatre ou quarante-huit heures, par exemple, on met fin à l'expérience et qu'on débouche l'éprouvette, on constatera qu'elle est entièrement remplie d'anhydride carbonique et on percevra, de plus, une forte odeur d'alcool dégagée par le tubercule. Celui-ci, replacé dans les conditions normales, en contact avec de nouvelles quantités d'oxygène, se remettra à respirer. De cette expérience on peut conclure que, lorsque la respiration, faute d'oxygène libre, devient impossible, la plante, qui souffre de cette absence d'oxygène, résiste à l'asphyxie qui la menace en prenant l'oxygène qui lui manque dans ses propres tissus : le tubercule de Betterave se nourrit aux dépens du sucre accumulé dans ses cellules, le décompose et en fait de l'alcool et de l'anhydride carbonique. C'est le phénomène de la *résistance à l'asphyxie* signalé pour la première fois en 1869 par Lechartier et Bellamy et dont l'étude a été reprise en 1876 par Pasteur.

Comparaison avec la fermentation. — Quel est le phénomène, déjà connu de nous, duquel on pourrait le plus aisément rapprocher la résistance à l'asphyxie? C'est évidemment la fermentation alcoolique.

Plongée dans une solution de glucose, à l'abri de l'air, la Levure de bière s'y multiplie faiblement, mais fait subir au sucre dans lequel elle se développe de profondes modifications chimiques : 100 grammes de sucre fournissent environ 50 grammes d'alcool et 50 grammes d'anhydride carbonique. Quand la fermentation a pris fin, on peut recueillir environ 1 gramme de Levure. Supposons que la Levure de bière, au lieu d'être soustraite à l'air, se trouve placée en contact avec un courant continuellement renouvelé d'oxygène. Pour cela, il faut soigneusement éviter de placer le liquide sucré et chargé de Levure dans un flacon à goulot étroit : l'anhydride carbonique produit par la Levure, étant plus lourd que l'air, ne tarderait pas à s'accumuler au-dessus de la surface libre du liquide et la Levure se trouverait bientôt dans les conditions de l'expérience précédente. Il faut disposer, dans une cuve plate et large, une faible épaisseur de moût de bière et faire en sorte que le renouvellement de l'air à la surface de la cuve élimine l'anhydride carbonique au fur et à mesure de sa production. On assiste alors à un phénomène tout différent de la fermentation alcoolique : la Levure se multiplie abondamment, de telle sorte que 100 grammes de sucre en fournissent environ 25 grammes; de l'anhydride carbonique se dégage; mais, quand l'expérience a pris fin, le liquide dans lequel s'est développée la Levure renferme à peine quelques traces d'alcool; sa saveur est fade. La Levure, exposée à un courant d'oxygène constamment renouvelé, placée, par conséquent, dans les conditions où se trouvent ordinairement les végétaux supérieurs, a respiré comme eux : elle n'a pas provoqué de fermentation.

Dans les conditions ordinaires de la fermentation alcoolique, la Levure commence par vivre en respirant normalement ; puis elle ne tarde pas à s'entourer, par sa propre activité, d'une atmosphère d'anhydride carbonique qui s'oppose à la respiration, et celle-ci se trouve, dès lors, remplacée par la fermentation.

On voit, en résumé, que la Levure de bière peut affecter deux modes de vie très différents. Tantôt elle vit au contact de l'air et se nourrit d'oxygène libre : on dit alors qu'elle est *aérobie*. Tantôt elle vit à l'abri de l'air et prend l'oxygène qui lui est nécessaire dans des combinaisons chimiques où il est engagé : on dit alors qu'elle est *anaérobie*. Elle se comporte, dans ce dernier cas, comme la plante d'organisation supérieure qui résiste à l'asphyxie. De la comparaison de ces deux types biologiques, en apparence si différents, nous pouvons donc tirer cette conclusion générale que toute plante a besoin, pour vivre, d'une certaine quantité d'oxygène, mais qu'elle le prend tantôt dans l'air ou dans l'eau qui le lui livrent à l'état de liberté, tantôt dans des combinaisons plus ou moins complexes d'où elle doit l'extraire. Ainsi s'établit, par une série ininterrompue d'intermédiaires, une liaison naturelle entre le phénomène de la respiration et celui de la fermentation alcoolique.

On sait aujourd'hui que le phénomène de la fermentation alcoolique est lié à la présence d'une substance particulière sécrétée par la cellule-ferment. En effet, triturant des cellules de Levure de bière avec du tripoli, c'est-à-dire avec du sable fin dont les éléments sont des carapaces siliceuses de Diatomées, Büchner a réussi à déchirer la paroi des cellules-ferments et à extraire de ces cellules une substance qui s'est montrée apte à reproduire *in vitro*, en l'absence de tout élément vivant, la transformation du sucre en alcool et anhydride carbonique.

La substance ainsi extraite est de composition complexe, probablement azotée ; soluble dans l'eau, insoluble dans l'alcool ; elle est détruite à la température de 70°, et, enfin, il en suffit d'une minime quantité pour transformer un poids relativement considérable de sucre. Ce sont là les caractères généraux des *ferments solubles* ou *diastases*. On dira donc que la fermentation alcoolique est une transformation du sucre en alcool et gaz carbonique, accomplie à l'intérieur de la cellule de Levure, par l'intermédiaire d'une diastase sécrétée à cet effet par la cellule. Cette diastase a reçu le nom de *zymase*.

Or, bien que beaucoup plus complexe, il ne serait pas impossible que le phénomène de la respiration fût lui-même lié à la présence de diastases particulières, dont le rôle serait de fixer l'oxygène de l'air sur certaines substances du corps de la plante.

Oxydases. — On connaît, en effet, des *diastases oxydantes*, ou *oxydases*. Le bleuissement et le noircissement de certains champignons en présence de l'air, le brunissement du cidre, et, d'une façon générale, la production de divers pigments chez les végétaux et chez les animaux, sont des phénomènes d'oxydation dont l'agent est une oxydase et dont le mécanisme consiste essentiellement en une fixation de l'oxygène de l'air sur une substance incolore qui, en s'oxydant, donne un produit coloré.

L'une de ces oxydases végétales, étudiée par Gabriel Bertrand, a fourni des renseignements particulièrement intéressants; c'est la *laccase*.

La laccase est renfermée dans le suc de l'arbre à laque du Japon; c'est à elle que sont dus le noircissement et le durcissement de ce suc lorsque, exposé à l'air, il s'oxyde et se transforme en cette sorte de vernis inattaquable qu'on observe à la surface des meubles *laqués* de la Chine et du Japon.

Or, si l'action d'une oxydase se réduit d'ordinaire à une fixation d'oxygène, il peut arriver qu'elle donne lieu en même temps à un dégagement d'anhydride carbonique. C'est ainsi que dans l'action *in vitro* de la laccase sur certains corps de la série des phénols polyatomiques, on a pu observer un véritable échange de gaz entre l'atmosphère et le corps qui subit l'action de la diastase.

Le pyrogallol, en particulier, donne lieu à une absorption

d'oxygène et à un dégagement de gaz carbonique, avec rapport $\frac{CO^2}{O^2}$ plus petit que l'unité, et sensiblement constant pendant une durée de plusieurs heures. De plus, la réaction se fait en milieu neutre et à la température ordinaire, c'est-à-dire dans les conditions physiologiques où s'accomplit le phénomène respiratoire chez les végétaux.

On a donc pu dire, non sans raison, qu'à l'aide d'une diastase oxydante le pyrogallol, au contact de l'air, « respire », et cette curieuse expérience, en nous montrant le parallélisme du phénomène respiratoire avec une action oxydasique, nous fournit encore un nouveau lien entre les phénomènes de respiration et ceux de fermentation.

§ 2. — L'assimilation chlorophyllienne.

L'assimilation chlorophyllienne. — Ainsi que nous l'avons vu, Priestley a montré le premier, vers la fin du dix-huitième siècle, qu'une plante verte exposée à la lumière dégage de l'oxygène. Plus tard, divers expérimentateurs (Senebier, Ingen-Housz, etc.) reconnurent que ce dégagement d'oxygène est accompagné d'une absorption d'anhydride carbonique fourni à la plante par l'atmosphère. On conclut de là que les parties vertes des plantes exposées à la lumière ont la propriété d'absorber de l'anhydride carbonique, de le décomposer en ses éléments, l'oxygène et le carbone, d'expulser l'oxygène et de garder le carbone, qu'elles assimilent pour en former leur propre substance. C'est à ce phénomène qu'on donna pendant longtemps, et tout à fait à tort, le nom de respiration ; c'est lui que nous devons étudier aujourd'hui sous le nom d'*assimilation chlorophyllienne*.

Pour mettre en évidence ce phénomène, il suffit de placer une plante verte dans une atmosphère confinée, comme on le fait pour l'étude de la respiration, et d'exposer le tout à la lumière. Si on fait deux analyses successives de l'atmosphère confinée, l'une au début, l'autre à la fin de l'expérience, on peut, en comparant les résultats de ces deux analyses, évaluer le rapport qui existe entre la quantité d'anhydride carbonique absorbé par la plante et la quantité d'oxygène qu'elle dégage.

L'expérience peut être rendue plus frappante encore quand elle porte sur des plantes aquatiques (*fig.* 243). On dispose celles-ci dans l'eau d'un aquarium ou d'un flacon de forme quelconque (A) qu'on éclaire vivement par un faisceau de rayons solaires. On voit aussitôt des bulles gazeuses se former à la surface des plantes éclairées, puis se détacher et venir crever à la surface de l'eau. Si on recueille dans une éprouvette (C) une certaine quantité du gaz qui se dégage ainsi, il est facile de reconnaître qu'il possède tous les caractères de l'oxygène.

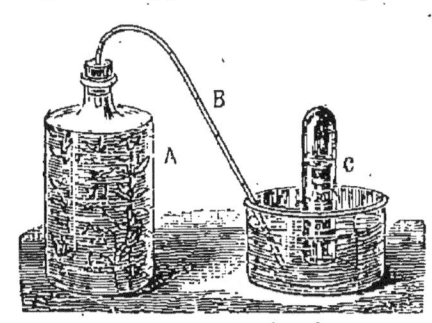

Fig. 243.

On sait que la formation de l'anhydride carbonique, à partir de ses éléments, le carbone et l'oxygène, dégage une certaine quantité de chaleur : c'est une réaction exothermique. Inversement, la décomposition de l'anhydride carbonique en ses éléments absorbe la même quantité de chaleur : c'est une réaction endothermique. Où la plante prend-elle la chaleur nécessaire à cette décomposition ? Peut-être pourrons-nous le comprendre après avoir analysé de plus près les conditions essentielles de l'assimilation chlorophyllienne.

Parmi les propriétés que présente la chlorophylle, les plus essentielles sont ses propriétés spectroscopiques (*fig.* 244).

On sait que, si on fait tomber un faisceau de lumière blanche, de lumière solaire par exemple, sur un prisme, ce faisceau lumineux est décomposé en un certain nombre de radiations élémentaires dont chacune est douée d'une réfrangibilité propre et qui viennent s'étaler inégalement sur l'écran qui les reçoit, de manière à fournir une tache multicolore, dite « spectre solaire ». Entre l'extrémité rouge du spectre, qui correspond aux radiations les moins réfrangibles, et l'extrémité violette, qui correspond aux plus réfrangibles, le spectre est, comme on le sait, coupé, de distance en distance, par des raies obscures qui permettent d'y établir d'utiles points de repère et qu'on désigne, du rouge au violet, par les lettres de l'alphabet comprises entre A et H.

Si on intercale sur le trajet du faisceau lumineux que va recevoir le prisme une dissolution de chlorophylle contenue,

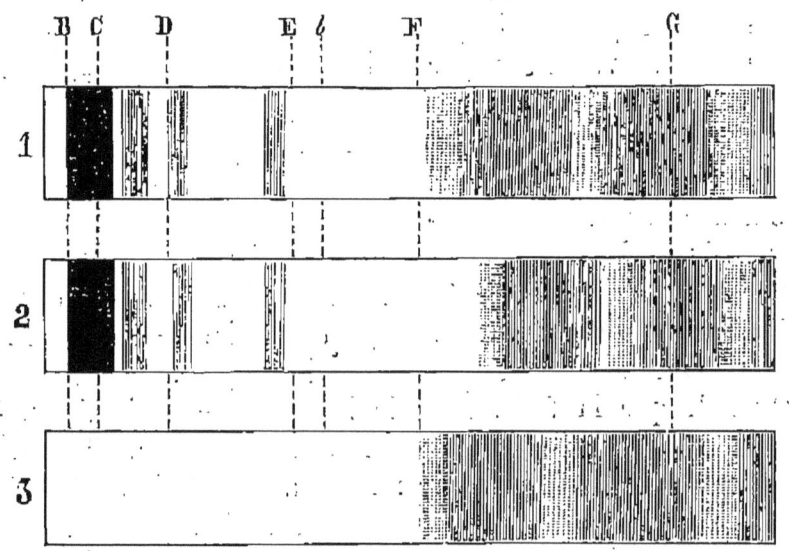

Fig. 244. — Spectres de la chlorophylle mélangée à la xanthophylle (1), de la chlorophylle pure (2), de la xanthophylle pure (3).

par exemple, dans une cuve de verre à faces parallèles, on voit aussitôt paraître dans le spectre un certain nombre de bandes sombres, dites « bandes d'absorption », qui correspondent évidemment à certaines radiations que la chlorophylle retient au passage (*fig.* 244, 2). Ces bandes d'absorption peuvent être réparties en deux groupes. La partie rouge du spectre, la moins réfrangible et la plus chaude, contient quatre bandes étroites et foncées, dont une est plus marquée que toutes les autres : elle occupe l'espace compris entre les raies B et C du spectre solaire et s'étend un peu au delà de cette dernière. La partie indigo et violette du spectre, la plus réfrangible et la moins chaude, contient trois larges bandes, beaucoup moins foncées que les bandes de la partie rouge ; la plus foncée est la plus rapprochée de l'extrémité violette du spectre : elle est voisine de la raie H. La partie moyenne du spectre, celle qui correspond aux radiations vertes, ne contient aucune bande d'absorption.

Le passage de la lumière à travers une solution de xanthophylle fait paraître dans la moitié la plus réfrangible du spectre trois bandes d'absorption très voisines de celles de la chlorophylle, mais rejetées un peu vers la gauche (*fig.* 244, 3).

Quand on emploie, pour obtenir le spectre de la chlorophylle, une solution alcoolique qui contient à la fois les deux pigments, les deux systèmes de bandes d'absorption se superposent et fournissent un spectre assez semblable à celui de la chlorophylle pure : c'est ce spectre mixte qu'on étudie généralement (*fig.* 244, 1).

On peut objecter aux expériences spectroscopiques qui portent sur la chlorophylle extraite artificiellement de la plante que la chlorophylle ainsi préparée jouit peut-être de propriétés différentes de celles qu'elle possède à l'intérieur de la plante vivante. Pour répondre à cette objection, on fait tomber un faisceau lumineux, non plus sur une solution de chlorophylle, mais sur une feuille vivante : décomposé par le prisme, le faisceau lumineux qui a ainsi traversé la chlorophylle dans sa situation normale fournit un spectre identique à celui qu'on obtient avec une solution alcoolique. De là on peut conclure que la chlorophylle localisée dans les corps chlorophylliens d'une plante vivante absorbe une partie des radiations lumineuses qu'elle reçoit.

Influence de la lumière sur l'assimilation chlorophyllienne. — Si la présence de la chlorophylle, dont nous connaissons maintenant les propriétés essentielles, est une condition nécessaire à l'assimilation du carbone, l'action de la lumière ne lui est pas moins indispensable. Nous savons déjà qu'une plante verte placée à l'obscurité cesse d'assimiler le carbone et reste uniquement le siège du phénomène respiratoire. Si, par exemple, on intercepte avec un écran opaque un faisceau lumineux que reçoivent des plantes aquatiques et vertes, placées dans un aquarium, on voit aussitôt cesser le dégagement d'oxygène à la surface des feuilles de cette plante; qu'on retire l'écran, le dégagement reprend; il cesse, au contraire, chaque fois qu'on le replace.

Si nous rapprochons cette seconde condition, la nécessité de la lumière, de ce fait que la chlorophylle absorbe quelques-unes des radiations lumineuses qu'elle reçoit, nous sommes amenés à supposer que ce sont précisément les radiations absorbées qui fournissent à la plante la quantité d'énergie nécessaire à la décomposition de l'anhydride carbonique.

Comment vérifier cette hypothèse? On peut employer et on a effectivement employé, pour cela, trois méthodes différentes : la méthode dite du spectre, la méthode dite des Bactéries et celle des écrans absorbants.

Sur une longue cuve à mercure, disposons côte à côte, en batterie, une série de petites éprouvettes dont chacune contient de l'eau renfermant une proportion connue d'anhydride carbonique. Procurons-nous, d'autre part, des feuilles bien vertes, étroites, de surfaces sensiblement égales, des feuilles de Bambou par exemple, et introduisons une de ces feuilles sous chaque éprouvette. Préparons enfin un spectre solaire de grande pureté, c'est-à-dire dans lequel les radiations élémentaires soient aussi isolées que possible les unes des autres. Il est nécessaire, pour cela, de faire passer par une fente très étroite le faisceau lumineux que doit décomposer le prisme; mais on peut craindre de perdre ainsi en intensité ce qu'on gagne en netteté, et il faut savoir se tenir à égale distance de deux excès contraires. Ceci posé, faisons parvenir chacune des radiations élémentaires sur une des éprouvettes, que nous avons eu soin d'isoler les unes des autres par des écrans opaques. Au bout d'un temps suffisant, deux ou trois heures par exemple, examinons le contenu des diverses éprouvettes : nous constatons que certaines d'entre elles contiennent à leur partie supérieure une quantité appréciable d'oxygène. Cette quantité varie suivant la nature de la radiation reçue par l'éprouvette (*fig.* 245) : elle est faible

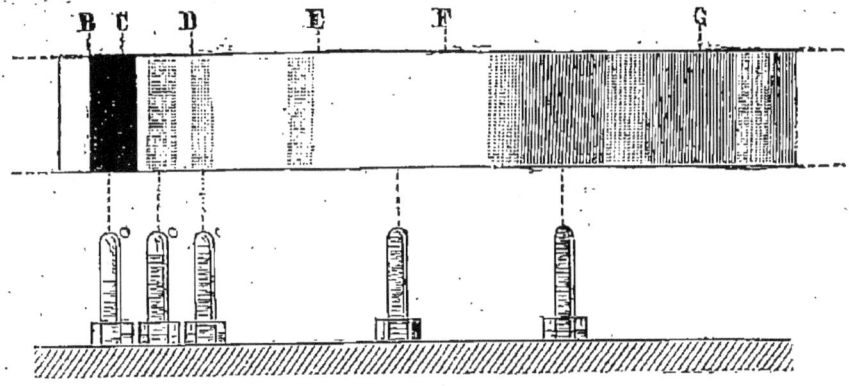

Fig. 245. — Méthode du spectre (schéma).

pour les radiations comprises entre les raies A et B, augmente très rapidement pour les radiations comprises entre B et C, atteint son maximum au voisinage de cette dernière, puis décroît assez rapidement, mais moins vite cependant qu'elle n'avait crû, dans les radiations comprises entre C et E; on ne constate aucun dégagement d'oxygène dans les radiations comprises entre E et H. Ces résultats peuvent être traduits par une courbe qu'on obtient en prenant pour axe des abscisses le spectre solaire lui-même et pour ordonnées des longueurs proportionnelles aux dégagements d'oxygène, comptées sur des perpendiculaires qu'on élève aux différents points du spectre (*fig.* 246).

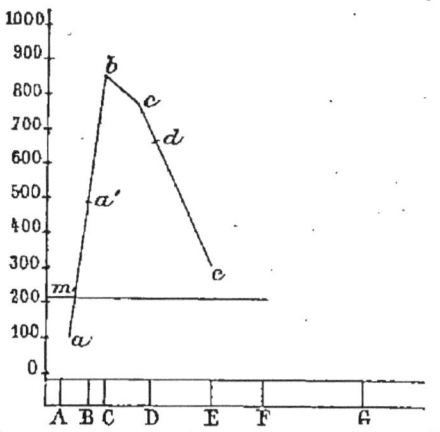

Fig. 246. — Courbe représentant la marche de la décomposition du gaz carbonique dans le spectre (d'après Timiriazef).

On peut conclure de cette expérience, qui a été réalisée

par Timiriazef dans des conditions suffisantes de rigueur, que l'intensité de l'assimilation chlorophyllienne présente un maximum correspondant aux radiations que la chlorophylle absorbe le plus fortement dans la partie la moins réfrangible du spectre. Mais on peut être surpris de ne constater aucun dégagement d'oxygène dans la partie la plus réfrangible, où la chlorophylle absorbe cependant de nombreuses radiations. Peut-être faut-il attribuer ce résultat négatif à la grande dispersion qu'éprouvent les radiations dans cette région du spectre.

L'ingénieuse méthode dite des Bactéries, imaginée par Engelmann, est venue compléter les résultats fournis par la méthode du spectre.

On sait que certaines espèces de Bactéries qui prennent part aux phénomènes de putréfaction, *Bacterium termo* par exemple, sont très avides d'oxygène et, de plus, douées d'une très grande motilité. Si on étudie au microscope une goutte d'eau chargée de bactéries de cette espèce, on les voit se porter en foule vers la limite extérieure de la goutte d'eau, où elles trouvent plus d'oxygène à leur disposition ; si la goutte contient quelque bulle d'air, on voit aussi des groupes de bactéries se former autour de cette bulle. Introduisons alors dans la goutte d'eau un filament d'Algue verte, très riche en corps chlorophylliens, par exemple un filament de Conferve du genre *Cladophora* : nous verrons les bactéries quitter le pourtour de la goutte d'eau et se presser contre la surface du filament vert, qui est le siège d'un abondant dégagement d'oxygène. Imaginons ensuite que nous fassions tomber sur le filament de Conferve un étroit faisceau lumineux, décomposé par un petit prisme et fournissant, par suite, un spectre de petites dimensions, un « microspectre », comme on l'appelle : nous verrons aussitôt les bactéries

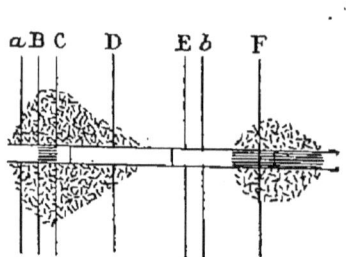

Figure 247. — Filament de *Cladophora* exposé au microspectre solaire et assiégé par des bactéries (d'après Engelmann).

quitter la partie du filament qui reçoit les radiations vertes, et se porter en deux groupes vers les parties qui reçoivent les radiations rouges et les radiations bleues (*fig.* 247). Les bactéries affluent d'autant plus que le dégagement d'oxygène est plus considérable. Le groupe qu'elles forment dans les radiations rouges s'étend assez peu en largeur et présente son maximum d'épaisseur au niveau des radiations qui correspondent à la plus forte bande d'absorption de la chlorophylle. Le groupe qui s'est placé dans les radiations bleues s'étale beaucoup plus, mais présente une épaisseur beaucoup moins grande que le premier. Somme toute, on peut admettre que les deux groupes sont à peu près équivalents et conclure de cette expérience que tous les groupes de radiations absorbées par la chlorophylle sont utilisés pour la décomposition de l'anhydride carbonique.

La méthode des écrans absorbants permet de contrôler les résultats obtenus par les deux méthodes précédentes. Elle consiste à faire parvenir sur la plante soumise à l'expérience des radiations qui ont traversé une couche suffisamment épaisse d'une dissolution capable d'arrêter des radiations déterminées et de ne laisser passer que les autres. On emploie à cet effet une cloche à double paroi, dont les deux parois limitent un espace qu'on peut remplir du liquide absorbant : un goulot adapté à la partie supérieure de la cloche permet l'introduction du liquide et peut être ensuite fermé à l'aide d'un bouchon (*fig.* 248). Parmi les liquides qu'on emploie le plus fréquemment, on peut citer la solution de bichromate de potassium, qui laisse passer les radiations les plus chaudes du spectre, depuis le rouge jusqu'au milieu du vert, et l'oxyde de cuivre ammoniacal, qui laisse passer les radiations froides, depuis le milieu du vert jusqu'aux limites extrêmes du violet : on voit que ces deux liquides se complètent réciproquement.

Fig. 248.

Connaissant l'influence qu'exerce la nature de la radiation sur le phénomène de l'assimilation, on peut aussi se demander si son intensité est sans effet à cet égard.

Il est facile de constater qu'une plante faiblement éclairée assimile faiblement. Si l'intensité de l'éclairement augmente, l'assimilation devient plus forte. Mais, si on porte artificiellement cette intensité au-dessus de la valeur qui correspond à l'insolation directe, on voit diminuer progressivement l'assimilation. Il y a donc pour cette fonction un optimum d'éclairement. En général, l'optimum est voisin de la valeur qui correspond à l'insolation directe : c'est ce qu'on a vérifié, en particulier, pour diverses espèces de grande culture. Certaines plantes préfèrent, au contraire, un éclairement moins intense : c'est ainsi que les Mousses assimilent plus fortement le carbone à l'ombre qu'en plein soleil.

La valeur de la pression de l'anhydride carbonique dans l'atmosphère ambiante n'est pas sans exercer une certaine action sur l'assimilation chlorophyllienne; on a reconnu que l'assimilation est maxima, toutes choses égales d'ailleurs, quand la proportion de l'anhydride carbonique dans l'air est comprise entre 5 et 10 p. 100.

Quand on éclaire une plante verte avec de la lumière qui a traversé une solution de chlorophylle, cette plante ne manifeste à aucun degré le phénomène de l'assimilation chlorophyllienne. Cela tient à ce que les radiations nécessaires à l'exercice de cette fonction ont été arrêtées par la dissolution.

Rôle de la chlorophylle dans la décomposition de l'anhydride carbonique. — De tout cela on peut conclure que ce sont bien les radiations absorbées par la chlorophylle qui fournissent à la plante la chaleur nécessaire à la décomposition de l'anhydride carbonique : la chlorophylle joue, en quelque sorte, le rôle d'un écran qui arrête, au passage, les radiations susceptibles de fournir au protoplasme des cellules l'énergie nécessaire à une réaction fondamentale pour la vie de la plante.

Séparation de l'assimilation chlorophyllienne

et de la respiration. — Mais, dans toutes les expériences qui portent sur le rôle de la chlorophylle, ce n'est pas, à proprement parler, le phénomène de l'assimilation du carbone qu'on étudie, mais bien la résultante de deux fonctions qui s'exercent en même temps et se contrarient : la respiration et l'assimilation chlorophyllienne.

Bonnier et Mangin se sont proposé, les premiers, de séparer nettement ces deux fonctions. Ils y sont parvenus par quatre méthodes différentes. Nous n'en citerons qu'une, dont le principe se trouve renfermé dans une expérience de Claude Bernard. Celui-ci avait remarqué que, lorsqu'on mélange à l'eau qui contient des plantes aquatiques et vertes un anesthésique tel que l'éther ou le chloroforme, les plantes cessent de dégager de l'oxygène : l'assimilation chlorophyllienne est suspendue; mais en même temps les plantes prennent à l'eau une partie de l'oxygène dissous et dégagent de l'anhydride carbonique : la respiration n'est pas arrêtée par l'anesthésie. Pour faire rendre à cette expérience tous les résultats qu'elle comporte, il fallait d'abord s'assurer que la dose d'anesthésique nécessaire pour suspendre l'assimilation chlorophyllienne ne modifie pas sensiblement le phénomène respiratoire. C'est ce qu'ont fait Bonnier et Mangin. Des plantes vertes étaient exposées à l'obscurité, de manière à éliminer l'assimilation chlorophyllienne, et placées successivement dans une atmosphère normale et dans une atmosphère chargée de vapeurs d'éther ou de chloroforme, dans la proportion qui avait été reconnue suffisante pour suspendre l'assimilation chlorophyllienne : la respiration étant la même dans les deux cas. Ceci établi, les auteurs ont exposé à la lumière, d'abord dans une atmosphère normale, puis dans un récipient où de l'éther imbibant une éponge répandait sa vapeur, un même lot de plantes pendant des temps égaux. Dans le premier cas, le phénomène respiratoire et le phénomène de l'assimilation chlorophyllienne se superposaient l'un à l'autre; dans le second, l'assimilation chlorophyllienne était suspendue et la respiration persistait seule. De la comparaison des résultats fournis par l'analyse finale de l'atmosphère dans les deux cas, on pouvait déduire la nature de l'échange gazeux qui correspond à l'assimilation chlorophyllienne, dégagée de la respiration.

« Quand la résultante des échanges gazeux a été mesurée
» directement, on a trouvé que, dans les cas les plus nom-
» breux, les échanges de gaz à la lumière sont te's que le
» volume d'oxygène dégagé représente à peu près le volume
» de l'acide carbonique absorbé. Mais, même dans ces cir-
» constances, le plus souvent, les rapports des gaz échangés
» dans chacune des fonctions isolées sont différents de
» l'unité; tandis que l'oxygène absorbé surpasse souvent
» l'acide carbonique émis dans la respiration seule, au con-
» traire, l'oxygène dégagé surpasse souvent l'acide carbo-
» nique absorbé dans l'action chlorophyllienne seule. »
(G. Bonnier et L. Mangin.)

Les plantes sans chlorophylle : parasitisme.
— On comprend maintenant quelle est l'importance de la chlorophylle pour l'organisme végétal : elle est un élément indispensable pour la fixation du carbone nécessaire à sa nutrition. Cette fixation est une fonction discontinue à la fois dans l'espace et dans le temps, puisqu'elle est localisée dans les parties de la plante qui contiennent de la chlorophylle et qu'elle se produit uniquement sous l'action de la lumière : c'est ce qui la distingue de la respiration, fonction continue dans l'espace et dans le temps, puisqu'elle n'est liée ni à l'existence de la chlorophylle, ni à l'action de la lumière.

Incapables de fixer directement le carbone de l'anhydride carbonique, les plantes sans chlorophylle sont fatalement saprophytes ou parasites. Ce sont d'abord tous les Champignons, puis l'immense majorité des Bactéries, bien que quelques espèces contiennent un pigment rouge, la *bactériopurpurine*, qui paraît jouer un rôle comparable à celui de la chlorophylle. Parmi les Phanérogames, quelques espèces, comme les Orobanches et la Néottie, sont plus ou moins complètement dépourvues de chlorophylle et, par là même, vouées au parasitisme ou au saprophytisme.

Les plantes vertes et parasites. — Mais, si l'absence de la chlorophylle entraîne forcément le parasitisme ou un état analogue, inversement, il existe aussi des plantes parasites, quoique pourvues de chlorophylle. Les Euphraises (*Euphrasia*), les Bartsies (*Bartsia*), les Mélampyres (*Melampyrum*), les Thèses (*Thesium*) (*fig.* 249), se fixent sous terre, par des sortes de suçoirs, aux racines des plantes voisines, par exemple des Graminées qui forment le gazon : libres en apparence, les plantes de ces espèces vivent donc en réalité sous la dépendance des plantes

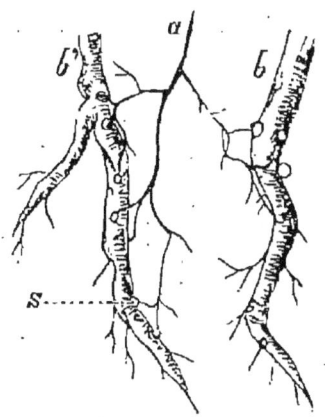

Fig. 249. — Une racine de *Thesium* (*a*) se fixant par des suçoirs (*s*) aux racines de deux plantes voisines (*b*).

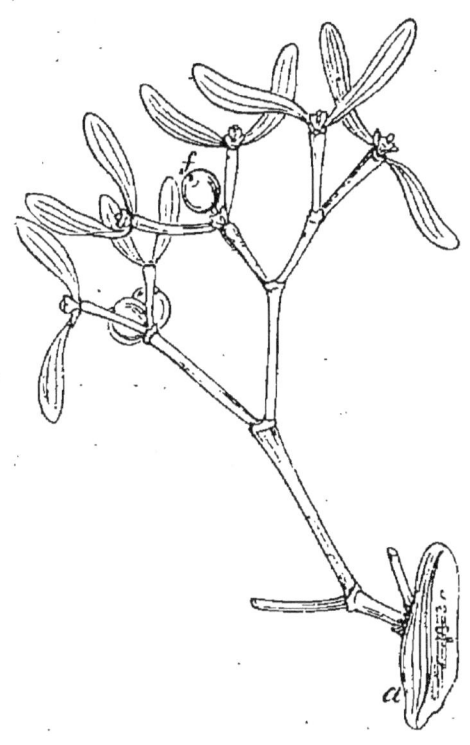

Fig. 250. — Branche de Gui portant des fruits.

voisines. Le Gui (*Viscum album*) (*fig.* 250) se fixe aux parties aériennes de divers arbres de nos pays, par exemple du Pommier.

En étudiant la nature des échanges gazeux qui se produisent à la lumière entre ces plantes et l'atmosphère ambiante, G. Bonnier a observé tous les intermédiaires entre une nutrition normale, avec forte assimilation de carbone, et une nutrition entièrement parasite.

Les Euphraises et les Bartsies empruntent la majeure partie de leur nourriture à l'hôte auquel elles sont fixées par leurs suçoirs. Et cependant l'étude anatomique de la tige et des feuilles de ces plantes montre que le tissu assimilateur y est souvent très bien développé, mieux même que dans certaines espèces voisines, dont l'existence est manifestement indépendante. D'où il faut peut-être conclure que la nature du pigment chlorophyllien est variable suivant les espèces végétales, ce qui confirmerait les résultats fournis par l'analyse des chlorophylles de diverses provenances.

Les Mélampyres, bien qu'ils paraissent, au premier abord, aussi étroitement parasites que les Euphraises et les Bartsies, assimilent beaucoup pour leur propre compte et empruntent à leurs hôtes une très faible partie du carbone nécessaire à leur nutrition.

Faisons un pas de plus. Quand le Pommier, dépouillé de toutes ses feuilles, a suspendu depuis longtemps sa fonction chlorophyllienne, le Gui qui lui est fixé, et qui reste chargé de chlorophylle en hiver comme en été, continue pour son compte à assimiler le carbone et transmet en partie à son hôte les résultats de cette assimilation. Si donc le Gui emprunte à son hôte, au moins en été, une partie des matériaux nécessaires à sa nutrition, il lui rend en échange, du moins en hiver, quelques services, et l'association qu'il forme avec lui nous offre un cas nouveau de ce phénomène général que nous avons défini sous le nom de *symbiose*.

Ainsi s'établit, par une série continue d'intermédiaires, un passage entre ces deux phénomènes, au premier abord très différents, du parasitisme et de la symbiose.

§ 3. — La transpiration.

La transpiration. — La *transpiration* est la fonction par laquelle les parties aériennes des plantes rejettent dans l'atmosphère de l'eau à l'état de vapeur.

Il est aisé de constater l'existence de la transpiration ; il suffit, pour cela, de placer une plante verte, en pot, sous une cloche hermétiquement fermée : on observe bientôt, sur la paroi interne de la cloche, l'apparition de gouttes d'eau qui ne tardent pas à ruisseler; c'est la vapeur rejetée par la plante qui s'est condensée dès qu'elle est devenue saturante.

Si l'expérience est faite dans ces conditions d'extrême simplicité, on peut craindre, il est vrai, que la vapeur d'eau ne provienne de la terre humide dans laquelle s'enfoncent les racines de la plante : l'eau s'évaporerait à travers les parois poreuses du pot de fleurs ou par la surface libre de la terre. Pour éviter cette cause d'erreur, il suffit d'employer un pot en terre vernie, qui ne se laisse pas traverser par l'eau, et de couvrir la surface libre de la terre à l'aide d'un disque de verre; ce disque est formé de deux moitiés étroitement rapprochées, de manière à ne laisser passer que la tige de la plante, autour de laquelle on les a solidement mastiquées. Dans ces conditions, le ruissellement de l'eau sur la face interne de la cloche est à peu près aussi marqué que si l'on n'avait pris aucune précaution, et l'accumulation de vapeur dans l'atmosphère de la cloche ne saurait plus être attribuée qu'à la transpiration.

Il est une autre objection qu'on peut adresser à cette expérience. Si la température n'est pas exactement la même à l'extérieur et à l'intérieur de la cloche, ne peut-on pas supposer que le ruissellement de l'eau sur la face interne est uniquement dû à la condensation, par refroidissement, de la vapeur qui existait déjà sous la cloche avant l'expérience? Il sera facile d'échapper à cette objection en s'assurant préalablement de l'équilibre de température.

Sa mesure. — On peut se proposer de mesurer, au moins d'une façon grossière, la quantité de vapeur d'eau que rejette une plante dans un temps donné. Deux méthodes principales permettent de faire cette mesure.

On place une plante en pot sur un des plateaux d'une balance et on en fait la tare dans le plateau opposé. Au bout d'un temps suffisamment long, deux heures par exemple, l'équilibre est rompu : le plateau qui supporte la plante s'est relevé; celui qui contient la tare s'est abaissé. Si on a pris la précaution d'employer, comme dans l'expérience précédente, un pot en terre vernie, et d'isoler de l'atmosphère, à l'aide d'un disque de verre, la surface libre de la terre humide, on peut admettre que la diminution de poids éprouvée par la plante est due tout entière à la transpiration : il est d'ailleurs facile de le vérifier en plaçant sur le disque de

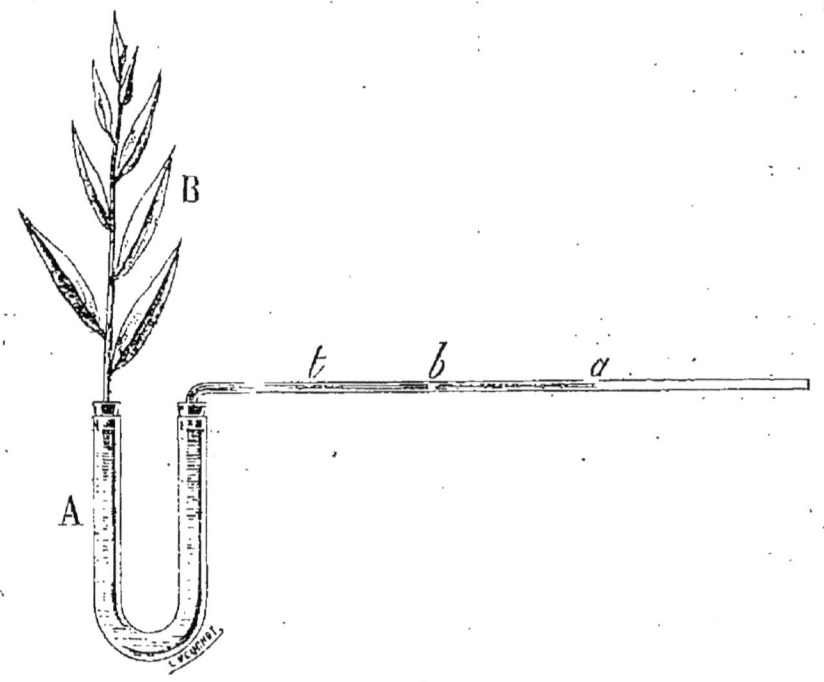

Fig. 251.

verre une cloche qui recouvre hermétiquement la plante; on voit alors, comme dans la première expérience, de l'eau ruisseler sur la face interne de la cloche et l'équilibre de la balance n'est pas rompu. Si on ajoute, sur le plateau qui supporte la plante, des poids marqués en nombre suffisant pour rétablir l'équilibre, ces poids représentent la vapeur d'eau rejetée par la plante pendant la durée de l'expérience.

Supposons qu'on répète cette expérience sur une même plante placée successivement, pendant des temps égaux, dans des conditions différentes : on pourra, par la comparaison des poids d'eau transpirée pendant chaque expérience, étudier l'influence qu'exercent sur le phénomène transpiratoire les variations des diverses conditions extérieures.

On peut encore constater et mesurer d'une autre façon (*fig.* 251) la transpiration des plantes. On prend un tube en U, rempli d'eau et hermétiquement fermé par des bouchons à ses deux extrémités (A). On fixe dans l'un de ces bouchons une branche (B) pourvue de feuilles bien vertes, de manière que son extrémité inférieure plonge dans l'eau; à l'autre bouchon on adapte un tube de faible calibre (*t*), formant un angle droit avec la portion correspondante du tube en U, divisé en parties d'égale capacité et rempli d'eau comme lui jusqu'à un trait marqué *a*. Au bout de peu de temps, un quart d'heure par exemple, l'extrémité de la colonne liquide s'est déplacée de *a* en *b* : ce déplacement est rendu plus visible si on a pris la précaution d'employer un liquide légèrement teinté. Si l'on a eu soin de mastiquer parfaitement les bouchons qui ferment le tube en U, on peut admettre que le déplacement de l'eau dans le tube horizontal est dû à l'absorption qu'exerce l'extrémité de la branche feuillée pour remplacer l'eau transpirée par les feuilles.

Ce mode d'expérimentation semble, au premier abord, prêter le flanc à une objection. On pourrait craindre que la diminution de l'eau dans le tube horizontal ne soit uniquement due à l'évaporation qui se produit en *a*, à la surface libre de la colonne liquide. Il est facile de s'assurer que cette évaporation est assez faible pour être absolument négligeable, en substituant à la branche feuillée un simple agitateur de verre : on constate alors que, la transpiration cessant, le niveau de l'eau dans le tube horizontal reste sensiblement constant pendant un temps très long.

On comprend qu'on puisse, à l'aide de cet appareil, étudier encore les variations de la transpiration sous les diverses influences qui peuvent s'exercer sur la plante. Il suffit de placer successivement, pendant des temps égaux, la branche feuillée dans des conditions diverses : il est facile d'évaluer, d'après les divisions du tube horizontal, la quantité d'eau absorbée par la branche pendant chaque expérience; c'est elle qui sert de mesure à la transpiration.

Telle est la méthode de l'*absorption*.

Variations de la transpiration. — Passons rapidement en revue les résultats auxquels on parvient quand on étudie les variations du phénomène transpiratoire sous l'influence des diverses conditions que réalise le milieu extérieur.

La transpiration augmente, d'une manière générale, avec la température extérieure. L'expulsion de vapeur d'eau se manifeste, ordinairement, même à une température inférieure à 0°; si, à partir de cette limite inférieure, la température s'élève progressivement, l'intensité de la transpiration augmente, et cela d'une manière constante jusqu'à ce que la température atteigne une certaine limite au-dessus de laquelle des troubles se manifestent dans les échanges gazeux : cette température est de 45° pour le Lierre.

L'intensité de la transpiration est soumise également aux variations de l'état hygrométrique. Quand celui-ci diminue, quand l'atmosphère se dessèche, en un mot, la transpiration augmente d'intensité. Quand l'état hygrométrique augmente, c'est-à-dire quand l'atmosphère se charge d'humidité, l'intensité de la transpiration diminue. On peut dire, en résumé, mais sans attacher à cet énoncé une signification rigoureusement mathématique, que l'intensité de la transpiration varie en raison inverse de l'état hygrométrique. Quand l'atmosphère est saturée d'humidité, la transpiration s'arrête; mais elle est remplacée par un phénomène différent auquel on donne le nom de *sudation :* on voit perler sur certains points des feuilles, déterminés dans chaque espèce par la structure de ces organes (au sommet des feuilles, chez les Graminées, — aux extrémités des dents du limbe, dans de nombreuses espèces), des gouttes venues de l'intérieur du corps et simulant des gouttes de rosée; c'est l'excès d'eau contenu dans la plante qui, ne pouvant s'échapper sous forme de vapeur, s'accumule dans les massifs aquifères et s'échappe, sous forme liquide, par les stomates correspondants.

L'intensité de la transpiration dépend aussi de l'état d'agitation de l'air ambiant; un renouvellement continu de l'air à la surface de la plante, ayant pour effet d'entraîner la vapeur d'eau à mesure qu'elle se répand au dehors, augmente l'activité de la transpiration.

L'état de la surface foliaire exerce aussi une certaine influence sur l'intensité de la transpiration : à surfaces égales, la transpiration est moins active dans une feuille dont la cuticule est épaisse et fortement imprégnée de substances minérales ou cireuses.

Il faut enfin noter l'influence remarquable qu'exerce la radiation lumineuse sur le phénomène transpiratoire : toutes choses égales d'ailleurs, une plante transpire plus activement à la lumière qu'à l'obscurité. C'est là un fait important, que nous devrons analyser tout à l'heure de plus près, mais qui va nous permettre, dès maintenant, de distinguer la transpiration, phénomène physiologique, du phénomène physique de l'évaporation, avec lequel on pourrait être tenté de la confondre. L'une et l'autre, sans doute, sont soumises à l'influence de la température, de l'état hygrométrique, des mouvements de l'air; mais, tandis que l'évaporation ne subit en aucune façon l'influence de la radiation lumineuse, la transpiration y est directement soumise. D'autre part, il est facile de s'assurer que l'intensité de la transpiration d'un organe est inférieure à celle de l'évaporation dont il pourrait être le siège : pour comparer d'une façon rigoureuse ces deux phénomènes, on étudie successivement, par la méthode de l'absorption et en se plaçant, autant que possible, dans des conditions identiques, la quantité de vapeur d'eau rejetée par un organe vivant et celle qu'il rejette après sa mort. Cette dernière quantité, qui correspond à un phénomène de simple évaporation, est toujours sensiblement supérieure à la première.

Dans le cours d'une même journée, les diverses conditions dont nous avons étudié séparément l'influence sur la plante accumulent leurs actions propres et les fondent en une action résultante. Il suit de là que, pour une même plante, la valeur de la transpiration varie d'une façon notable pendant la durée totale du jour. En réunissant un grand nombre d'observations faites sur les variations diurnes de la transpiration, on a constaté que ce phénomène, presque nul vers six heures du matin, augmente rapidement dans la matinée et atteint son maximum vers trois heures après midi ; puis cette intensité décroît, plus rapidement encore qu'elle n'avait crû, de trois heures à six heures du soir, et elle continue de décroître plus lentement pendant toute la durée de la nuit,

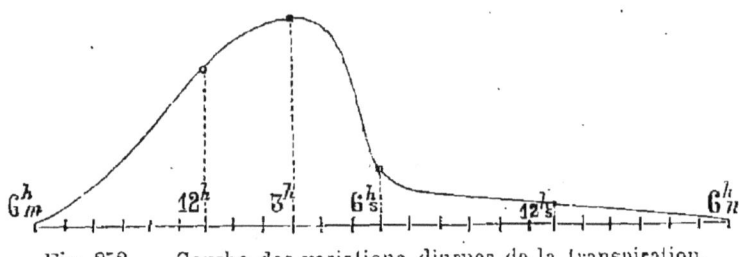

Fig. 252. — Courbe des variations diurnes de la transpiration.

de manière à redevenir nulle vers six heures du matin. Ces variations sont rendues plus sensibles par la courbe ci-jointe (*fig.* 252) dans laquelle les abscisses sont proportionnelles aux temps et les ordonnées aux quantités d'eau transpirée.

La chlorovaporisation. — Nous avons dit que l'influence de la lumière a pour effet d'augmenter l'intensité de la transpiration. Cette influence s'exerce même sur les plantes ou les organes dépourvus de chlorophylle, sur les Champignons, sur les plantes étiolées, etc. Mais elle est beaucoup plus marquée sur les plantes pourvues de chlorophylle, par exemple sur les Phanérogames développées à la lumière. Quelques expériences, fort instructives, ont été faites sur ce point. On sème deux lots de grains de Blé, aussi équivalents que possible, l'un à la lumière, l'autre à l'obscurité ; on obtient ainsi des plants de Blé verts et d'autres étiolés. Si l'on choisit deux plants dont les surfaces foliaires soient aussi équivalentes que possible, l'un vert, l'autre étiolé, et qu'on mesure l'intensité de leur transpiration à l'obscurité, on constate qu'elle est sensiblement la même : les deux plants transpirent, par exemple, 1 centimètre cube d'eau dans un temps donné. Si on les expose ensuite à la lumière, leurs transpirations respectives augmentent dans des proportions très différentes : le plant étiolé transpire, dans le même temps, $2^{cmc},5$, tandis que le plant vert en transpire plus de 100.

Si on cherche, d'autre part, à déterminer quelle influence propre exerce chaque sorte de radiations élémentaires sur la transpiration des plantes vertes, on constate, ainsi que l'a fait Wiesner, que cette influence dépend essentiellement de la réfrangibilité de la radiation ; la méthode du spectre et celle des écrans absorbants s'accordent à montrer que la transpiration des plantes vertes présente deux maxima : l'un correspond à la région rouge du spectre, dans laquelle se trouvent comprises les premières bandes d'absorption de la chrorophylle, l'autre à la région bleue, qui comprend les dernières.

Rapprochant les résultats de ces diverses expériences, Van Tieghem a émis l'hypothèse que les parties vertes des plantes, chargées de chlorophylle, seraient le siège d'une transpiration surnuméraire : elle viendrait s'ajouter à la transpiration normale dont jouissent, au même degré que les plantes vertes, celles qui sont dépourvues de chlorophylle. Dans cette hypothèse, la chlorophylle aurait deux fonctions distinctes : elle utiliserait une partie de la chaleur résultant de l'absorption de certaines radiations pour la décomposition du gaz carbonique et la fixation du carbone ; le reste serait employé à une transpiration spéciale que Van Tieghem a appelée *chlorovaporisation*.

L'hypothèse de Van Tieghem a été justifiée par de nouvelles expériences.

On se rappelle que la pression propre du gaz carbonique dans l'atmosphère présente un optimum pour l'assimilation chlorophyllienne : c'est quand l'atmosphère renferme environ 10 pour 100 de gaz carbonique que se manifeste, toutes choses égales d'ailleurs, le maximum d'intensité de l'assimilation. Jumelle a eu l'idée d'étudier ce que devenait la transpiration d'une plante placée dans ces conditions spéciales : il a reconnu qu'à l'accroissement de l'assimilation chlorophyllienne correspond une diminution notable de la transpiration ; il semble, si on peut ainsi parler, que la plante, placée dans des conditions essentiellement favorables à l'assimilation du carbone, concentre toute son activité sur cette fonction et y consacre, au détriment de la vaporisation, la plus grande partie des radiations absorbées par la chlorophylle.

On se souvient que l'action des anesthésiques a pour effet de suspendre l'assimilation chlorophyllienne. Jumelle a reconnu qu'à cet arrêt de l'assimilation correspond un accroissement notable de la transpiration. Ici encore s'établit une sorte de balancement entre les deux fonctions chlorophylliennes, et la totalité des radiations absorbées, se trouvant disponible, est employée à la chlorovaporisation. — Il est assez remarquable, disons-le en passant, que les anesthésiques exercent sur la chlorovaporisation une action profondément différente de celle qu'ils exercent sur la transpiration proprement dite : on a reconnu, en effet, que celle-ci est notablement ralentie par leur influence. Cette observation établit plus nettement encore la distinction fondamentale qu'il faut faire entre la transpiration et la chlorovaporisation.

Si nous voulons résumer en quelques mots ce que nous savons maintenant de la nature des échanges gazeux qui se produisent entre la plante et l'extérieur et des conditions dans lesquelles s'exercent ces échanges, nous pouvons les répartir en deux groupes. Les uns constituent des phénomènes protoplasmiques, absolument généraux dans toute l'étendue du règne végétal, continus dans le temps comme dans l'espace et peu sensibles à l'action des anesthésiques : ce sont la respiration et la transpiration. Les autres sont des phénomènes photo-chlorophylliens, ne se manifestant que dans les parties vertes des plantes, discontinus dans le temps et dans l'espace et très sensibles à l'action des anesthésiques : ce sont l'assimilation chlorophyllienne et la chlorovaporisation. Cette classification peut être résumée par le tableau suivant :

Phénomènes protoplasmiques.	Respiration.	Transpiration.
Phénomènes photo-chlorophylliens.	Assimilation chlorophyllienne.	Chloro-vaporisation.

§ 4. — Mécanisme des échanges. Les échanges gazeux.

Avant de quitter l'étude des échanges gazeux dont la plante vivante est le siège, nous devons tout au moins aborder celle du mécanisme de ces échanges. Une des questions les plus intéressantes qu'on puisse se poser à cet égard est celle de la pénétration des gaz dans la plante et de leur sortie.

Diffusion à travers l'épiderme. — Diverses expériences ont montré comment les gaz se diffusent à travers les membranes mêmes des cellules épidermiques. On pouvait prévoir et l'expérience a vérifié que cette diffusion dépend de la nature des membranes épidermiques et qu'elle est plus facile à travers les membranes faiblement cutinisées qu'à travers celles qu'imprègne fortement la cutine, accompagnée souvent de substances minérales ou de matières cireuses.

Rôle des stomates. — Mais il existe, à la surface des organes aériens de la plante, des appareils spéciaux que leur constitution même paraît destiner à servir aux échanges gazeux : ces appareils sont les stomates. Des expériences déjà anciennes ont établi effectivement leur rôle prépondérant dans le mécanisme de la pénétration et de la sortie des gaz.

Garreau (1849) eut l'idée d'appliquer hermétiquement, sur les deux faces d'une feuille horizontale, deux petites cloches de verre maintenues par un support destiné à les empêcher de surcharger la feuille et dont chacune contenait une petite capsule garnie de chlorure de calcium (*fig.* 253). On sait que le chlorure de calcium est très avide d'eau. Après avoir laissé les deux cloches en place pendant un temps suffisant, Garreau détermina l'augmentation de poids éprouvée de part et d'autre par le chlorure de calcium et reconnut qu'elle était sensiblement plus forte en regard de la face inférieure. Or, on se rappelle que les sto-

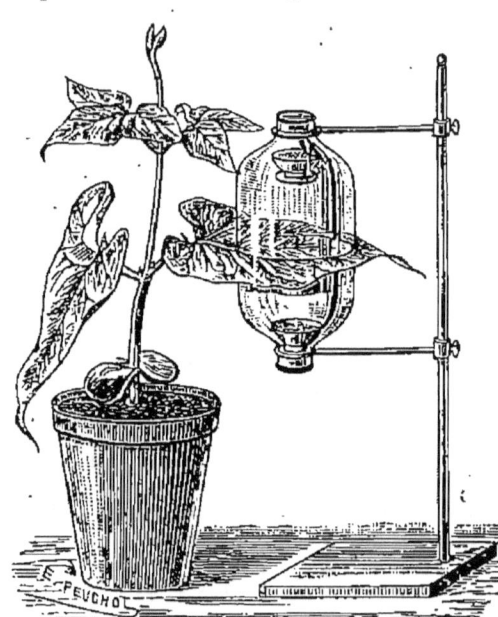

Fig. 253. — Expérience de Garreau, destinée à montrer le rôle des stomates dans la transpiration.

mates y sont généralement plus nombreux ; dans certaines espèces même, les stomates sont totalement absents de la face supérieure et, pour plus de netteté, c'est sur de telles espèces qu'on peut faire porter l'expérience. Il faut évidemment conclure que les stomates prennent une part importante à la transpiration, qu'ils sont, en d'autres termes, les orifices de sortie de la vapeur d'eau.

Merget (1877-78) a confirmé, par d'ingénieuses expériences, les conclusions de Garreau. Un papier imprégné d'une solution de chlorure de palladium mélangé de protochlorure de fer présente, quand il est sec, une teinte jaunâtre ; sous l'action de l'humidité, il se colore en gris : c'est un papier sensible à l'humidité. Merget appliquait étroitement contre la surface d'une feuille un papier préparé de la sorte ; en le détachant au bout de quelque temps, il y observait à la loupe une multitude de petites taches de couleur grise dont la forme, examinée à un fort grossissement, rappelait exactement celles des couples de cellules stomatiques : les images ainsi fournies par l'impression des stomates à la surface du papier sensible pouvaient être fixées par le perchlorure de fer.

Garreau avait modifié son expérience en substituant au chlorure de calcium, substance avide d'eau, de la baryte, substance avide d'anhydride carbonique. Il avait ainsi reconnu que les stomates doivent jouer un certain rôle dans l'expulsion de l'anhydride carbonique par la plante, dans la respiration, en un mot. Boussingault, d'autre part, avait cru pouvoir affirmer qu'ils ne prennent aucune part à l'échange qui conduit à l'assimilation chlorophyllienne. Des expériences plus récentes ont établi que les stomates concourent à l'une comme à l'autre de ces deux fonctions : ils sont donc, en résumé, des organes essentiels de la pénétration et de la sortie des gaz.

L'observation successive d'un même épiderme exposé d'abord à la sécheresse, puis à l'humidité, montre que la forme des cellules stomatiques se modifie sensiblement sous l'influence de l'humidité : leur concavité augmente dans une proportion notable, de manière à accroître les dimensions de l'ostiole qui les sépare (*fig.* 254). On peut, de même, observer que l'ostiole, étroite dans l'obscurité, s'élargit sous l'action de la lumière. Schwendener (1881) s'est

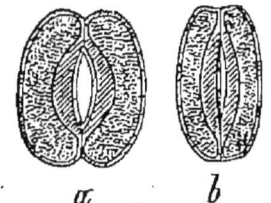

Fig. 254. — Un stomate vu de face dans l'air humide (*a*) et dans l'air sec (*b*).

proposé d'expliquer mécaniquement les variations de forme des cellules stomatiques. Cet auteur a remarqué que, si on injecte de l'eau sous pression dans un tube de caoutchouc de forme cylindrique fermé à ses deux extrémités et dont la paroi présente des épaisseurs inégales suivant ses diverses génératrices, la pression intérieure a pour effet de déformer ce tube : il devient concave suivant la génératrice correspondant au maximum d'épaisseur de la paroi et convexe suivant la génératrice qui correspond au minimum d'épaisseur. Or l'étude de la structure des cellules stomatiques nous a montré que la membrane de ces cellules est plus épaisse et plus cutinisée sur la face qui regarde l'ostiole que sur la face qui confine aux cellules épidermiques voisines. Rapprochant cette observation de l'expérience qui vient d'être décrite, Schwendener a conclu que l'ouverture de l'ostiole est due à la pression qu'exerce sur les parois des cellules stomatiques l'eau qu'elles contiennent en excès.

Cette pression interne des cellules, dénommée *turgescence*, dont les variations provoquent l'ouverture et la fermeture des stomates, est sous la dépendance directe de l'éclairement. Les cellules stomatiques, en effet, contrairement à ce qu'on observe, en général, dans les cellules de l'épiderme, renferment de la chlorophylle et sont, par suite, le siège d'une formation de sucre ou d'amidon.

Or ces substances, à l'état dissous, déterminent, par osmose, un courant d'eau vers l'intérieur de la cellule. Il en résulte qu'à la lumière, par suite du travail chlorophyllien, la turgescence augmente, les cellules stomatiques s'écartent et l'ostiole s'agrandit. A l'obscurité, au contraire, les stomates se ferment, et, pour certaines feuilles, il suffit même d'une demi-heure de séjour à la lumière diffuse pour produire cet effet.

Circulation des gaz dans l'intérieur de la plante. — Nous sommes maintenant en état de comprendre à peu près comment s'établissent les échanges gazeux à la surface libre de la plante; mais on doit aussi se demander comment les gaz circulent de proche en proche à travers le corps tout entier. On peut, par une expérience assez démonstrative, se rendre compte de la réalité de cette circulation. Si on plonge dans l'eau le limbe d'une feuille de grande taille et qu'on insuffle de l'air dans le pétiole de cette feuille, on voit se dégager des bulles gazeuses à la surface du limbe. On peut encore adopter le dispositif suivant (*fig.* 255). Une cloche de verre renversée communique par son extrémité inférieure avec un tube deux fois recourbé, qu'on peut remplir de mercure à la façon d'un tube manométrique. Cette cloche est remplie d'anhydride carbonique et fermée hermétiquement à l'aide d'un bouchon que traverse le pétiole d'une feuille dont le limbe baigne dans l'anhydride carbonique. On mastique au-dessus du bouchon un manchon de verre qu'on remplit d'eau de chaux : l'extrémité supérieure du pétiole de la feuille est plongée dans ce liquide. Ceci fait, on ajoute du mercure dans la branche libre du tube manométrique, ce qui a pour effet d'augmenter la pression de l'anhydride carbonique dans la cloche : sous l'influence de cet accroissement de pression, le gaz pénètre dans le limbe de la feuille, puis circule de proche en proche et enfin se dégage par la section du pétiole en bulles qui troublent l'eau de chaux grâce à la formation de carbonate de calcium.

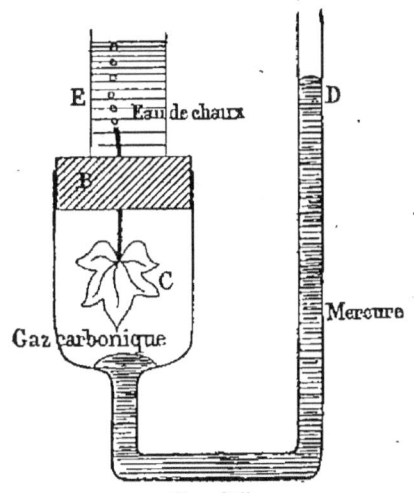

Fig. 255.

Comment, d'autre part, s'effectuent les échanges gazeux entre les cellules et les espaces aérifères qui les entourent? Considérons par exemple une des cellules qui bordent la cavité d'une chambre sous-stomatique, et, pour faciliter le raisonnement, faisons abstraction du phénomène respiratoire. Supposons d'abord la plante placée à l'obscurité. Il y a alors équilibre gazeux entre la cellule bordante et la chambre sous-stomatique, entre celle-ci et l'atmosphère extérieure. Admettons maintenant que la lumière vienne éclairer la plante : aussitôt, de l'oxygène se dégage de la cellule, l'équilibre gazeux est rompu entre cette cellule et l'espace voisin ; de l'anhydride carbonique, emprunté à l'atmosphère de la chambre sous-stomatique, pénètre dans la cellule. En même temps, l'équilibre s'est trouvé rompu entre l'atmosphère de la chambre sous-stomatique et l'atmosphère extérieure. De l'anhydride carbonique venu de l'extérieur remplace, en franchissant l'ostiole, celui qui a disparu de l'atmosphère interne, tandis que l'excès d'oxygène contenu dans celle-ci se diffuse à l'extérieur. Ainsi s'établit, entre le corps même de la cellule et l'atmosphère extérieure, une circulation gazeuse qui se règle étroitement sur la consommation faite par la cellule.

Absorption des liquides par la racine. — Après les échanges gazeux qui se produisent entre la plante et l'atmosphère extérieure, il convient d'étudier le mécanisme par lequel les substances liquides pénètrent et circulent dans la plante.

C'est à la racine que revient le rôle d'absorber les substances nutritives que l'eau du sol tient en dissolution. Tout le monde sait, en effet, que, pour soustraire une plante aux effets mortels d'une sécheresse prolongée, il faut l'arroser, c'est-à-dire imprégner d'eau la terre qu'elle habite : cette eau dissout les substances alimentaires que renferme la terre et les fait pénétrer dans la racine.

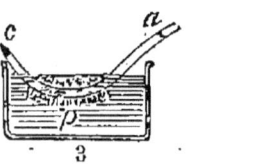
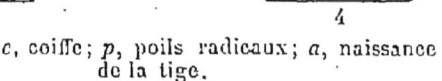

Fig. 256. — *c*, coiffe; *p*, poils radicaux; *a*, naissance de la tige.

Quels sont les organes de l'absorption par les racines? On pensait autrefois que c'était la coiffe, cette petite calotte qu'on trouve à l'extrémité des plus fines radicelles; en raison du rôle qu'on lui attribuait, on lui avait donné le nom de *spongiole*; mais c'est là une dénomination tout à fait impropre, comme le montre l'expérience suivante (*fig.* 256).

Trois jeunes sujets d'une même espèce végétale, aussi

semblables que possible, et ne possédant encore que des racines simples, par exemple les sujets issus de la germination de trois graines, sont plongés par leurs racines dans un liquide de composition identique, par exemple de l'eau tenant en dissolution des substances nutritives, telles que des sels, du sucre, etc. Du premier sujet (1) on a immergé uniquement la coiffe; du second (2), la partie de la racine comprise entre les poils radicaux et la naissance de la tige; du troisième (3), les poils radicaux seulement. Il est bon de verser, dans chaque cas, au-dessus de la solution nutritive, une couche d'huile destinée à protéger les parties émergées de la racine contre l'action de l'eau d'évaporation. Au bout de peu de temps, on voit dépérir le premier et le second sujet, tandis que le troisième prospère aussi bien qu'un sujet (4) servant de témoin, dont toute la racine a été plongée dans le milieu nutritif. Ce n'est donc ni par la coiffe, ni par la partie âgée de la racine, mais uniquement par les poils, que se fait l'absorption : c'est pour ce motif que les poils radicaux sont souvent appelés *poils absorbants*.

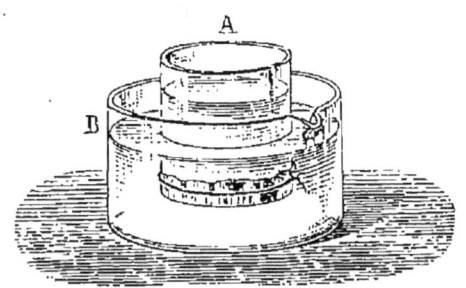

Fig. 257.

Par quel mécanisme les liquides pénètrent-ils dans les poils absorbants? Parmi les phénomènes physiques qui permettent le mieux d'expliquer la physiologie de l'absorption est le phénomène de l'*osmose*, qui a été étudié par Dutrochet dès le commencement de ce siècle et qu'une expérience très simple met facilement en évidence (*fig.* 257).

Dans un cristallisoir (B) contenant de l'eau pure, on fait plonger verticalement un large tube de verre (A), fermé à son extrémité inférieure par de la baudruche bien tendue; puis on verse dans le tube vertical un liquide épais, tel qu'un sirop, teinté par une matière colorante, rouge par exemple.

de manière à rendre l'expérience plus nette. On fait en sorte que le liquide, contenu dans le tube vertical, s'élève au même niveau que l'eau du vase extérieur. Ceci fait, on abandonne l'appareil à lui-même et on constate, au bout de peu de temps, que le niveau du liquide coloré s'est élevé sensiblement dans le tube vertical; en même temps l'eau extérieure s'est légèrement teintée de rose. On peut conclure de là qu'une partie de l'eau pure a traversé la membrane de baudruche de l'extérieur vers l'intérieur du tube vertical (*endosmose*), tandis qu'une partie du liquide épais la traversait en sens inverse (*exosmose*). L'endosmose a été d'ailleurs supérieure à l'exosmose. Si le cristallisoir avait été rempli de sirop coloré et le tube intérieur d'eau pure, l'endosmose aurait été, au contraire, inférieure à l'exosmose. On réunit sous le nom d'*osmose* l'ensemble des deux phénomènes (endosmose et exosmose).

L'osmose peut être définie, d'après ce qui précède, comme la propriété que possèdent certains liquides de traverser les membranes fines.

On appelle substances *cristalloïdes* les substances qui joignent à la propriété de revêtir des formes cristallines déterminées, celle de se prêter plus ou moins facilement à l'osmose (sels minéraux, sucres, peptones, etc.); au contraire, les substances *colloïdes* (colle, albumine, etc.) sont à la fois incapables de cristalliser et de traverser les membranes osmotiques.

Ceci posé, considérons une des cellules superficielles de la racine qui, en s'allongeant, constituent les poils absorbants. Son contenu est une substance semi-fluide, le protoplasme, dont on peut comparer la consistance à celle d'un blanc d'œuf très épais, substance colloïde. Elle est, d'autre part, plongée dans un liquide qui tient en dissolution des substances dont la plupart sont cristalloïdes. La fine membrane d'enveloppe du poil radical est donc placée dans les conditions les plus favorables à la manifestation des phénomènes d'osmose. L'endosmose est, de plus, dans ces conditions, supérieure à l'exosmose, et la substance cristalloïde pénètre dans le poil radical. C'est là le phénomène initial de l'absorption.

L'exosmose, qui est certainement très faible au niveau des poils radicaux, y est-elle absolument nulle? Tous les auteurs ne sont pas d'accord sur ce point; on admet cependant en général que les poils ne répandent aucune substance dans le milieu extérieur à une distance appréciable de leur surface. Toutefois, les poils radicaux sont capables de dissoudre certaines substances solides. Ainsi, lorsque les radicelles se développent sur une plaque de marbre, elles attaquent le calcaire en y imprimant leurs traces en creux : le carbonate de calcium, transformé en une substance soluble, a pénétré dans les poils radicaux; c'est là une sorte de digestion, qu'il convient d'attribuer à la production de bicarbonate soluble par action, sur le calcaire, du gaz carbonique dégagé par la respiration des tissus de la racine.

C'est un phénomène chimique de même ordre qu'on observe dans le cas des lichens qui attaquent un rocher granitique ou même la paroi d'une vitre en présence de l'eau; dans l'un et l'autre cas, les silicates doubles sont transformés lentement en sels solubles, par l'action du gaz carbonique dissous qui provient de la respiration du végétal.

§ 5. — La circulation des liquides.

La sève brute. — Nous avons vu comment pénètrent dans les poils radicaux les substances dissoutes par l'eau à l'intérieur du sol. On désigne du terme général de *sève brute* le liquide qui résulte de cette absorption. On voit qu'il serait assez difficile de donner de la sève brute une définition chimique, puisque la composition en est essentiellement variable. Quelle que soit cette composition, nous devons nous demander maintenant quelle voie suit la sève brute pour se répartir dans le corps entier de la plante.

Pour répondre à cette question, il est nécessaire de faire quelques expériences.

Supposons qu'on coupe, vers le soir, au ras du sol, la racine d'une plante fixée dans un terrain humide. On voit bientôt perler des gouttelettes sur la section transversale. Si l'on essuie ces gouttelettes avec une feuille de papier buvard, on les voit bientôt reparaître aux mêmes points et, si l'on cherche à déterminer la position de ces points, on constate qu'ils correspondent exactement aux faisceaux ligneux que contient le cylindre central de la racine. Le liquide que transportent les faisceaux ligneux n'est pas autre chose que la sève brute en voie d'ascension vers la tige, la *sève ascendante*, comme on l'appelle encore.

Une autre expérience peut être faite pour montrer le rôle des faisceaux du bois dans le transport de la sève brute. Il suffit de plonger la partie inférieure d'une racine, débar-

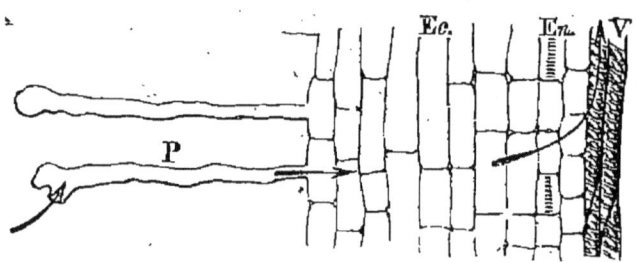

Fig. 258. — Circulation des liquides absorbés à travers l'écorce de la racine (schéma). — P, poil radical; Ec., écorce; En., endoderme; V, vaisseaux spiralés.

rassée de la terre qui l'enveloppe, dans un liquide coloré, par exemple une solution de carmin ou de fuchsine. Au bout d'un certain temps, on coupe la racine à sa partie supérieure et l'on voit que certaines parties de son corps, à l'exclusion de toutes les autres, sont colorées par le réactif : ce sont précisément les faisceaux du bois.

De ces expériences, et d'autres analogues, on conclut que c'est par les faisceaux du bois, et par eux seulement, que se fait le transport ascendant de la sève brute. Comment les liquides empruntés au sol par les poils radicaux parviennent-ils jusqu'à ces faisceaux? En circulant, de cellule en cellule, au travers de l'assise pilifère, des assises plus profondés de l'écorce et des premières assises du cylindre central (*fig.* 258).

Des faisceaux ligneux de la racine, la sève brute passe dans la partie ligneuse des faisceaux de la tige; de là elle pénètre dans la partie ligneuse des nervures foliaires; celles-ci enfin vont la répandre, par les cellules vasculaires qui terminent leurs plus fines ramifications et qui constituent ce qu'on appelle le *tissu de transfusion*, dans les éléments du mésophylle. Mais, chemin faisant, les faisceaux ligneux laissent échapper une partie de la sève qu'ils transportent dans les tissus qu'ils parcourent, à travers les plages minces de leurs membranes latérales. Ainsi s'établissent, sur toute la hauteur du courant ascendant de la sève brute, des dérivations secondaires qui en distribuent une partie dans les divers parenchymes et réduisent d'autant la quantité que reçoivent les feuilles.

Causes de son ascension. — La question qui se pose maintenant devant nous est celle-ci. Quelles sont les causes qui produisent l'ascension de la sève brute dans la racine, la tige et la feuille? Parmi ces causes, il y en a quatre principales, qu'il est important de signaler.

Nous connaissons déjà, sous le nom de *force osmotique*, la force que développe, au niveau des poils radicaux, la pénétration des liquides contenus à l'intérieur du sol: la pression exercée, à chaque instant, par les liquides nouveaux qu'absorbent les poils, pousse ceux qui ont déjà pénétré dans le corps de la plante et les fait monter de proche en proche vers les régions supérieures, en particulier par le chemin que constituent les faisceaux ligneux.

On peut encore invoquer une seconde cause, physique comme la précédente, la *capillarité*. On sait que si l'on plonge dans un vase renfermant un liquide susceptible de mouiller le verre, de l'eau par exemple, un tube de verre de diamètre très fin et ouvert à ses deux bouts, l'eau s'élève dans ce tube « capillaire » jusqu'à un niveau déterminé, sans qu'aucune force extérieure paraisse l'y solliciter : c'est le phénomène capillaire le plus simple qu'on puisse réaliser expérimentalement. Or les vaisseaux ligneux sont des tubes extrêmement étroits, auxquels doivent s'appliquer les lois de la capillarité. On peut donc admettre que celles-ci contribuent aussi, pour une certaine part, à faire monter la sève brute dans les vaisseaux du bois.

Une expérience historique, l'expérience de Hales (*fig.* 259), permet de mettre en évidence l'influence qu'exercent les deux causes précédentes sur l'ascension de la sève brute. On coupe au ras du sol la partie inférieure de la tige d'une plante en pleine végétation, un pied de Vigne par exemple. Si à la partie de la tige qui est restée en terre on mastique solidement un tube de verre dressé verticalement, on ne tarde pas à voir s'élever dans ce tube, jusqu'à une hauteur qui peut atteindre plusieurs décimètres, un liquide ayant à peu près la consistance et la transparence de l'eau, avec une coloration légèrement jaune : c'est la sève brute. Puisque les parties aériennes de la plante ont été supprimées, il est évident que l'ascension de la sève est due uniquement aux actions qui résident dans la racine, c'est-à-dire à la force osmotique des poils absorbants et à la capillarité des vaisseaux.

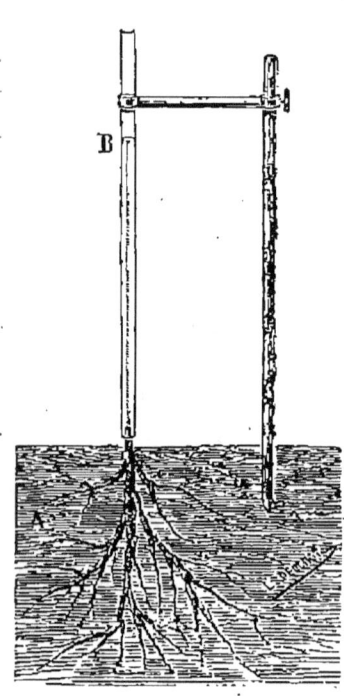

Fig. 259.

Mais force osmotique et capillarité sont incapables de soulever une colonne liquide au delà d'une certaine hauteur maxima, qui dépend du calibre des vaisseaux et de la concentration du contenu des cellules absorbantes. Il faut donc que d'autres forces interviennent.

Pendant la journée, il est une troisième cause qui s'ajoute aux précédentes. Par le phénomène de la transpiration, les parties aériennes de la plante rejettent dans l'air une quantité considérable de vapeur d'eau. Un vide tend à se produire à l'intérieur de la plante et favorise l'ascension du liquide venu des parties inférieures. Ainsi l'aspiration produite par le rejet de la vapeur d'eau dans l'air ajoute son action à celle des deux causes précédentes.

Il est enfin une dernière cause de l'ascension de la sève, plus générale et sans doute aussi plus importante. Elle réside dans les propriétés osmotiques des cellules ligneuses vivantes. On sait que, conjointement avec les vaisseaux ligneux et les fibres ligneuses, qui sont des éléments morts, des *cellules ligneuses vivantes* entrent dans la constitution des faisceaux du bois. Or ces cellules vivantes, grâce à leur pouvoir osmotique, tendent à conserver une quantité d'eau constante. Si, par suite de la transpiration, un appel d'eau se fait sentir dans les feuilles, cet appel se trouve, par les cellules, transmis de proche en proche et, intégralement, jusque dans les parties basses du végétal; ces cellules constituent, pour ainsi dire, une multitude de petits relais, grâce auxquels l'eau peut s'élever à des hauteurs considérables, 100 mètres et même davantage, ce qui serait impossible sans l'intervention de ces éléments vivants.

« On peut donc se représenter le mécanisme de l'ascension de la sève dans les tiges de la façon suivante : la transpiration des feuilles produit l'effet d'une pompe aspirante, qui ne fait sentir son effet qu'à une faible distance dans la tige; l'absorption par les racines produit l'effet d'une pompe foulante qui ne lance l'eau qu'à une faible hauteur. Les zones d'action de ces deux forces initiales sont reliées par une série continue de cellules vivantes qui, grâce à leur pouvoir osmotique, jouent tantôt le rôle de pompe aspirante, tantôt le rôle de pompe foulante, et qui tendent à amener un état d'équilibre en établissant un courant d'eau du point où la pression est la plus forte au point où elle est la plus faible. » (Leclerc du Sablon.)

Il est bien évident, d'ailleurs, que le chemin suivi par la sève est complexe; l'eau monte à la fois par les vaisseaux et par les cellules; fréquemment, les vaisseaux du bois sont obstrués par des bulles de gaz, et le courant de sève fera alors un détour par les cellules adjacentes; inversement, les cellules vivantes pourront emprunter l'eau dont elles ont besoin, non à d'autres cellules vivantes, mais aux vaisseaux voisins.

En résumé, c'est donc sous l'influence de quatre causes principales (poussée des racines, capillarité des vaisseaux ligneux, aspiration due au phénomène transpiratoire, pouvoir osmotique des cellules ligneuses vivantes) que la sève peut s'élever dans les faisceaux de bois.

Élaboration de la sève. — Que devient la sève brute quand elle est parvenue dans le parenchyme des feuilles? Elle y subit l'influence de deux phénomènes que nous connaissons maintenant, la transpiration et l'assimilation chlorophyllienne. Sous l'influence de la transpiration, la sève brute répandue dans les cellules du mésophylle perd une grande partie de l'eau qu'elle renfermait; elle s'épaissit par conséquent. Sous l'influence de l'assimilation chlorophyllienne, elle fixe une partie du carbone fourni à la feuille par l'anhydride carbonique de l'air et se charge de substances carbonées résultant de cette fixation. Il résulte de là que la sève subit dans les feuilles des modifications profondes : on dit, en un mot, qu'elle s'élabore; de sève brute qu'elle était, elle devient *sève élaborée*. Elle est alors en état de fournir aux diverses parties de la plante les matériaux nécessaires à leur édification.

Répartition de la sève élaborée. — Il nous reste à voir maintenant par quelles voies la sève élaborée est répartie dans la plante. Pour répondre à cette question, c'est encore à l'expérimentation qu'il faut faire appel. Des expériences déjà anciennes ont été faites par un botaniste allemand, Hanstein, et reprises après lui, sous d'autres formes, par divers physiologistes. Voici en quoi consiste une de ces expériences (*fig.* 260).

Considérons une branche latérale issue de la tige principale d'un arbre fruitier. Supposons, pour fixer les idées, que ce soit une branche portant déjà des feuilles et susceptible de former aussi des fruits. Sur une certaine longueur de cette branche, enlevons ce qu'on appelle vulgairement l'écorce, c'est-à-dire, pour parler plus rigoureusement, l'ensemble des tissus extérieurs au cambium et comprenant le liber. Nous pratiquons ainsi une « décortication annulaire ». Que va-t-il se passer ? Au bout de quelque temps, nous verrons se produire, au niveau du bord inférieur de la décortication, le plus rapproché de la tige principale, un petit bourrelet de cicatrisation. Au bord supérieur, le plus éloigné du tronc, se produira, pendant le même temps, un bourrelet beaucoup plus épais, à la formation duquel le liber prendra une part prépondérante : il envahira peu à peu la plaie produite par la décortication et en achèvera la cicatrisation. Dans certaines conditions, nous verrons même se former quelques racines adventives au niveau du bourrelet supérieur. Si nous comparons les fruits formés par la branche blessée à ceux des branches voisines, nous verrons qu'ils sont, en général, beaucoup plus volumineux que ceux-ci.

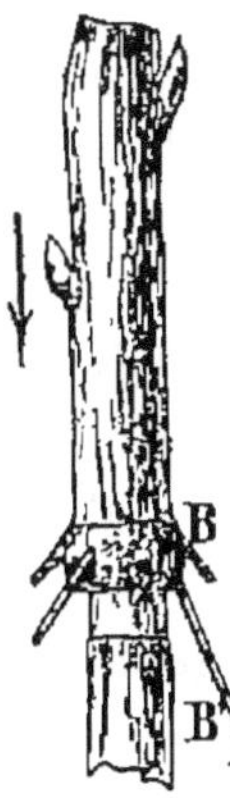

Fig. 260. — Décortication annulaire. B, B', bourrelets de cicatrisation. (La flèche indique le sens du transport de la sève élaborée.)

N'est-il pas naturel de supposer que la sève élaborée par les feuilles, au lieu de se répartir dans le corps entier de la plante, a été arrêtée au passage par la décortication et utilisée sur place pour la formation du bourrelet de cicatrisation, des racines adventives et des fruits? C'est donc à un tissu compris en dehors du cambium qu'il faut attribuer le transport de la sève élaborée; mais c'est tout ce que nous pouvons conclure légitimement de cette expérience.

On peut aussi pratiquer une décortication annulaire moins profonde, de telle sorte qu'elle respecte le liber ; on observe alors, aux deux extrémités de la région décortiquée, l'apparition de deux bourrelets sensiblement égaux : c'est le liège qui prend la part la plus grande à leur formation. C'est encore ce que l'on observe quand la décortication, poussée partout ailleurs jusqu'au cambium, respecte un ruban libérien suffisant pour maintenir une communication entre les deux bords de l'anneau décortiqué.

Reportons-nous, d'autre part, à ce que nous savons de la structure de l'écorce et du liber. Y a-t-il dans ces régions quelque tissu qui puisse se prêter aisément au transport d'un liquide? Il n'y a guère que les tubes criblés, éléments essentiels du liber enlevé par la décortication profonde, qui semblent spécialement indiqués pour ce transport. Un tube criblé, nous le savons, est formé d'une série de cellules juxtaposées bout à bout et séparées deux à deux par des cloisons cellulosiques que traversent de nombreux orifices formant des sortes de cribles. La cavité de chaque cellule est tapissée par une couche protoplasmique qui renferme une grande vacuole, contenant un liquide hyalin, de la consistance de l'eau. Si nous portons plus spécialement notre attention sur la partie du protoplasme pariétal qui s'applique contre un crible, nous voyons qu'elle est plus épaisse et plus fortement colorée que le reste : c'est une sorte de gelée organique qui s'écoule à travers les pores du crible, au-dessous duquel elle forme parfois de véritables boutons muqueux. Cette observation nous permet d'admettre que c'est par les tubes criblés du liber, et par eux seulement, que se fait le transport des substances élaborées.

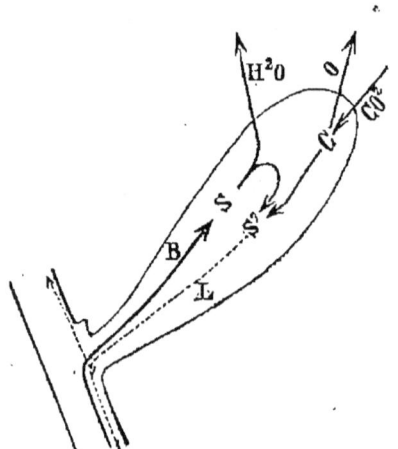

Fig. 261. — Circulation de la sève dans la feuille (schéma). — B, bois ; L, liber ; S, sève brute ; S', sève élaborée.

Circulation de la sève. — Ainsi s'établit, dans le corps entier de la plante, une sorte de circulation des liquides, dont nous connaissons maintenant l'économie générale. La sève brute, constituée aux dépens des liquides que le sol renferme, monte par les vaisseaux ligneux de la racine jusqu'au bois de la tige. Le bois des nervures foliaires la répand dans le parenchyme de la feuille, où elle s'élabore (*fig.* 261). Elle retourne alors à l'axe de la plante par le liber des nervures et celui de la tige elle-même, et c'est ce dernier qui la distribue sur tous les points où sa présence est nécessaire, par exemple dans les méristèmes qui occupent les extrémités, en voie d'accroissement, de la tige et de la racine.

Quel autre nom pourrons-nous donner au courant de la sève élaborée? On la qualifie parfois de *sève descendante*. Mais ce terme n'a pas la même valeur que celui de *sève ascendante*, qu'on applique à la sève brute. Si cette dernière est toujours ascendante, on ne saurait dire que la sève élaborée soit toujours descendante : elle l'est effectivement dans la racine, où elle se porte vers le méristème subterminal; mais, dans la tige, elle peut parfaitement être ascendante; elle est ascendante ou descendante, suivant la position du point vers lequel elle se porte.

Une figure théorique (*fig.* 262), jointe à cette description, permet de mieux comprendre la circulation totale des liquides dans le corps de la plante.

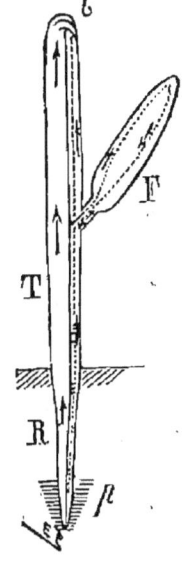

Fig. 262. — Circulation de la sève dans la plante. — R, racine; T, tige; F, feuille; *p*, poils absorbants; *b*, bourgeon terminal.

Repos hivernal. — Nous avons vu, au cours de cette étude, quelle influence exercent sur la circulation interne des liquides les phénomènes physiologiques dont les parties aériennes de la plante sont le siège. Qu'arrive-t-il en hiver, alors que ces parties aériennes se trouvent exposées à des conditions profondément différentes de celles qui caractérisent la belle saison? Supposons, pour fixer les idées, qu'il s'agisse d'un arbre à feuilles caduques. Les feuilles sont tombées. La transpiration est à peu près nulle et, par conséquent, exerce une aspiration très faible sur la sève brute, dont l'ascension doit être considérablement ralentie. D'autre part, puisqu'il n'y a plus de feuilles, le phénomène de l'assimilation chlorophyllienne est aussi très affaibli, s'il n'est complètement suspendu; l'élaboration de la sève se trouve très sensiblement diminuée. Pour ces deux causes, il est permis de supposer que la circulation totale doit être au moins très ralentie en hiver.

Or, quel est l'aspect que présente le tissu criblé dans cette période de la végétation? Il faut préciser la nature de la plante à laquelle nous nous adressons pour faire cette recherche. Il existe, en effet, des espèces chez lesquelles les tubes criblés gardent le même aspect et restent ouverts pendant toute l'année; mais il est aussi des espèces, la Vigne par exemple, chez lesquelles l'aspect des cribles se modifie profondément en hiver. Considérons, aux approches de l'hiver, dans un tube criblé de Vigne, un des cribles que porte une cloison transversale. La membrane qui forme le fond du crible subit alors une modification chimique importante. Elle était, en été, entièrement cellulosique, c'est-à-dire capable de bleuir dans le chroroiodure de zinc et de se dissoudre dans la dissolution de sulfate de cuivre ammoniacal. On observe maintenant que les parties des mailles du crible qui bordent immédiatement les pores s'épaississent et s'imprègnent d'une substance spéciale, qui ne se colore plus en bleu par le chloroiodure de zinc et ne se dissout plus dans le bleu céleste : ce n'est plus de la cellulose. Mais, par contre, cette substance se colore en bleu par le bleu d'aniline, en rouge par l'acide rosolique, et elle se dissout dans la potasse, propriétés qui n'appartiennent pas à la cellulose. La cellulose du crible a donc été remplacée, sur certains points, par une substance nouvelle dite *substance calleuse* (*fig.* 263). Cette dernière ne tarde pas à se développer davantage; elle

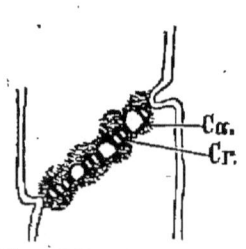

Fig. 263. — Coupe à travers un crible fermé par le cal. — Cr., un orifice du crible; Ca., matière calleuse.

finit par oblitérer complètement les pores du crible; puis elle déborde, de part et d'autre du crible, sur les deux faces de la membrane criblée et finit par former sur chacune d'elles une lame continue qu'on appelle *plaque calleuse*. Les plaques calleuses des divers cribles, formées simultanément, ne tardent pas à confluer en une plaque continue. A partir de ce moment, toute circulation devient impossible dans le tube criblé et, comme le phénomène se produit en même temps que dans tous les tubes criblés de la plante, la circulation générale de la sève élaborée se trouve complètement arrêtée.

Le tube criblé reste dans cet état pendant tout l'hiver. Si, au printemps suivant, on en fait une nouvelle étude, on voit qu'avec la reprise de la végétation la substance calleuse se dissout d'abord sur les deux faces opposées du crible; les plaques calleuses s'amincissent et bientôt le cal se réduit aux bouchons qui ferment les pores; puis la substance calleuse se dissout suivant l'axe de chacun des pores, et enfin la circulation se trouve complètement rétablie.

Ainsi, la formation du cal a eu pour effet de suspendre, pendant tout l'hiver, la circulation de la sève élaborée; sa destruction a pour effet de la rétablir au printemps. Si l'on ne veut pas attendre jusqu'au printemps pour faire cette observation, il suffit de placer, en plein hiver, le pied de Vigne qui sert d'objet d'étude à l'intérieur d'une serre chaude : le cal se dissout et les cribles s'ouvrent.

§ 6. — L'aliment de la plante.

Nous possédons maintenant quelques-uns des éléments qui nous permettent de comprendre comment pénètrent dans l'organisme végétal les substances gazeuses ou liquides qui peuvent être nécessaires à sa vie. En étudiant les échanges gazeux, nous avons vu comment l'oxygène entre dans la plante, comment le carbone est fixé par elle; en étudiant le rôle de la racine, nous avons vu aussi comment y pénètrent les substances liquides contenues dans le sol. Il nous reste à compléter et à coordonner les notions ainsi acquises en étudiant, sous le nom général d'*aliment*, l'ensemble des corps pondérables nécessaires à la conservation et à l'accroissement de l'organisme végétal.

Sa nature. — Comment déterminer, d'abord, la *nature* des éléments constitutifs de l'aliment? On a employé, pour cela, trois méthodes qu'il est nécessaire de définir avec précision.

Une première méthode, essentiellement chimique et dite *méthode analytique*, a été employée par différents agronomes, parmi lesquels il faut citer De Saussure et Boussingault. Elle consiste à recueillir le corps entier d'une plante complètement développée, sans se préoccuper des conditions d'alimentation auxquelles elle a été soumise et, en particulier, de la nature du sol dans lequel elle s'est développée, puis à en faire l'analyse complète et élémentaire, à déterminer, en d'autres termes, quels sont les corps simples qui entrent dans sa constitution. La chimie organique nous apprend les procédés qu'on emploie pour arriver à ce résultat et dans le détail desquels ce n'est pas ici le lieu d'entrer.

En appliquant ces procédés, on est arrivé à reconnaître la présence constante, dans les tissus de toutes les plantes soumises à l'analyse, de douze corps simples, d'importance inégale, que nous pouvons ranger sur deux lignes. En première ligne viennent le carbone, l'hydrogène, l'oxygène, l'azote, le soufre et le phosphore : ce sont, comme nous le savons, les éléments constitutifs du protoplasme; nous ne devons pas nous étonner de les retrouver, d'une manière constante, dans l'analyse de tout organisme. En seconde ligne se placent des corps simples qu'on rencontre moins abondamment, mais d'une façon à peu près constante : le chlore, le silicium, le potassium, le calcium, le magnésium et le fer.

C, H, O, Az, S, Ph,
Cl, Si, K, Ca, Mg, Fe.

Quelques corps simples se rencontrent moins fréquemment que les précédents; d'autres enfin sont rares et ne doivent pas entrer en ligne de compte.

Si les douze corps inscrits dans le tableau qui précède entrent, d'une manière constante, dans la constitution de tous les organismes végétaux, on est tenté d'admettre que chacun d'eux est indispensable à l'alimentation de la plante. Cette conclusion est-elle légitime? Pas tout à fait. Un corps essentiel peut entrer dans la constitution de l'organisme végétal en quantité assez faible pour échapper à l'analyse, et il peut arriver, d'autre part, que certains corps y fassent simplement acte de présence, s'y trouvent d'une manière constante, en quantité même considérable, sans pour cela qu'ils soient nécessaires à l'alimentation de la plante, sans qu'on doive considérer leur absence comme nuisible à son existence. Les résultats de la méthode analytique sont, comme on le voit, sujets à certaines critiques.

Une seconde méthode est la *méthode mixte*. Elle est assez employée dans les recherches agronomiques et elle a reçu, de 1840 à 1850, la plupart des perfectionnements dont elle est susceptible.

Voici quel en est le principe.

Supposons (*fig.* 264) que, sur un terrain de composition bien homogène, on limite deux parcelles de forme carrée et de surfaces égales. Sur la première parcelle A on sème un poids donné de graines d'une espèce déterminée. Sur la seconde parcelle B on sème, par le même procédé, le même poids de graines de même provenance que les premières, mais après avoir préalablement ajouté au sol un certain poids de la substance chimique dont on cherche à déterminer le rôle, utile ou nuisible, dans l'alimentation de la plante. Admettons, pour fixer les idées, qu'il s'agisse d'étudier l'influence exercée par le fer sur la végétation et qu'on l'emploie sous forme de sulfate de fer. On pèse d'une part le poids P de la récolte fournie par la parcelle A, qui sert de

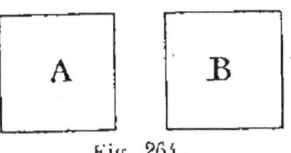

Fig. 264.

témoin ; d'autre part, le poids P′ de la récolte fournie par la parcelle B soumise à l'action du sulfate de fer. Si, d'une manière constante, chaque fois qu'on renouvelle l'expérience, P′ est supérieur à P, on est porté à admettre que le sulfate de fer est utile au développement de la plante. Si, d'une manière constante, P′ est inférieur à P, on est tenté de conclure que le sulfate de fer est un élément nuisible à la végétation de l'espèce étudiée. Si P′ est tantôt inférieur, tantôt supérieur à P, on admet, au moins provisoirement et jusqu'à ce que de nouvelles recherches soient venues résoudre complètement la question, que l'élément considéré est indifférent au développement de la plante.

On voit que la méthode mixte prête encore le flanc à la critique. Sous la forme simple que nous venons d'exposer, elle ne tient aucun compte de la composition initiale du terrain sur lequel porte l'expérience. Il est vrai qu'elle lui fait subir des modifications connues et déterminées. Et, d'ailleurs, il est possible d'établir par une analyse préalable cette composition initiale : encore faut-il remarquer que cette analyse, portant sur des échantillons prélevés en différents points du champ d'expérience, ne saurait fournir que des résultats approximatifs.

La méthode mixte a permis de reconnaître l'influence exercée sur la végétation par trois des corps simples que nous avons nommés : l'azote, le phosphore, le potassium. Ces trois corps paraissent indispensables au développement de la plupart des plantes, mais dans des proportions qui varient suivant les plantes considérées. Telle espèce est très avide d'azote : on dit que sa *dominante* est l'azote ; telle autre de phosphore : on dit que sa dominante est le phosphore.

La principale application de ces résultats est la détermination des engrais chimiques qui conviennent à chaque sorte de culture sur un terrain donné. Si on veut, par exemple, cultiver une plante dont la dominante est l'azote dans un sol à peu près dépourvu de ce corps, il faut ajouter à ce sol des engrais azotés. Si l'on veut cultiver une plante dont la dominante est le phosphore dans un sol déjà riche en phosphore; il peut se faire qu'il soit nuisible ou, tout au moins, inutile d'y ajouter des engrais phosphorés.

La troisième méthode qui a été employée pour résoudre le problème qui nous occupe est la *méthode synthétique*. C'est la seule qui soit susceptible de présenter les caractères d'une rigueur absolue. Elle consiste à constituer de toutes pièces un milieu nutritif favorable au développement de l'espèce végétale qu'on soumet à l'expérience : la composition de ce milieu tout artificiel sera, à chaque instant, exactement connue. Ce n'est qu'après de nombreux tâtonnements qu'on obtiendra une composition telle que le développement de l'espèce étudiée atteigne sa valeur maxima. Quand on aura obtenu ce milieu nutritif de composition optima, on retranchera successivement, dans une série d'expériences, chacun des éléments qui le constituent et on verra quels sont les effets que produit sur le développement chacune de ces suppressions. Si la suppression est favorable, l'élément supprimé est nuisible; si elle est indifférente, cet élément ne joue aucun rôle; si elle est défavorable, cet élément est essentiel à la constitution de l'aliment.

Pour appliquer cette méthode dans toute sa rigueur, il faut s'adresser à des plantes dont le germe soit extrêmement petit et presque entièrement dépourvu de substances nutritives mises en réserve. Si, en effet, on l'applique à une plante supérieure, dont la graine renferme une quantité souvent considérable de matériaux nutritifs, on introduit, par cela même, dans l'expérience une cause d'erreur qu'il n'est pas permis de négliger : à l'aliment, de composition connue, qu'on fournira artificiellement à la jeune plante s'ajoutera celui qui lui fournit naturellement la graine et qu'il est impossible de connaître exactement quand cette graine doit germer au cours de l'expérience. Il faut donc choisir une plante dont le germe microscopique contienne une quantité négligeable de matières nutritives, par exemple une Levure, une Moisissure, une Bactérie.

En 1860, Pasteur a appliqué la méthode synthétique à

l'étude du développement de la Levure de bière. Mais c'est surtout avec les recherches faites en 1870 par Raulin, son élève, que la méthode synthétique a pris toute sa valeur.

Ces recherches ont porté sur une Moisissure appartenant à l'ordre des Ascomycètes et que Van Tieghem a désignée du nom de *Sterigmatocystis nigra*. Elle appartient à un genre assez voisin du genre *Aspergillus*. L'appareil conidien de cette espèce (*fig.* 265) se présente avec l'aspect suivant : sur un filament pluricellulaire se dresse un rameau vertical dont l'extrémité est renflée en forme de sphère ; cette sphère porte à son tour un certain nombre de bourgeons qui en couvrent toute la surface ; sur chacun de ces bourgeons primaires se forment plusieurs petits bourgeons secondaires ; chacun de ceux-ci forme une longue file de conidies dont les plus anciennes, les plus éloignées de la sphère, se détachent à mesure qu'elles atteignent leur maturité.

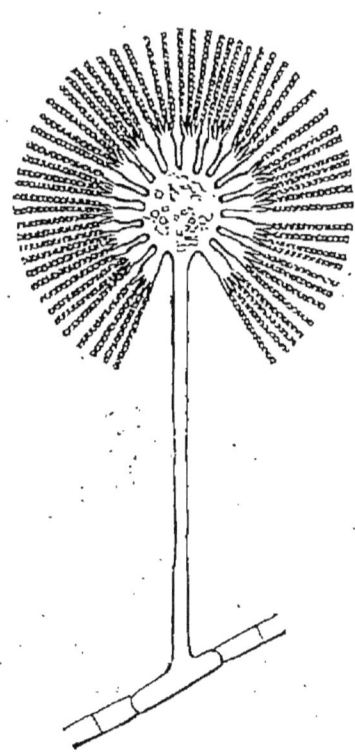

Fig. 265. — Appareil conidien de *Sterigmatocystis nigra*.

Raulin a cherché à déterminer le milieu le plus favorable à la culture de cette espèce. Il a reconnu la nécessité d'un renouvellement continu d'oxygène fourni par l'air ; il a vu, d'autre part, qu'une température de 35° est la plus favorable au développement ; enfin, il a déterminé la composition d'un liquide artificiel qui paraît fournir à la plante tout l'aliment qui lui est nécessaire. Voici la composition exacte du liquide, telle qu'elle résulte du travail de Raulin lui-même :

Eau distillée	1 500g,00
Sucre candi	70g,00
Acide tartrique	4g,00
Nitrate d'ammoniaque	4g,00
Phosphate d'ammoniaque	0g,60
Carbonate de potassium	0g,60
Carbonate de magnésium	0g,40
Sulfate d'ammoniaque	0g,25
Sulfate de fer	0g,07
Sulfate de zinc	0g,07
Silicate de potassium	0g,07

Mais on emploie souvent aussi, dans les laboratoires, sous le nom de *liquide Raulin*, la liqueur précédente à laquelle on a ajouté :

Carbonate de manganèse	0g,07

On voit que ce liquide contient, avec une grande quantité d'eau, une quantité notable de sucre candi et de nitrate d'ammoniaque, et des quantités beaucoup plus faibles de divers sels minéraux ; l'addition de l'acide tartrique avait pour but, aux yeux de Raulin, de communiquer au liquide nutritif une acidité nécessaire au développement de la Moisissure et défavorable, au contraire, au développement des Bactéries.

Il convient d'observer que les expériences de Raulin, toutes remarquables qu'elles soient, ont été faites à une époque où l'on connaissait mal les conditions d'une culture aseptique ; aussi certaines de ses conclusions sont, peut-être, douteuses. En effet, des recherches analogues, mais plus récentes, faites par Coupin dans des conditions d'asepsie parfaite, semblent montrer que le fer, le zinc et le silicium ne sont pas nécessaires à la constitution du milieu optimum pour le *Sterigmatocystis nigra*. Quoi qu'il en soit, la méthode imaginée par Raulin conserve toute sa valeur : il suffit de l'appliquer dans des conditions rigoureuses.

Les conditions normales de la culture étant ainsi établies,

Raulin a supprimé successivement chacun des éléments qui entraient dans la constitution du liquide nutritif et, en observant les effets produits par chaque suppression, il a pu déterminer l'importance relative de l'élément supprimé.

Les conclusions auxquelles ont abouti les recherches de Raulin sont un peu différentes de celles qu'avait fournies la méthode analytique. Il a reconnu encore la nécessité de douze corps simples; mais ce ne sont pas absolument les mêmes que ceux dont la liste a été dressée tout à l'heure : le chlore et le calcium semblent inutiles à la végétation des plantes inférieures et doivent disparaître du tableau; il faudrait, par contre, y ajouter deux corps nouveaux, le zinc et le manganèse, dont la présence dans l'aliment semble absolument nécessaire à sa composition normale : Zn et Mn doivent être substitués à Cl et Ca.

Avec les réserves que nous avons formulées précédemment, la méthode synthétique a été appliquée aussi à l'étude de quelques plantes supérieures de grande culture. On a reconnu que, pour ces plantes, la présence d'un sel de chaux semble absolument nécessaire : le calcium, qui ne paraît pas indispensable aux organismes inférieurs, jouerait donc un rôle plus important dans l'alimentation des organismes supérieurs.

Forme absorbable de l'aliment. — Nous connaissons maintenant la nature des corps simples nécessaires à l'alimentation de la plante. Nous devons nous demander ensuite sous quelle forme ces corps simples pénètrent dans l'organisme.

Les métaux dont nous avons reconnu la nécessité (potassium, manganèse, fer, etc.) pénètrent sous la forme de sels contenus dans le sol et absorbés par les poils radicaux.

Le soufre et le phosphore pénètrent sous la forme de sulfates et de phosphates.

Le carbone peut bien pénétrer par les poils radicaux sous forme de carbonates, mais en très faible quantité; de même sous forme de matières organiques, de sucre de glucose par exemple, mais tout à fait exceptionnellement; c'est surtout par le phénomène de l'assimilation chlorophyllienne que les plantes supérieures prennent à l'anhydride carbonique de l'air le carbone qu'elles contiennent.

L'hydrogène est absorbé sous forme d'eau, de sels ammoniacaux, de composés organiques.

L'oxygène pénètre dans le corps des plantes à l'état de combinaison, avec l'eau, les oxydes, les bases, les sels minéraux, les composés organiques, absorbés par les poils radicaux ; mais il y entre aussi, à l'état de liberté, par le phénomène de la respiration et par le jeu des diastases oxydantes.

Alimentation azotée de la plante. — Il nous reste à déterminer la forme absorbable de l'azote : question de première importance pour l'agriculture et qui semble actuellement bien résolue.

L'azote forme la majeure partie de l'atmosphère terrestre, dans laquelle il est, comme on sait, mélangé à l'oxygène dans le rapport volumétrique de 4 à 1. Il semble donc, au premier abord, naturel de supposer que c'est dans l'atmosphère, source en quelque sorte intarissable, que les plantes puisent l'azote nécessaire à leur alimentation.

Les recherches de Boussingault, déjà anciennes, ont cependant montré que les plantes supérieures, les plantes de grande culture, par exemple, sont incapables de prendre à l'air extérieur l'azote qu'il contient. Sous quelle forme l'azote est-il donc absorbé? D'abord sous la forme de composés organiques qui proviennent de la destruction des organismes animaux ou végétaux, et que la terre végétale renferme toujours en quantité notable ; mais c'est là une faible source. C'est plutôt sous forme de sels ammoniacaux et surtout de nitrates que l'azote pénètre dans les racines. Or, il peut arriver que la terre ne renferme pas naturellement une proportion considérable de nitrates, qu'elle soit plutôt riche en composés organiques ou ammoniacaux. Comment alors la terre végétale peut-elle atteindre la richesse en nitrates dont l'expérience montre la nécessité pour l'alimentation de la plante? Des recherches nombreuses ont établi que l'élaboration des nitrates ou, comme on dit en un mot, la *nitri-*

fication, doit être attribuée à l'activité propre d'organismes microscopiques qui se développent à l'intérieur du sol. Quel est le mécanisme de la nitrification? On admet généralement qu'elle s'accomplit en trois phases successives.

Il existe dans les parties superficielles et aérées de la terre végétale diverses espèces de Moisissures et de Bactéries qui, en présence de l'air et dans des conditions déterminées de température, possèdent la propriété de transformer les substances organiques azotées en composés ammoniacaux. C'est là un phénomène particulier de fermentation auquel on donne le nom général d'*ammonisation*. Un des agents principaux de cette transformation est un bacille qu'on a pu isoler et qu'on a nommé *Bacillus mycoides*.

Les composés ammoniacaux, une fois formés, se transforment à leur tour en composés nitreux, c'est-à-dire en sels minéraux dont l'acide est l'acide nitreux ou azoteux : c'est le phénomène de la *nitrosation*, qui constitue un premier degré d'oxydation des composés ammoniacaux. C'est encore à l'activité d'un microorganisme qu'on doit attribuer cette nouvelle transformation. Ce fait a été mis en évidence par les recherches de Schlœsing et Müntz d'abord, puis par celles de Winogradsky, qui a isolé l'agent de cette fermentation ou *ferment nitreux* : c'est une Bactérie de forme

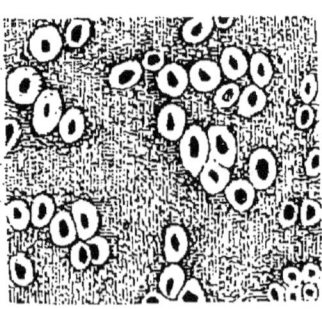

Fig. 266. — Ferment nitreux.

Fig. 267.
Ferment nitrique.

arrondie et ovoïde pour laquelle il a établi le genre *Nitrosomonas* (*fig.* 266).

Enfin, quand les composés nitreux sont formés à l'intérieur du sol, ils subissent un deuxième degré d'oxydation et deviennent des composés nitriques, des sels de l'acide azotique : c'est le phénomène de la *nitratation*. Ici encore c'est un organisme isolé par Winogradsky sous le nom de *ferment nitrique* (*fig.* 267), qui est l'agent de la transformation.

En résumé, les composés organiques résultant de la désagrégation des organismes à l'intérieur du sol sont successivement transformés en composés ammoniacaux, puis en composés nitreux, enfin en composés nitriques, éminemment assimilables par les plantes. Nous voyons ainsi se manifester une fois de plus le rôle capital que jouent les Bactéries dans les phénomènes naturels.

Mais, au fur et à mesure que les nitrates se forment à l'intérieur du sol, ils sont absorbés par les racines des plantes : la végétation appauvrit ainsi le sol en nitrates, par conséquent en azote. En automne ou en hiver, quand le sol est dénudé, les eaux d'infiltration, qui ne sont plus arrêtées par les plantes et restituées par elles à l'atmosphère sous forme de vapeur, entraînent les produits de la nitrification : nouvelle cause de déperdition d'azote. Par cette double cause (consommation par les plantes et infiltration), un sol, primitivement riche en azote, peut être considérablement et rapidement appauvri. On a calculé qu'une culture de Blé, faite sur un espace d'un hectare, y absorbe, dans une saison, environ 50 kilogrammes d'azote. Si on ajoute à cette perte celle qui provient de l'infiltration, on arrive à une perte totale de 120 kilogrammes d'azote par hectare. D'autre part, la richesse du sol en azote n'est pas inépuisable; un hectare en renferme en moyenne 10 000 kilogrammes. Il serait facile de calculer, en partant de ces chiffres, le nombre d'années, relativement faible, après lequel le sol devrait être épuisé en azote. Or, si nous laissons de côté les espaces cultivés à la surface du globe, pour lesquels les amendements tendent à rétablir périodiquement l'équilibre, et si nous considérons seulement les parties qui ont échappé au défrichement, telles que les prairies de hautes montagnes ou les forêts, la végétation semble y garder indéfiniment la même vigueur. D'où il faut bien conclure que le sol répare constamment les pertes qu'il éprouve. Comment peut-il s'enrichir en azote si ce n'est aux dépens de l'air atmosphérique, qui en renferme des réserves inépuisables? Ainsi se présente de nouveau l'hypothèse qui paraissait définitivement écartée par les recherches de Boussingault. Posée sous cette forme nouvelle, la question n'a pas tardé à être résolue.

Enrichissement du sol en azote. — Des expériences très concluantes, faites en 1885 par Berthelot et reprises ensuite par d'autres expérimentateurs, ont montré qu'une terre primitivement dépourvue d'azote est capable, dans des conditions déterminées de température et d'aération, de s'enrichir en azote. Berthelot prélevait un certain nombre d'échantillons de terres excessivement pauvres en azote, par exemple des sables argileux pris dans le sous-sol des bois de Meudon, au-dessous de la meulière, par conséquent assez loin de la terre végétale pour qu'ils fussent à l'abri des infiltrations de matière organique. Il dosait l'azote contenu dans chaque échantillon et s'assurait qu'il y était en proportion infiniment petite. Puis il exposait ces échantillons, dans des pots en terre vernissée, au contact de l'air et à l'abri de la pluie. Au bout d'un temps suffisamment long, une analyse nouvelle de l'échantillon montrait qu'il s'était enrichi très sensiblement en azote. Sous l'influence de quelle cause s'était produite cette modification? En stérilisant, par une calcination préalable, la terre soumise à l'expérience avant de l'exposer au contact de l'air, Berthelot constatait qu'elle perdait la faculté de s'enrichir en azote. Il devenait donc probable que la fixation de l'azote atmosphérique dans le sol est produite par les organismes microscopiques et aérobies que la calcination détruit.

Sous quelle forme ces organismes fixent-il l'azote? Sous la forme de composés organiques. Une fois ceux-ci constitués, nous savons comment d'autres microorganismes se chargent de les amener à la forme de nitrates, sous laquelle ils sont le plus absorbables par les végétaux supérieurs.

Fixation de l'azote atmosphérique par les nodosités de Légumineuses. — Les microorganismes qui vivent en liberté à la surface du sol ne sont pas les seuls qui soient capables de fixer directement l'azote de l'air. Il en est d'autres qui jouissent de la même propriété, ce sont ceux qui se trouvent normalement à l'intérieur des racines des plantes légumineuses.

On sait, depuis longtemps déjà, qu'un sol épuisé par la répétition, pendant plusieurs années, d'une même culture, celle des Graminées par exemple, retrouve une partie au moins de ses qualités primitives si on a soin de remplacer, durant une année, cette culture épuisante par celle d'une espèce fourragère de Légumineuses, le Trèfle ou la Luzerne par exemple : les Légumineuses sont, comme on dit en un mot, des plantes *améliorantes*.

Ainsi s'explique la pratique des *assolements*, qui consiste à faire succéder annuellement des cultures différentes sur un même sol : intercaler une culture de Légumineuses entre deux cultures de Céréales est un moyen sûr de fertiliser le sol.

Si on a soin de faire l'analyse du sol épuisé avant la culture améliorante et de la renouveler après la récolte des Légumineuses, on peut reconnaître que la teneur du sol en azote, qui avait été sensiblement abaissée par la culture des Graminées, s'est relevée après le passage des Légumineuses, soit qu'on ait, par un labour, *enfoui en vert* la Légumineuse, soit qu'on ait récolté les parties aériennes en abandonnant au sol seulement les parties souterraines.

Comment expliquer ce résultat remarquable?

Des expériences faites, dès 1849, par Georges Ville semblaient montrer, contrairement aux conclusions de Boussingault, que les plantes de la famille des Légumineuses seraient capables de fixer directement l'azote atmosphérique, de se l'assimiler et d'en former des composés qui, après la mort de ces plantes, retourneraient à la terre pour l'enrichir en azote. Mais les expériences de G. Ville, en raison de la singularité du fait qu'elles mettaient en évidence, et en raison aussi de ce qu'il attribuait la même propriété aux Graminées, trouvèrent alors peu de créance et on admit généralement que la conclusion de Boussingault devait s'appliquer aux Légumineuses comme à toutes les plantes d'organisation supérieure.

Ce n'est que plus tard que l'attention des agronomes

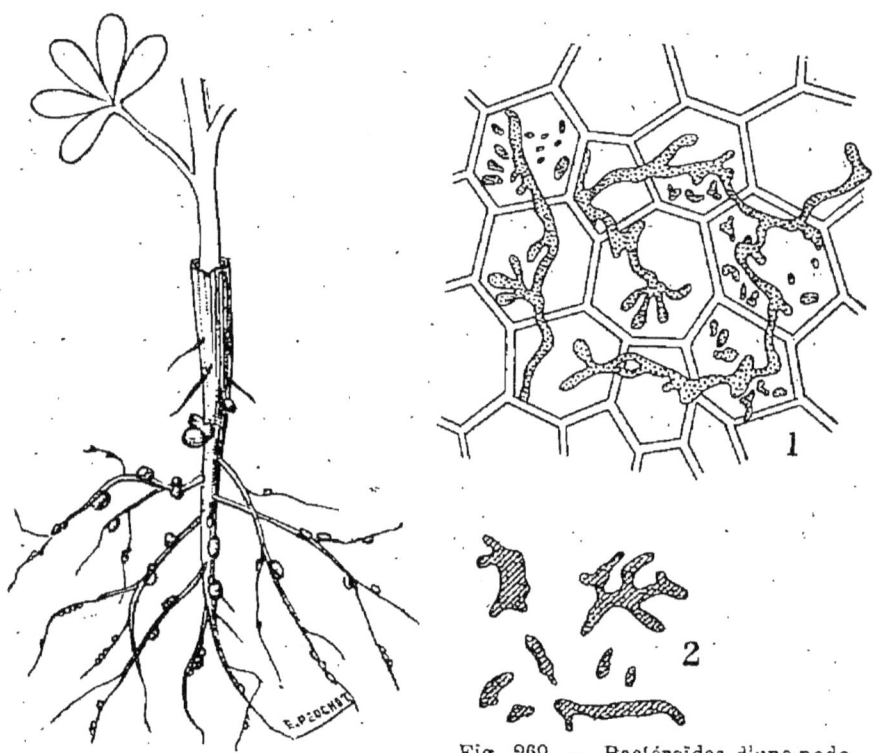

Fig. 268.
Une racine de Lupin, chargée de nodosités.

Fig. 269. — Bactéroïdes d'une nodosité de Légumineuses. — 1, coupe dans le parenchyme de la nodosité; 2, bactéroïdes isolés.

et des botanistes se trouva de nouveau attirée sur cette question par l'observation d'un phénomène qui ne saurait échapper à un examen même superficiel, mais auquel on n'avait pas attaché jusque-là toute l'importance qu'il mérite.

Les racines des Légumineuses portent fréquemment sur leurs flancs de petits tubercules, qu'on appelle encore des *nodosités* (*fig.* 268) et dont la nature morphologique a été fixée par Van Tieghem : ce sont des radicelles arrêtées dans leur développement et hypertrophiées.

Si on examine à un fort grossissement une coupe mince d'une de ces nodosités, arrivée au terme de son développement, on observe (*fig.* 269) que les cellules du parenchyme sont bourrées de corpuscules dont les formes, assez irrégulières, rappellent grossièrement celles d'un V, d'un T, d'un Y, etc., et dont la structure simple semble se rapprocher de celle des Bactéries : on leur a donné le nom de *bactéroïdes*.

L'organisme ainsi défini a été classé parmi les Bactériacées, sous le nom de *Bacillus radicicola*, par les premiers observateurs qui l'ont étudié (Beyerinck, Hellriegel et Wilfarth, Franck). A la vérité, il semble que ce microorganisme diffère quelque peu des véritables Bactériacées ; il se présente, à un état moyen de son développement, sous la forme de longs filaments, non cloisonnés dans le sens transversal, qui serpentent à travers les cellules du parenchyme et se renflent en masses ovoïdes ou sphériques : c'est le bourgeonnement de ces masses qui, d'après Laurent, donnerait naissance aux bactéroïdes isolés[1].

Quelle que soit la place qu'il convienne de donner aux bactéroïdes des Légumineuses dans la classification végétale, il est plus important de connaître les relations physiologiques qu'ils peuvent contracter avec leurs plantes hospitalières.

Deux savants allemands, Hellriegel et Wilfarth, sont les premiers qui aient établi une corrélation entre la présence des nodosités et, par suite, des bactéroïdes sur les racines des Légumineuses, et la faculté que peuvent posséder ces plantes d'assimiler l'azote atmosphérique : c'était à peu près à l'époque où Berthelot venait de démontrer le

---

1. Ce mode de multiplication éloignerait sensiblement les bactéroïdes des Bactériacées : aussi certains auteurs rapportent-ils cet organisme, sous le nom de *Rhizobium leguminosarum*, à une famille de végétaux intermédiaires entre les Bactériacées et les Champignons.

rôle des microorganismes dans la fixation de l'azote par le sol.

Étudiant d'abord la façon dont se comportaient, vis-à-vis de l'azote atmosphérique, un certain nombre de pieds de Légumineuses cultivés sur des sols sensiblement identiques, ils remarquèrent que ceux de ces pieds qui portaient des nodosités se montraient capables d'assimiler l'azote, tandis que ceux qui en étaient dépourvus paraissaient incapables de le faire.

Ils complétèrent ensuite ces observations par des expériences plus rigoureuses. Ils cultivèrent des Légumineuses de même espèce et de même provenance, les unes sur un sol stérilisé et, par suite, dépourvu de germes susceptibles d'engendrer des bactéroïdes, les autres sur un sol additionné d'eau dans laquelle avait été délayée de la terre arable : les premiers ne portèrent pas de nodosités et se montrèrent inertes vis-à-vis de l'azote atmosphérique ; les autres chargèrent bientôt leurs racines de nodosités et assimilèrent fortement l'azote.

Ces expériences laissaient encore planer quelque incertitude sur le rôle des bactéroïdes : l'eau dans laquelle avait été délayée de la terre arable renfermait d'autres organismes que les bactéroïdes ; il n'était donc pas certain que la formation des nodosités fût l'œuvre de ceux-ci ni qu'on dût leur attribuer l'assimilation de l'azote.

Divers expérimentateurs, parmi lesquels il faut citer, en France, Bréal, ont eu l'idée d'inoculer à des pieds intacts de Légumineuses le liquide obtenu en délayant la pulpe de nodosités déjà formées et chargées de bactéroïdes : ils ont vu se développer de nouvelles nodosités sur les pieds inoculés.

D'autre part, Prazmowski, de Cracovie, a préparé des cultures pures de l'organisme suspect et c'est avec des bouillons ainsi obtenus qu'il a arrosé le sol, préalablement stérilisé, sur lequel étaient cultivés des pieds de Légumineuses : les nodosités qui se formaient dans ces conditions ne pouvaient être évidemment attribuées qu'à l'introduction des bactéroïdes dans la culture.

Enfin l'azote emmagasiné par la plante chargée de bactéroïdes est manifestement emprunté à l'atmosphère si, dans chaque expérience, on a eu soin d'éliminer du sol destiné à la culture toute trace de substance azotée; d'ailleurs, Schlœsing fils et Laurent ont pu observer directement l'appauvrissement de l'atmosphère en azote, à mesure que la plante s'enrichit.

Grâce à ces diverses expériences, on peut se faire actuellement une idée assez nette des relations qui existent entre une Légumineuse et l'organisme qui habite ses nodosités. Cet organisme pénètre dans les racines de la plante hospitalière, au moment de la naissance d'une radicelle et sans doute par la solution de continuité qu'établit dans les tissus la sortie de celle-ci; la pénétration de la Bactérie provoque la déformation et l'hypertrophie de la radicelle et la transforme en nodosité. A l'intérieur des tissus de la plante hospitalière, qui leur assurent un abri protecteur, les Bactéries fixent l'azote atmosphérique qui circule à l'intérieur du sol; la Légumineuse profite des aliments azotés qui résultent de cette fixation et que les Bactéries lui abandonnent peu à peu : le mucus azoté qui entoure les longs filaments serpentant à travers les cellules semble en effet se dissoudre peu à peu dans le liquide qui circule à travers la racine. Ainsi l'association d'un pied de Légumineuse avec le *Bacillus radicicola* nous fournit un exemple nouveau de ce phénomène général que nous avons défini sous le nom de *symbiose*. En même temps se trouvent justifiées les conclusions auxquelles était parvenu G. Ville et qui avaient paru jadis inexplicables.

On voit maintenant comment s'explique le rôle améliorant des Légumineuses dans la pratique des assolements : quand la récolte de Légumineuses a été fauchée, les racines qui sont restées en terre se détruisent et transmettent au sol la réserve azotée que contiennent leurs nodosités. Si on veut enrichir davantage encore le sol dans lequel se sont développées les Légumineuses, il convient de sacrifier la récolte et de l'enfouir complètement en terre : c'est la pratique qui a été conseillée par G. Ville, sous le nom de *sidération*.

Cycle de l'azote dans la nature. — Résumons-nous.

Appauvri sans cesse en azote par la végétation des plantes supérieures et par l'infiltration des eaux météoriques, le sol répare sans cesse ces pertes grâce à l'activité de végétaux microscopiques qui prennent l'azote à la source inépuisable de l'atmosphère et le fixent sous forme de composés organiques. Ceux-ci, par l'activité d'autres microorganismes, sont amenés successivement à l'état de composés ammoniacaux, puis de composés nitreux, enfin de composés nitriques, et les nitrates qui résultent de cette élaboration progressive sont assimilés, à leur tour, par les plantes supérieures.

Celles-ci, soit directement après leur mort, soit après avoir servi d'aliment aux animaux herbivores, sont reprises sous forme de déchets par des fermentations qui ramènent l'azote à l'état d'ammoniaque.

Le cycle de l'azote dans la nature est donc, pour ainsi dire, ininterrompu.

§ 7. — Les réserves nutritives.

En étudiant les phénomènes de nutrition, nous avons supposé jusqu'ici que la plante consommait à chaque instant tout l'aliment reçu de l'extérieur. Pour qu'il en fût ainsi, il faudrait que la distribution de l'aliment fût constamment réglée sur les besoins de la plante, condition qu'il serait bien difficile d'obtenir artificiellement et qui, dans l'état naturel des choses, n'est jamais réalisée.

En fait, la quantité d'aliment que reçoit la plante, à un moment donné, est toujours différente de la quantité qu'elle consomme au même moment. Quand l'alimentation est supérieure à la consommation, la plante met de côté l'excès d'aliment qu'elle a reçu et se constitue ainsi des *réserves nutritives*. Quand l'alimentation devient inférieure à la consommation, la plante utilise les réserves qu'elle avait anté-

ORGANES DE RÉSERVE.

rieurement formées : elle les consomme. Ainsi se trouve définie une nouvelle fonction de nutrition dont l'étude doit nous occuper maintenant, la fonction de *réserve*.

Organes de réserve. — Tout le monde a présent à l'esprit quelque exemple d'organes dans lesquels s'accumulent des réserves.

Citons d'abord les racines pivotantes et tuberculeuses de la Carotte, de la Betterave, du Radis, etc. (*fig.* 270), et suivons, pour fixer les idées, l'évolution d'une Betterave cultivée depuis le moment où la jeune plante est sortie de la graine. Sa racine est d'abord grêle; mais, en même temps qu'une tige et des feuilles se développent au-dessus du sol, cette racine ne tarde pas à se renfler et à se gorger de réserves sucrées. Aux approches de l'hiver, toutes les parties aériennes se flétrissent et disparaissent, tandis que le pivot tuberculeux persiste et passe à l'état de vie très ralentie. Si, au lieu de recueillir ce pivot pour en extraire le sucre, on le laisse en terre, on voit, au printemps suivant, sa surface se rider pendant qu'une nouvelle tige, pourvue de feuilles, s'élève hors de terre. A mesure que le pivot perd les substances qu'il contenait en réserve, devient flasque et se flétrit, de nouveaux organes

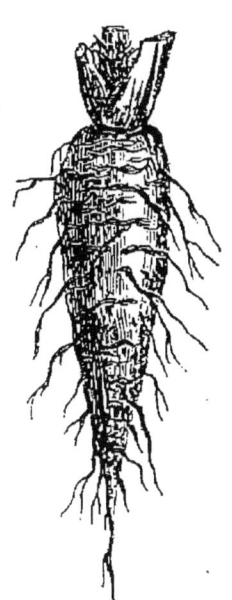

Fig. 270.
Racine pivotante.

apparaissent dans la partie aérienne de la plante et celle-ci, achevant son évolution, forme ses fleurs, ses fruits et ses graines. Pendant la première partie de sa végétation, le pied de Betterave, recevant un excès d'aliments, l'a emmagasiné dans sa racine; après une période de repos plus ou moins longue, il a employé cette réserve à la formation de ses organes de reproduction. — L'étude d'un pied de Carotte mettrait en évidence une série de phénomènes analogues aux précédents.

Les tubercules de la Pomme de terre (*fig.* 271) ne sont

pas autre chose que des ramifications souterraines de la tige principale, qui se renflent et se gorgent d'amidon ; leur surface présente, au fond de quelques dépressions, des *yeux* ou bourgeons. Quand un tubercule est placé dans des conditions favorables d'humidité, d'aération et de chaleur, il passe de l'état de vie ralentie à celui de vie manifestée : les bourgeons se développent et donnent naissance à de nouvelles pousses aériennes. A mesure que ces bourgeons se développent, on voit le tubercule rider sa surface, se flétrir et perdre enfin toute la réserve nutritive qu'il renfermait.

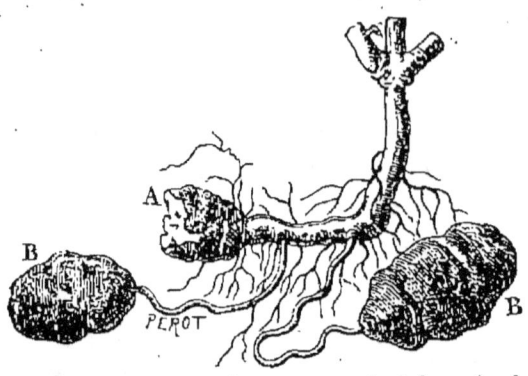

Fig. 271. — Pomme de terre. — A, tubercule de l'année précédente, ayant donné naissance à la plante ; B, tubercules ayant poussé sur des ramifications du rhizome.

Ce n'est pas seulement dans les organes souterrains, c'est aussi parfois dans les tiges ou les feuilles aériennes que peuvent s'accumuler des matières de réserve. C'est ainsi que la moelle de la tige, dans la Canne à sucre, emmagasine une réserve sucrée. De même les tiges ou les feuilles des plantes grasses, si nombreuses dans les pays chauds et secs (Cactus, Opuntia, etc.), si fréquentes également sous nos climats dans les sols arides, vieux murs ou rocailles (Sedum âcre, Joubarbe), tiennent en réserve une grande quantité d'eau, indispensable à l'alimentation du végétal tout entier.

Substances de réserve. — On pourrait ainsi multiplier les exemples des substances que la plante est susceptible de mettre en réserve. Nous ne retiendrons que les plus importants par leur généralité pour en faire l'étude rapide.

Les Sucres. — Parmi les substances que le corps de la plante peut mettre en réserve, il faut citer en premier lieu les sucres dont nous avons étudié les principaux types ainsi que les produits qu'ils donnent par interversion (p. 80).

Quand c'est sous forme de glucose que la matière sucrée est mise en réserve dans la plante, il n'y a pas lieu de se demander quelle modification subit le sucre pour être utilisé, puisqu'il est directement assimilable. Examinons seulement le cas où la réserve sucrée appartient au groupe des saccharoses. Si on étudie alors le contenu des cellules de l'organe qui a emmagasiné les réserves, de la racine de Betterave, par exemple, au moment de la digestion de ces réserves, on observe que le saccharose se transforme progressivement en glucose. On peut, d'autre part, extraire du suc cellulaire et isoler, en quantité notable, une substance azotée, soluble dans l'eau, insoluble dans l'alcool (ce qui permet de la préparer en la précipitant de sa dissolution aqueuse) et qui jouit de cette propriété qu'un poids très faible de sa substance peut transformer en glucose ou, en d'autres termes, *intervertir* une quantité considérable de saccharose. Ce sont là les caractères généraux des *ferments solubles* ou *diastases*. Celle-ci, jouissant de la faculté d'intervertir le sucre de saccharose, a reçu le nom d'*invertine* ou sucrase.

Nous dirons donc que le saccharose est une substance de réserve qui, par l'action de l'invertine ou sucrase, se transforme en glucose, sucre directement assimilable.

L'Amidon. — L'Amidon, que nous avons précédemment étudié avec détail (p. 70), est une substance de réserve extrêmement répandue chez les végétaux. Il nous reste à dire ici par quel mécanisme la plante épuise, au fur et à mesure de ses besoins, sa réserve d'amidon.

On a reconnu que l'amidon, soumis à l'action des acides ou de la potasse étendus, devient soluble, puis subit une série de dédoublements accompagnés d'hydratation qui ont pour effet de l'amener progressivement à l'état de sucre de glucose.

Une molécule d'amidon subit un premier dédoublement. Elle fixe une molécule d'eau et élimine d'une part une molécule de sucre de *maltose* ($C^{12}H^{22}O^{11}$), tandis qu'elle se transforme d'autre part en une molécule d'une variété de dextrine qui se colore en jaune par l'iode et qu'on appelle *amylodextrine*.

Si l'action de l'acide ou de la potasse se continue, la molécule d'amylodextrine se dédouble à son tour, éliminant d'une part une nouvelle molécule de maltose, tandis qu'elle se réduit à l'état d'*érythrodextrine*, qui se colore en rouge par l'iode.

Puis l'érythrodextrine subit un dédoublement analogue et fournit une molécule d'*achroodextrine*, ne se colorant pas sous l'action de l'iode, avec élimination d'une molécule de maltose.

L'achroodextrine se dédouble encore une fois en fournissant une molécule de *dextrine* proprement dite et une molécule de maltose.

Enfin la dextrine subit une dernière hydratation et se transforme elle-même en maltose.

En définitive, la molécule d'amidon tout entière se trouve ainsi remplacée par des molécules de maltose.

La dernière réaction (transformation de la dextrine en maltose) pourrait être exprimée par la formule suivante :

$$(C^6H^{10}O^5)^2 + H^2O = C^{12}H^{22}O^{11}.$$
$$\text{Dextrine.} \qquad\qquad \text{Maltose.}$$

En partant de là pour remonter la série des réactions qui précèdent, on pourrait rétablir ainsi qu'il suit les formules qui les expriment :

$$(C^6H^{10}O^5)^{10} + H^2O = (C^6H^{10}O^5)^8 + C^{12}H^{22}O^{11}.$$
$$\text{Amidon.} \qquad\qquad \text{Amylodextrine.} \quad \text{Maltose.}$$

$$(C^6H^{10}O^5)^8 + H^2O = (C^6H^{10}O^5)^6 + C^{12}H^{22}O^{11}.$$
$$\text{Amylodextrine.} \qquad \text{Erythrodextrine.} \quad \text{Maltose.}$$

$$(C^6H^{10}O^5)^6 + H^2O = (C^6H^{10}O^5)^4 + C^{12}H^{22}O^{11}.$$
$$\text{Erythrodextrine.} \qquad \text{Achroodextrine.} \quad \text{Maltose.}$$

$$(C^6H^{10}O^5)^4 + H^2O = (C^6H^{10}O^5)^2 + C^{12}H^{22}O^{11}.$$
$$\text{Achroodextrine.} \qquad \text{Dextrine.} \qquad \text{Maltose.}$$

C'est par l'étude de cette série de réactions, dites réactions de Musculus, qu'on peut essayer de déterminer avec quelque chance de succès la formule théorique de l'amidon.

Que devient ensuite le sucre de maltose qui a remplacé

l'amidon? Il subit, à son tour, l'action de l'acide ou de la potasse étendus, et, par le phénomène de l'interversion, chaque molécule de maltose fournit une molécule de sucre de glucose et une molécule de lévulose, l'un et l'autre solubles et assimilables, d'après la formule :

$$C^{12}H^{22}O^{11} + H^2O = C^6H^{12}O^6 + C^6H^{12}O^6.$$

Nous connaissons le mécanisme de la destruction de l'amidon sous l'action des acides ou de la potasse étendue, telle qu'on peut la réaliser dans les laboratoires. Est-ce ainsi que les choses se passent dans l'organisme vivant?

Pour répondre à cette question, étudions le contenu d'un tubercule de Pomme de terre au moment de sa germination.

Les grains d'amidon qui bourraient les cellules du tubercule présentent une surface irrégulière et portent la trace d'une corrosion active. Plus tard, leur volume diminue de plus en plus ; enfin ils disparaissent complètement, entièrement dissous dans le suc cellulaire. Si d'autre part on recueille ce dernier, on peut s'assurer de sa richesse en glucose et on reconnaît en même temps qu'il possède une réaction acide. Mais cette acidité ne paraît pas suffisante pour expliquer, à elle seule, la transformation totale de l'amidon en sucre de glucose, par un mécanisme identique à celui que révèlent les expériences précédentes. Or, on peut extraire de ce suc cellulaire et isoler, en quantité notable, une diastase qui a été une des premières connues et étudiées, et qui a reçu le nom spécial d'*amylase*. On peut, avec l'amylase, réaliser dans le laboratoire toutes les réactions de Musculus jusqu'à la formation de la dextrine proprement dite ; mais la diastase ne paraît pas capable de pousser plus loin son action. Que se passe-t-il ensuite? Comment la dextrine est-elle transformée en maltose? Comment le maltose est-il transformé à son tour en glucose? Il semble que d'autres diastases interviennent pour compléter l'action de l'amylase ; on a décrit, sous le nom de *dextrinase*, une autre diastase, qui produirait la transformation de dextrine en maltose, et sous le nom de *maltase* une troisième diastase dont l'effet serait de faire passer le maltose à l'état de glucose assimilable.

Mais il peut sans doute se faire aussi que la dextrine qui résulte de la digestion de l'amidon, étant soluble et diffusible, passe, sans subir immédiatement aucune transformation nouvelle, de cellule en cellule, pour aller reconstituer, sur d'autres points de l'organisme, de nouvelles réserves d'amidon.

La mise en réserve des substances hydrocarbonées, sous forme de sucre ou d'amidon, est d'ailleurs soumise assez étroitement aux conditions extérieures : Molliard a montré, dans une série de cultures aseptiques de Radis, qu'on peut à partir des mêmes graines, en variant convenablement le mode de nutrition, obtenir à volonté soit des radis normaux à réserve sucrée, soit des radis à réserve amylacée.

Autres exemples. — On peut encore citer, parmi les substances de réserve, les corps gras qui sont inclus dans le protoplasme des cellules sous forme de gouttelettes. C'est encore sous l'action de diastases spéciales, *lipase* ou *saponase*, que les corps gras sont portés de l'état de réserves nutritives à celui de substances assimilables, par des phénomènes d'émulsion ou de saponification. C'est, du reste, la conclusion générale à laquelle conduit l'étude des réserves végétales : toutes les fois que ces réserves sont utilisées par la plante pour la formation d'organes ou d'éléments nouveaux, elles sont digérées par des diastases spéciales dont chacune correspond à une espèce chimique distincte ; ces diastases sont tout à fait analogues, sinon identiques, à celles qui agissent sur les aliments introduits dans le tube digestif des animaux supérieurs.

Caractère général de la fonction de réserve. — Dans l'étude qui précède, nous n'avons examiné que des cas où la formation des réserves retentit avec la dernière évidence sur la forme, la structure et la fonction de l'organe dans lequel ces réserves se sont accumulées : cet organe passe toujours tout entier à l'état de vie ralentie. Mais on peut encore observer des réserves moins durables, qui s'accu-

CARACTÈRE GÉNÉRAL DE LA FONCTION DE RÉSERVE.

mulent aussi en quantité moins considérable dans l'organe qu'elles envahissent et qui n'en altèrent sensiblement ni la forme extérieure, ni la structure, ni les fonctions.

Laissons, par exemple, séjourner pendant de longues heures à l'obscurité un pied d'Elodéa ou de Funaire, dont les cellules foliaires sont bourrées de corps chlorophylliens (*fig.* 272). Examinées au sortir de l'obscurité, ces cellules se montrent entièrement dépourvues de toute production amylacée. Exposons alors la plante à une lumière vive pendant un temps relativement court, de dix minutes à une heure, par exemple, et reprenons ensuite l'étude microscopique des cellules foliaires; nous observerons que les corps chlorophylliens renferment un grand nombre de petits grains d'amidon, colorables en bleu par les réactifs iodés. Sous l'action d'une vive lumière, la

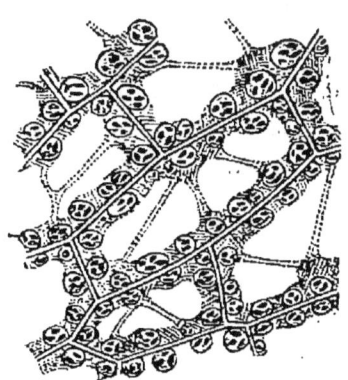

Fig. 272. — Quelques cellules de la feuille de *Funaria hygrometrica*, bourrées de corps chlorophylliens, qui renferment des grains d'amidon, marqués de noir.

feuille a assimilé fortement le carbone. Sous quelle forme ce carbone est-il d'abord entré en combinaison? On ne le sait pas d'une façon très certaine. Des raisons théoriques portent toutefois à penser que ce serait à l'état d'aldéhyde méthylique, qui, par un phénomène de polymérisation, ne tarderait pas à se transformer en sucre de glucose. C'est ce glucose qui, accumulé en excès dans les cellules de la feuille, y serait mis en réserve sous forme d'amidon, sur le lieu même de sa production. L'amidon se manifesterait ainsi comme la première substance de réserve que la plante verte puisse constituer à partir de l'assimilation chlorophyllienne.

Replaçons à l'obscurité la plante gorgée d'amidon : l'assimilation du carbone est suspendue; la plante se nourrit alors aux dépens de ses réserves, et l'amidon ne tarde pas à disparaître des corps chlorophylliens.

Cette observation nous conduit à la connaissance d'une méthode générale qui permet de déterminer, dans chaque cas particulier, si une substance trouvée à l'intérieur des cellules végétales doit être considérée comme constituant une réserve pour la plante : si, après avoir placé la plante à l'obscurité, on observe la disparition de cette substance, elle doit être considérée comme constituant une réserve ; si elle persiste, elle peut être considérée comme nuisible ou, tout au moins, indifférente au développement de la plante.

Existe-t-il en réalité de telles substances? Telle est la question qui doit nous occuper maintenant.

§ 8. — La sécrétion.

En même temps que s'accomplit, dans chaque cellule de la plante, soit aux dépens de l'aliment qui provient directement de l'extérieur, soit aux dépens des réserves précédemment accumulées, le travail élémentaire de l'*assimilation*, le protoplasme élabore aussi des substances de rebut qu'il doit éliminer : c'est le travail de la *désassimilation*. On désigne du nom de *sécrétion* la fonction par laquelle la plante accumule ces substances de rebut dans des organes spéciaux, dont l'ensemble constitue l'*appareil sécréteur*. On voit que, dans le langage botanique, le terme de sécrétion reçoit un sens plus restreint que dans celui de la zoologie : on le réserve exclusivement au phénomène que la physiologie animale désigne du nom spécial d'excrétion.

Produits de sécrétion. — Quels sont les principaux produits de sécrétion qu'on peut rencontrer dans le corps des plantes?

Il y a d'abord des sels organiques, tels que l'oxalate de calcium, qu'on trouve assez répandu chez un grand nombre de végétaux (voy. plus haut p. 78); les essences, ou huiles essentielles, ainsi que leurs produits d'oxydation, résines et oléorésines, dont nous avons précédemment parlé (p. 78). Parfois ces substances sont sécrétées directement par la plante, à un état de pureté presque parfait : telles sont la résine d'aloès, qui est une résine presque pure, et la térébenthine des Conifères, qui est une oléorésine dont la distillation fournit l'essence de térébenthine avec un résidu de résine dénommé colophane.

Les *gommes*, les *alcalis organiques* (morphine, codéine, etc.), constituent aussi pour la plante des éléments de rebut.

Enfin les *latex*, liquides dont la consistance rappelle celle du lait et qui, comme nous l'avons vu, sont contenus dans les appareils spéciaux dits *laticifères*, sont riches en produits de sécrétion. Ces liquides sont des émulsions; ils tiennent en suspension des gouttelettes microscopiques appartenant aux substances les plus diverses. Certains latex ont une couleur blanche, comme celui que contiennent les tiges et les feuilles d'Euphorbe; d'autres ont une couleur jaune, comme celui de la Chélidoine, ou même rouge, comme celui de la Sanguinaire.

Le latex des plantes à caoutchouc est l'un des plus importants à connaître. C'est un liquide blanc, formé d'un sérum incolore tenant en suspension des globules d'une substance souple, extensible et élastique qui est le *caoutchouc*. Le caoutchouc est un hydrocarbure ($C^{10}H^{16}$) mélangé à un dérivé oxygéné de ce même carbure; il est soluble dans le sulfure de carbone, l'éther, la benzine, etc.; sa densité varie, selon l'espèce végétale qui l'a fourni, de 0,91 à 0,97; il est imperméable à l'eau, mauvais conducteur de la chaleur et de l'électricité. Uni, par la fusion, à du soufre, il devient le *caoutchouc vulcanisé*, qui est beaucoup plus longtemps élastique et inaltérable que le caoutchouc.

Les plantes à caoutchouc industriellement exploitées appartiennent exclusivement à quatre familles étrangères, comme le montre le tableau suivant :

Euphorbiacées.	*Hevea brasiliensis* (Brésil). *Euphorbia Intisy* (Madagascar).
Urticacées...	*Castilloa elastica* (Amérique tropicale). *Ficus elastica*, etc. (Asie).
Asclépiadées..	*Cryptostegia* (Madagascar).
Apocynées...	*Hancornia* (Brésil). *Landolphia* (Afrique). *Parameria* (Indo-Chine).

Le latex, recueilli par incision du tronc, est coagulé soit par l'enfumage, soit par l'ébullition, soit mieux encore par barattage ou centrifugation à température un peu élevée; les agglomérats ainsi obtenus sont expédiés en Europe, où ils constituent le caoutchouc commercial.

§ 9. — Les phénomènes de mouvement chez les plantes.

Mouvements dus à la croissance. — A propos de la racine, de la tige, de la feuille, nous avons eu l'occasion d'étudier, à plusieurs reprises, des phénomènes de croissance, et nous avons pu remarquer qu'ils s'accompagnent parfois de phénomènes de mouvement.

Nutation. — C'est ainsi que la feuille, jeune et imparfaitement développée, est repliée dans le bourgeon, de manière à recouvrir et à protéger le sommet de la tige qui la porte. A mesure qu'elle poursuit son développement, elle tend à s'écarter de cette position initiale : elle se déploie de manière à prendre une position perpendiculaire à celle de la tige; elle peut même arriver à se recourber en sens inverse du sens primitif. La feuille décrit donc, au cours de son développement, une sorte de trajectoire : elle est le siège d'un phénomène de mouvement, qu'on désigne du nom de *nutation*. Ce phénomène est particulièrement net chez les Fougères, dont la feuille est enroulée en crosse dans le jeune âge et se déroule peu à peu.

Circumnutation. — Quand on suit de près les positions successives que prend le sommet d'une tige en voie de développement, et qu'on arrive à en fixer les projections sur un plan, on reconnaît que ce sommet décrit dans l'espace une série de courbes fermées comparables à des ellipses. Comme le sommet de la tige s'élève en même temps dans l'air, on peut en conclure qu'il décrit en réalité une courbe dont la forme générale rappelle celle d'une hélice. A ce mouvement du sommet de la tige dans l'air on a donné le nom de *circumnutation*. On en a trouvé la cause dans une inégalité de l'allongement de la tige suivant les diverses génératrices de sa surface : on comprend aisément que, si la tige s'accroît plus faiblement suivant une de ses génératrices que suivant toutes les autres, sa surface doit prendre, le long de cette génératrice, une forme concave; si le minimum d'allongement se déplace régulièrement le long des génératrices successives, on comprend aussi que la déformation de la tige se déplace en même temps que lui et que le sommet de l'organe décrive dans l'espace une courbe assez analogue à une hélice.

Tiges volubiles. —Difficile à observer dans la plupart

Fig. 273. — Tiges volubiles : A, Liseron ; B, Houblon.

des tiges et nécessitant des mesures précises, la circumnutation se manifeste beaucoup plus nettement chez certaines espèces qui ne possèdent pas par elles-mêmes la faculté de dresser leurs tiges verticalement dans l'air et qui s'enroulent autour des supports qu'elles rencontrent. On donne à ces tiges le nom de *tiges volubiles* (*fig.* 273). Celle du Liseron, par exemple, s'enroule autour de son support, de telle sorte qu'un observateur qui l'examine de l'extérieur la voit monter de gauche à droite dans ses parties qui passent en avant du support : cette disposition est la plus répandue. On dit encore qu'une telle tige, qu'on suppose vue d'en haut, s'enroule en sens inverse des aiguilles d'une montre. La tige du Houblon s'enroule en sens contraire : dans les parties où elle chemine en avant du support, l'observateur la voit monter de droite à gauche : vue d'en haut, elle paraît s'enrouler dans le même sens que les aiguilles d'une montre. Si on étudie une semblable tige avant qu'elle n'ait rencontré le support auquel elle va se fixer, on observe que son sommet est le siège d'un mouvement très net et très ample de circumnutation ; ce mouvement lui permet d'explorer en quelque sorte l'air qui l'entoure comme pour y chercher un point d'appui ; ce n'est qu'après avoir rencontré un support que la tige transforme son mouvement de circumnutation en un mouvement d'enroulement.

Géotropisme. — La nutation des feuilles, la circumnutation des tiges, sont des manifestations très nettes du mouvement que peut imprimer la croissance à certaines parties de la plante. Mais, à regarder les choses de près, ne voit-on pas que la croissance s'accompagne de mouvements beaucoup plus généraux, dont l'étude doit nous arrêter maintenant ?

Nous savons déjà que la racine principale de toute plante vasculaire prend normalement à l'intérieur du sol une direction verticale et de haut en bas : en même temps la tige principale prend dans l'air une direction opposée : la direction propre à chacun de ces deux organes fournit un des termes de sa définition. A quelles causes doit-on l'attribuer ? On peut être tenté d'admettre que si la racine s'enfonce verticalement en terre, c'est pour y chercher l'humidité et l'obscurité. Peut-être ces deux causes ont-elles effective-

GÉOTROPISME.

ment quelque influence sur la direction prise par la racine : c'est ce que nous aurons l'occasion d'examiner tout à l'heure. Mais il est une autre cause qui est certainement beaucoup plus efficace : cette cause est l'action de la pesanteur.

Emplissons de terreau un pot à fleurs; semons à sa surface quelques graines; renversons ensuite ce vase et suspendons-le après avoir pris la précaution de disposer à sa surface un tamis destiné à retenir le terreau (*fig.* 274). Nous ne tarderons pas à voir les racines issues des graines descendre verticalement dans l'air; en même temps les jeunes tiges s'enfoncent dans le terreau. Bientôt, il est vrai, les plantes, soumises à ces conditions anormales de végétation, se flétrissent et meurent. Il n'en reste pas moins établi que les racines ont fui l'obscurité et l'humidité du terreau pour prendre une direction qui n'est autre que celle de la pesanteur.

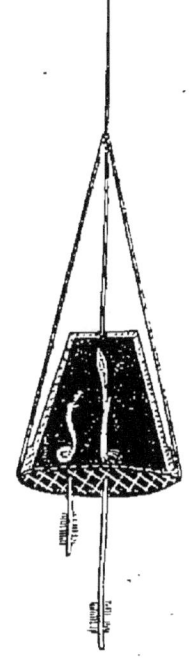

Fig. 274. — Expérience dite « du pot renversé ».

A cette expérience, déjà très démonstrative, on peut ajouter celles qui ont été imaginées par Knight, puis reprises et perfectionnées par Sachs (*fig.* 275 et 276).

Une roue est disposée dans un plan vertical. Par son centre passe un axe autour duquel un mécanisme d'horlogerie permet de la faire tourner d'un mouvement uniforme. Sur le pourtour de cette roue on fixe, dans de petits vases renfermant un milieu favorable à leur développement, des graines en voie de germination. Ceci fait, on imprime à la roue un mouvement de rotation lente autour de son axe (*fig.* 275, A). Admettons, pour un instant, l'influence de la pesanteur sur la direction que prend normalement la racine ou la tige. Il est évident que, par ce procédé, on répartit également l'action de la pesanteur sur chaque racine entre toutes les directions du plan de la roue : cela revient à dire qu'on en égalise les effets. Les racines et les tiges doivent conserver, dans ces conditions, les directions quelconques qu'elles avaient au début de l'expérience; c'est ce qu'on observe effectivement, d'où l'on peut conclure, *a posteriori*, que notre hypothèse est légitime.

Modifions l'expérience précédente, en accélérant la vitesse de rotation de la roue (*fig.* 275, B). Le raisonnement que

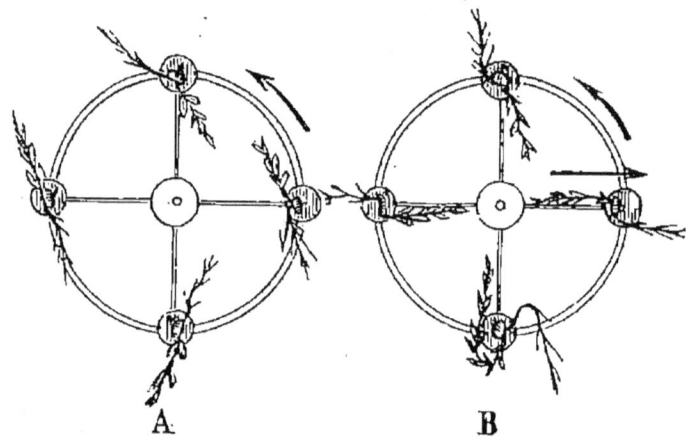

Fig. 275. — Expérience de Knight. — Une roue verticale tourne autour de son axe, lentement en A, rapidement en B.

nous venons de faire est encore applicable : l'action directrice de la pesanteur sur la racine ou la tige est encore annulée. Mais en même temps la rotation développe, en chacun des points de la circonférence, une force particulière, la force centrifuge, qui aurait pour effet, si ce point n'était pas invariablement fixé à la roue, de l'éloigner du centre de rotation suivant la direction du rayon. Or, cette force centrifuge est de même nature que la pesanteur, et, si cette dernière exerce une action directrice sur l'axe de la plante, il doit en être de même de la force centrifuge. On doit donc voir les racines se diriger suivant les rayons de la circonférence, en dehors de la roue, et, au contraire, les tiges converger vers le centre de rotation. C'est ce qu'on observe effectivement, et cette observation vient apporter un argument nouveau à la théorie qui précède.

On peut encore donner une troisième forme à l'expérience

de Knight, en disposant la roue dans un plan horizontal : son axe de rotation (XY) est alors vertical (*fig.* 276). Si la vitesse de rotation est faible, on voit toutes les racines se diriger verticalement dans le sens de la pesanteur; ici, en effet, l'action de la pesanteur s'exerce sur les racines dans une direction constante et la vitesse de rotation est trop faible pour développer une force centrifuge. Si on augmente sensiblement la vitesse de rotation, à la pesanteur s'ajoute la force centrifuge. Chacune des racines en voie de développement (R) est donc soumise à l'action simultanée de deux forces (AB et AC) dont la résultante est représentée, en grandeur et en direction, par la diagonale (AD) du parallélogramme construit sur ces forces. C'est suivant cette diagonale que doit se diriger la racine. Pour la même raison, c'est suivant le prolongement de cette diagonale et en se rapprochant de l'axe que doit s'allonger la tige (T). Ici encore l'observation vient confirmer l'hypothèse : la racine et la tige de chacune des plantes en voie de développement prennent une direction oblique. Si l'expérience se poursuit assez longtemps, elle ne tarde pas à fournir un résultat plus curieux encore et plus démonstratif. A mesure que la racine s'allonge, son sommet s'éloigne de l'axe de rotation. L'action que la pesanteur exerce sur lui reste constante. Mais il n'en est pas de même de la force centrifuge : elle est d'autant plus intense que le sommet de la racine s'éloigne davantage de l'axe et que sa vitesse de rotation est plus considérable. La résultante des deux forces, et, avec elle, la direction prise par la racine, tend donc à se rapprocher de l'horizontale. D'autre part, le sommet de la tige se rapproche de plus en plus de l'axe de rotation, et, par suite, la valeur de la force centrifuge qui s'exerce sur lui diminue progres-

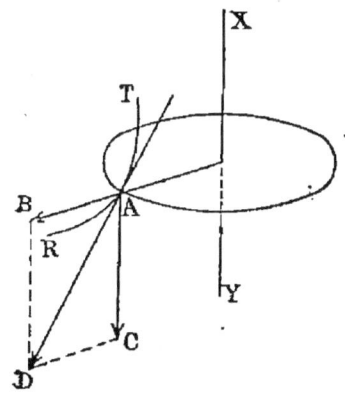

Fig. 276. — Autre expérience de Knight (schéma).

sivement. Comme l'intensité de la pesanteur demeure constante, la résultante des deux forces et, par suite, la direction de la tige tend à se rapprocher de la verticale. Ainsi l'axe de la plante, dans son ensemble, tend à prendre une forme courbe, tout à fait remarquable.

De ces expériences nous pouvons conclure que la pesanteur, en dehors de l'action commune qu'elle a sur tous les corps pondérables situés à la surface du globe et qui se traduit précisément par leur poids, exerce encore sur la racine et sur la tige des plantes une action directrice qui leur est spéciale. Pour résumer en quelques mots le mode d'action de la pesanteur sur la racine et sur la tige, on dit que ces organes sont affectés de *géotropisme* (« orientation vers la terre ») : comme le géotropisme de la racine a pour effet de lui imprimer la direction même de la pesanteur, on dit que c'est un *géotropisme positif;* la tige prenant, sous la même influence, une direction opposée à celle de la pesanteur, son *géotropisme* est *négatif*.

On peut analyser de plus près le mécanisme de l'action directrice exercée par la pesanteur. Portons, pour cela, plus spécialement notre attention sur la racine. Soient deux racines de Fève, arrivées au même état de développement et aussi comparables que possible; marquons exactement sur chacune d'elles les limites de la région de croissance, située, comme nous le savons, au voisinage de la coiffe, et mesurons aussi rigoureusement que possible sa longueur. Disposons une des deux racines verticalement et dans sa direction normale; disposons la seconde horizontalement, mais de manière à donner à sa région de croissance toute la liberté nécessaire pour lui permettre de se fléchir (*fig.* 277).

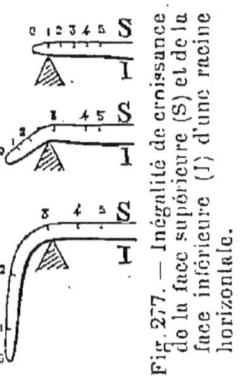

Fig. 277. — Inégalité de croissance de la face supérieure (S) et de la face inférieure (I) d'une racine horizontale.

Laissons croître les deux racines pendant des temps égaux; puis mesurons de nouveau, sur chacune d'elles, la distance qui sépare les limites de la région de croissance. Le premier fait qui nous frappera sera la flexion éprouvée par la racine horizontale dans sa région de croissance : elle se sera courbée de manière à donner à son extrémité une direction verticale et de haut en bas. Supposons, — pour prendre un exemple numérique, résultat d'une expérience authentique, — que la région de croissance dans la racine verticale se soit allongée de 24 millimètres; la face supérieure de la racine horizontale se sera allongée de 28 millimètres et sa face inférieure de 15 millimètres seulement. La croissance aura donc été augmentée sur la face supérieure, diminuée sur la face inférieure, et plus diminuée sur celle-ci qu'elle n'aura été augmentée sur celle-là.

En d'autres termes, c'est par une modification apportée à la croissance longitudinale de la racine que la pesanteur imprime à cet organe la direction verticale qui la caractérise généralement. Au terme de *géotropisme*, qui correspond à l'effet produit, il convient d'ajouter celui de *géauxisme* (« accroissement par la terre »), qui exprime le mécanisme employé pour le produire.

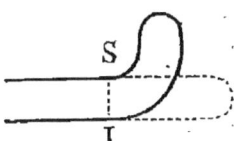

Fig. 278. — Inégalité de croissance de la face supérieure (S) et de la face inférieure (I) d'une tige horizontale.

Czapek a montré que la zone irritable sous l'action de la pesanteur est localisée très près de l'extrémité de la racine : si on supprime cette extrémité ou si on la maintient verticale, la courbure géotropique de la racine ne se produit plus.

L'action modificatrice de la pesanteur sur la croissance s'exerce en sens inverse pour la tige (*fig.* 278).

Le phénomène géotropique ne se manifeste pas aussitôt après l'action de la cause susceptible de le produire. Supposons, par exemple, qu'une racine en voie de croissance ait été disposée horizontalement pendant un temps appréciable, mais cependant trop court pour qu'on ait vu se manifester une flexion, et imaginons qu'on replace à ce moment l'organe dans sa position normale. Il semble que, la pesanteur exerçant dès lors également son action sur toutes ses faces, la racine devrait continuer à s'allonger verticalement. Il n'en est rien. On voit bientôt se produire, dans la région de croissance, une fiexion qui est la conséquence tardive de l'inégalité des actions que la pesanteur avait exercées sur les deux faces de la racine horizontale. C'est ce qu'on exprime en disant que le géotropisme est un phénomène d'*induction*. Il y a un *temps de présentation*, pendant lequel l'organe doit subir l'action de la pesanteur et dont on a pu déterminer la valeur minima, et un *temps de latence* ou *de mémoire*, après lequel la réaction se produit.

L'intensité de la courbure, de même que le temps de latence, varie avec la température : c'est à 30°, par exemple, que l'effet est maximum pour la racine de Lupin et que le temps de latence est minimum.

Ces phénomènes de géotropisme ont été comparés à un réflexe nerveux, qui s'effectuerait sans l'intermédiaire d'aucun appareil différencié. Haberlandt a émis, à ce sujet, la théorie dite *théorie statolithique* du géotropisme. Selon lui, l'accroissement d'où dérive la courbure serait dû à l'excitation provoquée, à la partie inférieure des cellules, par la chute des particules les plus lourdes du contenu cellulaire. Ces particules, dénommées *statolithes*, seraient le plus souvent des grains d'amidon d'une nature particulière. Effectivement, on trouve des statolithes dans les organes géotropiques, et non dans les organes non géotropiques; dans les tiges de Graminées, où le géotropisme est si marqué à l'endroit des nœuds, on ne trouve de statolithes que dans ceux-ci et nulle part dans les entre-nœuds; une température de 38° fait disparaître le géotropisme, ce qui coïncide avec la dissolution des grains d'amidon ; enfin la durée de chute des statolithes, toujours considérable puisqu'il s'agit de particules très petites au sein d'un liquide de densité à peine différente, permet de comprendre l'existence d'un temps de présentation, lequel ne saurait descendre au-dessous d'un certain minimum.

Le géotropisme est moins marqué dans les ramifications que dans l'axe principal. C'est ainsi que les radicelles de premier ordre, nées sur la racine principale, forment avec la direction de celle-ci, qui est la même que celle de la pesanteur, un angle sensiblement constant dans chaque espèce végétale : détournées de leur direction normale, elles s'incurvent de manière à la reprendre. Quant aux radicelles de second ordre et à leurs ramifications successives, les directions qu'elles prennent à l'intérieur du sol paraissent absolument quelconques et indépendantes de l'action de la pesanteur. Si on vient à couper la racine principale, une radicelle de premier ordre, voisine de la section, s'incurve de manière à prendre une direction verticale : elle usurpe, en quelque sorte, le géotropisme de la racine principale.

On peut observer de même sur bien des tiges, et en particulier sur celles de certaines Conifères, comme les Epicéas, que les branches de premier ordre font avec la tige principale un angle à peu près constant, qui leur imprime une direction oblique et donne à toute la partie aérienne de la plante une architecture très régulière. Qu'un accident vienne briser le sommet ou *flèche* de la tige principale, ou bien qu'on le sectionne artificiellement : bientôt une branche de premier ordre, encore en voie de croissance, s'infléchit et se substitue à la flèche en usurpant sa direction verticale.

Les feuilles ont généralement une direction à peu près horizontale, ce qui pourrait porter à croire qu'elles échappent à l'action de la pesanteur. Il est facile de s'assurer, au contraire, qu'elles lui sont soumises. Quand une branche de Ronce s'infléchit vers la terre pour s'y enraciner par son extrémité, les pétioles des feuilles que porte cette branche éprouvent, vers leur base, une flexion qui les redresse; en même temps, le pétiole secondaire qui supporte chaque foliole d'une feuille éprouve autour de sa base une torsion qui a pour effet de rendre à la foliole son orientation naturelle : la face morphologiquement inférieure, terne et chargée de stomates, se trouve ainsi tournée vers le sol. Le même phénomène s'observe aussi dans d'autres plantes dont les feuilles sont simples; c'est alors le pétiole principal qui, par sa seule torsion, restitue à la feuille son orientation normale. On pourrait être tenté, il est vrai, d'attribuer à d'autres influences que celle de la pesanteur, par exemple à l'influence de l'éclairement, le redressement des feuilles dans ces divers cas; mais il suffit de répéter dans l'obscurité l'expérience que suggèrent ces observations pour s'assurer que le redressement des feuilles s'y produit aussi bien qu'à la lumière. D'autre part, le phénomène ne se produit pas quand la plante en expérience est soustraite à l'action de la pesanteur par l'artifice de Knight. Il faut donc bien admettre que la pesanteur exerce une action propre sur la direction que prend normalement la feuille: en d'autres termes, celle-ci, comme la racine et la tige, possède un géotropisme particulier; mais l'influence de la pesanteur, au lieu de lui imprimer une direction verticale, tend plutôt à placer son limbe dans une position voisine de l'horizontale.

Quelle peut être l'utilité du géotropisme pour la plante? On le comprend aisément en ce qui concerne la racine : elle force cet organe à pénétrer dans le sol et contribue ainsi à assurer, en même temps que la fixation de la plante, l'absorption des substances nutritives nécessaires à son alimentation. Le géotropisme négatif de la tige a pour effet de porter dans l'air les organes les plus essentiels aux échanges gazeux, les feuilles, en même temps que leur géotropisme propre donne à chacune d'elles la direction qui convient le mieux à l'utilisation des radiations qu'elle reçoit et qui sont nécessaires à certains de ces échanges.

Phototropisme. — La pesanteur n'est pas la seule force qui exerce son influence sur les phénomènes de croissance. Parmi les facteurs nombreux qui contribuent encore à modifier celle-ci, il faut placer au premier rang la radiation. Pour simplifier l'étude de cette influence nouvelle, nous ne considérerons que les radiations qui agissent sur notre rétine, les radiations visibles ou lumineuses.

Chacun a pu observer qu'une plante qui expose à la lumière une seule de ses faces, par exemple une plante placée dans une pièce éclairée latéralement par une étroite ouverture, ne tarde pas à courber ses tiges jeunes de manière à les porter vers la lumière (*fig.* 279). On peut donner à cette simple observation une forme plus démonstrative en disposant des plantes jeunes, par exemple quelques pieds de Fève en pot, sous une caisse en bois noircie intérieurement et ouverte seulement sur une de ses faces : les tiges ne tardent pas à se fléchir dans leurs régions de croissance, à quelque distance du sommet, et se portent toutes vers l'ouverture, qu'elles finissent par franchir. Ainsi un éclairement unilatéral par la lumière diffuse a pour effet ordinaire de fléchir la tige en voie de croissance : elle se porte vers la lumière. C'est ce qu'on exprime en disant que la tige possède un *phototropisme positif*.

Fig. 279. — Quelques pieds de Pois se courbant vers la lumière.

Il est, au contraire, d'autres organes qui, soumis à la même condition, s'infléchissent de manière à fuir la lumière. Ils manifestent un *phototropisme négatif*. Contrairement à ce qu'on pourrait croire, les racines souterraines, développées artificiellement dans l'air et soumises à un éclairement unilatéral, ne manifestent aucune flexion ; elles paraissent insensibles à la radiation. On voit par là que l'obscurité n'exerce pas d'action appréciable sur la direction que prendraient normalement ces racines. Au contraire, les racines normalement aériennes, comme les racines adventives des Lianes, des Orchidées épiphytes, etc., paraissent très sensibles à la radiation : elles fuient la lumière ; elles ont un phototropisme négatif.

Comme, dans les conditions naturelles, c'est la lumière solaire qui agit sur les plantes et contribue à infléchir leurs organes, on substitue fréquemment au terme de phototropisme celui d'*héliotropisme*.

Comment s'expliquer la flexion qu'un éclairement unilatéral produit chez un organe en voie de croissance ? Il faut savoir, avant tout, si la lumière est favorable ou contraire à la croissance de l'organe. Cette question a été surtout approfondie par Wiesner, qui l'a résolue à peu près complètement. Il est nécessaire, pour cela, de comparer la croissance de deux plantes aussi égales que possible, exposées l'une à la lumière, l'autre à l'obscurité pendant un temps suffisamment court pour que l'exposition à l'obscurité n'entraîne pas l'étiolement. Il faut, de plus, que la plante éclairée le soit également sur toutes ses faces, pour éviter les phénomènes de flexion que provoque un éclairement unilatéral. Pour ar-

Fig. 280.
Éclairement équilatéral d'une plante en voie de croissance (schéma).

river à ce résultat (*fig.* 280), on dispose la plante en expérience, dans son vase de culture (V), au centre (ω) d'un disque horizontal (D) susceptible de tourner autour de son axe d'un mouvement lent et uniforme; la source lumineuse (S), d'intensité constante (ce sera, par exemple, un bec de gaz équivalent à six bougies), est placée à une distance fixe du disque. Si on met en mouvement le mécanisme d'horlogerie qui détermine la rotation du disque, il est évident que tous les points de la surface de la plante reçoivent, dans des temps égaux, des quantités égales de lumière. Wiesner a ainsi constaté que, toutes choses égales d'ailleurs, la lumière retarde la croissance. Cette simple constatation permet de comprendre le mécanisme de la flexion que produit sur la tige un éclairement unilatéral : la face exposée à la lumière s'allonge moins que celle qui s'y trouve soustraite; la première devient concave, la seconde convexe. Ainsi le phototropisme se trouve, comme le géotropisme, expliqué par une modification que subit la croissance de la plante : le phototropisme positif de la tige tire sa raison de son *photauxisme retardateur*. Si on analyse d'un peu plus près ce phénomène de photauxisme, on observe que ce n'est pas sur le cloisonnement des méristèmes que la lumière exerce son action : ce cloisonnement ne perd rien de son intensité; c'est la croissance ultérieure des cellules provenant de ce cloisonnement qui se trouve notablement ralentie.

Des expériences de Rothert, sur de jeunes plantules d'avoine en voie de développement, ont montré que la région sensible au photauxisme est localisée à l'extrémité de la jeune feuille; on y voit naître d'abord la courbure, qui progresse ensuite vers le bas. Inversement, si on éclaire toute la plantule sauf l'extrémité sensible, aucune courbure ne se produit, même dans les parties plus âgées.

Le photauxisme varie avec l'intensité de la source lumineuse qui éclaire la plante. Pour apprécier ces variations (*fig.* 281), on place en un point fixe une source lumineuse (S) d'intensité constante et connue; puis, à des distances variables de cette source, on dispose des plantes de même espèce, aussi comparables que possible, portées par autant de disques horizontaux (D_1, D_2, D_3) susceptibles de tourner autour de leurs axes respectifs avec des vitesses égales et uniformes. Il est évident que, dans ces conditions, chaque plante recevra, dès l'instant où les disques seront mis en rotation, une quantité de lumière d'autant plus faible qu'elle sera plus éloignée de la source lumineuse : les lois de l'optique permettent de calculer rigoureusement la quantité relative de lumière que reçoit chacune d'elles. Après que l'expérience a duré un temps suffisant, on observe que le retard apporté par la lumière à la croissance augmente de-

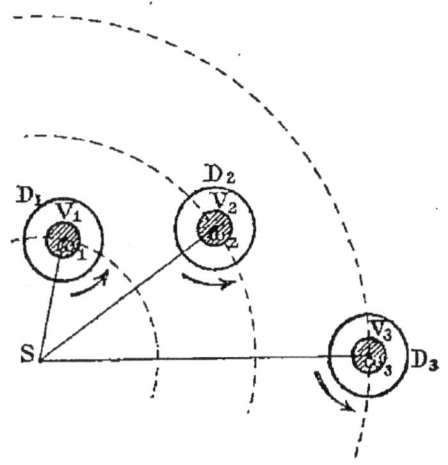

Fig. 281. — Plusieurs plantes en voie de croissance reçoivent des éclairements équilatéraux, mais d'intensités inégales (schéma).

26

puis la source lumineuse jusqu'à une certaine distance ; puis, quand la distance s'accroît davantage, le retard diminue, pour devenir nul quand la distance est suffisamment grande. Il faut donc admettre que l'effet retardateur de la radiation lumineuse passe par un maximum pour une certaine valeur moyenne de son intensité ; cette valeur paraît se rapprocher en général de celle qui correspond à la lumière solaire diffuse. Au-dessous et au-dessus de cette valeur optima, l'action retardatrice de la lumière est moins énergique : une lumière intense, telle que la lumière solaire directe concentrée à l'aide de lentilles, peut produire les mêmes effets que l'obscurité. De là, en revenant au cas de l'éclairement unilatéral, on peut conclure que, suivant l'intensité de la source lumineuse employée, la flexion éprouvée par la plante peut se manifester dans un sens ou dans l'autre : c'est ce que l'expérience vérifie et ce que le calcul permettrait de déterminer à l'avance, si on connaissait exactement, dans chaque cas, les données du problème, et, en particulier, la valeur de l'intensité lumineuse qui provoque dans la croissance un maximum de retard.

Les phénomènes de photauxisme et de phototropisme sont encore des phénomènes d'induction ; si on soumet une plante à un éclairement unilatéral pendant un temps trop court pour que la flexion se manifeste et qu'on l'expose ensuite, soit à l'obscurité, soit à un éclairement équilatéral, on voit bientôt la flexion se produire, bien que la cause qui l'a provoquée ait cessé d'agir : l'effet n'a pas suivi immédiatement la cause.

On peut se demander quelle est, pour la plante, l'utilité du retard que la lumière apporte à la croissance. On le comprendra, dans une certaine mesure, si on se rappelle les caractères que présente une plante développée à l'obscurité complète, une plante étiolée en un mot : les entre-nœuds de sa tige s'allongent outre mesure, ses feuilles se réduisent et ses éléments de soutien diminuent en nombre et en épaisseur. On peut donc admettre que, lorsque la plante est éclairée normalement, l'énergie que le retard imprimé à sa croissance lui permet de ne pas employer à agrandir ses éléments anatomiques, est utilisée pour donner à certains d'entre eux, dont elle épaissit et lignifie les membranes, plus de résistance et de rigidité. D'ailleurs, l'éclairement, étant généralement plus intense sur une face de la plante que sur toutes les autres, a pour effet, comme nous l'avons vu, d'infléchir l'axe de la plante suivant la direction même des rayons incidents, de manière à limiter, dès qu'il a commencé à se produire, l'effet retardateur de la lumière : on assiste, dans ce cas, à une sorte de régulation naturelle de la radiation par la radiation. De plus, cette orientation du corps de la plante sous l'influence de la lumière a pour effet de placer les limbes des feuilles perpendiculairement aux rayons incidents, et cette disposition favorise l'absorption par la chlorophylle des radiations nécessaires à l'assimilation du carbone.

Thermotropisme. — Les variations de la température ne sont pas sans action sur la croissance de la plante. Les limites de température entre lesquelles s'exerce cette action, varient pour chaque espèce. A partir de la température minima, toute augmentation de température accélère la croissance et cette accélération augmente progressivement jusqu'à la température optima ; puis elle diminue depuis celle-ci jusqu'à la température maxima.

Si les diverses faces d'un membre en voie de croissance, d'un rameau par exemple, sont exposées à des températures différentes, les inégalités d'allongement qui en résultent peuvent amener une flexion du membre, qui se porte vers la source de chaleur ou s'en éloigne : ce sont des phénomènes de *thermotropisme*.

Hydrotropisme. — L'action exercée par l'humidité sur la croissance n'est pas moins nette. Certains organes cherchent l'humidité : ils ont un *hydrotropisme positif*. D'autres la fuient : leur *hydrotropisme* est *négatif*. Si on suspend au plafond d'une salle, de manière à en disposer le fond obliquement, un tamis supportant des graines couvertes de mousse humide (*fig.* 282), on ne tarde pas à voir les jeunes racines, issues de la germination, descendre verticalement dans l'air par l'effet de leur géotropisme. Bientôt, grâce à l'obliquité du tamis, chaque racine se trouve inégalement exposée à l'humidité : la face voisine de la mousse humide y est fortement exposée, la face opposée est en contact avec un air relativement sec. Dans ces conditions, la racine se porte vers la région la plus humide ; elle infléchit sa pointe et la fait pénétrer dans la mousse. Puis, la racine étant également exposée sur toutes ses faces à l'humidité, le géotropisme reprend ses droits : la racine suit, de nouveau, une direction verticale et sort du tamis. Elle y rentre plus tard, puis en ressort de nouveau et ainsi chaque racine finit par décrire, à travers les mailles du tamis, une sorte de courbe sinueuse.

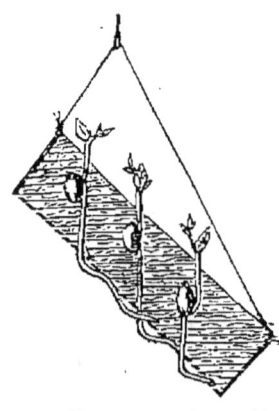

Fig. 282. — Expérience dite « du tamis incliné ».

Cette expérience met en évidence l'hydrotropisme positif de la racine. On peut se l'expliquer en admettant que l'humidité exerce une action retardatrice sur la croissance de cet organe. Dans les conditions naturelles, l'hydrotropisme vient ajouter son action à celle du géotropisme pour imprimer à la racine sa direction caractéristique. — La tige paraît posséder en général un hydrotropisme négatif : l'humidité exerce sur sa croissance un effet d'accélération.

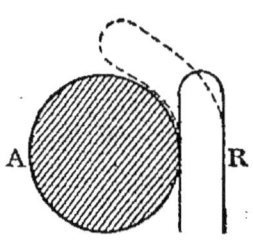

Fig. 283. — Flexion d'une racine (R) au contact d'un obstacle (A) (schéma).

Autres exemples. — Diverses expériences mettent aussi en évidence l'effet retardateur qu'exerce le contact d'un corps solide sur la croissance de quelques organes. Si on oppose (*fig.* 283) à la région de croissance d'une racine (R) un obstacle rigide (A), la surface de la racine devient concave sur la face en contact avec cet obstacle. Si le corps est cylindrique, la racine l'entoure et s'enroule autour de lui en décrivant une hélice ; s'il est aplati, si c'est par exemple une lame de verre, la racine s'applique étroitement contre lui et rampe à sa surface.

Ces phénomènes d'*haptotropisme* ou « tropisme de contact » sont particulièrement nets dans les vrilles et organes préhenseurs analogues, quelle qu'en soit la nature morphologique (racines prenantes de plantes épiphytes, tige de Cuscute, pétiole de Clématite, folioles de Vesce, etc.).

Mouvements d'organes ayant achevé leur croissance. — Les divers mouvements que nous venons de passer en revue (nutation, déplacements dus au géauxisme ou au photauxisme, etc.) sont la conséquence directe des phénomènes de croissance. Outre qu'ils se produisent généralement avec une extrême lenteur, leur origine s'oppose donc à ce qu'on puisse les comparer aux mouvements, provoqués ou spontanés, dont le corps des animaux est le siège. Mais parmi les facteurs qui exercent leur influence sur les phénomènes de croissance, il en est qui poursuivent leur action après que la croissance est achevée, quand l'organe est complètement développé. De ce nombre est la radiation lumineuse.

Phototactisme. — Les mouvements que provoque la lumière dans le corps des plantes peuvent se présenter sous deux formes différentes, suivant que le protoplasme est nu ou enveloppé d'une membrane de cellulose.

Les corps protoplasmiques nus éprouvent, sous l'action de la lumière, des déplacements d'ensemble. Si on dirige une lumière diffuse, d'une intensité moyenne, sur un récipient en verre contenant des cellules de Diatomées, des filaments d'Oscillaires, des zoospores d'Algues, on voit en général ces corpuscules microscopiques se déplacer dans l'eau, en suivant une marche compliquée, de manière à se rapprocher de la source lumineuse. Si on augmente artificiellement l'intensité de celle-ci, on voit s'arrêter les mouvements des corps protoplasmiques; puis le mouvement se manifeste en sens inverse : les corps protoplasmiques fuient la lumière. Il faut conclure de là que les corps protoplasmiques libres réagissent par des déplacements contre la lumière qu'ils reçoivent : suivant l'intensité de la source lumineuse, ils sont attirés ou repoussés par elle; il existe une valeur optima de cette intensité pour laquelle l'attraction passe par une valeur maxima. On désigne du nom de *phototactisme* cette propriété du protoplasme.

Quand le corps protoplasmique fait partie d'un organisme plus volumineux et plus complexe, quand il est enfermé, par exemple, dans une membrane de cellulose, le phototactisme se manifeste simplement par des mouvements ou des déformations internes de la masse protoplasmique. Considérons, pour prendre un exemple simple, une Algue filamenteuse du genre *Mesocarpus* (fig. 284).

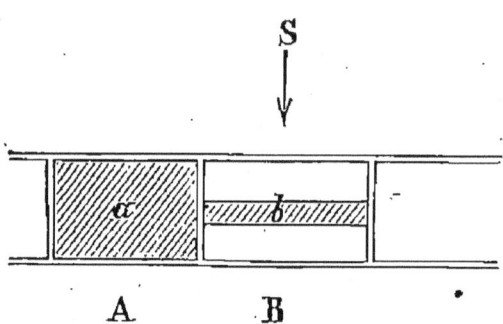

Fig. 284. — Action d'un éclairement unilatéral sur un filament de *Mesocarpus* (schéma). — En A, l'éclairement est très intense; en B, il est d'intensité moyenne. — S, source lumineuse; a, b, les corps chlorophylliens des cellules A et B.

On sait que, dans un filament de cette plante, chaque cellule contient un corps chlorophyllien unique et volumineux, en forme de lame passant par l'axe de la cellule. Exposée à une lumière diffuse, on voit dans chaque cellule (B) le corps chlorophyllien (b) se déplacer jusqu'à ce qu'il se présente de face aux rayons lumineux : il prend alors la *position de face*. Si on expose pendant quelque temps le filament à une lumière très forte (A), on voit le corps chlorophyllien (a) pivoter sur lui-même et se présenter de profil aux rayons lumineux; c'est la *position de profil*.

Ce n'est pas le corps chlorophyllien qui s'est déplacé de lui-même pour prendre ces positions successives; c'est le protoplasme, au sein duquel il est plongé, qui a réagi contre la lumière et l'a entraîné avec lui. Ici encore, on voit, par ce qui précède, qu'il existe un optimum d'intensité lumineuse pour lequel le protoplasme donne au corps chlorophyllien la position de face; si l'intensité de la source lumineuse vient à s'élever au-dessus de cette valeur optima, le protoplasme donne au corps chlorophyllien la position de profil.

Considérons ensuite une feuille formée d'une seule assise de cellules, comme la feuille des Mousses, ou de deux assises, comme la feuille d'*Elodea canadensis*, ou d'un très petit nombre d'assises, comme la feuille de *Lemna* (*fig.* 285), et supposons qu'on fasse tomber sur une des faces de cette feuille un faisceau de rayons lumineux : si l'intensité de la lumière est faible, les corps chlorophylliens inclus dans le protoplasme pariétal sont entraînés par lui au voisinage des deux faces opposées de la feuille : c'est la position de face (*a*). Si l'intensité de la lumière devient très forte, le protoplasme se déplace à l'intérieur des cellules et, entraînant avec lui les corps chlorophylliens, il les masse contre les cloisons de séparation des cellules qui sont perpendiculaires à la surface de la feuille ; c'est la position de profil (*b*).

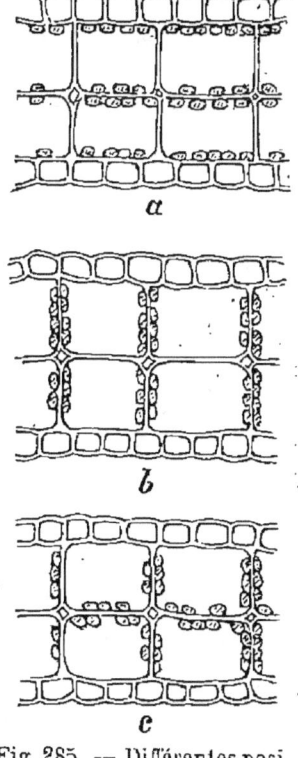

Fig. 285. — Différentes positions des corps chlorophylliens dans une feuille de Lentille d'eau (*Lemna*) recevant un éclairement faible (*a*), fort (*b*), moyen (*c*).

Dans les feuilles d'organisation plus complexe, formées d'un grand nombre d'assises cellulaires, les mêmes phénomènes se produisent sans doute : sous l'influence d'une lumière d'intensité moyenne, les corps chlorophylliens viennent se présenter de face à la lumière ; sous l'action d'une lumière intense, ils se portent le long des cloisons perpendiculaires à la surface foliaire. Pendant le jour, les feuilles reçoivent, en général, une lumière d'intensité moyenne perpendiculairement à la surface de leur limbe, et leurs corps chlorophylliens prennent la position de face, qu'on peut appeler dès lors *position diurne*. Vers le soir, l'éclairement devenant oblique, les corps chlorophylliens prennent la position de profil, qu'on peut aussi appeler *position nocturne*.

L'utilité du phototactisme n'échappera à personne. Il a évidemment pour effet d'amener l'organisme à une position ou à un état interne qui réalise les conditions les plus favorables à sa vie. Ici encore, la radiation règle la radiation.

Chimiotactisme. — On a donné le nom de *chimiotactisme* à l'action directrice, tantôt attractive, tantôt répulsive, qu'exerce une substance chimique déterminée sur un organisme susceptible de se déplacer librement. C'est ainsi que des anthérozoïdes de Cryptogames sont, comme nous le verrons, attirés par certaines substances (chimiotactisme positif), repoussées par certaines autres (chimiotactisme négatif).

C'est encore une action chimiotactique ou mieux *chimiotropique* qui, comme nous le verrons plus loin, conduit le tube pollinique à l'intérieur du tissu conducteur, ou encore dirige le mycélium d'un champignon parasite vers le stomate de la feuille où il doit pénétrer.

Mouvements nyctitropiques. — Les mouvements provoqués par la radiation lumineuse ne se bornent pas toujours à des déplacements de corps microscopiques ou à des changements de distribution du protoplasme à l'intérieur des cellules. On voit parfois des organes volumineux exécuter, sous l'influence de la radiation, des mouvements d'ensemble qui deviennent visibles à l'œil nu.

C'est ainsi que les feuilles d'un grand nombre de plantes de la famille des Légumineuses affectent des dispositions très différentes suivant qu'elles sont exposées à la lumière ou à l'obscurité. Ces feuilles sont, comme on le sait, généralement composées : un pétiole commun supporte un nombre plus ou moins grand de folioles. Quand la feuille est exposée à la lumière, les folioles sont épanouies ; si on les porte brusquement à l'obscurité, les folioles se rapprochent et s'appliquent les unes contre les autres. Chez le Trèfle, la Luzerne, la Vesce, les folioles se rapprochent par leurs faces supérieures (*fig.* 286); c'est le cas le plus fréquent. Chez le Lupin, le Robinier, elles se rapprochent par leurs faces inférieures. Parfois le mouvement se complique parce qu'au

Fig. 286. — Une feuille de Trèfle dans la position diurne (à gauche) et dans la position nocturne (à droite).

déplacement des folioles s'ajoute celui du pétiole primaire. Un des exemples les plus complexes qu'on puisse citer est celui que fournit la Sensitive (*Mimosa pudica*). La feuille de la Sensitive (*fig.* 287) possède un pétiole primaire qui porte latéralement deux paires de pétioles secondaires; chacun de ceux-ci soutient à son tour de quinze à vingt-cinq paires de folioles disposées sur deux rangs à la façon des barbes d'une plume, suivant le mode penné en un mot. Quand la feuille passe brusquement de la lumière à l'obscurité, le pétiole primaire, jusque-là dressé vers le ciel, s'abaisse vers la terre; les quatre pétioles secondaires se rapprochent en une sorte de faisceau; sur chacun d'eux, les folioles opposées se rapprochent deux à deux, se tournant en haut et en avant. On désigne la position que prend la feuille exposée à la lumière sous le nom de *position diurne* ou *de veille*; la *position nocturne* ou *de sommeil* est celle que prend la feuille à l'obscurité. C'est, en général, par une série d'oscillations que la feuille passe de la position diurne à la position nocturne. L'ensemble de ces mouvements est qualifié de *mouvements nyctitropiques*.

A quoi servent les mouvements que provoque l'obscurité

dans les feuilles? On peut remarquer, pour le comprendre, qu'ils ont toujours pour effet de diminuer la surface totale de l'appareil foliaire, par laquelle la plante rayonne et perd de la chaleur. Il est donc vraisemblable d'ad-

Fig. 287. — Feuille de Sensitive en partie fermée.

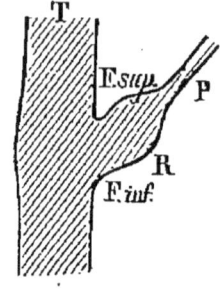

Fig. 288. — Renflement moteur à la base d'une feuille (schéma). — T, tige; P, pétiole; R, renflement moteur; F. sup., sa face supérieure; F. inf., sa face inférieure.

mettre que le mouvement nyctitropique permet à la plante de se protéger contre le refroidissement nocturne.

Quel est le mécanisme de ce mouvement? On peut remarquer (*fig.* 288) qu'il existe toujours, à la base des folioles ou des pétioles mobiles, des renflements dont l'aspect varie sensiblement quand la feuille passe de la position diurne à la position nocturne. Dans la première, le renflement est flasque, pauvre en eau et en matière sucrée. Dans la seconde, il est rigide, gonflé d'eau qui tient en dissolution une quantité considérable de sucre, *turgescent*, comme on dit en un mot. On peut donc admettre que c'est un afflux soudain et considérable d'eau et de matière sucrée dans ce renflement qui fait passer l'organe dont il occupe la base de la position de veille à la position de sommeil. Suivant la forme particulière que présente le renflement dans chaque espèce de plante, le pétiole ou la foliole s'incurve dans un sens ou dans l'autre, et ainsi s'explique l'allure spéciale que revêt, dans chaque espèce, le phénomène nyctitropique. Mais comment comprendre que le passage de la lumière à l'obscurité fasse passer le renflement moteur de la flaccidité à la turgescence? Il suffit de remarquer pour cela que la suppression brusque de la lumière amène un arrêt soudain de la chlorovaporisation : toute l'eau qui se rendait à la feuille pour s'y vaporiser et se répandre dans l'atmosphère, s'arrête dès lors dans le renflement moteur et en provoque la turgescence. Si on remarque, de plus, que c'est dans la journée, sous l'influence de la lumière, favorable à l'assimilation chlorophyllienne, que s'élabore la matière sucrée, on comprend que celle-ci se soit accumulée en grande quantité, vers la fin du jour, dans le renflement moteur : douée d'un pouvoir osmotique considérable, la matière sucrée attire et retient fortement l'eau, contribuant ainsi à augmenter la turgescence du renflement moteur.

Chez la Sensitive, les alternatives naturelles du jour et de la nuit provoquent des mouvements assez compliqués et un peu différents de ceux que provoque dans la journée la suppression artificielle de la lumière. Pendant le jour, les folioles sont étalées; pendant la nuit, elles se replient les unes contre les autres; mais le pétiole primaire est toujours en mouvement : abaissé le soir, il commence à se relever avant minuit et est fortement redressé aux approches de l'aurore; au lever du soleil, il s'abaisse brusquement et poursuit ce mouvement jusqu'au soir. Il semble donc que l'apparition brusque de la lumière produise, au début de la journée, le même effet que sa suppression brusque et artificielle au milieu du jour. On ne pourrait s'expliquer, et encore assez imparfaitement, ces mouvements diurnes de la Sensitive qu'en cherchant à dégager les causes multiples qui ajoutent probablement leurs effets à ceux de la radiation.

Mouvements provoqués par des contacts. — Des excitations mécaniques, portées sur les feuilles qui présentent des phénomènes nyctitropiques, peuvent produire des effets comparables à ceux que provoque l'alternative du jour et de la nuit. C'est encore la Sensitive qui peut fournir sur ce point l'exemple le plus frappant. Sous l'influence d'un choc, d'une friction, portés en un quelconque de ses points, sous l'influence même d'une simple agitation de l'air, elle prend sa position nocturne. Mais si on examine, à ce moment, l'aspect de ses renflements moteurs, on constate qu'ils sont mous et flasques, à l'inverse de ce qui se produit quand la plante est exposée à l'obscurité : un effet identique est donc ici produit par un mécanisme manifestement différent. Il serait fort long de l'analyser dans tous ses détails. En ce qui concerne simplement le pétiole primaire, on a pu s'assurer que le siège du mécanisme est la face inférieure de son renflement moteur et nullement sa face supérieure : si on détache, avec un scalpel fin, la moitié inférieure du renflement, le pétiole perd sa sensibilité aux contacts; elle n'est, au contraire, nullement affectée par l'ablation de la moitié supérieure. Or, à la suite de l'excitation, la moitié inférieure du renflement devient flasque et molle. On ne peut guère s'expliquer ce changement d'état qu'en supposant que le protoplasme des cellules, doué d'une contractilité spéciale, s'est ramassé sur lui-même, expulsant l'excès d'eau qu'il renfermait et transmettant cet excès, à travers les membranes cellulaires, jusqu'aux tissus voisins.

Chez certaines plantes, dites *carnivores*, les mouvements provoqués par les excitations mécaniques se compliquent de phénomènes de digestion.

Le Rossolis (*Drosera rotundifolia*), petite plante de nos pays (*fig.* 289), porte à sa base une rosette de feuilles, du centre de laquelle se détache la hampe florifère. Chaque feuille possède, à l'extrémité d'un long pétiole, un limbe de forme arrondie dont la face supérieure est hérissée de segments étroits, au nombre d'environ deux cents; chacun d'eux, parcouru d'un bout à l'autre par une nervure, est renflé à son extrémité, qui produit un liquide visqueux, brillant au soleil. Qu'un insecte vienne se poser sur un de ces renflements ou sur la surface du limbe, aussitôt les segments du limbe se recourbent en convergeant vers le point de contact; de son côté, le limbe lui-même se creuse en ce point et bientôt l'insecte imprudent se trouve étroitement emprisonné; il meurt et le liquide sécrété par les renflements terminaux des segments digère ses tissus.

Des phénomènes du même genre s'observent chez une plante de la Caroline du Nord, la Dionée gobe-mouche (*Dionæa muscipula*).

Mouvements spontanés. — Enfin, il est des plantes chez lesquelles se produisent constamment

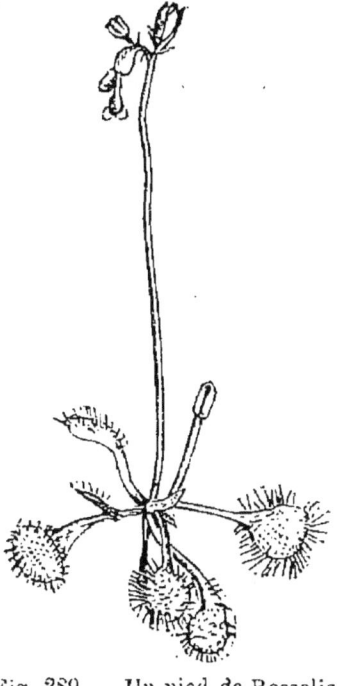

Fig. 289. — Un pied de Rossolis (*Drosera rotundifolia*).

des mouvements périodiques qui paraissent absolument indépendants des causes extérieures, des mouvements *spontanés* en un mot. Parmi les plantes les plus remarquables à cet égard, citons *Hedysarum gyrans*, curieuse Papilionacée de l'Inde. La feuille de cette plante (*fig*. 290) porte, à l'extrémité de son pétiole, une grande foliole et, sur ses côtés, deux folioles plus petites, disposées symétriquement. Quand la plante est exposée à une température d'au moins 22°, on voit les deux petites folioles entrer en mouvement. Chacune d'elles tourne lentement autour de sa base, de manière à décrire un tour complet dans un temps qui varie entre deux et cinq minutes. Souvent ce mouvement de

Fig. 290. — Une feuille d'*Hedysarum gyrans*. — *a*, grande foliole; *b*, *b'*, folioles latérales.

rotation, au lieu de s'effectuer régulièrement, se compose d'une série de saccades successives. Ici encore la base de l'organe mobile est occupée par un renflement qui manifeste, sur chacune de ses faces, des alternatives régulières de flaccidité et de turgescence. Il est donc probable que le mécanisme de la rotation est assez comparable à celui des mouvements nyctitropiques; mais il est actuellement impossible de dire quelle est la cause qui le provoque.

Résumé. — En résumé, parmi les phénomènes qui semblent manifester la faculté motrice chez les plantes, il en est qui n'ont que l'apparence du mouvement : ce sont, en réalité, des changements de forme, qu'on doit attribuer à des inégalités de croissance; de ce nombre sont les phénomènes de nutation et de géotropisme. On doit réserver le nom de mouvements à ces déplacements qui affectent des organes arrivés au terme de leur croissance, comme les phénomènes de phototactisme ou de nyctitropisme. Le tableau ci-joint permettra d'embrasser d'un coup d'œil ce classement.

MOUVEMENTS				
apparents, dus à des inégalités de croissance.	cause interne			*Nutation, Circumnutation, Enroulement.*
	cause externe	pesanteur		*Géotropisme.*
		lumière		*Phototropisme.*
		température		*Thermotropisme.*
		humidité		*Hydrotropisme.*
		contact		*Haptotropisme.*
vrais, affectant des organes développés.	cause externe	lumière		*Phototactisme, Nyctitropisme.*
		substance chim.		*Chimiotactisme.*
		contact		*Mouvements de la Sensitive, des plantes carnivores, etc.*
	cause interne			*Mouvements périodiques spontanés (Hedysarum gyrans).*

CHAPITRE XIV

Les Ptéridophytes ou Cryptogames vasculaires.

Classification des plantes vasculaires. — Les plantes vasculaires, dont nous connaissons maintenant l'organisation générale, se répartissent entre deux embranchements. L'un comprend celles qui sont dépourvues de fleurs ou, comme on dit, cryptogames : c'est l'embranchement des *Ptéridophytes* ou *Cryptogames vasculaires*. L'autre comprend l'ensemble des plantes à fleurs : c'est l'embranchement des *Anthophytes* ou *Phanérogames*.

Les Ptéridophytes. — L'embranchement des *Ptéridophytes* se partage lui-même en trois classes. A la classe des *Filicinées* appartient l'ordre des *Fougères*, dont l'étude nous occupera tout d'abord.

§ 1ᵉʳ. — Les Filicinées.

Les Fougères. — Nous pouvons prendre, comme type de Fougères, une des espèces les plus communes dans nos pays, telle que le Polypode vulgaire (*Polypodium vulgare*) (*fig*. 291), la Fougère mâle (*Polystichum Filix mas*), la Fougère Grand Aigle (*Pteris aquilina*), etc.

Appareil végétatif. — Dans toutes ces espèces, la tige est entièrement souterraine et suit ordinairement une direction horizontale : c'est un rhizome. A ce rhizome sont fixées, de distance en distance, des racines latérales qui se ramifient à l'intérieur du sol. Il porte, d'autre part, des feuilles grandes et découpées, dont les pétioles se dressent verticalement et qui constituent à elles seules toute la partie aérienne de la plante. Tige, racine, feuilles, tels sont les trois membres dont nous avons à reprendre sommairement l'étude pour connaître, dans ses grandes lignes, l'organisation de l'appareil végétatif des Fougères.

Tige. — La tige, souterraine et horizontale dans toutes les Fougères de nos pays, se montre au contraire aérienne et verticale chez beaucoup d'espèces des pays chauds ; ces espèces ont à peu près le même port que les Palmiers : ce sont des « Fougères arborescentes ».

La tige des Fougères se ramifie fréquemment ; mais la position des mamelons latéraux, qui donnent naissance aux branches, n'a pas chez elles la même fixité que chez les Phanérogames : leur position est bien en relation plus ou moins étroite avec celles des feuilles ; mais, loin d'occuper constamment l'aisselle de la feuille, le mamelon est souvent situé au-dessous ou à côté de son point d'insertion.

Fig. 291. — Fougère (Polypode).

Une coupe transversale faite dans un rhizome de Polypode ou de Fougère mâle (*fig.* 292) y révèle l'existence d'un certain nombre de cordons vasculaires dont les sections (C) sont distribuées assez régulièrement sur une courbe concentrique à la surface de la tige. En dehors de ce cercle principal de cordons vasculaires, on observe quelques cordons plus étroits, disséminés plus ou moins irrégulièrement dans la zone externe de la tige. Si on isole par la macération l'ensemble de ces cordons vasculaires, de manière à en obtenir une sorte de dissection naturelle, on observe (*fig*. 293, A) que les cordons principaux forment, en se ramifiant et en anastomosant leurs branches, une sorte de réseau à mailles assez régulières dont la surface générale présente la forme d'un cylindre concentrique à la surface du rhizome; c'est du fond des mailles de ce réseau que se détachent (*fig*. 293, B) les cor-

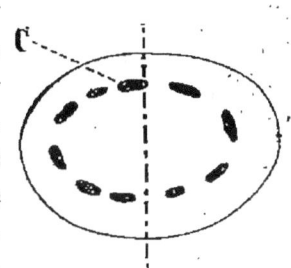

Fig. 292. — Coupe transversale d'un rhizome de *Polystichum Filix mas* (schéma). — C, cordon vasculaire. (Le trait discontinu indique le plan de symétrie.)

dons plus grêles qui se dirigent vers les régions extérieures de la tige et que la coupe transversale rencontre en dehors du cercle principal; disons tout de suite que, si l'on suit jusqu'au bout le trajet de ces cordons étroits, on les voit se rendre aux feuilles portées par la tige : ce sont des cordons foliaires.

Une coupe transversale, plus grossie, d'un cordon vasculaire permet d'en étudier la structure (*fig*. 294). Le cordon est séparé du parenchyme qui l'enveloppe par une assise présen-

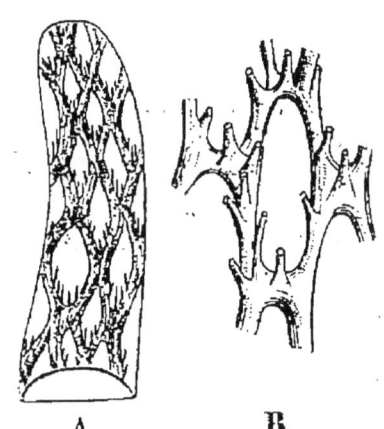

Fig. 293. — A, réseau vasculaire d'un rhizome de *Polystichum Filix mas*, vu en perspective (schéma). — B, une maille du même réseau, plus grossie.

tant les caractères d'un endoderme. Au-dessous de cet endoderme, quelques assises de cellules à parois minces représentent une sorte de péricycle. Puis vient un anneau de liber dont la forme générale est celle d'une ellipse plus ou moins déformée, et dans lequel les tubes criblés, imparfaitement différenciés, ne perforent jamais complètement les orifices de leurs cribles. L'espace circonscrit par le liber est occupé par un massif ligneux. Entièrement dépourvu de fibres, ce bois renferme, avec quelques cellules vasculaires, des vaisseaux

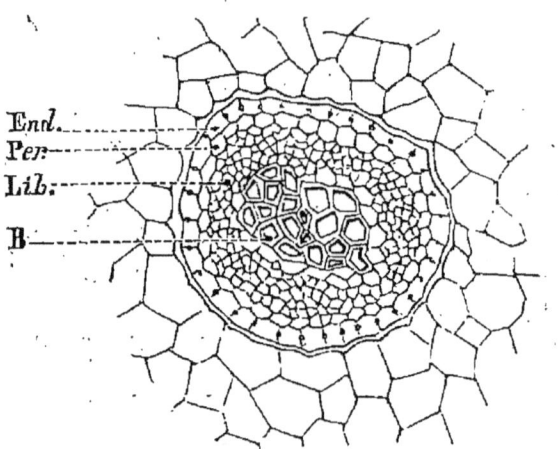
Fig. 294. — Coupe transversale d'un cordon vasculaire d'une tige de Fougère. — *End.*, endoderme; *Per.*, péricycle; *Lib.*, liber; B, bois.

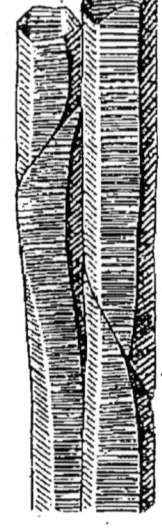
Fig. 295. — Vaisseaux scalariformes.

généralement imparfaits. Ceux qui se différencient les premiers occupent les deux foyers de l'ellipse qui limite la section transversale du bois : ce sont des vaisseaux annelés et spiralés. Les vaisseaux qui se différencient en dernier lieu sont, au contraire, groupés autour du centre de la section : ce sont généralement des *vaisseaux scalariformes* (*fig.* 295). Un vaisseau scalariforme offre l'aspect d'un prisme hexagonal dont chaque pan présente sur sa face interne deux bandes d'épaississement qui en occupent les arêtes latérales et de nombreuses bandes, plus courtes, dirigées perpendiculairement aux précédentes : ces deux systèmes de bandes d'épaississement figurent, en quelque sorte, les deux montants et les multiples barreaux d'une échelle, ce qui justifie le nom de « vaisseau scalariforme ».

L'imperfection des tubes criblés et des vaisseaux ligneux est un caractère général des Cryptogames vasculaires; la sculpture scalariforme de certains vaisseaux en est un autre.

La structure de la tige des Fougères, dont on vient d'étudier la forme la plus simple, se complique parfois par un accroissement du nombre des cordons vasculaires qui la parcourent. C'est ainsi que, dans le rhizome de *Pteris aquilina*, les cordons principaux sont répartis en deux réseaux concentriques dont la section transversale révèle immédiatement l'existence (*fig.* 296).

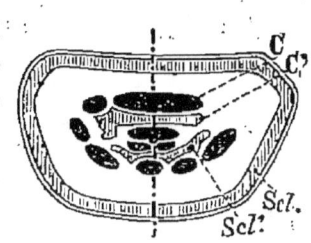

Fig. 296. — Coupe transversale d'un rhizome de *Pteris aquilina* (schéma). — C, C', cordons vasculaires (le trait pointillé partant de C' devrait atteindre une des taches noires intérieures); Scl., Scl'., sclérenchyme. (Le trait discontinu indique le plan de symétrie.)

Souvent aussi cette structure se complique par la présence d'un appareil de soutien, formé de fibres à parois épaisses et lignifiées. Destiné à suppléer à l'absence de fibres dans l'appareil vasculaire, il forme ce qu'on pourrait appeler le squelette de la tige. Cet appareil fait entièrement défaut dans le rhizome de *Polypodium vulgare* ou de *Polystichum Filix mas*. Il suffit, au contraire, d'examiner à l'œil nu une section transversale du rhizome de *Pteris aquilina* pour y observer un appareil de soutien très développé. Un premier anneau fibreux, concentrique à la surface générale du rhizome, représente la section d'une gaine à peu près fermée qui enveloppe extérieurement les deux réseaux vasculaires : elle ne s'ouvre que de distance en distance, par des sortes de fenêtres qui établissent une communication entre les parenchymes extérieur et intérieur. Un second anneau, beaucoup moins continu que le premier, représente la section d'un réseau à mailles très larges intercalé entre les deux réseaux vasculaires. Pourvus de membranes fortement colorées en brun, les éléments fibreux de ces deux anneaux communiquent à l'appareil de soutien une teinte noirâtre qui le fait reconnaître de prime abord.

Dans les tiges de la plupart des Fougères arborescentes (*fig.* 297) une première gaine fibreuse enveloppe, à l'intérieur de la tige, l'ensemble des cordons vasculaires ; chacun

476 COURS ÉLÉMENTAIRE DE BOTANIQUE.

de ceux-ci est, à son tour, enveloppé par une gaine spéciale, différenciée aux dépens du parenchyme ambiant.

C'est par les cloisonnements d'une cellule initiale unique, occupant exactement le sommet de la tige et présentant ordinairement la forme d'un tétraèdre dont la base coïncide avec la surface de la tige (*fig.* 298), que prend naissance le méristème d'où proviennent tous les éléments qui viennent d'être étudiés.

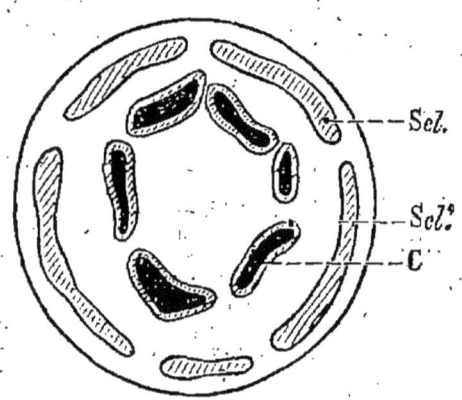

Fig. 297. — Coupe transversale d'une tige aérienne de Fougère arborescente (schéma). — C, cordons vasculaires; Scl., Scl'., sclérenchyme.

Par les cloisonnements parallèles à ses faces latérales, cette cellule détache sans cesse des segments aplatis, qui s'empilent les uns au-dessus des autres en trois séries longitudinales et poussent continuellement

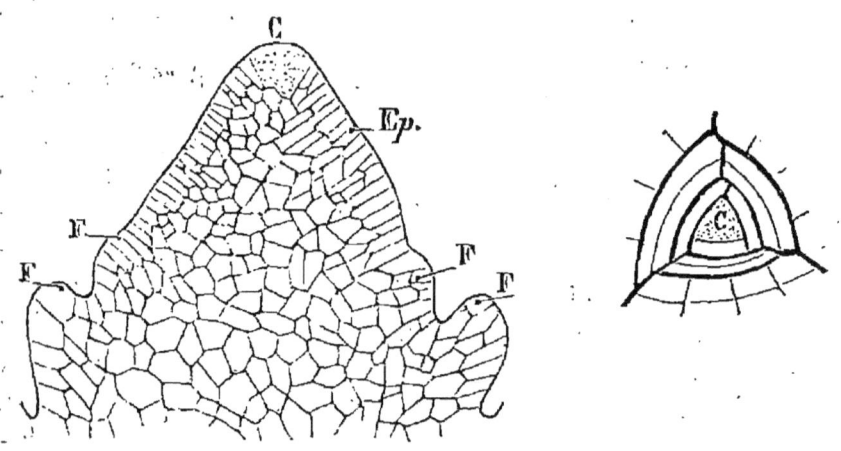

Fig. 298. — A gauche, coupe longitudinale et axile du sommet d'une tige de Fougère; à droite, le centre de ce même sommet, vue de face. — C, cellule initiale Ep., épiderme; F, feuilles en voie de développement.

en avant la cellule initiale; puis des cloisonnements nouveaux interviennent pour décomposer ces segments en cellules qui évoluent de diverses façons et se différencient de manière à constituer les divers tissus de la tige. A ces tissus, que leur origine classe parmi les tissus primaires, ne s'ajoute jamais aucune formation secondaire. — Existence d'une initiale unique, commune à tous les tissus de la tige, absence de formations secondaires dans cet organe, ce sont là deux caractères essentiels et généraux des Ptéridophytes.

Feuille. — Toujours isolée et pourvue d'un pétiole, ordinairement grande et souvent très découpée, la feuille des Fougères présente dans sa structure et son développement quelques caractères spéciaux.

L'épiderme est toujours chargé de corps chlorophylliens, comme il arrive dans les feuilles des plantes aquatiques et des plantes d'ombre.

Des cordons vasculaires, issus d'une maille du réseau de la tige, pénètrent dans le pétiole en conservant leur structure concentrique. Après avoir passé dans le limbe, ils simplifient peu à peu cette structure : ils perdent d'abord la portion de leur liber qui regarde la face supérieure de la feuille et se rapprochent des faisceaux collatéraux qui constituent les nervures des feuilles chez les Phanérogames ; se ramifiant de proche en proche, ils se simplifient plus encore, perdent le liber de leur face inférieure et enfin se réduisent à quelques vaisseaux seulement.

Enroulée en crosse quand elle est jeune, la feuille est douée d'une croissance très lente, mais qui se poursuit très longtemps, parfois même indéfiniment.

C'est aux dépens d'une seule cellule initiale, occupant le sommet de l'organe, que prennent naissance tous les tissus de la feuille.

Racine. — La structure de la racine (*fig.* 299) présente ce caractère général que les faisceaux ligneux s'adossent par leur base suivant l'axe de l'organe, de manière à supprimer toute trace de moelle ; souvent, d'ailleurs, le nombre des faisceaux se réduit à deux et ils forment tout le long de la racine une sorte de lame vasculaire intercalée entre les deux faisceaux libériens : la racine possède alors une structure

27.

« binaire ». Les vaisseaux du bois sont presque toujours imparfaits.

Le centre du méristème subterminal de la racine est

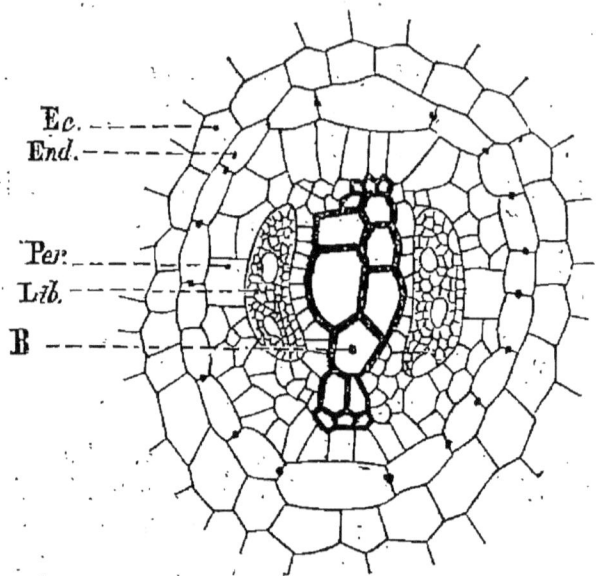

Fig. 299. — Coupe transversale du cylindre central d'une racine de Fougère. — Ec., écorce; End., endoderme; Per., péricycle; Lib., liber; B, bois.

occupé (*fig. 300*) par une initiale unique dont la forme est

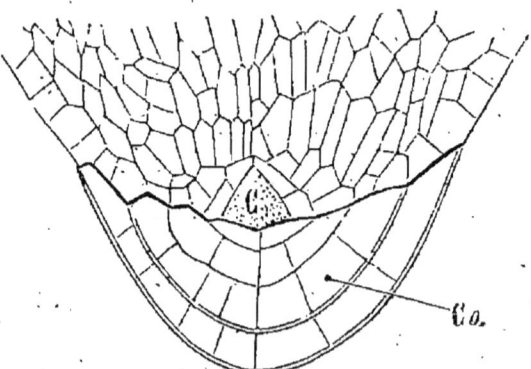

Fig. 300. — Coupe longitudinale et axile dans le sommet d'une racine de Fougère. — C, la cellule initiale; Co, coiffe.

généralement tétraédrique : par des cloisonnements parallèles à sa base, légèrement convexe, cette cellule forme les calottes successives de la coiffe; c'est grâce à des cloisonnements parallèles aux trois faces latérales que s'édifient les divers tissus de l'écorce et du cylindre central. Jamais on ne voit la structure primaire se compliquer de formations secondaires.

La naissance des radicelles chez les Fougères offre quelques caractères spéciaux. Ce n'est pas dans le péricycle, comme chez les Phanérogames, mais dans l'endoderme qu'il faut en chercher l'origine. Une cellule unique de cette assise, placée exactement en face d'un faisceau ligneux, subit quatre cloisonnements successifs, l'un parallèle à la surface de l'endoderme, les trois autres obliques; ainsi se trouve isolée, en son milieu, une cellule tétraédrique qui devient l'initiale des tissus d'une radicelle. Bientôt dans celle-ci s'organisent des faisceaux ligneux et libériens qui se raccordent avec ceux de la racine principale; quand la structure de la racine principale offre le type binaire, comme il arrive fréquemment, c'est ce type qui se retrouve aussi dans la radicelle, et le plan de la lame vasculaire de celle-ci est perpendiculaire à celui de la lame vasculaire dans la racine principale (*fig.* 301).

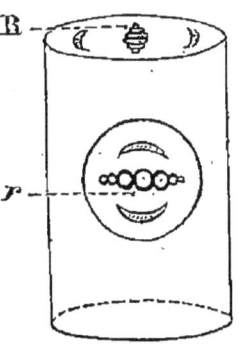

Fig. 301. — Schéma de la disposition des plans vasculaires dans une racine principale et une radicelle à structure binaire, chez une Fougère. — R, section transversale de la racine principale, vue en perspective; r, section transversale de la radicelle vue de face.

L'existence d'une initiale unique pour les tissus de la racine, l'absence de formations secondaires dans cet organe, l'origine de chaque radicelle dans une cellule unique de l'endoderme, la direction que prend le plan de la lame vasculaire dans la radicelle par rapport à celui de la racine principale, sont autant de caractères généraux chez les Ptéridophytes.

Reproduction et développement. — Un chapitre important, dans l'étude des Fougères, est celui de la reproduction et du développement.

Sporange et spores. — Quand on examine, à l'époque de la reproduction, la face inférieure d'une feuille de Fougère, de *Polystichum Filix mas*, pour fixer les idées, on observe de distance en distance, le long des nervures, de petites taches brunes et granuleuses qu'on appelle des *sores*, et dont chacune est protégée par une fine membrane, au contour arrondi et échancré en forme de rein, qu'on appelle une *indusie* (*fig.* 302).

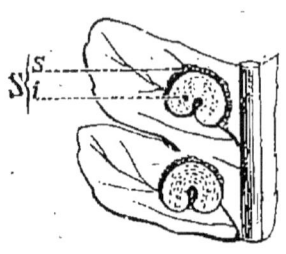

Fig. 302. — Un fragment de la face inférieure d'une feuille de *Polystichum Filix mas*. — S, un sore; s, sporange; i, indusie.

Une coupe transversale faite à travers le limbe de la feuille, au niveau d'un sore, montre (*fig.* 303) que le centre de ce massif est occupé par une proéminence, de forme à peu près hémis-

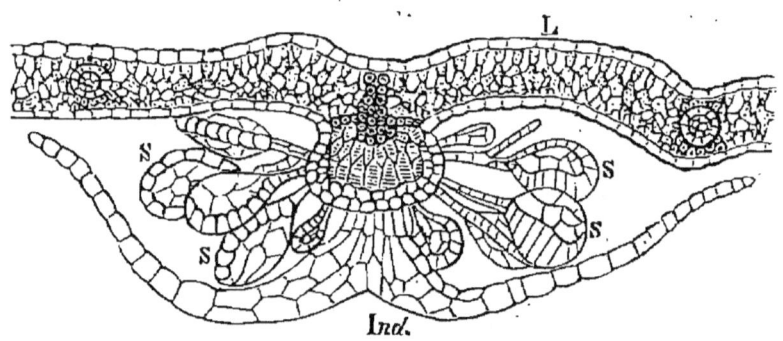

Fig. 303. — Coupe dans le limbe d'une feuille de *Polystichum Filix mas*, au niveau d'un sore. — L, limbe; Ind., indusie; S, sporanges.

phérique. Du sommet de cette proéminence se détache un court pédicelle qui supporte l'indusie. A ses flancs sont fixés un certain nombre d'organes bruns, dont la grosseur ne dépasse pas, ordinairement, celle d'une très petite tête d'épingle et qui sont des *sporanges*. Un sore est donc, en définitive, un groupe de sporanges protégé par une indusie.

Le sporange, arrivé à maturité, se montre formé de deux parties (*fig.* 304). Un pied, qui comprend une ou plusieurs files de cellules, le rattache à la face inférieure du limbe. La partie principale du sporange est une sorte de sac dont la paroi est constituée par une seule assise de cellules : il contient un nombre plus ou moins grand de spores, souvent 64, groupées quatre par quatre; leurs membranes sont fortement cutinisées, colorées en brun et hérissées d'aspérités diverses. Le long d'une ligne qui occupe un des méridiens de la surface du sporange, si on veut assimiler celle-ci à une surface de révolution, une file de cellules, formant ce qu'on appelle l'*anneau*, subissent une différenciation spéciale : chacune d'elles épaissit et lignifie sa membrane sur la face interne et sur les faces de contact avec les deux cellules voisines de l'anneau, de manière à former une sorte de fer à cheval dont les branches sont ouvertes vers l'extérieur.

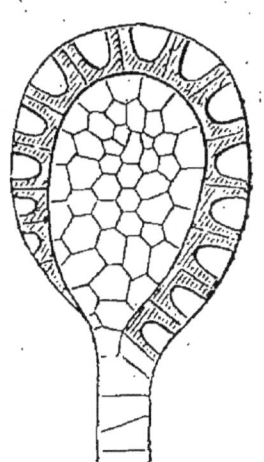

Fig. 304. — Un sporange de Fougère, très grossi.

Telle est la structure ordinaire d'un sore chez les Fougères les plus communes de nos pays. Cette structure est sujette à quelques variations. L'indusie peut manquer et le sore est alors à nu : c'est ce arrive chez les Polypodes (*fig.* 305); elle peut être composée de deux lèvres inclinées l'une vers l'autre et formant comme les deux moitiés d'un toit entr'ouvert sur son arête : c'est ce qui arrive chez les Scolopendres (*fig.* 306). L'anneau du sporange peut effectuer les dispositions les plus variées : ordinairement incomplet comme la Fougère mâle, il s'étend quelquefois sur un méridien tout entier de la surface; dans certains cas, sa direction est transversale par rapport à l'axe du sporange; parfois encore

Fig. 305. — Sore d'un Polypode (il n'y a pas d'indusie)

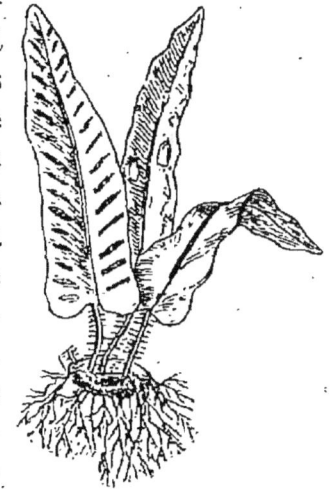

Fig. 306. Un pied de Scolopendre.

il forme, au sommet de ce dernier, une sorte de calotte terminale.

Toutes ces variations n'ont qu'une importance secondaire. Il est plus important de savoir quelle est l'origine et la signification morphologique du sporange (*fig.* 307).

Quand un sporange va se former, on voit une cellule épi-

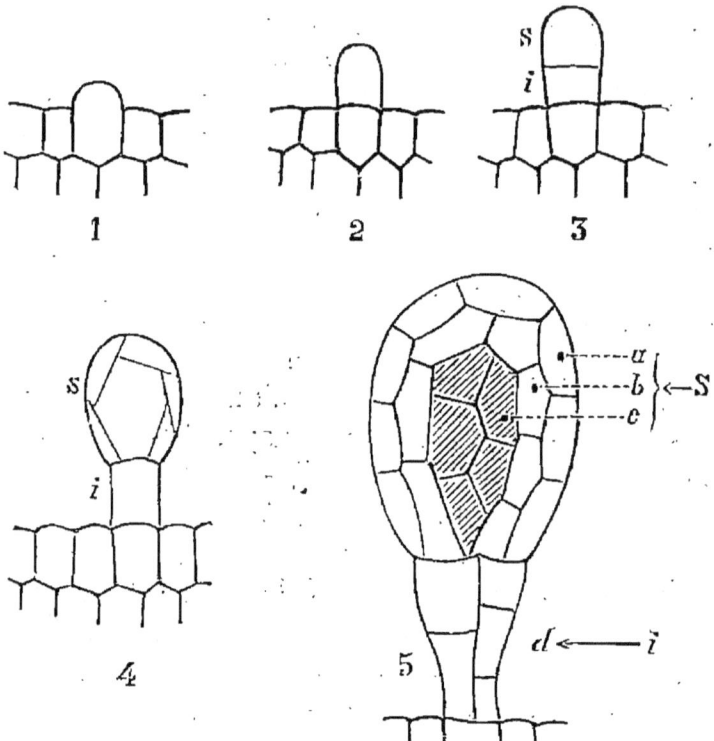

Fig. 307. — Développement d'un sporange de Fougère (schéma).

dermique de la feuille pousser vers l'extérieur une sorte de papille (1). Puis celle-ci se cloisonne à sa base et se sépare de sa cellule mère (2). Plus tard, elle subit un cloisonnement transversal qui la divise en deux cellules successives, S et i (3). De ces deux cellules, la plus voisine de l'épiderme générateur (i) forme, après quelques cloisonnements, le pied du sporange (d). C'est la cellule terminale (S) qui va constituer le sac sporangial. A cet effet, elle prend quelques cloisons tangentielles, plus ou moins obliques les unes par rapport aux autres ; ce cloisonnement isole une cellule centrale, de forme polyédrique, enveloppée par une assise pluricellulaire (4). Ce sont les cellules extérieures qui, par des cloisonnements perpendiculaires à la surface du sporange, donnent naissance à l'enveloppe de ce dernier (*a*). Quelques-unes des cellules résultant de ce cloisonnement épaississent et lignifient fortement diverses faces de leurs membranes : ce sont elles qui constituent l'anneau. Quant à la cellule centrale, elle ne tarde pas à subir de nombreux cloisonnements, qui donnent naissance à un massif de cellules, au nombre de seize ordinairement : ce sont les *cellules mères des spores* (*c*). Les cloisonnements qui se produisent vers la périphérie du massif donnent une ou deux assises de cellules (*b*) qui doublent intérieurement l'enveloppe du sporange et que nous pouvons appeler, pour fixer dès maintenant les idées, des *assises nourricières*.

Bientôt chaque cellule mère de spore, après deux bipartitions successives de son noyau, se divise, par un cloisonnement simultané suivant deux directions rectangulaires, en quatre cellules filles. Les lamelles moyennes des cloisons se gélifient, de manière que les cellules filles, qui sont des spores, s'isolant les unes des autres à l'intérieur de la cellule mère, y prennent une forme à peu près sphérique. Plus tard, les membranes des cellules mères se gélifient à leur tour et se détruisent, en même temps que se résorbent les assises nourricières qui protégeaient le massif des cellules mères. Les débris provenant de ces multiples destructions sont utilisés par les spores, qui achèvent de croître et de se différencier. Chacune d'elles cutinise entièrement sa membrane et la dédouble en deux couches dont la plus externe se colore fortement et se hérisse d'ornements divers.

En résumé, le sporange, développé de la sorte aux dépens d'une cellule épidermique de la feuille, possède l'origine et la valeur morphologique d'un poil.

Quand le sporange est arrivé à maturité et qu'il se trouve exposé à la sécheresse, il se déchire brusquement, et par

484 COURS ÉLÉMENTAIRE DE BOTANIQUE.

l'ouverture ainsi produite les spores sont mises en liberté : c'est le phénomène de la déhiscence du sporange (*fig.* 308). Le mécanisme de ce phénomène serait fort long à exposer complètement. Retenons simplement que c'est la structure spéciale des cellules de l'anneau qui rend la paroi du sporange sensible aux alternatives d'humidité et de sécheresse. Dans une atmosphère sèche, chaque cellule de l'anneau évapore, à travers la face externe et mince de sa membrane, une partie de l'eau qu'elle contient. De là résulte une tendance des deux branches du fer à cheval à rapprocher leurs extrémités, et, comme cette tendance se manifeste simultanément dans toutes les cellules de l'anneau, celui-ci, qui présentait dans le sporange

Fig. 308. — Sporange d'un Polypode.

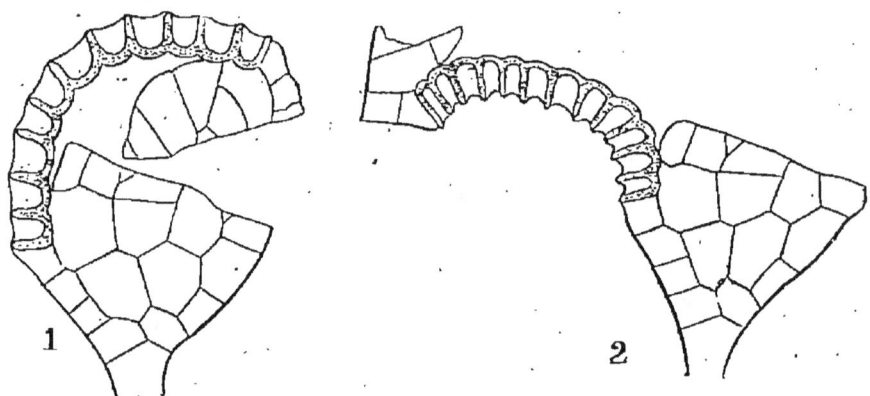

Fig. 309. — Deux phases de la déhiscence d'un sporange de Fougère (d'après M. Leclerc du Sablon).

mûr sa convexité vers l'extérieur, tend à se retourner en sens inverse ainsi qu'un arc bandé qui se relâcherait brusquement. Bientôt la membrane mince et peu résistante du sporange cède à la traction que l'anneau exerce sur elle et se déchire irrégulièrement.

Prothalle. — La spore mûre, mise en liberté par la déhiscence du sporange, contient, à l'intérieur d'une membrane fortement cutinisée, un corps protoplasmique chargé de quelques réserves nutritives et contenant parfois des corps chlorophylliens. Quand les hasards de la dissémination fournissent à cette spore des conditions favorables de température, d'aération et d'humidité, elle germe (*fig.* 310) : la couche membraneuse du protoplasme forme un mince revêtement de cellulose pure, qui double intérieurement la membrane de la spore; le protoplasme, accru, pousse, à travers un pore de la membrane cutinisée, un tube germinatif, enveloppé par le revêtement cellulosique. Bientôt ce tube se cloisonne transversalement, de manière à donner une file de cellules; puis des cloisonnements nouveaux se produisent dans diverses directions et la file initiale se continue par une lame aplatie, formée d'une seule assise de cellules et chargée de corps chlorophylliens. Quand cette lame a terminé sa croissance (*fig.* 311), elle possède ordinairement un contour échancré en un point opposé à la spore qui lui a donné naissance;

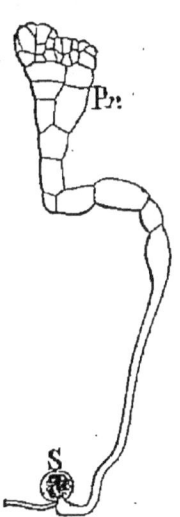

Fig. 310. — Germination d'une spore de Fougère — S, Spore; Pr., ébauche du prothalle.

au voisinage de ce point, elle présente un maximum d'épaisseur et comprend généralement plusieurs assises de cellules, qui composent ce qu'on appelle le *coussinet;* elle a, de plus, formé, à sa face inférieure, des poils qui la fixent au sol. L'aspect qu'elle présente alors ressemble assez à celui d'un thalle : on lui donne le nom de *prothalle*.

A la face inférieure du prothalle ne tardent pas à se former des organes de deux sortes. Les uns, assez nombreux et distribués sur tout le

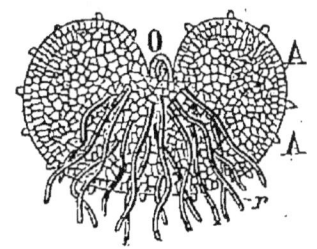

Fig. 311. — Un prothalle de Fougère, vu par sa face inférieure. — A, anthéridies; O, archégone; r, rhizoïdes.

pourtour du prothalle, sont des *anthéridies*, qui produisent et mettent en liberté des *anthérozoïdes*. Les autres, qui se développent à la surface du coussinet, au fond de l'échancrure antérieure du prothalle et qui sont en petit nombre (il n'y en a souvent qu'un seul), sont des *archégones*, dont chacun contient une *oosphère*.

Arrivée à maturité, l'anthéridie, qui fait saillie en dehors du prothalle, offre l'aspect d'une sorte de tonnelet microscopique, reposant par sa base sur le prothalle; sa surface latérale est formée par une assise simple de cellules; elle est fermée par une sorte de couvercle, que constitue une cellule unique; le contenu de la cavité ainsi délimitée est un massif de petites cellules dont chacune forme et contient un anthérozoïde : ce sont les cellules mères des anthérozoïdes. Au contact d'une goutte d'eau qui pénètre dans l'anthéridie et en distend les parois, le couvercle s'écarte brusquement et les cellules mères d'anthérozoïdes s'échappent en une sorte de gouttelette gélatineuse; puis l'humidité fait éclater la membrane de chaque cellule mère et les anthérozoïdes sont à leur tour mis en liberté (*fig.* 312). Chacun d'eux est constitué par un corps spiralé, formant plusieurs tours;

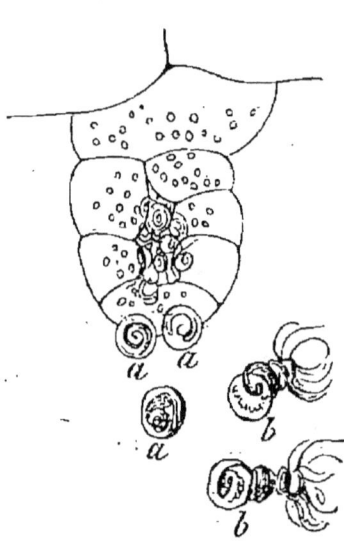

Fig. 312. — Anthéridie et anthérozoïdes de Fougère. — *a*, anthérozoïdes enroulés; *b*, anthérozoïdes déroulés.

une de ses extrémités est renflée en massue; l'autre, atténuée en pointe, porte un pinceau de cils vibratiles. Comme l'anthérozoïde des Mousses, dont il diffère par le plus grand nombre de ses tours de spire et de ses cils vibratiles, l'anthérozoïde des Fougères a pris naissance dans sa cellule mère par une sorte de rénovation spéciale du contenu de celle-ci : le noyau, s'allongeant et se contournant en spirale, donne naissance au corps même de l'anthérozoïde; une couche périphérique de protoplasme transparent et hyalin se découpe en un faisceau de minces filaments qui adhèrent à l'extrémité du noyau et forment les cils vibratiles; une partie inemployée du protoplasme de la cellule mère forme une sorte de globule que l'anthérozoïde entraîne avec lui au moment de sa mise en liberté et qui s'en détache au bout de quelque temps.

L'archégone mûr présente à peu près la même organisation que celui des Mousses. Toutefois, au lieu d'être pédicellé comme celui-ci, il est assez profondément enfoncé dans le prothalle; de plus, son col est généralement assez court (*fig.* 313).

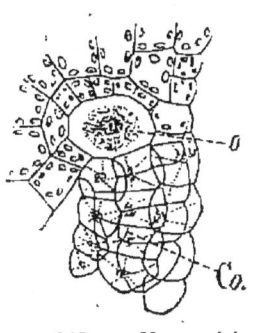

Fig. 313. — Un archégone de Fougère, très grossi. — *o*, oosphère; Co., col.;

En suivant le développement de l'anthéridie et celui de l'archégone, on reconnaît aisément que ces deux organes ont, comme chez les Mousses, la valeur de poils.

Œuf. — Les anthérozoïdes, entraînés par le mouvement de leurs cils vibratiles, se déplacent dans la mince couche d'eau qui enveloppe le prothalle; arrivés au voisinage d'un archégone, ils y sont attirés par des substances solubles excrétées : par la gouttelette gélatineuse qui fait saillie; ces substances, qu'on a reconnu être, pour certaines espèces, du sucre ou de l'acide malique, exercent sur les anthérozoïdes une attraction spécifique, qui rentre dans les faits généraux de *chimiotactisme*, c'est-à-dire dans les actions d'attraction ou de répulsion exercées sur les êtres vivants par des substances chimiques définies.

Arrivé au contact de la gouttelette gélatineuse, l'anthérozoïde s'y englue et, continuant à agiter ses cils vibratiles, il s'enfonce dans le col en tournant sur lui-même à la manière d'une vrille. Il arrive rapidement au contact de l'oosphère contenue dans le ventre de l'archégone, perd ses cils vibratiles et s'unit intimement à l'oosphère : c'est le phénomène de la fécondation. L'œuf résultant de l'union de l'anthérozoïde et de l'oosphère s'entoure d'une membrane propre de cellulose.

Sa germination; reconstitution de la Fougère

feuillée. — Aussitôt formé, l'œuf porté par le prothalle entre en germination (*fig.* 314). Formé d'abord d'une cellule unique, il ne tarde pas à subir deux cloisonnements successifs qui le divisent en quatre cellules, disposées à peu

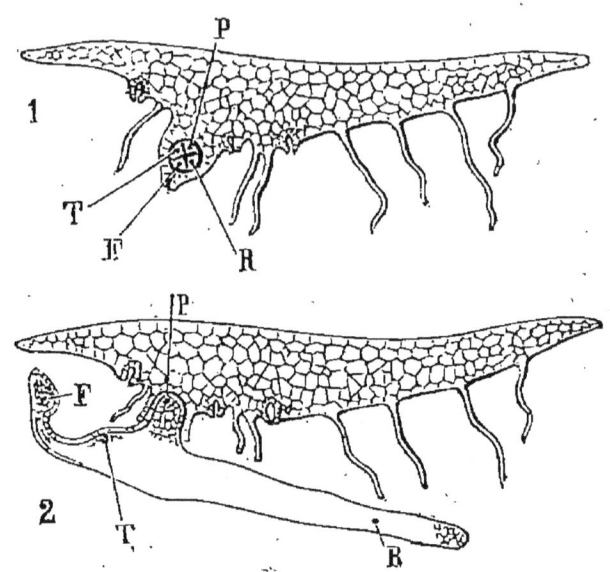

Fig. 314. — Deux phases du développement de l'œuf d'une Fougère. — R, P, T, F, désignent la première racine, le pied, la tige et la première feuille de la plantule qui résulte de ce développement et les cellules initiales de ces divers membres.

près comme quatre quartiers d'orange. Puis ces cellules subissent de nouveaux cloisonnements et on voit se constituer peu à peu un nouveau pied de Fougère, d'abord extrêmement simple, puis plus ou moins semblable à celui qui a fourni les spores. L'une des quatre cellules qui résultent des premières divisions de l'œuf forme un organe qui s'enfonce dans le prothalle et y fixe le nouveau pied de Fougère : c'est le *pied*. La seconde cellule fournit la tige de la Fougère nouvelle. La troisième fournit la première feuille, de forme ordinairement très simple. La quatrième fournit une première racine, qui va puiser dans le sol les éléments nécessaires à la nutrition de la Fougère.

Bientôt la tige s'allonge de plus en plus ; le nombre des

feuilles qu'elle porte augmente progressivement, en même temps que leur forme se complique (*fig.* 315).

Une coupe transversale faite dans la tige très jeune montre qu'elle contient un seul cordon vasculaire, situé suivant son axe et prolongeant exactement le cylindre central de la première racine. Plus tard, la tige, en même temps qu'elle s'allonge, augmente son diamètre et s'épaissit en prenant la forme d'un cône dont le sommet regarderait la racine. On voit alors (*fig.* 316) le cordon vasculaire primitif (S) se bifurquer une première fois, puis chacune de ses branches se ramifier à son tour, et ainsi de suite; les cordons ($s_1, s_2, \ldots s_8$) résultant de ces bifurcations successives se disposent à l'intérieur de la tige sur une surface cylindrique, et bientôt se trouve constitué le réseau vasculaire dont nous avons observé l'existence dans la tige adulte. On voit par là que chacun des cordons de ce réseau doit être assimilé au cylindre central de la racine, dont le cordon primitif n'est que le prolongement. Il paraît donc naturel d'admettre, avec Van Tieghem, que la tige des Fougères contient, au milieu d'une écorce générale qui pénètre jusqu'à l'axe de l'organe, un nombre variable de stèles provenant des divisions successives d'une stèle primitive. C'est à ce type général de structure que Van Tieghem a proposé d'appliquer le terme de *structure polystélique*, qu'il oppose à la *structure monostélique*, beaucoup plus répandue et déjà décrite précédemment.

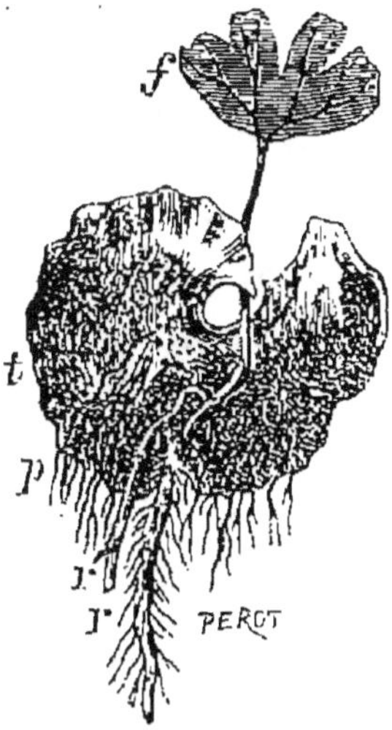

Fig. 315. — Prothalle (*t*) de Fougère ayant émis à sa face inférieure des rhizoïdes (*p*). D'un œuf est née une jeune Fougère (*f*), dont les racines sont représentées en *r* et *r'*.

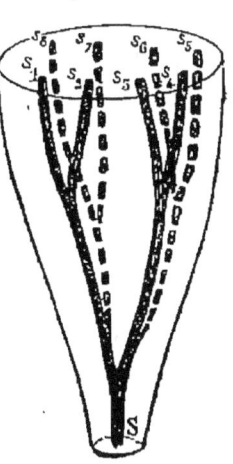

Fig. 316. — Schéma de la ramification de la stèle primitive dans une jeune tige de Fougère.

Résumé du développement. — Si nous jetons un regard rétrospectif sur le développement total de la Fougère, que nous venons d'étudier, nous voyons qu'elle passe successivement par deux états très différents : l'un feuillé, l'autre beaucoup plus simple. C'est à l'état feuillé que la Fougère produit des spores de dissémination ou spores de passage[1]. Une spore, en germant, donne naissance à un organisme simple, rappelant le corps d'un Thallophyte, à un prothalle. C'est celui-ci seulement qui produit un œuf; cet œuf germe sur place et donne naissance à un nouveau pied feuillé de Fougère. A l'état feuillé, la Fougère ne forme jamais que des spores; à l'état de prothalle, elle ne forme jamais que des œufs. Les spores mises en liberté par la Fougère feuillée ne donnent jamais que des prothalles; l'œuf formé sur le prothalle ne donne jamais qu'une Fougère feuillée. Il y a, en un mot, une alternance forcée entre les deux états par lesquels passe successivement la Fougère au cours de son développement, qui peut être résumé par le tableau suivant :

$$\text{anthéridie anthérozoïde}$$
$$\nearrow A \rightarrow a$$
$$F.\ f. \rightarrow S \rightarrow s \rightarrow Pr \qquad \downarrow$$
$$\text{Fougère feuillée Sporange Spore Prothalle} \searrow O \rightarrow o \rightarrow \omega \rightarrow F.\ f.$$
$$\text{de passage} \qquad \text{Archégone Oosphère Œuf Fougère feuillée.}$$
$$\longleftarrow Sporophyte \longrightarrow \quad \longleftarrow Gamétophyte \longrightarrow \quad \longleftarrow Sporophyte \longrightarrow$$

Dans ce cycle de développement, on peut distinguer, comme chez les Bryophytes, deux tronçons : 1° le *gamétophyte* ou tronçon qui donne naissance aux gamètes : il va depuis la spore de passage jusqu'à l'œuf; 2° le *sporophyte*, ou tronçon qui donne naissance aux spores : il va depuis l'œuf jusqu'à la spore de passage.

---

[1]. Van Tieghem, remarquant avec raison que les spores des Ptéridophytes (ainsi d'ailleurs que celles des Phanérogames) diffèrent profondément, par leur origine et par le résultat de leur germination, des spores de Thallophytes et des spores de Bryophytes, leur a donné le nom spécial de *diodes*.

Comparaison avec le développement des Bryophytes. — Si on se rappelle le développement des Mousses, on ne manquera pas d'être frappé des ressemblances que présentent le mode de développement de ces plantes et celui des Fougères : chez les unes comme chez les autres on observe, au cours du développement, une alternance régulière de formes que l'influence du milieu est impuissante à troubler; dans l'un et l'autre cas, le cycle de développement comprend un tronçon gamétophyte et un tronçon sporophyte.

Mais tandis que, chez les Mousses, c'est la forme feuillée qui produit l'œuf, qui est sexuée, qui constitue en un mot le gamétophyte, c'est au contraire, chez les Fougères, à la forme simple, au prothalle, qu'est réservé ce rôle. Chez les Mousses, c'est la forme simple, le sporogone, qui est greffée sur la forme feuillée; chez les Fougères, au contraire, c'est la forme feuillée qui est greffée sur la forme simple, sur le prothalle. Les Fougères, comme les Mousses, sont des plantes vivipares; l'œuf formé se développe sur la plante mère; c'est seulement après la formation des spores de passage, organes de dissémination, que le développement d'une Mousse ou d'une Fougère se trouve coupé en deux tronçons.

Cette comparaison est rendue plus tangible par l'examen des deux diagrammes que voici :

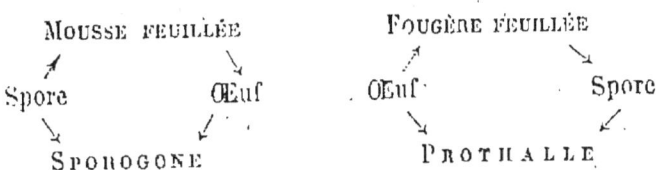

Il suffit d'en peser les termes pour comprendre qu'on ne peut trouver d'intermédiaire entre le développement des Mousses et celui des Fougères ou, d'une manière plus générale, entre le développement des Bryophytes et celui des Ptéridophytes.

On voit ainsi que l'étude du développement vient confirmer les résultats fournis par la morphologie externe et l'anatomie, en nous montrant qu'il y a beaucoup plus de différences entre un Bryophyte et un Ptéridophyte qu'entre un Thallophyte et un Bryophyte. Par là se trouve approfondi, s'il était nécessaire, le fossé qui sépare les plantes cellulaires, ou *Arhizophytes*, dépourvues de racines, des plantes vasculaires, ou *Rhizophytes*, qui en sont pourvues.

Multiplication. — Les Fougères peuvent se multiplier de diverses façons.

Souvent des bourgeons adventifs se forment sur les feuilles : détachés de l'organe qui les a formés, ces bourgeons tombent sur le sol, s'enracinent et chacun d'eux constitue une sorte de bouture naturelle qui reprend bientôt tous les caractères de l'espèce qui l'a fourni.

Un prothalle, divisé naturellement ou artificiellement au cours de son développement, peut donner naissance à plusieurs pieds distincts.

A la surface du prothalle peuvent aussi se former des sortes de bourgeons pluricellulaires qui s'en détachent et dont chacun reconstitue bientôt un nouveau prothalle identique au premier ; ces bourgeons de dissémination ont reçu le nom de *propagules*, terme que nous avons déjà rencontré dans l'étude de la multiplication des Mousses ; ici, comme chez les Bryophytes, ces propagules sont à proprement parler des spores, au sens que nous avons donné à ce mot chez les Thallophytes.

Fig. 317. — Feuille fertile d'*Ophioglossum*.

Les Marattinées. — C'est au voisinage immédiat des Fougères qu'il faut placer des plantes dont le port général, la structure et le mode de développement rappellent tout à fait ceux des Fougères, mais chez lesquelles le sporange, au lieu de provenir d'une cellule unique, tire son origine d'un massif pluricellulaire. Tel est le genre *Marattia*, ou encore le genre *Ophioglossum*, chez lequel la feuille fertile (*fig.* 317) porte, sur la face supérieure d'un limbe lancéolé, un lobe allongé dont la surface se couvre, à sa maturité, de sporanges et se colore entièrement en brun. Ces genres composent l'ordre des *Marattinées*.

Les Hydroptérides. — C'est encore au voisinage des Fougères qu'il convient de placer les *Hydroptérides* (Fougères d'eau), plantes vasculaires et cryptogames qui habitent les lieux très humides ou la surface des eaux dormantes. Chez elles, les organes producteurs des spores, les « fruits », comme on les appelle quelquefois, d'ailleurs très improprement, se développent au voisinage des racines ou des organes qui en tiennent lieu : de là vient le nom de *Rhizocarpées* qui sert généralement à désigner ces plantes.

Étude d'un type : Salvinia natans. — Comme type de l'ordre des Hydroptérides, étudions la Salvinie nageante (*Salvinia natans*) (*fig.* 318).

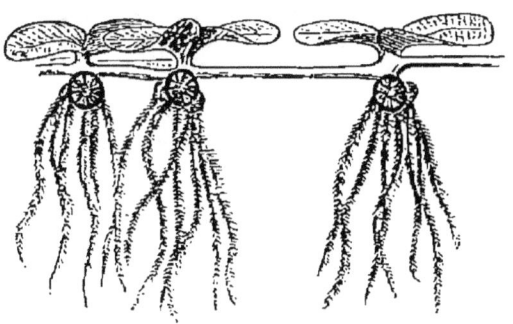

Fig. 318. — *Salvinia natans* (aspect général).

L'appareil végétatif de la plante comprend une tige flottante et grêle qui porte, de distance en distance, des verticilles de trois feuilles. Deux de ces feuilles, brièvement pétiolées, ont un limbe aplati et vert qui s'épanouit dans l'air; la troisième, qui se développe dans l'eau, se ramifie abondamment : ses ramifications très grêles sont couvertes de poils absorbants; elles possèdent l'aspect et jouent le rôle de racines. Comme les points d'insertion des feuilles alternent d'un verticille au suivant, la tige porte sur sa face aérienne quatre rangs de feuilles vertes et, sur sa face aquatique, deux rangs de feuilles transformées en racines. Il n'y a pas de racine véritable. La ramification de la tige se fait par des bourgeons latéraux, qui naissent au voisinage des feuilles.

A l'époque de la reproduction, on voit se former, à la base de la feuille submergée, un petit nombre (4 à 8) de petits organes sphéroïdaux et pédicellés qui se colorent en noir à la maturité; leur surface porte quelques côtes méridiennes qui lui donnent, en petit, une certaine ressemblance avec celle d'un melon : l'organe possède un axe de symétrie, prolongement du *pédicelle*, et deux pôles qui sont les points de rencontre de cet axe avec sa surface.

Les coupes transversales ou longitudinales faites dans un de ces organes (*fig.* 319) montrent qu'il est occupé intérieurement par une vaste cavité que limite une paroi creusée elle-

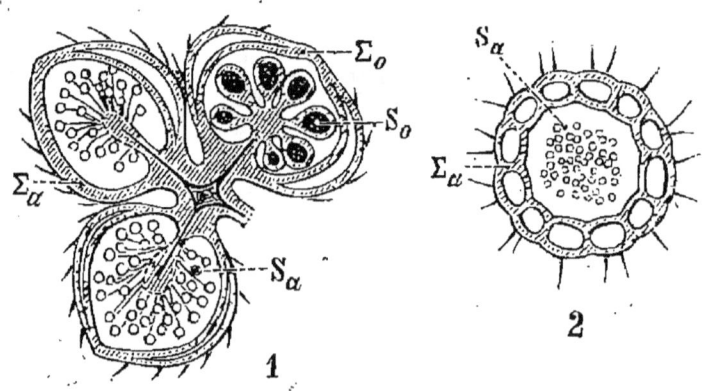

Fig. 319. — Sporocarpes de *Salvinia natans* (1, en coupe longitudinale; 2, en coupe transversale). — Σa, sporocarpe à microsporanges (Sa); Σo, sporocarpe à macrosporanges (So).

même de lacunes : cette paroi est, en réalité, constituée par deux assises extrêmes de cellules que relient l'une à l'autre des cloisons longitudinales, dont chacune comprend un seul plan de cellules. Les côtes extérieures correspondent aux lacunes longitudinales ainsi déterminées. Du fond de la cavité centrale, dans le prolongement du pédicelle, s'élève une sorte de colonnette renflée à son extrémité libre en forme de tête sphérique. Cette tête supporte à son tour, aux extrémités de filaments grêles, un grand nombre de petits sporanges dont chacun contient, sous une enveloppe formée d'une seule assise de cellules, 64 petites spores, groupées par tétrades au sein d'une matière gélatineuse. A cause de leurs petites dimensions, ces spores sont qualifiées de *microspores;* le sporange qui les contient est un *microsporange;* on donne le nom de *sporocarpe* à l'organe volumineux qui enferme et protège les microsporanges. Quand on étudie le mode de formation des parois du sporocarpe, on observe qu'elles apparaissent d'abord sous la forme d'un bourrelet circulaire qui entoure à sa base le support commun de tous les microsporanges; puis ce bourrelet, se développant davantage et s'élevant au-dessus des microsporanges, vient rapprocher ses bords de manière à limiter une cavité absolument close. Le groupe des microsporanges peut être assimilé à un sore de Fougère et les parois du sporocarpe sont l'homologue d'une indusie.

Certains sporocarpes se montrent un peu plus aplatis que les autres au voisinage de leurs pôles et, par suite, plus renflés au niveau de l'équateur. Des coupes faites dans un de ces derniers montrent qu'ils possèdent à peu près la même structure que les autres; mais les sporanges qu'ils renferment sont moins nombreux et plus gros; des 64 spores dont chacun d'eux ébauche la formation, une seule achève son développement, qui arrête celui de toutes les autres : cette spore unique est très volumineuse; sa membrane est doublée extérieurement d'une masse gélatineuse, desséchée, creusée de nombreuses cavités qui la rendent spongieuse et appelée *épispore*. Cette spore volumineuse est une *macrospore* et le sporange qui la contient est un *macrosporange*.

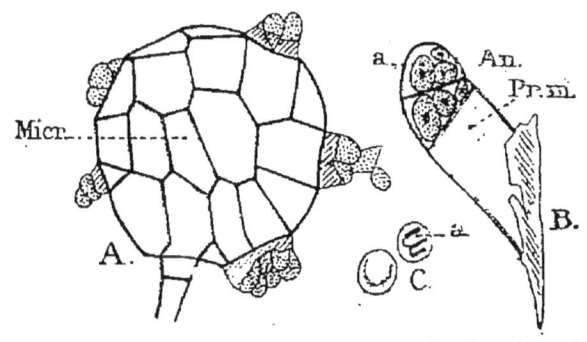

Fig. 320. — *Salvinia natans*. — A, germination des microspores à l'intérieur d'un microsporange ; B, prothalle mâle (Pr.m.), anthéridie (An.) et anthérozoïdes (a), provenant d'un microsporange ; C, deux anthérozoïdes, encore enroulés sur eux-mêmes.

En automne, les sporocarpes mûrs se détachent de leurs pédicelles et sont mis en liberté dans l'eau; pendant le cours de l'hiver, les sporanges sont disséminés à leur tour par la dissociation des parois des sporocarpes. Au printemps, les spores entrent en germination.

Les microspores germent à l'intérieur du microsporange qui les contient (*fig.* 320). Le protoplasme de chacune d'elles, enveloppé de l'endospore, forme un tube germinatif qui perce la paroi de la microspore, puis celle du microsporange et, plus tard, se cloisonne transversalement de manière à isoler à son extrémité un segment rempli d'un protoplasme très dense. Ce segment ne tarde pas à se diviser, à son tour, en deux cellules dont chacune forme quatre anthérozoïdes spiralés : plus tard, la déhiscence des parois de ces cellules met en liberté les huit anthérozoïdes. L'ensemble des deux cellules qui ont formé les anthérozoïdes peut être assimilé à une anthéridie. Le tube germinatif résultant du développement de la microspore peut être comparé à un prothalle dépourvu de chlorophylle, dont la partie végétative serait très rudimentaire et qui porterait une anthéridie bien développée. Jamais ce prothalle ne porte d'archégone : c'est un prothalle exclusivement mâle.

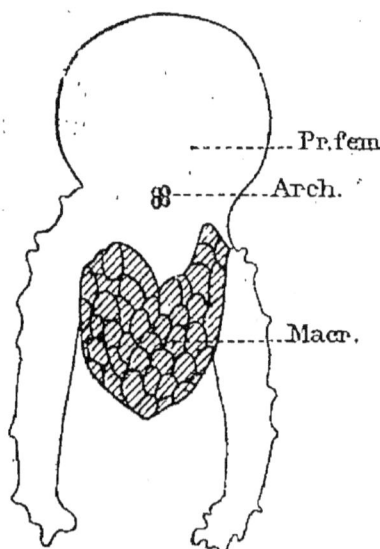

Fig. 321. — *Salvinia natans*. — Germination de la macrospore dans son macrosporange. — Macr., paroi du macrosporange; Pr.fem., prothalle femelle; Arch., archégone.

En germant, le corps protoplasmique de la macrospore, enveloppé de son endospore, perce l'exospore, puis l'épispore, enfin la paroi du macrosporange qui se déchire en trois valves. Le sommet seul de la macrospore, formé d'un protoplasme très dense avec un gros noyau, se sépare du reste de la macrospore, qui constitue une réserve nutritive, par une cloison en forme de calotte. Cette partie saillante ne tarde pas à se développer, à diviser son noyau, puis à se cloisonner : elle forme bientôt un prothalle qui verdit, même à l'obscurité, et qui prend une forme assez compliquée (*fig.* 321); on l'a comparée à celle d'un chapeau tricorne qui reposerait sur l'ouverture du macrosporange, ses trois angles alternant avec les trois valves. Le bord antérieur serait relevé et les deux angles adjacents à ce bord se prolongeraient par deux lames retombant de part et d'autre du macrosporange. Sur le prothalle ainsi constitué se développent successivement un certain nombre d'archégones; celui qui paraît le premier est placé sur la ligne médiane qui représente l'axe de symétrie du prothalle, en arrière du bord antérieur relevé. Jamais ce prothalle ne forme d'anthéridie : c'est donc un prothalle exclusivement femelle.

De l'union d'un anthérozoïde avec une oosphère résulte un œuf, qui germe sur place; l'embryon qui en provient est greffé sur le prothalle inclus dans le macrosporange; bientôt, en se développant, il reconstitue un nouveau pied de Salvinie, plus ou moins semblable au premier; en même temps se détruisent et disparaissent le prothalle, la partie nutritive de la macrospore et le macrosporange lui-même.

On peut par le tableau suivant résumer le mode de développement de la Salvinie nageante et, d'une manière plus générale, celui des Hydroptérides.

←—*Sporophyte femelle*—→ ←—*Gamétophyte mâle*—→

$$\text{P. f. Plante feuillée} \begin{cases} \Sigma_a \to S_a \to s_a \to Pr_a \to A \to a \\ \Sigma_o \to S_o \to s_o \to Pr_o \to O \to o \to \omega \to P. f. \end{cases}$$

Sporocarpe à microsporanges, Microsporange, Microspore, Prothalle mâle, Anthéridie, Anthérozoïde

Sporocarpe à macrosporanges, Macrosporange, Macrospore, Prothalle femelle, Archégone, Oosphère, Œuf, Plante feuillée

←— *Sporophyte femelle* —→ ←—*Gamétophyte femelle*—→ ←—*Sporophyte*

Ce développement, qui rappelle, dans son ensemble, celui

des Fougères, en diffère cependant par deux caractères essentiels. Les Hydroptérides possèdent deux sortes de prothalles, les uns mâles, les autres femelles, qui proviennent de deux sortes différentes de spores; les microspores fournissent des prothalles mâles, et les macrospores, des prothalles femelles. Autrement dit, le tronçon gamétophyte est ici entièrement dédoublé en gamétophyte mâle et gamétophyte femelle; le tronçon sporophyte ne l'étant qu'en partie. On peut résumer d'un mot cette différence en disant que les Hydroptérides sont *hétérosporées*, tandis que les Fougères sont *isosporées*. De plus, les spores germent à l'intérieur même des sporanges qui les ont produites, d'où il résulte que les prothalles eux-mêmes restent inclus dans les sporanges.

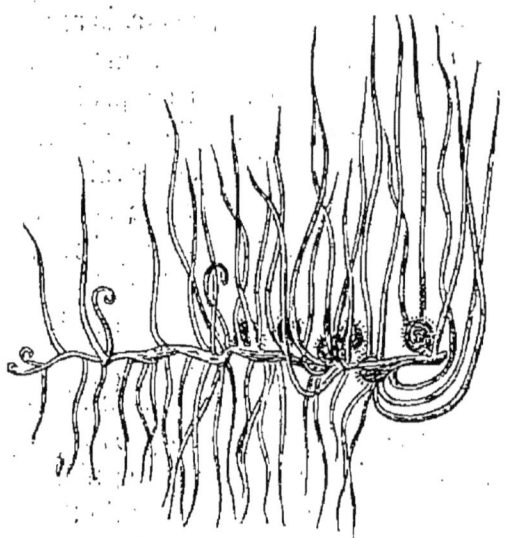

Fig. 322. — *Pilularia globulifera*.

Fig. 323. — *Marsilia quadrifolia*.

Autres exemples. — C'est encore à l'ordre des Hydroptérides qu'appartient le genre *Azolla*, dont le développement est presque identique à celui de *Salvinia*. Chez *Pilularia globulifera* (*fig.* 322), la tige, pourvue de véritables racines, porte à sa face supérieure deux rangs de feuilles longues et grêles, isolées et distiques. Chez *Marsilia quadrifolia* (*fig.* 323), les feuilles ont des pétioles dressés qui se terminent par quatre folioles disposées en croix. Dans les deux genres *Pilularia* et *Marsilia*, on n'observe qu'une seule sorte de sporocarpes, dont chacun contient à la fois des microsporanges et des macrosporanges.

Les Filicinées. — Les Fougères, les Marattinées et les Hydroptérides composent la classe des *Filicinées*, que caractérisent la grande taille des feuilles et la ramification latérale de la tige.

§ 2. — Les Equisétinées.

Les Prêles. — Un second type de Ptéridophytes nous est offert par le genre Prêle, vulgairement Queue de Cheval, en latin *Equisetum*.

Appareil végétatif. — L'appareil végétatif d'une Prêle (*fig.* 324) comprend une tige souterraine vivace, ordinairement horizontale. Sur cette tige souterraine se dressent, de distance en distance, des tiges verticales et aériennes. La surface d'une tige aérienne porte des crêtes longitudinales, alternant régulièrement avec des sillons : elle est, en quelque sorte, cannelée. De distance en distance, à des niveaux équidistants, qui représentent des nœuds, la tige porte des verticilles de feuilles très réduites, concrescentes en une sorte de gaine ou de collerette qui enveloppe la base de l'entre-nœud immédiatement supérieur. Chaque dent de la collerette, correspondant à une feuille, est directement superposée à une des crêtes de l'entre-nœud inférieur. D'un entre-nœud au suivant, les crêtes alternent et d'un nœud à l'autre on observe une semblable alternance entre les feuilles qui composent la gaine.

La ramification de la tige est verticillée. Les rameaux prennent naissance au-dessous d'une gaine foliaire, alternent avec les dents de cette gaine et paraissent percer les couches superficielles de la tige principale pour se faire jour au dehors : ils semblent, en un mot, endogènes. En réalité, si on suit de près le début du développement d'une branche, on

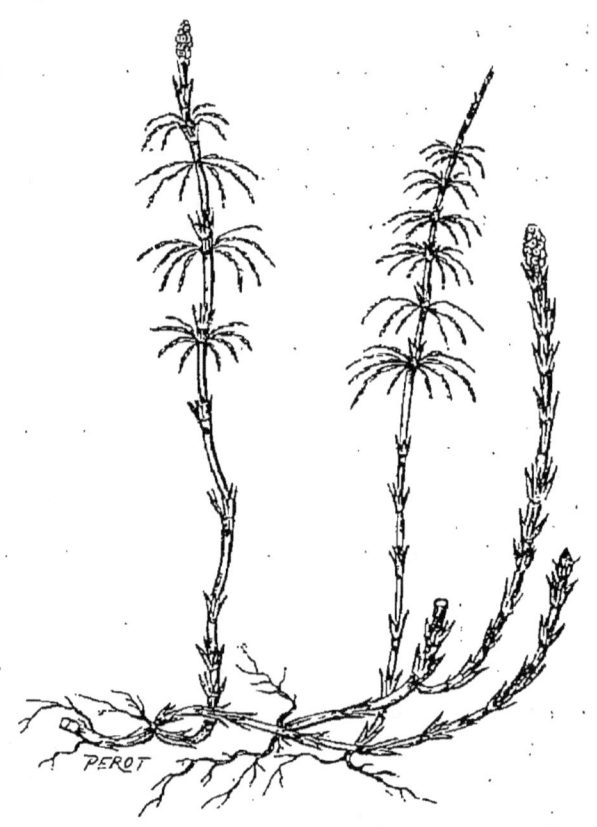

Fig. 324. — Prêle.

voit que cette branche prend naissance à l'aisselle de la gaine, entre celle-ci et l'entre-nœud supérieur, et qu'elle est exogène; son insertion et son origine sont donc conformes à la règle générale. Mais comme la gaine, très rapprochée de la tige, ne tarde pas à se souder à celle-ci au-dessus de la branche, cette dernière, pour se faire jour au dehors, doit percer la région inférieure de la gaine, ce qui explique l'exception apparente qu'on observe au premier abord (*fig*. 325).

La tige souterraine a une surface à peu près arrondie :

les cannelures y sont beaucoup moins marquées que sur la tige aérienne.

Les racines sont uniquement latérales; elles prennent

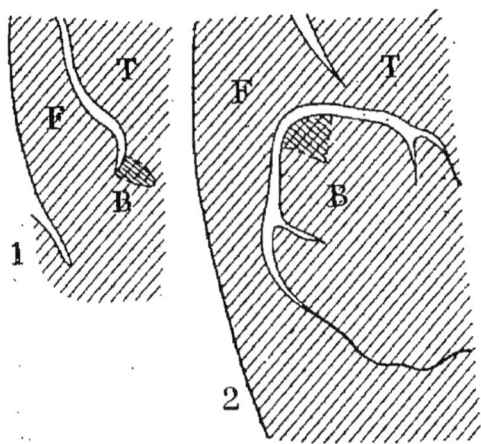

Fig. 325. — Formation d'un rameau chez une Prêle (schéma). — A gauche, le rameau est à peine ébauché; à droite, il est beaucoup plus développé. La cellule initiale du rameau est marquée de hachures serrées. — T, tige principale; F, feuille; B, rameau.

naissance au niveau des nœuds, soit sur la tige souterraine, soit sur les parties inférieures des pousses aériennes, surtout lorsqu'elles sont couchées.

La structure de la tige des Prêles mérite d'être examinée de près.

Une coupe transversale faite vers le milieu d'un entrenœud d'une tige aérienne montre (*fig.* 326) qu'elle est creusée autour de son axe d'une vaste lacune, résultant de la destruction des cellules d'un parenchyme primitivement plein. D'autres lacunes, beaucoup plus petites, sont contenues dans la région périphérique de la tige, en face des sillons. Un troisième système de lacunes, situées plus profondément, sont opposées aux crêtes et occupent les faces internes de faisceaux libéro-ligneux qui forment, à l'intérieur de la tige, un cercle unique. Toutes ces lacunes s'étendent d'un bout à l'autre de l'entre-nœud, elles sont interrompues au niveau des nœuds par des planchers transversaux.

L'épiderme de la tige a ses membranes externes fortement incrustées de silice ; cette incrustation leur donne une grande dureté, ce qui explique l'usage qu'on fait des tiges de certaines Prêles pour polir les métaux.

Au-dessous de l'épiderme s'étend une couche épaisse,

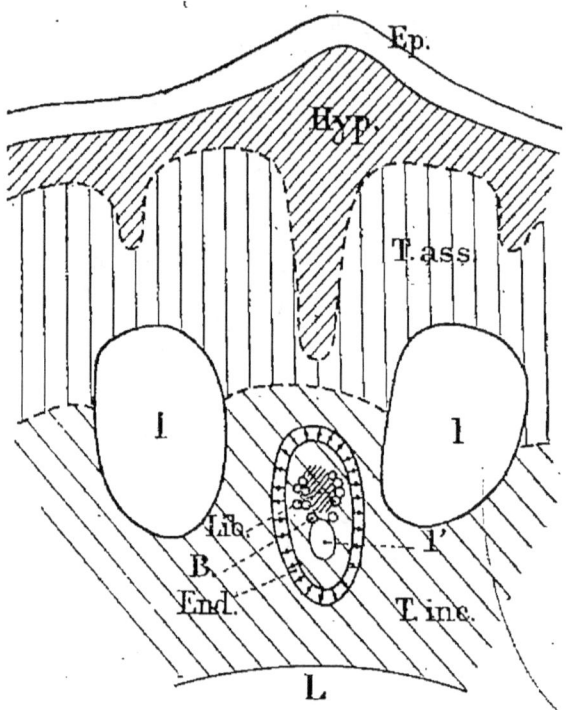

Fig. 326. — Une portion limitée d'une coupe transversale et schématique, faite dans un entre-nœud de la tige aérienne d'une Prêle. — Hyp., hypoderme ; T. ass., tissu assimilateur ; l., lacunes valléculaires ; l', lacunes carénales ; L, lacune axile ; T.inc., tissu incolore ; End., endoderme ; B, bois ; Lib., liber.

comprenant plusieurs assises de cellules dont les membranes sont épaissies et lignifiées : c'est un hypoderme scléreux. Il est surtout développé en face des carènes.

Sous cet hypoderme s'étendent plusieurs assises de cellules riches en corps chlorophylliens, qui jouent le rôle assimilateur : l'extrême réduction des feuilles chez les Prêles permet de comprendre que, par une sorte de compensation, la tige prenne une partie de la structure et des fonctions de la feuille. Au-dessous du tissu assimilateur s'étend, jusqu'au bord de la lacune centrale, un tissu dépourvu de chlorophylle. C'est vers la limite du parenchyme assimilateur et du parenchyme incolore que sont creusées les lacunes correspondant aux sillons.

Au sein du parenchyme incolore sont distribués les faisceaux libéro-ligneux. Le faisceau jeune possède deux rangées de vaisseaux ligneux disposés comme les deux branches d'un V et comprenant entre elles un îlot libérien. Plus tard les vaisseaux spiralés et annelés, qui occupent le sommet du V, se résorbent et disparaissent : de cette résorption résulte un espace aérifère qui n'est pas autre chose qu'une des lacunes correspondant aux crêtes.

Quelle est la disposition de l'endoderme par rapport aux faisceaux libéro-ligneux (*fig.* 327)? Pour donner à notre réponse plus d'exactitude, il est nécessaire de préciser l'espèce à

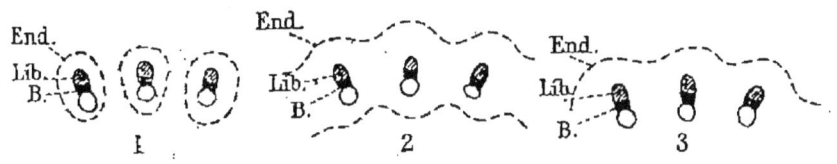

Fig. 327.

Trois dispositions différentes de l'endoderme dans la tige des Prêles. End., endoderme; Lib., liber; B., bois, bordé par une lacune.

laquelle appartient l'entre-nœud étudié. Supposons que ce soit la Prêle des bourbiers (*Equisetum limosum*). Chaque faisceau libéro-ligneux est enveloppé par un endoderme particulier, qui lui forme, à quelque distance, une sorte de gaine (1). Est-il possible, dès lors, de reconnaître dans la tige la présence d'un cylindre central ou stèle? On le pourrait à la rigueur; mais, par suite du morcellement de l'endoderme en un certain nombre de gaines distinctes dont chacune enveloppe un seul faisceau, la stèle se trouve décomposée en ses éléments fondamentaux : elle est, en quelque sorte, pulvérisée. C'est pour résumer en un mot cette dissociation subie par la stèle que Van Tieghem a proposé de considérer comme *astélique* (dépourvue de stèle) la structure de la tige des Prêles.

Ce type de structure subit d'ailleurs, dans les diverses espèces de Prêles, quelques variations. Dans la tige aérienne de la Prêle d'hiver (*Equisetum hyemale*), les endodermes se rapprochent côte à côte et confluent de manière à se fondre en deux endodermes communs, festonnés l'un et l'autre, dont l'un entoure extérieurement le cercle des faisceaux libéro-ligneux, tandis que l'autre le circonscrit intérieurement (2). Dans la Prêle des champs (*Equisetum arvense*), un seul des deux endodermes généraux ainsi constitués garde ses plissements caractéristiques : c'est l'endoderme externe ; et il résulte de cette réduction que la structure de la tige présente au premier abord la plus grande ressemblance avec une structure monostélique (3) ; mais, même dans ce cas, on peut s'assurer que l'endoderme interne reprend tous ses caractères au niveau des nœuds. Somme toute, la structure astélique se manifeste comme étant le type fondamental chez les Prêles.

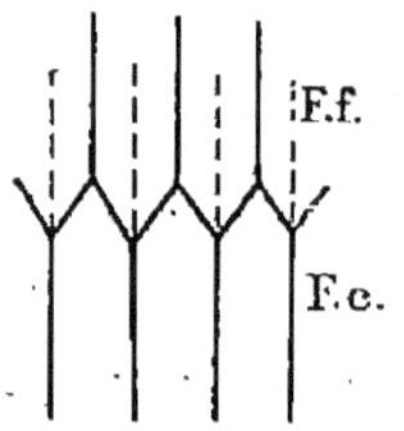

Fig. 328. — Disposition des faisceaux au niveau d'un nœud dans une tige de Prêle. — F.c., faisceau caulinaire ; F.f., faisceau foliaire.

On observe, de plus, au niveau des nœuds, une disposition particulière des faisceaux libéro-ligneux (*fig.* 328). Chacun des faisceaux qui montent le long de l'entre-nœud inférieur se prolonge par un faisceau très réduit qui se rend dans la feuille superposée ; mais en même temps il fournit deux rameaux latéraux et symétriques qui s'écartent au niveau du nœud : deux rameaux de cet ordre, provenant de deux faisceaux voisins, se réunissent en un faisceau unique qui monte dans l'entre-nœud supérieur.

Reproduction et développement. — Passons à l'étude du développement des Prêles.

A l'époque de la reproduction, certaines tiges aériennes, qui, chez quelques espèces, se distinguent des autres par leur aspect général et en particulier leur coloration, forment des sporanges à leurs extrémités. Au-dessus d'une des dernières collerettes de feuilles, la tige porte une sorte de bourrelet annulaire, représentant un verticille atrophié, après lequel elle se termine par un épi renflé en forme de massue (*fig.* 329). La surface de celle-ci se montre décomposée, par un système régulier de sillons, en un grand nombre d'écussons hexagonaux, disposés en verticilles successifs, étroitement serrés les uns contre les autres. Une coupe longitudinale faite dans cette massue montre (*fig.* 330) que chaque écusson est porté à l'extrémité d'un pédicelle fixé sur un axe qui n'est pas autre chose que l'extrémité de la tige fertile : l'écusson, avec son pédicelle, peut

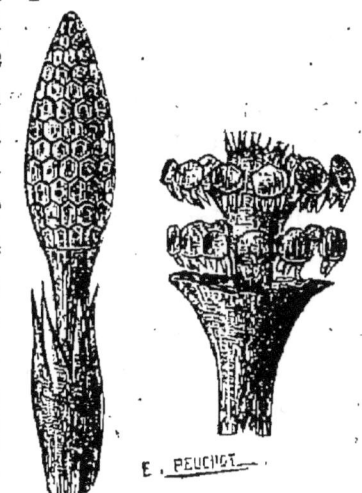

Fig. 329. — Épi sporifère d'une Prêle; à gauche, jeune et entier; à droite, mûr et réduit à ses deux verticilles inférieurs de feuilles fertiles.

être comparé à une sorte de clou à tête plate dont la pointe s'implanterait dans l'axe de l'épi; sa valeur morphologique est celle d'une feuille. La face inférieure de l'écusson, celle qui regarde l'axe de l'épi, porte un groupe de sporanges, dont le nombre varie entre cinq et dix : chaque sporange, arrivé à maturité, possède une membrane formée d'une seule assise de cellules et contient des spores groupées quatre par quatre. Quand on suit le développement d'un sporange, on voit qu'il naît sur le bord de l'écusson, par un massif de nombreuses cellules hypodermiques; au sein de ce massif, une cellule unique, bientôt différenciée de celles qui l'entourent, subit de nombreux cloisonnements et donne naissance au groupe des cellules-mères des spores, dont chacune en forme quatre. L'enveloppe qui protège extérieurement ce massif est d'abord for-

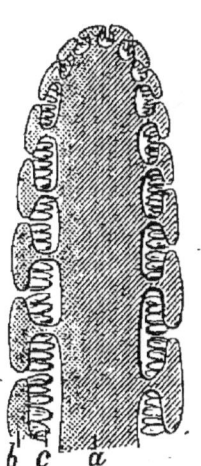

Fig. 330. — Coupe longitudinale et axile dans un épi sporifère de Prêle (schéma). — *a*, axe de l'épi; *b*, écussons portés par cet axe; *c*, sporanges.

mée de trois assises superposées ; puis les deux plus internes se résorbent et l'enveloppe se réduit à un seul plan de cellules.

A la maturité des sporanges, l'axe de l'épi subit un accroissement intercalaire, qui a pour effet de l'allonger et d'écarter les verticilles successifs d'écussons : les sporanges entrent alors en contact avec l'air extérieur ; sous l'influence de la sécheresse, chacun d'eux s'ouvre par une fente qui regarde le pédicelle de son écusson et met en liberté les spores qu'il contenait.

Quand la spore est mûre, la partie la plus externe de l'exospore se découpe en deux bandes enroulées en spirale autour de la spore, parallèlement l'une à l'autre ; puis chacune de ces bandes se coupe transversalement en deux tronçons et se détache du reste de l'exospore, à laquelle l'une et l'autre restent fixées par un point commun, opposé à leurs

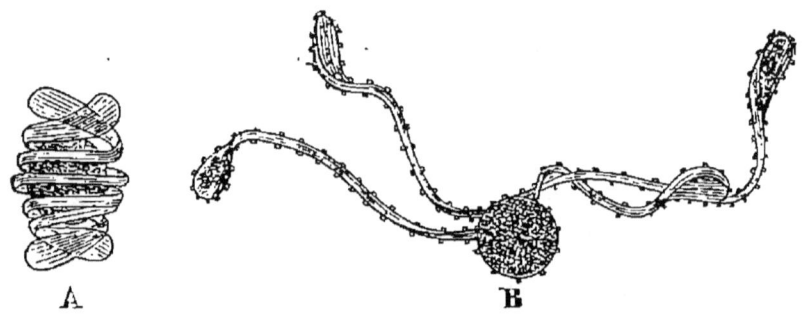

Fig. 331. — Une spore de Prêle, très grossie. — En A, les élatères sont enroulées ; en B, elles sont déroulées.

points de division : l'exospore porte, dès lors, quatre filaments disposés en croix, fixés en un même point de sa surface et enroulés autour d'elle en spirale. Sous l'influence de la sécheresse, et grâce à l'inégale lignification de ses deux faces, chacun de ces filaments a la propriété de se dérouler et de prendre une direction rectiligne ; sous l'influence de l'humidité, au contraire, il s'enroule autour de la spore (*fig.* 331). Projetées à la surface d'une lame de verre sur laquelle on souffle légèrement, des spores de Prêle se trouvent soumises à des alternatives de sécheresse et d'humidité : leurs filaments se déroulent et s'enroulent alternativement et les spores exécutent à la surface du verre des bonds fort curieux à observer. On comprend le rôle que peut jouer ce mécanisme dans la dissémination des spores : il est assez analogue à celui qui revient aux élatères des Hépatiques et au capillitium des Myxomycètes.

Toutes les spores produites par une espèce donnée de Prêles sont identiques entre elles : les Prêles sont isosporées; et cependant, si on observe la germination de ces

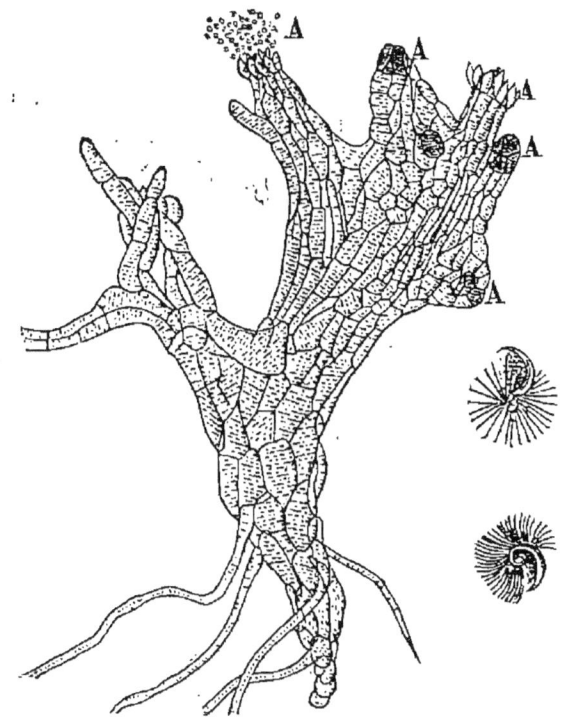

Fig. 332. — Un prothalle mâle de Prêle, très grossi. A, anthéridies. (Deux anthérozoïdes libres ont été figurés sur le côté, à un plus fort grossissement.)

spores, on voit qu'elles ne se comportent pas toutes de la même façon.

Une spore déterminée peut produire un prothalle de très petite dimension, ayant quelques millimètres de long, de couleur verte, présentant la forme d'un ruban plus ou moins découpé et constitué par une seule assise de cellules. Bientôt toutefois un des segments du prothalle se développe plus que les autres, prend plusieurs assises de cellules et forme, au voisinage de ses extrémités les plus saillantes, un certain nombre d'anthéridies. Chacune de celles-ci contient de cent à cent cinquante anthérozoïdes, volumineux, formant deux ou trois tours de spire et portant de nombreux cils vibratiles. C'est un prothalle mâle (*fig.* 332).

Une autre spore, en germant, pourra former un prothalle, vert comme le précédent, mais dont les dimensions atteindront jusqu'à 1 ou 2 centimètres. Vers les parties profondes de son contour irrégulier, se formeront des archégones dont les cols seront dirigés vers le haut. C'est un prothalle femelle (*fig.* 333).

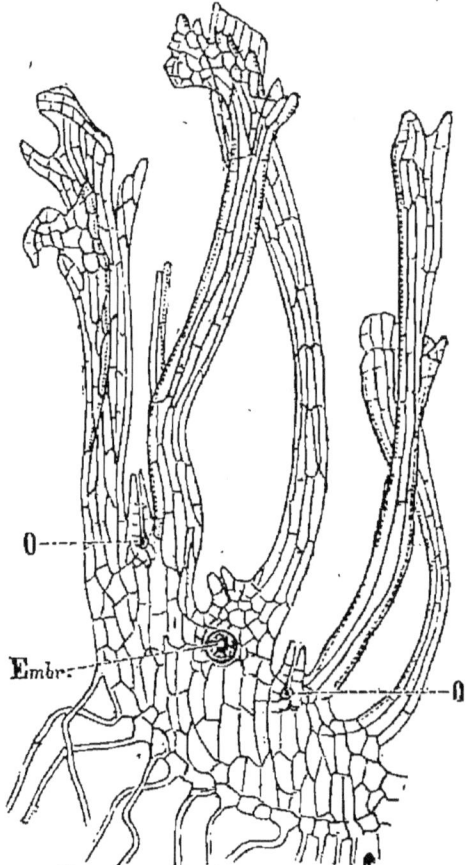

Fig. 333. — Prothalle femelle de Prêle, très grossi. — O, archégones ; *Embr.*, embryon.

De l'union d'un anthérozoïde et d'une oosphère résulte un œuf, qui, germant sur le prothalle où il s'est formé, reconstitue peu à peu un nouveau pied de Prêle, semblable au premier.

Ce développement peut être résumé par le tableau suivant.

$$\text{P. f.} \to S \begin{array}{c} \nearrow \\ \searrow \end{array} \begin{array}{c} s \to \text{Pra} \to A \to a \\ \\ s \to \text{Pro} \to O \to o \to \omega \to \text{P. f.} \end{array}$$

(Prêle feuillée — Sporange — Spore — Prothalle femelle / mâle — Anthéridie — An — Archégone — Oosphère — Œuf — Prêle feuillée)

On voit qu'il diffère de celui des Fougères par l'existence de deux sortes de prothalles, les uns mâles, les autres femelles. Il se distingue, d'autre part, du développement des Hydroptérides par l'uniformité des spores et par la dissémination de celles-ci en dehors de leurs sporanges respectifs, avant toute germination.

Les Équisétinées. — La famille des *Équisétacées*, avec le seul genre *Equisetum*, comprenant 25 espèces, forme à elle seule, dans la nature actuelle, la classe entière des *Équisétinées*. Les plantes de cette classe sont caractérisées par l'état rudimentaire et la disposition verticillée de leurs feuilles, en même temps que par la ramification verticillée de leurs tiges, conséquence directe de la disposition phyllotaxique.

§ 3. — Les Lycopodinées.

Les Lycopodes. — Un dernier type de Ptéridophytes nous sera fourni par les plantes du genre Lycopode, de la famille des *Lycopodiacées*.

Appareil végétatif. — La tige d'un Lycopode est couverte de feuilles petites et étroitement serrées les unes contre les autres, de manière à offrir une certaine ressemblance avec les feuilles des Mousses (*fig.* 334); mais, malgré la grande simplicité de son organisation, la feuille d'un Lycopode se distingue toujours de celle d'une Mousse par l'existence d'une véritable nervure médiane, à structure vasculaire.

Ajoutons que la tige d'un Lycopode offre dans toute son organisation une supériorité encore plus marquée sur la tige d'une Mousse.

La ramification de la tige est latérale, sans qu'elle paraisse offrir une relation bien directe avec la disposition des feuilles; mais, comme la branche se développe souvent tout autant que la tige principale, qu'elle tend à rejeter de côté, la tige paraît au premier abord bifurquée.

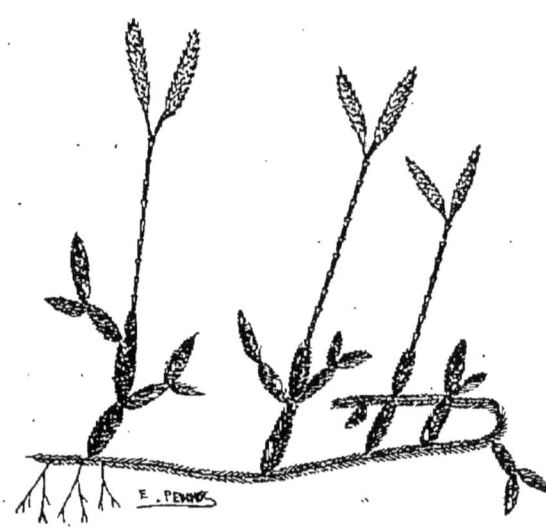

Fig. 334. — Lycopode.

Ce qui n'est qu'une apparence dans la tige devient une réalité dans la racine des Lycopodes. Au lieu de porter des radicelles latérales, comme la racine des autres plantes vasculaires, la racine principale se divise à son extrémité en deux racines secondaires, qui paraissent, dès leur origine, équivalentes; les deux branches ainsi formées se bifurquent à leur tour, et ainsi de suite : la racine se ramifie, en un mot, par dichotomies successives.

Reproduction et développement. — A l'époque de la reproduction, certaines pousses feuillées forment, à leurs extrémités, des sortes d'épis où les feuilles sont ordinairement plus petites et plus serrées que sur les rameaux stériles. En écartant les feuilles d'un de ces épis, on reconnaît (*fig.* 335) que chacune d'elles porte à sa face supérieure, au voisinage de son point d'insertion sur l'axe, un sporange volumineux et sessile, qui enferme, sous une enveloppe formée de deux assises cellulaires, un grand nombre de spores brunes groupées en tétrades.

Au début de la formation d'un sporange, on voit se produire, vers la base de la face supérieure de la feuille fertile, une sorte de bourrelet transversal, tapissé par l'épiderme, au-dessous duquel les cellules de l'assise sous-épidermique prennent un développement considérable et se cloisonnent abondamment pour produire les cellules-mères des spores. Par deux divisions successives, l'assise externe forme trois assises superposées, dont la plus interne se résorbe pour fournir des éléments à la nutrition des spores. Chaque cellule-mère produit quatre spores.

Arrivé à maturité, le sporange s'ouvre par une fente transversale et met en liberté les spores sous forme d'une poudre qu'on recueille parfois en quantité considérable et qui est connue dans le commerce sous le nom de « poudre de Lycopode ».

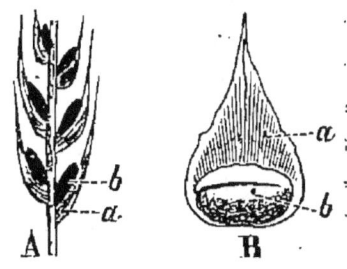

Fig. 335. — Appareil sporifère d'un Lycopode, grossi (A, coupe longitudinale et schématique de l'épi sporifère; B, une feuille fertile, vue par sa face supérieure). — *a*, une feuille fertile; *b*, un sporange.

A la germination, la spore produit un prothalle dont la forme et la couleur varient beaucoup suivant l'espèce que l'on considère : il peut se renfler et devenir tuberculeux dans quelques-unes de ses parties; il est incolore chez certaines espèces où il se développe sous l'écorce des arbres, vert dans d'autres où il se développe à l'air libre. Ce prothalle produit à la fois des anthéridies et des archégones; les anthérozoïdes ont un corps spiralé muni de deux cils vibratiles antérieurs. L'œuf formé sur le prothalle se développe en un nouveau pied de Lycopode semblable au premier.

Malgré les différences essentielles qui distinguent l'appareil végétatif et l'appareil reproducteur d'un Lycopode, des appareils correspondants chez une Fougère, on voit que le développement total de la plante suit, d'une manière générale, la même marche, qui pourrait être résumée par le même tableau.

Les Sélaginelles : appareil végétatif. — Les Sélaginelles sont des plantes originaires des pays chauds, fréquemment employées pour former les bordures dans les serres chaudes et dont l'aspect général rappelle celui des Lycopodes. Cependant leur tige présente ce caractère particulier de se ramifier dans un seul plan par une fausse dichotomie et, d'ailleurs, l'étude de la structure et du développement de leur appareil végétatif montre qu'il diffère de celui des Lycopodes par quelques caractères très importants. Mais c'est surtout dans l'appareil reproducteur des Sélaginelles et dans leur mode général de développement que nous verrons s'accentuer les différences.

Reproduction et développement. — L'appareil sporifère se présente, comme chez les Lycopodes, sous la forme d'une sorte d'épi garni de feuilles plus petites que les feuilles végétatives. Des sporanges se forment encore sur les faces supérieures des feuilles, au voisinage de leurs bases ;

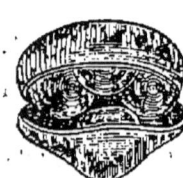

Fig. 336. — Un macrosporange de Sélaginelle.

mais les sporanges sont ici de deux sortes. Les uns, voisins du sommet de l'épi, prennent à la maturité une coloration rougeâtre ; chacun d'eux contient un grand nombre de petites spores groupées quatre par quatre : ce sont des *microspores*, enfermées dans un *microsporange*. Les autres prennent, à la maturité, une coloration jaunâtre ; chacun d'eux contient quatre spores volumineuses : ce sont des *macrospores*, enfermées dans un *macrosporange* (*fig.* 336).

A la maturité, chaque sporange s'ouvre par une fente transversale, voisine de son sommet.

La microspore commence à germer à l'intérieur même du sporange, avant sa déhiscence. Elle se divise en deux cellules ; l'une, stérile, représente la partie végétative du prothalle ; l'autre, fertile, beaucoup plus volumineuse que la première, subit divers cloisonnements qui isolent, autour de son centre, deux ou quatre cellules mères d'anthérozoïdes, protégées par une enveloppe extérieure : elle représente une anthéridie. Arrivés à maturité, les anthérozoïdes sont courts, renflés en arrière, aigus en avant, avec deux cils vibratiles.

REPRODUCTION ET DÉVELOPPEMENT. 513

C'est alors seulement que l'exospore se rompt ; cette rupture est suivie de celle de l'endospore, puis de la couche pariétale de l'anthéridie; les anthérozoïdes sont mis en liberté.

La macrospore se divise d'abord, avant même la déhiscence du sporange, en deux cellules très inégales. La plus petite, qui fait bientôt saillie vers l'extérieur en déchirant l'exospore, forme, en se cloisonnant, un prothalle qui produit ensuite plusieurs archégones (*fig.* 337).

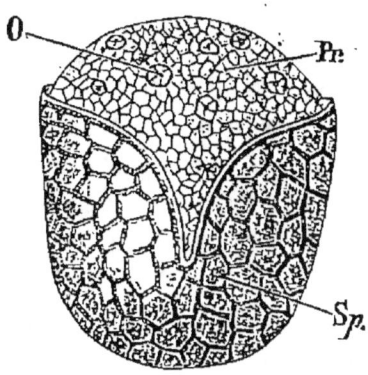

Fig. 337. — Germination d'une macrospore de Sélaginelle. — Sp., membrane de la macrospore; Pr., prothalle femelle; O, archégones.

L'autre constitue une sorte de réserve nutritive, d'abord indivise, qui se cloisonne plus tard en un grand nombre de cellules.

L'œuf formé sur le prothalle femelle subit, au moment de sa germination, un premier cloisonnement qui le divise en deux cellules superposées. La cellule la plus éloignée du col produit, par ses cloisonnements successifs, l'embryon d'une plante nouvelle. La cellule la plus rapprochée du col se cloisonne

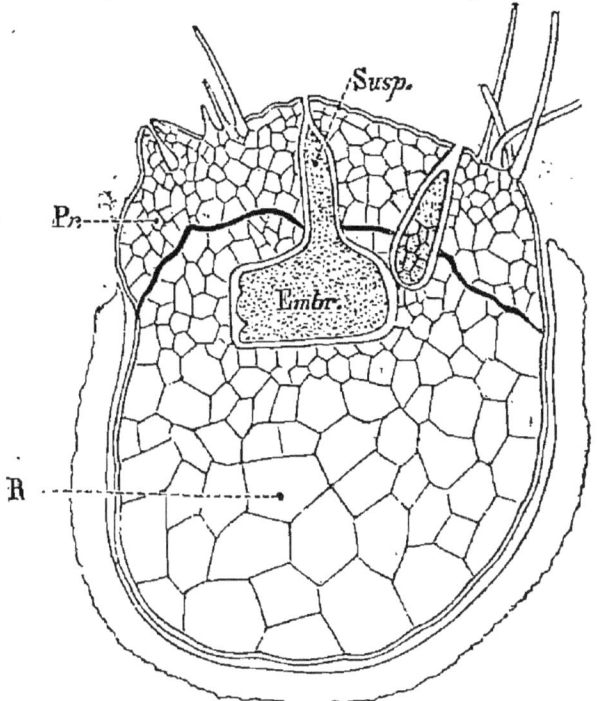

Fig. 338. — Germination d'un œuf de Sélaginelle. — R. tissu de réserve ; Pr., prothalle femelle ; Susp., suspenseur; Embr., embryon.

de manière à former une sorte de filament allongé ou *suspenseur*, qui enfonce l'embryon dans le tissu de réserve constitué au-dessous du prothalle (*fig.* 338): l'embryon, en se développant, épuise cette réserve nutritive et reconstitue peu à peu un pied nouveau de Sélaginelle.

On voit que le développement des Sélaginelles diffère notablement de celui des Lycopodes. Il se rapproche, au contraire, sensiblement de celui des Hydroptérides : 1° par la présence de deux sortes de spores, fournissant deux sortes de prothalles; 2° par la germination précoce des spores à l'intérieur même des sporanges qui les contiennent. L'existence d'un tissu de réserve placé en dehors du prothalle et la formation d'un suspenseur qui pousse l'embryon à l'intérieur de ce tissu de réserve sont, d'autre part, comme nous le verrons ultérieurement, autant de caractères qui permettent de rapprocher, dans une certaine mesure, le développement des Sélaginelles de celui des Phanérogames.

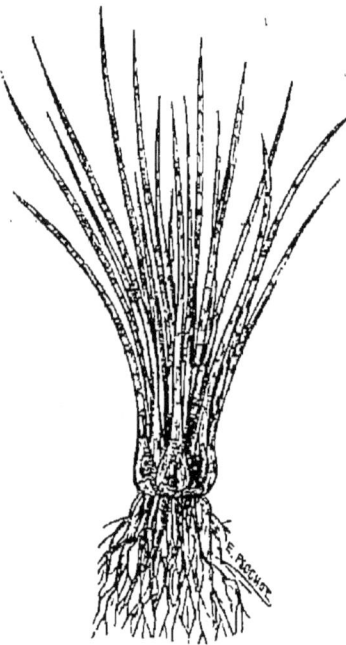

Fig. 339. — Un pied d'*Isoëtes*.

Les Isoëtes. — C'est encore au voisinage des Lycopodes qu'il faut placer les plantes du genre *Isoëtes*, qui se rapprochent des Sélaginelles par l'existence de deux sortes de spores, mais qui diffèrent aussi bien des Sélaginelles que des Lycopodes par l'aspect général de leur appareil végétatif (*fig.* 339). Il se compose d'une tige simple et courte, qui porte des feuilles longues et lancéolées, épaisses vers leur base et disposées en une série de rosettes étroitement serrées.

Les Lycopodinées. — Les *Lycopodiacées*, les *Sélaginellées* et les *Isoëtées* composent la classe des *Lycopodinées*, caractérisées généralement par les petites dimensions

CONSIDÉRATIONS GÉNÉRALES.

de leurs feuilles et la ramification plus ou moins dichotome de leurs organes axiles.

Classification des Ptéridophytes. — Avec les Lycopodinées, nous terminons l'étude des Cryptogames vasculaires, dont la classification peut être résumée par le tableau ci-joint.

Considérations générales. — Avant d'en quitter l'étude, cherchons à coordonner les notions que nous possédons maintenant sur le développement des Ptéridophytes.

Chez les Fougères et les Lycopodiacées, l'appareil asexué forme des spores toutes égales entre elles : il est *isosporé*. La germination d'une spore donne naissance à un prothalle qui porte à la fois des anthéridies et des archégones : l'appareil sexué est donc *monoïque*.

Chez les Equisétacées, l'appareil asexué est encore isosporé ; mais les prothalles provenant des spores sont de deux sortes : les uns, mâles, ne forment que des anthéridies ; les autres, femelles, ne forment que des archégones ; l'appareil sexué est donc *dioïque*.

Chez les Sélaginellées, les Isoétées et les Hydroptérides, on voit s'accuser davantage la différenciation entre les prothalles mâles et femelles et, de plus, cette différenciation

EMBRANCHEMENT	CLASSES		ORDRES OU FAMILLES	EXEMPLES
PTÉRIDOPHYTES	FILICINÉES. feuilles grandes, ramification latérale.	isosporées	Fougères (ord.)	Polypode.
			Marattinées (ord.)	Ophioglosse.
		hétérosporées	Rhizocarpées (ord.) = Hydroptérides (fam.)	Salvinie.
	ÉQUISÉTINÉES. feuilles rudimentaires, ramification verticillée.	isosporées	Equisétacées (fam.)	Prêle.
	LYCOPODINÉES. feuilles petites, ramification dichotomique.	isosporées	Lycopodiacées (fam.)	Lycopode.
		hétérosporées ; tige dichotome	Sélaginellées (fam.)	Sélaginelle.
		hétérosporées ; tige simple	Isoétées (fam.)	Isoète.

retentit sur les dimensions et la structure des spores qui leur donnent naissance : aux prothalles mâles correspondent des microspores ; aux prothalles femelles, des macrospores ; l'appareil asexué est *hétérosporé*.

CHAPITRE XV

Les Phanérogames. — Reproduction des Phanérogames.

§ 1er. — L'inflorescence.

Les Phanérogames. — Les plantes de l'embranchement des Phanérogames sont essentiellement caractérisées par l'existence de fleurs, d'où le nom d'*Anthophytes* qui leur est parfois donné, ou mieux encore par l'existence de graines, d'où le nom de *Spermaphytes* par lesquels certains auteurs ont une tendance à les désigner. Le moment est venu d'étudier la constitution générale de la fleur et le mode de reproduction que comporte la présence de cet organe. Pour fixer les idées, convenons que nous étudierons, d'une manière générale, la fleur d'une Phanérogame Angiosperme. Ce terme trouvera ultérieurement son explication.

L'inflorescence. — Il est rare qu'une fleur termine directement la tige principale ; elle est le plus souvent portée à l'extrémité d'un rameau spécial, ordinairement court, qu'on appelle son *pédoncule* ou *pédicelle*.

On peut remarquer que les feuilles voisines de ce pédoncule et, par conséquent, de la fleur, ont souvent une forme et un aspect différents de ceux que possèdent les feuilles normales de la plante : ces feuilles spéciales sont alors désignées du nom de *bractées*. Il existe presque toujours au moins une bractée à la base du pédoncule : c'est la feuille à l'aisselle de laquelle s'est développé le rameau porteur de la fleur.

L'INFLORESCENCE.

On reconnaît aussi, au moment de la floraison, que les fleurs, loin d'être disséminées sans ordre à la surface de la tige, sont le plus souvent réunies en groupes réguliers qu'on appelle des *inflorescences*.

Une inflorescence très commune est la *grappe* (*fig.* 340), qu'on observe chez la Giroflée, la Jacinthe, le Groseillier, etc. Sur toute l'étendue d'une branche principale, servant d'axe à l'inflorescence, et à des intervalles régulièrement décroissants à mesure qu'on se rapproche de son sommet, s'attachent des pédoncules terminés par des fleurs; le sommet de l'axe en est dépourvu; c'est au-dessous de lui que se développent successivement celles qui, pendant toute la durée de la floraison, vont couvrir les parties nouvellement formées, en voie d'allongement.

Fig. 340.
Grappe simple. A gauche, schéma; à droite, grappe du Groseillier. — *br.*, bractée; *p*, pédoncule; *f*, fleur.

Lorsque chacun des pédoncules, nés aux aisselles des bractées de l'axe principal, au lieu de se terminer directement par une fleur, devient à son tour l'axe d'une grappe secondaire, l'inflorescence tout entière est dite *composée*. Remarquons que, dans une grappe, les fleurs les plus jeunes sont les plus rapprochées du sommet et qu'on peut, par suite, observer à un moment donné, tout le long de la grappe, des fleurs en bouton vers le sommet, des fleurs épanouies vers le milieu, des fruits vers la base de l'inflorescence.

Dans une grappe, l'axe ne porte directement aucune fleur; en particulier, il n'est pas limité, défini à son sommet par une fleur; pour cette raison cette inflorescence est dite *indéfinie*.

On appelle, au contraire, *inflorescences définies* ou *cymes* celles dans lesquelles l'axe principal est terminé par une fleur, au-dessous de laquelle il porte des branches qui, à leur tour, se terminent et se ramifient comme lui.

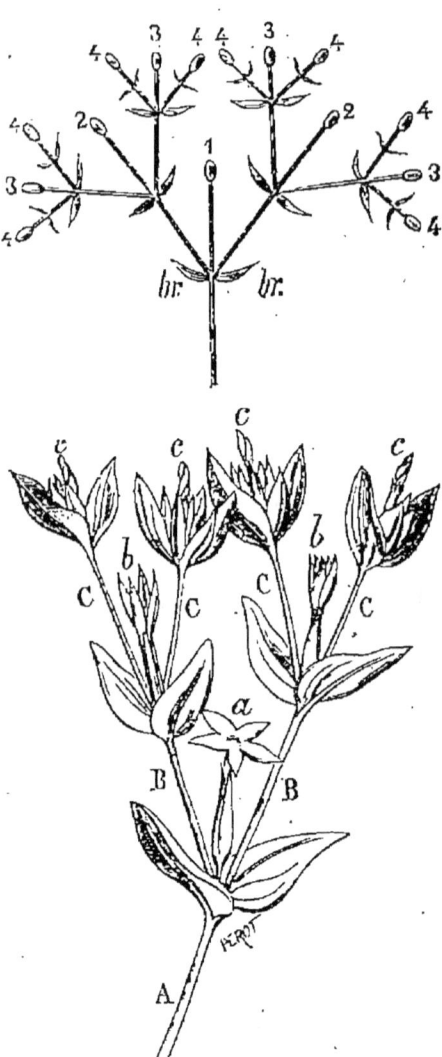

Ainsi, dans la Petite Centaurée (*fig.* 341), l'axe principal de l'inflorescence se termine par une fleur; au-dessous d'elle, il produit, aux aisselles de deux bractées opposées, deux axes secondaires, terminés eux-mêmes par des fleurs; chacun de ceux-ci porte, au-dessous de la fleur, deux axes tertiaires encore opposés et terminés par des fleurs, et ainsi de suite. L'inflorescence est une *cyme bipare*.

Fig. 341. — Cyme bipare. — En haut, schéma : *br.*, bractées ; les numéros d'ordre des fleurs indiquent leurs âges respectifs. — En bas, cyme de la Petite Centaurée ; A, B, C, axes successifs ; *a, b, c,* fleurs qui les terminent.

§ 2. — **La Fleur.**

Connaissant les deux types principaux d'inflorescence, dont nous rencontrerons plus tard, au cours de l'étude des familles végétales, de nombreuses variations, nous pouvons aborder l'étude de la fleur elle-même.

Si on détache une fleur de Lin, par exemple, de l'inflorescence à laquelle elle appartient (*fig.* 342) et qu'on examine les diverses pièces qui la forment (*fig.* 343), on voit qu'elles sont fixées au sommet légèrement renflé du pédoncule, ou *réceptacle*, sur une série de circonférences concentriques ; les pièces qui appartiennent à chaque circonférence constituent un *verticille*.

Un premier verticille, le plus extérieur, comprend cinq pièces vertes, d'aspect foliacé, qu'on nomme *sépales* ; le verticille entier est le *calice*.

Un second verticille, plus voisin du centre, comprend cinq pièces, situées en

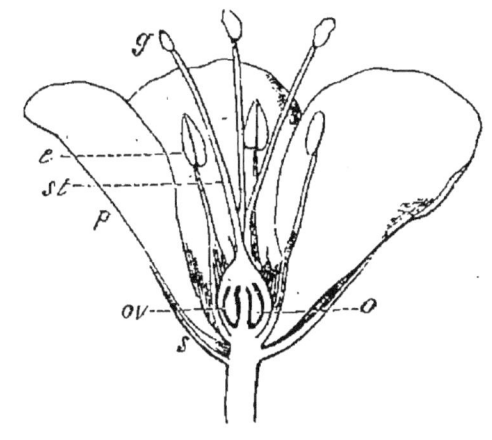

Fig. 342. — Lin.

Fig. 343. — Coupe de la fleur du Lin. — *s*, sépale ; *p*, pétale ; *e*, étamine ; *ov*, ovaire ; *st*, style ; *g*, stigmate ; *o*, ovule.

face des intervalles qui séparent les sépales, c'est-à-dire alternant avec eux ; elles ont encore à peu près la forme des feuilles sans en avoir la coloration : ici leur teinte est bleue ; on les appelle *pétales* et le verticille entier est la *corolle*.

On réunit souvent le calice et la corolle sous le nom d'*enveloppes florales* ou *périanthe*.

A la corolle succède un troisième verticille, l'*androcée* ; il est formé de cinq pièces alternant avec les pétales et, par conséquent, placées en face des sépales; chacune d'elles, appelée *étamine*, comprend une sorte de filament grêle, attaché au réceptacle, et une extrémité renflée, qui, arrivée à maturité, s'entr'ouvre pour mettre en liberté une sorte de poussière jaune.

Enfin, le centre de la fleur est occupé par un organe appelé *gynécée* ou *pistil*, qui constitue le dernier verticille. Dans sa partie inférieure, il présente une petite masse arrondie. Coupée transversalement, celle-ci se montre creusée de cinq loges opposées aux pétales et séparées par autant de cloisons qui rayonnent du centre vers la surface. Cette masse arrondie est surmontée de cinq prolongements effilés; chacun d'eux correspond à une des loges et se termine, à son extrémité libre, par une sorte de renflement offrant quelque ressemblance avec une petite plume. Si, par la pensée, on réunit chaque loge au prolongement qui la surmonte, on décompose le pistil en cinq pièces dont chacune porte le nom de *carpelle*.

Ainsi, dans son ensemble, une fleur complète est généralement composée de quatre verticilles concentriques, dont les pièces alternent d'un verticille au suivant : le *calice*, formé de *sépales*; — la *corolle*, formée de *pétales*; — l'*androcée*, formé d'*étamines*; — le *pistil*, formé de *carpelles*.

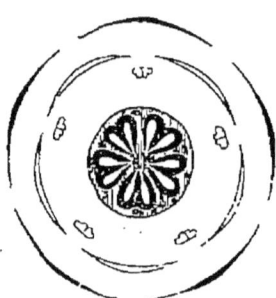

Fig. 344. — Diagramme de la fleur du Lin : les 5 pièces extérieures, représentées par un trait noir, sont les sépales; plus à l'intérieur viennent 5 pétales, représentés par un double trait; puis viennent les 5 étamines distinctes et enfin, au centre, les 5 carpelles soudés en une masse unique.

On est convenu de représenter le nombre et la disposition des différentes pièces d'une fleur, qui varient d'une espèce à l'autre, à l'aide d'une sorte de plan ou de coupe transversale (*fig.* 344), où chaque élément, pour plus de simplicité, est figuré par un dessin purement théorique : on suppose toujours que la coupe rencontre les étamines au niveau de leurs renflements terminaux et le pistil au niveau de sa base. Un tel plan porte le nom de *diagramme*.

Les enveloppes florales. — Laissons de côté les enveloppes florales, dont nous aurons l'occasion d'étudier quelques-unes des nombreuses variations à propos des principales familles de plantes Phanérogames. Aussi bien, le seul fait important que leur étude met en évidence est la nature foliaire des pièces qui les forment.

Il n'y a pas une grande différence entre un sépale et une feuille. Cette différence est d'autant moins sensible qu'il existe souvent, comme nous l'avons dit, au voisinage de la fleur, des feuilles (les bractées) dont la forme simple se rapproche de celle des sépales. Chez l'Hellébore, on peut observer, entre les feuilles très découpées et les sépales à limbe entier, une série très complète d'intermédiaires. Un sépale n'est donc qu'une feuille légèrement modifiée.

L'assimilation des pétales à des feuilles ne soulève pas de grave objection. La forme aplatie du pétale, sa symétrie bilatérale, sa nervation, le rapprochent tout à fait de la feuille. La couleur seule semble l'en éloigner généralement. Mais si on arrache successivement, d'une fleur épanouie de Nénuphar blanc, tous les sépales qu'on rencontre à partir de l'extérieur, on arrive bientôt à des pièces dont la couleur, verte à la base, est blanche au sommet; plus loin, la teinte blanche envahit le sépale presque entier; enfin, on atteint un pétale complètement blanc sans qu'il ait été possible d'établir entre le calice et la corolle une limite tranchée. Un pétale a donc la même valeur qu'un sépale : c'est encore une feuille transformée.

§ 3. — L'étamine.

L'androcée. — L'*androcée* et le *gynécée*, qui sont les seules parties réellement importantes de la fleur, demandent une étude spéciale.

L'élément fondamental de l'*androcée* est l'*étamine*.

L'étamine. — Une *étamine* (*fig.* 345), arrivée au terme de son développement, se compose en général de deux parties. Une sorte de colonnette, ordinairement blanche, la fixe au réceptacle; c'est le *filet*. Au sommet du filet se trouve un renflement, de couleur ordinairement jaune ou brune, l'*anthère*. Celle-ci comprend elle-même une partie moyenne, située dans le prolongement du filet et de forme aplatie; c'est le *connectif*. De part et d'autre du connectif se trouvent deux renflements symétriques, qui sont les *loges* de l'anthère; l'ensemble offre souvent quelque ressemblance avec un pain fendu. Chaque loge contient une petite masse de *pollen*, sorte de poussière constituée par un grand nombre de grains microscopiques qu'on appelle les *grains de pollen*.

Fig. 315. Étamine.

L'anthère mûre s'ouvre pour abandonner le pollen qu'elle renferme : c'est le phénomène de la *déhiscence* de l'anthère. Le plus souvent on voit se former sur chacune des loges une fente longitudinale dont les bords ne tardent pas à se relever sous l'influence de la sécheresse. Il suffit alors du moindre mouvement imprimé à l'étamine pour que la loge expulse son contenu.

La structure du filet est assez simple. Au sein d'un parenchyme homogène, enveloppé par un épiderme continu, on y remarque un faisceau libéro-ligneux qui tourne son bois vers l'axe de la fleur (*fig.* 346).

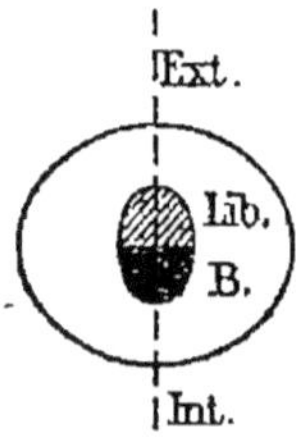

Pour acquérir une connaissance suffisante de la structure de l'anthère, il est commode d'en suivre pas à pas le développement (*fig.* 347 et 348).

Fig. 346.

A son début, l'anthère est formée d'un parenchyme homogène, tapissé extérieurement par un épiderme continu, qui prolonge celui du filet; dans le plan de symétrie de l'anthère, on remarque un faisceau libéro-ligneux qui n'est pas autre chose que le prolongement de celui du filet et qui occupe le milieu du connectif. Bientôt, en quatre points, groupés symétriquement deux à deux de part et d'autre du connectif, sur la face interne de l'anthère, c'est-à-dire celle qui regarde l'axe de la fleur, on voit quelques cellules, empruntées à l'assise sous-épidermique du parenchyme, subir une modification importante. Chacune de ces cellules se cloisonne parallèlement à la surface de l'anthère, tangentiellement, comme on dit en un mot, et la partie de l'assise sous-épidermique ainsi affectée se décompose en deux feuillets parallèles, l'un externe, l'autre interne.

Le feuillet interne ne tarde pas à cloisonner ses cellules, qui sont les *cellules mères primordiales du pollen*, et les remplace par un massif pluricellulaire : chaque cellule de ce massif est une *cellule mère définitive de grains de pollen*.

En même temps, le feuillet externe, par des cloisonnements successifs, se divise en plusieurs assises superposées, ordinairement au nombre de trois, qui enveloppent et protègent le massif des cellules mères.

Les cellules de l'assise interne grossissent beaucoup plus que toutes les cellules voisines et prennent une forme à peu près cubique; leur protoplasme, très dense, se colore généralement en jaune. Les

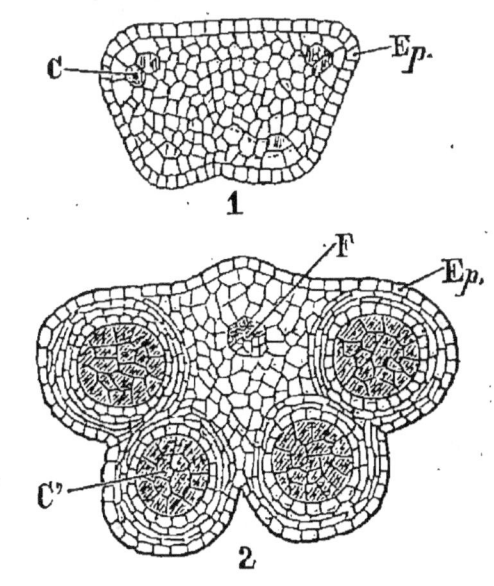

Fig. 347. — Premières phases du développement de l'anthère (coupes transversales). — Ep., Épiderme ; F, faisceau libéro-ligneux; C, cellules mères primordiales des grains de pollen; C', cellules mères définitives; P, grains de pollen; S.p., parois d'un sac pollinique (A.i., assise interne; A.m., assise moyenne; A.e., assise externe).

cellules du parenchyme de l'anthère qui avoisinent immédiatement le massif des cellules mères sur ses faces latérales et interne subissent la même transformation et complètent, autour de ce massif, l'enveloppe formée par l'assise à cellules jaunes.

L'assise moyenne ne présente pas, en général, de caractères spéciaux. Elle embrasse la partie externe du massif des cellules mères, mais elle ne s'étend pas aussi loin sur ses flancs que l'assise interne. Comprise et comprimée entre les deux extrêmes, cette assise moyenne prend un faible développement.

L'assise externe, qui s'étend moins encore que l'assise moyenne autour du massif des cellules mères, ne tarde pas à charger ses cellules d'une quantité notable d'amidon.

L'ensemble des trois assises ainsi différenciées constitue autour du massif des cellules mères une gaine plus ou moins complète qu'on appelle un *sac pollinique*. Comme les mêmes transformations se sont passées simultanément sur chacun des quatre points où l'assise sous-épidermique s'est primitivement cloisonnée, il en résulte que l'anthère, à ce moment de son développement, comprend quatre sacs polliniques, distribués symétriquement deux par deux de part et d'autre du connectif.

Au bout d'un certain temps, on voit se produire, dans chaque cellule mère du pollen, une série de transformations qui donnent naissance aux grains de pollen. Le noyau subit deux bipartitions successives; puis entre les quatre noyaux ainsi formés s'établissent quatre cloisons disposées à peu près à angle droit et décomposant la cellule mère en quatre cellules filles. Ces quatre cellules filles sont généralement disposées les unes par rapport aux autres comme les quatre sommets d'un tétraèdre. La membrane de chacune d'elles comprend une partie externe, appartenant à la membrane primitive de la cellule mère, et une partie interne, commune avec les cellules filles voisines et qui tire son origine du cloisonnement de la cellule mère. Puis la membrane de chaque cellule fille s'épaissit progressivement, par apposition successive de couches concentriques sur sa face interne : ces couches, d'autant plus récentes qu'elles sont plus voisines du protoplasme intérieur, subissent peu à peu, et dans l'ordre même de leur dépôt, le phénomène de la gélification. Seule, la dernière formée de ces couches reste à l'état de cellulose pure et s'isole nettement de toutes celles qui l'environnent ; le corps protoplasmique qu'elle enveloppe n'est pas autre chose qu'un grain de pollen. Plus tard, les parties gélifiées des membranes se gonflent, puis se dissolvent, et les grains de pollen se trouvent isolés, quatre par quatre, au sein d'une masse granuleuse et gélatineuse. Peu de temps après la dissociation des grains de pollen au sein du massif de leurs cellules mères, l'assise jaune qui enveloppe immédiatement ce massif détruit ses éléments : les membranes cellulaires et les contenus protoplasmiques se résorbent, et le résultat de cette résorption forme une masse nutritive qui concourt à l'alimentation des grains de pollen. Ainsi se trouve justifié le nom d'*assise nourricière* qu'on donne généralement à cette assise.

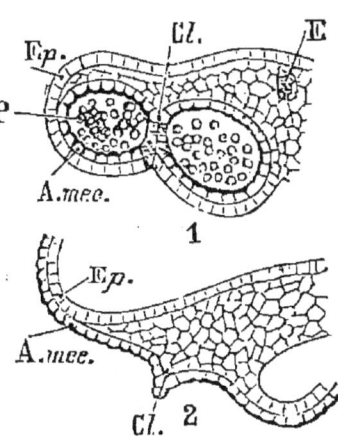

Fig. 348. — Suite du développement de l'anthère. — Ep., épiderme ; E (lire F), faisceau libéro-ligneux ; P, pollen ; A.méc., assise mécanique ; Cl., cloison de séparation entre deux sacs polliniques voisins (la partie marquée de hachures en 1 est destinée à se résorber).

En même temps, l'assise moyenne de l'enveloppe du sac pollinique, aplatie de plus en plus, finit par disparaître complètement. D'autre part, la mince cloison qui sépare alors les deux sacs polliniques voisins, d'un même côté du connectif, se résorbe aussi et les deux sacs polliniques, communiquant largement l'un avec l'autre, forment une loge unique dans laquelle les grains de pollen restent groupés quatre par quatre. Pendant ce temps, l'assise externe de l'enveloppe de chacun des sacs polliniques achève sa différenciation. L'amidon que contient chaque cellule disparaît peu à peu : il est consommé pour permettre à la cellule d'épaissir et de lignifier sa membrane, le long de certaines bandes irrégulières et souvent ramifiées qui forment autour de la cellule un réseau assez complet; développées surtout sur la face interne et sur les faces latérales de la cellule, ordinairement absentes sur la face externe, ces bandes d'épaississement forment en général une sorte de griffe qui emprisonne la cellule comme le chaton d'une bague enferme une pierre précieuse. Ainsi différenciée, l'assise externe de l'enveloppe du sac pollinique prend le nom d'*assise mécanique*.

D'après ce qui précède, on voit que l'anthère, arrivée à maturité, est creusée, de part et d'autre du connectif, de deux vastes cavités ou *loges* chargées de pollen. La paroi externe de chaque loge comprend uniquement, au-dessous de l'épiderme, une assise mécanique dont les cellules s'amincissent progressivement et disparaissent en général en face de la limite de séparation des deux sacs polliniques auxquels la loge doit son origine; dans la même région, les cellules épidermiques se dessèchent bientôt et finalement se détruisent : ainsi se forme, vers le milieu de la surface de chaque loge, la fente de déhiscence. L'anthère, ainsi constituée, est prête à disséminer le pollen qu'elle contient.

Cette dissémination est assurée par l'influence que la sécheresse exerce sur les parois de l'anthère.

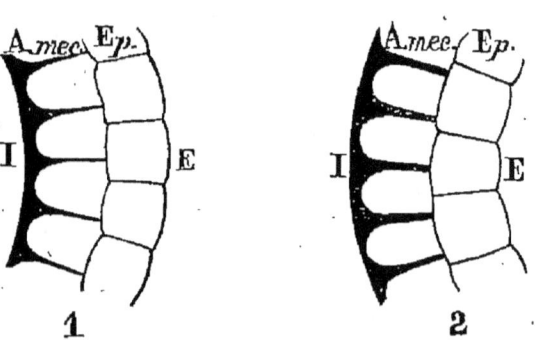

Fig. 319. — Rôle de l'assise mécanique dans la déhiscence de l'anthère (schéma). (En 1, l'anthère est fermée; en 2, elle est ouverte.) — I, face interne de la paroi du sac pollinique; E, sa face externe; Ep., épiderme; A.mec., assise mécanique.

On peut démontrer par l'expérience que la dessiccation contracte plus fortement une membrane cellulosique qu'une membrane lignifiée. Si on se rappelle la structure ordinaire de l'assise mécanique, on comprendra que, dans chacune des cellules qui la forment, la sécheresse doit avoir pour effet de contracter la face externe plus que la face interne; comme cette différence de contraction se manifeste simultanément dans toutes les cellules de l'assise mécanique, celle-ci, prenant un point d'appui sur ses parties fixées invariablement aux parois de l'anthère, ne tarde pas à se recourber en dehors (*fig.* 349). Ainsi l'action de la sécheresse

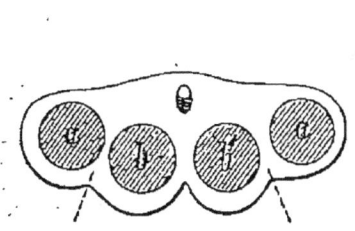 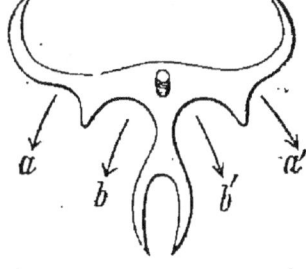

Fig. 350.

Coupe transversale d'une anthère jeune. — *a, b*, les deux sacs qui formeront la première loge; *a', b'*, ceux qui formeront la seconde; les traits pointillés indiquent la position future des lignes de déhiscence.

Coupe transversale d'une anthère après la déhiscence. — Les flèches indiquent la direction prise par les masses de pollen.

sur les deux moitiés de la paroi de chaque loge agrandit sensiblement la fente de déhiscence (*fig.* 350).

On a pu, d'ailleurs, s'assurer expérimentalement que le rôle de l'épiderme est nul dans la déhiscence de l'anthère : une anthère mûre de Tabac, dans laquelle on a enlevé avec précaution l'épiderme des loges et qu'on expose ensuite à des alternatives d'humidité et de sécheresse, présente des phénomènes de déhiscence absolument identiques à ceux dont elle est le siège quand son épiderme est intact.

On voit ainsi, en résumé, que l'anthère, pour s'ouvrir et disséminer le pollen, doit être arrivée à maturité et avoir achevé la différenciation de son assise mécanique. Quand cette condition intrinsèque est réalisée, c'est l'influence de la sécheresse sur l'assise mécanique qui détermine la déhiscence.

Le pollen. — Le pollen, que nous avons vu se former

dans l'anthère et s'en échapper au moment de sa dissémination, mérite d'être étudié avec attention.

Si on examine au microscope, avec un fort grossissement, un grain de pollen isolé, on reconnaît qu'il possède en général une forme assez régulièrement sphérique (*fig.* 351). Il est protégé extérieurement par une membrane. Celle-ci,

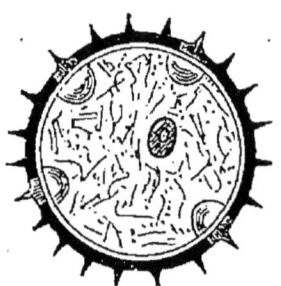

Fig. 351. — Un grain de pollen très grossi. (On ne voit qu'un des deux noyaux.)

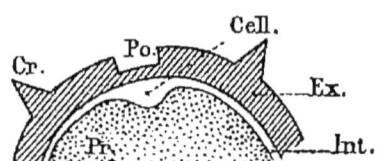

Fig. 352. — Une portion de la membrane d'un grain de pollen, coupée perpendiculairement à sa surface. — Pr., protoplasme; Int., intine; Ex., exine; Po., pore ; Cr., crête; Cell., bouchon cellulosique opposé à un pore.

quelquefois simple, est presque toujours formée de deux couches superposées (*fig.* 352). Une couche externe, l'*exine*, dure et cassante, cutinisée dans sa totalité ou dans une partie seulement de son épaisseur, porte, de distance en distance, des pointes saillantes auxquelles on donne, suivant leur forme, le nom d'*épines* ou de *crêtes;* ces pointes saillantes sont séparées par des dépressions arrondies en forme de puits (*pores*) ou allongées en forme de fossés (*plis*). Une couche interne, l'*intine*, de nature cellulosique, de consistance molle, double la première et porte, vers l'intérieur du grain de pollen, en face des pores ou des plis, des épaississements qui constituent comme des réserves de cellulose. Cette double membrane enveloppe un globule protoplasmique qui est le corps même du grain de pollen et qui renferme de nombreuses granulations; il contient, de plus, des réserves azotées, de l'amidon, des gouttelettes de substances grasses, du sucre de saccharose, en un mot, une quantité considérable de matières de réserve. Le noyau, inclus dans le protoplasme du grain de pollen, a subi, avant même la dissémination du pollen, une bipartition : de cette bipartition résulte la présence de deux noyaux, l'un gros, l'autre petit, entre lesquels s'ébauche une cloison albuminoïde qui ne tarde pas à se résorber et à disparaître.

Ainsi constitué, le grain de pollen mûr, s'il est placé dans un lieu sec, peut y séjourner pendant un temps très prolongé sans subir de modification apparente : du pollen recueilli en quantité considérable et enfermé dans un flacon bien bouché, s'y conserve en quelque sorte indéfiniment avec toutes les apparences d'une poussière inerte. Mais, si l'on étudie de plus près les phénomènes physiologiques dont le pollen est le siège et en particulier les échanges gazeux qu'il effectue avec l'air ambiant, on s'aperçoit qu'il respire, très faiblement il est vrai : il est donc, en réalité, à l'état de vie ralentie.

Germination du pollen. — Pour faire passer le grain de pollen à l'état de vie manifestée, il faut lui fournir les trois conditions qui sont généralement nécessaires à ce passage : de l'eau, — de l'air ou, plus exactement, de l'oxygène, — de la chaleur. Pour réaliser simplement ces trois conditions, il suffit ordinairement de plonger le grain de pollen dans une goutte d'eau à la température ordinaire. On voit alors le grain de pollen se gonfler et distendre sa paroi; bientôt l'exine, dure et cassante, cède à la pression qu'elle supporte sur un point de moindre résistance, c'est-à-dire en face d'un pore ou d'un pli; à travers l'ouverture ainsi produite, le protoplasme, revêtu de l'intine, forme une sorte de hernie : c'est ce qu'on appelle le *tube pollinique*. Evidemment le liquide ambiant a pénétré, par osmose, dans le grain de pollen au niveau des pores ou des plis et a provoqué sa turgescence.

Le protoplasme du grain de pollen ne tarde pas à pénétrer tout entier dans le tube pollinique, qui s'allonge. En même temps que le protoplasme, s'engagent les noyaux (*fig.* 353) : c'est ordinairement le plus petit qui pénètre le premier dans le tube pollinique; il est bientôt suivi par le plus gros. Le tube pollinique continue à s'allonger au sein du liquide nourricier, jusqu'à atteindre une longueur qui peut être soixante fois plus grande que le diamètre du grain de pollen : le protoplasme et les noyaux abandonnent peu à peu les parties anciennes du tube pour en occuper toujours l'extrémité.

Fig. 353.

Souvent l'eau pure constitue un milieu assez défavorable au développement du tube pollinique : le protoplasme s'y gonfle trop rapidement et l'extrémité du tube, qui s'allonge trop vite, ne tarde pas à crever. Il est alors préférable de substituer à l'eau pure, pour l'étude de la germination, un milieu plus épais, tel que de l'eau sucrée ou gommée.

Quoi qu'il en soit, et lors même qu'on prend la précaution d'enrichir constamment en substances nutritives le milieu dans lequel se développe le tube pollinique, celui-ci ne tarde pas à se flétrir ; bientôt il se dissocie et disparaît, ainsi que le grain de pollen qui lui a donné naissance.

Que pouvons-nous conclure de ces observations ? Le grain de pollen est susceptible d'une vie indépendante, puisque, placé dans des conditions favorables à son développement, il peut se nourrir et s'accroître. Mais l'organisme auquel il donne naissance, le tube pollinique, n'a qu'une existence éphémère et ne rappelle en rien celui qui a formé le pollen. Le grain de pollen est donc à lui seul incapable de reproduire une plante semblable à celle dont il est issu.

Nature morphologique de l'étamine. — Quelle est la nature morphologique de l'étamine, dont nous venons de terminer l'étude ? Peut-elle, comme le sépale et le pétale, être assimilée à une feuille ? C'est encore l'étude de la fleur du Nénuphar blanc qui nous permettra de répondre à cette question. En continuant l'observation que nous avons faite tout à l'heure à propos des pétales, et en arrachant successivement les pièces de la corolle, on arrive (*fig.* 354) à des organes aplatis et colorés en blanc comme les pétales, mais moins larges et renflés à leur sommet; dans les pièces suivantes, le limbe diminue, tandis que le renflement augmente et prend l'aspect d'une anthère contenant du pollen; enfin, on atteint de véritables étamines à filet aplati, sans qu'il ait

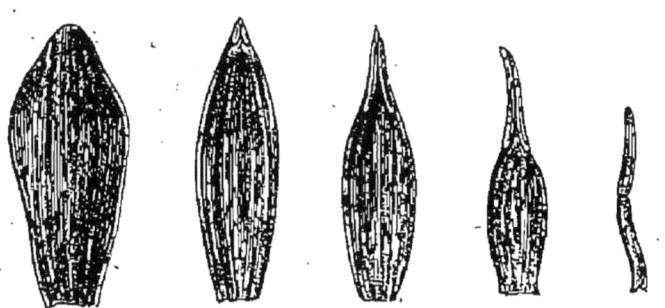

Fig. 354. — Pièces diverses d'une fleur de Nénuphar, montrant tous les intermédiaires entre les pétales et les étamines.

été possible de fixer une limite précise entre la corolle et l'androcée : une étamine a donc la même valeur qu'un pétale; c'est une feuille modifiée.

D'ailleurs, le filet, avec sa symétrie bilatérale et l'orientation de son faisceau libéro-ligneux, n'a-t-il pas l'organisation générale de la feuille? Et l'anthère, avec son connectif, son parenchyme et ses quatre sacs polliniques, ne possède-t-elle pas à peu près la structure d'une feuille dont le mésophylle, par les cloisonnements répétés de quelques-unes de ses cellules, produirait, en des points déterminés, des massifs de cellules fertiles?

Nous admettrons que l'étamine n'est pas autre chose qu'une feuille, dont le limbe a subi une modification locale en vue de la formation du pollen.

§ 4. — Le pistil.

Pour étudier la constitution générale du pistil, ce n'est pas à la fleur du Lin, prise tout à l'heure pour type, qu'il convient de nous adresser : les éléments fondamentaux du pistil, les carpelles, n'y sont pas suffisamment distincts. Au contraire, dans la fleur de l'Ancolie (*Aquilegia*), le pistil (*fig.* 355) est formé de cinq carpelles, régulièrement groupés autour de l'axe de la fleur et dont chacun est absolument distinct de ceux qui lui sont adjacents.

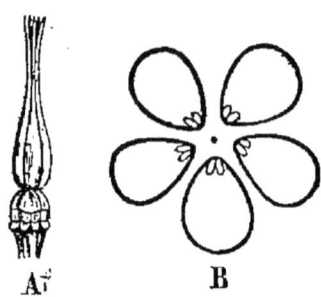

Fig. 355. — Pistil de l'Ancolie (en A, vu extérieurement; en B, coupé transversalement et représenté schématiquement).

Le carpelle. — Chaque carpelle comprend, de bas en haut : 1° une partie arrondie et renflée qu'on appelle l'*ovaire* ; — 2° un prolongement grêle qui surmonte l'ovaire et qu'on appelle le *style* ; — 3° une sorte de renflement porté par l'extrémité du style et qu'on appelle le *stigmate*.

Une coupe transversale faite dans la partie moyenne de l'ovaire (*fig.* 356) montre qu'il est creusé intérieurement d'une cavité, contenant un grand nombre de petits corps arrondis qu'on appelle des *ovules*.

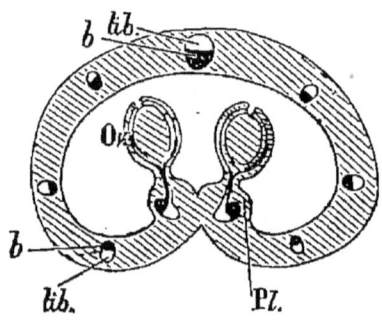

Fig. 356. — Coupe transversale de l'ovaire d'un carpelle (schéma). — Ov., ovule; Pl., placenta; *b*, bois; lib., liber.

Les ovules sont fixés à la face interne de la paroi de l'ovaire, suivant deux lignes parallèles très rapprochées, qui courent de l'une à l'autre de ses extrémités, dans la partie qui regarde l'axe de la fleur : ces deux lignes forment deux bourrelets légèrement saillants vers l'intérieur de l'ovaire et qu'on appelle les *placentas*.

La structure de la paroi de l'ovaire, que cette coupe transversale permet aussi d'étudier, est assez analogue à la structure d'une feuille. Les deux faces opposées sont limitées par deux épidermes, souvent stomatifères. Entre eux s'étend un parenchyme chargé de corps chlorophylliens dans sa partie externe. Ce parenchyme est parcouru par un certain nombre de faisceaux libéro-ligneux : un gros faisceau, opposé aux placentas, constitue une sorte de nervure principale; deux faisceaux, assez volumineux aussi, sont placés au voisinage des placentas; dans le faisceau principal, le bois est tourné vers l'intérieur de l'ovaire, le liber vers l'extérieur; dans les faisceaux plus petits que contient la paroi de l'ovaire, l'orientation est la même; cette orientation, se poursuivant dans les faisceaux voisins des placentas, rejette leur liber vers l'axe de la fleur et repousse leur bois en dehors.

Au voisinage de chaque placenta, la surface interne de

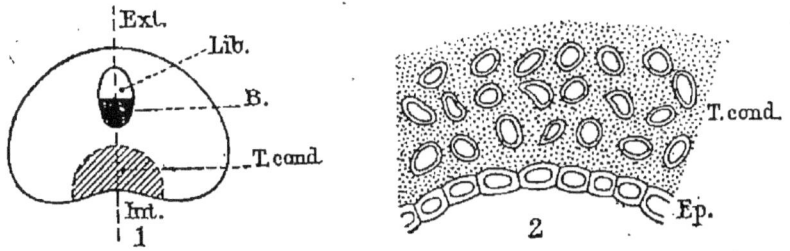

Fig. 357. — Coupe transversale d'un style (1, schéma général; 2, tissu conducteur, plus grossi). — Ext., face externe du style; Int., sa face interne; B, bois; Lib., liber; T. cond., tissu conducteur; Ep., épiderme.

l'ovaire porte un cordon d'un tissu particulier qu'on désigne du nom de *tissu conducteur* : les cellules qui le forment gélifient fortement leurs membranes et de cette gélification résulte une substance mucilagineuse qui les écarte largement les unes des autres et communique au tissu tout entier une consistance très molle, en même temps qu'elle en fait un milieu riche en substances alimentaires.

Une coupe transversale pratiquée dans la partie moyenne du style (*fig.* 357) montre que sa surface est creusée d'une sorte de gouttière tournée vers l'axe de la fleur : le fond de cette gouttière est occupé par un cordon de tissu conducteur qui résulte de la réunion des deux cordons placentaires. En face du cordon de tissu conducteur et à l'intérieur du parenchyme, se trouve un faisceau libéro-ligneux dont le bois est tourné vers l'axe de la fleur : ce n'est pas autre chose que le prolongement de la nervure principale de l'ovaire.

Une coupe longitudidale, faite dans le stigmate (*fig.* 358),

30.

montre que le duvet qui couvre sa surface est formé par un grand nombre de cellules, saillantes en forme de papilles et enduites d'un liquide visqueux : ces papilles résultent de l'épanouissement du tissu conducteur à la surface du stigmate.

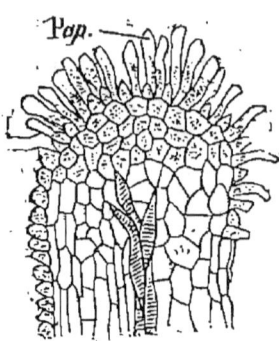

Fig. 358. — Coupe longitudinale d'un stigmate. — Pap., papilles stigmatiques.

Nature morphologique du carpelle. — Imaginons (*fig.* 359) une feuille sessile qui porterait sur les bords opposés de son limbe deux rangées de protubérances parenchymateuses, les ovules, et dont la nervure médiane se prolongerait, au delà du limbe, par un filament grêle, se déjetant latéralement à son extrémité en une sorte de languette terminale. Supposons maintenant que le limbe de cette feuille se replie sur lui-même de manière à rapprocher ses deux bords chargés d'ovules; puis, que ces deux bords se soudent l'un à l'autre dans toute leur longueur en rejetant les deux rangées d'ovules vers l'intérieur de la cavité ainsi formée; nous aurons reconstitué, par la pensée, le carpelle de l'Ancolie : le limbe replié aura formé les parois de l'ovaire; ses deux bords, soudés l'un à l'autre, seront devenus les placentas; le prolongement de la nervure médiane, opposé aux placentas à la surface de l'ovaire, sera le style, et la languette qui terminait ce prolongement occupera la place du stigmate.

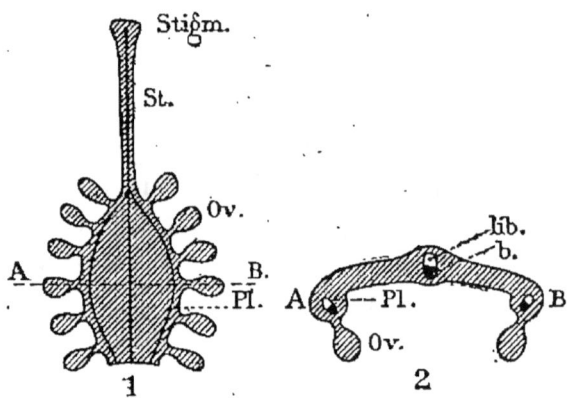

Fig. 359. — Un carpelle théorique, vu de face (1) et coupé transversalement (2). (AB indique, dans la figure 1, la direction suivant laquelle est faite la coupe qui donne la figure 2.) — Pl., placenta; Ov., ovule ; St., style; Stigm., stigmate; b., bois; lib., liber.

On voit que l'organisation d'un carpelle s'explique aisément si l'on admet que ce n'est pas autre chose qu'une feuille repliée sur elle-même et portant sur les bords de son limbe, à l'intérieur de la cavité qu'il limite, deux rangées de folioles arrondies et charnues qui seraient les ovules : de là vient qu'on donne aussi au carpelle le nom de *feuille carpellaire*. Ce n'est pas là, d'ailleurs, une simple vue de l'esprit : il n'est pas rare d'observer, comme formations tératologiques, chez des plantes attaquées par des parasites animaux ou végétaux, des carpelles qui ont repris la forme d'une petite feuille verte avec des lobes foliaires aux lieu et place des ovules.

Variations du pistil. — Dans certains pistils, comme celui de l'Ancolie, qui nous a servi de type, les carpelles restent complètement libres entre eux : il est alors facile de les distinguer et, au besoin, de les compter. Dans ce cas, le pistil comprend évidemment autant d'ovaires, de styles et de stigmates qu'il y a de carpelles libres.

Mais il est bien plus commun de voir les carpelles unis entre eux soit par leurs ovaires seulement, soit en totalité. Chez la Nigelle, par exemple, plante très voisine de l'Ancolie, les cinq carpelles, très analogues à ceux de l'Ancolie, sont intimement unis par leurs ovaires, mais libres par leurs styles et leurs stigmates, qui permettent de les compter aisément (*fig.* 360). Doit-on admettre que les carpelles, libres entre eux au début de leur développement, se rapprochent ensuite et se soudent deux à deux? Une étude attentive du développement permet de s'assurer qu'on ne saurait accepter cette hypothèse : ils sont unis entre eux dès leur origine et s'accroissent ensemble, ce qu'on exprime en disant qu'ils sont *concrescents*.

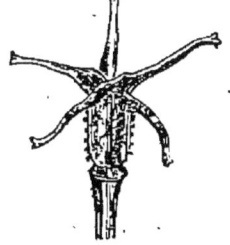

Fig. 360.
Pistil de la Nigelle.

Chez le Lis (*fig.* 361), les trois carpelles qui composent le pistil sont concrescents dans toute leur étendue, par leurs ovaires, par leurs styles, par leurs stigmates. Il est évident que, dans ce dernier cas, le pistil composé peut paraître simple extérieurement, et on le décrit ordinairement comme formé d'*un* ovaire, d'*un* style et d'*un* stigmate : en réalité, il renferme autant d'ovaires, de styles et de stigmates qu'il y a de carpelles concrescents.

Fig. 361. — Pistil de Lis. — *o*, ovaire; *s*, style; *t*, stigmate.

La concrescence des carpelles porte le plus souvent sur les ovaires. Une étude sommaire des organes résultant de cette concrescence permet de s'assurer qu'elle peut se faire suivant deux types principaux, celui qu'on observe dans le pistil du Lis et celui de la Violette.

Si on coupe transversalement l'ovaire d'une fleur de Lis (*fig.* 362, à droite), on observe qu'il est creusé de trois *loges*, séparées par trois cloisons rayonnant de l'axe du pistil vers sa surface : c'est un ovaire *pluriloculaire*. Chaque loge contient une double rangée d'ovules, fixés du côté de l'axe, au fond de l'angle dièdre déterminé par deux cloisons voisines. La paroi externe et générale de l'ovaire pluriloculaire renferme des faisceaux libéro-ligneux dont le liber est tourné vers l'extérieur; parmi ces faisceaux, les plus volumineux sont opposés aux milieux des trois loges. D'autres faisceaux, distribués autour de l'axe, en face des placentas, tournent au contraire leur bois en dehors. Cette structure s'explique aisément si l'on suppose que trois carpelles fermés, répartis autour de l'axe de la fleur (*fig.* 362, à gauche) ainsi que les cinq carpelles de l'Ancolie, se soient assez étroitement rapprochés pour souder deux à deux leurs parois sur une grande étendue de leurs surfaces externes : il faut alors diviser par la pensée chacune des cloisons de séparation en deux couches appartenant à deux carpelles différents. Comme, dans ce cas, tous les placentas sont rejetés vers l'axe de l'ovaire commun, on dit que la *placentation* est *axile*. C'est la dispo-

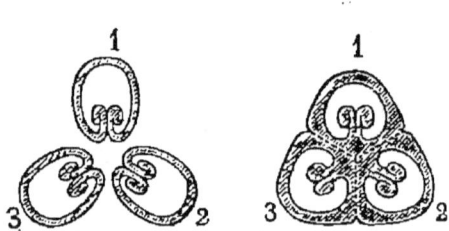

Fig. 362. — Placentation axile.

sition que nous avons remarquée dans le pistil du Lin en étudiant l'organisation générale de la fleur.

Tout autre est la disposition qu'on observe en coupant transversalement l'ovaire de la Violette (*fig.* 363, à droite). Il est creusé d'une loge unique ou, comme on dit en un mot, il est *uniloculaire*, ce qui pourrait conduire à le considérer comme n'ayant qu'un seul carpelle. Mais les ovules forment six rangées longitudinales, groupées deux par deux à la surface interne de cette loge. Les faisceaux libéro-

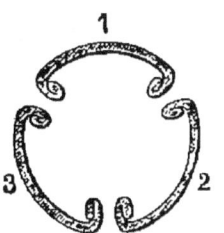 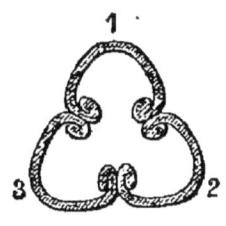

Fig. 363. — Placentation pariétale.

ligneux que renferme la paroi de l'ovaire tournent tous leur liber en dehors ; les plus volumineux sont placés à égale distance de deux placentas largement écartés. Cette structure s'explique sans peine si on admet que trois feuilles carpellaires, simplement courbées, mais non fermées, se soient rapprochées autour de l'axe de la fleur (*fig.* 363, à gauche) et aient soudé leurs bords deux à deux, de manière à limiter un espace clos. Comme, dans ce cas, tous les placentas occupent les parois de l'ovaire commun, on dit que la *placentation* est *pariétale*. On peut remarquer que les rangées d'ovules qui se trouvent ici rapprochées appartiennent à deux carpelles différents.

L'ovule. — Ce qu'il y a d'essentiel dans le carpelle, c'est l'ovule. Il est nécessaire d'en faire maintenant une étude approfondie et, pour acquérir une connaissance suffisante de sa structure, il est avantageux de suivre les principales phases de son développement.

L'ovule se manifeste d'abord, à la surface du placenta qui le porte, sous la forme d'un simple mamelon, de nature parenchymateuse, que tapisse l'épiderme de la feuille carpellaire (*fig.* 364, 1) : c'est la première ébauche d'un massif qui prend, dans l'ovule développé, le nom de *nucelle*.

Bientôt une sorte de bourrelet circulaire apparaît autour de la base du nucelle (2); en s'accroissant, ce bourrelet constitue autour du nucelle une première enveloppe, interrompue au sommet par une large ouverture : cette enveloppe a reçu le nom de *secondine*.

Plus tard, un second bourrelet, de même forme, apparaît autour du premier (3); en s'accroissant, il se moule sur lui et constitue une seconde enveloppe, concentrique à la première, qu'on appelle la *primine*. En même temps le nucelle s'est développé ; il s'est renflé et reste fixé au placenta par une sorte de filament rétréci qu'on appelle le *funicule*. En

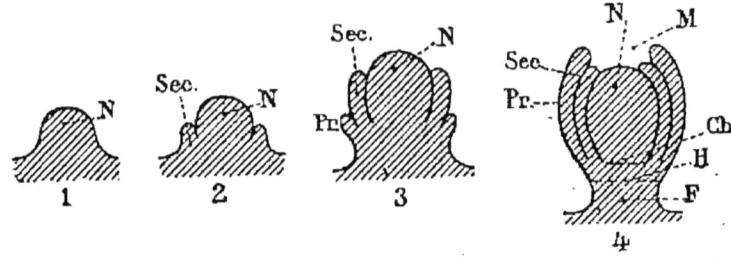

Fig. 364. — Quelques stades du développement d'un ovule droit (schéma). — N, nucelle; Sec., secondine; Pr., primine; M, micropyle; Ch., chalaze; H, hile; F, funicule.

poursuivant leur développement, la primine et la secondine ne tardent pas à rapprocher leurs bords libres : elles ménagent ainsi, au sommet du nucelle, une ouverture circulaire en forme de puits, qu'on désigne du nom de *micropyle*.

On appelle *hile* le plan d'une section idéale faite à travers le funicule, au ras de l'ovule. La *chalaze* est un plan parallèle à celui du hile et occupant la base du nucelle. L'ensemble formé par la primine et la secondine constitue le *tégument* de l'ovule. Un faisceau libéro-ligneux, issu de celui qui longe le placenta, parcourt le funicule d'un bout à l'autre et atteint le centre de la chalaze; arrivé en ce point, il s'épanouit, se ramifie et répand ses rameaux dans la primine où ils affectent une disposition symétrique par rapport à un plan, qu'on peut considérer comme le plan de symétrie de l'ovule.

Pendant que la forme générale de l'ovule subit les modifications qui viennent d'être décrites, des phénomènes importants se produisent au sommet du nucelle, au voisinage du micropyle (*fig.* 365).

Une cellule placée immédiatement sous l'épiderme du nucelle, et située dans l'axe de cet organe, ne tarde pas à ac-

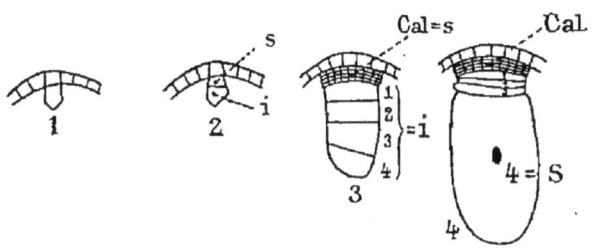

Fig. 365. — Formation du sac embryonnaire au sommet du nucelle (schéma).

croître ses dimensions (1), puis se divise par une cloison transversale (2) en deux cellules superposées (s et i).

La cellule supérieure (s) subit à son tour (3) quelques divisions parallèles à la surface du nucelle; puis les cellules résultant de cette division prennent quelques cloisons radiales et ainsi se constitue, au sommet du nucelle, immédiatement au-dessous de l'épiderme, un tissu, formé de quelques feuillets pluricellulaires, auquel on donne le nom de *calotte* (Cal.).

La cellule inférieure (i) se divise, pendant ce temps, en deux cellules superposées, dont chacune se redivise à son tour, de manière à former, au-dessous de la calotte, une file longitudinale de quatre cellules. Parmi ces quatre cellules, celle qui est située le plus profondément se développe plus que les trois autres (4); elle prend bientôt des dimensions considérables et repousse vers l'extérieur les trois cellules précédentes, avec la calotte qui leur est superposée. Cette grande cellule a reçu le nom de *sac embryonnaire* (S). C'est alors qu'on voit se passer, à l'intérieur du sac embryonnaire, une série importante de phénomènes qui ont pour résultat de donner à l'ovule sa structure définitive (*fig.* 366).

Le noyau unique, que le sac embryonnaire contient d'abord (1) au voisinage de son centre, ou *noyau primaire* du sac embryonnaire, ne tarde pas à se diviser en deux noyaux superposés, écartés l'un de l'autre et occupant, en quelque sorte, les deux pôles du sac (2). Puis chacun de ces noyaux se divise à son tour dans la même direction et ainsi se trouvent constitués, à l'intérieur du sac embryonnaire, deux groupes de deux noyaux, disposés suivant l'axe de l'ovule (3).

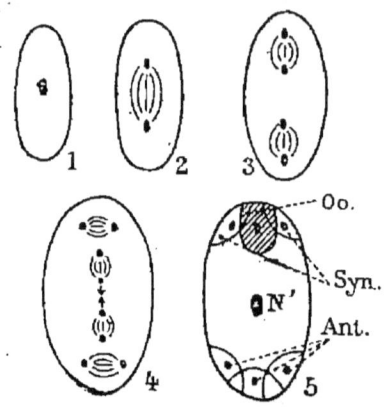

Fig. 366. — Evolution du sac embryonnaire avant la maturité de l'ovule (schéma).

De ces quatre noyaux, les deux plus rapprochés subissent encore une fois une bipartition suivant la direction de l'axe, tandis que chacun des deux noyaux extrêmes subit une bipartition dans une direction perpendiculaire au plan de symétrie de l'ovule. A ce moment, le protoplasme du sac embryonnaire contient deux groupes de quatre noyaux, ou *tétrades*, qui en occupent les deux pôles (4).

Les deux noyaux les plus voisins du centre du sac embryonnaire, appartenant à deux tétrades différentes, se rapprochent l'un de l'autre au sein du protoplasme et finalement se confondent, près du centre, en un noyau unique (N'), dit *noyau secondaire* du sac embryonnaire (5). Nous ne tarderons pas à posséder les connaissances nécessaires pour apprécier la nature probable de cette union.

Parmi les trois noyaux qui restent au voisinage du pôle micropylaire, celui qui est placé dans le plan de symétrie de l'ovule devient bientôt le centre d'une petite masse de protoplasme condensé qui s'entoure d'une fine membrane albuminoïde : ce globule protoplasmique, avec son noyau et sa membrane, constitue une *oosphère* (Oo.). Les deux noyaux latéraux deviennent en même temps les centres de deux masses protoplasmiques assez analogues à l'oosphère, entourées comme elle de membranes albuminoïdes et qu'on appelle les *synergides* (Syn.).

Chacun des trois noyaux qui occupent l'autre pôle s'entoure, en même temps, d'une masse protoplasmique; puis cette masse protoplasmique s'enveloppe d'une membrane de cellulose et on voit se différencier, à l'intérieur du sac embryonnaire, contre l'extrémité opposée au micropyle, un petit groupe de trois cellules qu'on appelle les *antipodes* (Ant.).

Ainsi constitué, l'ovule mûr (*fig.* 367) se présente sous la forme d'un petit corps arrondi, ordinairement ovoïde, comme l'indique son nom, et qui s'attache au placenta par un filament court appelé funicule. Il se compose d'une masse charnue, dite nucelle, que protège extérieurement un tégument, ordinairement à deux couches (la primine et la secondine); d'une part, ce tégument se confond avec le funicule; de l'autre, il s'interrompt en un point et ménage ainsi une ouverture, appelée micropyle, qui met à nu la surface du nucelle. La section qu'on obtiendrait en coupant le funicule au ras de l'ovule est

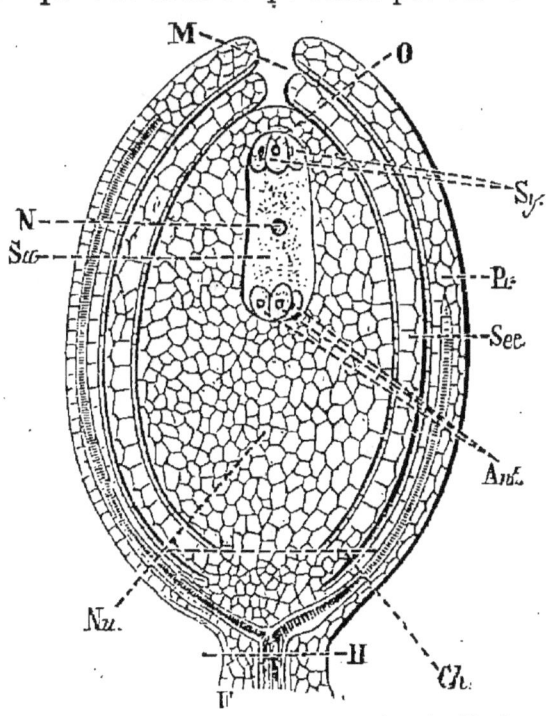

Fig. 367. — Un ovule mûr, en coupe longitudinale. — F, funicule; H, hile; Ch., chalaze; Nu., nucelle; Pr., primine; Sec., secondine; M, micropyle; Sy., synergides; Sa, sac embryonnaire; N, son noyau secondaire; Ant., antipodes.

appelée hile; on réserve le nom de chalaze au plan que détermine la base du nucelle. Un faisceau libéro-ligneux, parcourant le funicule dans le sens longitudinal, s'épanouit ordinairement au niveau de la chalaze et envoie dans la primine ses rameaux, qui en constituent la nervation. Au sein du nucelle, au voisinage du micropyle, au-dessous d'un tissu feuilleté et mortifié par la pression qu'il supporte (tissu appelé calotte), se trouve une vaste cellule à protoplasme vacuolaire, à noyau volumineux, qu'on appelle le sac embryonnaire. Ce sac renferme, à son sommet, sous la calotte, un groupe de trois cellules, dont la principale occupe le plan de symétrie de l'ovule (c'est l'oosphère), tandis que deux cellules accessoires, les synergides, sont disposées de part et d'autre de ce plan. Au pôle opposé on remarque, à l'intérieur du sac embryonnaire, un groupe de trois cellules pourvues de membranes cellulosiques, qui sont les antipodes.

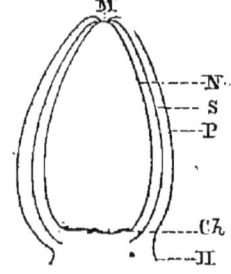

Fig. 368. — Ovule orthotrope — N, nucelle; S. secondine; P, primine; H, hile; M. micropyle; Ch, chalaze.

Ses variations de forme. — L'ovule que nous venons de prendre pour type est un ovule *droit* ou *orthotrope* (*fig.* 368) : le centre du hile, celui de la chalaze et celui du micropyle sont trois points en ligne droite.

Cette disposition est relativement rare.

Le plus souvent, l'ovule est *renversé* ou *anatrope* (*fig.* 369). Il semble alors que son corps, porté au sommet d'un funicule très allongé, soit retombé sur le côté de ce funicule et se soit soudé à lui dans toute son étendue; les centres

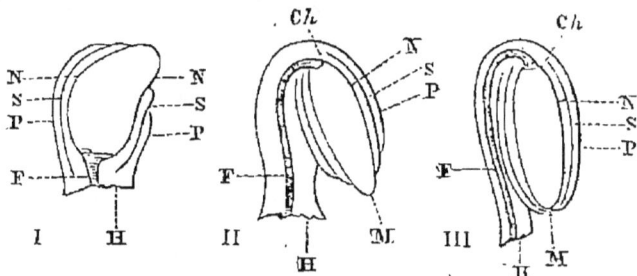

Fig. 369. — Ovule anatrope. I, 1re phase; II, 2e phase; III, 3e phase. — N, nucelle; S, secondine; P, primine; H, hile; M, micropyle; Ch, chalaze; F, faisceau libéro-ligneux.

du hile, de la chalaze et du micropyle occupent les trois sommets d'un triangle et le micropyle se trouve très rapproché du hile et du placenta. Du hile à la chalaze s'étend, à la surface du tégument, une sorte de nervure saillante appelée *raphé*; elle n'est pas autre chose que la partie du faisceau funiculaire qui correspond à la région dans laquelle le funicule est soudé à l'ovule. Ce n'est là qu'une manière de comprendre et de retenir la disposition anatrope de l'ovule; en réalité, cette disposition est due à une inégalité de croissance de l'ovule suivant les divers méridiens de sa surface : s'accroissant plus rapidement suivant un des méridiens que suivant tous les autres, il se relève du côté

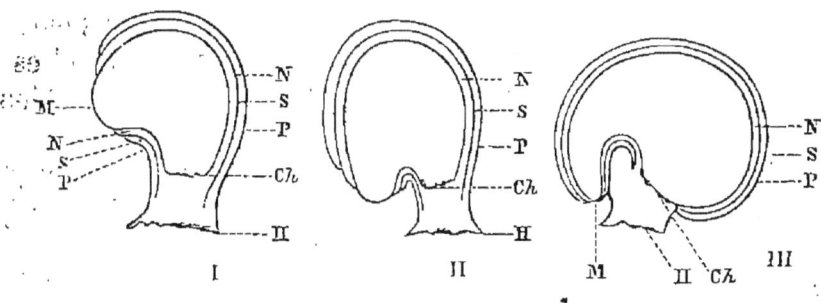

Fig. 370.

Ovule campylotrope. I, 1re phase; II, 2e phase; III, 3e phase. — N, nucelle; S, secondine; P, primine; H, hile; M, micropyle; Ch, chalaze.

correspondant et rejette son micropyle au voisinage du placenta; c'est le long de ce méridien que se différencie le raphé.

On observe aussi des ovules dans lesquels le nucelle paraît simplement tordu sur lui-même avec le tégument qui l'enveloppe, de manière à rapprocher le micropyle de la chalaze aussi bien que du hile (*fig.* 370) : ici encore, les centres de ces trois régions occupent les trois sommets d'un triangle; mais la chalaze se trouve immédiatement rapprochée du hile. Dans ce cas, on dit que l'ovule est *courbe* ou *campylotrope*.

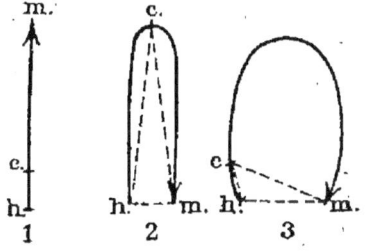

Fig. 371. — Schéma des situations respectives du hile (h), de la chalaze (c) et du mycropyle (m) dans un ovule orthotrope (1), anatrope (2) et campylotrope (3).

§ 5. — La reproduction.

Connaissant l'organisation des parties essentielles de la fleur arrivée à maturité, nous pouvons aborder l'étude de la reproduction, qui en est la fonction spéciale.

Rôle des diverses parties de la fleur. — Il est facile de voir, quand la fleur est passée, que c'est l'ovaire qui est devenu le fruit, pendant que les ovules se sont transformés en graines. Le pistil et l'ovule sont donc manifestement indispensables à la reproduction de la plante. Quel est le rôle des autres parties de la fleur ? Des expériences simples vont nous permettre de répondre à cette question.

Considérons une plante à fleurs complètes, comme celles du Lin, de l'Ancolie, du Lis, que nous avons déjà eu l'occasion d'étudier, et supposons, pour éviter toute cause d'erreur, que cette plante soit placée dans un espace clos, loin de toute autre plante de même espèce ou d'une espèce voisine.

Au moment où les fleurs viennent de s'épanouir, détachons de chacune d'elles toutes les pièces du calice et de la corolle, en laissant intacts les étamines et le pistil : les ovaires se transformeront en fruits absolument semblables à ceux qui se seraient produits si nous n'avions touché ni au calice, ni à la corolle. Les enveloppes de la fleur ne sont donc pas directement utiles à la reproduction : elles servent uniquement, dans la fleur à l'état de bouton, à protéger les étamines et le pistil imparfaitement formés et à en assurer par suite le développement.

Coupons, au contraire, dans les fleurs épanouies, toutes les étamines au-dessous de leurs anthères, avant que celles-ci n'aient mis en liberté le pollen : aucun fruit ne se formera. La plante ne peut donc se reproduire que si son pollen a été mis en liberté. Puisque, d'autre part, c'est le pistil qui se transforme en fruit, il est naturel de supposer que le pollen doit venir toucher le pistil en quelque point de sa surface.

Effectivement, si nous déposons à la surface de chacun des stigmates une goutte de cire ou de vernis avant la déhiscence des anthères, nous pouvons voir le pollen couvrir de sa fine poussière la gouttelette solidifiée de cire ou de vernis; mais l'ovaire ne se transformera pas en fruit. Si, par contre, nous avons laissé quelques stigmates intacts, le contact du pollen avec ces stigmates sera bientôt suivi de la transformation des ovaires correspondants en fruits. Il est donc nécessaire, pour que l'ovaire devienne le fruit, que le pollen mis en liberté ait été déposé sur la surface intacte du stigmate.

Pollinisation. — Le transport des grains de pollen de l'anthère au stigmate, ou *pollinisation*, peut être plus ou moins compliqué.

Quand une fleur est *complète*, c'est-à-dire qu'elle renferme, ainsi que nous l'avons supposé jusqu'ici, des étamines et un pistil, et quand ces deux sortes d'organes arrivent en même temps à maturité, le poids du pollen porté par l'anthère mûre au-dessus du pistil suffit généralement pour l'amener sur le stigmate. Mais il arrive souvent que l'anthère mûre est placée à un niveau inférieur à celui du stigmate. Il faut alors qu'un léger mouvement, imprimé par le vent à la fleur entière, projette le pollen sur le stigmate.

Dans ces deux cas la pollinisation est *directe*.

Il peut se faire aussi que les étamines et le pistil n'atteignent pas en même temps leur maturité : on dit alors que la fleur est *dichogame*. Dans ce cas il faut, pour qu'un ovaire se transforme en fruit, que le pollen, venu d'une fleur à anthères mûres, soit entraîné par le vent sur le stigmate d'une fleur à pistil mûr : la pollinisation est *croisée*.

Ce transport d'une fleur à une autre est incontestablement nécessaire lorsque la plante possède deux sortes de fleurs : les unes pourvues d'étamines, mais ne contenant pas de pistil (*fleurs staminées* ou *fleurs mâles*); les autres pourvues de pistils, mais ne contenant pas d'étamines (*fleurs pistillées* ou *fleurs femelles*). On dit alors que la plante a des *fleurs diclines*. Les deux sortes de fleurs peuvent être réunies sur le même pied, comme chez le Chêne, le Maïs, etc., et l'espèce est dite *monoïque;* mais elles peuvent aussi être portées par des pieds différents, comme chez le Saule, le Chanvre, etc., et l'espèce est dite *dioïque.* Il est évident que c'est dans ce dernier cas que le pollen a le plus long chemin à parcourir pour atteindre le stigmate.

Le vent suffit en général à assurer la pollinisation croisée; il en est ainsi pour les arbres de nos forêts (Chêne, Hêtre, Bouleau, etc.) et pour les herbes de nos prairies (Graminées); mais souvent aussi les insectes (Abeilles, Guêpes, Bourdons, Papillons, etc.), qui vont de fleur en fleur pour se nourrir des réserves de sucre accumulées dans des organes spéciaux qu'on appelle *nectaires,* peuvent jouer dans le transport du pollen un rôle inconscient. Qu'un de ces insectes pénètre, la tête en avant, jusqu'au fond d'une fleur dont les étamines sont mûres, pour y puiser la matière sucrée : son dos couvert de poils pourra frôler, au passage, les anthères déhiscentes et se charger de pollen. S'il pénètre ensuite dans une fleur de même espèce dont le pistil soit arrivé à maturité, son dos, en glissant contre la surface humide du stigmate, y déposera une partie du pollen qu'il transporte. Mais il ne faut pas, comme on l'a fait parfois, attribuer aux nectaires l'unique fonction de provoquer les visites des insectes : ils sont, en réalité, primitivement, des organes de réserve dans lesquels la plante emmagasine provisoirement de la matière sucrée pour l'employer plus tard à la formation du fruit et des graines; c'est secondairement qu'ils jouent un rôle utile à la plante en provoquant la visite des insectes et, par suite, la pollinisation croisée.

Les insectes (Hyménoptères, Lépidoptères) ne sont pas les seuls animaux qui jouent un rôle dans la pollinisation; dans les pays tropicaux, les limaces, qui rampent à la surface de certaines fleurs charnues, les colibris, qui poursuivent les insectes jusqu'à l'intérieur des fleurs, les chauves-souris mêmes peuvent jouer un rôle analogue.

Fécondation. — Quand un grain de pollen est tombé sur le stigmate, les aspérités que présente sa surface le fixent solidement aux papilles stigmatiques. Il trouve, de plus, dans le liquide nutritif qui humecte celle-ci, l'aliment nécessaire à son développement. Il forme alors, comme sur tout autre milieu nutritif, un tube pollinique qui s'enfonce dans le stigmate (*fig.* 372). Le tissu conducteur du style lui offre un milieu à la fois peu résistant et très nutritif. Il s'allonge peu à peu, en suivant le chemin qui s'ouvre devant lui, et descend ainsi jusque dans la cavité de l'ovaire. Guidé

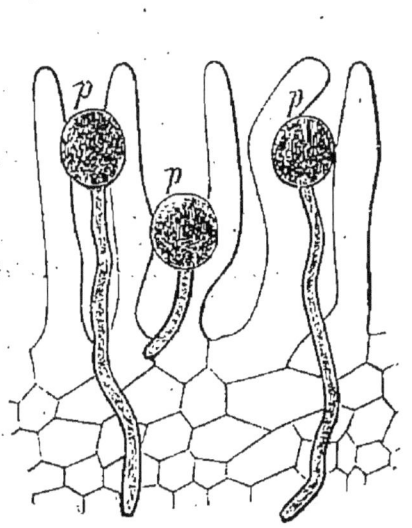

Fig. 372. — Germination de plusieurs grains de pollen (*p*) sur un stigmate.

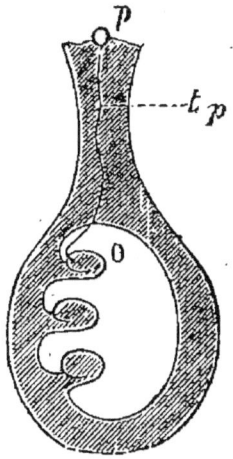

Fig. 373. — Trajet du tube pollinique dans le pistil (schéma). — *p*, grain de pollen ; *tp*, tube pollinique ; *o*, ovule.

par le cordon de tissu conducteur qui court, à la surface interne de l'ovaire, parallèlement à un placenta, il ne tarde pas à atteindre un ovule (*fig.* 373). Se dirigeant vers l'ouverture du micropyle, il traverse celle-ci et pénètre ainsi jusqu'à la surface du nucelle.

C'est du moins le chemin que suit, dans la majeure partie des cas, le tube pollinique : le micropyle est la voie la plus fréquemment employée pour lui permettre de franchir le tégument de l'ovule. Mais chez certains végétaux, tels que le Bouleau, le *Casuarina* et quelques autres, le tube pollinique, au lieu de gagner le micropyle, traverse le tégument de l'ovule par la voie la plus courte, au niveau de la chalaze; on dit quelquefois que ces plantes sont *chalazogames*, par opposition à celles où le tube pollinique suit la voie micropylaire et qui sont dites *porogames*. Au cours de l'allongement du tube pollinique, les noyaux qu'il renferme subissent des sorts très différents. Le gros noyau, dit *noyau végétatif* du grain de pollen, resté généralement à l'arrière dans le tube pollinique, dégénère promptement et se résorbe; le petit noyau, dit *noyau reproducteur*, se maintient, au contraire, à l'avant du tube pollinique, formant, avec un peu de protoplasme dense et compact, une petite cellule sans membrane propre mais parfaitement distincte. Cette cellule se divise bientôt en deux cellules-filles qui vont jouer un rôle important dans la reproduction et qui ont reçu le nom d'*anthérozoïdes*.

Arrivé au sommet du nucelle, le tube pollinique en dissocie les premières assises, dont les éléments sont devenus

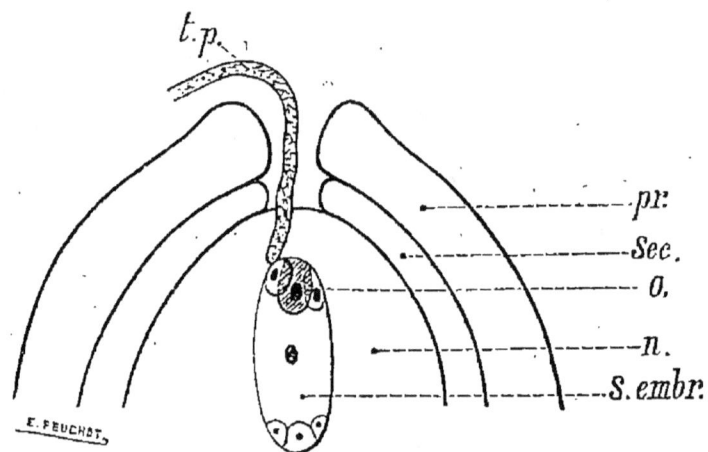

Fig. 374. — Pénétration du tube pollinique dans l'ovule. — *pr.*, primine; *sec.*, secondine; *n*, nucelle; *s. embr.*, sac embryonnaire; *o*, oosphère; *t.p.*, tube pollinique.

peu résistants quand l'ovule a atteint sa maturité, et son extrémité se trouve bientôt en contact avec l'oosphère (*fig.* 374). La membrane cellulosique du tube pollinique ne tarde pas à se détruire au point de contact, et l'on peut voir les deux anthérozoïdes passer successivement à l'intérieur du sac embryonnaire. Ils vont y jouer des rôles différents.

L'anthérozoïde qui pénètre le premier passe entre les deux synergiques devenus plus ou moins diffluents et s'avance jusqu'au contact de l'oosphère, qu'il pénètre. Le protoplasme de l'anthérozoïde se fusionne avec celui de l'oosphère; puis son noyau se dirige vers celui de l'oosphère, s'accole à lui et bientôt la fusion des deux noyaux est complète. La *fécondation* de l'oosphère est dès lors achevée : elle a pour conséquence la formation d'un *œuf*, œuf qui, comme nous le verrons, est l'origine d'une plante nouvelle et qui peut porter le nom d'*œuf principal*.

C'est la production de l'œuf principal qui marque le début de l'évolution par laquelle l'ovule se transforme en graine et l'ovaire en fruit. Ce phénomène capital dans l'histoire du développement de la plante est d'ailleurs marqué par une circonstance très particulière et qui mérite d'être étudiée de plus près et avec quelques détails. Il est nécessaire, pour cela, de revenir aux origines de l'élément mâle et de l'élément femelle qui prennent part à la fécondation et de remonter, d'une part, jusqu'à la cellule-mère des grains de pollen, d'autre part jusqu'au sac embryonnaire, encore pourvu de son noyau primaire. Il faut aussi se rappeler quelle est la structure générale du noyau cellulaire.

Supposons, pour fixer les idées, qu'il s'agisse de la fécondation chez *Lilium Martagon*. Les noyaux des cellules qui composent l'appareil végétatif de cette plante, des cellules *somatiques*, comme on les appelle, ont un filament nucléaire constamment formé de 24 segments chromatiques. Ce nombre se retrouve dans toutes les cellules qui composent l'anthère, jusqu'aux cellules-mères du pollen inclusivement. Quand la cellule-mère subit la première des deux bipartitions qui doivent donner naissance aux grains de pollen, le nombre des segments chromatiques que comprend chacun des deux noyaux nouveaux tombe brusquement à 12, c'est-à-dire qu'il se réduit de moitié. A partir de ce moment, ce nombre reste constant dans tous les noyaux qui procèdent de cette première bipartition, c'est-à-dire dans les noyaux des cellules en tétrade, dans le noyau végétatif et le petit noyau reproducteur du grain de pollen, enfin dans les noyaux des deux anthérozoïdes, qui, chez le Lis, renferment par conséquent chacun 12 chromosomes.

De même, le noyau primitif du sac embryonnaire, comme les noyaux des cellules somatiques, possède normalement 24 segments chromatiques. Au moment de la bipartition de ce noyau, le nombre des segments chromatiques s'abaisse brusquement, il n'est plus que de 12, exactement, pour le noyau supérieur; pour le noyau inférieur, tout en étant un peu plus élevé, il est toujours moindre que 24, par exemple 16. Au cours des deux bipartitions suivantes l'inégalité se maintient, de sorte que les noyaux de la tétrade supérieure, en particulier le noyau de l'oosphère, possèdent exactement 12 chromosomes, les noyaux de la tétrade inférieure en renfermant un nombre plus élevé (et d'ailleurs variable) compris entre 12 et 24.

Il résulte de ces faits, qui ont d'ailleurs une grande généralité dans tout le règne végétal, que les noyaux des cellules sexuelles, dont la fusion produit l'œuf, possèdent un nombre de chromosomes de moitié moindre que celui des noyaux des cellules végétatives de la même espèce.

Or, que deviennent ces chromosomes lors de la fécondation de l'oosphère chez les Phanérogames? Ils restent parfaitement distincts dans le noyau de l'œuf formé et ne se fusionnent pas, en sorte que celui-ci renferme un nombre de chromosomes double de celui des gamètes, et ce nombre se maintient au cours du développement de l'œuf.

Dans le Lis, par exemple, dès la fusion des deux gamètes, on voit les 12 chromosomes du noyau mâle et les 12 chromosomes du noyau femelle se rassembler dans la zone équatoriale; puis, la division de la cellule-œuf commençant aussitôt, chacun des 24 chromosomes se coupe en deux dans le sens longitudinal, les deux moitiés se portant chacune à l'un des pôles de la division.

Par suite, les cellules issues du cloisonnement de l'œuf

auront, comme celui-ci, un noyau à 24 chromosomes ; et il en sera de même dans toute la suite du développement jusqu'à la formation de nouvelles cellules sexuelles.

De plus, on voit que les deux gamètes, anthérozoïde et oosphère, interviennent également dans la formation de l'œuf, en particulier dans l'apport de substance chromatique, et qu'il se fait un partage égal de cette substance chromatique dans les divisions ultérieures ; ceci permet de comprendre, dans une certaine mesure, comment l'organisme qui procède de l'œuf réunit en lui des caractères empruntés à ses deux parents. La connaissance du mécanisme de la fécondation jette, en un mot, une vive lumière sur les lois encore si obscures de l'hérédité.

Double fécondation. — A la suite du premier anthérozoïde, le second quitte à son tour le tube pollinique et pénètre dans le sac embryonnaire. Glissant entre les synergides et passant à côté de l'œuf principal nouvellement formé, il se rend dans la partie centrale du sac embryonnaire ; là se trouve, noyé dans une abondante masse de protoplasme vacuolaire, le gros noyau d'origine double que nous avons dénommé noyau secondaire du sac embryonnaire. Il se fait alors une fusion, protoplasme à protoplasme et noyau à noyau, du deuxième anthérozoïde avec la grosse cellule centrale du sac : de cette fusion résulte un œuf qui s'entoure d'une membrane de cellulose et constitue, au-dessous de l'œuf principal, un *œuf accessoire* destiné à disparaître tôt ou tard en servant de nourriture au premier.

Il y a donc, chez le Lis, et d'une façon générale chez les Phanérogames Angiospermes, une double fécondation dans l'ovule.

Ce phénomène important, découvert pour la première fois par Nawaschine, en 1898, a été, depuis cette époque, reconnu très général (Guignard). La figure 375 représente un stade du même phénomène observé dans la Nigelle de Damas ; mais ici les deux noyaux polaires se sont soudés en un seul noyau NS et les anthérozoïdes az_1, az_2 sont presque entièrement fusionnés avec les noyaux femelles.

552   COURS ÉLÉMENTAIRE DE BOTANIQUE.

Il convient d'observer que ces deux œufs, œuf principal et œuf accessoire, n'ont pas la même valeur morphologique. Si les gamètes mâles qui entrent dans leur formation sont rigoureusement semblables, il n'en est pas de même des gamètes femelles. Chez le Lis, par exemple, tandis que dans la formation de l'œuf principal n'intervient

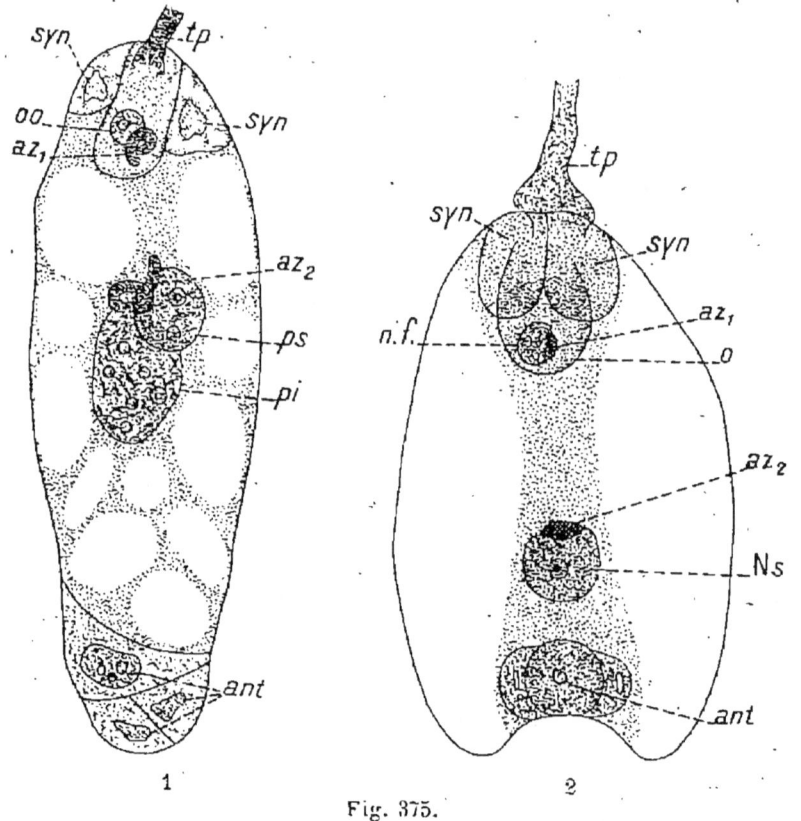

Fig. 375.

1. — Sac embryonnaire au moment de la fécondation; *tp*, extrémité du tube pollinique; *az₁*, *az₂*, anthérozoïdes; *oo*, oosphère; *ps*, *pi*, noyaux polaires supérieur et inférieur; *syn*, synergides; *ant*, antipodes
2. — Fécondation dans la *Nigella damascena* (mêmes lettres que dans la figure précédente).

qu'un seul noyau femelle, celui de l'oosphère, renfermant 12 chromosomes exactement, dans la formation de l'œuf accessoire entrent *deux noyaux femelles*, les noyaux polaires supérieur et inférieur; de plus, le second de ces noyaux apporte avec lui un *nombre élevé et variable* de chromosomes, de 16 à 20 par exemple. En sorte que, l'œuf principal du Lis ayant toujours 24 chromosomes exactement dans son noyau, l'œuf accessoire en aura par exemple 12 + 12 + 16, soit 40 chromosomes.

On conçoit dès lors que les deux embryons, provenant d'œufs si différents d'origine et si différemment constitués, aient eux-mêmes des sorts très différents. Effectivement, comme nous le verrons bientôt, tandis que l'œuf principal donne une jeune plantule, début d'une plante nouvelle, l'œuf accessoire donne un embryon massif, non différencié dans sa forme extérieure, qu'on appelle *albumen* et dont le rôle est de servir de nourriture à l'embryon proprement dit.

L'étude du mécanisme intime de la fécondation emprunte son intérêt à sa grande généralité : il paraît être sensiblement le même chez tous les êtres vivants, qu'ils appartiennent au règne animal ou au règne végétal.

§ 6. — Le fruit et la graine.

Conséquences de la fécondation. — La formation de l'œuf est le point de départ de l'évolution de l'ovule en graine et de l'ovaire en fruit. Comme le stigmate reçoit toujours beaucoup de grains de pollen, il est rare que la cavité de l'ovaire ne reçoive pas, à son tour, un nombre de tubes polliniques supérieur à celui des ovules qu'elle renferme : tous ces ovules se transforment donc généralement en graines. Les tubes polliniques qui n'ont pas trouvé d'ovules à féconder meurent sans avoir été utilisés. Tous les grains de pollen que le vent a portés ailleurs que sur des stigmates de même espèce ou d'espèce voisine, sont également perdus pour la fécondation.

Le fruit. — Le *fruit*, au sens le plus général qu'il faut donner à ce mot, n'est pas autre chose que l'ovaire agrandi et modifié de manière à contenir les ovules grossis et transformés en graines : la paroi du fruit porte le nom de *péricarpe*.

L'aspect et la consistance du péricarpe sont très variables dans les fruits mûrs.

Le *péricarpe* est quelquefois *charnu*. Un grain de raisin, une groseille, etc... sont charnus dans toute leur épaisseur; la seule résistance qu'y rencontre la dent est due aux pépins, qui ne sont pas autre chose que les graines : ces fruits sont des *baies*. Quand un fruit charnu est arrivé à maturité, il tombe sur le sol; en général, il ne s'ouvre pas ou s'ouvre d'une façon tout à fait irrégulière pour mettre en liberté les graines qu'il renferme; on dit que c'est un fruit *indéhiscent*.

Dans d'autres fruits, comme ceux de l'Ancolie, du Pois, de la Giroflée, le *péricarpe* est *sec*.

Arrivés à maturité, on voit souvent les fruits à péricarpe sec s'ouvrir d'une façon régulière, sous l'influence de la sécheresse, et donner ainsi la liberté aux graines qu'ils contiennent : le péricarpe est alors *déhiscent* et le fruit est qualifié de *capsule*. C'est souvent par une série de fentes longitudinales que s'ouvre la capsule, et ces fentes décomposent le péricarpe en lambeaux appelés *valves*.

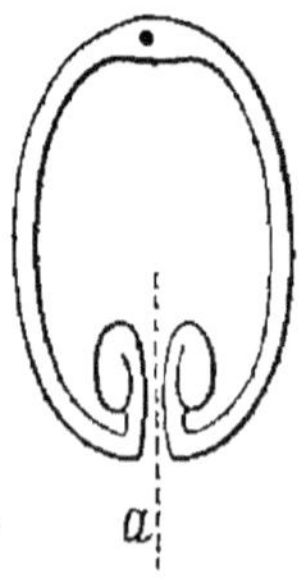

Prenons un exemple.

Après la fécondation, chacun des carpelles qui composent le pistil de l'Ancolie devient une sorte de sac à paroi sèche. Il s'ouvre en forme de cornet par une seule fente, située précisément entre les deux placentas, de manière à reprendre en se déroulant son aspect de feuille : il porte alors sur ses deux bords disjoints les deux rangées de graines. Celles-ci se détachent plus tard des placentas pour tomber sur le sol. Le fruit ainsi formé par chaque carpelle est un *follicule* (*fig*. 376).

Fig. 376.
Follicule de Nigelle. Coupe transversale d'un follicule entr'ouvert (schéma).

On s'est demandé par quel mécanisme est produite la déhiscence des fruits à péricarpe sec.

Les recherches de Leclerc du Sablon ont montré que ce phénomène exige, pour se produire, la réunion de deux conditions différentes : l'une, *extrinsèque*, est réalisée par le milieu extérieur ; c'est la sécheresse de l'atmosphère ; — l'autre, *intrinsèque*, est réalisée par le fruit lui-même et consiste en une structure déterminée pour chaque espèce de fruits.

On peut reconnaître par l'expérience qu'une fibre à pa-

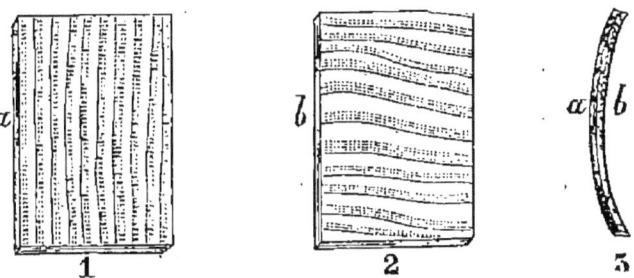

Fig. 377. — 1 et 2, copeaux de bois (*a* et *b*) taillés parallèlement la direction de leurs fibres, indiquée par les traits pointillés ; 3, les deux copeaux, collés l'un à l'autre, se sont courbés par la dessiccation.

rois lignifiées, soumise à l'influence de la sécheresse, se contracte plus fortement dans la direction transversale que dans la direction longitudinale. « Pour le démontrer (*fig.* 377),
» dans un copeau de bois mince et homogène, taillé parallè-
» lement à la direction des fibres, on découpe deux rec-
» tangles plans, de même dimension, la direction des fibres
» étant parallèle au petit côté de l'un (*b*) et au grand côté de
» l'autre (*a*) ; on les imbibe d'eau séparément, puis on les
» colle l'un contre l'autre, de façon à ce qu'ils coïncident
» dans toute leur étendue et que les fibres de l'un soient dans
» une direction perpendiculaire aux fibres de l'autre ; on les
» laisse ensuite se dessécher. On voit alors le système,
» d'abord plan, se recourber de telle manière que la partie
» convexe présente ses fibres parallèles à la ligne de plus
» grande courbure. »

C'est en appliquant cette loi, dans chaque cas particulier, à la structure des parois du fruit, qu'on peut en expliquer le mode de déhiscence. Dans les parois d'un follicule d'Aconit, par exemple, très analogue à celui de l'Ancolie, on distingue deux systèmes de fibres, les unes transversales et distribuées sur toute la hauteur du follicule, les autres longitudinales et formant, le long des placentas, deux cordons parallèles (*fig.* 378). Quand le fruit a atteint sa maturité, l'action de la sécheresse, s'exerçant sur ses parois, a pour effet de le raccourcir plus fortement suivant ses faces latérales que suivant sa face interne et de cette inégalité résulte la formation de la fente de déhiscence.

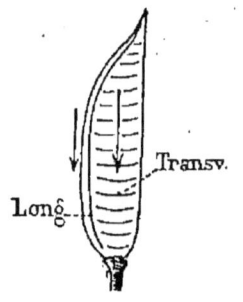

Fig. 378. — Schéma de la disposition des fibres dans un follicule d'Aconit, vue en perspective. — Long., fibres longitudinales; Transv., fibres transversales.

Un certain nombre de fruits secs ont un péricarpe indéhiscent, comme la plupart des fruits charnus ; ils renferment, en général, une graine unique et reçoivent alors le nom d'*akènes* (*fig.* 379). On peut citer comme exemple le fruit du Sarrasin ou Blé noir.

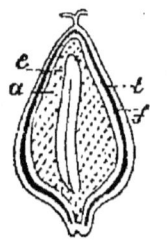

Fig. 379. Akène de Sarrasin (coupe verticale).

Transformation de l'ovule en graine. — En même temps que la paroi de l'ovaire se transforme en péricarpe, les ovules qu'elle enferme se transforment en graines.

En quoi consiste cette transformation ? D'abord la graine est presque toujours plus volumineuse que l'ovule. Mais à cet accroissement de volume s'ajoutent des changements profonds dans la structure de l'organe.

Rappelons-nous qu'après la fécondation l'ovule, fixé au placenta par le funicule, comprend, sous son tégument, une petite masse charnue dite nucelle; à l'intérieur du nucelle, au voisinage d'une ouverture du tégument appelée micropyle, et dans le sac embryonnaire, se trouvent l'œuf proprement dit, résultat de l'union d'un anthérozoïde avec l'oosphère, et l'œuf accessoire, résultat de l'union d'un autre anthérozoïde avec les noyaux polaires ou le noyau secondaire du sac embryonnaire.

Aussitôt après la fécondation, la structure du tégument de l'ovule subit d'importantes modifications. Certaines assises prennent un développement exagéré, épaississent et lignifient les membranes de leurs cellules ; d'autres, au contraire, comprimées par les tissus voisins, se résorbent et disparaissent. Quand ces transformations sont achevées, le tégument de l'ovule est devenu le *tégument de la graine* : les deux couches du premier, primine et secondine, peuvent persister et prendre part à la constitution du second. A mesure que le tégument se développe pour recouvrir et protéger le contenu de la graine, le micropyle, qui avait servi au passage du tube pollinique et dont le rôle est désormais terminé, se rétrécit et devient parfois presque invisible.

Le parenchyme du nucelle, repoussé peu à peu par les tissus qui procèdent du développement des embryons contenus dans le sac embryonnaire, disparaît en général : la graine mûre n'en renferme ordinairement plus de traces ; dans certains cas, cependant, une partie du nucelle peut persister et garder l'aspect parenchymateux : quelquefois aussi, les assises les plus superficielles du nucelle, persistant après la résorption des autres, prennent part à la constitution du tégument de la graine.

Aussitôt après la double fécondation, le développement des deux embryons commence. Mais celui de l'embryon inférieur ou albumen l'emporte de vitesse sur celui de l'embryon proprement dit.

On voit tout d'abord le noyau de l'œuf accessoire subir une première bipartition (*fig.* 380, 2). Les deux noyaux qui en résultent se divisent, à leur tour, en deux autres (3), et ainsi de suite un certain nombre de fois, de sorte que le noyau secondaire est bientôt remplacé par un grand nombre de noyaux qui gagnent la périphérie du sac embryonnaire et viennent se loger sous sa membrane (4). Puis des cloisons cellulosiques se forment entre ces noyaux et se raccordent avec la membrane générale du sac, de manière à emprisonner chacun d'eux, avec le protoplasme qui l'environne, dans une sorte d'alvéole ouverte vers l'intérieur du sac embryonnaire (5). Plus tard, chacun des noyaux de cette

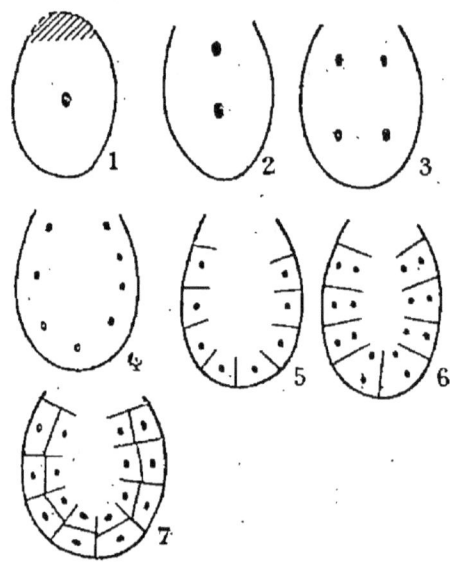

Fig. 380.

Formation de l'albumen (schéma). — La partie couverte de hachures dans le premier croquis représente la région du sac embryonnaire dans laquelle se forme l'embryon, dont il n'est pas tenu compte dans tous ces croquis.

couche pariétale se divise en deux et l'un des deux nouveaux noyaux ainsi formés se porte vers le centre du sac (6). Une cloison cellulosique se forme entre les deux noyaux issus de la bipartition et le sac embryonnaire contient dès lors, à l'intérieur d'une assise de cellules complètement closes, une nouvelle série d'alvéoles largement ouvertes vers l'intérieur (7). Le même phénomène de bipartition se renouvelant un certain nombre de fois, les noyaux ne tardent pas à envahir, de proche en proche, le sac embryonnaire tout entier et celui-ci est bientôt remplacé par un tissu parenchymateux et compact. Ce tissu s'étend peu à peu, refoulant et digérant le nucelle qui l'environne; en même temps il se gorge de substances nutritives, par exemple d'amidon ou d'huile, et constitue pour la graine cette sorte de tissu de réserve auquel on a donné depuis fort longtemps le nom d'*albumen*.

Quand la réserve nutritive est surtout formée d'amidon, comme dans la graine du Blé, on dit que l'albumen est *farineux*. Quand elle comprend de l'huile, comme dans le Ricin, l'albumen est dit *oléagineux*. Quand elle est surtout formée par une accumulation de cellulose dans les parois épaissies des cellules de l'albumen, celui-ci est *corné*; c'est ce qui arrive chez le Caféier et chez le Dattier.

Mais il est une substance nutritive qui se trouve, soit seule, soit associée à d'autres, dans beaucoup d'albumens, qu'on ne retrouve pas, d'autre part, dans les cellules de l'appareil végétatif et qui est, par conséquent, très caractéristique de la graine, c'est le grain d'*aleurone* dont nous avons étudié (pp. 74 et 75) la structure et les principales propriétés. Les grains d'aleurone représentent, dans la graine, la partie albuminoïde de la réserve nutritive, qui n'est pas la moins essentielle.

Pendant que le sac embryonnaire se transforme en albumen, l'œuf principal ne reste pas inactif (*fig.* 381). Aussitôt constitué par l'acte de la fécondation, son noyau subit une première bipartition. Cette bipartition est bientôt suivie d'un cloisonnement et l'œuf se trouve remplacé par deux cellules superposées, l'une voisine du micropyle (nous l'appellerons la cellule supérieure), l'autre dirigée vers le noyau secondaire du sac embryonnaire (nous l'appellerons la cellule inférieure).

La cellule supérieure ne tarde pas à subir des cloisonnements transversaux et longitudinaux : elle donne naissance à une sorte de filament, ordinairement pluricellulaire, qui enfonce la cellule inférieure au sein du sac embryonnaire, et dont les éléments accumulent quelquefois des substances de réserve. On donne à cet organe le nom de *suspenseur*.

La cellule inférieure, par deux cloisons rectangulaires, se

divise d'abord en quatre quartiers; puis ceux-ci prennent des cloisons tangentielles qui déterminent la formation d'un petit massif central, pluricellulaire, protégé extérieurement par une assise de cellules aplaties, un épiderme. Bientôt le

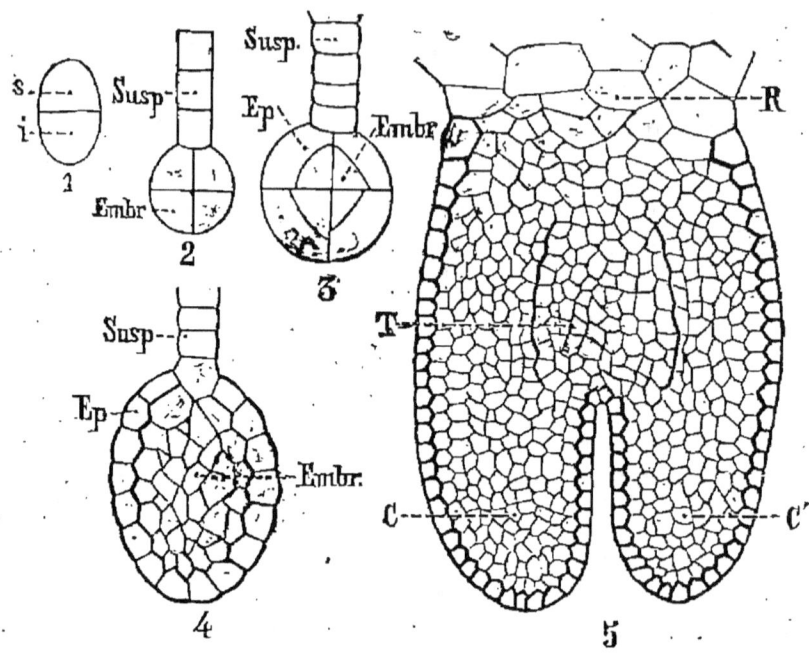

Fig. 381.

Quelques phases successives de la formation de l'embryon. — *s* et *t*, les deux cellules qui proviennent de la première bipartition de l'œuf; Susp., suspenseur; Embr., embryon; Ep., son épiderme; R, radicule; T, tigelle; C, C', cotylédons.

massif central cloisonne un grand nombre de fois ses cellules, de manière à former un parenchyme, d'abord homogène; en même temps, les cellules de l'épiderme subissent de nombreux cloisonnements radiaux qui permettent à cette assise de suivre le développement du parenchyme qu'elle recouvre. Ainsi se trouve constitué, à l'extrémité inférieure du suspenseur, un organisme simple auquel on donne le nom d'*embryon proprement dit* ou simplement d'*embryon*. Sa forme, d'abord à peu près sphérique, ne tarde pas à se compliquer davantage. A son extrémité la plus éloignée du suspenseur se forment deux mamelons symétriques, pendant que l'extrémité voisine du suspenseur s'étire et s'allonge. Plus tard se forme, entre les deux mamelons symétriques, une sorte de saillie conique. En même temps la structure de l'embryon se différencie et bientôt on y peut distinguer plusieurs membres. Un axe, relié au micropyle par le suspenseur, se termine de ce côté par une extrémité conique, présentant les caractères d'une jeune racine et qu'on appelle la *radicule*. A l'extrémité opposée, cet axe se termine par une sorte de bouton dans lequel on peut souvent reconnaître quelques jeunes feuilles, étroitement serrées : c'est un bourgeon rudimentaire, qu'on appelle la *gemmule*. Avant de se terminer par la gemmule, l'axe porte, sur ses flancs, deux lobes présentant la symétrie bilatérale qui caractérise les feuilles : on leur donne le nom de *cotylédons*. La partie de l'axe comprise entre la radicule et le point d'insertion des cotylédons a reçu le nom de *tigelle*.

A mesure que l'embryon se développe, il consomme une partie des substances nutritives que l'albumen a mises en réserve. On voit ainsi que ce dernier, placé entre l'embryon et le nucelle, est digéré par le premier pendant qu'il digère le second, et on comprend que, dans la graine mûre, le développement définitif de l'albumen dépend de la façon dont ces deux phénomènes de digestion se sont réglés l'un sur l'autre.

Nous n'avons rien dit du sort des synergides et des antipodes, que le sac embryonnaire contenait encore au moment de la fécondation : ces deux groupes de cellules, qui n'ont pris aucune part à ce dernier phénomène, ne tardent pas à se flétrir et à disparaître.

Si nous résumons en quelques mots les transformations que l'ovule subit pour devenir une graine, nous voyons que le tégument de l'ovule forme le tégument de la graine ; le nucelle se résorbe généralement, digéré par les organes situés plus profondément ; l'œuf accessoire fournit l'albumen ; enfin l'œuf principal se développe en un embryon, dont les parties essentielles sont la radicule, la tigelle, la gemmule et les cotylédons.

Constitution de la graine mûre. — Ainsi, lorsque la graine est arrivée à maturité, elle peut enfermer dans son tégument : 1° les restes du nucelle, qui, dans ce cas, emmagasine aussi des substances de réserve ; — 2° l'albumen, procédant de l'œuf accessoire ; — 3° l'embryon, dont toutes les parties sont issues de l'œuf principal. Cette structure complète se rencontre, d'ailleurs, assez rarement ; on l'observe, par exemple, dans la graine du Nénuphar (*fig.* 382).

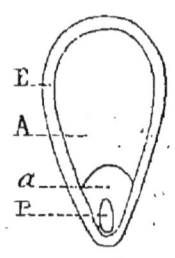

Fig. 382. Graine de Nénuphar. — E, tégument ; A, albumen nucellaire ; a, albumen proprement dit ; P., embryon.

Le plus souvent, l'albumen, en se développant, absorbe le nucelle tout entier et le contenu de la graine mûre se réduit à l'albumen et à l'embryon : on dit alors que la graine est *albuminée* (*fig.* 383).

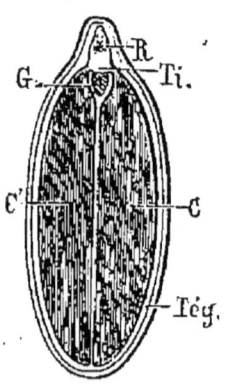 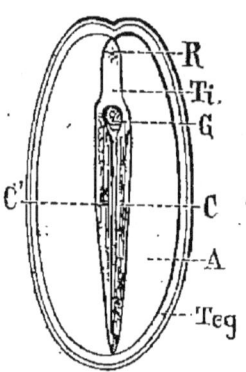

Fig. 383. — Coupe dans une graine albuminée. — Teg., tégument ; A, albumen ; R, radicule ; Ti., tigelle ; G, gemmule ; C, C', cotylédons.

Fig. 384. — Coupe dans une graine exalbuminée (même légende que pour la figure précédente).

Lorsque les cotylédons restent plus ou moins plats et plus ou moins foliacés, l'albumen est très volumineux et riche en réserves nutritives; c'est ce qui arrive, par exemple, dans la graine du Ricin, où l'albumen est oléagineux.

Parfois, au contraire, les cotylédons absorbent tout l'albumen avant la maturation de la graine. Le contenu de celle-ci se réduit alors à l'embryon, dont les cotylédons sont charnus et gorgés de réserves; c'est ce qu'on observe dans les graines du Haricot, du Pois, etc., où les deux cotylédons, chargés d'amidon et d'aleurone, remplissent à eux seuls presque toute la cavité du tégument : on dit alors que la graine est *exalbuminée* (*fig.* 384).

Enfin il est des cas (Orchidées) où l'albumen ne se développe même pas, le noyau de la cellule originelle s'étant résorbé de bonne heure, avant toute bipartition; on dira alors que la graine est fondamentalement *dépourvue d'albumen*.

Dissémination de la graine. — Quand la graine est arrivée à maturité, elle se détache du péricarpe par la rupture de son funicule, qui laisse à la surface du tégument une cicatrice, ordinairement foncée et souvent saillante, le *hile*. La graine tombe alors directement sur le sol ou est entraînée au loin par le vent, si les ornements de sa surface favorisent sa dissémination (Cotonnier, Saule, Peuplier). Lorsque le fruit est indéhiscent, il se prête quelquefois tout entier à un semblable transport; c'est ainsi que les fruits de l'Orme, du Frêne, de l'Érable, qui sont des akènes simples ou doubles, prolongent leurs téguments en forme d'ailes latérales qui offrent plus de prise au vent : on donne à ces fruits le nom de *samares*.

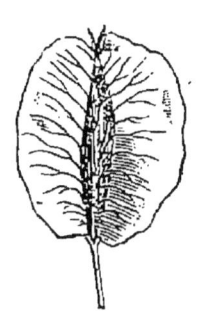

Fig. 385.
Samare de l'Orme.

§ 7 — Germination de la graine.

On appelle *germination* de la graine la série de phénomènes par lesquels une graine, placée dans des conditions favorables, donne naissance à une nouvelle plante plus ou moins semblable à celle qui l'a elle-même formée.

Vie ralentie de la graine mûre. — La graine mûre et desséchée paraît au premier abord morte; en réalité la vie n'y est pas absolument suspendue : elle est seulement *ralentie*, comme l'ont montré quelques expériences précises (Van Tieghem et Bonnier). Plaçons, par exemple, trois lots équivalents de graines, le premier dans un flacon où l'air se renouvelle librement, le second dans un flacon hermétiquement bouché où l'air est confiné, le troisième dans un flacon chargé d'anhydride carbonique et hermétiquement fermé. Abandonnons ces flacons pendant un temps prolongé, deux ans par exemple. Après ce temps, pesons de nouveau les trois lots de graines : nous observerons que l'augmentation de poids, nulle dans l'anhydride carbonique, faible dans l'air confiné, est beaucoup plus sensible dans l'air renouvelé. Si, d'autre part, nous procédons à l'analyse des deux atmosphères confinées, nous observerons que celle du flacon chargé d'anhydride carbonique n'a pas éprouvé de modification, tandis que l'air confiné s'est appauvri en oxygène et enrichi en gaz carbonique. Les graines sèches sont donc le siège d'une respiration qui, pour n'être pas très active, n'en est pas moins appréciable. Cette respiration, nulle dans l'anhydride carbonique, très faible dans l'air confiné, a été beaucoup plus sensible dans l'air renouvelé : elle a produit un accroissement notable du poids des graines. Si, enfin, on essaie de faire germer les graines appartenant aux trois lots qui ont servi à cette expérience, on remarque que celles qui ont été exposées à l'air libre germent dans la proportion de 90 p. 100; celles qui viennent de l'air confiné ne germent qu'à raison de 45 p. 100; enfin les graines qui ont séjourné dans l'anhydride carbonique ont perdu totalement leur faculté germinative : nouvelle preuve que la graine est un organisme vivant, qui ne peut résister à une privation prolongée d'oxygène.

On peut définir plus scientifiquement la germination de la

CONDITIONS NÉCESSAIRES A LA GERMINATION.

graine, en disant que c'est le passage de cet organe de l'état de vie ralentie à celui de la vie active.

Conditions nécessaires à la germination.
— Quelles sont les conditions nécessaires pour ce passage?

Les unes doivent être réalisées par la graine elle-même : ce sont des *conditions intrinsèques;* les autres par le milieu dans lequel la graine est placée : ce sont des *conditions extrinsèques*.

Il faut d'abord que la graine soit bien constituée. Pour reconnaître, dans un lot de graines, celles qui présentent ce caractère, on se sert souvent d'un procédé grossier qui consiste à les jeter dans l'eau : les graines bien constituées tombent au fond; celles qui sont mal constituées surnagent. Ce procédé très imparfait n'est pas applicable à certaines graines qui possèdent normalement une légèreté suffisante pour flotter à la surface de l'eau; c'est ce qui arrive, par exemple, pour beaucoup de graines oléagineuses.

Il faut, de plus, que la graine soit arrivée à maturité. Cette maturité coïncide généralement avec celle du fruit et; si ce dernier est déhiscent, les graines ont atteint leur maturité au moment de leur mise en liberté.

La maturité de la graine peut persister très longtemps : elle conserve alors pendant des semaines, des mois ou des années, son *pouvoir germinatif;* c'est ainsi que des graines de Haricot et de Blé ont pu être conservées pendant plus de cent ans sans perdre leur pouvoir germinatif. Dans d'autres espèces, au contraire, ce pouvoir ne persiste que pendant un temps très court : la graine du Caféier ne germe que si elle est semée aussitôt après avoir été détachée de l'arbre qui l'a produite.

La durée du pouvoir germinatif n'est pas sans être soumise, dans une certaine mesure, à l'influence du milieu extérieur. C'est ainsi que les graines oléagineuses perdent assez rapidement leur pouvoir germinatif : les corps gras qu'elles contiennent s'oxydent et rancissent au contact de l'air; on peut retarder ce phénomène en empêchant la circulation de l'air autour des graines, en les enfouissant par exemple. Des grains de Blé, placés dans une atmosphère sèche, à 100° pendant un quart d'heure, ou à 65° pendant une heure, conservent encore leur pouvoir germinatif : ils le perdent, au contraire, si on les laisse séjourner pendant une heure dans l'eau chauffée entre 53° et 54°. Ainsi se manifeste une fois de plus la différence de résistance que les organismes vivants opposent à la chaleur sèche et à la chaleur humide.

Les conditions que doit réaliser le milieu extérieur pour permettre la germination de la graine, se réduisent à trois.

Chacun sait qu'une graine, placée dans un lieu parfaitement sec, se conserve sans germer pendant de longs mois, voire de longues années. La graine doit recevoir du milieu extérieur une quantité suffisante d'eau. Il faut qu'elle trouve dans l'eau qui lui est fournie les éléments nécessaires aux réactions chimiques qui accompagnent sa germination; mais il ne faut pas, d'autre part, qu'elle soit noyée dans un excès d'eau, condition qui amènerait une pourriture rapide de ses tissus. On a déterminé, chez quelques espèces, le poids d'eau que doit absorber un poids de graines égal à 100 pour arriver à saturation : ce poids est de 125 chez le Lupin, de 47 chez le Blé, de 8 chez le Balisier (*Canna*); on le désigne sous le nom de *pouvoir absorbant*.

On observe aussi que, dans un lot de graines disposées en tas pour germer, la germination se produit d'abord à la surface; les graines situées trop profondément ne peuvent germer : c'est l'air qui leur manque. Il faut donc que l'air soit assez renouvelé autour de la graine pour qu'elle reçoive une quantité suffisante d'oxygène. On a pu déterminer, pour quelques espèces, la valeur minima de la pression de l'oxygène dans l'atmosphère ambiante, au-dessous de laquelle la germination ne peut pas se produire, et la valeur maxima au-dessus de laquelle elle est également impossible : pour l'Orge, par exemple, la pression minima correspond à une pression totale de l'air égale à 7 centimètres de mercure, et la pression maxima, à une pression totale de 7 atmosphères. Il est probable qu'il existe entre ces deux limites une valeur optima de la pression : cette valeur est, sans doute, assez voisine de la pression normale de l'oxygène dans l'atmosphère.

Enfin, on vérifie aisément qu'un froid trop vif ou une température trop élevée s'oppose à la germination : la graine a besoin d'une certaine quantité de chaleur pour germer. On

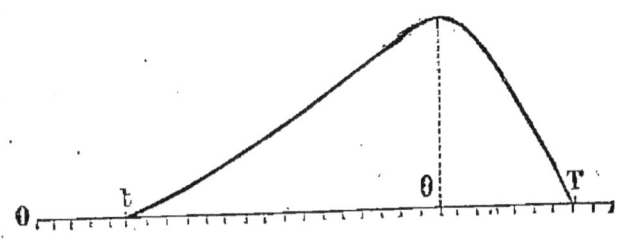

Fig. 386.

Courbe indiquant les variations de la germination avec la température extérieure. (Les abscisses sont proportionnelles aux températures et les ordonnées à la rapidité de la germination.) t, température minima; 0, température optima; T, température maxima.

a cherché à faire germer aux températures les plus diverses les graines d'un certain nombre d'espèces, en égalisant, comme il convenait, les deux autres conditions, la condition d'humidité et celle d'aération. On a ainsi reconnu (fig. 386) que, pour chaque espèce, il existe une valeur minima de la température, au-dessous de laquelle la germination n'est pas possible. A partir de ce minimum, si la température prend des valeurs successivement croissantes, la germination se montre de plus en plus rapide : ces valeurs de la température lui sont donc de plus en plus favorables. Puis vient une valeur de la température pour laquelle la germination présente un maximum de rapidité : c'est la température la plus favorable à la germination ou, comme on dit, la température optima. Si la température continue à croître au-dessus de cette valeur, la germination devient moins rapide : les valeurs nouvelles de la température lui sont moins favorables. Enfin, la température atteint une valeur au-dessus de laquelle la germination n'est plus possible : c'est une valeur maxima. Dans le cas du Blé, en particulier, les valeurs minima, optima et maxima de la température sont : 5°; 28°,7; 42°,5. La température optima est, pour la plupart des espèces qui ont été soumises à l'expérience, comprise entre 10° et 20°.

Eau, oxygène, chaleur, distribués en proportions convenables, telles sont les trois conditions essentielles de la germination d'une graine. Chacune d'elles est également nécessaire; mais, si elle était seule réalisée, elle ne serait pas suffisante : la graine ne peut germer que si elle rencontre un milieu *à la fois* humide, aéré et chaud.

On réalisera facilement ces trois conditions en laissant tremper une graine pendant environ vingt-quatre heures dans l'eau et en la plaçant ensuite, sur de la mousse imbibée d'eau, dans une pièce aérée, à une température voisine de 16° ou 17°.

Certaines substances sont défavorables à la germination; c'est ainsi que les anesthésiques la suspendent momentanément : des graines en germination, soumises à des vapeurs d'éther ou de chloroforme, cessent de germer; mais qu'on supprime l'anesthésique, si l'intensité et la durée de son action ont été modérées, les phénomènes de la germination reprennent aussitôt. Les antiseptiques paraissent avoir, au contraire, une influence définitive sur la germination : ces substances tuent la graine et en arrêtent, par suite, la germination.

La lumière semble n'avoir aucune influence sur la germination : toutes conditions égales d'ailleurs, celle-ci se produit aussi vite et aussi bien à la lumière qu'à l'obscurité. Mais, aussitôt que la plante nouvelle issue de la graine s'est fait jour au dehors, on voit se manifester sur sa respiration et sur sa croissance l'action retardatrice de la lumière. Ainsi s'explique l'erreur de certains observateurs qui ont cru reconnaître à la lumière une influence retardatrice sur la germination elle-même.

Il est des substances chimiques qui favorisent la germination ; de ce nombre sont le chlore, le brome, l'iode, employés en solutions aqueuses très diluées : il est probable que c'est l'oxygène provenant de l'action de ces corps simples sur l'eau, en présence de la lumière, qui fournit un appoint nouveau à la graine en voie de germination.

Les conditions nécessaires à la germination sont maintenant déterminées avec assez de précision pour que nous puissions aborder l'étude de cette période capitale dans la vie de la plante.

Phénomènes de la germination. — Parmi les phénomènes de la germination, il en est qui consistent en changements dans la forme extérieure et la structure des parties constituantes de la graine : ce sont les *phénomènes morphologiques*. Les autres sont des modifications chimiques qui se passent à l'intérieur des tissus de la graine ; certaines de ces modifications aboutissent à des échanges de substance entre la graine et le milieu extérieur : ce sont les *phénomènes physiologiques*.

Phénomènes morphologiques. — Pour donner plus de clarté à l'étude morphologique de la germination, prenons un type, aussi complet que possible : il nous sera fourni par la germination du Ricin.

La graine, volumineuse, de couleur brun rougeâtre, présente dans son ensemble la forme d'un œuf qui aurait été aplati parallèlement à son grand axe ; le petit bout porte une sorte de renflement, de consistance cornée, de couleur plus claire que le reste de la graine : c'est ce qu'on appelle la *caroncule*.

Pour étudier la structure de cette graine (*fig.* 387), il est commode de la ramollir par une immersion prolongée dans un verre d'eau. On pourra dès lors en détacher facilement le tégument ; on s'assurera ainsi que c'est au tégument seul qu'il faut attribuer la couleur foncée de la graine ; la caroncule, qui se détachera en même temps, se manifestera comme le résultat d'une hypertrophie du tégument dans sa région voisine du micropyle. Le contenu de la graine est formé par une masse ovoïde et de couleur blanche : ce n'est pas autre chose que l'albumen, dont les cellules sont gorgées d'huile et d'aleurone. Si on fend l'albumen à l'aide d'un scalpel, suivant la direction de la plus large section longitudinale de la graine, on observe qu'il enferme dans ce plan un embryon normalement constitué : la radicule tourne sa pointe vers la caroncule, c'est-à-dire vers le micropyle ; la tigelle, courte et cylindrique, se termine par un petit mamelon conique inséré entre deux lames foliacées et blanches qui l'emprisonnent et s'appliquent l'une contre l'autre ; le mamelon n'est autre que la gemmule et les deux lames foliacées sont les cotylédons. Une coupe longitudinale, faite suivant l'axe d'une autre graine de Ricin par un plan perpendiculaire au précédent, permettrait de compléter les notions fournies par la dissection précédente.

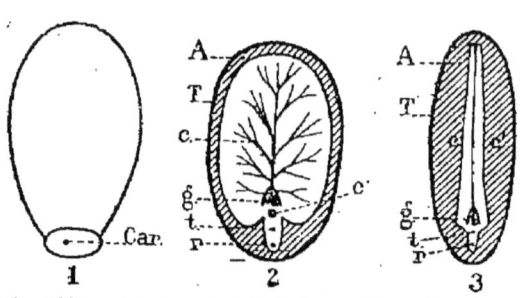

Fig. 387. — Graine de Ricin (1, entière ; 2, coupée suivant son axe par le plan de plus grande largeur ; 3, coupée suivant son axe par le plan de moindre largeur). — Car., caroncule ; T, tégument ; A, albumen ; r, radicule ; t, tigelle ; g, gemmule ; c, c', cotylédons (dans le croquis n° 2, c' a été détaché et n'est plus représenté que par la cicatrice résultant de cette ablation).

Semons quelques graines de Ricin sur de la mousse ou du sable humides, à l'intérieur d'une chambre aérée et suffisamment chaude, c'est-à-dire dans les conditions que nous savons être nécessaires et suffisantes à la germination, et suivons jour par jour les phases successives de leur germination (*fig.* 388).

Après un temps parfois assez long, le tégument de chaque graine se soulève, puis se déchire, au niveau du micropyle.

Par l'ouverture ainsi produite sort un organe allongé et blanchâtre, couvert d'un fin duvet de poils et qui s'enfonce verticalement dans la mousse ou le sable : c'est la première racine, provenant du développement de la radicule.

Puis la graine est soulevée lentement au-dessus de la

mousse : il est facile de reconnaître que ce soulèvement est dû à l'allongement de la tigelle. Parfois il arrive que la

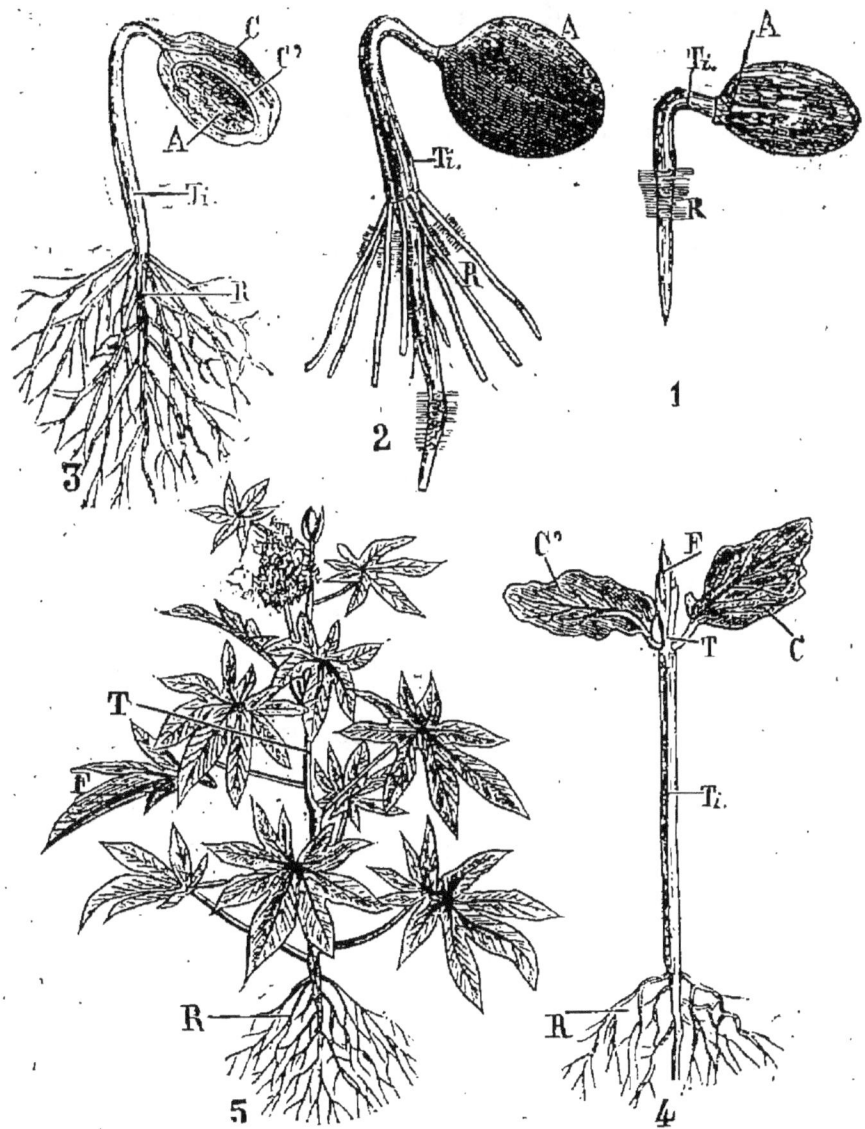

Fig. 388. — Phases successives de la germination d'une graine de Ricin. — R, racine ; Ti., tigelle ; A, albumen ; C, C', cotylédons ; T, tige épicotylée ; F, feuilles.

graine soit retenue pendant quelque temps au sol ; alors la tigelle, en s'allongeant, se courbe à la manière d'un arc tendu ; c'est plus tard seulement qu'elle se détend brusquement et porte la graine au-dessus du sol. — Dans cette période peu avancée de la germination, il est généralement facile d'établir rigoureusement la limite de séparation entre la radicule et la tigelle : si on suit en descendant la surface de la tigelle, les premiers poils que l'on rencontre marquent la base de la radicule.

A quelque temps de là, le tégument de la graine, distendu par son contenu, dont le volume augmente progressivement, se déchire plus largement ; il finit par se détacher et tomber sur le sol : on voit alors paraître, au sommet de la tigelle, qui en sort par un orifice circulaire, la masse ovoïde et blanche de l'albumen.

Bientôt il devient manifeste que l'albumen diminue de volume ; puis on le voit se diviser en deux moitiés qui se séparent l'une de l'autre ; elles restent fixées aux faces externes des cotylédons, qui se sont écartés.

Exposés, dès lors, à l'action de la lumière, les cotylédons ne tardent pas à verdir ; en même temps ils se développent en largeur et en épaisseur ; leurs nervures s'accusent et se différencient ; ils prennent, en un mot, avec la plus grande netteté, tous les caractères des feuilles végétatives. Les deux moitiés de l'albumen, appliquées contre les faces inférieures de ces deux feuilles, se réduisent de plus en plus : il est clair que les substances nutritives qui s'y trouvaient en réserve sont utilisées pour le dévelopement des diverses parties de l'embryon et que ce sont les cotylédons qui servent à transmettre ces substances à l'embryon tout entier. La gemmule, jusque-là rudimentaire et cachée entre les cotylédons, s'épanouit à son tour, s'allonge et, pendant que disparaissent les dernières traces de l'albumen, elle ébauche la partie de la tige située au-dessus des cotylédons, avec les feuilles auxquelles elle sert de support. Les cotylédons persistent après la disparition de l'albumen : ils forment les deux premières feuilles.

En même temps que se sont développés successivement la tigelle, les cotylédons et la gemmule, la racine, qui avait apparu la première, a formé ses ramifications et s'est enfoncée de toutes parts dans le sol.

On voit, en résumé, que la germination du Ricin peut être décomposée en six phases principales :

1° Déchirure du tégument ;
2° Elongation et sortie de la radicule ;
3° Elongation de la tigelle et soulèvement de la graine au-dessus du sol ;
4° Chute du tégument ;
5° Epanouissement des cotylédons ;
6° Epanouissement de la gemmule.

Cette succession sera facilement mise en évidence si l'on a eu soin de semer d'avance, et tous les deux jours environ, quelques graines de même espèce. Au bout d'une quinzaine de jours, on possédera simultanément tous les termes de la série.

On peut encore, pour résumer les phénomènes morphologiques de cette germination, passer en revue l'évolution de chacune des parties de la graine : le tégument tombe et disparaît ; l'albumen est digéré par l'embryon ; la radicule donne naissance à la racine principale de la plante nouvelle, avec toutes ses ramifications ; la tigelle fournit la partie de la tige, ordinairement courte, qui est située au-dessous des cotylédons et qu'on appelle *axe hypocotylé* ; les cotylédons, après avoir absorbé les produits de la digestion de l'albumen et les avoir transmis à l'organisme nouveau, se différencient de manière à former les deux premières feuilles de la plante ; c'est enfin du développement de la gemmule que procède la partie de la tige située au-dessus des cotyléons ou, comme on dit encore, l'*axe épicotylé*.

Dans ce premier type de germination, la graine est portée au-dessus de terre par l'allongement de la tigelle ; c'est ce qu'on exprime d'un mot en disant que la germination est *épigée*.

Des phénomènes analogues se manifestent dans la germination de toute autre graine ; ils peuvent offrir toutefois quelques variations importantes.

Lorsque les réserves nutritives de la graine sont accumulées dans les cotylédons, ce sont eux qui s'épuisent pendant la germination pour transmettre aux diverses parties de la plante nouvelle les produits de la digestion de ces réserves.

Ce nouveau type de germination se trouve réalisé par le Haricot; étudions-le sommairement.

Prenons une graine mûre de Haricot (*fig.* 389), ramollie par une immersion d'un jour ou deux dans un verre d'eau. Nous en détacherons facilement le tégument; il est marqué, le long du bord concave de la graine, d'une tache allongée, qui est très visible dans les variétés de Haricot à graine rouge : c'est le hile; au voisinage du hile, on peut remarquer, à la surface du tégument, une dépression de la grosseur d'une pointe d'épingle, qui n'est autre chose que le micropyle. Sous le tégument nous rencontrerons une masse charnue et farineuse qu'il sera facile, sans aucune déchirure, de séparer en deux moitiés exactement symétriques, rapprochées suivant une surface plane qui coïncide avec le plan de symétrie de la graine : ces deux moitiés sont les cotylédons. Cherchons à détacher l'un des cotylédons de l'autre; nous verrons qu'à l'une de leurs extrémités ils sont unis par un axe de petite taille, de forme allongée, caché en partie par eux quand ils sont rapprochés et fixés à ses flancs comme deux ailes : c'est l'axe de l'embryon; la radicule vient loger sa pointe, juste au-dessous du micropyle, dans une fossette creusée à la face interne du tégument; la gemmule comprend un mamelon conique protégé par deux feuilles très petites et appliquées l'une contre l'autre.

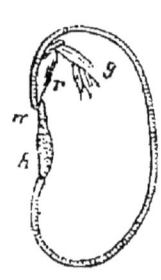

Fig. 389. Graine de Haricot.—*h*, hile; *m*, micropyle; *r*, radicule; *g*, gemmule.

Si on sème sur de la mousse humide une graine ainsi constituée, on observe qu'après l'allongement de la tigelle, la chute du tégument met à nu les deux cotylédons. Soumis à l'action de la lumière, ils verdissent bientôt, comme la tigelle elle-même, puis s'écartent l'un de l'autre : on voit

PHÉNOMÈNES MORPHOLOGIQUES.

alors paraître entre eux deux feuilles en voie de développement, dans lesquelles il est aisé de reconnaître, malgré l'accroissement déjà considérable de leur taille, les deux feuilles de la gemmule (*fig.* 390, à gauche). Les cotylédons, d'abord lisses et gorgés de matières nutritives, rident bientôt leur surface et s'aplatissent, perdant peu à peu leurs réserves, qui passent dans les organes nouveaux de la plante. A mesure que les cotylédons se flétrissent, la première racine qui a pénétré à l'intérieur du sol se ramifie de plus en plus, tandis que le mamelon qui termine la gemmule s'épanouit et donne naissance à la tige épicotylée (*fig.* 390, à droite).

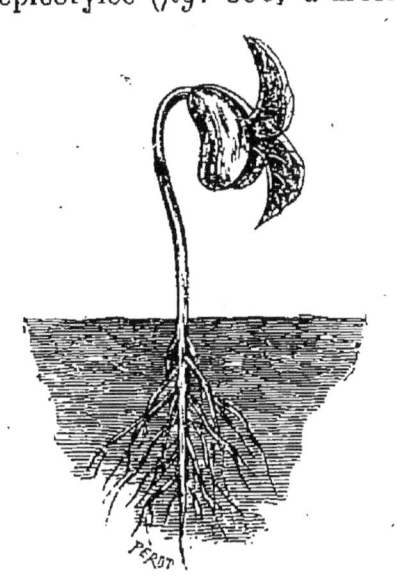

Fig. 390.

Germination du Haricot (deux phases successives). — C, cotylédon.

Enfin il arrive un moment où toute la réserve accumulée dans les cotylédons s'est épuisée ; leurs débris se détachent alors du sommet de la tigelle et n'y laissent qu'une double cicatrice, bientôt effacée.

Dans d'autres graines, pourvues ou dépourvues d'albumen, comme celle du Blé, qui possède un albumen farineux, ou celle du Pois, dont toute la réserve nutritive est accumulée dans les cotylédons, l'une des phases morphologiques de la germination se trouve supprimée : la tigelle ne subit pas l'allongement qui a pour effet de soulever la graine du Ricin ou celle du Haricot au-dessus du sol. De là vient que la graine du Blé ou du Pois demeure, pendant toute la durée de la germination, au point où elle a été semée (*fig.* 391). elle reste fixée à la surface ou à l'intérieur du sol, suivant la profondeur du semis, ce qu'on exprime en disant que la germination est *hypogée*.

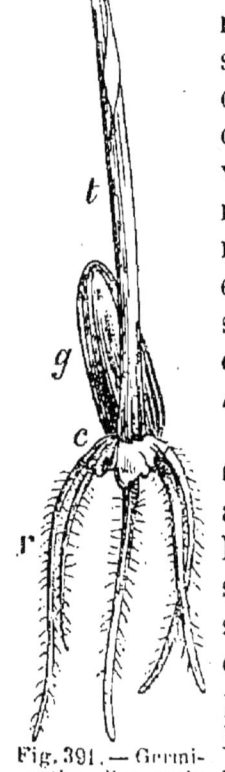

Fig. 391. — Germination d'un grain de Blé. — *t*, tige ; *g*, graine ; *r*, racines ; *c*, coléorhizes.

Phénomènes physiologiques. — Quels sont les phénomènes physiologiques qui accompagnent l'évolution morphologique de l'embryon ? Ces phénomènes sont de deux sortes. Les uns peuvent être mis en évidence sans que l'on pénètre dans la constitution chimique de la graine et de la plantule qui en procède : ce sont des *phénomènes externes*. Les autres ne peuvent être décelés que par une étude minutieuse des modifications que subit le contenu des cellules : ce sont des *phénomènes internes*.

Phénomènes externes. — Parmi les phénomènes externes que comprend la physiologie de la germination, la première place revient au phénomène respiratoire. L'intensité de ce phénomène, qui est, comme on le sait, très faible dans la graine à l'état de vie ralentie, augmente considérablement dès le début de la germination : il devient facile de mesurer, dans un temps relativement court, la quantité d'oxygène absorbé ou d'anhydride carbonique émis par la graine ou la plantule. Mais il n'y a pas que l'intensité de la respiration qui soit affectée par le passage de la graine à la vie active ; la nature même de ce phénomène subit une importante modification. Si on évalue, pour des graines en voie de germination, le rapport qui existe entre le volume d'oxygène absorbé et le volume d'anhydride carbonique émis dans un temps donné, si on mesure, en un mot, la valeur du quotient respiratoire, on la trouve constamment inférieure à l'unité, il y a, en d'autres termes, plus d'oxygène absorbé que d'anhydride carbonique émis ; c'est-à-dire encore que la respiration des graines germant consiste surtout en phénomènes d'oxydation.

En même temps que la plantule de germination respire activement, elle émet de la vapeur d'eau, c'est-à-dire qu'elle transpire. Enfin, fait curieux et paradoxal au premier abord, *elle éprouve au début de la germination une perte de poids sec*. Cet énoncé a besoin de quelques explications.

Pesons rigoureusement un lot de graines d'une espèce donnée : le résultat de la pesée fournira ce qu'on appelle le *poids frais* de ce lot. Desséchons-le ensuite par un séjour prolongé dans une étuve à 110° ; quand les graines auront cessé de perdre de leur poids, nous pourrons admettre que la dessiccation est complète et, en déterminant de nouveau le poids du lot en expérience, nous en obtiendrons ce qu'on appelle le *poids sec*.

Ceci établi, prenons un second lot de graines, de même espèce, aussi équivalentes que possible aux premières, et dont le poids frais soit le même que celui du premier lot.

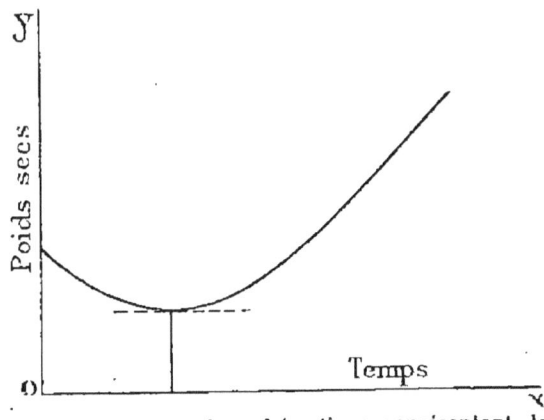

Fig. 392. — Courbe schématique représentant les variations du poids sec pendant la période germinative.

Faisons-les germer ; puis, après un certain temps de germination, desséchons aussi à l'étuve les plantules provenant de la germination ; quand leur poids aura cessé de diminuer, pesons-les de nouveau, de manière à déterminer le poids sec des plantules qui correspondraient au poids sec de graines déterminé par la première expérience. Si nous comparons ce second poids au premier, nous le trouverons toujours notablement inférieur.

Si le poids sec des graines en germination éprouve une diminution sensible, il n'en est pas de même du poids frais, qui augmente constamment et dès le début de la germination ; puis cette augmentation se porte aussi sur le poids sec, qui a d'abord cessé de décroître et a passé par une valeur minima (*fig.* 392).

Phénomènes internes. — Les échanges gazeux qui se passent entre la graine germant et l'atmosphère, ainsi que la diminution de poids sec qu'elle éprouve dans la première période de sa germination, trouvent leur explication dans l'étude des phénomènes internes dont elle est le siège.

Ces phénomènes consistent essentiellement dans la destruction et l'utilisation des substances nutritives que l'albumen ou les cotylédons ont mises en réserve.

Nous savons déjà que la nature de ces substances est extrêmement variable. Quelle que soit leur nature, les phénomènes qui président à leur destruction peuvent être rangés dans la catégorie générale des phénomènes de *digestion*.

Si la réserve est amylacée, une diastase spéciale, l'*amylase*, se développant dans les cellules amylifères ou à leur voisinage, agit sur l'amidon et, par hydratation, le transforme en dextrine, puis celle-ci, sous l'action d'une autre diastase, la *dextrinase*, est transformée en sucre de maltose, qu'une troisième diastase, la *maltase*, transforme finalement en sucre de glucose, soluble et assimilable par le protoplasme de la plante en voie de développement.

Si la réserve est formée de sucre de Canne ou saccharose, c'est une autre diastase, l'*invertine* ou *sucrase*, qui, grâce à un phénomène d'hydratation, dédouble la molécule de saccharose et la remplace par deux molécules, l'une de glucose proprement dit, l'autre de lévulose, également solubles et assimilables.

Si la réserve est formée par un corps gras, la *saponase* le dédouble en son acide constitutif et en glycérine : c'est le phénomène de la *saponification*. La glycérine est directement assimilable. L'acide gras, à la suite de diverses réactions chimiques, peut fournir des hydrates de carbone, par exemple de l'amidon, qui est à son tour transformé en glucose et rendu ainsi assimilable.

Si la réserve est azotée, quand elle est formée, par exemple, de grains d'aleurone, c'est une diastase analogue à la pepsine qui les hydrate et les transforme en peptones solubles et assimilables. Ces peptones peuvent, à leur tour, subir de nouvelles hydratations dont le résultat paraît être, dans certains cas, la formation d'une substance cristallisable, dite *asparagine*, parce qu'on peut l'extraire en quantité notable des jeunes tiges d'Asperge, et qui est soumise ultérieurement à de nouvelles réactions chimiques.

Quand la réserve nutritive est accumulée dans le corps même de l'embryon, c'est-à-dire dans les cotylédons, c'est dans les cellules mêmes du tissu de réserve que s'élaborent les diastases destinées à sa digestion : on peut dire que la digestion est *interne*.

Quand les substances de réserve sont accumulées dans l'albumen, en dehors de l'embryon, il faut distinguer deux cas.

Lorsque l'albumen est oléagineux, ses cellules demeurent vivantes et capables d'élaborer elles-mêmes la diastase nécessaire à la saponification de la matière grasse, et ce sont des substances assimilables que l'embryon puise ensuite dans l'albumen par sa surface de contact avec lui.

Lorsque l'albumen est farineux, ses cellules, gorgées de grains d'amidon, sont mortes et, par suite, incapables d'élaborer elles-mêmes l'amylase nécessaire à la digestion de l'amidon. C'est alors l'embryon qui produit cette diastase et la répand dans les cellules de l'albumen par sa surface de contact. Tantôt le cotylédon, pour arriver à digérer l'albumen tout entier, s'accroît progressivement, comme on l'observe dans la germination des Palmiers. Tantôt, au contraire, il ne s'accroît pas et la diastase qu'il sécrète se répand de proche en proche dans le tissu de l'albumen : le cotylédon agit à distance, comme on l'observe dans la germination du Blé, du Seigle et, en général, des Graminées.

Si on remarque que la plupart des réactions chimiques qui ont pour objet de digérer les réserves accumulées dans la graine consistent soit en oxydations avec élimination d'anhydride carbonique et d'eau, soit en dédoublements ou en hydratations, on peut s'expliquer à la fois l'accroissement d'intensité du phénomène respiratoire, la modification qu'éprouve la nature de ce phénomène et, enfin, la diminution de poids sec subie par la graine.

Limites de la période germinative. — Comment peut-on fixer les limites de la période germinative? Elle commence évidemment au moment où on fournit à la graine les conditions nécessaires à son passage de la vie ralentie à la vie manifestée. Il est moins facile de préciser le moment où elle prend fin. Doit-on dire que la germination cesse au moment de la première apparition de la chlorophylle dans la plante nouvelle, c'est-à-dire dès que cette plante devient capable d'élaborer elle-même, aux dépens de l'anhydride carbonique, les substances hydrocarbonées nécessaires à son développement? Mais la première apparition de la chlorophylle est souvent très précoce et suit presque immédiatement la première déchirure du tégument. Il semble préférable de fixer pour terme à la période germinative le moment où les dernières réserves accumulées dans la graine ont été digérées. A partir de ce moment, la jeune plante, maintenue dans les conditions où elle s'est jusque-là développée, ne tarderait pas à dépérir faute d'aliment; pour la voir achever son évolution et porter des fleurs et des fruits, il devient nécessaire de la transplanter dans un sol plus nutritif, par exemple dans la terre.

§ 8. — Développement total de la plante.

Le développement total de la plante, à partir de la germination, ne suit pas une marche identique dans toutes les espèces.

Chez le Haricot, le Ricin, le Blé, etc., la plante provenant de la germination d'une graine parcourt en une seule saison toutes les phases de son développement : elle produit des fleurs, des fruits et des graines ; après la dissémination de celles-ci, la plante meurt. Ces espèces, ne vivant qu'une année, sont qualifiées d'*annuelles*.

On appelle espèces *bisannuelles* celles qui emploient deux années à parcourir toutes les phases de leur développement. Dans l'année de la germination, la jeune plante porte des feuilles, mais ne produit pas de fleurs. A l'automne, les parties aériennes disparaissent et la plante se réduit à ses parties souterraines, qui peuvent être des racines ou des rhizomes. Celles-ci passent l'hiver dans un état de vie ralentie comparable à celui d'une graine mûre. Au printemps suivant, la plante reprend son activité : de nouveaux organes aériens, des tiges et des feuilles, se forment aux dépens des réserves accumulées dans les parties souterraines ; puis paraissent des fleurs, qui fournissent plus tard des fruits et des graines. Après la dissémination des graines, la plante meurt. On peut citer, parmi les espèces bisannuelles, la Carotte et la Betterave.

On nomme *espèces pluriannuelles* celles dont le développement total dure plus de deux années, mais qui ne produisent qu'une fois des fleurs, des fruits et des graines et meurent après la dissémination des graines. On peut les réunir, avec les espèces annuelles et bisannuelles, sous le nom d'*espèces monocarpiques*. Toutes les plantes monocarpiques ont des tiges molles ou, comme on dit, *herbacées*.

Les espèces *vivaces* ou *polycarpiques* sont celles qui survivent à la formation d'une première série de fleurs, de fruits et de graines et qui en produisent d'autres dans le cours de leur développement. Parmi les plantes polycarpiques, il en est d'herbacées : elles se conservent d'une année à l'autre par des organes souterrains, qui deviennent le siège de réserves nutritives ; tels sont les rhizomes de l'Iris et les tubercules de la Pomme de terre. Les autres sont *ligneuses ;* ce sont les arbres, arbustes et arbrisseaux, qui se conservent pendant l'hiver par des organes aériens : c'est la tige, dépouillée ou chargée encore de feuilles, suivant qu'elles sont caduques ou persistantes, qui devient un organe de réserve.

Variations de la respiration pendant le développement. — L'étude physiologique du développement total de la plante exigerait, pour être complète, que nous passions successivement en revue les divers phénomènes dont la plante est normalement le siège et que nous examinions comment varie chacun d'eux aux diverses périodes de la végétation. Ne considérons, pour simplifier, que le phénomène respiratoire.

Si on étudie, à l'aide des méthodes dont nous connaissons l'emploi, la manière dont varie l'intensité du phénomène respiratoire pendant toute la durée du développement de la plante, on reconnaît que cette intensité est en rapport direct avec l'importance des phénomènes biologiques dont la plante est le siège. On observe, par exemple, qu'elle présente des valeurs maxima pour toutes les périodes pendant lesquelles la plante forme des substances de réserve ou les consomme, en particulier pendant la période de maturation des fruits et des graines ou pendant la période de germination. Dans ces deux cas, en effet, la plante est le siège de réactions chimiques dont l'intensité explique l'importance que prend alors le phénomène respiratoire.

Quant à la nature de ce phénomène, elle est aussi très variable avec l'état de développement de la plante. C'est ainsi que le quotient respiratoire $\frac{CO^2}{O^2}$, sensiblement inférieur à l'unité au début de la germination, quand la graine consomme ses réserves et qu'elle est le siège d'oxydations intenses, se rapproche plus tard de l'unité, peut dépasser cette valeur et lui devenir sensiblement supérieur quand la plante constitue des réserves, soit dans son appareil végétatif, si elle renfle en tubercules ses racines ou ses tiges souterraines, soit dans son appareil reproducteur, au moment de la formation des fruits et des graines. On peut ainsi dresser une courbe représentative des variations du quotient respiratoire avec le développement (*fig.* 393) : il présente des maxima pour toutes les périodes qui correspondent à une formation abondante de substances de ré-

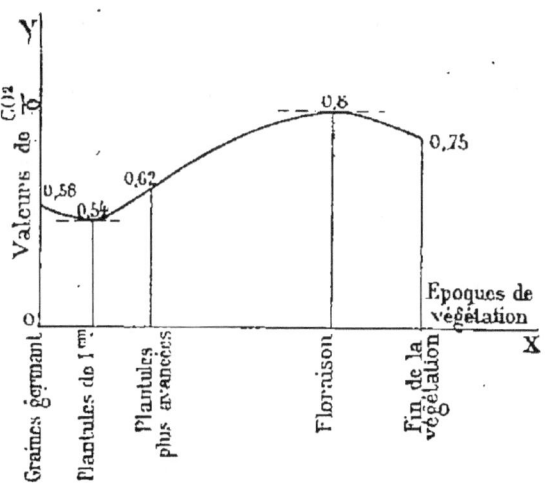

Fig. 393. — Courbe schématique représentant les variations du quotient respiratoire avec l'âge de la plante.

serve, en d'autres termes, pour toutes les périodes où dominent les phénomènes de réduction ; les minima correspondent, au contraire, aux périodes pendant lesquelles sont consommées des réserves, aux périodes d'oxydation, en un mot.

La chaleur végétale. — On sait que les phénomènes physiologiques dont le corps des animaux est le siège ont pour résultat de dégager une certaine quantité de chaleur, qui est souvent sensible au thermomètre. On peut se demander si l'organisme végétal n'est pas, lui aussi, le siège de phénomènes calorifiques.

Il fut un temps où les organismes animaux étaient les seuls auxquels on crût devoir attribuer la faculté de produire des phénomènes d'oxydation ; on admettait alors volontiers que les organismes végétaux seraient essentiellement réducteurs. C'était là une notion beaucoup trop simpliste. Parmi les nombreuses transformations que subissent les principes immédiats du corps de la plante, il en est de natures très diverses : elles peuvent consister en réductions ou en oxydations, en déshydratations ou en hydratations, en dédoublements, etc. Chacune de ces réactions, considérée isolément, peut absorber ou dégager de la chaleur ; elle peut être endothermique ou exothermique. Si la formation d'une substance de réserve est une réaction endothermique, inversement la digestion de cette même substance est exothermique. On a donc le droit de penser que, tout compte fait, l'organisme végétal peut quelquefois produire de la chaleur.

Les échanges extérieurs les plus généraux, tels que l'absorption d'oxygène et l'émission d'anhydride carbonique, ayant frappé tout d'abord les chimistes et les physiologistes, on s'est demandé s'ils ne pouvaient pas être en rapport direct avec les phénomènes de thermogénèse. On s'est proposé, par exemple, de mettre en évidence, s'il était possible, l'élévation de température qui coïnciderait avec le surcroît d'intensité de la respiration aux moments de la germination des graines ou de la floraison.

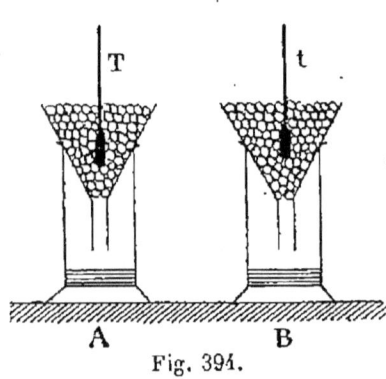

Fig. 394.

L'expérience est facile à réaliser avec des graines en germination (*fig.* 394). On dispose côte à côte, sur deux éprouvettes à pied, deux entonnoirs qui renferment des lots équivalents de graines de même espèce humectées d'eau. Celles du premier lot (B) ont été privées de leur pouvoir germinatif par l'action d'un anesthésique ; celles du second lot (A) sont en voie de germination. Deux thermomètres absolument comparables ont leurs réservoirs plongés l'un dans le premier lot, l'autre dans le second. On observe toujours une différence sensible entre les indications fournies par ces deux thermomètres : la température des graines en germination (T) dépasse toujours sensiblement celle des graines qui ne germent pas (t); la différence est, par exemple, de 10° à 12° chez le Blé, de 6° à 7° chez le Maïs.

On peut, de même, rendre sensible au thermomètre le dégagement de chaleur qui accompagne la maturation des anthères dans les fleurs de certaines Aroïdées : c'est ainsi qu'au sommet d'une inflorescence d'*Arum maculatum* on a pu observer, au moment de l'ouverture de la spathe de l'inflorescence, un excès de 10°,4 sur la température extérieure.

Ces expériences offrent, sans doute, un grand intérêt; mais il n'est évidemment plus possible d'attribuer à une cause aussi simple que la formation d'une certaine quantité d'anhydride carbonique, le dégagement de chaleur qu'elles mettent en évidence. On sait maintenant que l'échange respiratoire, pour nous borner à cet exemple, ne représente que les termes extrêmes d'une chaîne complexe de réactions qui se produisent à l'intérieur des tissus, et il est impossible d'admettre *a priori* que la mesure extérieure du phénomène simple de combustion auquel semble correspondre l'échange respiratoire, puisse être proportionnelle à la quantité réelle de chaleur dégagée qui résulte de l'excès des réactions exothermiques sur les réactions endothermiques.

Quand une graine germe, elle consomme ses réserves; c'est, nous le savons, par des phénomènes d'oxydation, de dédoublement et d'hydratation, que la plupart des substances de réserve passent à l'état assimilable. Les réactions chimiques qui se produisent alors dans la graine peuvent donc alimenter trois sources de dégagement de chaleur : 1° la chaleur qui résulte de la formation de l'anhydride carbonique émis; — 2° celle qui résulte de l'oxydation que subissent certaines substances, grâce à l'excès d'oxygène absorbé sur l'anhydride carbonique émis; — 3° celle qui, indépendamment de toute oxydation, résulte des dédoublements et des hydratations.

On voit qu'il était nécessaire de mesurer directement, par des méthodes calorimétriques, ainsi que l'a fait G. Bonnier, les quantités de chaleur dégagées par les graines en voie de germination. En comparant ensuite ces quantités à celles qui résulteraient d'une simple formation d'anhydride carbonique aux dépens de tout l'oxygène absorbé, on pouvait tenter de mettre en évidence la réalité des deux autres sources de chaleur. C'est en appliquant ce procédé de recherches à un grand nombre d'espèces de graines en germination ou de fleurs arrivées à la période d'épanouissement, que G. Bonnier a pu établir les conclusions suivantes.

La quantité de chaleur dégagée pendant le même temps par un même poids d'une plante, à la même température initiale, varie avec l'état de développement de la plante. Un maximum se produit pendant la première partie de la période germinative, un autre maximum dans la fleur après l'anthèse.

Pendant la première partie de la période germinative, la quantité de chaleur mesurée est supérieure à celle qu'on obtient en calculant la chaleur de formation de l'anhydride carbonique produit par la plante pendant l'expérience; elle est même supérieure, en général, à la quantité de chaleur qui serait due à la formation d'anhydride carbonique par tout l'oxygène absorbé.

Pendant la floraison, toutes les fois que la quantité de chaleur a été mesurable, elle s'est montrée, au contraire, inférieure à la quantité de chaleur calculée d'après le phénomène respiratoire.

C'est donc lorsqu'on étudie les tissus au moment de la consommation d'une réserve, par exemple au début de la germination, que la chaleur dégagée par les dédoublements et les hydratations vient, en quelque sorte, s'ajouter à celle que produit l'anhydride carbonique en se formant et à celle que fournit l'oxydation interne par l'excès d'oxygène absorbé.

Si on étudie, au contraire, les tissus au moment de la constitution d'une réserve, par exemple au moment où les fleurs vont atteindre leur maturité ou au début de la formation des fruits, on constate que la chaleur absorbée par la formation des substances de réserve vient se retrancher de la chaleur dégagée par la respiration.

Lumière végétale. — L'énergie mise en liberté par

les réactions qui s'effectuent dans les tissus peut se manifester à nous non seulement par des radiations calorifiques émises au dehors, mais aussi, dans certains cas, par des radiations lumineuses. Autrement dit, non seulement il peut y avoir dégagement de chaleur végétale, mais il peut y avoir aussi production de lumière végétale.

Les cas de phosphorescence, ou mieux de *luminescence*, sont assez rares chez les végétaux supérieurs; ils sont au contraire assez fréquents chez certains Champignons et Bactéries. Le mycélium de l'Armillaire de miel, champignon parasite de divers arbres, est luminescent dans ses parties jeunes, celles qui respirent activement; en soulevant l'écorce de l'arbre attaqué, on peut apercevoir, dans l'obscurité, des plaques de mycélium émettant une pâle lumière bleu verdâtre; le même fait s'observe dans les cultures artificielles de ce champignon. Le chapeau du Pleurote de l'Olivier est également luminescent dans l'obscurité.

On connaît aussi plusieurs espèces de Bactéries lumineuses. A la surface des viandes de boucherie ou des poissons morts, il n'est pas rare d'observer des phénomènes de phosphorescence, surtout par un temps d'orage; il s'agit, dans tous les cas, de Bactéries lumineuses développées à la surface du substratum. Molisch a étudié les conditions de développement et de luminosité de plusieurs Bactéries lumineuses; il a montré que certains sels, comme le chlorure de sodium, ajoutés au milieu de culture, augmentent la luminosité. Mais le phénomène est surtout lié à la présence de l'oxygène et est en relation étroite avec l'intensité respiratoire.

§ 9. — Multiplication des Phanérogames.

Les plantes à fleurs ne sont pas seulement capables de *se reproduire*, grâce à leurs fleurs; elles peuvent aussi *se multiplier* par divers procédés. La nature de ces procédés dépend de la loi que suit le développement normal de la plante. Ils sont surtout répandus chez les plantes vivaces. Il est nécessaire d'en citer quelques exemples.

Lorsqu'une graine de Pomme de terre a germé, elle donne naissance à un pied dont certaines tiges souterraines se renflent pendant l'été et gorgent leurs cellules d'amidon, de manière à former des tubercules. Chaque tubercule porte, à sa surface, des dépressions disposées sur une spirale plus ou moins régulière et dont chacune est occupée par un petit bourgeon. Ces dépressions constituent ce qu'on appelle vulgairement les « yeux » de la Pomme de terre. Au printemps suivant, les bourgeons souterrains peuvent se développer chacun d'eux fournit alors une nouvelle tige aérienne, portant des feuilles, puis des fleurs. C'est en s'appuyant sur cette observation que, pour multiplier la Pomme de terre, on sème en terre des fragments de tubercules taillés de telle sorte que chacun d'eux porte un bourgeon.

C'est encore au moyen de leur tige que beaucoup de plantes ligneuses se multiplient naturellement ou que la culture les multiplie artificiellement : un morceau de la tige peut être détaché complètement de la plante adulte et produire un pied nouveau.

Fig. 395.
Une bouture.

Une *bouture* (*fig.* 395) est un rameau que l'on détache du pied auquel il appartient et dont on engage en terre la partie coupée. Des racines adventives se développent bientôt autour de la blessure, alimentent le rameau et lui permettent de produire des feuilles et, plus tard, de se ramifier à son tour. Bientôt un nouveau plant est reconstitué, plus ou moins semblable au premier. Les Saules se multiplient aisément par boutures ; c'est par le même moyen qu'on cultive, dans les jardins, beaucoup d'espèces ornementales.

Certaines plantes ne sont pas assez robustes pour se multiplier par des boutures, mais se prêtent à une opération un peu différente, qu'on appelle le *marcottage* (*fig.* 396). On courbe une branche dont on enfonce une partie en terre sans la détacher de la plante mère. Sur la partie enterrée se développent des racines adventives. Quand on juge que ces racines ont atteint un développement suffisant pour alimenter la branche tout entière, on coupe celle-ci entre les racines adventives et la plante mère : la *marcotte*, devenue indépendante, constitue un nouveau pied, semblable au premier. La Vigne est susceptible d'être multipliée par marcottage. C'est par un marcottage naturel que se multiplie le Fraisier. Quand on observe de près un pied de cette plante, on remarque qu'il s'en détache des rameaux flexibles et rampants, qu'on appelle *stolons* ou *coulants*. Ceux-ci peuvent, de distance en distance, s'enfoncer en terre ; en ces points prennent alors naissance des racines adventives, au-dessus desquelles se développent de nouvelles pousses feuillées et, plus tard, florifères. Le stolon qui rattache chaque pied nouveau au pied principal d'où il est issu ne tarde pas à se flétrir et à disparaître, supprimant toute communication entre eux.

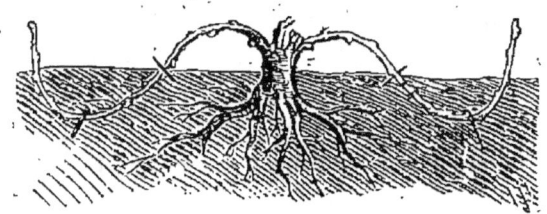

Fig. 396. — Marcottage.

On voit que le marcottage diffère surtout du bouturage parce que la séparation entre le rameau et le pied qui l'a fourni suit, au lieu de la précéder, la formation des racines adventives.

Pour multiplier les variétés d'arbres fruitiers dont les fruits sont de bonne qualité, on emploie la méthode connue sous le nom de *greffage* (*fig.* 397). Elle consiste, d'une manière générale, à transplanter un rameau de la variété recherchée pour ses fruits sur un pied appartenant à une variété plus vigoureuse, mais dont les fruits sont de qualité inférieure. On appelle *greffon* le pied qui fournit le rameau greffé, ou *greffe*, et *sujet* le pied sauvage sur lequel est

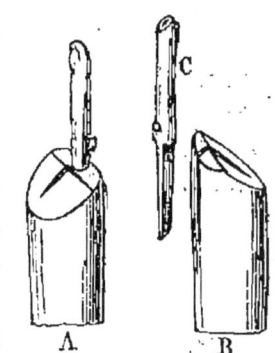

Fig. 397. — Greffe.

transplantée la greffe. Un des nombreux procédés qu'on emploie pour le greffage consiste à couper transversalement la tige principale du sujet, puis à y pratiquer une fente longitudinale dans laquelle on introduit la greffe après l'avoir taillée en sifflet ; on fait en sorte que le cambium du sujet se continue exactement par celui de la greffe et on enveloppe le tout d'un enduit protecteur : au bout de quelque temps, la plaie se cicatrise, les deux tiges se soudent l'une à l'autre et le rameau greffé, nourri par les racines du sauvageon, se développe en une tige qui porte des fruits semblables à ceux du greffon.

CHAPITRE XVI

Classification des Phanérogames. — Les Phanérogames gymnospermes.

Classification des Phanérogames. — L'embranchement des Phanérogames est trop important pour qu'il n'ait pas été nécessaire de le décomposer en deux sous-embranchements. On réunit, sous le nom de Phanérogames *angiospermes*, les plantes pourvues de fleurs dont les ovules sont enfermés dans un ovaire ; c'est à ce sous-embranchement qu'appartiennent, nous l'avons dit à l'avance, toutes les plantes qui nous ont servi d'exemples pour l'étude de la reproduction des Phanérogames. On appelle, au contraire, Phanérogames *gymnospermes* les plantes à fleurs dont les ovules sont portés à nu par de simples écailles qui ne leur forment pas une enveloppe close.

Les Gymnospermes. — Les *Gymnospermes* se rapprochent beaucoup plus des Ptéridophytes que les Angiospermes. Puisque nous avons adopté une marche ascendante dans l'étude du règne végétal, c'est par le sous-embranchement des Gymnospermes que nous devrons commencer la revue des principaux groupes de Phanérogames.

§ 1ᵉʳ. — Les Conifères.

C'est à la famille des *Conifères* qu'appartiennent la presque totalité des Gymnospermes de nos pays. Les plantes de cette famille sont des arbres verts et résineux, comme le Pin, le Sapin, le Cèdre, le Mélèze, etc., dont les fruits sont groupés en masses souvent coniques qu'on appelle des *cônes :* les cônes du Pin sont connus vulgairement sous le nom de « pommes de pin ».

Étude d'un type : Pinus silvestris. — Comme exemple de Conifères, nous allons étudier sommairement l'organisation du Pin silvestre de nos bois (*Pinus silvestris*). Cette étude nous fera connaître, chemin faisant, les caractères spéciaux de la famille des Conifères et aussi les caractères généraux du groupe des Gymnospermes.

Appareil végétatif. — Le Pin silvestre est un arbre dont la tige présente tous les caractères d'un *tronc :* un axe principal, dressé verticalement, se ramifie un grand nombre de fois et se couvre successivement de feuilles dans toute l'étendue de sa ramification. Le bois et le liber de la tige et de la racine s'épaississent par couches annuelles et concentriques, suivant le mécanisme dont nous avons fait une étude générale.

Les éléments du bois sont des cellules allongées, fusiformes, solidement engrenées les unes dans les autres par leurs extrémités aiguës, pourvues de membranes relativement minces, intermédiaires, par suite, entre les fibres proprement dites et les éléments constitutifs d'un vaisseau parfait : on donne souvent à ces éléments spéciaux le nom de *trachéides*. La membrane d'une trachéide porte sur ses faces radiales des ornements caractéristiques qu'on désigne du nom de *ponctuations aréolées*, et dont nous avons précédemment étudié la structure (voir p. 62 et figure 26).

Le bois du Pin silvestre et, plus généralement, des Conifères est caractérisé par l'existence de trachéides à ponctuations aréolées.

Les rayons médullaires qui traversent le bois sont fort peu développés : chaque rayon se réduit généralement à une seule assise de cellules, interrompue de distance en distance, et qu'une coupe faite dans le bois, suivant une direction tangentielle, permet de reconnaître entre les paquets de trachéides aréolées.

Les tubes criblés du liber, après avoir ouvert une première fois les pores de leurs cribles, les gardent indéfiniment béants et contiennent un liquide transparent et hyalin : leur organisation est donc sensiblement inférieure à celle que nous avons reconnue aux tubes criblés des Angiospermes.

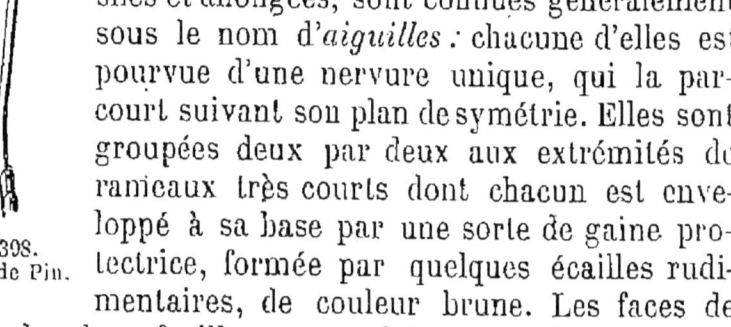

Fig. 398.
Feuille de Pin.

Les feuilles du Pin (*fig.* 398), petites, sessiles et allongées, sont connues généralement sous le nom d'*aiguilles :* chacune d'elles est pourvue d'une nervure unique, qui la parcourt suivant son plan de symétrie. Elles sont groupées deux par deux aux extrémités de rameaux très courts dont chacun est enveloppé à sa base par une sorte de gaine protectrice, formée par quelques écailles rudimentaires, de couleur brune. Les faces de contact des deux feuilles rapprochées sont planes, ce qui explique la forme demi-circulaire de leurs sections transversales. Les feuilles, une fois formées, peuvent persister pendant plusieurs années, et comme, à chaque printemps, il s'en forme de nouvelles, l'arbre reste vert en toute saison.

L'appareil végétatif tout entier (racine, tige et feuilles) est riche en matières résineuses qui s'échappent des blessures faites au tronc, sous forme de gouttelettes durcissant à l'air. L'étude anatomique des organes qui contiennent de la résine permet de constater qu'elle est localisée dans des canaux sécréteurs : il est particulièrement facile de les observer sur la coupe transversale d'une feuille (voir *fig.* 41, p. 85).

Appareil reproducteur. — C'est surtout dans l'organisation des fleurs et dans les phénomènes de la reproduction que résident les différences essentielles qui séparent les Gymnospermes des Angiospermes.

Au printemps se forment, sur un même pied de Pin silvestre, des fleurs de deux sortes, les unes mâles, les autres femelles (*fig.* 399) : les fleurs sont, en un mot, *diclines* et la plante est *mo-*

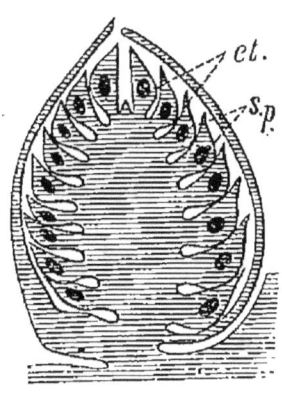

Fig. 399. — Fleurs mâles (A) et femelles (B) du Pin.

Fig. 400. — Coupe longitudinale et schématique d'une fleur mâle de Pin. — *st.*, étamine ; *s. p.*, sac pollinique.

noïque. Toutes les Conifères ont des fleurs unisexuées; mais certaines espèces sont dioïques.

Les fleurs mâles forment, au moment de la maturité du pollen et de sa mise en liberté, de petits massifs ovoïdes, poudrés de jaune, groupés vers la base d'un rameau qui se continue par une partie couverte de feuilles ordinaires. Si on examine de près l'organisation d'un de ces massifs, on reconnaît (*fig.* 400) qu'il comprend un axe supportant, de distance en distance, des écailles insérées sur une spirale régulière, comme le seraient des feuilles. Chacune de ces écailles (*fig.* 401), légèrement amincie à sa base, s'élargit au voisinage de son sommet et porte sur sa face inférieure deux sacs chargés de pollen, dont chacun s'ouvre, à la maturité, par une fente longitudinale, pour expulser son contenu. Ces deux sacs sont des sacs polliniques; l'écaille qui les porte

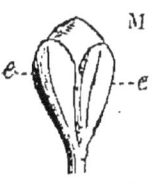

Fig. 401. — Étamine du Pin. — M, écaille portant les sacs polliniques (*e*).

est une étamine et le massif tout entier représente une fleur unique.

Examiné au microscope, le grain de pollen du Pin (*fig. 402*) se montre pourvu latéralement de deux expansions symétriques en forme d'ailes, qui en favorisent évidemment la dissémination : la présence de ces ailes est due à ce que l'exine se détache, en deux points, de l'intine qu'elle recouvre, et subit, en ces points, une dilatation exagérée. Le grain de pollen, arrivé à maturité, comprend généralement quatre cellules : une grande cellule, avec noyau volumineux N, dite *cellule végétative* du grain; deux cellules aplaties contre la paroi et destinées à se résorber promptement; enfin, une cellule c, en forme de

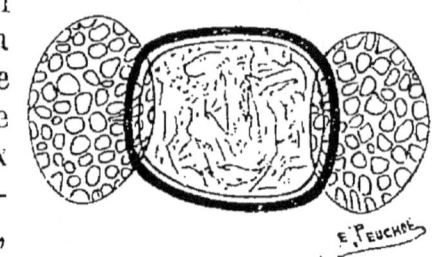

Fig. 402. — Grain de pollen du Pin.

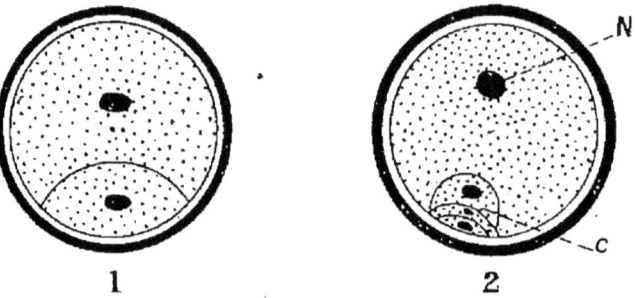

Fig. 403. — Deux grains de pollen de Conifères, l'un bicellulaire (Genévrier) (1), l'autre pluricellulaire (Pin) (2); N, noyau végétatif; c, cellule reproductrice.

verre de montre et séparée de la grande cellule par une membrane de cellulose. Cette cellule lenticulaire c est la seule qui joue un rôle essentiel dans la reproduction; comme nous le verrons plus loin, elle ne tardera pas à se diviser encore; elle peut être appelée *cellule reproductrice*. Chez certaines Conifères, comme le Genévrier par exemple, le grain de pollen adulte ne comporte que deux cellules, une grande cellule végétative et une petite cellule qui joue le rôle de la cellule lenticulaire du Pin et, comme elle, ne tarde pas à se diviser à son tour.

Le bourgeon qui contient les fleurs femelles termine un rameau et se distingue facilement, à sa maturité, par sa couleur violacée. Il comprend (*fig.* 404) un axe auquel se fixent latéralement, et suivant une spirale régulière, de petites lames foliacées et stériles. A l'aisselle de chaque lame prend naissance un rameau qui demeure très court et rudimentaire; mais il porte, sur sa face opposée à la lame dont il occupe l'aisselle, un groupe de deux écailles, fixées à un même niveau, juxtaposées et soudées bord à bord. Chacune de celles-ci porte à son tour un ovule sur sa face morphologiquement inférieure. Comme les écailles fertiles, outre leur concrescence, offrent ce caractère d'être sensiblement plus

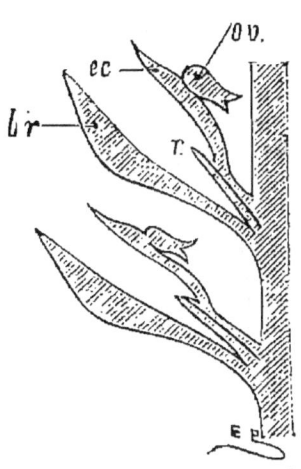

Fig. 404. — Coupe longitudinale et schématique d'une inflorescence femelle de Pin. — *br.*, bractée mère d'une fleur; *r*, rameau porteur des carpelles; *ec.*, écaille représentant un carpelle; *ov.*, ovule.

développées que les lames stériles, il semble, au premier abord, que le bourgeon femelle soit simplement formé d'écailles qui portent les ovules sur leurs faces supérieures (*fig.* 405) : cette apparence est encore plus frappante chez certains types de Conifères où les écailles fertiles sont soudées aux lames stériles. En réalité, chacune des écailles ovulifères représente un carpelle, qui porte un ovule sur sa face inférieure, comme l'étamine porte ses deux sacs polliniques; la réunion des deux carpelles et de l'axe qui leur sert de support représente une fleur femelle; enfin, le bourgeon femelle tout entier, avec son axe principal et les bractées mères des fleurs, représente une inflorescence. Même dans le cas où une concrescence très avancée confond en une masse commune la lame stérile, l'axe né à son aisselle

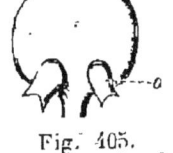

Fig. 405. Fleur femelle du Pin. — F, écaille portant les ovules (*o*).

et les deux écailles fertiles, l'étude d'une coupe transversale faite dans cette masse permet de reconnaître qu'elle contient deux sortes de faisceaux : les uns, normalement orientés, tournent leur liber vers la face inférieure du massif; les autres sont orientés en sens inverse et tournent leur liber vers la face supérieure; les premiers doivent être attribués à la bractée mère de la fleur, les autres aux deux carpelles qui composent la fleur elle-même. — En résumé, on voit qu'on ne saurait établir d'équivalence entre le bourgeon mâle, qui est une fleur, et le bourgeon femelle, qui est une inflorescence.

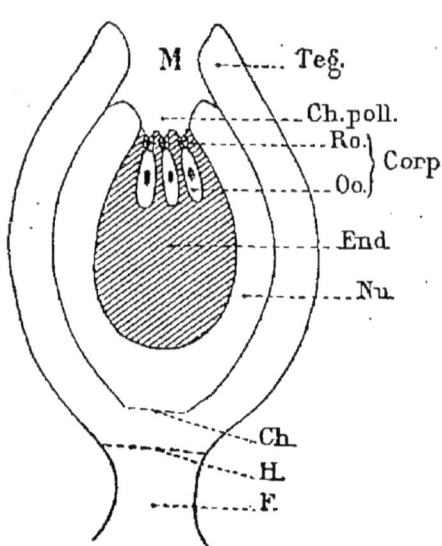

Fig. 406. — Coupe longitudinale et schématique d'un ovule de Conifère. — F., funicule; H., hile; Ch., chalaze; Teg., tégument; M, micropyle; Nu., nucelle; Ch. poll., chambre pollinique; End., endosperme; Corp., archégone; Ro., rosette; Oo., oosphère.

L'ovule (*fig.* 406), concrescent avec la face inférieure du carpelle qui le porte, est orthotrope; il pend, en quelque sorte, le long du carpelle, vers la base duquel il tourne son micropyle. Son tégument est simple et se confond avec le nucelle sur une grande partie de sa surface. Son nucelle, arrivé à maturité, présente une structure sensiblement différente de la structure d'un nucelle d'Angiosperme. Au niveau du micropyle, les assises les plus superficielles du nucelle se résorbent et disparaissent, de manière à provoquer la formation d'une dépression plus ou moins régulière, qu'on appelle la *chambre pollinique*. Le noyau du sac embryonnaire, au lieu de subir, comme chez les Angiospermes, un petit nombre de bipartitions conduisant à la formation de l'oosphère, subit une série nombreuse et continue de bipartitions qui, bientôt suivies de cloisonnements, ont pour effet de le remplir d'un tissu compact dont la plupart des cellules se gorgent de substances nutritives mises en réserve : c'est une sorte d'albumen; mais sa constitution précède la fécondation au lieu de la suivre; on lui donne le nom d'*endosperme*. Parmi les cellules qui résultent de ces cloisonnements multiples, quelques-unes, situées au sommet de l'endosperme, sous la chambre pollinique, subissent tardivement un cloisonnement nouveau et, par une différenciation très spéciale, donnent naissance à autant d'organes qui sont des *archégones*. Chaque archégone comprend une grande cellule de forme ovoïde, formée d'un protoplasme homogène, compact et contenant un noyau volumineux : cette grande cellule est une *oosphère*. L'oosphère est surmontée par une sorte de tube formé de trois étages de cellules; chaque étage en comprend quatre, disposées en croix et ménageant entre elles un espace libre que vient occuper une masse gélatineuse résultant de la destruction d'une cellule formée immédiatement au-dessus de l'oosphère : ce tube pluricellulaire, qui, chez certaines Conifères, se réduit à un étage de quatre cellules, est le *col* de l'archégone; le conduit qu'il limite est le *canal*, et la cellule dont la destruction a fourni la matière gélatineuse est la *cellule de canal*. Pendant que l'archégone se différencie et prend sa structure définitive, l'endosperme se développe dans sa région supérieure et se relève en bourrelet autour de l'archégone, dont le col se trouve refoulé au fond d'une dépression : chaque archégone est ainsi surmonté d'un étroit entonnoir.

Fécondation. — L'ovule étant porté à nu par le carpelle et exposant à l'air le sommet de son nucelle, les grains de pollen, entraînés par les mouvements de l'air, sont déposés *directement sur l'ovule*, plus ou moins profondément dans la chambre pollinique où une gouttelette liquide suffit pour les retenir. Là les grains de pollen ne tardent pas à germer (*fig.* 407); le tube pollinique s'enfonce d'abord d'une petite longueur dans le tissu du nucelle, qui n'est pas encore arrivé à maturité; puis il se fait, dans le développement du tube pollinique, un temps d'arrêt qui se prolonge jusqu'au mois de juin de l'année suivante et pendant lequel l'ovule achève son développement. A ce moment, le tube pollinique reprend son allongement à travers le nucelle, atteint enfin la limite de l'endosperme, puis la franchit; il pénètre alors dans l'entonnoir qui surmonte un archégone et applique son

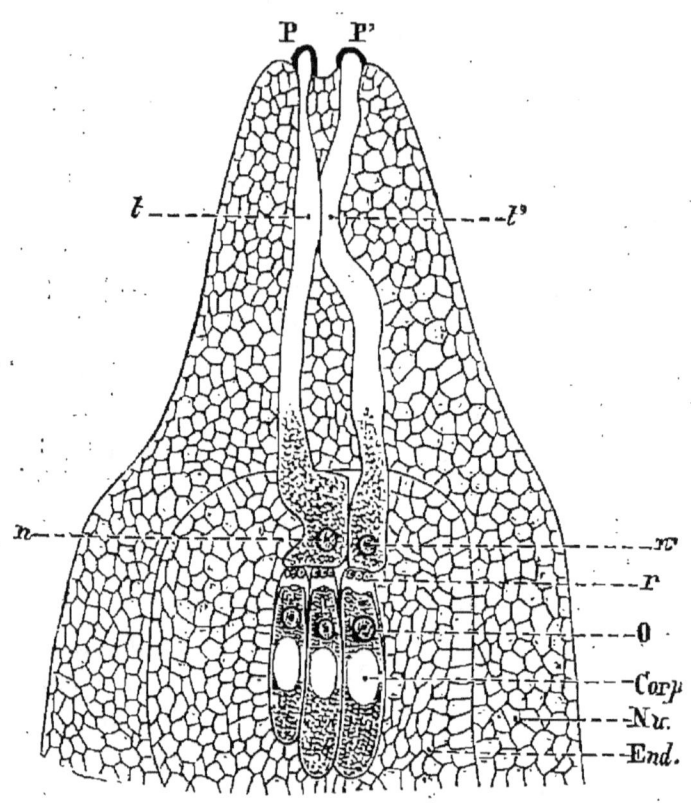

Fig. 407. — Germination du pollen sur un ovule de Conifère. — P, P', deux grains de pollen; t, t', les deux tubes polliniques qui en proviennent: n, n', les deux noyaux mâles; Nu., nucelle; End., endosperme; Corp., archégone; O, noyau femelle; r, col.

extrémité contre le col; il dissocie bientôt les cellules du col et, suivant le canal qui en occupe l'axe, atteint l'oosphère.

Pour analyser de plus près le phénomène de la fécondation, qui se produit alors, il est nécessaire de suivre, pendant le développement du tube pollinique, le sort des deux cellules que comprend à l'origine le grain de pollen. Antérieurement au développement du tube pollinique, la petite cellule lenticulaire du grain de pollen s'est divisée en deux : de ces deux petites cellules, l'externe bientôt résorbée avait mis l'interne en liberté à l'intérieur du grain.

C'est cette dernière petite cellule qui pénètre la première à l'intérieur du tube pollinique; elle s'y maintient vers son extrémité, où le protoplasme est plus dense, et s'y divise bientôt en deux nouvelles petites cellules immobiles qui sont deux anthérozoïdes. Pendant ce temps, le gros noyau végétatif du grain de pollen, qui ne joue aucun rôle dans la reproduction, s'est résorbé.

On voit que la germination du pollen présente de grandes analogies chez les Angiospermes et chez les Gymnospermes du groupe du Pin (Conifères); les seules différences importantes sont : 1° qu'il y a souvent chez les Gymnospermes (Pin) de petites cellules aplaties supplémentaires, qui d'ailleurs peuvent manquer (Genévrier); 2° que la petite cellule qui se divise en deux anthérozoïdes est, chez les Angiospermes, de première génération, c'est-à-dire sœur de la grande cellule du grain, tandis que, chez les Gymnospermes, elle est de seconde génération, ayant été formée par division préalable de la petite cellule lenticulaire.

Une fois le tube pollinique en contact avec l'oosphère, sa membrane se gélifie partiellement et l'un des deux anthérozoïdes, le plus voisin de l'extrémité, pénètre dans l'oosphère, à laquelle il s'unit, protoplasme à protoplasme et noyau à noyau : l'œuf est constitué. Quant au second anthérozoïde, il ne joue aucun rôle et se résorbe bientôt, en même temps que le tube pollinique se flétrit.

On voit que chez le Pin — et il en est de même chez toutes les Gymnospermes — il n'y a pas de double fécondation analogue à celle que nous avons décrite chez les Angiospermes. Ce caractère important permet d'opposer les deux groupes l'un à l'autre, en disant, avec Van Tieghem, que les Gymnospermes sont *Monogames*, tandis que les Angiospermes sont *Digames*.

Développement de l'embryon. — Aussitôt après

la fécondation, le noyau de l'œuf, qui en occupait d'abord la partie supérieure, se déplace au sein du protoplasme et descend vers le pôle opposé (*fig.* 408, I); plus tard, il subit deux bipartitions successives dans un plan transversal, de manière à fournir quatre nouveaux noyaux, situés dans un même plan (II). Ceux-ci se divisent ensuite suivant une direction parallèle à l'axe de l'archégone, ce qui donne deux étages de quatre noyaux (III). Puis on voit paraître simultanément une cloison transversale de cellulose entre les deux étages et deux cloisons longitudinales, en croix, qui séparent les quatre files de deux noyaux : les quatre noyaux inférieurs sont, dès lors, enfermés dans quatre cellules complètes, tandis que les quatre noyaux supérieurs sont simplement encastrés dans des sortes d'alvéoles ouvertes vers la partie supérieure de l'archégone (IV). Plus tard, les quatre cellules inférieures se cloisonnent deux fois de suite dans une direction longitudinale et fournissent ainsi trois étages superposés, dont chacun comprend quatre cellules (V). Seules, les cellules de ces trois étages vont prendre part à la formation des embryons : elles constituent ce qu'on peut appeler des *préembryons*. Quant à la partie supérieure du protoplasme de l'œuf, avec les quatre noyaux qui s'y trouvent encastrés, elle ne tarde pas à se résorber et à disparaître.

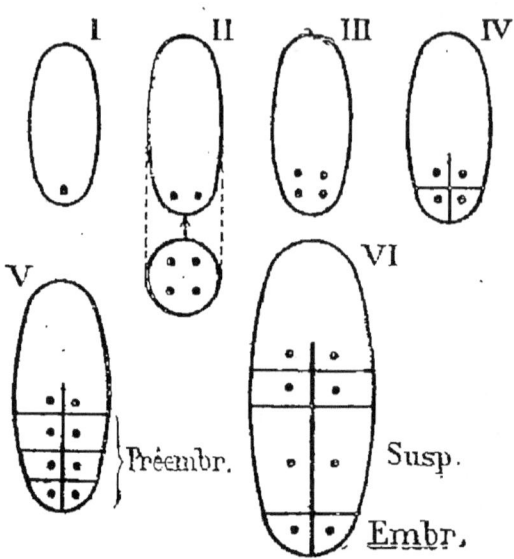

Fig. 408. — Évolution de l'œuf d'une Conifère (schéma). — Préembr., préembryon; Susp., suspenseur; Embr., embryon.

Considérons ce qui se passe ensuite dans le préembryon (VI). Les quatre cellules de l'étage supérieur restent courtes et conservent leurs positions. Celles de l'étage moyen s'allongent énormément et enfoncent l'étage inférieur dans la profondeur de l'endosperme, dont les réserves nutritives vont être utilisées pour le développement de l'embryon. Le filament ainsi constitué, ou *suspenseur*, subit de nombreux cloisonnements transversaux et se tortille en tous sens dans l'endosperme ramolli. Chacune des cellules de l'étage inférieur s'écarte de ses voisines et bientôt elles isolent, de bas en haut, leurs suspenseurs respectifs (*fig.* 409); puis chacune d'elles se divise en quatre par deux cloisons rectangulaires et forme peu à peu un embryon distinct.

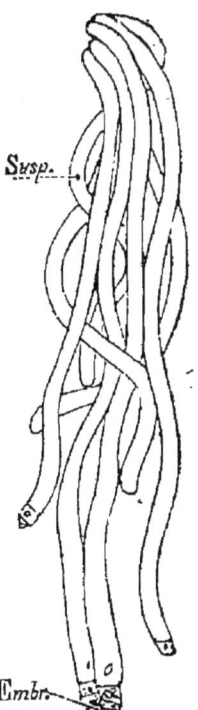

Fig. 409. — Embryon d'une graine de Conifère, en voie de formation. — *Embr.*, embryon; *Susp.*, suspenseur.

Si on se souvient que l'endosperme contient plusieurs archégones et si on remarque que chaque archégone est susceptible de fournir quatre embryons, on voit que la graine devrait contenir un nombre d'embryons égal à quatre fois celui des archégones. En réalité, un seul de tous les embryons constitués dans un ovule poursuit son développement jusqu'au bout : il étouffe, en quelque sorte, ses voisins et la graine mûre contient, en général, un seul embryon. Dans la région voisine de son suspenseur, l'embryon différencie sa radicule; au pôle opposé, il différencie sa gemmule, autour de laquelle la tigelle porte une couronne de cotylédons en nombre assez variable.

En même temps que les ovules se transforment en graines, les écailles qui les supportent s'épaississent, se rapprochent les unes des autres et forment, avec les graines qu'elles protègent, cette sorte de fruit composé qu'on appelle le *cône* du Pin ou, plus vulgairement, la « pomme de Pin » (*fig.* 410 et 411). Quand le fruit et les graines ont atteint leur maturité complète, les écailles du cône, qui ont acquis la consistance et la couleur du bois, s'écartent et mettent en liberté les graines, bordées d'ailes latérales qui proviennent des tissus carpellaires et qui favorisent leur dissémination (*fig.* 412).

Fig. 410.
Cône de Pin.

La graine mûre contient, sous son tégument, un tissu de réserve qui joue, au moment de la germination, le même rôle qu'un albumen : c'est l'endosperme; dans l'endosperme est plongé l'embryon, qui forme, au moment de la germination, la plante nouvelle (*fig.* 413).

Autres types de Conifères. — Après avoir étudié l'organisation générale du Pin silvestre, qui nous a fourni le type de la famille des Conifères, nous devons passer rapidement en revue les genres principaux de cette famille.

Chez les Pins (*Pinus*), les branches feuillées portent latéralement de courts rameaux, dont chacun, après quelques feuilles réduites à des écailles, se termine par un faisceau de deux ou plusieurs feuilles vertes; leurs cônes sont dressés sur les branches qui les portent et se détachent en bloc après avoir disséminé leurs graines.

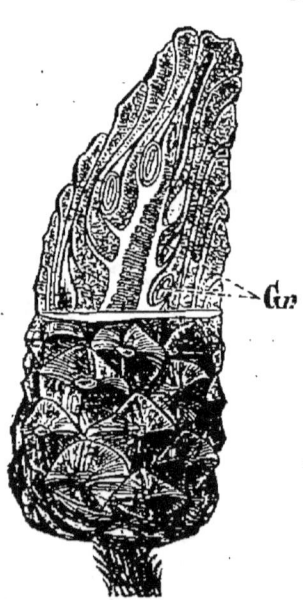

Fig. 411. — Un cône de Pin, fendu longitudinalement dans sa partie supérieure. — Gr., graines en voie de développement.

Fig. 412.
Graine du Pin.

Dans les Epicéas (*Picea*), que l'on confond communément avec les Sapins, les feuilles sont isolées et insérées en spirale sur les branches; leur section transversale offre grossièrement la forme d'un losange et leur mésophylle est homogène comme celui des Pins; les cônes pendent aux branches qui les supportent et se détachent en bloc comme ceux des Pins (*fig.* 414).

Les véritables Sapins (*Abies*) diffèrent des deux genres précédents par la structure bifaciale de leurs feuilles, aplaties et insérées en spirale sur les branches; les cônes, arrivés à maturité, s'effeuillent et détachent leurs écailles, que le vent dissémine avec les graines.

Les Cèdres (*Cedrus*) portent sur leurs branches deux sortes de feuilles, également vertes : les unes sont isolées; les autres forment, aux extrémités de rameaux courts, des faisceaux semblables à ceux que composent les feuilles vertes des Pins.

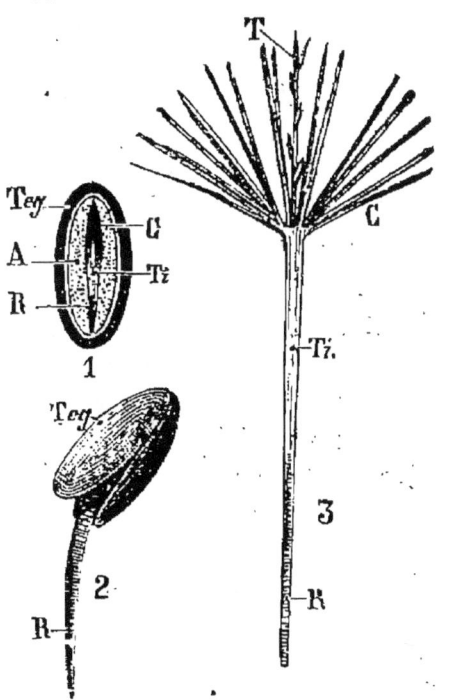

Fig. 413. — Germination d'une graine de Pin (1, la graine mûre, en coupe longitudinale ; 2, début de la germination ; 3, la plantule, débarrassée du tégument et de l'albumen). — *Teg.*, tégument de la graine; A, albumen; R, radicule; Ti., tigelle; C. cotylédons; T, tige épicotylée.

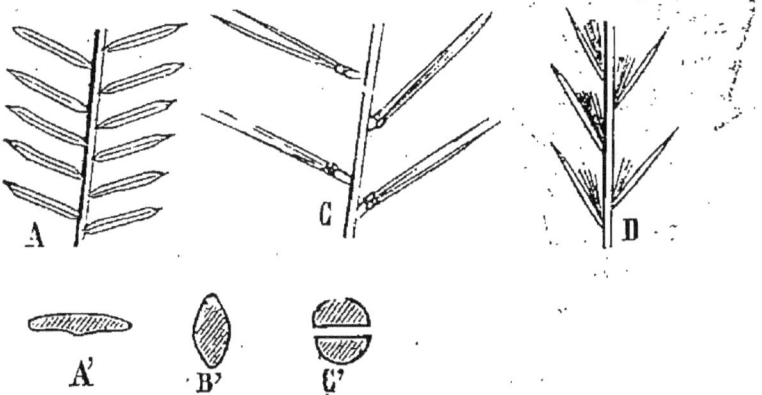

Fig. 414. — Divers aspects des feuilles chez les Conifères (A, A', chez le Sapin ; B', chez l'Epicéa ; C, C', chez le Pin ; D, chez le Cèdre). — Les figures couvertes de hachures représentent des coupes transversales de feuilles.

Les Mélèzes (*Larix*) ont à peu près le même aspect que les Cèdres; mais leurs feuilles sont caduques.

Les genres qui précèdent forment, par leur réunion, la tribu des *Abiétinées*, caractérisées par la grande taille de leurs cônes et la direction réfléchie de leurs ovules, qui tournent leurs micropyles vers la base des écailles fertiles.

C'est au voisinage des Abiétinées que viennent se placer quelques genres exotiques, *Araucaria*, *Sequoia*, *Wellingtonia*, qui diffèrent des précédents parce que l'écaille ovulifère, au lieu d'être nettement distincte de la bractée mère du rameau qui la supporte, se soude à cette bractée.

Les cônes des Cyprès (*Cupressus*) sont de petite taille et de forme sphérique; les écailles qui les forment sont réunies côte à côte, comme autant d'écussons (*fig.* 415) : les graines que supportent ces écailles proviennent d'ovules dressés. Les cônes du

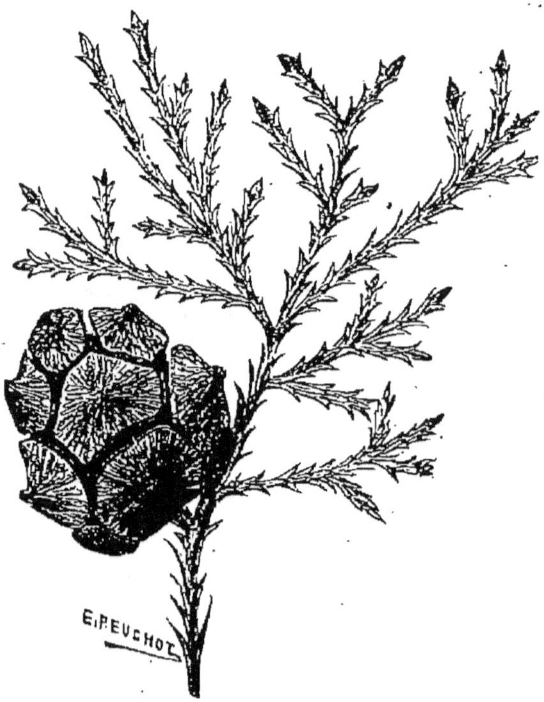

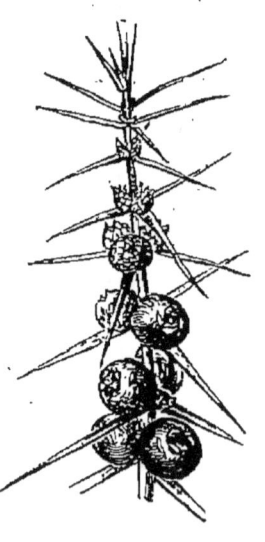

Fig. 415. — Branche de Cyprès avec un cône.

Fig. 416. — Un rameau fructifère de Genévrier.

Genévrier (*Juniperus*) et du Thuia (*Thuja*), formés d'un très petit nombre d'écailles, prennent à la maturité une consistance charnue qui leur donne l'aspect de baies (*fig.* 416). Le Cyprès, le Genévrier, le Thuia appartiennent à la tribu des *Cupressinées*, caractérisées par la petite taille de leurs cônes et la direction dressée de leurs ovules.

L'If (*Taxus*) (*fig.* 417) est encore une Conifère; son appareil végétatif présente ce caractère particulier d'être entièrement dé-

Fig. 417. — If.

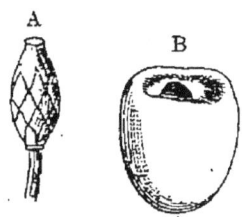

Fig. 418. — If. A, cône femelle; B, fruit.

pourvu de canaux sécréteurs; ses fleurs femelles sont isolées; l'ovule est enveloppé par une petite coupe charnue ou *arille*, de couleur rouge vif quand la graine est mûre, et qui donne au fruit l'apparence d'une baie (*fig.* 418). L'If est un représentant de la tribu des *Taxinées*, caractérisées par l'absence de cônes femelles et la direction quelconque des ovules.

§ 2. — Les Ginkgoacées.

Une deuxième famille de Gymnospermes est celle des Ginkgoacées, qui ne comprend qu'un seul genre et une seule espèce, le *Ginkgo biloba*. — C'est un grand arbre originaire de la Chine et du Japon, dont les feuilles caduques ont une forme caractéristique : elles sont longuement pétiolées et leur

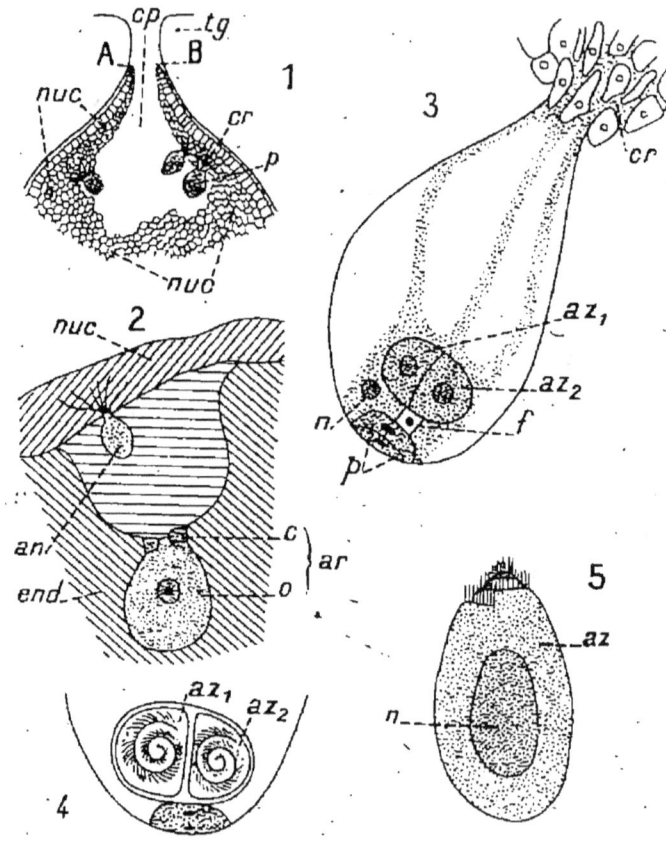

Fig. 419. — *Ginkgo biloba*.

1. Extrémité supérieure de l'ovule; *cp.*, chambre pollinique; *tg.*, tégument; *p.*, pollen; *cr.*, crampons. — 2. La chambre pollinique s'est refermée par prolifération des tissus du nucelle, *nuc*; *an.*, grain de pollen mûr, transformé en anthéridie; *end.*, endosperme; *ar.*, archégone; *c.*, col; *o.*, oosphère. — 3. Anthéridie (grossie; *p.*, cellules pariétales stériles; *f.*, cellule pédicelle; *az₁*, *az₂*, anthérozoïdes; *n.*, noyau végétatif dégénérant. — 4. Anthérozoïdes ciliés vus à un plus fort grossissement. — 5. Anthérozoïde en liberté avec son noyau *n* et sa ligne spirale ciliée.

limbe, muni de nervures dichotomes en éventail, est de forme triangulaire et bilobé à l'extrémité.

La tige s'accroît par des formations secondaires où le bois est uniquement formé de vaisseaux aréolés.

La plante est dioïque. La fleur mâle comprend un grand nombre d'étamines portant chacune un seul sac pollinique. La fleur femelle comprend deux carpelles allongés, soudés bord à bord en une lame étroite qui porte à son sommet deux ovules orthotropes pédicellés. La structure de l'ovule à maturité est la même que chez les Gymnospermes en général, avec chambre pollinique bien développée (cp, en 1, fig. 419); mais la germination du pollen et la fécondation présentent, dans cette espèce, une modification très intéressante.

Le grain de pollen p, tombé sur la paroi de la chambre pollinique, s'y fixe en y poussant un filament-crampon (cr, fig. en 1 et 2) qui se ramifie dans la paroi et dans le tissu du nucelle avoisinant. Plus tard, la chambre pollinique se referme par rapprochement des lèvres A et B, et sa cavité se remplit d'un liquide clair exsudé par les parois. Sous l'action de ce liquide, le grain de pollen se gonfle, éclate et met en liberté deux anthérozoïdes volumineux, munis chacun d'une bande spiralée de cils vibratiles (en 5, fig. 419) qui les rend mobiles et leur permet de nager à l'intérieur du liquide de la chambre pollinique.

Comment se forment ces deux anthérozoïdes? Par un mode de cloisonnement tout à fait analogue à celui que nous avons décrit chez le Pin. Pendant que les cellules pariétales p s'aplatissent et se résorbent (en 3), la cellule lenticulaire du grain se divise transversalement en deux cellules : l'une petite f, destinée à disparaître, l'autre plus volumineuse qui se divise bientôt longitudinalement en deux cellules az_1, az_2, qui sont les futurs anthérozoïdes. Sur chacune de ces dernières cellules az_1, az_2, on voit, en effet, se développer à l'un des pôles une ligne spirale de cils vibratiles; puis, la cellule f venant à se gélifier; les deux anthérozoïdes deviennent libres dans la cavité du grain gonflé, où ils se séparent bientôt et nagent chacun pour son propre compte dans le liquide ambiant.

Au moment de la rupture du grain, ils passent dans la chambre pollinique où ils n'ont qu'un court trajet à effectuer pour gagner l'entrée de l'archégone et féconder l'oosphère.

L'ovule fécondé se transforme en une graine volumineuse, dont le tégument, devenu charnu à l'extérieur et ligneux à l'intérieur, lui donne l'aspect d'une drupe. L'endosperme de la graine est riche en amidon.

§ 3. — Les Cycadées.

Une troisième famille de la classe des Gymnospermes est celle des *Cycadées*.

Ce sont des plantes, vivant dans les climats tropicaux,

Fig. 420. — Cycas.

dont les tiges, dépourvues de ramification, se réduisent quelquefois à des tubercules ou se dressent verticalement dans l'air, portant toutes leurs feuilles au sommet, à la façon des tiges de Palmiers ou de Fougères arborescentes (*fig.* 420). Leurs feuilles sont grandes et très découpées; elles portent fréquemment, de part et d'autre d'un pétiole médian, des folioles insérées sur deux rangs suivant le mode penné.

La fleur mâle d'un *Cycas*, que nous prendrons pour type de cette famille, porte, sur un axe médian qui sort du milieu d'un verticille de feuilles végétatives, un grand nombre d'étamines réduites à de simples écailles. Chaque étamine forme sur sa face inférieure des sacs polliniques, dont le nombre est supérieur à 16 et qui sont réunis par

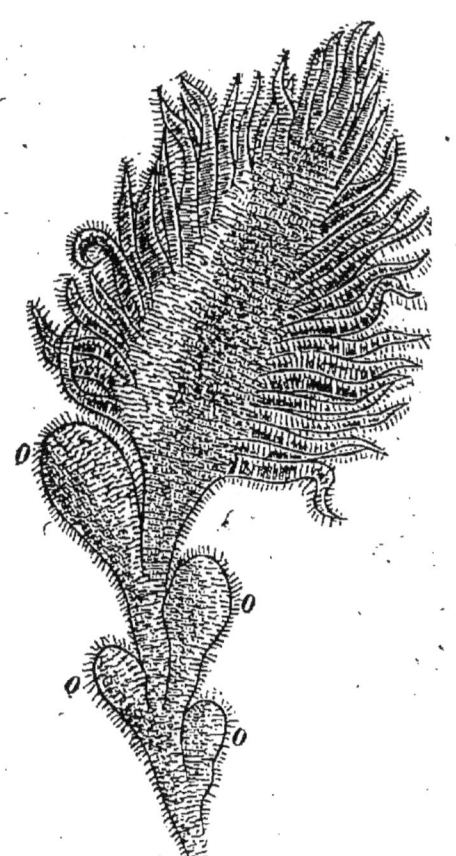
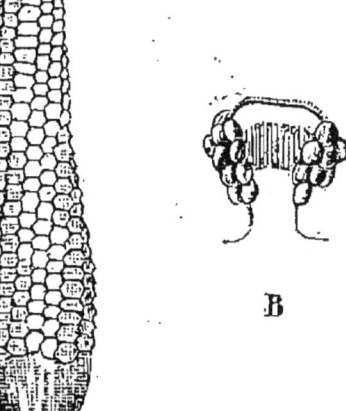

Fig. 421. — Une feuille fertile dans une fleur femelle de *Cycas*. — *o*, ovules.

Fig. 422. — A, une fleur mâle de *Zamia*; B, une étamine isolée.

petits groupes qu'on pourrait assimiler à des sores de Fougères.

La fleur femelle offre une organisation un peu différente. Alternant avec des verticilles de feuilles végétatives, se trouvent de distance en distance des feuilles dont le limbe est découpé en lobes plus ou moins irréguliers (*fig.* 421.) Parmi les lobes les plus inférieurs, quelques-uns se renflent bientôt en une masse parenchymateuse, ovoïde, dans laquelle on ne tarde pas à reconnaître un ovule dont l'organisation rappelle celle d'un ovule de Conifère; il peut atteindre, avant la fécondation, la grosseur d'une prune. On voit que, chez les Cycas, la gymnospermie atteint son maximum de simplicité.

Chez les *Zamia*, la fleur mâle et la fleur femelle se présentent à peu près avec le même aspect (*fig.* 422). Un axe médian supporte une nombreuse série d'écussons qui lui sont fixés par d'étroits pédicules : l'aspect de l'ensemble offre une certaine ressemblance avec celui d'un épi sporangifère de Prêle. Suivant que l'écusson appartient à une fleur mâle ou à une fleur femelle, il forme sur sa face interne, celle qui regarde l'axe, un grand nombre de sacs polliniques ou un groupe de deux ovules.

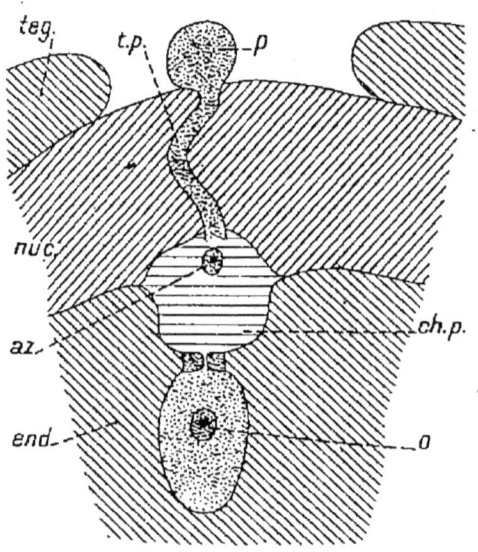

Fig. 423. — Fécondation chez le *Cycas* (schéma d'après G. Bonnier); *p*, pollen germant en un tube *sp* qui vient de mettre en liberté un anthérozoïde *az* dans la chambre pollinique *ch.p.*; *tég.*, tégument; *nuc.*, nucelle; *end.*, endosperme; *o.*, oosphère.

Comme chez les *Ginkgo*, on observe chez les Cycadées la formation d'anthérozoïdes mobiles, et c'est même chez les *Cycas*, où ils atteignent un diamètre d'un tiers de millimètre, qu'ils ont été découverts pour la première fois chez les Gymnospermes, par deux botanistes japonais Ikeno et Hirase, en 1896.

Ici le grain de pollen, tombé directement sur l'ovule et germant à la surface du nucelle, fournit un court tube pollinique, qui est surtout un organe de fixation et de nutrition, puis éclate en déversant dans la chambre pollinique pleine de liquide les deux anthérozoïdes spiralés qu'il renferme (*fig.* 423).

Une fois la fécondation opérée, l'ovule, toujours porté par la feuille carpellaire, se transforme en une graine volumineuse et charnue, renfermant un endosperme amylacé.

§ 4. — Les Ptéridospermées.

On connaît depuis longtemps des plantes fossiles qui abondent dans les terrains houillers et que la forme de leur

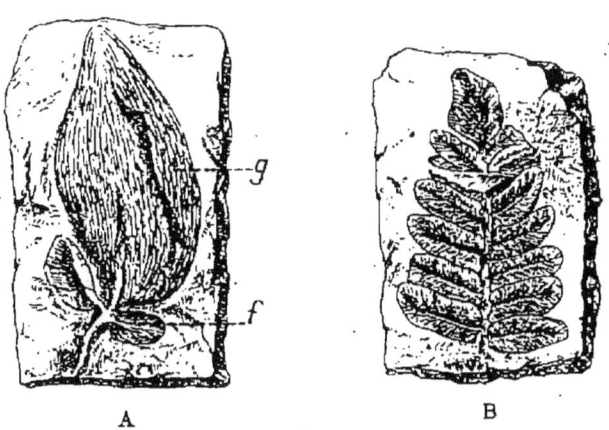

Fig. 424. — Empreintes fossiles de feuilles de *Nevropteris* : A, feuilles ordinaires ; B, feuille portant des folioles ordinaires *f* et une foliole terminale transformée en graine *g*.

appareil végétatif, de leurs feuilles en particulier (*fig.* 424, B), avait fait ranger parmi les Fougères, bien qu'on n'eût jamais observé rien qui rappelât des sporanges de Ptéridophytes.

Or, des recherches récentes d'Olivier et Scott, de Kidston et autres observateurs ont fait connaître, chez certains *Nevropteris*, à l'extrémité de feuilles ordinaires ou peu modifiées, des organes qui doivent être considérés les uns comme des anthères, à deux sacs polliniques, les autres comme des ovules ou des graines semblables à ceux des Cycas (*fig.* 424, A).

Ces végétaux et ceux qui leur ressemblent (*Dicksonites* du Houiller, etc.) doivent donc être considérés comme des sortes de « Fougères à graines » et, sous le nom de Ptéridospermées, prendre place parmi les Gymnospermes dont elles constituent les formes les plus archaïques et les moins différenciées.

§ 5. — Les Gnétacées.

Par l'organisation simple de la fleur femelle et par le nombre élevé et variable des sacs polliniques que supporte l'étamine, par la présence d'anthérozoïdes mobiles à l'aide de cils vibratiles, la famille des Ginkgoacées, celle des Cycadées et celle des Ptéridospermées se placent au-dessous de celle des Conifères dans la classification des Gymnospermes. C'est, au contraire, une place supérieure à celle des Conifères qu'il convient de donner à la petite famille des *Gnétacées*.

Le seul genre de cette famille qui végète dans les régions tempérées est le genre *Ephedra*, qu'on rencontre sur quelques points de nos côtes : c'est une plante dont le port général rappelle un peu celui d'une Prêle. Le genre *Gnetum*, qui a donné son nom à la famille, comprend des lianes qui habitent les régions tropicales de l'Amérique.

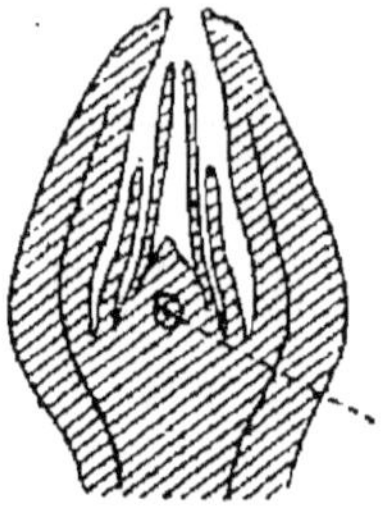

Fig. 425. — Un ovule de Gnétacée, en coupe longitudinale et schématique. — S. embr., sac embryonnaire.

L'ovule des Gnétacées (*fig.* 425) est pourvu d'un micropyle qui, étroit à sa partie inférieure, s'étale à son extrémité opposée en forme d'entonnoir. Autour de l'ovule, une couronne d'écailles protectrices forme, en quelque sorte, une ébauche d'ovaire. Le nucelle contient, au voisinage du micropyle, des archégones dont la structure est simplifiée à un tel point que, dans certaines espèces, l'archégone n'a plus ni col ni cellule de canal et se réduit finalement à l'oosphère.

Les éléments du bois comprennent, avec des fibres aréolées, un certain nombre de vaisseaux parfaits.

Par le rudiment d'ovaire qui protège leur ovule, par la simplification de l'archégone qui tend à se réduire à une oosphère, par l'existence de quelques vaisseaux parfaits dans leur appareil végétatif, les Gnétacées constituent, dans le groupe des Gymnospermes, une transition naturelle vers les Angiospermes.

Classification des Gymnospermes. — La division de la classe des Gymnospermes en familles et en tribus se trouve résumée par le tableau ci-après :

Comparaison entre les Gymnospermes et les Angiospermes. — Si nous cherchons à résumer, en manière de conclusion, les caractères qui permettent de distinguer les Gymnospermes des Angiospermes, nous retiendrons d'abord que les ovules, protégés par un ovaire chez les Angiospermes, sont, chez les Gymnospermes, portés à nu par leurs carpelles. De là résulte l'absence, chez les Gymnospermes, du stigmate qui reçoit le pollen des Angiospermes : celui des Gymnospermes tombe directement sur le sommet de l'ovule. En un mot, les Angiospermes sont des *Stigmatées*, les Gymnospermes sont des *Astigmatées* (Van Tieghem).

En second lieu, l'oosphère unique des Angiospermes, qui se présente directement sous le sommet du sac embryonnaire, est remplacée chez la plupart des Gymnospermes par plusieurs oosphères, dont chacune fait partie d'un appareil complexe qu'on désigne du nom d'archégone.

En outre, tandis que le grain de pollen des Angiospermes ne renferme que deux cellules, dont la petite donne directement par division les deux anthérozoïdes, le grain de pollen des Gymnospermes renferme souvent plusieurs petites cellules stériles aplaties contre sa paroi ; de plus, la cellule reproductrice ne donne pas directement les deux anthérozoïdes, mais se divise une fois au préalable.

CLASSIFICATION DES GYMNOSPERMES

SOUS-EMBRANCHEMENT		FAMILLES	TRIBUS	GENRES
GYMNOSPERMES — Ovules et graines sur des feuilles différenciées	Anthérozoïdes non ciliés — Ovule partiellement enclos par le carpelle	GNÉTACÉES	—	Ephedra, Gnetum
	Anthérozoïdes non ciliés — Ovule à nu sur le carpelle	CONIFÈRES	Abiétinées — Deux sacs polliniques par étamine ; feuille carpellaire étroite portant un seul ovule	Abies, Picea, Pinus, Cedrus, Larix, Araucaria, Sequoia
			Cupressinées	Cupressus, Juniperus, Thuia
			Taxinées	Taxus
	Anthérozoïdes ciliés — Nombreux sacs pollin. par étamine ; feuille carpellaire large portant plusieurs ovules	GINKGOACÉES	—	Ginkgo
		CYCADACÉES	—	Cycas, Zamia
	Ovules et graines sur des feuilles végétatives	PTÉRIDOSPERMÉES	—	Nevropteris, Dicksonites

D'autre part, la formation de l'œuf qui, chez les Gymnospermes, ne s'accompagne d'aucun phénomène de même ordre est, au contraire, chez les Angiospermes, normalement accompagnée d'une seconde fécondation, donnant lieu à un œuf accessoire, origine du tissu nourricier qui a reçu le nom d'albumen. En un mot, les Gymnospermes sont *monogames* et n'ont pas d'albumen, les Angiospermes sont *digames* et présentent normalement une formation d'albumen.

En contraste avec le précédent caractère, nous trouvons chez les Gymnospermes un sac embryonnaire très développé et envahi, bien avant la fécondation, par un tissu de réserve que nous avons désigné sous le nom d'*endosperme*; chez les Angiospermes, l'endosperme n'est représenté morphologiquement que par quelques cellules antipodes, qui ne jouent aucun rôle effectif dans le développement de l'embryon; il n'y a donc pas d'endosperme.

Si à ces différences, tirées de l'appareil reproducteur et du développement, on ajoute que le bois et le liber atteignent chez les Gymnospermes une différenciation moindre que chez les Angiospermes, on aura une connaissance suffisamment complète des raisons qui ont déterminé les botanistes modernes à donner à ces deux groupes la valeur de deux sous-embranchements.

COMPARAISON ENTRE LES GYMNOSPERMES ET LES ANGIOSPERMES

Gymnospermes.	*Angiospermes.*
Ovules nus.	Ovules protégés.
Pas de stigmates.	Stigmates.
Archégone différencié autour de l'oosphère.	Archégone réduit à l'oosphère.
Anthérozoïdes formés après *double division* de la cellule reproductrice.	Anthérozoïdes formés après *une seule division* de la cellule reproductrice.
Monogamie, pas d'albumen.	Digamie, albumen.
Endosperme.	Pas d'endosperme.

Comparaison entre les Gymnospermes et les Ptéridophytes. — Il n'y a pas moins d'intérêt à comparer les Gymnospermes au groupe qui les précède dans la classification, c'est-à-dire l'embranchement des Ptéridophytes. C'est encore l'étude du développement des plantes de ces deux groupes qui nous fournira les éléments de la comparaison.

Tout d'abord, il convient d'assimiler le grain de pollen d'une Gymnosperme à une microspore; non seulement il en offre toutes les apparences, mais la formation de l'un et de l'autre élément présente des caractères en tout comparables; c'est dans leur développement ultérieur qu'apparaissent les différences. Chez les Gymnospermes, la microspore ou grain de pollen se cloisonne peu et ne donne qu'un petit nombre de cellules stériles représentant le prothalle mâle des Ptéridophytes; mais, parmi ceux-ci, les *Salvinia* et *Isoetes* nous avaient déjà offert un cas analogue. Le reste du grain de pollen est l'homologue d'une anthéridie : la grande cellule végétative du grain de pollen en représente la paroi; la petite cellule reproductrice en représente le contenu, puisqu'elle se résout finalement en anthérozoïdes.

D'autre part, n'est-on pas frappé de l'homologie qui existe entre l'archégone d'une Gymnosperme et l'archégone d'une Ptéridophyte? Oosphère, col, cellule de canal, tous les éléments constitutifs s'y retrouvent de part et d'autre. Dès lors l'endosperme, producteur des archégones, devient l'équivalent d'un prothalle femelle. Le sac embryonnaire, dont le développement donne naissance à l'endosperme, peut être comparé à une macrospore, dont la germination fournit un prothalle femelle, et le nucelle, générateur du sac embryonnaire, prend, dans cette comparaison, le rang d'un macrosporange, générateur d'une macrospore.

Grâce à cette comparaison, que nous n'avons fait qu'ébaucher, qu'on pourrait poursuivre dans les moindres détails, et qui se trouve résumée dans le tableau ci-contre, on voit qu'il est possible de relier l'embranchement des Ptéridophytes à celui des Phanérogames par une chaîne assez complète d'intermédiaires dont les Ptéridophytes hétérosporées et les Phanérogames gymnospermies forment les anneaux essentiels.

Comparaison entre le développement des Phanérogames et celui des Ptéridophytes

	Gymnospermes.	Ptéridophytes hétérosporées.
ORGANES MÂLES	Sac pollinique............	= Microsporange.
	Grain de pollen............	= Microspore.
	Cellules stériles............	= Prothalle mâle.
	Cellule végétative et cellule reproductrice............	= Anthéridie.
ORGANES FEMELLES	Nucelle....................	= Macrosporange.
	Sac embryonnaire..........	= Macrospore.
	Endosperme...............	= Prothalle femelle.
	Archégone................	= Archégone.

CHAPITRE XVII

Les Phanérogames Angiospermes.

§ 1ᵉʳ. — Les Monocotylédones.

Distinction entre Monocotylédones et Dicotylédones. — Le sous-embranchement des *Angiospermes*, beaucoup plus nombreux, dans la nature actuelle, que celui des Gymnospermes, a été décomposé en deux groupes de moindre importance : la classe des *Monocotylédones* et celle des *Dicotylédones*.

Les plantes qui appartiennent à la première de ces deux classes ont un embryon pourvu d'un seul cotylédon ; celles de la seconde possèdent deux cotylédons dans leur embryon. Mais ce caractère ne permettrait pas de distinguer une Monocotylédone d'une Dicotylédone avant la formation des graines ; il peut même être incommode de compter les cotylédons quand la graine est de petite taille. Et, d'ailleurs, s'il n'y avait pas d'autre différence que celle-là entre les plantes des deux classes, on aurait le droit de la considérer comme assez secondaire et d'attribuer à la division qui repose sur elle une valeur très artificielle. Disons tout de suite qu'au caractère tiré du nombre des cotylédons s'en ajoutent un grand nombre d'autres, dont quelques-uns sont plus faciles à reconnaître.

Chez les Monocotylédones, les pièces qui forment chacun des verticilles floraux (sépales, pétales, étamines, carpelles) sont le plus souvent au nombre de trois ou d'un multiple de trois, par exemple six : on dit, dans ce cas, que la fleur est construite sur le type 3. Chez les Dicotylédones, au contraire, ces pièces sont généralement au nombre de quatre, de cinq ou encore d'un multiple ou sous-multiple de ces deux nombres (par exemple deux, sous-multiple de quatre, — dix, multiple de cinq) : on dit alors que la fleur est construite sur le

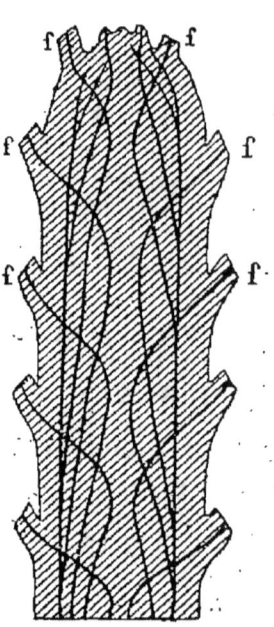

Fig. 426. — Coupe longitudinale et schématique d'une tige de Monocotylédone, montrant la course de faisceaux. — f, feuilles.

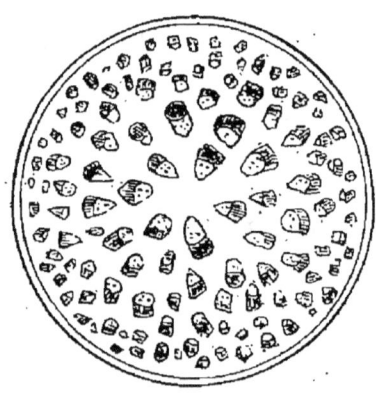

Fig. 427. — Coupe transversale et schématique d'une tige de Monocotylédone.

type 4 ou le type 5. On peut remarquer encore que le calice et la corolle offrent généralement chez les Monocotylédones une couleur uniforme, tandis que, chez les Dicotylédones, ces deux parties du périanthe se distinguent nettement par la différence de leur coloration.

L'observation de ces caractères nécessite la présence des fleurs. Bien souvent on peut s'en passer grâce à une remarque assez générale que suggère la comparaison des

MONOCOTYLÉDONES ET DICOTYLÉDONES. 619

feuilles dans les deux classes. Chez les Monocotylédones, les nervures sont généralement parallèles et s'étendent d'une extrémité à l'autre de la feuille, souvent étroite et longue. Chez les Dicotylédones, au contraire, les nervures sont généralement ramifiées et se rattachent à une ou plusieurs nervures principales.

De cette différence dans le mode de nervation des feuilles résulte une différence dans la distribution des faisceaux libéro-ligneux de la tige. Les feuilles des Monocotylédones, avec leurs nervures parallèles, prennent à la tige un grand nombre de faisceaux qui décrivent à l'intérieur du cylindre central un trajet sinueux avant de pénétrer dans la feuille à laquelle ils sont destinés (*fig.* 426) ; d'où il suit qu'une section transversale de la tige montre une série souvent nombreuse de faisceaux, distribués sur plusieurs circonférences concentriques (*fig.* 427). Au contraire, les feuilles des Dicotylédones, généralement pétiolées et pourvues à leur base d'une nervure principale, prennent à la tige un petit nombre de faisceaux ; d'où il résulte qu'une section transversale de la tige montre, en général, les faisceaux distribués sur une circonférence unique.

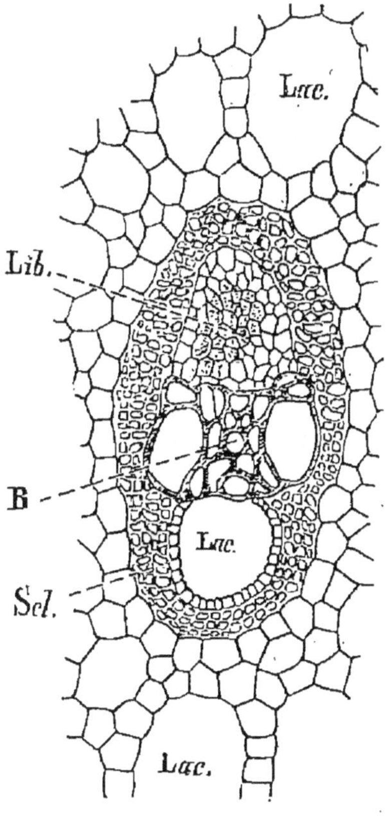

Fig. 428. — Coupe transversale d'un faisceau libéro-ligneux d'une tige de Monocotylédone. — *Lac.*, lacunes; B., bois; *Lib.*, Liber; *Scl.*, sclérenchyme. (Il n'y a pas de zone cambiale.)

La tige et la racine des Monocotylédones ne renferment généralement pas d'autres tissus que les tissus primaires (*fig.* 428). Au contraire, la tige et la racine des Dicotylédones sont fort riches en formations secondaires libéro-ligneuses, dues à l'activité d'une zone cambiale : leur bois, en particulier, s'épaissit par une série de couches annuelles et concentriques. Par là s'établit entre les Gymnospermes et les Dicotylédones un rapprochement qui avait amené les anciens botanistes à réunir le premier groupe au second ; nous savons maintenant ce qu'il faut penser d'un pareil rapprochement, et quelles différences profondes séparent, en réalité, les Gymnospermes de l'ensemble des Angiospermes et, en particulier, des Dicotylédones.

On voit que ce n'est pas seulement par le nombre des cotylédons, mais par de nombreux caractères, dont nous venons d'indiquer les plus saillants, qu'on distingue les Monocotylédones des Dicotylédones et que, par suite, la distribution des Angiospermes entre ces deux classes répond bien à une division naturelle.

Le Lis, les Palmiers, le Blé, sont des Monocotylédones. Parmi les Dicotylédones, on peut citer le Chêne, la Giroflée, la Ciguë, la Primevère.

COMPARAISON ENTRE LES MONOCOTYLÉDONES ET LES DICOTYLÉDONES

Monocotylédones.	Dicotylédones.
Un cotylédon.	Deux cotylédons.
Fleur construite en général sur le type 3.	Fleur construite en général sur le type 4 ou le type 5.
Calice et corolle ordinairement de même couleur.	Calice et corolle ordinairement de couleurs différentes.
Nervation des feuilles ordinairement parallèle.	Nervation des feuilles ordinairement ramifiée.
Plusieurs cercles de faisceaux libéro-ligneux dans la tige.	Un cercle unique de faisceaux libéro-ligneux dans la tige.
Pas de formations secondaires libéro-ligneuses dans la racine et dans la tige.	Formations secondaires libéro-ligneuses dans la racine et dans la tige.

Commençons l'étude des Angiospermes par la classe des Monocotylédones.

§ 2. — Classe des Monocotylédones.

Monocotylédones à fleurs vivement colorées. Les Liliacées. — Le type de la classe des Monocotylédones nous est fourni par la famille des *Liliacées*, à laquelle appartient le Lis (*Lilium*).

Les fleurs du Lis sont groupées en grappe au sommet de la tige.

La fleur (*fig.* 429 et 430) est, dans toutes ses parties, symétrique par rapport à un axe, qui n'est autre chose que le prolongement du pédoncule floral. Quand une fleur présente ce caractère, elle est dite *régulière*.

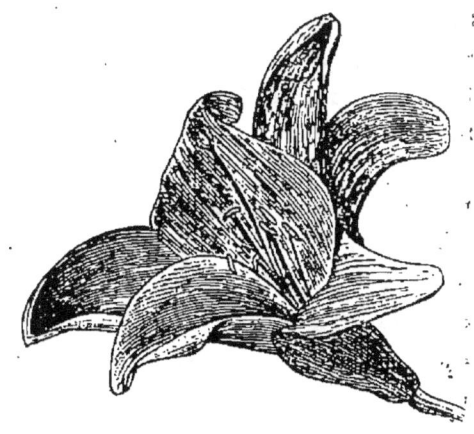

Fig. 429. — Une fleur de Lis, entière.

Le périanthe comprend six pièces de même couleur, blanche dans l'espèce la plus répandue (*Lilium candidum*). Mais il est assez facile d'observer que trois de ces pièces forment un verticille extérieur qui, dans le bouton, enveloppe la fleur tout entière; de plus, elles présentent, sur leurs faces dorsales, de légères taches vertes : ce sont donc des *sépales*, offrant la même couleur que les pétales, ce qu'on exprime en disant qu'ils sont *pétaloïdes*; leur ensemble constitue le calice. Les trois pièces, complètement blanches, qui alternent avec les premières et forment le verticille interne du périanthe, sont des pétales, dont la réunion constitue la corolle.

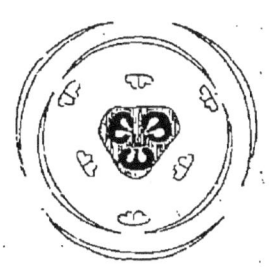

Fig. 430. Diagramme de Lis.

Remarquons que l'un des sépales est opposé à l'axe de l'inflorescence; les deux autres sont répartis symétriquement de part et d'autre du plan que déterminent cet axe et le pédoncule floral. Cette disposition est générale chez les Monocotylédones.

A l'intérieur du périanthe se présentent six étamines égales entre elles, tournant à la maturité leurs anthères vers l'axe de la fleur, ce qu'on exprime en disant qu'elles sont *introrses* : c'est d'ailleurs la disposition la plus ordinaire. En examinant de plus près ces six étamines, on remarque qu'elles sont distribuées sur deux verticilles alternes : celles du premier verticille sont opposées aux sépales ; celles du second sont opposées aux pétales.

Le pistil, au centre de la fleur, est formé de trois carpelles concrescents entre eux dans toute leur longueur. L'ovaire qui résulte de cette concrescence est creusé de trois loges dont les cloisons de séparation convergent vers l'axe commun du pistil et de la fleur. Chaque loge contient une double rangée d'ovules, anatropes et horizontaux, insérés autour de l'axe. Nous savons qu'on donne à cette disposition le nom de *placentation axile*.

Tous les verticilles qui composent la fleur du Lis peuvent être arrachés successivement sans qu'un seul entraîne avec lui aucun de ceux qui le suivent ; ils sont donc libres de toute adhérence entre eux et insérés sur le réceptacle floral. L'ovaire, en particulier, est libre ; il est tout entier situé au-dessus du plan d'insertion des sépales, des pétales et des étamines, ce qu'on exprime en disant qu'il est *supère*.

Après la fécondation, les sépales, les pétales, les étamines se flétrissent et tombent ; on voit disparaître aussi le style avec le stigmate qui le surmonte. L'ovaire seul persiste, s'accroît, dessèche ses parois et se transforme en un fruit à péricarpe sec, creusé de trois loges dont chacune contient une double rangée de graines. A la maturité, trois fentes longitudinales se produisent dans les parois de ce fruit ; elles correspondent aux milieux des trois loges (*fig.* 431, A) ; l'écartement de leurs bords a pour effet de décomposer le péricarpe en trois fragments ou *valves*, qui se séparent les uns des autres ; chaque valve entraîne une des cloisons in-

LES LILIACÉES. 623

ternes avec une double rangée de graines (*fig.* 431, B); puis celles-ci, exposées à l'air, ne tardent pas à rompre leurs funicules et sont disséminées par le vent. En résumé, le fruit possède un péricarpe sec et déhiscent : c'est une *capsule*; sa déhiscence a pour effet de diviser chaque

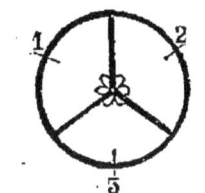
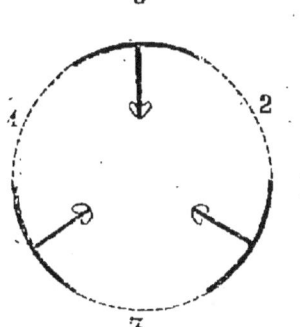
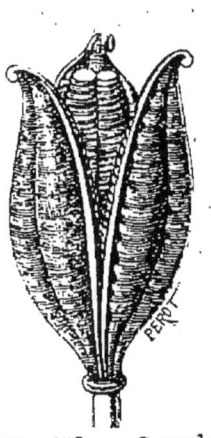

Fig. 431. — Coupes transversales et schématiques d'une capsule loculicide avant (A) et après (B) sa déhiscence. — Les nos 1, 2 et 3 indiquent les positions des trois fentes de déhiscence.

Fig. 432. — Capsule à déhiscence loculicide (Tulipe).

Fig. 433. Bulbe du Lis.

loge en deux moitiés : c'est ce qu'on exprime en disant que cette déhiscence est *loculicide* (*fig.* 432).

La graine du Lis renferme un albumen volumineux et charnu.

L'appareil végétatif du Lis est remarquable par la forme allongée et la nervation parallèle de ses feuilles. C'est d'ailleurs une plante vivace, qui se conserve d'un été à l'autre par une partie souterraine à laquelle on donne le nom de *bulbe* (*fig.* 433). Un bulbe de Lis, fendu dans le sens de sa longueur, se montre constitué, dans sa partie inférieure, par une sorte de *plateau* qui porte un faisceau compact de racines adventives. Le plateau est surmonté d'un axe très court ; c'est une tige rudimentaire, que termine souvent une inflorescence à peine ébauchée et qu'enveloppe une série de feuilles écailleuses, emboîtées les unes dans les autres et se recouvrant mutuellement à la façon des tuiles d'un toit ; ces feuilles, épaisses et gorgées de sucs, accumulent et mettent en réserve des substances nutritives. A mesure que la pousse fleurie, placée dans des conditions favorables de chaleur, d'aération et d'humidité, se développe et sort du bulbe, les substances que les écailles ont mises en réserve sont digérées et utilisées pour la formation des parties nouvelles ; peu à peu les écailles se flétrissent et se dessèchent.

La famille des Liliacées renferme un grand nombre de genres.

Chez les Tulipes (*Tulipa*), le périanthe, au lieu d'offrir, comme chez le Lis, l'aspect général d'un entonnoir, se renfle en forme de cloche.

Chez les Ails (*Allium*), comme l'Oignon, le Poireau, la Ciboule, l'Ail proprement dit, les fleurs sont groupées à l'extrémité de la tige : tous les pédoncules semblent se détacher d'un seul et même point, voisin du sommet de l'inflorescence, qui ressemble, dès lors, à celle que nous apprendrons à connaître sous le nom d'*ombelle*. Le bulbe, chez le genre *Allium*, a ses écailles emboîtées les unes dans les autres, dans toute leur étendue, à la manière de tuniques superposées (*fig.* 434).

Chez les Jacinthes (*Endymion*, *Hyacinthus*), toutes les pièces du périanthe sont concrescentes en une sorte d'urne.

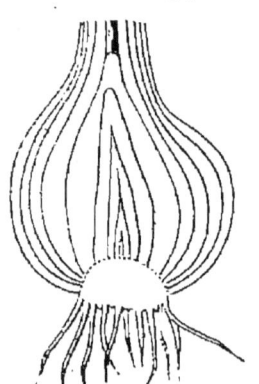

Fig. 434. — Bulbe de l'Oignon, en coupe longitudinale.

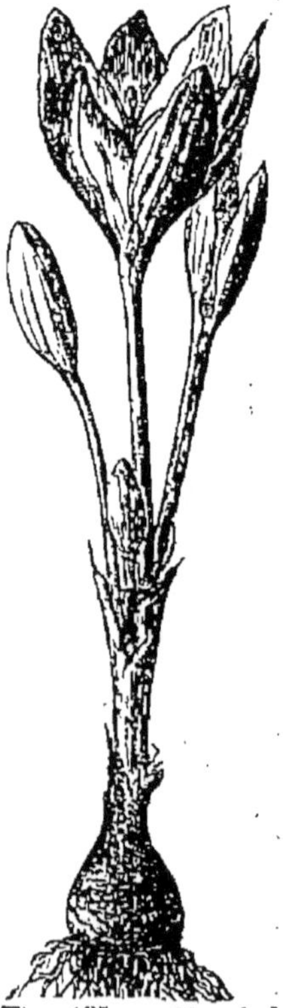

Fig. 435. — Un pied de Colchique en fleurs.

Les Aloès (*Aloë*) sont des Liliacées arborescentes.

Dans tous les genres qui viennent d'être énumérés, le fruit est une capsule à déhiscence loculicide ; la réunion de ces genres, dont le Lis est le chef de file, forme la tribu des *Liliées*.

Le Colchique (*Colchicum autumnale*) forme ses fleurs (*fig.* 435) en automne, avant les feuilles, qui ne sortent de terre qu'au printemps suivant; la capsule s'ouvre par trois fentes correspondant aux cloisons de séparation des loges, ce qu'on exprime en disant que sa déhiscence est *septicide* (*fig.* 436). Le Colchique est le type de la tribu des *Colchicées*.

Chez d'autres Liliacées, dont le type est l'Asperge (*Asparagus officinalis*), le fruit devient charnu à la maturité : il constitue une baie

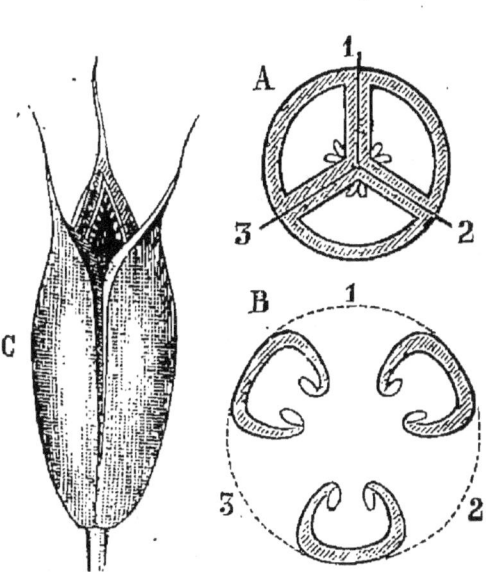

Fig. 436. — Une capsule à déhiscence septicide. — A, en coupe transversale avant la déhiscence; B, en coupe transversale après la déhiscence; C, entière, au début de la déhiscence. — Les n°s 1, 2 et 3 indiquent les positions des fentes de déhiscence.

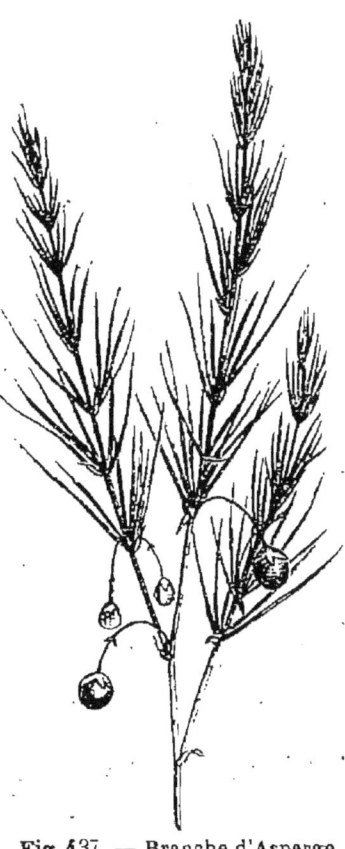

Fig. 437. — Branche d'Asperge.

(*fig.* 437). La tige de l'Asperge est couverte de feuilles réduites à de petites écailles; à l'aisselle de chacune de celles-ci se développent quelques rameaux verts en forme d'aiguilles et dépourvus de feuilles.

Le Muguet (*Convallaria maialis*), le Sceau de Salomon

(*Polygonatum multiflorum*), se conservent par la partie souterraine de leur tige, qui constitue un rhizome. Le rhizome du Sceau de Salomon, étranglé de distance en distance, porte sur chacune de ses parties renflées une cicatrice qui offre l'aspect d'une empreinte de sceau et qui n'est pas autre chose que la trace laissée sur le rhizome par une ancienne tige aérienne; le nombre de ces cicatrices permet de

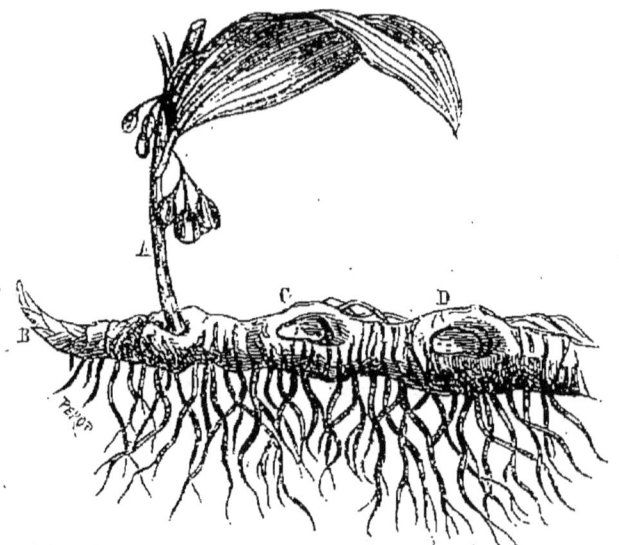

Fig. 438. — Tige souterraine du Sceau de Salomon.

déterminer l'âge du rhizome (*fig.* 438). Les Aspidistres (*Aspidistra*), dont la tige est souterraine, les Dragonniers (*Dracœna*), dont la tige ligneuse renferme des formations secondaires, appartiennent encore à ce petit groupe qui constitue la tribu des *Asparagées*.

Fleurs régulières, trois sépales pétaloïdes, trois pétales, six étamines introrses, un pistil formé de trois carpelles concrescents, un ovaire libre, à placentation axile : tels sont les caractères communs aux plantes de ces trois tribus (Liliées, Colchicées et Asparagées); ce sont les caractères les plus essentiels de la famille des Liliacées.

Familles voisines. — La petite famille des *Alismacées* renferme des plantes aquatiques, comme le Plantain d'eau

(*Alisma Plantago*) et la Sagittaire (*Sagittaria sagittæfolia*). C'est dans la famille des *Butomées* que viennent se ranger d'autres plantes aquatiques, comme le Jonc fleuri (*Butomus umbellatus*). L'organisation générale de toutes ces plantes les rapproche des Liliacées; mais leurs sépales sont colorés en vert, ce qui permet de les distinguer aisément des pétales; leurs graines sont, d'ailleurs, dépourvues d'albumen.

Les Iridées. — Une seconde famille importante de la classe des Monocotylédones est la famille des *Iridées*, dont l'Iris (*fig.* 439, 440 et 441) est le type.

Le calice de l'Iris comprend trois sépales pétaloïdes, dont les faces internes portent un revêtement velouté de poils. Viennent ensuite trois pétales dont la couleur est la même que celle des sépales, violette ou jaune, suivant l'espèce d'Iris qu'on observe, violette chez *Iris germanica*, jaune chez *Iris pseudacorus*; ces pétales alternent avec les sépales.

Fig. 439. — Fleur d'Iris.

Fig. 440. Diagramme d'Iris.

Les étamines ne forment qu'un verticille et, par suite, se réduisent à trois; elles sont d'ailleurs opposées aux sépales; c'est donc le second verticille de l'androcée des Liliacées qui fait ici défaut. Les étamines tournent, à leur maturité, leurs anthères en dehors, ce qu'on exprime en disant qu'elles sont *extrorses*.

Du centre de la fleur on voit surgir trois lames colorées de la même teinte que les pétales, qui enveloppent les anthères et qu'on pourrait prendre au premier abord pour des dépendances du périanthe. Si on examine les choses de plus près, on voit que ces lames pétaloïdes surmontent un ovaire placé tout entier au-dessous du plan d'insertion des sépales, des pétales et des étamines, un ovaire *infère*, comme on l'appelle généralement : il faut en conclure que ce sont des stigmates foliacés et colorés, dont la position au voisinage immédiat des anthères favorise évidemment l'autofécondation. On s'explique, d'ailleurs, d'une manière générale, la situation infère de l'ovaire en admettant (*fig.* 442) que le calice, la corolle et les étamines, au lieu de rester libres entre eux,

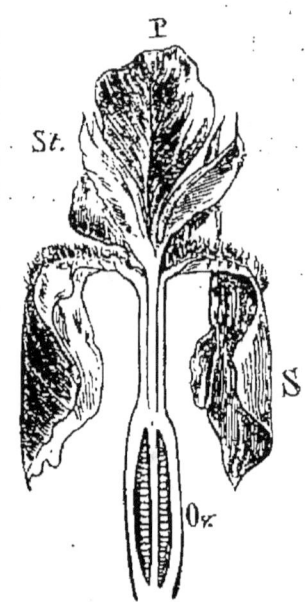

Fig. 441. — Coupe longitudinale d'une fleur d'Iris. — S, sépale ; P, pétale ; Ov., ovaire ; St., stigmate.

soient étroitement concrescents au cours de leur développement et s'unissent, de plus, avec l'ovaire pour ne se détacher qu'à son sommet ; c'est pour répondre à cette interprétation qu'on remplace souvent le terme d'« ovaire infère » par celui d'« ovaire adhérent »; elle est, d'ailleurs, justifiée par l'étude de la structure et du développement de la fleur. L'ovaire infère de l'Iris est creusé de trois loges opposées aux étamines : situa-

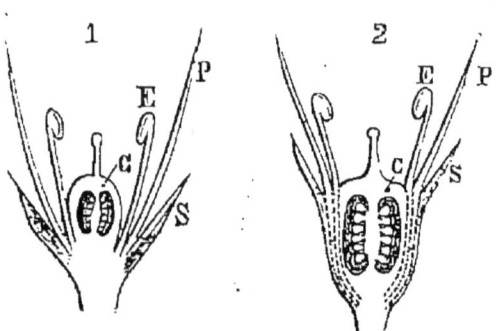

Fig. 442. — Figure théorique représentant, en coupe longitudinale, une fleur à ovaire supère (1) et une fleur à ovaire infère (2). — S, sépale ; P, pétale ; E, étamine ; C, carpelle.

tion qui apporte une preuve nouvelle de la disparition du second verticille de l'androcée; chaque loge renferme deux rangées d'ovules, insérés suivant la placentation axile. Du nombre des loges et de celui des stigmates qui surmontent l'ovaire on peut conclure que le pistil est formé de trois carpelles, concrescents dans leurs parties inférieures.

Le fruit est encore une capsule à déhiscence loculicide et s'ouvrant en trois valves. Les graines sont pourvues d'un albumen charnu ou corné.

Fig. 443. — Schéma de la disposition équitante des feuilles d'Iris.

Les feuilles, alternes et insérées sur deux rangs opposés à la surface de la tige, distiques en un mot, sont longues et s'emboîtent les unes dans les autres de telle sorte que chacune d'elles, repliée en deux le long de sa nervure médiane, enferme et protège toutes les feuilles insérées au-dessus d'elle : c'est la disposition *équitante* (*fig.* 443).

On voit, en résumé, que les Iridées se rapprochent des Liliacées par la régularité et les vives couleurs de leurs fleurs, mais qu'elles en diffèrent essentiellement par la position infère de leurs ovaires.

A la famille des Iridées appartiennent, avec l'Iris, dont le rhizome fournit un produit connu en parfumerie sous le nom de « poudre d'Iris » : le Safran (*Crocus*) (*fig.* 444), cultivé pour la matière colorante jaune qu'on extrait de ses stigmates frangés, et le Glaïeul (*Gladiolus*), dont les fleurs, au lieu d'être parfaitement symétriques par rapport à un axe, se déforment de manière à présenter une symétrie bilatérale : on dit que ce sont des fleurs *zygomorphes*.

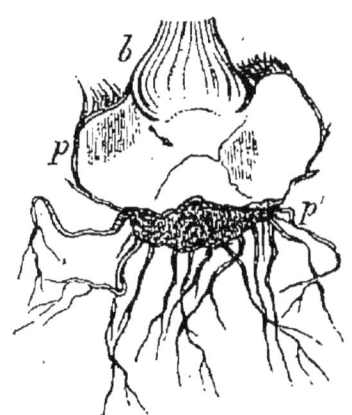

Fig. 444. — Bulbe du Safran.

Les Amaryllidées. — La famille des *Amaryllidées* renferme des Monocotylédones à fleurs colorées dont l'ovaire, comme celui des Iridées, est adhérent avec les pièces externes

630 COURS ÉLÉMENTAIRE DE BOTANIQUE.

de la fleur (*fig.* 445); mais leur androcée comprend, comme celui des Liliacées, deux verticilles de trois étamines. Ce sont donc, si on peut ainsi parler, des Liliacées à ovaire infère et, à ce titre, elles établissent un trait d'union entre les

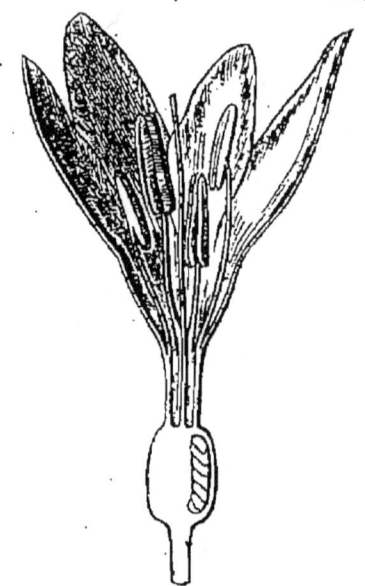

Fig. 445. — Coupe longitudinale d'une fleur d'Amaryllis.

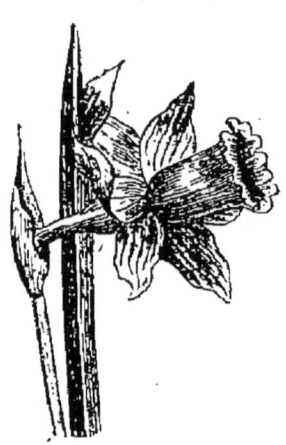

Fig. 446.
Une fleur de Narcisse.

Liliacées et les Iridées. C'est à la famille des Amaryllidées qu'appartiennent l'Amaryllis (*Amaryllis*), le Perce-Neige (*Galanthus nivalis*), qui fleurit en hiver, et le Narcisse (*Narcissus pseudo-Narcissus*, par exemple), chez qui le périanthe jaune forme autour de l'androcée une sorte de couronne dentelée (*fig.* 446) dont la constitution s'explique en admettant que les diverses pièces du calice et de la corolle envoient vers l'axe de la fleur des ramifications en forme de talons qui s'unissent les unes aux autres en une gaine continue (*fig.* 447).

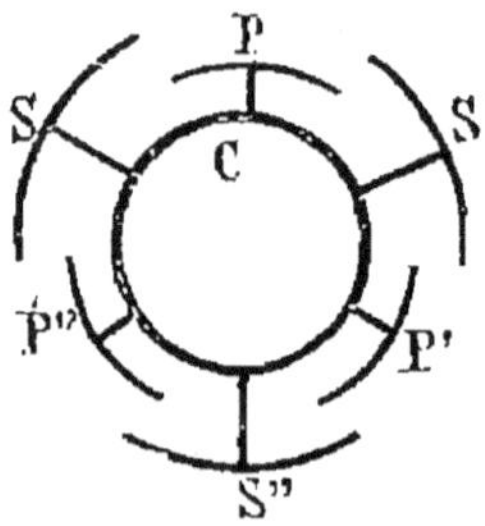

Fig. 447. — Explication théorique de la couronne du Narcisse. — S, S', S'', sépales; P, P', P'', pétales; C, couronne.

Les Orchidées. — Avec la famille des *Orchidées*, la plus nombreuse de toute la classe des Monocotylédones, nous rencontrons des plantes à ovaire infère et à corolle irrégulière ou zygomorphe.

Si nous examinons une fleur détachée d'une inflorescence d'Orchis tacheté (*Orchis maculata*), espèce assez commune dans nos bois (*fig.* 448), nous serons immédiatement frappés par sa symétrie bilatérale (*fig.* 449).

Du côté de la fleur qui regarde l'axe d'inflorescence se trouve un sépale impair; sur ses flancs, deux autres sépales simulent des ailes; ces trois sépales sont pétaloïdes : ils sont teintés de rose ou de blanc.

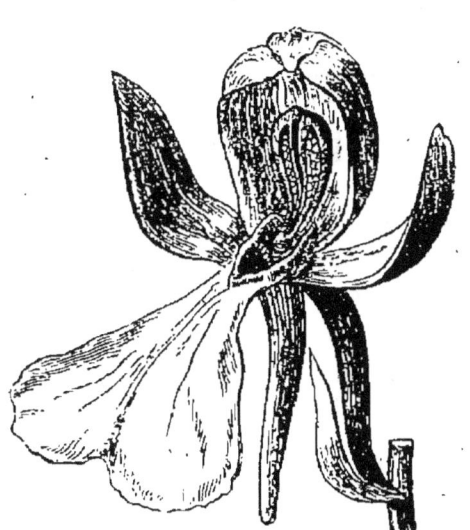

Fig. 448.
Tige fleurie d'Orchis.

Fig. 449. — Une fleur d'Orchis, grossie.

Un second verticille, de même couleur, comprend deux pétales disposés symétriquement de part et d'autre du sépale supérieur et formant avec lui une sorte de casque au-dessus des autres parties de la fleur. A ces deux pétales s'en ajoute un troisième, sensiblement plus grand que toutes les autres pièces du périanthe, étalé en languette à la face inférieure de la fleur et se prolongeant au-dessous d'elle par un éperon creux : ce pétale est appelé *labelle*.

Au voisinage du labelle paraît le stigmate, coloré en jaune. Au-dessus de lui, on aperçoit une anthère unique opposée au labelle et dont le pollen, au lieu de former à la maturité une fine poussière, reste agglutiné, dans chaque loge, en une petite massue ou *pollinie*, visible à travers la fente de déhiscence. De chaque pollinie se détache un filament gommeux, dit *caudicule*, qui l'unit à une pelote gélatineuse, ou *rétinacle*, que contient un lobe du stigmate correspondant à l'anthère et appelé *rostelle* (*fig.* 450).

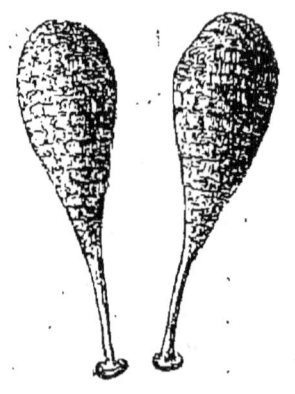

Fig. 450. — Les deux pollinies d'une fleur d'Orchis.

Au-dessous du plan d'insertion des enveloppes de la fleur se trouve l'ovaire, allongé et tordu sur lui-même. Il est assez grêle pour qu'on puisse, au premier abord, le prendre pour le pédoncule floral; mais il suffit d'en faire une coupe transversale pour reconnaître qu'il est formé de trois carpelles, unis suivant la placentation pariétale, et que sa loge unique contient des ovules nombreux et très petits, insérés le long des sutures carpellaires. Si on ramène, par la pensée, cet ovaire à sa forme primitive, en annulant les effets de sa torsion, on voit que l'orientation de la fleur entière devrait être renversée et que le labelle, en particulier, occuperait la partie de la corolle tournée du côté de l'axe d'inflorescence.

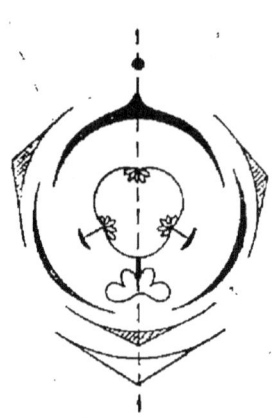

Fig. 451. — Diagramme d'une fleur d'Orchidée.

Si on fend la fleur en long, suivant son plan de symétrie (*fig.* 452), on constate que l'étamine unique et le pistil sont concrescents sur une grande partie de leur longueur: les deux organes ne se séparent qu'au niveau du style et de l'anthère : on donne à leur ensemble le nom de *gynostème*.

Le pollen, n'atteignant jamais l'état pulvérulent, ne peut

franchir la distance, si faible soit-elle, qui le sépare du stigmate, et la fécondation serait généralement impossible sans l'intervention des insectes. Quand un insecte vient puiser, au fond du labelle, le liquide sucré qui s'y accumule, il peut arriver que sa tête ou son thorax frôle les pelotes gélatineuses qui supportent les pollinies ; ces pelotes se fixent alors à son dos. Lorsque, sa provision faite, il sort de la fleur à reculons, il entraîne avec lui les pollinies adhérentes aux pelotes ; qu'il pénètre ensuite dans une autre fleur et les pollinies seront arrêtées au passage par la surface gluante du stigmate : le pollen germera et les tubes polliniques iront féconder les ovules.

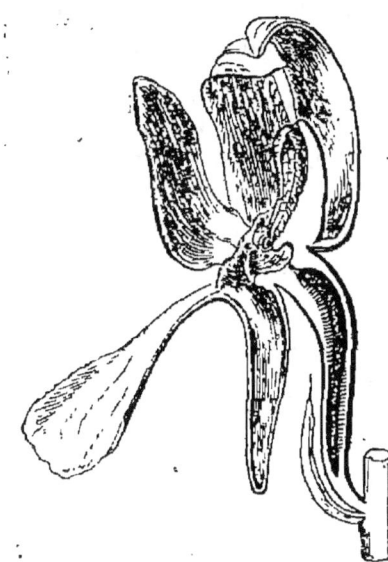

Fig. 452. — Coupe longitudinale d'une fleur d'Orchis.

Le fruit de l'Orchis tacheté (*fig.* 453) est une capsule qui s'ouvre par six fentes rapprochées deux à deux de part et d'autre de chaque placenta ; ces six fentes découpent dans le péricarpe trois valves qui s'écartent de l'axe du fruit dans leurs parties moyennes, tandis qu'elles lui restent adhérentes par leurs extrémités : les graines, d'abord fixées aux trois montants qui séparent ces valves, s'en détachent ensuite et sont disséminées. Elles sont dépourvues d'albumen.

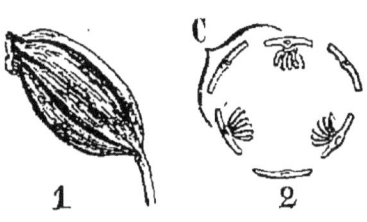

Fig. 453. — Un fruit d'Orchis, entier (1) et en coupe transversale après la déhiscence (2). — La lettre C indique l'extension d'un carpelle.

Le mode de végétation des Orchidées de nos bois est assez curieux. En déterrant un pied avec précaution, on observe à la base de la tige, au milieu de racines adventives, deux tubercules volumineux (*fig.* 454) dont chacun est formé par un faisceau de racines concrescentes : l'un des tubercules est ridé e de couleur foncée; l'autre est ferme et de couleur claire. Le tubercule à demi épuisé est situé exactement dans le prolongement de la pousse aérienne et fleurie que nous venons d'étudier; c'est ce tubercule qui l'a manifestement alimentée au cours de son développement. Le tubercule plein, formé à l'extrémité d'un rameau issu de cette tige feuillée, est évidemment en voie d'accroissement et se gorge de réserves destinées à alimenter la pousse nouvelle qui se formera dans son prolongement au printemps prochain.

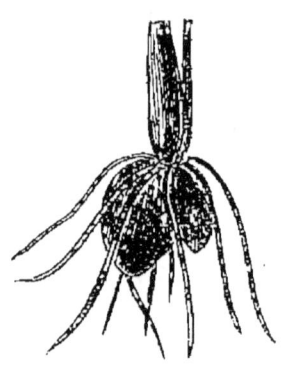

Fig. 454.
Base d'un pied d'Orchis.

Chaque année se développe un nouveau tubercule, permettant à la plante de passer l'hiver à l'état de vie ralentie.

La végétation des Orchidées est liée étroitement à la présence de champignons du genre *Oospora*, dont le mycélium contracte, avec les racines de la plante, une sorte d'association symbiotique : les racines infestées, généralement plus charnues que les racines ordinaires, constituent ce qu'on appelle des *mycorhizes*.

Chez beaucoup d'Orchidées, l'infestation par un *Oospora* est nécessaire pour que la plante se développe, fleurisse et fructifie; chez certaines même (Néottie Nid-d'oiseau), la graine ne germe dans la nature que si elle est infestée et subit l'action stimulatrice du champignon.

Fleurs colorées et zygomorphes, — une seule étamine, concrescente avec le pistil, — ovaire infère : tels sont les caractères généraux des Orchidées. Il faut remarquer, d'ailleurs, que certaines Orchidées exotiques possèdent un androcée plus complet que celles de nos pays : on y voit se développer diverses étamines dont la situation s'explique si on admet l'existence théorique de deux verticilles ternaires et alternes. Par là, l'organisation florale des Orchidées se rapproche du type général qui caractérise les Monocotylédones.

Le Orchis, les Ophrys, dont le labelle est dépourvu d'éperon, la Néottie Nid-d'oiseau (*Neottia Nidus-avis*), qui vit au pied des arbres sur des débris organiques en décomposition, etc., sont des Orchidées indigènes. Mais cette

Fig. 455. — Vanille grimpant le long d'une colonne de fer et émettant des racines adventives.

famille renferme surtout des plantes exotiques, très recherchées à cause de la singularité de leurs fleurs, dont les labelles prennent les formes les plus étranges. La Vanille est une Orchidée : son fruit, à parois molles et aromatiques, est employé sous le nom impropre de « gousse de Vanille », pour parfumer les préparations culinaires. Parmi les Orchidées des pays chauds, un grand nombre se fixent en s'enroulant autour des parties aériennes des arbres, ce qu'on exprime en disant qu'elles sont *épiphytes;* les racines adventives qui se détachent de leurs tiges et pendent verticalement dans l'air (*fig.* 455) contiennent de la chlorophylle dans les parties extérieures de leur écorce ; elles sont enveloppées d'un tissu léger et aérifère auquel on a donné le nom de *voile;* le voile joue un rôle important dans la vie de la plante, en absorbant, comme une éponge, l'eau de condensation de l'atmosphère.

Fig. 456. — Bananier.

Familles voisines. — On peut joindre à la famille des Orchidées le groupe des *Scitaminées*, qui comprend des plantes herbacées à grandes feuilles, à fleurs irrégulières, mais dont les graines renferment un albumen amylacé ; de ce nombre sont les Bananiers (*Musa*) (*fig.* 456) et les Balisiers (*Canna*). On les emploie notamment pour orner les pelouses dans les parcs et les jardins.

Les *Hydrocharidées* (*Hydrocharis Morsus-ranæ, Vallisneria spiralis, Elodea canadensis*) sont des plantes aquatiques qui se

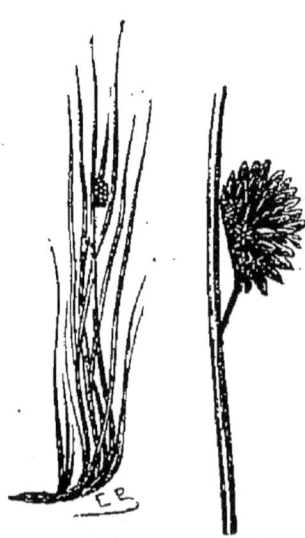

Fig. 457. — Jonc. A gauche, une pousse fleurie ; à droite, un groupe de fleurs, plus grossi.

rapprochent des Orchidées par l'absence d'albumen dans leurs graines et s'en écartent par la régularité de leurs fleurs.

Monocotylédones à fleurs peu colorées. — Dans les familles de Monocotylédones que nous venons de passer en revue, les fleurs présentent de vives couleurs. Il est d'autres familles dont les enveloppes florales sont au contraire peu colorées.

Les *Joncacées*, comme les Joncs (*Juncus*) (*fig.* 457) et les Luzules (*Luzula*), possèdent des fleurs très petites, réunies en groupes sur les flancs de la tige et dont la structure est presque identique à celle des fleurs de Liliacées ; mais leur couleur est verte ou brune à la maturité.

Les *Triglochinées*, comme le Troscart (*Triglochin palustre*), peuvent être rapprochées des Joncacées ; elles en diffèrent toutefois par la présence d'un albumen dans la graine.

Les Palmiers. — Chez les *Palmiers*, la dégradation de la fleur est poussée plus loin.

Les Palmiers habitent les pays chauds : ils sont surtout abondants en Amérique ; on les rencontre aussi fréquemment en Afrique, en Asie et en Australie.

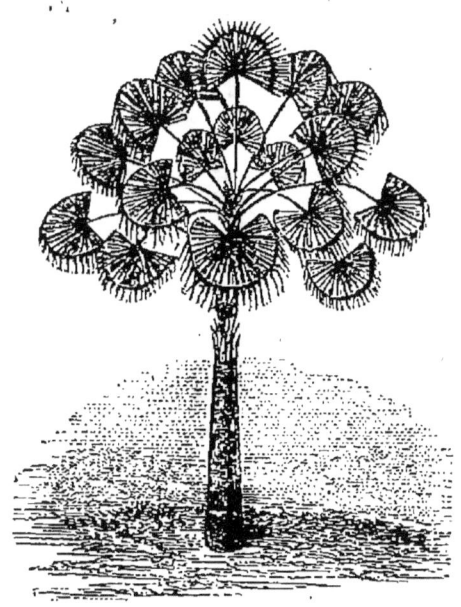

Fig. 458. — Palmier-éventail.

Ce sont des végétaux arborescents ; mais leurs tiges ne rappellent aucunement celles des arbres de nos pays. Tandis qu'un tronc s'amincit de la base au sommet, la tige d'un Palmier garde un diamètre constant à partir d'un point au-dessous duquel elle est un peu plus mince. Tandis qu'un tronc s'épaissit en vieillissant, jamais la tige d'un Palmier ne forme de tissus secondaires; jamais, en particulier, le bois ne s'y accroît par couches concentriques : le système libéro-ligneux se réduit à des faisceaux épars, dont chacun, après avoir suivi un trajet à peu près rectiligne vers la périphérie du cylindre central, se rapproche de l'axe en décrivant une longue courbe et se porte ensuite vers la feuille dans laquelle il va se terminer. Un tronc se ramifie ; au contraire, la tige d'un Palmier est simple et porte toutes ses feuilles réunies au sommet en une sorte de bouquet ; à mesure qu'elles s'allongent et que le bourgeon terminal forme de nouvelles feuilles, les plus anciennes meurent et se détachent en abandonnant sur la tige les bases de leurs pétioles, qui lui forment un fourreau protecteur ; la partie de la tige qui correspond à la pousse de la première année, n'ayant jamais porté de feuilles, est, par cela même, plus grêle. Une telle tige a reçu le nom de *stipe*.

Fig. 459. — Palmier-dattier.

Fig. 460. — Un régime de Palmier sortant de sa spathe.

Les feuilles des Palmiers semblent être composées : leur limbe est découpé suivant le mode palmé, comme dans les Palmiers-éventails (*Chamærops humilis*), ou suivant le mode penné, comme dans le Dattier (*Phœnix dactylifera*). En réalité, si on observe ces feuilles à l'état jeune, on constate qu'elles sont simples; ce n'est qu'en vieillissant qu'elles se déchirent régulièrement de manière à paraître composées.

Les fleurs, de petite taille, sont groupées en grappes ou *régimes*, que protègent de grandes bractées ou *spathes*, enroulées en cornet (*fig.* 460). Elles sont généralement diclines. Le périanthe comprend six pièces, ordinairement

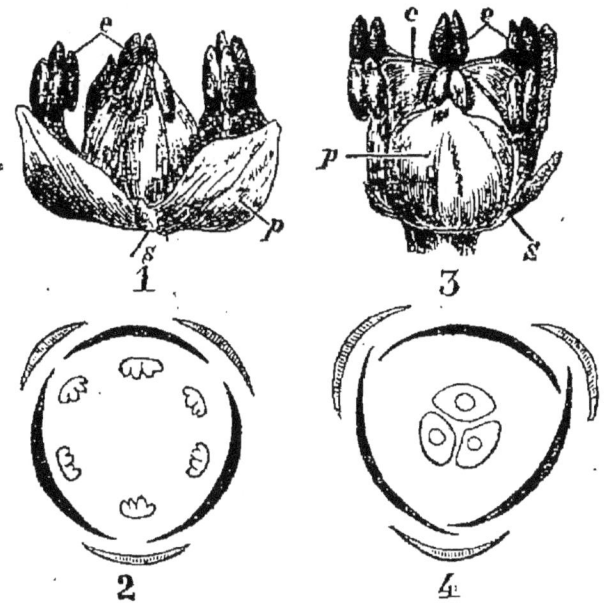

Fig. 461. — Fleurs de Palmier et leurs diagrammes (1 et 2, fleur mâle; 3, fleur hermaphrodite; 4, fleur femelle). — s, sépale; p, pétale; e, étamine; c, carpelle.

verdâtres, disposées sur deux verticilles alternes, ce qui permet de distinguer un calice et une corolle. Dans les fleurs mâles, ce périanthe protège deux verticilles de trois étamines; dans les fleurs femelles, trois carpelles concrescents en un ovaire à trois loges, dont chacune contient un ovule. Certains Palmiers sont monoïques, comme le Cocotier (*Cocos nucifera*); d'autres sont dioïques, comme le Dattier. Quelques-uns, comme les Palmiers-éventails, possèdent des fleurs mâles et des fleurs hermaphrodites.

Les fruits des Palmiers sont quelquefois des baies, comme le fruit du Dattier ou *datte*, dont le noyau est entièrement formé par la graine (*fig.* 462). Souvent aussi leur péricarpe, charnu dans sa partie superficielle, devient dur et ligneux dans sa couche profonde, qui constitue un noyau : le fruit est alors une *drupe*; c'est ce qu'on observe, par exemple, dans le fruit du Cocotier ou *noix de coco*, dont le noyau contient une graine volumineuse et comestible, renfermant un albumen laiteux (*fig.* 463).

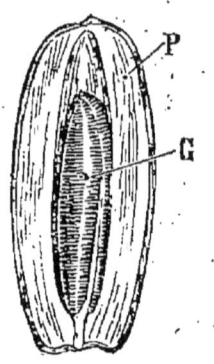

Fig. 462. — Coupe longitudinale d'une datte. P, péricarpe charnu; G, graine.

En somme, la famille des Palmiers se reconnaît aux caractères suivants : stipe, — feuilles régulièrement déchirées à la maturité, — fleurs petites et verdâtres, groupées en régimes dans des spathes protectrices, — ordinairement six étamines, — fruits charnus (baie ou drupe).

Parmi les Palmiers à baies les plus utiles à l'Homme, on peut citer : le Dattier, dont on mange les fruits; — les Palmiers-éventails, dont les jeunes feuilles forment un aliment connu sous le nom de *chou palmiste*; — le Sagoutier (*Sagus*), dont la tige contient une réserve féculente, qu'on emploie pour la fabrication d'une farine spéciale,

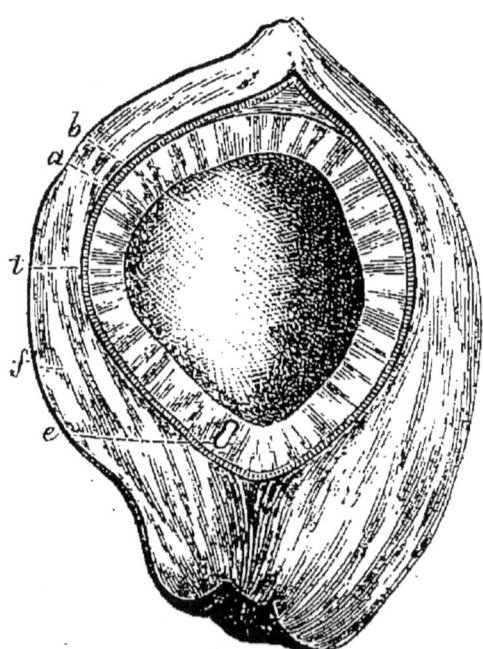

Fig. 463. — Noix de Coco, en coupe longitudinale. — *a*, partie externe et charnue de l'albumen; *b*, partie interne et laiteuse du même; *t*, tégument de la graine; *e*, embryon; *f*, enveloppe fibreuse du fruit.

le *sagou*; — les Palmiers-joncs (*Calamus*), dont les tiges, très élancées et résistantes, servent à faire des cannes, etc.

C'est au groupe des Palmiers à drupes qu'appartiennent : le Cocotier, qui ne fournit pas seulement à l'Homme ses fruits comestibles, mais dont toutes les parties peuvent être utilisées (comme matériaux de constructions, comme textiles, etc.); — les Palmiers à huile (*Elæis*), dont divers organes fournissent des substances oléagineuses qu'on extrait sous le nom d'*huile de palme*; — les Palmiers à vin, qui contiennent une matière sucrée, susceptible de fermenter, etc.

On voit quels précieux services les Palmiers rendent aux populations des régions tropicales, qui peuvent en tirer à peu près tous les produits nécessaires à leur existence.

Les Graminées. — La famille des *Graminées* est, après celle des Orchidées, la plus importante de la classe des Monocotylédones : ce sont des plantes de cette famille qui forment en majeure partie ce qu'on appelle communément le « gazon » ou l' « herbe » des prairies; les graines de plusieurs Graminées, comme le Blé, le Seigle, l'Avoine, sont utilisées pour l'alimentation de l'Homme ou des animaux et ces espèces sont, à ce titre, cultivées depuis les temps les plus anciens.

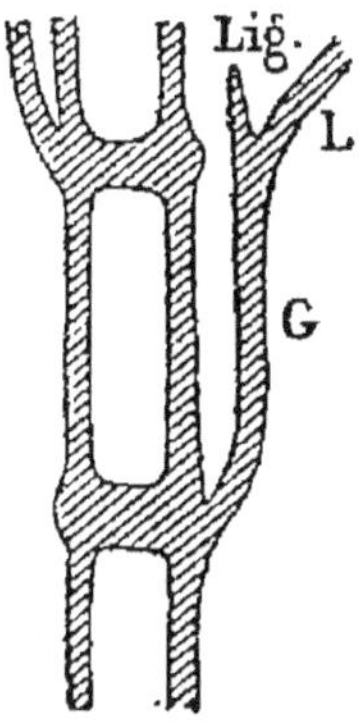

Les caractères des Graminées sont très nets et permettent, en général, de les distinguer de prime abord dans la nature : c'est une famille très naturelle. Comme exemple de Graminées, nous pourrons étudier le Blé (*Triticum sativum*).

Fig. 464. — Coupe longitudinale et schématique d'un entre-nœud d'une tige de Graminée. — G. gaine; L, limbe; Lig., ligule d'une feuille.

La tige du Blé est verticale, rigide, cylindrique et renflée au niveau des nœuds; si on la fend dans le sens de sa longueur, on reconnaît qu'elle est parcourue, suivant son axe, par une cavité qu'interrompt au niveau de chaque nœud un plancher transversal; cette tige est ce qu'on nomme un *chaume* (*fig.* 464).

Les feuilles sont alternes et insérées à la surface de la tige sur deux rangées opposées : on dit qu'elles sont *distiques*. Chaque feuille est longue et pourvue de nervures parallèles. Outre le limbe, elle comprend une gaine qui, à partir du nœud au niveau duquel elle se fixe à la tige, enveloppe celle-ci sur toute la longueur d'un entre-nœud; ainsi la feuille se fixe, en réalité, au nœud immédiatement inférieur à celui duquel son limbe paraît se détacher. La gaine est fendue le long d'une ligne longitudinale opposée au limbe dont elle occupe la base, ce qui permet de détacher complètement la feuille de la tige, sans aucune déchirure : on reconnaît alors qu'entre la gaine et le limbe la feuille porte sur sa face supérieure, celle qui regarde la tige, une petite languette à laquelle on donne le nom de *ligule*.

Les fleurs du Blé sont groupées au sommet de la tige en un *épi composé*.

Un *épi* est une variété de grappe dans laquelle les pédoncules floraux sont tellement courts que les fleurs paraissent appliquées immédiatement contre l'axe, aux aisselles de leurs bractées mères (*fig.* 465). L'épi est dit *composé* lorsque chaque pédoncule est remplacé par un axe qui supporte un groupe de plusieurs fleurs disposées elles-mêmes en un épi secondaire, qu'on appelle un *épillet*.

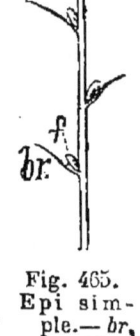

L'inflorescence du Blé est un épi d'épillets (*fig.* 466). Mais il faut remarquer que les bractées mères des épillets avortent et sont simplement représentées par de petits talons qui découpent l'axe principal de l'épi suivant une disposition alterne; ils sont très visibles quand l'épi mûr a été dépouillé de ses fleurs.

Si on isole un épillet de Blé, on voit que son axe porte, à droite et à gauche, au voisinage de sa base, deux bractées superposées, dont chacune se présente avec l'aspect d'une lame foliacée et

Fig. 465.
Epi simple.— *br*, bractée ; *f*, fleur.

verte : on leur donne le nom de *glumes*. Au-dessus des glumes, qui sont des bractées stériles, et continuant la série commencée par elles, s'étagent quelques bractées fertiles, offrant à peu près le même aspect que les glumes et nommées *glumelles*. C'est à l'aisselle de chaque glumelle que se développe le pédoncule d'une des fleurs qui composent l'épillet.

Le pédoncule floral porte à son tour, sur la face opposée à sa bractée mère, une nouvelle bractée, qu'on désigne aussi du nom de glumelle. Ainsi, la fleur qui le termine se trouve enveloppée par deux glumelles d'origine différente : l'une, portée par le pédoncule floral, est la *glumelle supérieure*; l'autre, qui lui est opposée et s'insère sur l'axe de l'épillet, est la *glumelle inférieure*.

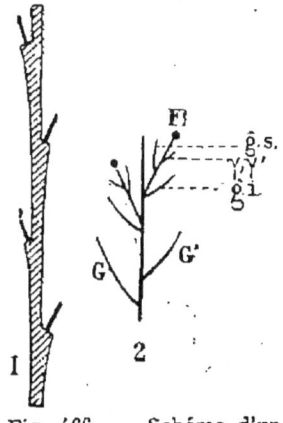

Fig. 466. — Schéma d'un épi de Graminée (1, axe de l'épi, dépouillé de ses épillets; 2, un épillet isolé). — G, G'. glumes; g.i., glumelle inférieure; g. s., glumelle supérieure; γ, γ', glumellules; Fl, fleur.

Les deux glumelles diffèrent sensiblement dans leur structure : la glumelle inférieure renferme une nervure médiane plus développée que toutes les autres; la glumelle supérieure est parcourue par deux nervures principales, disposées symétriquement, si bien qu'elle paraît formée par la juxtaposition de deux bractées équivalentes à la glumelle inférieure, qui se seraient soudées bord à bord; peut-être faut-il simplement attribuer cette apparence à la compression qu'éprouve la glumelle supérieure, prise entre l'axe de l'épillet et la fleur elle-même.

Plus haut encore que la glumelle supérieure, le pédoncule floral porte deux petites écailles, très réduites, à peine teintées de vert, disposées symétriquement de part et d'autre du plan que déterminent l'axe de l'épillet et le pédoncule floral, et opposées à la glumelle supérieure; rappelant, avec des dimensions plus petites, les glumes et les glumelles, ces deux écailles ont reçu le nom de *glumellules*.

Chez certaines Graminées, les glumes ou, plus fréquemment, les glumelles inférieures se prolongent en arêtes souvent très rudes, qui hérissent toute la surface de l'épi.

Viennent enfin les parties essentielles de la fleur (*fig.* 467 et 468). Ce sont d'abord trois étamines égales entre elles, disposées sur un verticille; l'une d'entre elles occupe la face inférieure de la fleur, entre les deux glumellules; leurs filets sont très longs et fléchissent sous le poids des anthères mûres ; celles-ci, dont le connectif est très court, séparent à la maturité leurs deux loges, qui s'écartent vers leurs extrémités de manière à donner l'apparence d'une sorte d'X à branches allongées. C'est ensuite un ovaire arrondi, formé d'un seul

Fig. 467. — Fleur de Blé. Glumelles, étamines et pistil.

Fig. 468. — Diagramme de la fleur des Graminées.

carpelle dont la suture est tournée du côté de l'axe de l'épillet et dont la cavité contient un ovule unique. L'ovaire est surmonté de deux stigmates hérissés de poils qui leur donnent un aspect plumeux ; ils s'écartent de part et d'autre de la fleur, perpendiculairement au plan de symétrie.

On voit que, même en considérant, avec certains auteurs, les glumellules comme représentant un périanthe rudimentaire, on ne rencontre rien, dans la fleur du Blé, qui puisse être assimilé à une véritable corolle.

Au-dessus des bractées fertiles, l'axe de l'épillet porte encore quelques bractées aux aisselles desquelles se développent des fleurs rudimentaires ; puis il se termine après un trajet assez court.

Après la fécondation, les étamines se flétrissent et disparaissent ; tandis que les glumes et les glumelles se dessèchent et prennent une coloration jaune, l'ovaire se transforme en un akène qui contient une graine dépourvue de tégument : le fruit ainsi constitué porte le nom de *caryopse* ; c'est ce qu'on appelle communément le grain de Blé. La graine renferme un albumen volumineux et de nature amylacée, qui la remplit presque entièrement (*fig.* 469); c'est cet albumen qui, au broyage, fournit la farine; le son est fourni par les débris du péricarpe. L'embryon occupe une extrémité de la graine; il est petit et pourvu d'un seul cotylédon, qui s'applique à la surface de l'albumen par une portion élargie en forme de bouclier, qu'on désigne du nom de *scutelle*.

Fig. 469. — Grain de Blé. — *a*, albumen; *b*, cotylédon; *p*, gemmule.

Chaume, — feuilles distiques, longues, engainantes et ligulées, — fleurs zygomorphes, groupées ordinairement en épis composés d'épillets et protégées par des glumes et des glumelles, — trois étamines, — ovaire arrondi, uniovulé et surmonté de deux stigmates plumeux, — graine nue et pourvue d'un albumen farineux : tels sont les caractères généraux des Graminées.

A la famille des Graminées appartiennent les plantes qui fournissent les farines les plus employées et qu'on désigne du nom de *Céréales*, comme le Blé, le Seigle, l'Orge, le Maïs.

Chez le Seigle (*Secale cereale*) (*fig.* 470), chaque épillet ne contient que deux fleurs.

Chez l'Orge (*Hordeum vulgare*) (*fig.* 471), il n'en renferme plus qu'une ; mais les épillets sont réunis trois par trois dans l'épi principal. L'Orge est employée à la fabrication de la bière : les grains germés renferment une diastase capable de transformer leur réserve amylacée en sucre de glucose ; en les broyant, on obtient une pulpe sucrée qu'on appelle le *malt* et qu'il suffit de livrer à la fermentation alcoolique pour obtenir la bière.

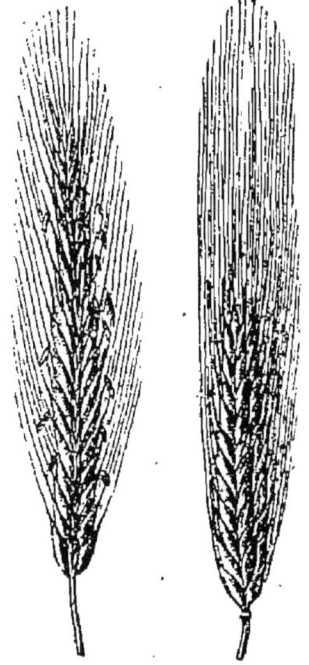

Fig. 470. Seigle.   Fig. 471. Orge.

Chez l'Avoine (*Avena sativa*) (*fig.* 472), dont les grains

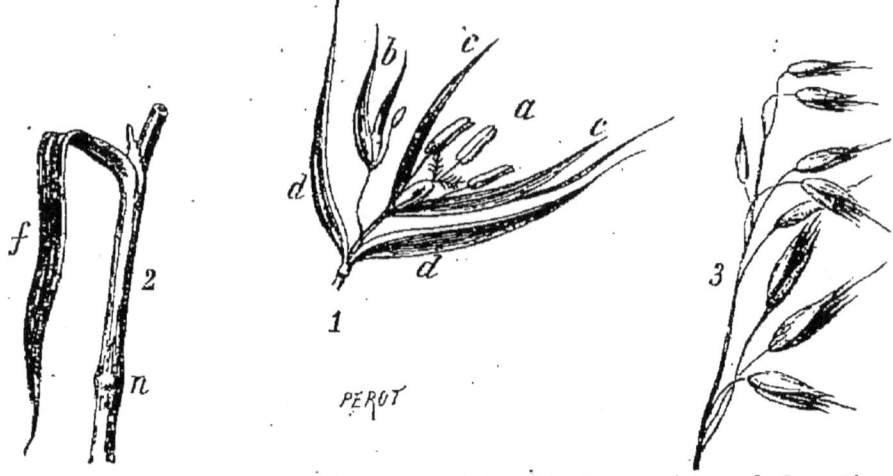

Fig. 472. — Avoine (*Graminée*). — 1, un épillet d'Avoine : *d*, glumes ; *b*, fleur stérile ; *a*, fleur fertile ; *c*, glumelles ; — 2, chaume : *n*, nœud, *f*, feuille ; — 3, portion de la grappe d'épillets de l'Avoine.

sont donnés en aliment aux chevaux, les épillets sont groupés en grappes irrégulières qu'on appelle des *panicules*.

Les fleurs du Riz (*Oryza sativa*) offrent ce caractère spécial de renfermer six étamines, groupées en deux verticilles concentriques, ce qui rapproche leur organisation du type caractéristique des Monocotylédones.

Les fleurs du Maïs (*Zea Mays*) (*fig.* 473) sont diclines : les fleurs mâles forment, au sommet de la tige, des grappes d'épis dont chaque épillet

Fig. 473. — Feuilles engainantes du Maïs.

contient deux fleurs; les fleurs femelles forment plus bas, sur les côtés de la tige, des épis très denses, qui prennent une belle couleur jaune après la fructification.

Les Bambous (*Bambusa*) sont remarquables par la forme de leur feuille, qui possède un court pétiole, intercalé entre la gaine et le limbe; leur tige est fréquemment ramifiée. Leur fleur, plus complète et plus régulière que celle de la plupart des Graminées, contient six étamines, comme celle du Riz; son ovaire est surmonté de trois stigmates plumeux, opposés aux étamines du premier verticille (le verticille normal de toutes les Graminées); enfin, à la bractée qui est représentée, chez toutes les Graminées, par les deux glumellules, s'en ajoute une seconde, intercalée entre l'androcée et la glumelle supérieure et représentée par trois petites écailles. Par tous ces caractères, la fleur des Bambous, plus encore que celle du Riz, se rapproche du type ternaire.

La Canne à sucre (*Saccharum officinarum*) est cultivée dans les pays tropicaux pour le sucre de saccharose que renferme la moelle de sa tige.

L'Alfa (*Stipa tenacissima*) est exploité sur les hauts plateaux de l'Algérie à cause de ses feuilles résistantes, qu'on utilise pour faire des ouvrages de sparterie ou pour fabriquer une pâte à papier.

On comprend, sous le nom de *Graminées fourragères*, toutes celles qui forment les prairies naturelles et dont les tiges et les fleurs sont recueillies pour servir d'aliments aux bestiaux, comme le Paturin (*Poa*) (*fig.* 474); le Brome (*Bromus*), la Fléole (**Phleum**) (*fig.* 475), la Flouve (*Anthoxanthum*), le Vulpin (**Alopecurus**), etc.

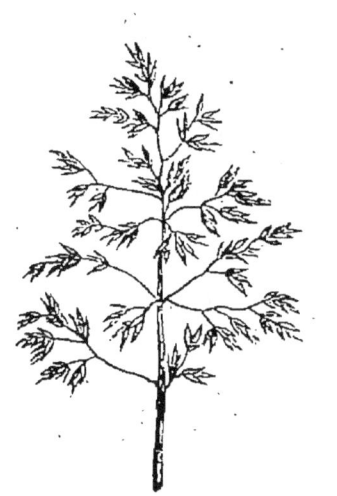

Fig. 474.
Paturin élevé.

Fig. 475.
Fléole des prés.

Les Cypéracées. — La famille des *Cypéracées* renferme des plantes qui, par leur aspect général, se rapprochent beaucoup des Graminées. Elles s'en distinguent cependant par quelques caractères. Leurs feuilles, au lieu d'être distiques, sont insérées sur trois rangs, ce qu'on exprime en disant qu'elles sont *tristiques*; cette disposition phyllotaxique donne à leur tige une forme triangulaire, assez différente de la forme arrondie qu'on rencontre chez les Graminées. Les gaines de leurs feuilles, au lieu d'être fendues suivant leur longueur ainsi que chez les Graminées, enveloppent complètement la tige. L'ovaire, dont un seul carpelle est distinct, est généralement surmonté de trois stigmates.

A cette famille appartiennent les Scirpes (*Scirpus*), dont la fleur possède un périanthe filiforme.

Les Laiches (*Carex*) possèdent deux sortes de fleurs, les unes mâles, les autres femelles (*fig.* 476), réunies généralement sur le même pied, portées par des pieds différents chez

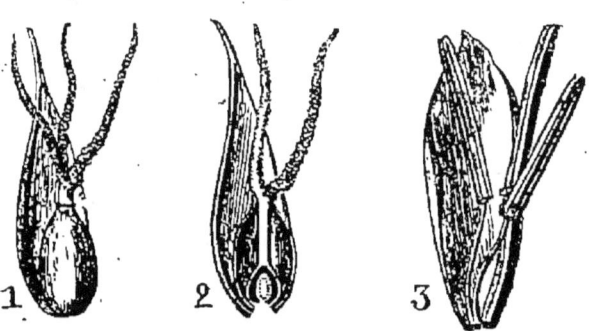

Fig. 476. — Fleurs de Carex. — 1, fleur femelle, entière; 2, fleur femelle, fendue dans le sens longitudinal; 3, fleur mâle.

quelques espèces. Arrivé à maturité, le fruit de Carex occupe le centre d'un sac protecteur que forment deux bractées étroitement soudées et qu'on appelle l'*utricule*. Beaucoup de Carex, par exemple le Carex des sables (*Carex arenaria*), possèdent de longs rhizomes traçants (voir *fig.* 226).

Familles voisines. — A la classe des Monocotylédones se rattachent encore quelques familles moins importantes, dont les fleurs sont, ainsi que celles des Graminées,

LES AROÏDÉES. 649

dépourvues de corolle. De ce nombre est la famille des *Aroïdées*, à laquelle appartient le Gouet (*Arum maculatum*), commun dans nos pays (*fig.* 477). La feuille d'Arum, pétiolée, possède un limbe cordiforme, dont le contour rappelle un peu celui d'une empreinte de pied de Ruminant, d'où le nom de Pied de Veau qu'on donne vulgairement à cette plante. Les fleurs sont de deux sortes et sont réunies en une sorte d'épi ou *spadice*, que protège une grande spathe, enroulée en cornet (*fig.* 478). Les fleurs femelles occupent la base de l'épi; les fleurs mâles, groupées un peu plus loin, en occupent la partie moyenne; des fleurs

Fig. 477. — Gouet (*Arum maculatum*).

Fig. 478. — Inflorescence d'Arum, dans sa spathe.

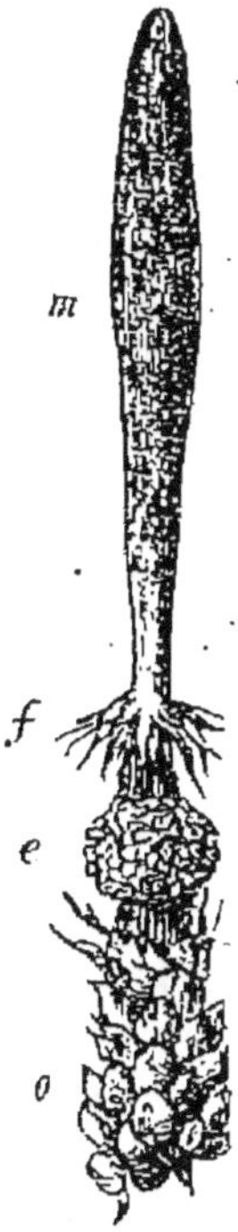

Fig. 479. Inflorescence d'Arum, dépouillée de sa spathe. — *o*, fleurs femelles; *e*, fleurs mâles; *m*, massif terminal, stérile.

stériles, étroitement rapprochées et concrescentes, forment, à l'extrémité de l'axe d'inflorescence, une sorte de massue, de couleur violacée (*fig.* 479). Le fruit qui succède à chaque fleur femelle est une baie : l'inflorescence est remplacée, après la fructification, par un amas de baies réunies en épi.

Chez les *Typhacées*, comme la Massette (*Typha*) ou le Rubanier (*Sparganium*), les fleurs mâles et femelles forment des épis différents.

Chez les *Potamées*, comme les Potamots (*Potamogeton*), et chez les *Lemnacées*, comme les Lentilles d'eau (*Lemna*), l'organisation de l'appareil végétatif se simplifie beaucoup, en même temps que celle de l'appareil floral.

Résumé de la classe des Monocotylédones. — Le groupement des principales familles de Monocotylédones, dont nous terminerons ainsi l'étude, peut être résumé par le tableau suivant :

GROUPEMENT DES PRINCIPALES FAMILLES DE MONOCOTYLÉDONES

CLASSE				FAMILLES	
MONOCOTYLÉDONES	ayant une corolle	pétaloïde	ovaire supère	*Liliacées*	Lis.
			fleurs régulières ovaire infère { 6 étamines	*Amaryllidées*	Narcisse.
			3 étamines	*Iridées*	Iris.
			fleurs irrégulières	*Orchidées*	Orchis.
		sépaloïde		*Palmiers*	Dattier.
	n'ayant pas de corolle	albumen amylacé { feuilles distiques		*Graminées*	Blé.
		feuilles tristiques		*Cypéracées*	Carex.
		albumen charnu		*Aroïdées*	Arum.

CHAPITRE XVIII

Les Phanérogames Angiospermes (*suite*).

§ 1ᵉʳ. — Classe des Dicotylédones.

La classe des *Dicotylédones*, plus nombreuse que celle des Monocotylédones, a été décomposée en trois sous-classes, dont la disposition des enveloppes florales fournit les caractères essentiels.

Quand les pièces de la corolle sont absolument distinctes les unes des autres, de sorte que chacune d'elles puisse être arrachée séparément sans entraîner ses voisines, on dit que la corolle est *dialypétale;* c'est ce qu'on observe, par exemple, chez la Giroflée et la Carotte.

Dans d'autres cas, au contraire, tous les pétales sont concrescents par leurs bords latéraux, de sorte que la corolle prend la forme d'un tube plus ou moins long dont le bord supérieur porte autant de lobes principaux que l'on doit compter de pétales confondus; si on tire un de ces lobes avec précaution, on entraîne la corolle tout entière. On dit alors que la corolle est *gamopétale.* C'est ce qu'on observe chez la Primevère.

Les fleurs de certaines Dicotylédones ne se prêtent pas à la distinction des enveloppes en calice et corolle : toutes les pièces du périanthe ont une forme à peu près identique et la même coloration, ordinairement verte. On admet alors que la corolle manque, et la fleur, ne possédant que des sépales, est dite *apétale :* telle est la fleur de l'Ortie. Mais certaines fleurs, qualifiées aussi d'apétales, sont entièrement dépourvues de périanthe : l'androcée ou le pistil peuvent être alors protégés par des bractées rapprochées.

D'après cette diversité de structure de périanthe, on répartit les Dicotylédones entre trois sous-classes : les *Apétales* (exem de : Chêne), les *Dialypétales* (exemple : Giroflée ou Carotte), les *Gamopétales* (exemple : Primevère). Mais il ne faut pas perdre de vue que ces distinctions n'ont rien d'absolu : d'une part, certaines familles de plantes sont classées par tel auteur parmi les Dialypétales, par tel autre parmi les Apétales, suivant la qualité qu'ils reconnaissent aux pièces du périanthe, et quelques familles sont rangées tantôt parmi les Dialypétales, tantôt parmi les Gamopétales; d'autre part, on rencontre dans certaines familles, que tout le monde s'accorde à ranger parmi les Dialypétales, des espèces chez lesquelles les pièces de la corolle sont plus ou moins concrescentes.

§ 2 — Les Dicotylédones apétales.

C'est par l'étude des Apétales que nous allons, dans la seconde partie de cette leçon, commencer l'examen sommaire des principales familles de Dicotylédones.

Les Urticacées. — Le type de la famille des *Urticacées* est l'Ortie (*Urtica*) (*fig.* 480).

C'est une plante dont les feuilles sont couvertes de poils unicellulaires, chargés d'un liquide acide (*fig.* 481); leur pointe fragile se brise au contact de la peau : elle s'y enfonce en y injectant une partie du liquide qu'elle contient et qui produit une vive irritation.

De part et d'autre de la base du pétiole de la feuille, on remarque, à la surface de la tige, deux petites

Fig. 480. — Ortie.

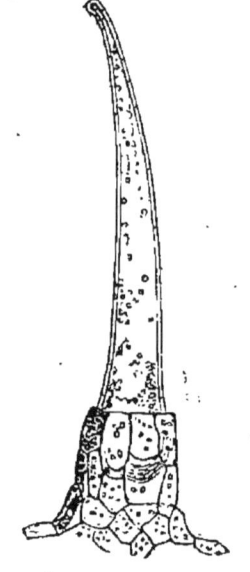

Fig. 481. — Un poil urticant d'Ortie, très grossi.

expansions, d'aspect foliacé, dont la structure rappelle celle du limbe et dont les faisceaux dérivent de ceux du pétiole; c'est ce qu'on appelle des *stipules* et la feuille est dite *stipulée*.

Les fleurs, qui ne frappent pas immédiatement le regard, sont, en effet, petites et peu colorées (*fig.* 482); elles sont de deux sortes, les unes mâles, les autres femelles, réunies sur le même pied (*Urtica urens*) ou portées par des pieds différents (*Urtica dioïca*). Le périanthe est formé de quatre sépales colorés en vert, auxquels sont opposées, dans les fleurs mâles, quatre étamines introrses; dans les fleurs femelles, l'ovaire, libre de toute adhérence avec le périanthe, est formé d'un seul carpelle contenant un seul ovule orthotrope. Après la fructification, cet ovule fournit une graine albuminée, contenue dans un akène.

L'Ortie est susceptible d'être utilisée comme textile grâce aux

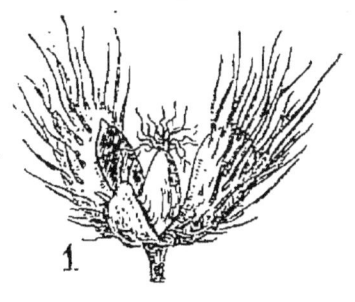

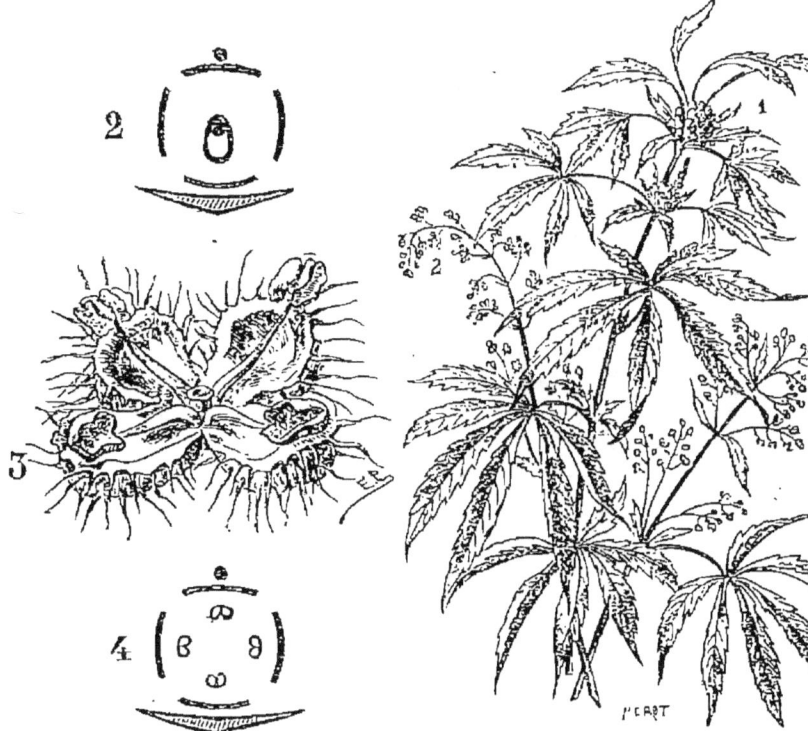

Fig. 482. Fleurs d'Ortie. — 1, une fleur femelle; 2, son diagramme; 3, une fleur mâle; 4, son diagramme.

Fig. 483. — Chanvres mâle et femelle. — 1, pied de Chanvre ne portant que des fleurs à pistil; 2, pied portant des fleurs à étamines.

fibres que contient sa tige et qu'on en peut isoler par le rouissage. Mais ce caractère est beaucoup plus marqué dans d'autres plantes de la même famille, comme la Ramie (*Bœhmeria tenacissima*), originaire de la Chine et des Iles de la Sonde.

Certaines Urticacées, comme les Figuiers (*Ficus*), les Mûriers (*Morus*), sont parcourues par un appareil laticifère très développé, composé d'articles indéfiniment allongés et ramifiés. Plusieurs espèces de *Castilloa* et de *Ficus* sont des arbres à caoutchouc.

Le Chanvre (*Cannabis sativa*) (*fig.* 483) est cultivé pour les fibres textiles que contient sa tige.

Le Houblon (*Humulus lupulus*), plante grimpante assez voisine du Chanvre, est utilisé pour ses inflorescences femelles en forme de cônes (*fig.* 484) : leurs bractées sont

Fig. 484. — Houblon (plante et cône isolé). Fig. 485. — Une feuille d'Orme.

couvertes, à la maturité, d'une poussière jaune appelée *lupuline;* elle contient une huile essentielle qui est employée pour aromatiser la bière.

L'Orme (*Ulmus*) (*fig.* 485 et 486) peut encore être rattaché à la même famille.

Famille voisine. — Les *Platanées* (Platanes) (*fig.* 487) sont assez voisines des Urticacées.

Les Salicinées. — Les *Salicinées*, comme le Saule (*Salix*) et le Peuplier (*Populus*), sont des arbres dioïques.

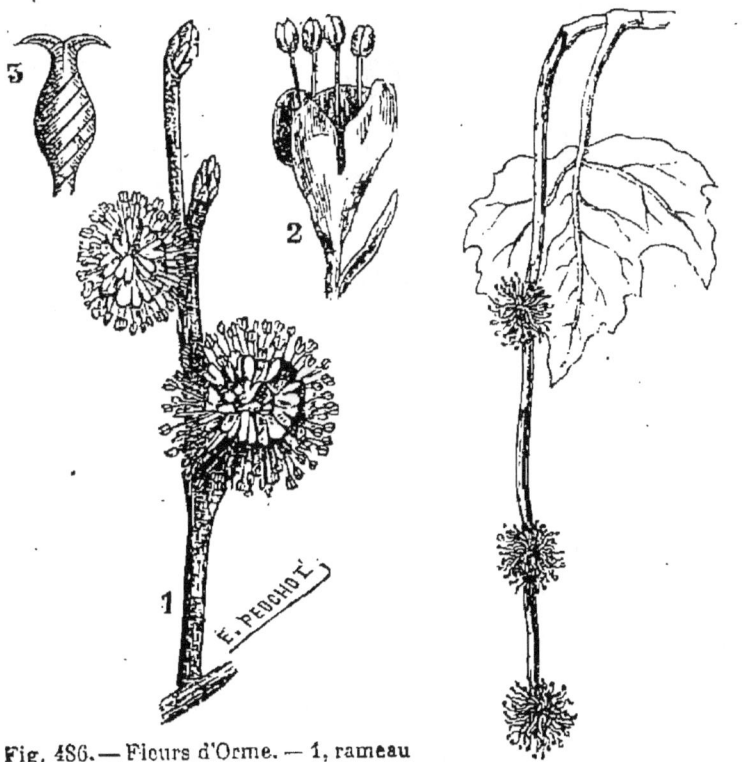

Fig. 486. — Fleurs d'Orme. — 1, rameau portant deux inflorescences; 2, une fleur entière, très grossie; 3, le pistil isolé.

Fig. 487. — Rameau florifère du Platane.

Leurs fleurs sont groupées en épis allongés (*fig.* 488) auxquels on donne le nom de *chatons* (en latin *amentum*), terme qu'on réserve aux épis formés uniquement de fleurs mâles ou de fleurs femelles; de là le nom d'*Amentacées* qui servait naguère à désigner un vaste groupe de Dicotylédones apétales, comprenant un bon nombre des arbres de nos pays: les Salicinées font partie de ce groupe. La fleur, mâle ou femelle, est entièrement dépourvue de périanthe et très simplement organisée. Chez le Saule, par exemple (*fig.* 489), chaque fleur n'est protégée que par la bractée à l'aisselle de laquelle elle s'est développée; la fleur mâle comprend deux étamines extrorses et la fleur femelle un ovaire uniloculaire, formé de deux carpelles unis suivant la placentation pariétale et contenant de nombreux ovules; le fruit est une capsule qui s'ouvre par deux fentes

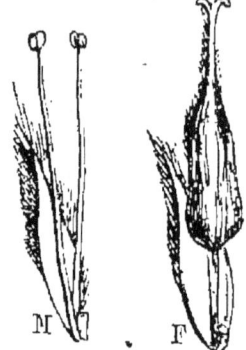

Fig. 488. — Fleurs de Saule; à gauche, chaton à étamines; à droite, chaton à pistils.

Fig. 489. — Fleurs du Saule. — M, fleur mâle; F, fleur femelle.

longitudinales, alternant avec les placentas; les graines, exalbuminées, sont munies d'aigrettes soyeuses qui en favorisent la dissémination. Chez les Peupliers, la fleur mâle contient un grand nombre d'étamines et, dans la fleur femelle, l'ovaire est protégé à sa base par une petite coupe parenchymateuse.

Les Polygonées. — Les *Polygonées*, dont l'Oseille (*Rumex acetosella*) est le type, sont des plantes herbacées. Elles se distinguent des Salicinées par la structure de leurs fleurs (*fig.* 490), qui sont hermaphrodites et dont le périanthe, beaucoup mieux développé, comporte un calice formé de six pièces. Les étamines sont au

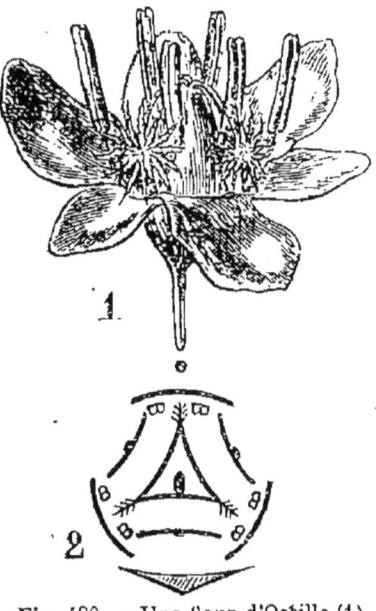

Fig. 490. — Une fleur d'Oseille (1) et son diagramme (2).

LES POLYGONÉES.   657

nombre de six; l'ovaire uniloculaire contient un ovule orthotrope. Après la fécondation, l'ovaire se transforme en un

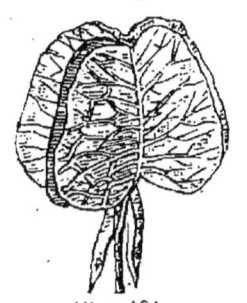
Fig. 491.
Fruit de l'Oseille.

akène qui reste enveloppé dans une sorte d'étui, de forme triangulaire, constitué par les trois pièces les plus internes du calice (*fig.* 491); la graine qu'il contient est pourvue d'un albumen farineux. Au-dessus de la feuille, une courte gaine, de forme cylindrique, entoure la base de l'entre-nœud supérieur (*fig.* 492) : on lui donne le nom d'*ochréa*; l'étude de sa structure et de son développement a permis de reconnaître qu'elle est constituée par les deux stipules concrescentes entre elles à la fois du côté de la feuille et du côté opposé de la tige. Avec le genre *Rumex*, auquel appartient

Fig. 492. — Branche de Polygonée.

l'Oseille, la famille des Polygonées contient encore le genre *Polygonum*, dans lequel on range le Sarrasin ou Blé noir (*Polygonum Fagopyrum*), dont le périanthe est teinté de

37.

blanc ou de rose et dont les graines fournissent une farine très employée dans l'ouest de la France.

Les Chénopodiacées. — La famille des *Chénopodiacées* offre à peu près les mêmes caractères que la précédente. Elle en diffère surtout, en ce qui concerne la fleur, par la nature de l'ovule, qui est campylotrope, et, en ce qui concerne l'appareil végétatif, par la constitution de la feuille, qui est dépourvue de stipules. Dans la graine, l'embryon est courbe et enveloppe en partie l'albumen. C'est à cette famille qu'appartiennent la Betterave (*Beta vulgaris*) (*fig.* 493 et 494), et l'Epinard (*Spinacia oleracea*).

Fig. 493.
Une tige florifère de Betterave.

Fig. 494. — Quelques fleurs de Betterave, très grossies.

Les Cupulifères. — Dans toutes les familles d'Apétales qui ont été étudiées précédemment, l'ovaire est libre de toute

LES CUPULIFÈRES.

adhérence avec les parties externes de la fleur : ce sont des *Apétales supérovariées*. Il est, au contraire, des Apétales chez lesquelles l'ovaire, plus ou moins concrescent avec les parties externes de la fleur, occupe la position infère : ce sont des *Apétales inférovariées*. Au premier rang de cette série se place l'importante famille des *Cupulifères*, qui renferme une bonne partie des arbres de nos pays.

Les feuilles des Cupulifères sont simples, pourvues à leur base de stipules qui se développent plus rapidement dans le bourgeon que les autres parties de la feuille et leur servent d'écailles protectrices ; après l'épanouissement complet de la feuille, les stipules se flétrissent, se détachent et tombent : elles sont *caduques*.

Les Cupulifères sont des plantes monoïques : leurs fleurs sont de deux sortes, mais portées par le même pied. Elles sont groupées en inflorescences séparées, qui affectent la forme d'épis ; nous savons déjà que de telles inflorescences

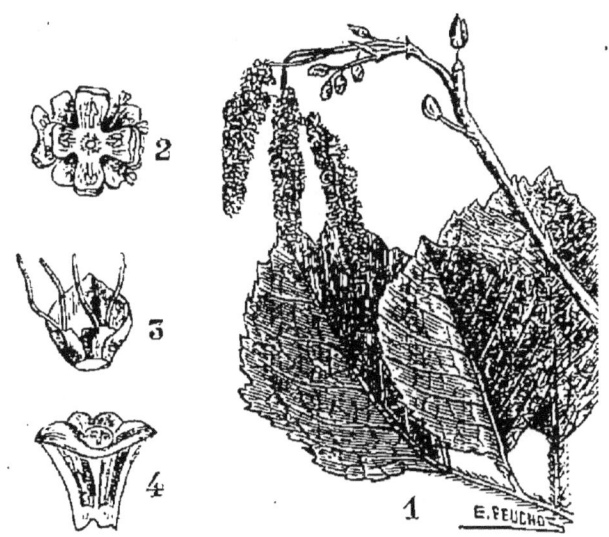

Fig. 495. — Aune. — 1, un rameau feuillé et un rameau florifère ; 2, une cyme de fleurs mâles ; 3, une cyme de fleurs femelles ; 4, fruit.

sont appelées chatons : avec la famille des Salicinées, que nous avons classée parmi les Apétales supérovariées, la famille des Cupulifères forme le groupe des Amentacées.

Dans chaque fleur femelle, un seul ovule se développe en graine.

Ces caractères généraux une fois établis, il est nécessaire, pour acquérir une connaissance suffisante de la famille des Cupulifères, d'en étudier séparément trois types qui nous seront fournis par l'Aune, le Noisetier et le Chêne.

Dans l'Aune (*Alnus glutinosa*) (*fig.* 495 et 496), les fleurs, mâles ou femelles, qui composent le chaton, forment un épi de petites cymes bipares. Chaque cyme porte à son sommet une fleur terminale et sur ses flancs deux fleurs latérales; la cyme tout entière est protégée par la bractée à l'aisselle de laquelle elle s'est développée; chacune des fleurs latérales est à son tour protégée par deux bractées, la bractée mère de son pédicelle et une bractée née sur ce pédicelle lui-même.

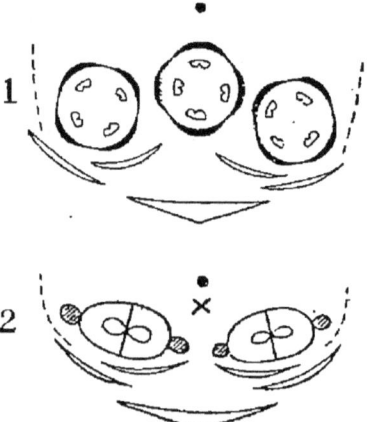

Fig. 496. — Diagrammes de l'inflorescence de l'Aune. — 1, une cyme mâle; 2, une cyme femelle.

Dans la cyme mâle, les trois fleurs sont bien développées; chacune est enveloppée par un calice dont les quatre sépales sont concrescents en une enveloppe continue; elle comprend quatre étamines alternant avec les sépales.

Dans la cyme femelle, la fleur terminale avorte; seules les fleurs latérales sont bien développées; elles sont dépourvues de calice et comprennent un ovaire biloculaire dont chaque loge, contenant un ovule, est surmontée d'un stigmate. Des deux ovules que contient chaque ovaire, un seul se transforme en graine; en même temps, l'ovaire se transforme en un akène anguleux et toutes les bractées de la cyme s'unissent pour former une écaille ligneuse qui protège les trois akènes : le chaton femelle prend alors l'aspect d'une petite pomme de Pin.

De l'Aune on peut rapprocher le Bouleau (*Betula alba*)

LES CUPULIFÈRES. 661

Fig. 497. — Un rameau florifère de Bouleau.

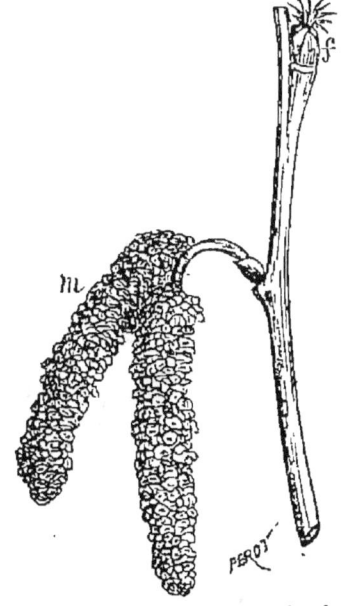

Fig. 498. — Fleurs du Noisetier. *m*, chaton mâle; *f*, fleur femelle.

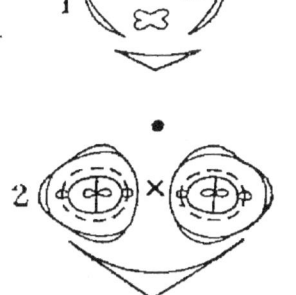

Fig. 499. — Noisetier. — 1, diagramme d'une fleur mâle; 2, diagramme d'une cyme femelle.

(*fig.* 497), dans lequel toutes les bractées de la cyme femelle s'unissent pour former une écaille trilobée qui ne se lignifie pas : c'est une sorte d'aile qui se détache avec les trois akènes qu'elle supporte et en favorise la dissémination.

Chez le Noisetier (*Corylus Avellana*) (*fig.* 498 et 499), les fleurs mâles sont groupées en un épi simple; chacune d'elles est protégée par sa bractée mère, à laquelle s'ajoutent deux bractées latérales; elle comprend quatre étamines. Le chaton femelle est un épi de petites cymes bipares; dans chaque cyme, protégée par une large bractée mère, la fleur terminale avorte; chacune des deux fleurs latérales, protégée par sa bractée mère, à laquelle s'ajoutent deux bractées secondaires, est pourvue d'un calice concrescent avec le pistil et portant, dans sa partie libre, de petites dents rudimentaires. L'ovaire est creusé de deux loges surmontées de deux stigmates et dont chacune con-

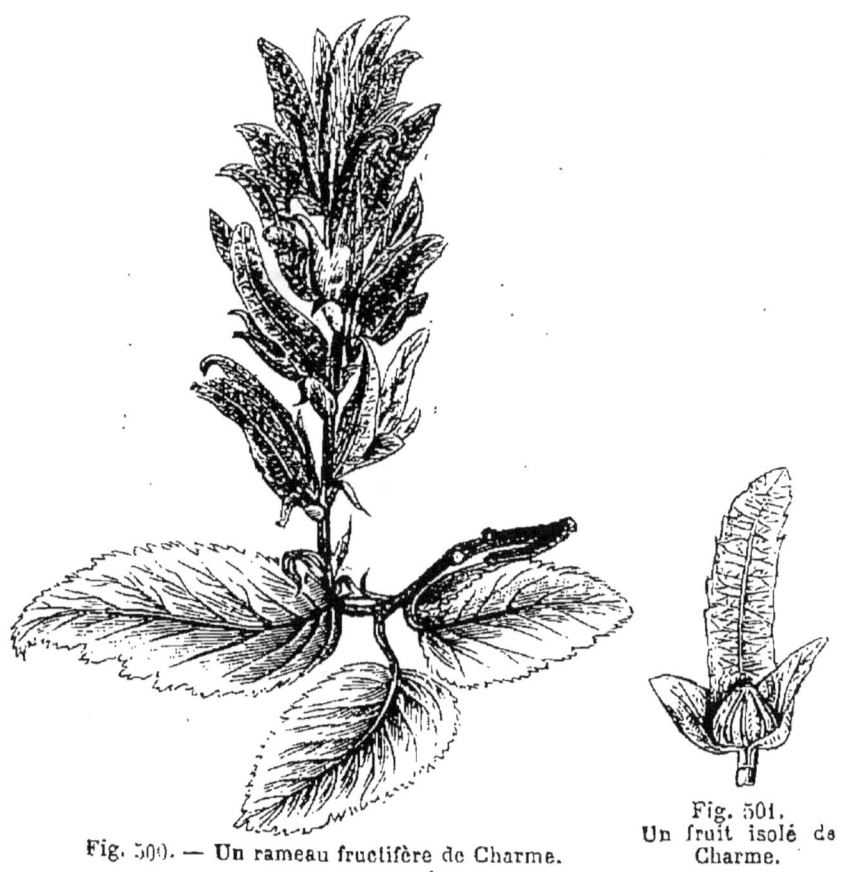

Fig. 500. — Un rameau fructifère de Charme.

Fig. 501. Un fruit isolé de Charme.

tient un ovule. Après la fécondation, les bractées qui sont immédiatement voisines de la fleur femelle s'unissent en une sorte de petite coupe ou *cupule* qui protège le fruit : de là le nom de *Cupulifère* qu'on peut appliquer au Noisetier et qu'on a étendu à toutes les plantes de la même famille.

Chez le Charme (*Carpinus Betulus*) (*fig.* 500), dont l'organisation florale rappelle celle du Noisetier, la cupule, qui reste ouverte, présente une forme tridentée assez caractéristique (*fig.* 501).

Les fleurs mâles du Chêne (*Quercus*) (*fig.* 502 et 503) sont groupées en un chaton simple; chacune d'elles renferme, sous un calice formé de six petits sépales verdâtres, des étamines dont le nombre varie suivant les espèces.

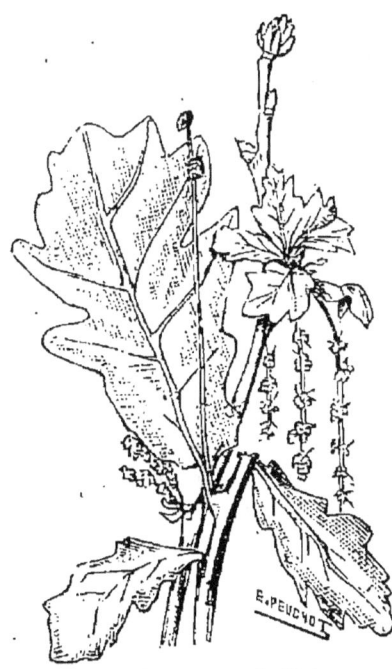

Fig. 502. — Un rameau de Chêne, avec feuilles et fleurs.

Les fleurs femelles sont aussi groupées en chatons simples, contenant un petit nombre de fleurs et affectant, par suite, une forme globuleuse. Chaque fleur, protégée à sa base par deux bractées latérales, est enveloppée par un calice formé de six sépales concrescents avec le pistil dans toute la longueur de l'ovaire, et se prolongeant autour de la base du style en autant de petites dents rudimentaires. L'ovaire est creusé de trois loges dont chacune contient deux ovules; il

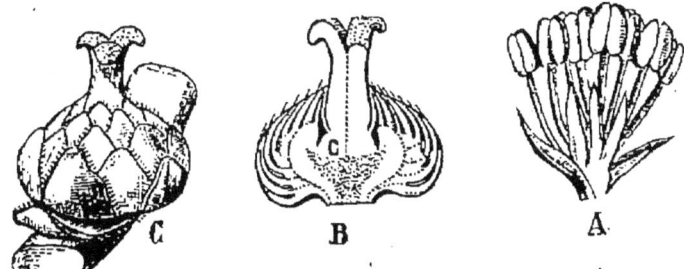

Fig. 503. — Fleurs de Chêne. — **A**, fleur mâle; C, fleur femelle, entière; B, la même, coupée longitudinalement.

est surmonté d'un style à trois branches. Après la fécondation, un seul des ovules se développe en graine et l'ovaire devient un akène enchâssé à sa base dans une cupule formée par la concrescence des deux bractées latérales. Ce fruit est ce qu'on appelle communément le *gland* du Chêne (*fig.* 504).

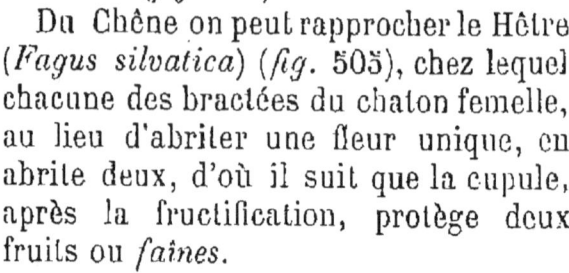

Fig. 504.
Glands de Chêne.

Du Chêne on peut rapprocher le Hêtre (*Fagus silvatica*) (*fig.* 505), chez lequel chacune des bractées du chaton femelle, au lieu d'abriter une fleur unique, en abrite deux, d'où il suit que la cupule, après la fructification, protège deux fruits ou *faines*.

Chez le Châtaignier (*Castanea vulgaris*) (*fig.* 506), la bractée protège trois fleurs et, par suite, la cupule enveloppe un groupe de trois fruits ou *châtaignes* dont un se trouve généralement comprimé par les deux autres et atteint des dimensions plus petites.

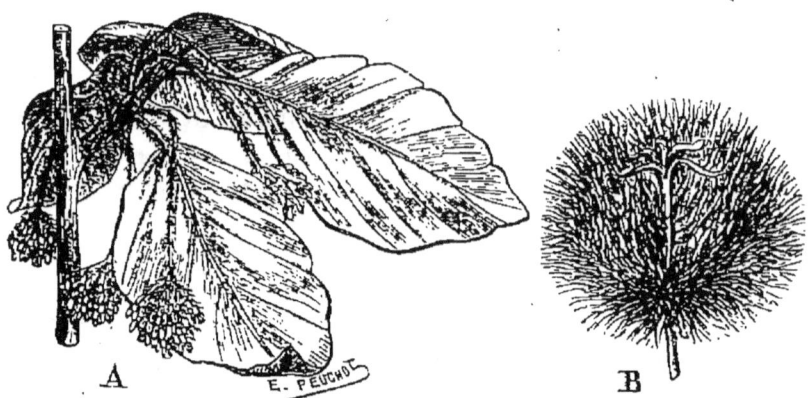

Fig. 505. — Hêtre. — A, un rameau feuillé et florifère ; B, fruit.

Le Bouleau, le Noisetier et le Chêne peuvent être considérés comme les chefs de file de trois tribus dans la famille des Cupulifères. La tribu des *Bétulées* (Bouleau) et celle des *Corylées* (Noisetier) se distinguent de la tribu des *Quercées* (Chêne) par la présence d'un seul ovule à l'intérieur de chaque carpelle. Les deux premières se distinguent l'une de l'autre par la présence ou l'absence d'une cupule : les Bétulées sont des Cupulifères sans cupule, mais

Fig. 506. — Châtaignier. — A, rameau feuillé et florifère; B, fruit.

que leur organisation générale rattache incontestablement au reste de la famille.

Cette distribution des Cupulifères entre trois tribus peut être résumée par le tableau ci-joint :

CUPULIFÈRES
- n'ayant pas de cupules.................... *Bétulées*.
- ayant une cupule
  - ayant un ovule par carpelle..... *Corylées*.
  - ayant deux ovules par carpelle .. *Quercées*.

Les Juglandées. — Au voisinage des Cupulifères on place la famille des *Juglandées*, dont le type est le Noyer (*Juglans regia*). Les Juglandées se distinguent des Cupulifères par leurs feuilles composées et dépourvues de stipules et par la nature de leur fruit, qui est une drupe. La noix fraîche est charnue et verte dans sa partie extérieure, impropre à l'alimentation, et fournissant le *brou de noix;* sa partie profonde est ligneuse : c'est un noyau que remplit une graine à cotylédons charnus et comestibles; de cette graine on peut extraire une huile dite *huile de noix.*

Résumé de la classification des Dicotylédones apétales. — Ainsi nous terminons l'étude des principales familles de Dicotylédones apétales, dont la classification peut être condensée dans le tableau suivant :

APÉTALES
- supérovariée à fleurs
  - diclines
    - ayant un périanthe. *Urticacées* ...... Urtica.
    - nues .... *Salicinées* .... Salix.
  - hermaphrodites; ovule
    - orthotrope..... *Polygonées* ...... Polygonum.
    - campylotrope.. *Chénopodiacées.* Beta.
- inférovariées....................... *Cupulifères* ..... Quercus.

§ 3. — Les Dicotylédones dialypétales.

Les Renonculacées. — Un premier type de Dicotylédones dialypétales nous sera fourni par les Renoncules (*Ranunculus*), vulgairement appelées Boutons d'or, plantes herbacées, parfois vivaces, très répandues dans les prés ou sur les bords des chemins, où elles fleurissent du printemps à l'automne (*fig.* 507).

Les feuilles des Renoncules sont alternes; leur pétiole se dilate à sa base de manière à former une gaine autour de la tige; elles sont dépourvues de stipules.

En examinant une fleur de Renoncule (*fig.* 508), on reconnaît immédiatement qu'elle est symétrique par rapport à l'axe de son pédoncule : c'est une fleur *régulière.*

Le calice comprend cinq sépales verts, distincts les uns des autres jusqu'à leurs bases : on peut les arracher successivement sans entraîner avec eux aucune autre pièce florale.

La corolle est formée de cinq pétales d'un beau jaune d'or. Chacun porte sur sa face interne, au voisinage de sa base, une sorte de languette qui détermine une fossette dans laquelle s'accumule un liquide sucré, une fossette nectarifère

Fig. 507. — Renoncule bulbeuse.

en un mot. Ces pétales, qui alternent avec les sépales, sont libres comme eux jusqu'à leurs bases : la corolle est donc bien dialypétale.

En examinant de plus près la disposition des pièces du périanthe, on peut s'assurer qu'elles sont insérées non pas sur deux verticilles concentriques, comme il semble au premier abord et comme il arrive effectivement chez beaucoup de plantes, mais sur une spirale correspondant au cycle foliaire $\frac{2}{5}$.

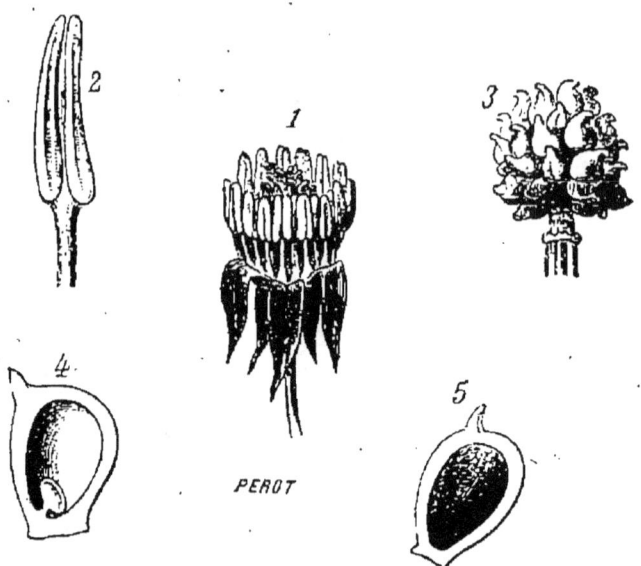

Fig. 508. — Fleur et fruit de la Renoncule. — 1, fleur dépouillée de sa corolle (on voit le calice, les étamines, le pistil); 2, étamine grossie; 3, ensemble des akènes; 4, ovaire en coupe longitudinale; 5, fruit (on a enlevé une moitié de l'enveloppe, pour faire voir la graine).

Après l'enlèvement des pétales, reste une masse centrale, proéminente, de couleur verte, le pistil, qu'entourent de

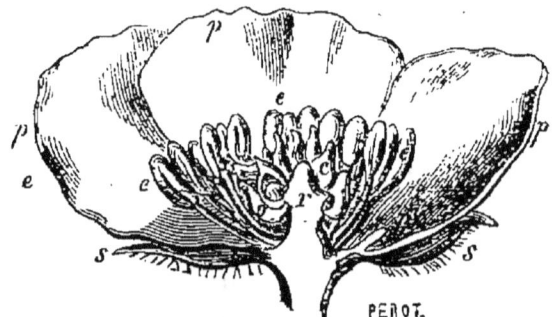

Fig. 509. — Coupe théorique d'une fleur de Renoncule. — s, sépales; p, pétales; p', écailles nectarifères; e, étamines; c, ovaires; o, ovules; r, réceptacle.

toutes parts des étamines. Le nombre de celles-ci est très variable; il est rare, en observant successivement deux fleurs de Renoncule, d'en compter le même nombre : nous dirons simplement que les étamines sont en nombre indéfini. Nous remarquerons, en même temps (*fig.* 509), qu'elles sont insérées directement sur le réceptacle floral, sans contracter aucune adhérence avec les pièces qui les entourent ou avec celles qu'elles enveloppent, ce qu'on exprime d'un mot en disant que la Renoncule est une plante *thalamiflore*. Arrivées à maturité, les étamines tournent les fentes de déhiscence de leurs anthères non pas vers l'intérieur de la fleur, mais sur les côtés ou même en dehors, et on dit pour cela qu'elles sont *extrorses* (*fig.* 510).

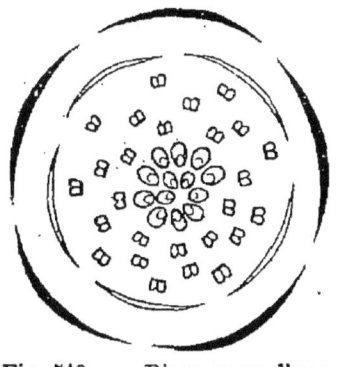

Fig. 510. — Diagramme d'une fleur de Renoncule.

Les étamines sont insérées à la surface du réceptacle, le long d'une spirale qui continue celle du périanthe.

Si nous arrachons avec précaution toutes les étamines, le pistil se montre formé d'un grand nombre de petits carpelles, groupés, au sommet bombé du réceptacle, sur une spirale qui continue celle de l'androcée et dont les tours sont rapprochés en une sorte de tête renflée. Chacun de ces carpelles, réduit à un ovaire surmonté presque immédiatement d'un stigmate, contient un seul ovule anatrope, dressé sur le fond du carpelle du côté de l'axe de la fleur ; la placentation est donc axile.

En examinant des fleurs passées, nous pourrons nous assurer qu'après la chute du périanthe et la disparition des étamines, chacun des carpelles du pistil se transforme en un akène dont la graine unique comprend un petit embryon à deux cotylédons et un albumen abondant, de consistance charnue ou cornée.

Le nombre des cotylédons, celui des pièces du périanthe, la disposition ramifiée des nervures dans les feuilles, tout s'accorde à nous prouver que la Renoncule est une Dicotylédone. L'étude de la corolle nous a fourni, de plus, la preuve qu'elle est dialypétale. A ces caractères s'ajoutent le grand nombre des étamines, indépendantes du calice et de la corolle, et leur disposition extrorse. Toutes les plantes dicotylédones dialypétales qui réunissent ces caractères plus particuliers, peuvent être rangées dans une famille dont la Renoncule est un représentant et qu'on appelle, pour ce motif, la famille des *Renonculacées*.

C'est dans la famille des Renonculacées, et tout près des Renoncules, que vient se placer la Ficaire (*Ficaria ranunculoïdes*), chez laquelle l'organisation de la fleur est moins nettement pentamère que chez les Renoncules : deux sépales offrent le même aspect que les pétales, de sorte que le calice paraît au premier abord réduit à trois sépales, tandis que la corolle semble comprendre sept pétales. La tige de la Ficaire porte latéralement de petits bourgeons dont chacun est muni d'une racine adventive renflée en une sorte de tubercule qui accumule dans ses cellules une abondante réserve d'amidon; ces petits tubercules, de forme arrondie, de couleur blanche, auxquels on donne le nom de *bulbilles*, peuvent se détacher de la tige, tomber sur le sol et, s'ils y trouvent des conditions favorables, se développer en autant de plantes nouvelles, semblables à la première : c'est une sorte de bouturage naturel.

Les Anémones (*Anemone*) et les Clématites (*Clematis*) ont leurs fleurs organisées à peu près sur le même type que les Renoncules, avec cette différence que les pétales y font entièrement défaut.

Chez les Clématites, par exemple, le périanthe se réduit à quatre sépales disposés en croix (*fig.* 511); le pistil est formé, comme chez les Renoncules, par un grand nombre de carpelles uniovulés dont chacun se transforme, après la fécondation, en un akène; mais le style persiste, s'accroît, se couvre de poils nombreux et forme au sommet de l'akène une sorte de longue plume qui donne aux fruits de la Clématite un aspect tout à fait caractéristique (*fig.* 512). — Les Clématites sont des arbris-

Fig. 511.
Fleur de Clématite.

seaux à feuilles opposées, souvent grimpants par leurs pétioles, qui s'enroulent autour des supports.

Chez les Anémones (*fig.* 513), le calice est formé de pièces pétaloïdes colorées de teintes vives; au-dessous de lui, trois feuilles spéciales sont groupées en un verticille qu'on appelle un *involucre*: chez certaines espèces, comme *Anemone hepatica*, cet involucre prend l'aspect d'un calice. Les carpelles des Anémones forment, après la fécondation, des akènes qui ressemblent parfois à ceux des Renoncules (*Anemone nemorosa*) ou encore à ceux des Clématites (*Anemone pulsatilla*).

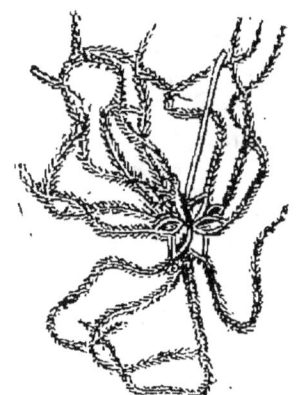

Fig. 512.
Fruits de la Clématite.

Chez les Hellébores, les Ancolies, les Nigelles, les Aconits, les Dauphinelles, on retrouve encore les caractères essentiels des Renonculacées (étamines nombreuses, indépendantes du calice et extrorses); mais le pistil ne comprend qu'un petit nombre de carpelles qui, par contre, renferment un grand nombre d'ovules; ces carpelles, ordinairement au nombre de trois ou de cinq, sont groupés symétriquement autour de l'axe et se transforment à la maturité en autant de follicules. D'ailleurs, l'aspect du périanthe de ces plantes diffère souvent beaucoup de celui

Fig. 513. — Une Anémone (*Anemone nemorosa*).

que nous a montré la fleur d'une Renoncule. C'est ainsi que, chez les Hellébores (*Helleborus*), les pétales, dont le nombre varie entre cinq et vingt, présentent la forme de petits cornets insérés par leurs sommets sur le réceptacle floral : on peut considérer chaque cornet comme équivalent à la fossette nectarifère d'un pétale de Renoncule dont le limbe aurait avorté. Chez les Ancolies (*Aquilegia*) (*fig.* 514), chacun des cinq pétales se prolonge à sa partie inférieure par un éperon creux dans lequel s'accumule un liquide sucré. Chez les Nigelles (*Nigella*), les pétales, au nombre de cinq à huit,

Fig. 514. — Une fleur d'Ancolie.

plus courts que les sépales, colorés comme eux, semblent réduits à la fossette nectarifère des pétales de Renoncules. Chez les Aconits (*Aconitum*) (*fig.* 515), le périanthe ne présente plus qu'un plan de symétrie, qui détermine dans la fleur une droite et une gauche : la fleur est zygomorphe; il faut remarquer, d'ailleurs, que le périanthe est presque entièrement formé par le calice : sur les cinq pétales qui composent la corolle, les deux supérieurs sont très déliés à leurs bases et se terminent à leurs sommets par des renflements nectarifères; les trois inférieurs sont à peu près avortés et souvent transformés en étamines. Chez les Dauphinelles ou Pieds d'Alouette (*Delphinium*), la fleur est encore zygomorphe; de plus, le sépale supérieur se soude avec les deux pétales voisins de manière à former un éperon creux et nectarifère qui se prolonge au-dessous de la fleur.

Fig. 515. — Aconit.

Chez les Pivoines (*Pæonia*) (*fig.* 516), l'organisation florale, avec un petit nombre de carpelles pluriovulés, se transformant en follicules presque charnus après la fécondation, rappelle ce que nous avons observé dans la série précédente ; mais la déhiscence des anthères, au lieu d'être extrorse ou même latérale, est presque introrse.

Par ces quelques exemples, on voit que la famille des Renonculacées renferme un grand nombre de types assez différents au premier abord : on dit, pour ce motif, que c'est une famille *polytype* ou encore *hétérogène*. Ce qui varie surtout chez les Renonculacées, c'est l'organisation du pistil et, par suite, celle du fruit, l'organisation du périanthe, le mode de symétrie de la fleur. Ces variations permettent d'établir dans cette famille quatre tribus principales, dont les caractères sont résumés dans le tableau suivant :

Fig. 516. — Follicules de Pivoine.

FAMILLE				TRIBUS	EXEMPLES
RENONCULACÉES	à anthères plus ou moins extrorses	carpelles nombreux et uniovulés	une corolle....	Renonculées.	Renoncule
			pas de corolle..	Clématitées.	Clématite.
		carpelle peu nombreux et multiovulés.		Helléborées.	Hellébore.
	à anthères presque introrses........			Pæoniées....	Pivoine.

43

Mais, entre les quatre tribus ainsi définies, il est aisé de trouver des formes intermédiaires, qui permettent d'établir un enchaînement continu entre les types si divers de la famille des Renonculacées.

Les caractères communs que présentent tous ces types et qui peuvent servir de définition à la famille sont : le nombre indéfini des étamines, leur insertion sur le réceptacle floral et leur déhiscence ordinairement extrorse.

La plupart des Renonculacées sont plus ou moins vénéneuses : leur appareil végétatif contient divers alcaloïdes, qu'on a isolés sous les noms d'*aconitine, anémonine, helléborine*, etc. Beaucoup d'entre elles sont cultivées dans les jardins, où elles sont susceptibles de fournir des fleurs doubles.

Familles voisines. — On place généralement au voisinage des Renonculacées la famille des *Berbéridées*, qui contient l'Epine-Vinette (*Berberis vulgaris*), et celle des *Nymphéacées*, qui contient les Nénuphars à fleurs blanches (*Nymphæa alba*) et à fleurs jaunes (*Nuphar luteum*) : dans cette famille, les étamines sont encore nombreuses et passent insensiblement aux pétales.

Les Malvacées. — Un second type de Dicotylédones dialypétales nous sera offert par la famille des *Malvacées*. Comme celle des Renonculacées, cette famille offre un grand nombre de types assez différents : nous n'en étudierons qu'un seul, commun dans nos régions ; il nous sera fourni par le genre Mauve (*Malva*) (*fig.* 517 et 518).

Au-dessous du calice, on remarque un premier verticille formé de petites feuilles vertes, au nombre de trois dans la Mauve à feuilles rondes (*Malva rotundifolia*) : c'est un *calicule*.

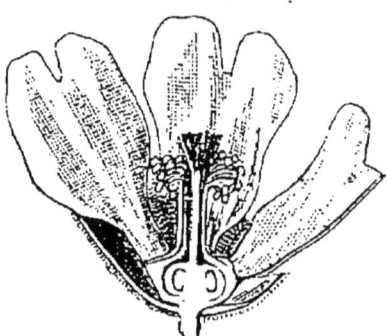

Fig. 517. — Coupe longitudinale d'une fleur de Mauve.

Le calice est formé de cinq sépales concrescents. La corolle comprend cinq pétales, concrescents par leurs parties inférieures, de telle sorte que toute la corolle peut être arrachée d'un seul coup : elle se présente, par suite, avec les caractères d'une corolle gamopétale.

Les étamines forment un verticille unique, opposé aux pétales ; mais chacune d'elles ramifie son filet dans la direction d'un rayon du diagramme floral et chacun des rameaux ainsi formés se bifurque dans le sens tangentiel, de telle sorte que les anthères, dont le nombre est ainsi considérablement accru et dont la forme rappelle celle d'un rein, se disposent, en face des pétales, suivant deux rangées qui convergent vers l'axe de la fleur. De plus, toutes les étamines sont concrescentes à leurs bases par leurs filets et forment

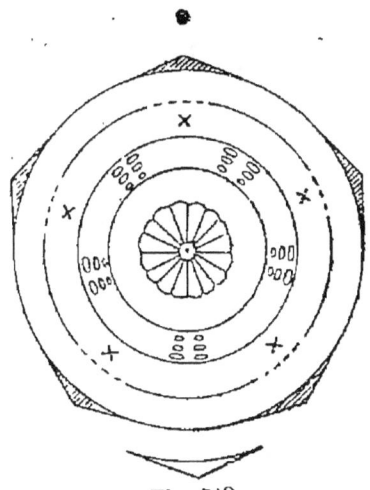

Fig. 518.
Diagramme des Malvacées.

autour du pistil une sorte de tube continu (*fig.* 519) : elles affectent ainsi la disposition qu'on appelle *monadelphe* en botanique descriptive.

Chez d'autres Malvacées, aux étamines que possède la Mauve et qui sont opposées aux pétales ou, comme on dit, *épipétales*, s'ajoute un verticille d'étamines opposées aux sépales ou *épisépales* : l'androcée des Malvacées comprend normalement dix étamines en deux verticilles alternes.

Fig. 519.
Étamines
d'une Mauve.

Le pistil est formé d'un grand nombre de carpelles, disposés en couronne autour d'un axe et dont chacun contient un seul ovule. Un style unique, résultant de la concrescence des carpelles, traverse le tube staminal et se termine au-dessus de lui par un faisceau rayonnant de stigmates, en nombre égal à celui des carpelles. A la maturité, le fruit se découpe en autant d'akènes qu'il y avait de carpelles dans le pistil (*fig.* 520). La graine contenue dans l'akène est dépourvue d'albumen.

Les feuilles sont alternes, simples, pourvues d'une nervation palmée; elles portent, à leur base, de petites stipules caduques. L'appareil végétatif tout entier est parcouru par des canaux gommeux.

C'est à la famille des Malvacées qu'appartiennent aussi la Guimauve (*Althæa officinalis*), la Rose trémière (*Althæa rosea*), le Cotonnier (*Gossypium*) (*fig.* 521), le Baobab (*Adansonia gigantea*), le Cacaoyer (*Theobroma Cacao*) (*fig.* 522), le Tilleul (*Tilia*) (*fig.* 523). Certaines Malvacées sont orne-

Fig. 520.
Fruit de la Mauve.

Fig. 521. — Branche de Cotonnier.

mentales, comme la Rose trémière. D'autres sont recherchées à cause des principes adoucissants que contiennent leurs fleurs et qui permettent d'en faire des tisanes (Mauve,

Fig. 522. — Branche de Cacaoyer.

Guimauve, Tilleul). Les poils longs qui couvrent les graines

Fig. 523.
Fleurs, bractée et feuille de Tilleul.

Fig. 524.
Graine du Cotonnier.

du Cotonnier fournissent la matière textile appelée *coton*

38.

(*fig.* 524). Les graines de *Theobroma Cacao*, dépourvues d'albumen, ont des cotylédons très riches en matière grasse (beurre de cacao), en amidon, en sucre, en tanin, en matières albuminoïdes auxquelles s'ajoute une substance tonique qu'on appelle la *théobromine* : on extrait de ces cotylédons le *cacao*, mélange complexe qu'on utilise pour la fabrication du *chocolat*.

Famille voisine. — C'est au voisinage des Malvacées qu'on place la famille des *Hypéricacées*, à laquelle appartient le Millepertuis (*Hypericum perforatum*) : ses feuilles, examinées par transparence, semblent percées d'une multitude de petites ouvertures, aspect qui justifie son nom; en réalité, les parties claires correspondent à de petites poches sécrétrices que contient le parenchyme de la feuille.

Les Euphorbiacées. — La famille des *Euphorbiacées*, avec deux cents genres et environ trois mille cinq cents espèces, tire son nom du genre Euphorbe (*Euphorbia*), qui en contient, à lui seul, plus de sept cents. Les Euphorbiacées sont des plantes à feuilles ordinairement alternes, simples, fréquemment stipulées. Leur appareil végétatif est souvent traversé par des articles laticifères indéfiniment ramifiés, qui contiennent un liquide blanc, noircissant au contact de l'air. Leurs fleurs, régulières, sont généralement dépourvues de pétales, ce qui explique que beaucoup de botanistes classent les Euphorbiacées parmi les Dicotylédones apétales; mais certains genres exotiques (*Croton, Jatropha, Phyllanthus*) sont pourvus de pétales et il paraît plus rationnel de considérer les Euphorbiacées comme des Dialypétales dont certains genres auraient perdu leur corolle par avortement.

Les fleurs sont de deux sortes, les unes mâles, les autres femelles, tantôt monoïques, tantôt dioïques. Examinons, pour fixer les idées, l'organisation florale du Ricin (*Ricinus communis*) (*fig.* 525).

C'est une plante monoïque, dont les fleurs sont groupées en grappes de cymes : les cymes inférieures de chaque grappe sont formées de fleurs mâles, les cymes supérieures de fleurs femelles, et on peut souvent observer entre elles

Fig. 525. — Une feuille et une grappe de fleurs de Ricin.

des cymes intermédiaires où quelques fleurs mâles sont groupées autour d'une fleur femelle.

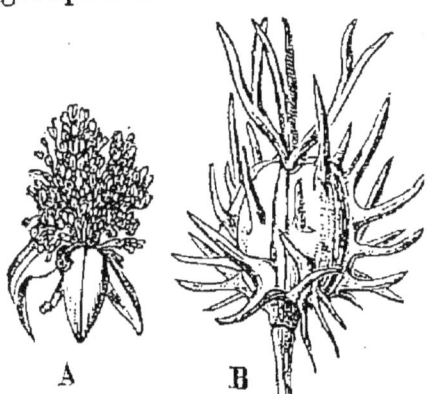

Fig. 526. — Une fleur mâle (A) et une fleur femelle (B) de Ricin.

La fleur mâle (*fig.* 526, A, et 527, 1) comprend un calice formé de cinq sépales, libres entre eux ; la corolle fait défaut ; le centre de la fleur est occupé par quelques étamines très abondamment ramifiées et dont les derniers ramuscules se terminent par des anthères à quatre sacs polliniques. L'étude des variations que présente la constitution de l'androcée chez les principaux types de la famille des Euphorbiacées, montre qu'il comprend normalement, ainsi que celui des Malvacées, deux verticilles d'étamines qui sont, de plus, fréquemment ramifiées, comme il arrive chez le Ricin.

La fleur femelle (*fig.* 526, B, et 527, 2) comprend un calice formé de trois sépales libres entre eux; l'ovaire, creusé de trois loges dont chacune contient un seul ovule, anatrope et pendant, à placentation axile, est surmonté d'un style court, qui se divise en autant de branches bifurquées qu'il y a de carpelles; les extrémités de ces branches sont occupées par les stigmates. Le fruit est une capsule, qui met en liberté des graines volumineuses, pourvues d'un albumen oléagineux et dont le tégument se renfle autour du micropyle en une *caroncule*.

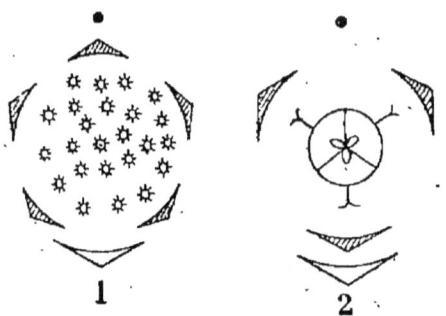

Fig. 527. — Diagramme d'une fleur mâle (1) et d'une fleur femelle (2) de Ricin.

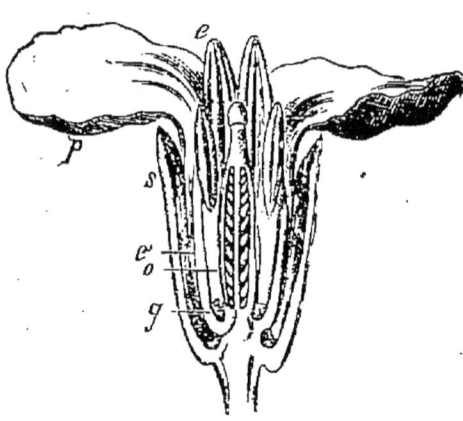

Fig. 528.
Coupe longitudinale d'une fleur de Giroflée.

Plusieurs arbres à caoutchouc (*Hevea, Manihot*) sont des Euphorbiacées américaines.

Famille voisine. — On peut placer près des Euphorbiacées la petite famille des *Buxées*, qui renferme le Buis (*Buxus*).

Les Crucifères. — La famille des *Crucifères*, au rebours de celle des Renonculacées, est une famille *monotype* ou *homogène;* c'est-à-dire que toutes les plantes qu'elle renferme présentent, dans leur organisation, de grandes ressemblances, si bien qu'il suffit d'en étudier une seule pour connaître les caractères généraux de toutes les autres. On a dit que c'était moins une famille qu'un « grand genre ».

LES CRUCIFÈRES.

Prenons pour type de la famille des Crucifères la Giroflée sauvage (*Cheiranthus Cheiri*) (*fig.* 528 et 529).

La fleur a des enveloppes à peu près régulières.

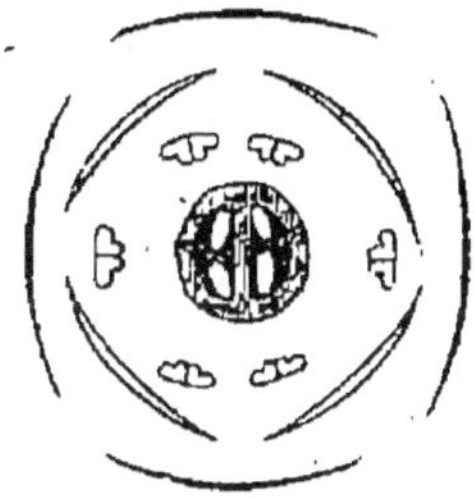

Le calice est formé de quatre sépales violacés, libres entre eux et légèrement inégaux : les deux latéraux sont insérés un peu plus bas que les deux autres et sont bombés ou, comme on dit, *bossus* à leur base.

Fig. 529. — Diagramme d'une fleur de Giroflée.

La corolle est formée de quatre pétales, égaux et libres entre eux ; ils s'étalent en croix à l'extérieur du calice, ce qui justifie le nom de *Crucifères*, tandis que leurs extrémités inférieures, effilées, qu'on appelle les *onglets*, vont s'attacher au fond de la fleur et forment, en se juxtaposant, une sorte de tube.

L'androcée (*fig.* 530) comprend six étamines inégales. Quatre étamines, longues et opposées, deux par deux, aux sépales antérieur et postérieur, viennent montrer leurs anthères à l'entrée du tube de la corolle. Les deux autres, fixées

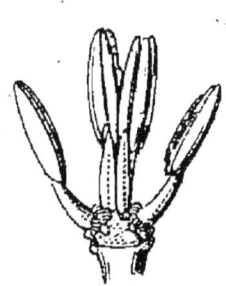

Fig. 530. — Étamines de la Giroflée.

un peu plus bas et opposées aux deux sépales latéraux, paraissent plus courtes à cause de leur mode d'insertion et aussi parce que leurs filets sont effectivement plus courts que ceux des quatre premières. A cause de cette constante inégalité, les six étamines des Crucifères sont dites *tétradynames*. On a tenté d'expliquer de diverses façons cette disposition de l'androcée. On peut admettre, par exemple, qu'il est formé de deux verticilles concentriques, comprenant chacun deux étamines, et que le verticille le plus interne, inséré le plus haut et opposé aux sépales antéro-postérieurs, a subi un dédoublement tangentiel : les quatre étamines résultant de ce dédoublement se développeraient plus que celles du verticille externe.

Le pistil, de forme allongée, se réduit presque à l'ovaire,

que surmonte, après un léger étranglement correspondant au style, un stigmate à deux lobes. Si on fait une coupe transversale de l'ovaire (*fig.* 531), on voit qu'il résulte de la concrescence de deux carpelles latéraux, unis suivant la placentation pariétale : deux doubles rangées d'ovules campylotropes et pendants, correspondant aux sutures des carpelles, se regardent à l'intérieur de l'ovaire commun ; les stigmates sont placés non pas au-dessus des milieux des carpelles, comme on serait tenté de le supposer, mais au-dessus des placentas, ce qu'on peut s'expliquer en admettant que le stigmate de chaque carpelle a subi un dédoublement et que les demi-stigmates résultant de cette division sont venus s'unir deux à deux au-dessus des limites de séparation des deux carpelles. Ce qui pourrait, au premier abord, tromper sur la nature réelle du pistil, c'est que l'ovaire commun est partagé, d'un bout à l'autre, en deux loges par une cloison longitudinale supplémentaire, qui s'insère entre les deux placentas de chaque groupe et sépare les deux carpelles.

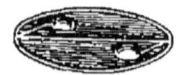

Fig. 531. — Coupe transversale d'une silique avant sa déhiscence.

Le fruit qui succède au pistil possède un péricarpe sec et déhiscent. Il s'ouvre à la maturité par quatre fentes, groupées deux par deux, de chaque côté de chacune des doubles rangées de graines (*fig.* 532) ; ces fentes découpent de bas en haut, sur les deux faces opposées du fruit, deux longues valves. Celles-ci se relèvent peu à peu, puis se détachent et tombent,

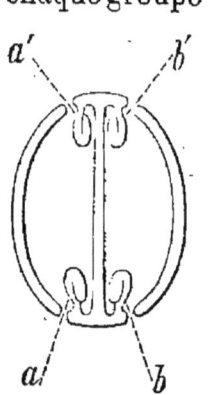

Fig. 532. — Coupe transversale et schématique d'une silique au moment de sa déhiscence.

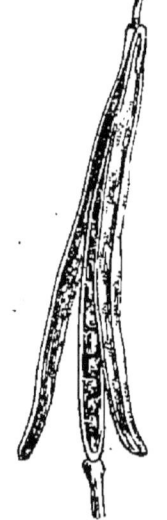

Fig. 533. Silique déhiscente.

laissant dans le prolongement du pédoncule floral une sorte de cadre chargé sur ses bords de graines qui se détachent à leur tour. Un tel fruit a reçu le nom de *silique* (*fig.* 533).

LES CRUCIFÈRES.

Les graines sont dépourvues d'albumen; leur embryon est courbé sous le tégument et ce sont les cotylédons qui renferment toute la réserve nutritive nécessaire à la germination.

Les feuilles de la Giroflée sont alternes et sa racine est pivotante.

Fleurs organisées suivant le type tétramère, corolle formée de quatre pétales étalés en croix, six étamines tétradynames, deux carpelles ouverts, silique : tels sont les caractères essentiels des Crucifères.

C'est à la famille des Crucifères qu'appartiennent : le Chou (*Brassica oleracea*); — la Moutarde (*Sinapis alba* et *S. nigra*); — le Cresson (*Nasturtium officinale*); — le Radis (*Raphanus sativus*), dont la silique prend à la maturité une forme de chapelet et se divise ensuite en articles indéhis-

Fig. 534. — Un fruit de Radis.

cents dont chacun contient une graine (*fig.* 534); — la Bourse à pasteur (*Capsella bursa pastoris*), très commune du printemps à l'automne le long des chemins secs et sur les murs, où on peut remarquer ses siliques très courtes ou *silicules*, en forme de cœurs aplatis (*fig.* 535); — les Ibérides (*Iberis*), dont la corolle est irrégulière (les deux pétales inférieurs se développant plus que les deux autres), etc.

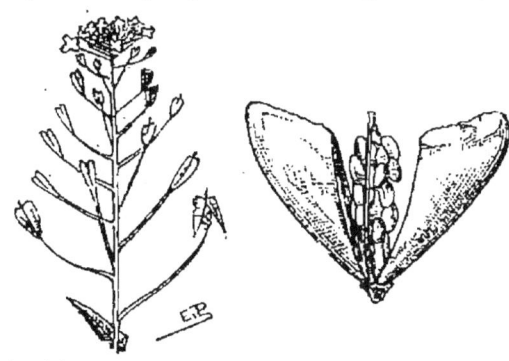

Fig. 535. — Une grappe de *Capsella bursa pastoris*. — A droite, un fruit plus grossi.

Beaucoup de Crucifères sont cultivées pour leurs feuilles comestibles : tels sont le Chou et ses diverses variétés, le

Cresson, le Passerage ou Cresson alénois (*Lapidium sativum*). Quelques Crucifères sont recherchées pour leurs racines tuberculeuses : le Radis, le Chou-Navet, le Chou-Rave, etc. D'autres fournissent à l'industrie l'huile qu'on peut retirer, par pression, des cellules de leur embryon : tels sont le Colza, qui est une variété de Chou (*Brassica campestris*, variété *oleifera*), la Navette (*Brassica Napus*, variété *oleifera*), la Caméline (*Camelina sativa*). Dans le Chou-fleur, c'est l'inflorescence, hypertrophiée et gorgée de matières de réserve, qui devient comestible. Une Crucifère, le Pastel (*Isatis tinctoria*), fournit une matière colorante. Quelques Crucifères sont ornementales, par exemple les Giroflées et les Ibérides. Toutes renferment en proportion variable une substance irritante qui est utilisée dans les graines de Moutarde pour la confection des sinapismes. L'essence de Moutarde, qui est un cyanosulfure d'allyle, n'existe pas toute formée dans la graine de Moutarde noire, d'où on l'extrait; ce n'est qu'en pulvérisant les graines et les mélangeant à l'eau qu'on voit se former l'essence de Moutarde : un ferment soluble, la myrosine, agissant sur un glucoside salin, le myronate de potasse, que contient le parenchyme de la graine, donne naissance à du sulfate acide de potasse, à du sucre de glucose et à de l'essence de Moutarde. Le ferment et le glucoside, dont la réaction provoque la formation de l'essence de Moutarde, sont localisés dans des cellules différentes à l'intérieur du corps de l'embryon : on s'explique ainsi que l'essence de Moutarde n'y soit pas préformée et qu'elle ne puisse se développer qu'après la destruction des tissus de l'embryon, qui a pour effet de mettre en présence les principes actifs nécessaires à sa formation.

Les Papavéracées. — Une famille moins homogène que celle des Crucifères est celle des *Papavéracées*, plantes herbacées qu'on peut grouper autour du genre Pavot (en latin *Papaver*). Le Coquelicot (*Papaver Rhæas*) (*fig.* 536 et 537) peut nous servir d'exemple pour l'étude de cette famille.

LES PAPAVÉRACÉES.   685

Une fleur épanouie de Coquelicot montre un périanthe formé de quatre grands pétales rouges. Nulle trace de calice. Mais il suffit de l'examiner lorsqu'elle est encore à l'état de bouton pour voir qu'elle est protégée par deux sépales verts, l'un antérieur, l'autre postérieur, étroitement rapprochés. Aussitôt que la fleur

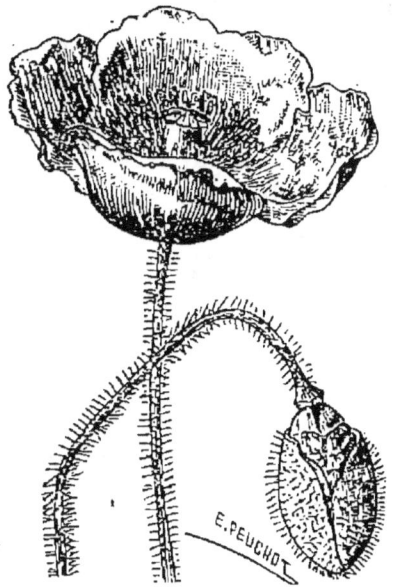

Fig. 536. — Une fleur et un bouton de Coquelicot.

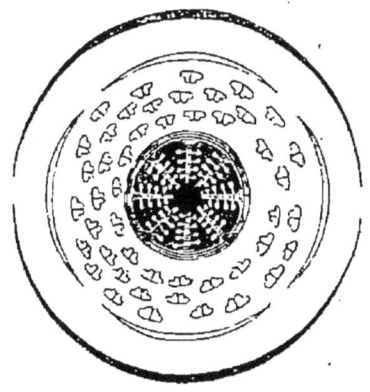

Fig. 537. — Diagramme d'une fleur de Coquelicot.

commence à s'épanouir, ces deux sépales se détachent du réceptacle et s'écartent à partir de leur base, formant à la corolle chiffonnée une sorte de capuchon qui tombe bientôt; on dit, en un mot, qu'ils sont *caducs*.

Autour du pistil sont groupées de nombreuses étamines à anthères noirâtres, quand elles sont mûres, et dont la déhiscence est extrorse ou latérale (*fig.* 538).

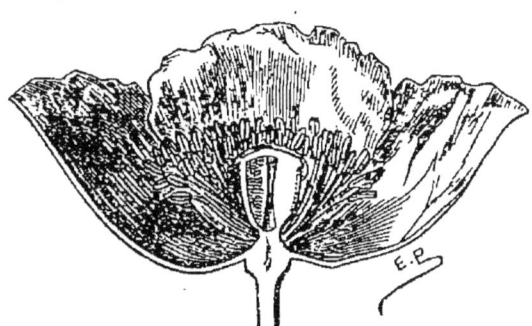

Fig. 538 — Coupe longitudinale d'une fleur de Coquelicot.

Si, avec De Candolle, on rattache à la famille des Papavé-

DAG. — COURS ÉLÉM. DE BOT.   39

racées le petit groupe des *Fumariacées* (Fumeterre, Corydalle, Dicentre), dont la fleur possède deux étamines latérales et trifurquées, on peut admettre que l'androcée des Papavéracées comporte théoriquement deux verticilles binaires dont le plus interne avorte chez les Fumariacées et dont les étamines sont susceptibles de se ramifier plus ou moins abondamment.

Le pistil a l'aspect d'une urne, formée par l'ovaire, que recouvre une sorte de plateau. En faisant une coupe transversale de l'ovaire, on peut s'assurer qu'il résulte de la concrescence d'un assez grand nombre de carpelles ouverts. Des cloisons nombreuses et incomplètes, correspondant aux nervures principales des carpelles, convergent vers l'axe de la cavité commune et portent de nombreux ovules sur leurs deux faces parallèles : c'est encore, comme chez les Crucifères, une placentation pariétale. Le plateau qui surmonte l'ovaire n'est pas autre chose que le résultat de la concrescence des stigmates : leur nombre est égal à celui des carpelles ; ils sont exactement superposés aux placentas.

Fig. 539.
Fruit du Coquelicot.

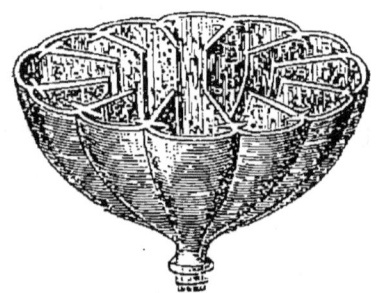

Fig. 540. — Capsule de Pavot coupée transversalement pour montrer les placentas pariétaux, portant les traces des points d'attache des graines.

Le fruit est une capsule, qui garde, avec des dimensions plus grandes, la forme du pistil (*fig.* 539 et 540) ; elle s'ouvre à la maturité par une série de petits orifices, disposés en couronne au-dessous du plateau stigmatique ; il suffit alors d'agiter la capsule pour voir les graines sortir en grand nombre par ces orifices. Ces graines renferment un albumen charnu et oléagineux.

C'est encore à la famille des Papavéracées qu'appartient la Chélidoine ou Grande Eclaire (*Chelidonium majus*), plante à fleurs jaunes, très commune sur les décombres et dans les lieux incultes. Ses quatre pétales, disposées en croix, et son fruit, qui est une silique, la rapprochent des Crucifères. C'est qu'en effet son pistil est formé de deux carpelles latéraux, concrescents par leurs bords, caractère qu'on rencontre chez beaucoup d'autres plantes de la famille des Papavéracées. On distinguera toujours aisément la Chélidoine des Crucifères par le nombre très grand de ses étamines. On la reconnaît d'ailleurs facilement, même en l'absence de ses fleurs, au suc jaune que laissent échapper, quand on les brise, ses tiges et ses feuilles.

Une variété du Pavot somnifère à graines noires est cultivée pour ses graines, dont l'albumen fournit une huile, dite *huile d'œillette*. C'est d'une autre variété, à graines blanches, qu'on tire l'*opium* : pour cela on pratique sur la capsule, avant sa maturité, des incisions par lesquelles coule un liquide épais, se solidifiant en grosses larmes ; de ce liquide on extrait divers alcaloïdes, tels que la morphine, la codéine, etc., que la médecine emploie à petites doses.

On peut résumer les caractères essentiels des Papavéracées en disant que ce sont des Dicotylédones dialypétales dont les étamines sont généralement nombreuses et extrorses, les carpelles ouverts, la placentation pariétale et la fleur organisée d'après le type dimère.

Familles voisines. — La placentation est encore pariétale chez les *Violacées*, comme les diverses espèces de Violettes (Violette ordinaire, Pensée, etc.), dont la corolle est irrégulière et prolongée par un éperon creux à la partie inférieure de la fleur ; — chez les *Résédacées* (Réséda), etc.

Résumé. — La ramification plus ou moins abondante des étamines, qui composent théoriquement un androcée en deux verticilles, est un caractère qui se rencontre à la fois chez les Malvacées, les Euphorbiacées, les Crucifères et les Papavéracées.

Les Caryophyllées. — C'est à un groupe tout différent qu'appartient la famille des *Caryophyllées*, plantes herbacées, dont l'OEillet peut servir d'exemple.

La fleur de l'OEillet est une fleur régulière (*fig.* 541).

Son calice est formé de cinq sépales concrescents en un tube dont le bord supérieur porte cinq dents. Au-dessous du calice on remarque une enveloppe supplémentaire, qui offre

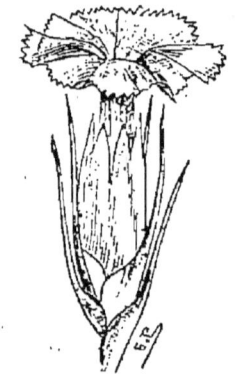 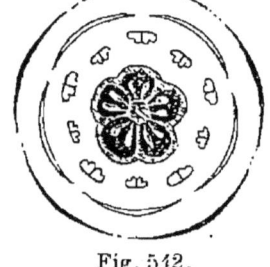

Fig. 541 — Une fleur d'OEillet. Fig. 542. Diagramme d'une Caryophyllée.

l'aspect d'un calice plus petit : c'est ce qu'on appelle le *calicule*. Mais cette disposition est spéciale à l'OEillet : elle n'existe pas chez la plupart des Caryophyllées. Certaines d'entre elles ont, d'ailleurs, un calice dialysépale.

La corolle, séparée du calice par un entre-nœud assez

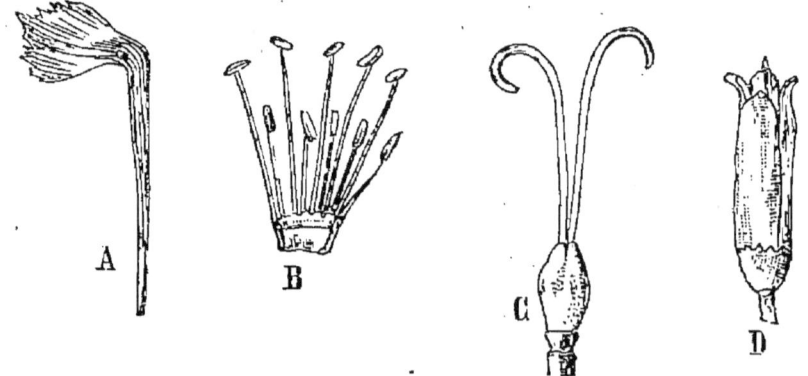

Fig. 543. — Pièces isolées d'une fleur d'OEillet. — A, un pétale; B, androcée; C, pistil; D, fruit.

long, comprend cinq pétales, qui s'attachent sur le réceptacle par des onglets et qui s'étalent à leurs parties supérieures (*fig.* 543, A). Vers le sommet de l'onglet, le limbe du pétale porte sur sa face interne une sorte de languette : c'est encore là un caractère spécial à l'OEillet et à quelques autres genres de Caryophyllées : il n'est pas général dans l'ensemble de la famille.

Viennent ensuite dix étamines simples et disposées sur deux verticilles concentriques (*fig.* 543, B) : les cinq étamines du premier verticille sont opposées aux sépales ; celles du second aux pétales. Quelquefois le second verticille avorte, plus rarement le premier ; il peut se faire que le nombre des étamines se réduise à quatre ou même à deux.

Le pistil (*fig.* 543, C) comprend un ovaire arrondi et massif, que surmontent deux styles recourbés en dehors à leurs extrémités stigmatifères. Coupé transversalement, l'ovaire mûr d'une Caryophyllée ne montre aucune cloison interne : son axe est occupé par une sorte de colonne à laquelle sont fixés de nombreux ovules campylotropes. Cette placentation est souvent qualifiée de *centrale*; en réalité, si on suit le développement de l'ovaire, on peut constater (*fig.* 544) qu'il possède d'abord une placentation axile, mais que les cloisons de séparation des loges se détruisent plus tard et disparaissent, abandonnant les placentas sur l'axe du pistil. Le nombre des carpelles qui composent ce dernier est indiqué par le nombre des styles, libres au sommet de l'ovaire commun : chez l'OEillet, le nombre des carpelles est de deux ; chez d'autres Caryophyllées, il est de trois ; il s'élève fréquemment jusqu'à cinq.

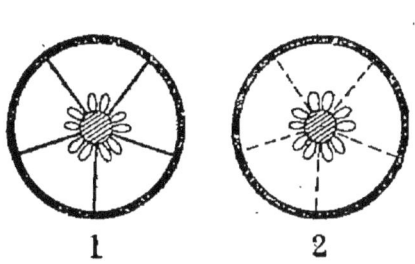

Fig. 544. — Coupes transversales et théoriques dans un ovaire de Caryophyllée : 1, avant la résorption des cloisons ; 2, après leur résorption.

Le fruit (*fig.* 543, D) est une capsule qui, à la maturité, divise son péricarpe en un certain nombre de valves qui forment des dents autour d'une ouverture terminale. Les graines contiennent un albumen amylacé. Chez la plupart des Caryophyllées, cet albumen est enveloppé par l'embryon, qui emprunte à la nature campylotrope de l'ovule une forme recourbée; chez l'Œillet, toutefois, l'embryon est droit.

Les feuilles des Caryophyllées sont opposées, simples et entières, dépourvues généralement de stipules; la tige est ordinairement renflée au niveau des nœuds, ce qui lui donne un aspect très caractéristique.

Les rapports que contractent entre elles les pièces du calice, ainsi que le nombre des carpelles, varient d'un genre à l'autre chez les Caryophyllées. Cinq sépales; — cinq pétales; — dix étamines formant deux verticilles; — styles libres au-dessus d'un ovaire commun, résultant de la concrescence des carpelles; — placentation faussement centrale; — feuilles opposées; — tige renflée aux nœuds : tels sont, par conséquent, les caractères généraux des Caryophyllées.

La constitution du calice permet de distinguer, parmi les Caryophyllées de nos pays, deux tribus principales.

A la tribu des *Silénées*, caractérisée par la concrescence des pièces du calice, appartiennent : les Œillets (*Dianthus*); — les Saponaires (*Saponaria*); — les *Lychnis*, parmi lesquels la Nielle des Blés (*Lychnis Githago*) (*fig.* 545), dont les graines, mêlées aux grains de Blé, peuvent communiquer à la farine des propriétés toxiques; — les Silènes (*Silene*); — les Cucubales (*Cucubalus*), dont le fruit est une baie, etc.

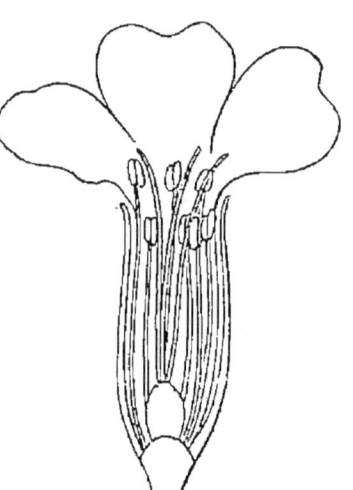

Fig. 545. — Coupe d'une fleur de Nielle des Blés.

La tribu des *Alsinées* est caractérisée par la séparation complète qui existe entre les sépales. Elle renferme les genres *Cerastium*, *Arenaria*, *Alsine*, dans lesquels les cinq pétales sont entiers ou échancrés peu profondément dans leur partie moyenne, et les Stellaires (*Stellaria*) chez lesquelles les cinq pétales, fendus jusqu'à leur base, semblent au premier abord remplacés par dix pétales étalés à la façon des rayons d'une étoile : le Mouron des Oiseaux, à fleurs blanches (*Stellaria media*), est une espèce de ce genre.

Les Rutacées. — C'est assez près de la famille des Caryophyllées, qu'il convient de placer la famille très vaste des *Rutacées*. La fleur des Rutacées présente, en effet, une organisation assez analogue à celle de la fleur des Caryophyllées : l'androcée, en particulier, comprend normalement dix étamines simples, en deux verticilles ; elle en diffère surtout par la persistance des cloisons qui séparent les carpelles dans l'ovaire commun résultant de leur concrescence. Les Rutacées sont généralement des arbustes ou des arbres, dont les feuilles sont souvent opposées et toujours dépourvues de stipules ; l'écorce de la tige et le parenchyme des feuilles sont semés de poches sécrétrices, qui renferment une huile essentielle.

Fig. 546. — Fleur de Rue, montrant les étamines qui se redressent pour la fécondation.

Les Rutacées sont recherchées précisément pour les essences qu'elles fournissent : telles sont les diverses espèces du genre *Citrus*, comme le Citronnier et l'Oranger. Quelques-unes fournissent des bois aromatiques précieux ; d'autres, des écorces fébrifuges ; les fruits de quelques espèces, comme le Citronnier et l'Oranger, sont comestibles.

Les Légumineuses. — C'est encore à la série des Dialypétales pourvues de deux verticilles d'étamines simples qu'appartient l'importante famille des *Légumineuses*. Elle comprend plusieurs sous-familles ; mais une seule, celle des *Papilionacées*, renferme des plantes qui poussent spontanément dans nos climats. Les termes de « Légumineuses » et de « Papilionacées » seront donc à peu près synonymes dans l'étude sommaire que nous allons faire de cette famille.

Prenons comme exemple de Papilionacées le Pois cultivé (*Pisum sativum*) (*fig.* 547).

Le premier caractère qui nous frappe quand nous exami-

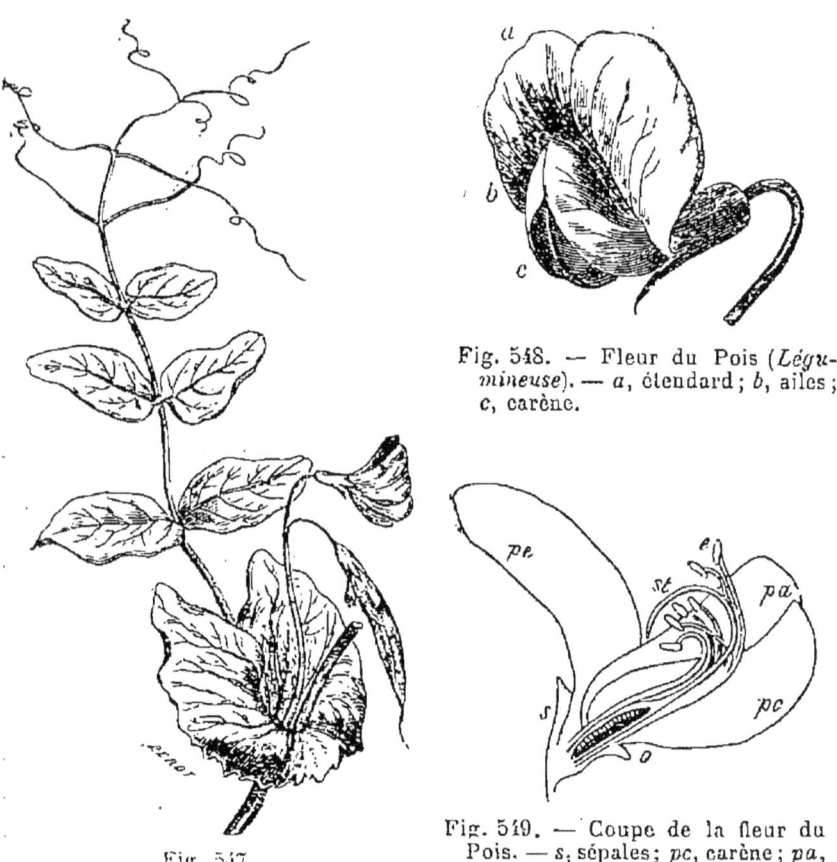

Fig. 548. — Fleur du Pois (*Légumineuse*). — *a*, étendard; *b*, ailes; *c*, carène.

Fig. 547.
Feuille du Pois, avec vrilles et stipules.

Fig. 549. — Coupe de la fleur du Pois. — *s*, sépales; *pc*, carène; *pa*, ailes; *pe*, étendard; *e*, étamines; *st*, style; *o*, ovaires.

nons une fleur de Pois (*fig.* 548, 549 et 550), c'est son irrégularité : la symétrie bilatérale y est marquée avec la plus grande netteté; c'est une fleur *zygomorphe*.

Le calice est d'une seule pièce ou gamosépale : il porte sur son bord libre cinq dents, indices de cinq sépales concrescents. Deux sépales sont placés symétriquement à la partie supérieure de la fleur ; le sépale inférieur est médian ; cette disposition indique une orientation de la fleur inverse de celle que nous avons observée jusqu'ici dans les Dicotylédones.

La corolle comprend cinq pétales libres entre eux et très inégaux. L'un d'eux, plus grand que tous les autres, s'étale à la partie supérieure de la fleur : on l'appelle l'*étendard* (en latin *vexillum*). Au-dessous de lui et sur les côtés de la fleur, deux pétales, disposés symétriquement, forment les *ailes* de la corolle. Enfin celles-ci recouvrent à leur tour deux pétales, placés symétriquement à la partie inférieure, qui viennent se toucher et même s'unir faiblement par leurs bords contigus ; comme cette disposition offre quelque ressemblance avec celle d'une quille de bateau, on donne à ce groupe des deux pétales inférieurs le nom de *carène*. L'aspect général de la corolle rappelle grossièrement celui d'un

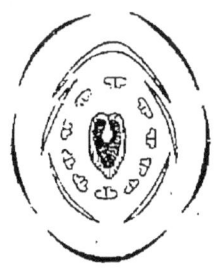

Fig. 550. Diagramme de la fleur du Pois.

insecte aux ailes déployées, d'un Papillon par exemple ; c'est ce qui justifie le nom de « Papilionacée ». A l'intérieur du bouton floral l'étendard protège les ailes, qui recouvrent à leur tour les deux moitiés de la carène ; c'est ce qu'on exprime en disant que la préfloraison est *vexillaire*.

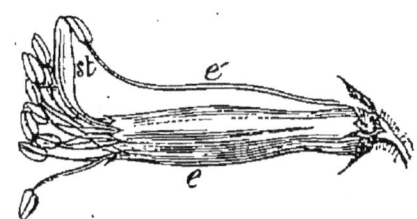

Fig. 551. — Etamines et pistil du Pois, avec le calice persistant à la base. — *e*, groupe de neuf étamines ; *e'*, dixième étamine libre ; *st*, stigmate.

L'androcée (*fig.* 551) comprend dix étamines, de longueurs sensiblement égales. On peut les considérer comme appartenant à deux verticilles concentriques, formés chacun de cinq étamines et opposés, le premier aux sépales, le second aux pétales. Mais cette disposition théorique est altérée de bonne heure par la concrescence du plus grand nombre des étamines : neuf d'entre elles s'unissent par leurs filets et forment ainsi, au-dessous du pistil, à la face inférieure de la fleur, une sorte de gouttière coudée; la dixième étamine, celle qui occupe la partie supérieure de l'androcée, reste libre et ferme à peu près l'ouverture de cette gouttière. Une telle disposition, dans laquelle les étamines sont groupées en deux faisceaux — fort inégaux, il est vrai — est qualifiée de *diadelphe*. Chez certaines Papilionacées, par exemple dans les Genêts et les Cytises, les dix filets sont concrescents et forment un tube complet autour du pistil : on dit alors que la disposition de l'androcée est *monadelphe*, comme chez les Malvacées.

Si d'une fleur de Pois on arrache successivement le calice, la corolle et l'androcée, il reste, au sommet du pédoncule, un organe vert, allongé, coudé vers son milieu comme la fleur tout entière : c'est le pistil (*fig.* 552). Sa partie inférieure, attenant au réceptacle floral, est légèrement renflée : c'est l'ovaire. Au coude qui termine l'ovaire commence un prolongement grêle, relevé vers la partie supérieure de la fleur : c'est le style. Ce dernier se termine à son sommet par une sorte de renflement en massue, couvert d'un fin duvet : c'est le stigmate. Une coupe transversale faite dans l'ovaire montre que le pistil est formé d'un carpelle unique, dont la ligne de suture est tournée vers la face supérieure de la fleur, c'est-à-dire du côté de l'axe de l'inflorescence à laquelle elle appartient; les placentas portent une double rangée d'ovules campylotropes.

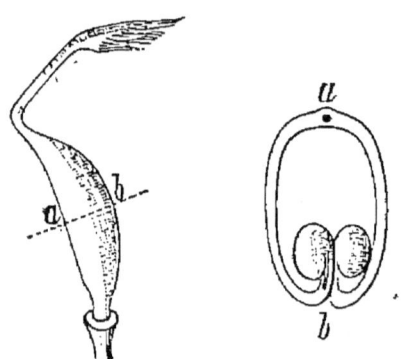

Fig. 552. — Carpelle du Pois : à gauche, entier; à droite, coupé transversalement au niveau de l'ovaire.

Le fruit qui succède à ce carpelle unique possède un péricarpe sec. A la maturité, il s'ouvre par deux fentes opposées, dont l'une sépare les deux placentas, tandis que l'autre suit la nervure médiane de la feuille carpellaire : le péricarpe est ainsi divisé tout entier en deux valves, l'une droite et l'autre gauche, qui s'écartent en entraînant chacune une rangée de graines (*fig.* 553) : celles-ci se détachent à leur tour et sont disséminées. Un tel fruit porte le nom de *gousse* ou celui de *légume;* c'est ce qui justifie le nom de « Légumineuses » donné aux plantes de la famille qui nous occupe. Avant sa déhiscence, la gousse des Légumineuses ressemble un peu à la silique des Crucifères; on voit qu'elle en diffère d'abord par son origine, puisqu'elle provient d'un seul carpelle, tandis que la silique provient d'un pistil bicarpellé, et ensuite par son mode de déhis-

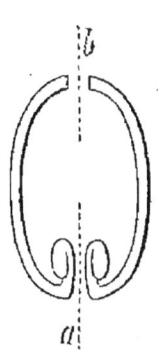
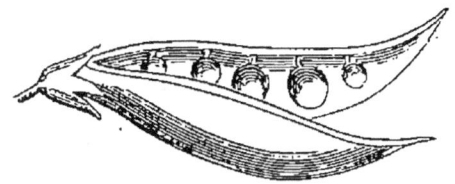

Fig. 553. — Gousse de Pois. — A gauche, coupe transversale et schématique au moment de la déhiscence; à droite, vue d'ensemble du fruit.

cence, puisqu'elle s'ouvre par deux fentes seulement, tandis que la déhiscence de la silique est due à la formation de quatre fentes.

Les graines sont dépourvues d'albumen; mais, en revanche, les deux cotylédons, volumineux et charnus, sont gorgés de réserves nutritives (amidon et aleurone).

La feuille du Pois (*fig.* 547) est composée : les folioles sont portées par un pétiole commun sur lequel elles sont fixées en deux files longitudinales, à la façon des barbes d'une plume, ce qu'on exprime en disant que ce sont des feuilles *composées pennées;* les dernières folioles sont transformées en vrilles qui fixent la plante à son support. De part et d'autre de la base du pétiole commun, on remarque deux stipules, larges et foliacées, qui s'insèrent à la fois sur la tige et sur le pétiole.

Cette description du Pois nous fournit les caractères généraux des Papilionacées : corolle papilionacée; — androcée formé de dix étamines, dont neuf au moins ont leurs filets concrescents; — gousse ou légume; — feuilles généralement composées et toujours munies de stipules. Parmi ces caractères, le seul qui soit absolument général chez toutes les tribus de la famille des Légumineuses est la constitution du fruit.

Fig. 554. — Feuille de la Gesse. — 1 et 2, vrilles; 3, folioles; 4, partie élargie du pétiole; 5, stipules.

Fig. 555. — Feuille de *Lathyrus aphaca*, avec ses stipules très développées.

Les Lentilles (*Lens*), les Vesces (*Vicia*), les Fèves (*Faba*), les Gesses (*Lathyrus*) (*fig.* 554 et 555), appartiennent à la famille des Légumineuses. Ces plantes ont à peu près la même organisation que le Pois : comme lui, elles ont une partie ou la totalité de leurs folioles transformées en vrilles; les folioles qui gardent l'aspect foliacé sont en nombre pair. L'ensemble de ces plantes constitue la tribu des *Viciées*.

Dans les Trèfles (*Trifolium*), dont les fleurs sont groupées en une grappe courte et serrée, les Luzernes (*Medicago*), qui diffèrent des Trèfles par la forme spiralée de leurs fruits (*fig.* 556), les Lotiers (*Lotus*), les Genêts (*Genista*), les Ajoncs (*Ulex*), les Cytises (*Cytisus*), les Lupins (*Lupinus*) (*fig.* 557), les *Robinia* de nos parcs et de nos jardins (*fig.* 558), improprement appelés Acacias, aucune partie de la feuille ne se transforme en vrille, et, comme l'extrémité du pétiole est toujours occupée par une foliole, le nombre des folioles est impair : il se réduit à trois chez le Trèfle. Ces plantes composent la tribu des *Lotées*.

Fig. 556. Fruit de la Luzerne.

Le Sainfoin (*Onobrychis sativa*), le Sainfoin oscillant (*Hedysarum gyrans*) et les Coronilles (*Coronilla*) se distinguent des plantes précédentes par leur fruit : il succède encore à un carpelle unique, possède aussi un péricarpe sec, mais se divise à la maturité, par une série de cloisons transversales, en articles indéhiscents qui lui donnent l'aspect d'un chapelet (*fig.* 559); puis ces articles s'égrènent, se disséminent et chacun d'eux entraîne avec lui la graine qu'il contient. C'est la tribu des *Hédysarées*.

Chez le Haricot (*Pha-*

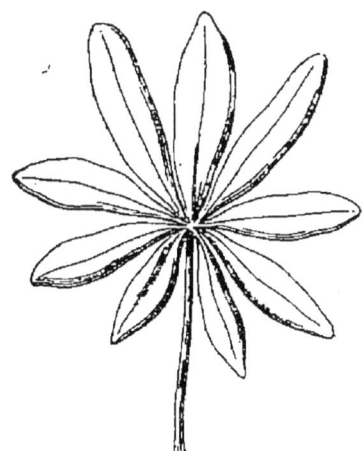
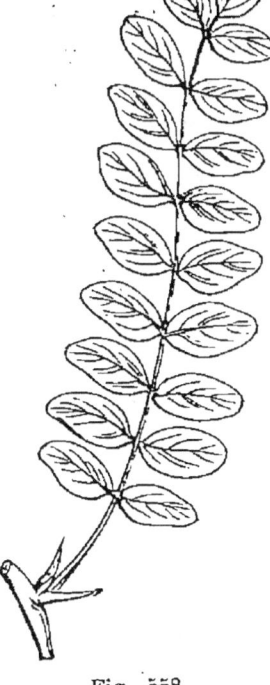
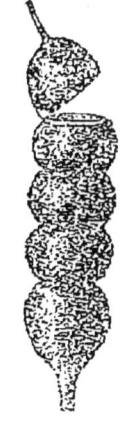

Fig. 557. — Feuille de Lupin. Fig. 558. Feuille de Robinia. Fig. 559. Fruit du Sainfoin.

seolus), le pistil est recourbé sur lui-même en spirale. Le Haricot est le type de la tribu des *Phaséolées*.

Les *Viciées*, les *Lotées*, les *Hédysarées* et les *Phaséolées* composent la sous-famille des *Papilionacées*.

Quelques mots au sujet des tribus exotiques de la famille des Légumineuses.

Chez les *Césalpiniées*, comme l'Arbre de Judée (*Cercis siliquastrum*), les Casses (*Cassia*), le Bois de Campêche (*Hematoxylon*), ce n'est pas l'étendard qui enveloppe et protège les pétales inférieurs; c'est, au contraire, la carène qui enveloppe les deux ailes, lesquelles protègent à leur tour l'étendard (*fig.* 560). On exprime cette disposition, inverse de celle que nous avons rencontrée chez les Papilionacées, en disant que la préfloraison est *carénale*. De plus, les étamines restent libres entre elles, les ovules sont anatropes et les graines souvent albuminées.

Chez les *Mimosées*, la fleur perd sa symétrie bilatérale :

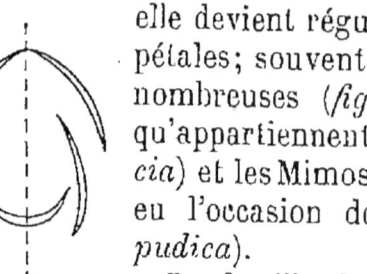

Fig. 560. — Diagramme d'une corolle de Césalpiniée.

elle devient régulière par suite de l'égalité des pétales; souvent, d'ailleurs, les étamines sont nombreuses (*fig.* 561). C'est à cette tribu qu'appartiennent les véritables Acacias (*Acacia*) et les Mimosas, parmi lesquels nous avons eu l'occasion de citer la Sensitive (*Mimosa pudica*).

La famille des Légumineuses est une des plus importantes en agriculture. Le Trèfle, la Luzerne, le Sainfoin, etc., sont cultivés, dans les prairies artificielles, pour servir de fourrage aux bestiaux. Le Pois, la Lentille, la Fève, le Haricot sont recherchés pour l'alimentation humaine à cause des substances éminemment nutritives que contiennent leurs graines. Dans le Haricot, c'est quelquefois le fruit tout entier qui est livré à la consommation avant sa maturité (Haricot vert).

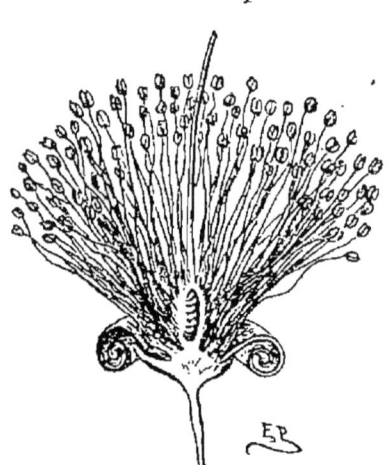

Fig. 561. — Une fleur de Mimosée, en coupe longitudinale.

Mais les Légumineuses offrent à l'agriculture un intérêt plus général : elles jouent, dans l'ensemble de l'économie végétale, un rôle sur lequel nous avons longuement insisté (p. 429) et qu'il suffit de rappeler ici en disant que ce sont des *plantes améliorantes*, qui jouissent, grâce à la présence de Bactéries dans les nodosités de leurs racines, de la propriété d'enrichir le sol en azote.

Rosacées. — Avec les Rosacées, nous retrouvons une

LES ROSACÉES.   699

famille polytype ou hétérogène, comme celle des Renonculacées. Prenons pour exemple de Rosacées le Fraisier (*Fragaria vesca*).

Une fleur de Fraisier (*fig.* 562 et 563) est régulière.

Les sépales, libres entre eux et au nombre de cinq, sont protégés extérieurement par un calice supplémentaire ou *calicule*. On admet généralement que chacune des pièces de ce calicule est due à la concrescence de deux stipules appartenant aux deux sépales voisins.

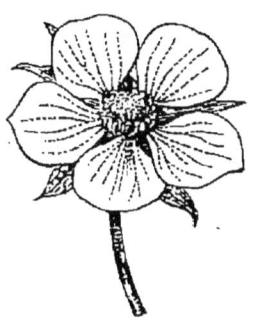

Fig. 562.
Fleur du Fraisier.

Cinq pétales blancs, étroits à leur base, alternent avec les sépales.

Des étamines, au nombre de vingt, libres entre elles jusqu'à leurs bases, entourent le pistil. Si on détermine rigoureusement le mode d'insertion de ces étamines, on voit qu'elles sont distribuées sur trois verticilles concentriques, dont le plus externe comprend dix étamines, groupées deux par deux en face des sépales, tandis que chacun des verticilles internes n'en comprend que cinq, opposées soit aux pétales, soit aux sépales. De ces trois verticilles, ceux qui existent le plus constamment chez toutes les Rosacées sont les deux verticilles externes et il existe, dans cette famille, quelques types chez lesquels chacun des groupes de deux étamines opposés aux sépales, dans le verticille externe, est remplacé par une étamine unique.

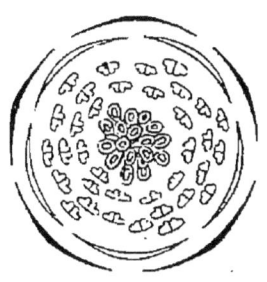

Fig. 563. — Diagramme de la fleur du Fraisier.

On peut donc considérer les dix étamines que renferme ce verticille chez le Fraisier comme provenant du dédoublement de cinq étamines normalement simples. De là résulte, pour l'androcée des Rosacées, une constitution typique qui comprend deux verticilles simples d'étamines.

Si on fend la fleur tout entière dans le sens de sa longueur (*fig.* 564), on peut voir que les étamines sont concrescentes par leurs bases avec les pièces du calice : elles les atteignent en franchissant les intervalles que laissent entre eux les pétales. On arrive à la même conclusion en constatant que, si on cherche à détacher un sépale jusqu'à sa base, on entraîne avec lui quelques étamines. On donne souvent le nom de *Caliciflores* aux plantes dont les étamines sont ainsi concrescentes avec le calice.

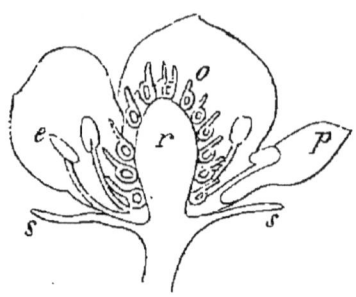

Fig. 564. — Coupe de la fleur du Fraisier. — *s*, sépales; *p*, pétales; *e*, étamines; *r*, réceptacle; *o*, carpelles.

Le réceptacle bombé de la fleur porte un grand nombre de petits carpelles, libres entre eux, insérés le long d'une spirale plus ou moins régulière et dont chacun contient un ovule unique et anatrope.

Par cette description, on voit que la fleur du Fraisier rappelle beaucoup, au premier abord, celle de la Renoncule. Elle en diffère cependant par un caractère essentiel, qui permettra toujours de distinguer une Rosacée d'une Renonculacée : ses étamines, concrescentes avec les sépales, semblent fixées autour du pistil, ce qui les fait qualifier quelquefois d'étamines *périgynes*, tandis que celles de la Renoncule sont fixées au-dessous de lui, ce qui leur vaut la dénomination d'étamines *hypogynes*.

Fig. 565. — Fruit du Fraisier.

Après la fécondation, le réceptacle bombé du Fraisier se gorge de réserves sucrées, accroît considérablement ses dimensions et forme la masse rouge et charnue qu'on appelle communément la *fraise* (*fig.* 565). Ce n'est point un fruit, comme on le dit bien à tort dans le langage ordinaire : le fruit, au sens botanique de ce terme, n'est pas autre chose que la réunion de tous les grains résistants, de couleur brune, disséminés à la surface de la fraise; chacun de ces grains est un akène provenant d'un carpelle et contenant une graine dépourvue d'albumen.

En examinant avec attention une feuille de Fraisier (*fig*. 566), on peut faire deux remarques importantes. D'abord, chacune des trois folioles qui la composent est dentée sur ses bords. En second lieu, le pétiole commun porte deux stipules à sa base.

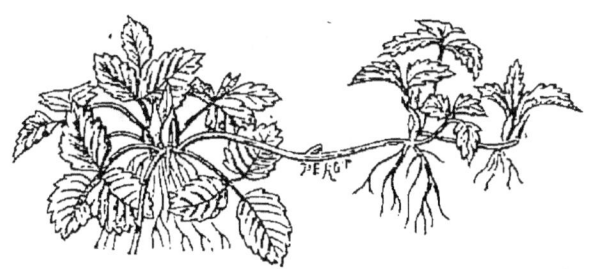

Fig. 566. — Un pied de Fraisier.

De tous les caractères que nous révèle l'organisation du Fraisier, quelques-uns seulement sont communs à toutes les Rosacées et nous permettent de définir cette famille. Ce sont : la régularité de la fleur; le nombre ordinairement grand des étamines, qui cependant se réduisent normalement à dix, groupées en deux verticilles, et leur concrescence avec les sépales; la présence de stipules et de dents sur les feuilles qui, d'ailleurs, sont souvent composées.

La structure du pistil et celle du fruit, qui en résulte, sont, au contraire, très diverses chez les Rosacées.

Les Potentilles (*Potentilla*), très communes dans les bois et sur les bordures gazonnées des chemins, ont des fleurs, des pistils et des fruits très analogues à ceux du Fraisier; mais le réceptacle n'y devient pas comestible comme la fraise.

Les Benoîtes (*Geum*), très voisines des Fraisiers et des Potentilles, s'en distinguent notamment par la forme de leurs akènes, surmontés d'un bec crochu qui résulte de l'accrescence du style.

Les Ronces (*Rubus*), dont le Framboisier constitue une espèce, ont des fleurs assez semblables à celles du Fraisier; mais, après la fécondation, le réceptacle garde ses dimensions primitives et ce sont les carpelles qui deviennent charnus et comestibles : ils se groupent en une tête globuleuse, qui est la *mûre* ou la *framboise* (*fig.* 567). S'il y a quelque ressemblance entre une framboise et une fraise, on voit que cette ressemblance est purement superficielle.

Le Fraisier, les Potentilles, les Benoîtes et les Ronces appartiennent à la tribu des *Fragariées*.

Dans les Spirées ou Reines des Prés (*Spiræa*), les fruits sont for-

Fig. 567.
Fruit de la Ronce.

Fig. 568. — Fruit d'une Spirée.

Fig. 569.
Diagramme d'une Spirée.

més d'un petit nombre de follicules (*fig.* 568). C'est qu'en effet le pistil est formé lui-même d'un petit nombre de carpelles pluriovulés, réunis autour de l'axe de la fleur (*fig.* 569). Le genre *Spiræa* est le type de la tribu des *Spirées*.

Chez l'Amandier (*Amygdalus communis*), le Pêcher (*Amygdalus Persica*), le Prunier (*Prunus domestica*), le Cerisier

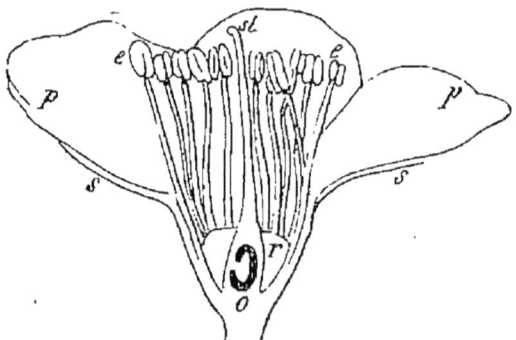

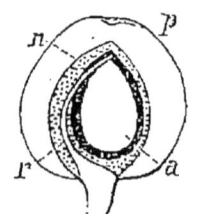

Fig. 570. — Coupe verticale de la fleur du Prunellier. *s*, sépales; *p*, pétales; *e*, étamines; *r*, réceptacle; *o*, carpelle; *st*, stigmate.

Fig. 571. — Fruit du Prunellier. — *p*, péricarpe; *n*, noyau; *r*, raphé; *a*, amande.

(*Prunus Cerasus*), l'Abricotier (*Prunus Armeniaca*), le pistil se réduit à un seul carpelle biovulé (*fig.* 570). Le fruit est charnu à la maturité; mais la couche profonde du péricarpe devient épaisse et prend la consistance du bois : elle forme un *noyau*, renfermant une graine qu'on qualifie souvent d'*amande*. Un fruit à noyau est une *drupe* (*fig.* 571). Ce pistil et ce fruit sont assez différents de ce qu'on observe chez les autres Rosacées pour qu'on fasse quelquefois de ces plantes une famille distincte, sous le nom d'*Amygdalées*. Nous la considérerons simplement comme une tribu nouvelle de la famille des Rosacées, celle des *Prunées*.

Dans la tribu des *Sanguisorbées*, comme l'Aigremoine (*Agrimonia Eupatorium*), l'Alchémille (*Alchemilla vulga-*

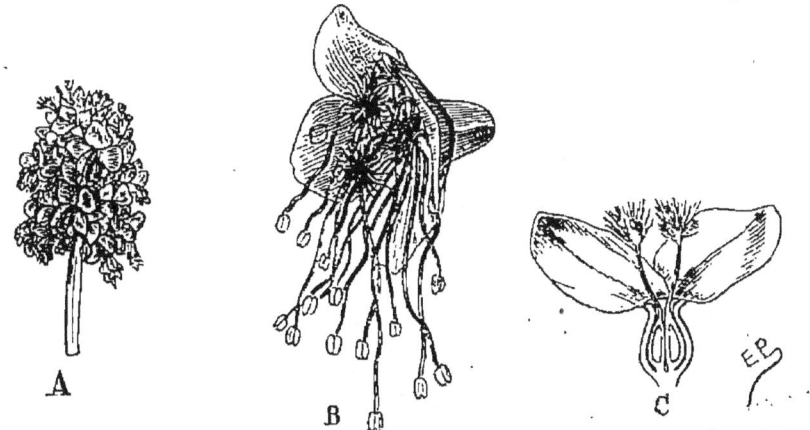

Fig. 572. — Fleurs de Pimprenelle. — A, une inflorescence ; B, une fleur isolée et plus grossie ; C, coupe longitudinale d'une fleur.

ris), la Pimprenelle (*Poterium sanguisorba*) (*fig.* 572), l'organisation de la fleur subit une réduction générale : elle est ordinairement construite suivant le type 4 ; souvent les pétales avortent et le pistil se réduit à quelques carpelles uniovulés, qui fournissent, après la fécondation, autant d'akènes libres au fond d'un tube sec.

Chez le Rosier sauvage ou Eglantier (*Rosa canina*) (*fig.* 573), le réceptacle floral forme, au-dessous du calice, de la corolle et des étamines, une sorte de coupe à l'intérieur de laquelle sont fixés les carpelles et dont les styles et les stigmates viennent dépasser l'ouverture (*fig.* 574). Après la fécondation, cette coupe prend une belle teinte rouge : c'est elle qu'on appelle communément le « fruit » de l'Eglantier; on voit combien cette expression est, ici encore, impropre : le fruit est simplement représenté par les nombreux akènes groupés à l'intérieur de cette coupe. On pourrait dire que le pistil du Rosier n'est qu'un pistil de Fraisier retourné

Fig. 573. — Feuille du Rosier.

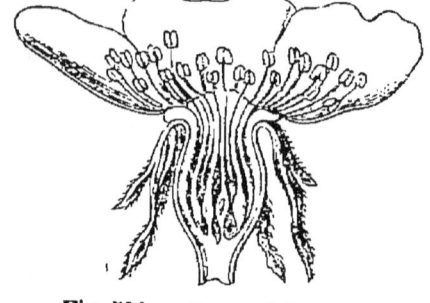

Fig. 574. — Coupe de la rose (fleur de l'Eglantier).

à la façon d'un doigt de gant : la convexité du réceptacle des Fraisiers se change en une concavité; les carpelles, visibles extérieurement dans le Fraisier, sont dissimulés chez le Rosier. — Le Rosier est le type de la tribu des *Rosées*.

Faisons un pas de plus et nous verrons le pistil revêtir encore une forme différente chez le Pommier (*Pirus Malus*), le Poirier (*Pirus communis*), le Sorbier (*Sorbus*), le Cognassier (*Cydonia*), le Néflier (*Mespilus*), l'Aubépine (*Cratægus*). Dans ces genres, le pistil comprend ordinairement cinq carpelles biovulés, concrescents en un ovaire pluriloculaire, à placentation axile; mais, ce qui est plus caractéristique, au lieu de rester libre au centre de la fleur, comme dans les vraies Rosacées, il est concrescent par toute sa surface extérieure avec le calice, la corolle et l'androcée, qui ne s'en détachent qu'au sommet de l'ovaire. De là vient que, si on coupe la fleur dans le sens de la longueur, l'ovaire paraît placé tout entier au-dessous du plan d'insertion des sépales, des pétales, des étamines et des styles, dont le nombre est égal à celui des carpelles : il semble infère ou adhérent (*fig.* 575). Le fruit (*fig.* 576), à la formation duquel participent tous les verticilles concrescents avec l'ovaire, est charnu

LES ROSACÉES.

dans toute son épaisseur; cependant, la partie profonde de la paroi de chaque loge prend la consistance du parchemin et peut être comparée au noyau d'une drupe; chaque loge contient deux graines ou « pépins », qui, on le voit aisément, ne sont nullement comparables à des noyaux. On peut, en somme, considérer le fruit comme formé de plusieurs drupes, concrescentes avec un tube charnu.

Les plantes de ce groupe, dont nous ferons simplement la tribu des *Pirées*, sont souvent réunies en une famille distincte, celle des *Pomacées*.

Le tableau suivant résume la distribution entre six tribus des principaux genres de Rosacées indigènes.

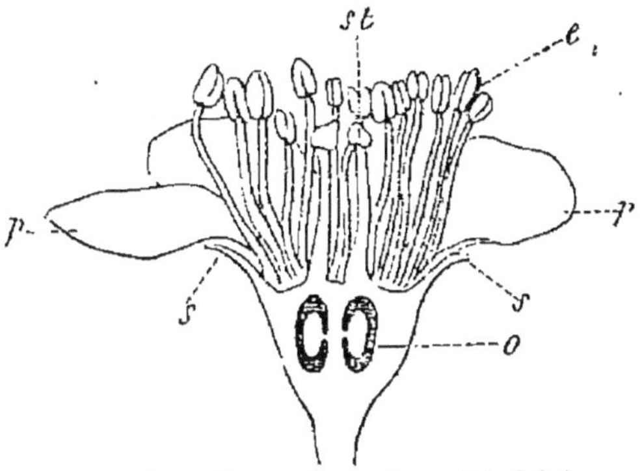

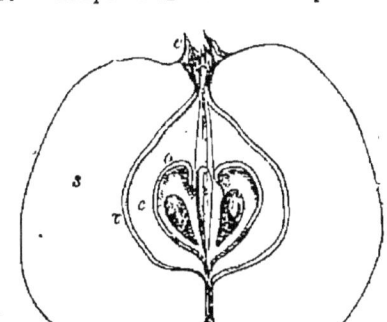

Fig. 575. — Coupe de la fleur d'Aubépine.

Fig. 576. — Fruit à pépins (pomme) en coupe verticale.

FAMILLE			TRIBUS	GENRES
ROSACÉES	à fruit nu	un carpelle biovulé.	PRUNÉES (*Amygdalées*)	*Prunus.*
		plusieurs carpelles pluriovulés.	SPIRÉÉES	*Spiræa.*
		nombreux carpelles uniovulés.	FRAGARIÉES	*Fragaria.*
	à fruit enveloppé	akènes libres dans un tube — sec.	SANGUISORBÉES.	*Alchemilla*
		akènes libres dans un tube — charnu.	ROSÉES.	*Rosa.*
		drupes concrescentes avec un tube charnu.	PIRÉES (*Pomacées*)	*Pirus.*

Certaines Rosacées sont ornementales, comme le Rosier : le grand nombre de leurs étamines et celui de leurs carpelles permettent, en effet, d'en obtenir par la culture des fleurs doubles. Beaucoup d'entre elles sont recherchées pour leurs fruits alimentaires; on consomme, par exemple : le réceptacle charnu du Fraisier ; — les fruits entiers du Framboisier et de la Ronce (*mûres* sauvages), — la partie charnue du péricarpe de beaucoup de drupes (pêches, prunes, cerises, abricots), — le péricarpe de la pomme, de la poire, du coing, — la graine de l'Amandier.

Familles voisines. — Avec la famille des Rosacées, nous terminons la série des Dicotylédones dialypétales supérovariées dont les étamines forment normalement deux verticilles. C'est encore dans cette série qu'on pourrait ranger quelques familles moins importantes, telles que les *Géra-*

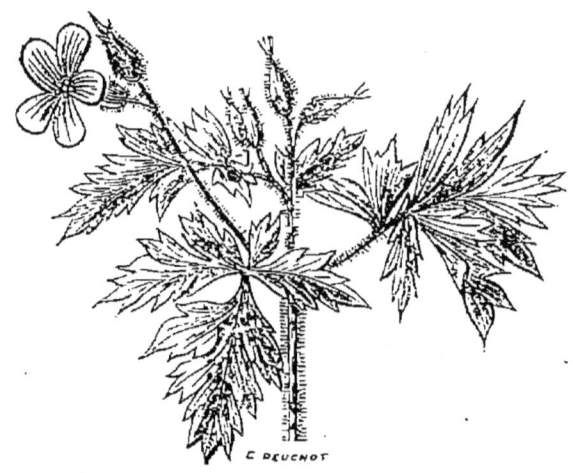

Fig. 577. — Tige fleurie de Geranium.

niacées (Geranium (*fig.* 577) et Pelargonium), les *Tropéolées* (Capucine), les *Linacées* (Lin), les *Crassulacées* (Joubarbe, Sedum), les *Acérinées* (Erable), les *Hippocastanées* (Marronnier d'Inde), etc.

Autres familles de Dicotylédones dialypétales supérovariées. — Chez quelques familles de Dicotylédones dialypétales supérovariées, le nombre des étamines

LES OMBELLIFÈRES.   707

est exactement égal à celui des pièces du calice ou de la corolle ; c'est ce qu'on observe, par exemple, chez les *Ampélidées*, comme la Vigne (*fig.* 578) ou la Vigne-vierge, — les *Célastracées*, comme le Fusain, — les *Ilicacées*, comme le Houx, — les *Rhamnées*, comme la Bourdaine, etc.

Les Ombellifères. — L'étude des Ombellifères (*fig.* 579), en même temps qu'elle nous conduit à la série des Dialypétales inférovariées, nous ramène à une famille homogène, à un « grand genre ». Un seul type nous suffira pour cette étude ; ce sera, par exemple, la Carotte (*Daucus Carota*).

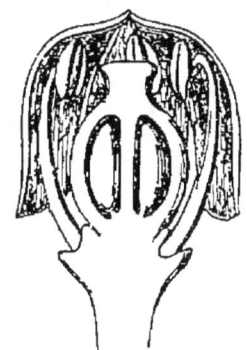

Fig. 578. — Coupe longitudinale d'une fleur de Vigne.

Fig. 579. — Petite Ciguë.

Les fleurs de la Carotte, petites et de couleur blanche,

sont groupées en *ombelles composées*. C'est ici le lieu de définir cette sorte d'inflorescence. Une *ombelle simple* (*fig.* 580) est une grappe dans laquelle tous les pédoncules se détachent d'un seul et même point, le sommet de l'axe ; les bractées, s'il

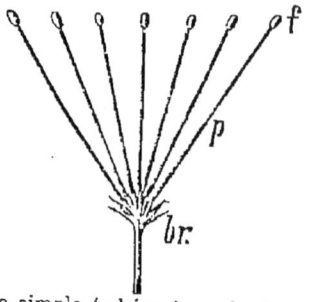

Ombelle simple (schéma). — *br*, bractées de l'involucre ; *p*, pédoncules ; *f*, fleurs.
Fig. 580.

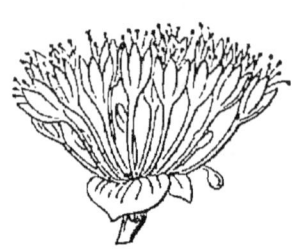

Une ombelle simple.

y en a, forment autour du faisceau de pédoncules une sorte de collerette appelée *involucre*. Lorsque chacun des pédoncules nés au sommet de l'axe, au lieu de se terminer directement par une fleur, devient à son tour l'axe d'une ombelle secon-

Fig. 581.
Ombelle composée.

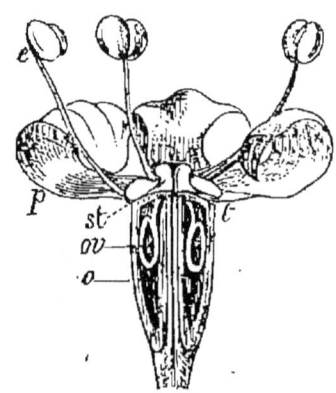

Fig. 582. — Coupe théorique d'une fleur d'Ombellifère, très grossie. — *t*, sépale ; *p*, pétale ; *e*, étamine ; *o*, ovaire ; *ov*, ovule ; *st*, stigmate.

daire, l'ombelle est dite *composée* (*fig.* 581) : chacune des ombelles secondaires qui la constituent est une *ombellule* ; son involucre particulier, si elle en possède un, est appelé *involucelle*. C'est de la disposition des fleurs en ombelle, générale dans la famille qui nous occupe, que vient le nom d' « Ombellifères ». Dans l'ombelle de la Carotte, les rayons principaux sont entourés, à leurs bases, d'un involucre de bractées très découpées ; chaque ombelle secondaire possède un involucelle plus petit et plus simple. Toutes les Ombellifères ne sont pas pourvues d'involucelles, ni même d'involucres : telle espèce possède un involucre et manque d'involucelle ; telle autre manque d'involucre et possède des involucelles ; quelques-unes manquent à la fois d'involucres et d'involucelles.

Une fleur, isolée avec précaution et examinée de préférence à la loupe (*fig.* 582 et 583), se montre pourvue d'un ovaire infère ou adhérent ; c'est-à-dire qu'il est concrescent avec les enveloppes florales, en particulier avec le calice, qui ne s'en détache qu'à sa partie supérieure.

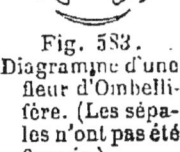

Fig. 583. Diagramme d'une fleur d'Ombellifère. (Les sépales n'ont pas été figurés.)

Le calice, dans sa partie libre, est excessivement réduit ; chez beaucoup d'Ombellifères il paraît même manquer complètement ; il comprend normalement cinq sépales.

La corolle est formée de cinq pétales rayonnant autour de l'axe de la fleur et souvent repliés à leur pointe.

Cinq étamines égales alternent avec les pétales.

L'ovaire infère est creusé de deux loges dont chacune, correspondant à un carpelle, contient un ovule pendant et anatrope ; il est surmonté de deux styles, qui manifestent extérieurement le nombre des carpelles.

Le fruit est à péricarpe sec et contient deux graines : sa surface présente des côtes longitudinales, couvertes de pointes ; chez la plupart des Ombellifères, ces côtes sont lisses ; elles peuvent être peu saillantes. A la maturité, ce fruit se sépare en deux moitiés indéhiscentes, dont chacune contient une graine et constitue un akène ; ces deux akènes sont portés aux extrémités de deux branches fines du pédoncule commun ; puis chacun d'eux se sépare de son support et tombe sur le sol. Un tel fruit (*fig.* 584), composé de deux akènes d'abord unis, est qualifié de *diakène*.

40

Les graines de la Carotte sont albuminées.

Les feuilles de la Carotte, comme celles de la plupart des Ombellifères, sont très découpées; elles sont alternes et forment, à leur base, de larges gaines embrassant la tige.

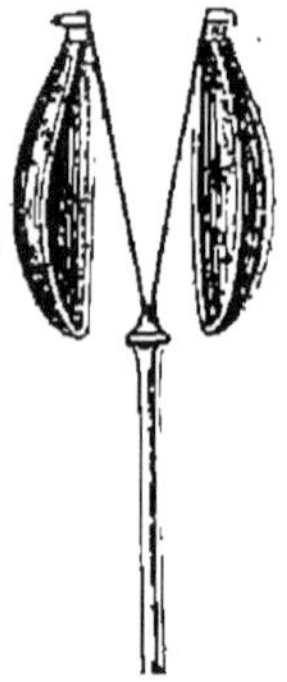

Inflorescence en ombelle ordinairement composée; cinq étamines égales, alternant avec les pétales; ovaire infère et bicarpellé; diakène se divisant en deux moitiés à la maturité; feuilles alternes et engainantes, ordinairement très découpées : tels sont les caractères généraux des Ombellifères.

Fig. 584.
Fruit d'Ombellifère, se séparant en deux akènes.

Le Panais (*Pastinaca silvestris*, var. *sativa*), l'Anis (*Pimpinella Anisum*), le Persil (*Petroselinum sativum*), le Cerfeuil (*Cerefolium sativum*), l'Angélique (*Angelica silvestris*), la Ciguë (*Cicuta virosa*, *Conium maculatum*), appartiennent à la famille des Ombellifères. Quelques plantes de cette famille, comme la Ciguë, sont vénéneuses. D'autres sont cultivées pour l'alimentation : la Carotte et le Panais, à cause des réserves accumulées dans les pivots de leurs racines ; — le Fenouil et l'Anis, à cause des essences particulières que contiennent leurs fruits ; — le Cerfeuil et le Persil, pour leurs feuilles, qui sont utilisées comme condiments; — l'Angélique, pour ses tiges employées en confiserie.

Familles voisines. — De la famille des Ombellifères, dans la série des Dialypétales inférovariées, on peut rapprocher : les *Araliées* (Lierre), les *Cornées* (Cornouiller), les *Saxifragacées* (Saxifrage), les *Grossulariées* (Groseillier), les *Onagrariées* (Epilobe), les *Cactées* (Cactus).

Résumé de la classification des Dicotylédones dialypétales. — Le tableau ci-joint permet d'embrasser d'un coup d'œil les caractères essentiels des familles que nous avons passées en revue parmi les Dialypétales et résume, sous une forme synoptique, la classification de ce groupe.

					FAMILLES	GENRES
DIALYPÉTALES à ovaire	supère; étamines en deux verticilles	ramifiées; carpelles	en nombre indéfini et simples		Renonculacées	*Ranunculus.*
			fermés; fleurs	hermaphrodites	Malvacées	*Malva.*
				unisexuées	Euphorbiacées	*Euphorbia.*
			ouverts; type floral	tétramère; étamines tétradynames	Crucifères	*Cheiranthus.*
				dimère	Papavéracées	*Papaver.*
		simples; carpelles	à côtés fugaces		Caryophyllées	*Dianthus.*
			à côtés persistants; feuilles	sans stipules	Rutacées	*Ruta.*
				stipulées; étamines indépendantes du calice et de la corolle	Légumineuses	*Pisum.*
				concrescentes avec le calice et la corolle; souvent nombreuses	Rosacées	*Rosa.*
	infère; un seul verticille d'étamines				Ombellifères	*Daucus.*

§ 4. — Les Gamopétales.

Les Dicotylédones gamopétales. — Le groupe des *Dicotylédones gamopétales* renferme la plupart des Phanérogames angiospermes de nos pays.

Parmi les Gamopétales, comme parmi les Apétales et les Dialypétales, les unes ont l'ovaire supère ou libre : ce sont des *supérovariées;* les autres ont l'ovaire infère ou adhérent : ce sont des *inférovariées.*

Les Gamopétales supérovariées. — C'est à la série des Gamopétales supérovariées qu'appartiennent quatre familles offrant entre elles de grandes affinités : les *Solanées*, les *Personées* ou *Scrofularinées*, les *Borraginées*, les *Labiées*. Autour de ces quatre familles viennent s'en grouper d'autres, moins importantes. A ce premier groupe de familles il convient, d'ailleurs, d'en ajouter une autre, d'organisation toute différente, celle des *Primulacées*.

Fig. 585.
Feuilles et fleurs de la Morelle tubéreuse.

Les Solanées. — La Morelle tubéreuse (*Solanum tu-*

LES SOLANÉES. 713

berosum) (*fig.* 585), dont certaines tiges souterraines se renflent en tubercules, bien connus sous le nom de pommes de terre, pourra nous servir de type dans l'étude de la famille des *Solanées*, dont la plupart des représentants sont des plantes herbacées.

Une fleur de Morelle tubéreuse (*fig.* 586 et 587) possède des enveloppes régulières : le calice, vert, comprend cinq sépales concrescents ; la corolle, de couleur rosée, d'une seule pièce comme le calice, comprend cinq pétales concrescents, alternant avec les sépales et se manifestant, sur le bord libre de la corolle, par cinq dents alternes avec celles du calice.

Vers le centre de la corolle se montre une sorte de tube d'un beau jaune d'or, saillant à l'extérieur ; en l'examinant de près,

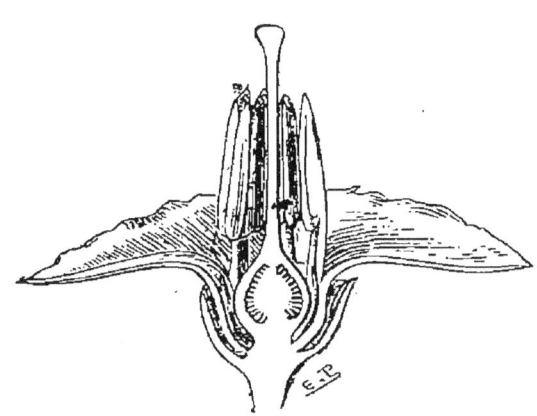

Fig. 586. — Coupe longitudinale d'une fleur de Morelle tubéreuse.

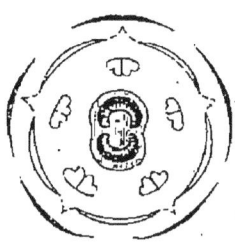

Fig. 587. — Diagramme d'une fleur de Morelle tubéreuse.

on peut voir qu'il est formé par le rapprochement de cinq anthères, libres entre elles et alternes avec les dents de la corolle. En détachant celle-ci avec précaution, on entraîne en même temps les cinq anthères, ce qu'on s'explique facilement en ouvrant ensuite la corolle avec une paire de ciseaux fins : on remarque alors que les cinq filets qui supportent les anthères viennent se fixer à la face interne de la corolle, ce qu'on interprète en admettant que les filets, issus du réceptacle floral, sont concrescents dans une partie de leur longueur avec la corolle qui les enveloppe. Cette con-

40

crescence des étamines avec la corolle est très commune chez les Gamopétales, qui, pour ce motif, sont aussi qualifiées de *Corolliflores*. En étalant la corolle sur un plan et l'examinant par sa face interne, on peut s'assurer que les cinq étamines sont égales entre elles.

Au-dessous du tube formé par le rapprochement des anthères, se trouve le pistil, entouré, à sa base, d'une sorte de disque nectarifère. Au premier abord, il paraît simple et comprend un ovaire, un style et un stigmate. Mais, en coupant transversalement l'ovaire, on voit qu'il est creusé de deux loges, l'une antérieure, l'autre postérieure, dont chacune renferme un grand nombre d'ovules, fixés du côté de l'axe : le pistil est donc composé de deux carpelles unis suivant la placentation axile.

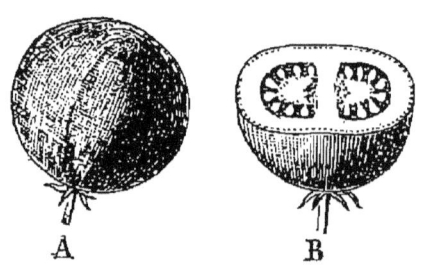

Fig. 588. — Fruit de la Morelle tubéreuse. — A, entier ; B, en coupe transversale.

Le fruit qui succède à l'ovaire (*fig.* 588) et que protège, à sa base, le calice persistant, est entièrement charnu : c'est une baie, contenant de nombreuses graines, pourvues d'un albumen charnu.

Les feuilles de la Morelle tubéreuse sont alternes et composées.

Fleurs régulières à corolle gamopétale ; — cinq étamines égales et libres entre elles, alternes avec les pétales et concrescentes avec la corolle ; — ovaire libre, à deux loges, contenant de nombreux ovules : tels sont les caractères généraux de la famille des Solanées.

Au genre *Solanum* appartient encore la Douce-Amère, à corolle violette (*Solanum Dulcamara*). Dans ce genre, la baie est généralement vénéneuse ; il faut faire exception, toutefois, pour la baie de la Tomate (*Solanum Lycopersicum*), qui diffère encore des autres par la présence de plusieurs carpelles, ce qui conduit parfois à faire de la Tomate un genre spécial, le genre *Lycopersicum*.

La Belladone (*Atropa Belladona*) possède une baie noire, extrêmement vénéneuse.

Chez l'Alkékenge (*Physalis Alkekengi*), le calice persistant forme autour de la baie une enveloppe à paroi sèche et d'un beau rouge.

Le Lyciet (*Lycium barbarum*) possède aussi une baie : c'est une plante grimpante et pourvue de piquants.

D'autres Solanées, comme le Tabac (*Nicotiana Tabacum*)

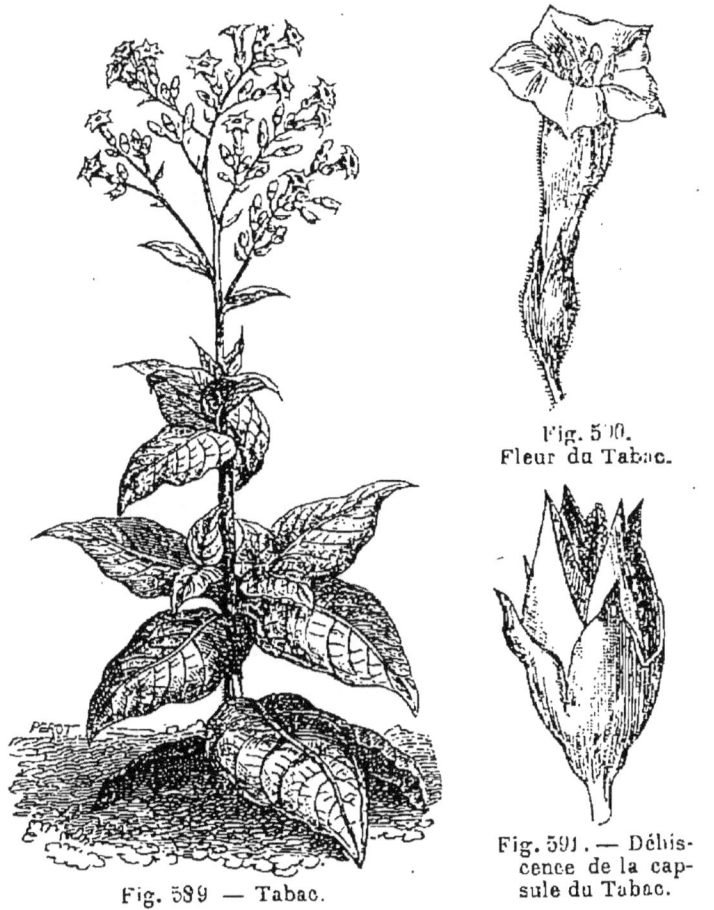

Fig. 590. Fleur du Tabac.

Fig. 591. — Déhiscence de la capsule du Tabac.

Fig. 589 — Tabac.

(*fig.* 589 et 590), la Jusquiame (*Hyoscyamus niger*), la Stramoine (*Datura Stramonium*), ont, au contraire, un fruit à péricarpe sec, une capsule : la capsule du Tabac a une déhiscence septicide (*fig.* 591); celle de la Jusquiame s'ouvre, à son sommet, par une sorte de couvercle; celle de la Stramoine se déchire en quatre valves hérissées de piquants.

Les Solanées contiennent généralement des alcaloïdes, qui les rendent fréquemment vénéneuses : les baies de la Belladone le sont au plus haut point, par l'*atropine*; l'abus des feuilles du Tabac peut entraîner dans l'organisme des désordres graves, dus à l'action de la *nicotine* qu'elles renferment. Ce n'est jamais dans les tubercules que sont localisés les alcaloïdes.

Certaines Solanées sont alimentaires : la Tomate par ses fruits, la Morelle tubéreuse par ses tubercules.

Il faut mettre tout à fait à part, à la suite des Solanées, le genre Molène (*Verbascum*), auquel appartient la plante connue vulgairement sous le nom de Bouillon blanc. Dans ce genre, la fleur, au lieu d'être parfaitement régulière, accuse une tendance très nette au zygomorphisme (*fig.* 592) : les pièces qui constituent ses verticilles les plus externes deviennent inégales et se disposent symétriquement par rapport au plan que déterminent l'axe d'inflorescence et le pédicelle floral. Parmi les cinq sépales du calice, le supérieur est notablement plus petit que les autres, les deux latéraux sont un peu plus grands et les deux inférieurs sont les plus développés. C'est encore vers la partie inférieure de la corolle que les pétales atteignent leur maximum de grandeur et, parmi les cinq étamines qui composent l'androcée, la grandeur croît régulièrement de la face supérieure à la face inférieure de la fleur : l'étamine supérieure est petite, les étamines latérales sont de taille moyenne et les deux étamines inférieures sont les plus longues.

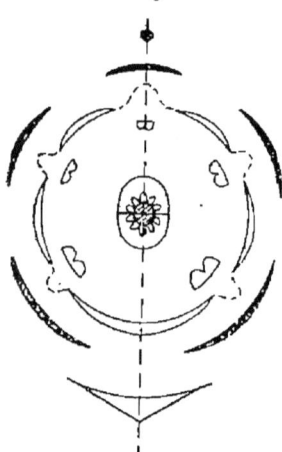

Fig. 592. — Diagramme de *Verbascum*.

Les Personées. — Ce petit groupe de plantes, dont quelques botanistes font une famille spéciale, nous conduit insensiblement à la famille des *Personées* ou *Scrofularinées*.

Comme exemple de Personées, nous pourrons prendre la Linaire à fleurs jaunes (*Linaria vulgaris*), qui fleurit en été dans les lieux incultes.

La corolle de la Linaire, gamopétale comme celle de la Morelle tubéreuse, est très nettement irrégulière. Son bord libre se replie de manière à former deux lèvres, l'une supérieure, l'autre inférieure, qui lui communiquent à peu près l'aspect d'une gueule d'animal ou d'un masque antique de théâtre (en latin *persona*). C'est cette disposition, générale chez les plantes de la famille qui nous occupe, que rappelle le nom de Personées. Chez la Linaire et chez d'autres Personées, on peut observer, de plus, que la corolle se prolonge par un éperon creux, constitué aux dépens du pétale inférieur.

La corolle, détachée doucement, entraîne avec elle quatre étamines, fixées à sa face interne par leurs filets : deux de ces étamines sont sensiblement plus longues que les deux autres (ce sont les étamines inférieures); on résume d'un mot cette disposition en disant que les étamines sont *didynames*, et on se l'explique en admettant que l'étamine supérieure des Solanées, très réduite chez les Molènes, se soit complètement atrophiée.

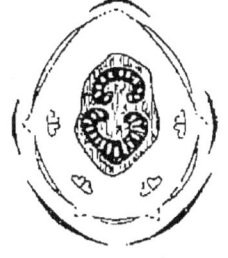

Fig. 493.
Diagramme de la fleur du Muflier.

Le pistil, visible au fond du calice après l'enlèvement de la corolle, possède la même structure que celui des Solanées : ovaire à deux loges, remplies de nombreux ovules, un style et un stigmate.

Le fruit est une capsule à deux loges, dont chacune s'ouvre à son sommet par une ouverture circulaire, par un pore : c'est la *déhiscence poricide*.

Les graines contiennent un albumen charnu.

Fleurs irrégulières, à corolle gamopétale; — quatre étamines inégales, dont deux longues et deux courtes, et concrescentes avec la corolle; — ovaire libre, à deux loges contenant de nombreux ovules : tels sont les caractères généraux de la famille des Personées. On peut les résumer brièvement en disant que les Personées sont, en quelque sorte, des Solanées à fleurs zygomorphes.

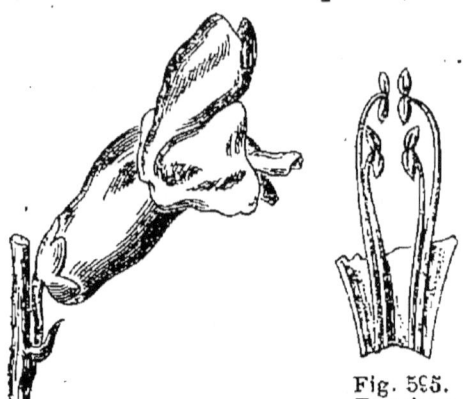

Fig. 594. — Fleur du Muflier.

Fig. 595. Etamines du Muflier.

D'ailleurs, les feuilles des Personées sont ordinairement opposées ; ce sont des herbes ou des arbrisseaux, rarement des arbres.

A cette famille appartiennent : la Gueule de Loup (*Antirrhinum majus*) (*fig.* 594 et 595), — la Digitale (*Digitalis purpurea*), dont le fruit est une capsule septicide et dont l'appareil végétatif contient une substance vénéneuse, la *digitaline*, — la Scrofulaire (*Scrofularia aquatica*), qui a donné son nom à la famille tout entière, — les Véroniques (*Veronica*), dont la fleur ne possède que deux étamines, par avortement des deux étamines supérieures, les plus petites, — les Euphraises (*Euphrasia*), Mélampyres (*Melampyrum*) et Rhinanthes (*Rhinanthus*), dont les racines vont se fixer, par des suçoirs, à celles des Graminées voisines pour y puiser une partie de la nourriture qui leur est nécessaire.

Fig. 596. — Orobanche sur un pied de Chanvre. — A, Chanvre; B, C, Orobanches croissant sur les racines du Chanvre.

Famille voisine. — Ce dernier groupe de Scrofularinées nous conduit, par transitions insensibles, à la petite famille des *Orobanchées*, à laquelle appartient le genre Orobanche (*fig.* 596) : les Orobanches sont des plantes jaunâtres, dépourvues de chlorophylle, qui vivent en parasites sur les racines de diverses espèces, comme le Thym, la Luzerne, le Chanvre, etc.

Les Borraginées. — La famille très homogène des *Borraginées* nous remet en présence de fleurs régulières; nous pourrons prendre comme exemple de cette famille la Bourrache (*Borrago officinalis*).

Une fleur de Bourrache (*fig.* 597 et 598) ou, plus généralement, de Borraginée ne diffère essentiellement d'une fleur

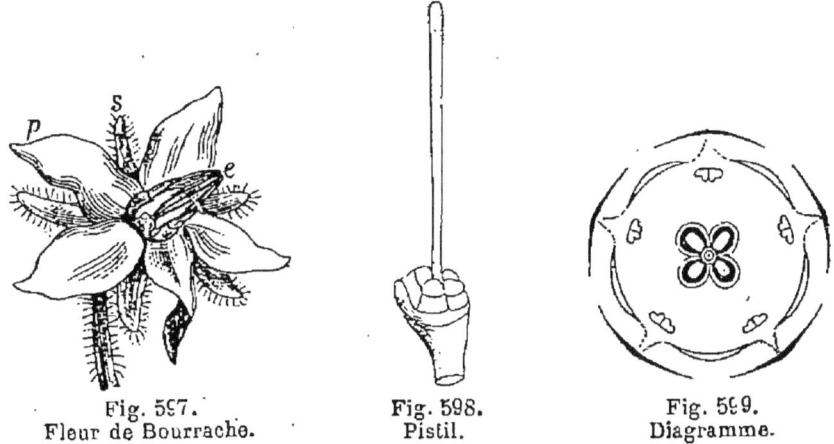

Fig. 597.
Fleur de Bourrache.

Fig. 598.
Pistil.

Fig. 599.
Diagramme.

de Solanée ni par son calice et sa corolle, réguliers et pentamères comme ceux de la Morelle tubéreuse, ni par son androcée, composé de cinq étamines, alternes avec les pétales, égales et libres entre elles. Elle en diffère, au contraire, profondément par son pistil (*fig.* 598). Il est composé de deux carpelles concrescents; chacun d'eux contient deux ovules volumineux, qui distendent les parois de l'ovaire de manière à former au fond du calice quatre saillies hémisphériques. Du point de concours des deux sillons perpendiculaires qui séparent ces saillies deux à deux, surgit un style unique, traversant la couronne formée par les anthères : comme ce style se détache de la base des deux carpelles, au fond de la dépression qui les sépare, on dit que c'est un style *gynobasique*. Après la fécondation, chaque graine forme, avec la partie du péricarpe qui l'enveloppe, un ensemble indéhiscent, un akène : le fruit est donc un quadruple akène ou *tétrakène*.

La graine renferme en général un albumen peu développé ; quelquefois même il est nul.

L'inflorescence des Borraginées est très caractéristique (*fig.* 600 et 601). C'est une *cyme unipare*. L'axe de l'inflores-

Fig. 600. — Cyme scorpioïde du Myosotis.

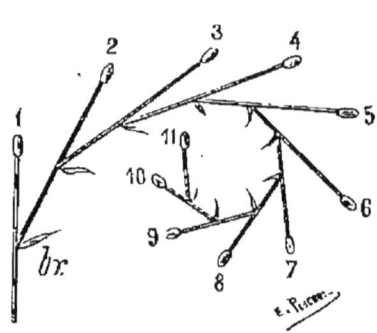

Fig. 601. Schéma d'une cyme scorpioïde.

cence porte, au-dessous d'une fleur qui la termine et à l'aisselle d'une bractée, un axe secondaire qui se comporte comme l'axe principal, et ainsi de suite : l'inflorescence est, en quelque sorte, la moitié d'une cyme bipare ; comme, de plus, les ramifications successives se produisent toutes du même côté, et que les parties inférieures des axes de divers ordres semblent se continuer directement, de manière à former une sorte de crosse, on compare quelquefois l'inflorescence des Borraginées à une queue recourbée, une queue de Scorpion par exemple, et on lui donne le nom de *cyme scorpioïde*.

Les feuilles des Borraginées sont alternes, simples et sans stipules ; elles sont généralement couvertes de poils rudes, souvent glanduleux à leur base, d'où le nom d'*Aspérifoliées* que leur donnent les botanistes anglais.

L'appareil végétatif des Borraginées renferme souvent du nitrate de potasse en quantité notable, ce qui explique l'emploi de ces plantes comme sudorifiques.

Ainsi les Borraginées sont caractérisées par : des fleurs régulières, à corolle gamopétale ; — cinq étamines égales entre elles, alternes avec les pétales et concrescentes avec la corolle ; — un ovaire libre, à deux loges contenant en tout quatre ovules qui fournissent quatre akènes ; — une inflorescence en cyme unipare scorpioïde ; — des feuilles alternes et couvertes de poils rudes.

Avec la Bourrache, on peut citer, parmi les Borraginées, les Consoudes (*Symphytum*), les Héliotropes (*Heliotropium*), les Myosotis (*Myosotis*), la Pulmonaire (*Pulmonaria officinalis*).

Comme le genre Molène se détache de l'ensemble de la famille des Solanées, de même il faut mettre à part, à la suite de la famille des Borraginées, la Vipérine (*Echium vulgare*). Dans le diagramme de la fleur de Vipérine (*fig.* 602), le calice, la corolle et l'androcée subissent les mêmes déformations que dans le diagramme de la Molène. Dans l'androcée, en particulier, l'étamine supérieure est très petite, les deux étamines latérales sont de taille moyenne et les étamines inférieures sont sensiblement plus grandes ; quant au pistil, il offre exactement la même organisation que celui de toutes les Borraginées.

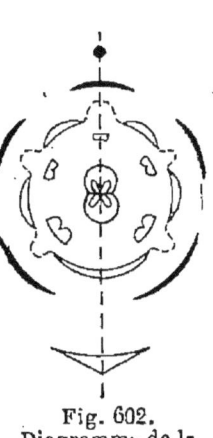

Fig. 602.
Diagramme de la Vipérine.

Quelques botanistes font une famille spéciale pour ce petit groupe de plantes, qui nous conduit insensiblement à la famille des Labiées.

Les Labiées. — La famille des *Labiées* est une des plus homogènes de la série des Gamopétales. L'étude d'un seul type, par exemple le Lamier blanc (*Lamium album*), improprement appelé Ortie blanche (*fig.* 603), nous donnera une idée suffisante des caractères généraux de cette famille.

Le calice comprend cinq sépales concrescents dont les trois supérieurs sont sensiblement plus petits que les deux inférieurs.

La corolle (*fig.* 604 et 605) est formée de cinq pétales con-

Fig. 603. — Une sommité fleurie de *Lamium album*.

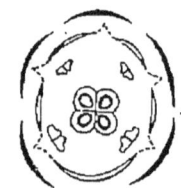

Fig. 604. — Fleur du Lamier, vue de face.

Fig. 605. — La même, vue de profil.

Fig. 605. Diagramme de la même.

crescents, dont les trois inférieurs, très développés, forment

LES LABIÉES.

une lèvre très saillante, tandis que les deux supérieurs, plus petits, en forment une autre, moins développée : la corolle est donc *bilabiée*, ce qui justifie le nom de la famille.

A la face interne de la corolle sont fixées quatre étamines très inégales (*fig.* 606) : deux longues du côté de la lèvre inférieure, deux courtes du côté de la lèvre supérieure ; ce sont encore des étamines *didynames*, et cette disposition caractéristique de l'androcée peut s'expliquer par l'avortement de l'étamine supérieure, déjà si réduite dans la Vipérine.

Le pistil est composé de deux carpelles concrescents dans toute leur étendue, par leurs ovaires, par leurs styles, par leurs stigmates. Les deux loges de l'ovaire commun renferment quatre ovules : ceux-ci produisent quatre saillies hémisphériques à la surface libre de l'ovaire. Le style se détache du fond de la dépression où se rencontrent les sillons qui séparent ces quatre ovules : c'est encore un style gynobasique. Après la fécondation, chaque graine devient le centre d'un akène : le fruit est encore un tétrakène (*fig.* 607). Les graines sont dépourvues d'albumen.

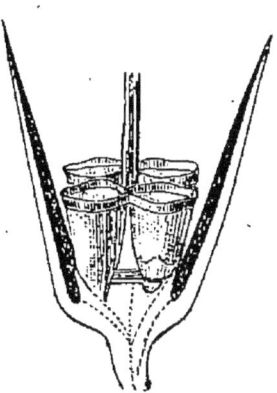

Fig. 607.
Le fruit du Lamier blanc.

A ces caractères, tirés de l'organisation florale, l'étude de l'appareil végétatif permet d'en ajouter quelques autres. Les feuilles sont opposées et la tige qui les porte présente une section carrée ; ces feuilles sont d'ailleurs simples et dépourvues de stipules ; elles sont couvertes, chez beaucoup de Labiées, de poils dont l'extrémité est glanduleuse : c'est par là que s'évaporent les essences, si répandues dans l'appareil végétatif de ces plantes.

Fleurs irrégulières, à corolle gamopétale et bilabiée ; — quatre étamines inégales, dont deux longues et deux courtes, et concrescentes avec la corolle ; — un ovaire libre, à deux loges contenant en tout quatre ovules et fournissant quatre akènes ; — des feuilles opposées et une tige quadrangulaire : tels sont les caractères généraux de la famille des Labiées. On voit qu'elles se rapprochent des Personées par l'irrégularité de leur fleur et des Borraginées par la structure de leur pistil et de leur fruit.

Parmi les Labiées, on peut citer : le Serpolet (*Thymus Serpyllum*) et le Thym (*Thymus vulgaris*); — la Mélisse (*Melissa officinalis*); — les Menthes (*Mentha*); — la Marjolaine sauvage ou Origan (*Origanum officinale*); — la Lavande (*Lavandula vera*); — les Sauges (*Salvia*), qui ne possèdent que deux étamines; — le Romarin (*Rosmarinus*); — la Germandrée (*Teucrium Scorodonia*), chez laquelle la corolle est dépourvue de lèvre supérieure.

La plupart des Labiées renferment des essences, d'odeur ou de goût souvent agréable, et qu'on utilise soit en parfumerie, soit en médecine, soit pour la fabrication de diverses liqueurs, comme l'eau de Mélisse, la Chartreuse, etc.

Résumé des quatre familles précédentes. — On voit, par ce qui précède, que les Labiées sont aux Borraginées ce que les Personées sont aux Solanées, et le tableau ci-joint, à double entrée, permet d'embrasser d'un coup d'œil les affinités réciproques de ces quatre familles.

	carpelles pluriovulés, albumen	carpelles biovulés, pas d'albumen
fleurs régulières, feuilles alternes.	SOLANÉES. ↓ — *Verbascum*. —	BORRAGINÉES. ↓ — *Echium*. —
fleurs zygomorphes, feuilles opposées.	↓ PERSONÉES.	↓ LABIÉES.

Familles voisines des Solanées. — On peut placer à côté des Solanées : la famille des *Convolvulacées*, renfermant des plantes volubiles, comme le Liseron (fig. 608) et le Volubilis, et de dangereux parasites, les Cuscutes (fig. 609), qui attaquent les champs de Luzerne, de Lin, etc.;

LES APOCYNÉES.

— la famille des *Gentianées* (Gentiane) ; — celles des *Oléacées* (Olivier, Frêne, Lilas), et des *Apocynées*. L'étude de cette dernière nous arrêtera quelques instants.

Les Apocynées. — La famille des *Apocynées* est une famille nombreuse ; les plantes qui s'y rattachent habitent surtout les

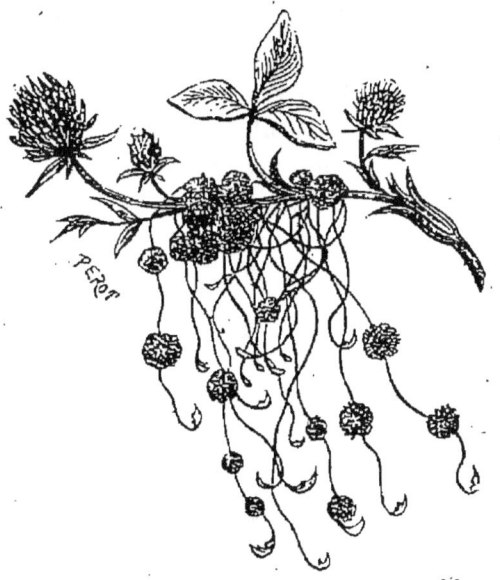

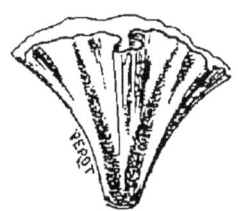

Fig. 608.
Corolle du Liseron.

Fig. 609. — Cuscute sur une tige de Trèfle.

climats tropicaux ; ce sont ordinairement des arbres ou des arbustes, rarement des herbes.

Parmi les genres principaux, on peut citer : le genre *Vinca* (Pervenche) ; — le genre *Nerium*, auquel appartient le Laurier-rose (*Nerium Oleander*) ; — le genre *Strophanthus* ; — le genre *Apocynum*, qui a donné son nom à la famille tout entière.

L'inflorescence de la Pervenche est une cyme unipare ; celle du Laurier-rose est une cyme bipare avec terminaison scorpioïde.

La fleur, chez les Apocynées, est régulière et construite ordinairement sur le type 5, quelquefois sur le type 4. Supposons, pour fixer les idées, que notre observation porte sur une fleur de Pervenche (*Vinca major*).

Le calice est formé de cinq sépales et la corolle de cinq pétales, alternant avec les sépales ; dans l'un et l'autre verticille, les pièces sont concrescentes. Chez d'autres types d'Apocynées, le Laurier-rose par exemple, les sépales et les pétales portent sur leurs faces internes des appendices auxquels on attribue la valeur morphologique de ligules.

Cinq étamines égales entre elles, alternant avec les pétales et concrescentes par leurs filets avec la corolle, composent l'androcée.

Le pistil comprend deux carpelles médians, l'un antérieur, l'autre postérieur, dont chacun est fermé et indépendant de l'autre ; cette indépendance des deux carpelles est un des caractères essentiels des Apocynées : il distingue nettement leur organisation florale de celle des Solanées. Chacun des deux carpelles contient de nombreux ovules, campylotropes ou presque anatropes. Les deux styles qui surmontent les carpelles sont d'abord libres ; puis ils se soudent de bas en haut l'un à l'autre, au cours du développement de la fleur.

Le fruit est formé de deux follicules, dont chacun correspond à l'un des deux carpelles ; les graines renferment un albumen charnu ou corné.

Les feuilles des Apocynées sont quelquefois opposées ; dans d'autres cas elles sont verticillées ; mais elles sont toujours simples et dépourvues de stipules. Souvent l'appareil végétatif de ces plantes forme un latex abondant, contenu dans de longs articles d'aspect tubuleux, indéfiniment ramifiés. Chez certaines espèces, ce latex est alimentaire (Carisse comestible) ; chez d'autres, il jouit de propriétés fébrifuges (*Plumeria*) ; fréquemment aussi on en extrait du caoutchouc (*Hancornia, Landolphia*).

Familles voisines des Labiées. — C'est au voisinage des Labiées qu'il convient de placer la petite famille des *Verbénacées* (Verveine) et celle des *Plantaginées* (Plantain).

Les Primulacées. — Avec la famille des *Primulacées*, qui appartient encore à la série des Gamopétales supérovariées, nous abordons un type d'organisation florale qui diffère profondément de celui des familles précédentes par la position des étamines et par la structure de l'ovaire.

Les Primulacées sont des plantes herbacées dont nous pourrons prendre comme exemple la Primevère ordinaire (*Primula officinalis*) (*fig.* 610).

LES PRIMULACÉES.

Les fleurs de la Primevère, groupées en ombelle, ont une structure régulière (*fig.* 611 et 612).

Le calice comprend cinq sépales égaux et concrescents.

La corolle forme un tube qui s'enfonce par sa partie inférieure dans le calice, s'élargit au-dessus de l'ouverture de celui-ci et s'ouvre en un entonnoir dont le bord, régulièrement découpé, se décompose en cinq lobes équivalents : chacun de ces lobes représente la partie libre d'un pétale ; la corolle est donc formée de cinq pétales égaux et concrescents.

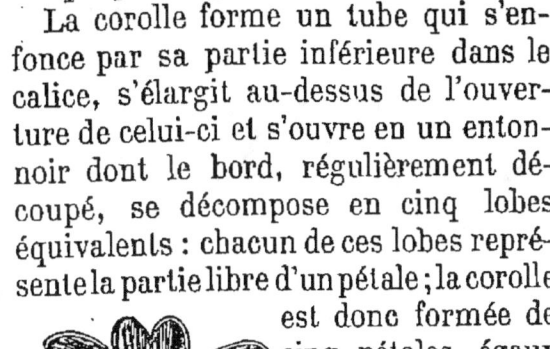
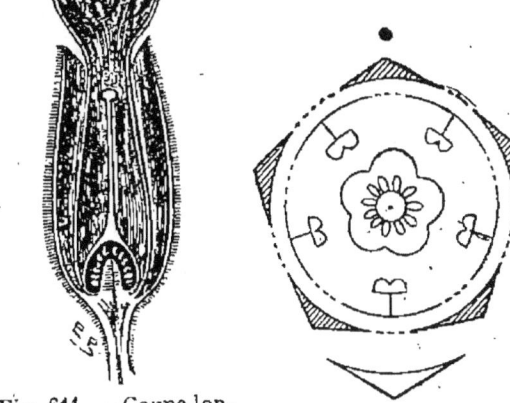

Fig. 610. — Une feuille et une inflorescence de Primevère.

Fig. 611. — Coupe longitudinale d'une fleur de Primevère.

Fig. 612. — Diagramme de la Primevère.

Cinq étamines, placées en face des lobes de la corolle et, par conséquent, opposées aux pétales, se fixent, par leurs filets très courts, à la surface interne du tube de la corolle (*fig.* 613) ; de la position des étamines en face des pétales concluons que l'androcée doit être considéré comme formé théoriquement de deux verticilles pentamères, dont le plus externe aurait avorté.

Au fond du tube de la corolle, on aperçoit un ovaire arrondi, que surmontent un style et un stigmate. En coupant transversalement l'ovaire, aussi jeune qu'on le prenne, on observe (*fig.* 614) qu'il est creusé d'une loge unique, à l'intérieur de laquelle les ovules sont attachés, en grand nombre, sur un renflement axile dressé au fond de l'ovaire; à aucun moment on n'y observe, comme chez les Caryophyllées, des cloisons temporaires, destinées à disparaître plus tard; la placentation est donc réellement *centrale*.

En étudiant la disposition des faisceaux libéro-ligneux dans l'intérieur des parois de l'ovaire, on s'assure aisément que ce dernier résulte de la concrescence de cinq carpelles opposés aux sépales et unis bord à bord : chacun d'eux doit donc être considéré comme un carpelle ouvert.

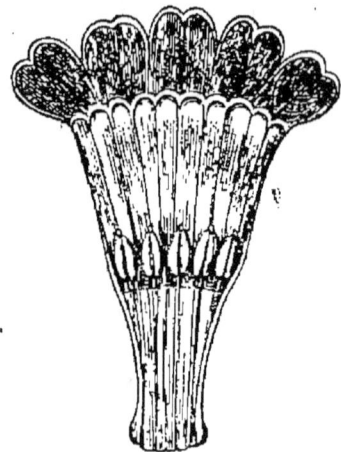

Fig. 613. — Corolle de la Primevère étalée et vue par sa face interne.

Fig. 614. — Coupe transversale de l'ovaire de la Primevère.

Reste à déterminer la valeur morphologique du renflement central qui supporte les ovules.

On pourrait être tenté, au premier abord, de le considérer comme un simple prolongement du pédicelle floral. Mais, s'il en était ainsi, l'orientation du bois et du liber dans ses faisceaux libéro-ligneux devrait être la même que dans ceux du pédicelle : le bois devrait être voisin de l'axe et le liber placé du côté de la périphérie. Or on observe, au contraire, que le bois y est tourné vers l'extérieur et le liber vers l'axe (*fig.* 615, 2), remarque qui suffit à faire rejeter cette première interprétation. Une série de coupes transversales et successives ou bien une coupe longitudinale faite suivant l'axe du pistil (*fig.* 615, 1) permet, d'autre part, d'observer que les faisceaux libéro-ligneux qui se rendent au massif placentaire ne sont pas autre chose que des dérivations de ceux qui se répandent dans les parois de l'ovaire et qui appartiennent en propre aux carpelles. Il semble donc légitime de se rallier à une interprétation proposée par M. Van Tieghem, de considérer ce massif comme formé par des dépendances des feuilles carpellaires qu'on pourrait assimiler à des ligules et qui se seraient soudées étroitement entre elles, de lui attribuer, en un mot, la valeur morphologique d'une somme d'appendices ligulaires des carpelles.

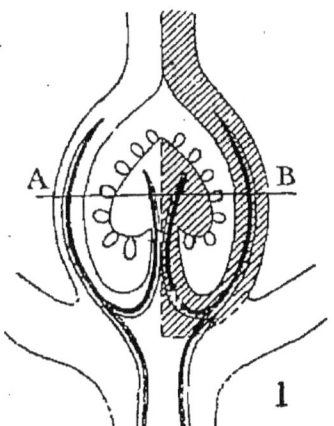

Le fruit qui succède à l'ovaire de la Primevère, après la fécondation, est une capsule qui se découpe à son sommet en un cer-

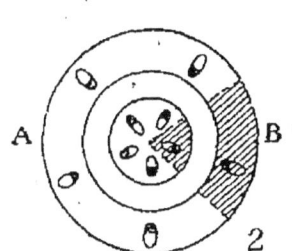
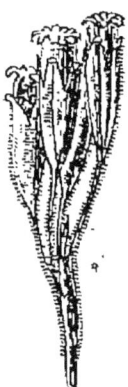

Fig. 615. — Coupe longitudinale (1) et transversale (2) de l'ovaire d'une Primulacée. — La droite AB, dans la première figure, indique la direction de la coupe qui fournit la seconde.

Fig. 616. Fruits de la Primevère.

Fig. 617. — Pyxide du Mouron rouge.

tain nombre de valves (*fig.* 616) et met en liberté de nombreuses graines à albumen charnu.

Les feuilles de la Primevère sont groupées, à la base de la tige, en une sorte de rosette au centre de laquelle se dresse l'axe d'inflorescence; mais cette disposition est spéciale à la Primevère; chez d'autres Primulacées, les feuilles peuvent être alternes et espacées le long de la tige ou même opposées.

41.

La position des cinq étamines en face des pétales et la placentation centrale de l'ovaire sont les caractères essentiels des Primulacées.

Les Cyclamens (*Cyclamen*), les Lysimaques (*Lysimachia*), le Mouron des champs, à fleurs rouges ou bleues (*Anagallis arvensis*), appartiennent à la famille des Primulacées. Chez les Cyclamens, la tige souterraine se renfle en un tubercule. Chez le Mouron des champs, qu'il ne faut pas confondre avec le Mouron des Oiseaux, à fleurs blanches, appartenant à la famille des Caryophyllées, le fruit est une capsule sphérique, qui s'ouvre transversalement au niveau de son équateur et dont l'hémisphère supérieur se détache à la façon d'un couvercle (*fig.* 617) : une telle capsule porte le nom de *pyxide*.

Famille voisine. — La famille des *Ericacées*, qui contient les Bruyères (genres *Erica* et *Calluna*), est assez voisine de celle des Primulacées.

Gamopétales inférovariées. — La série des Gamopétales inférovariées comprend deux familles importantes, celles des *Rubiacées* et des *Composées*.

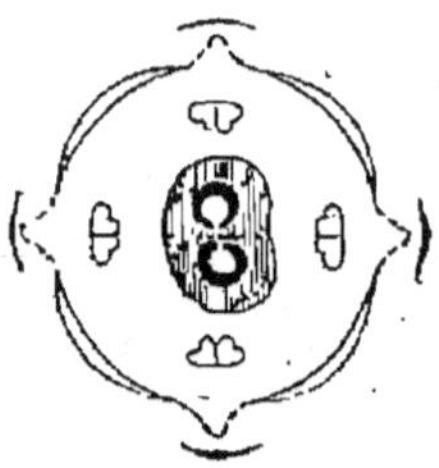

Les Rubiacées. — La vaste famille des *Rubiacées* renferme 337 genres avec 4100 espèces environ : ce sont tantôt des arbres ou des arbustes, tantôt des herbes.

Fig. 618. — Diagramme des Rubiacées.

L'inflorescence est assez variable chez les Rubiacées : souvent c'est une grappe composée qui se termine par des cymes bipares; quelquefois c'est une ombelle.

Le nombre des pièces florales n'est pas le même dans tous les genres de Rubiacées : la fleur, toujours régulière (*fig.* 618), est construite ordinairement suivant le type 4 ou le type 5, quelquefois suivant le type 6.

Supposons, pour fixer les idées, que nous observions une fleur d'Aspérule odorante (*Asperula odorata*) ou d'une espèce quelconque de Caille-lait (*Galium*).

Le calice est généralement très réduit et comprend quatre sépales rudimentaires.

La corolle comprend quatre pétales égaux et concrescents.

L'androcée comprend quatre étamines, égales entre elles, alternant avec les pétales et concrescentes avec le tube de la corolle.

Le pistil est composé de deux carpelles, l'un antérieur, l'autre postérieur, concrescents au-dessous de la corolle en un ovaire infère, divisé intérieurement en deux loges : chaque loge, correspondant à un des deux carpelles, contient un ovule unique. L'ovaire est surmonté de deux styles, généralement concrescents; ils sont cependant libres entre eux dans les espèces du genre *Galium*.

Le fruit est un diakène dont chaque moitié contient une graine pourvue d'un albumen corné; mais, à la maturité, ce diakène se détache en bloc de son pédicelle; les deux moitiés ne se séparent pas l'une de l'autre suivant le mode qu'on observe chez les Ombellifères.

De la nature de l'inflorescence, qui est quelquefois en ombelle, de l'extrême réduction du calice, de la structure du pistil, qui entraîne celle du fruit, résulte une certaine ressemblance entre l'organisation de la fleur des Rubiacées et celle de la fleur des Ombellifères : cette ressemblance est surtout frappante quand la fleur est construite sur le type 5.

Les Rubiacées occupent, parmi les Gamopétales, une position comparable à celle des Ombellifères parmi les Dialypétales.

Les Rubiacées paraissent souvent munies de feuilles verticillées : c'est ce qu'on observe, par exemple, chez les Caille-lait (*fig.* 619). En réalité, parmi les pièces foliacées d'un même verticille, il n'en est que deux, opposées diamétralement l'une à l'autre, qui portent à leurs aisselles des bourgeons, susceptibles de se développer ultérieurement en branches; celles-là seulement sont de vraies feuilles; les autres pièces doivent être considérées comme représentant les stipules des deux feuilles opposées, qui se sont plus ou moins développées : si les quatre stipules restent petites, leur taille permet de les distinguer immédiatement des feuilles; si elles prennent un développement égal à celui des feuilles, la disposition de celles-ci paraît franchement verticillée; si enfin deux stipules voisines, appartenant à deux feuilles différentes, deviennent concrescentes en une lame unique, comme cela arrive chez la Croisette (*Galium cruciata*), le verticille paraît comporter quatre feuilles. — Les Rubiacées doivent donc être généralement considérées comme portant des feuilles opposées, simples et pourvues de stipules; d'ailleurs, chez certaines espèces, comme le Caféier, les stipules ont un aspect membraneux et la disposition opposée des feuilles ne saurait échapper à l'observation la plus superficielle.

Fig. 619. — Tige de Gratteron.

La distribution des feuilles chez les Rubiacées retentit sur la forme de leur tige, dont la section est ordinairement quadrangulaire.

Ovaire infère, constitué par deux carpelles fermés, qui contiennent en tout deux ovules; — fruit affectant la forme d'un diakène; — feuilles opposées et stipulées, qui paraissent fréquemment verticillées : tels sont, en résumé, les caractères principaux auxquels on reconnaît généralement les Rubiacées.

Parmi les Rubiacées de nos pays, citons : l'Aspérule odorante ou Petit Muguet des bois (*Asperula odorata*); — les Gaillets, Gratterons ou Caille-lait (*Galium*), qui se distinguent des Aspérules par la séparation de leurs styles et dont la tige est parfois couverte, le long de ses arêtes, d'aiguillons nom-

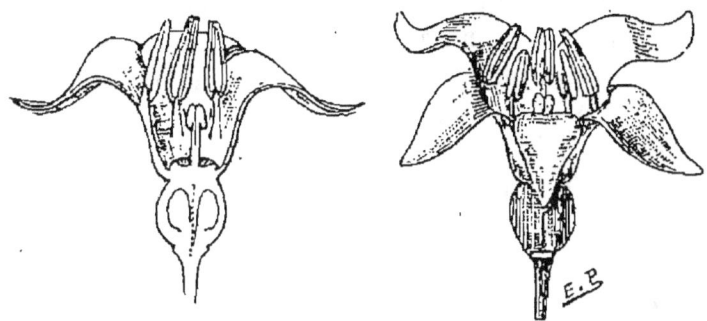

Fig. 620. — Fleur de Garance : à droite, entière ; à gauche, en coupe longitudinale.

breux qui la rendent âpre au toucher ; — la Garance (*Rubia tinctorum*), dont la fleur est construite sur le type 5 (*fig.* 620), dont le fruit est une baie et dont la racine fournit une matière colorante rouge, l'alizarine, employée pour la teinture des pantalons de soldats ; la culture de la Garance était autrefois très répandue dans plusieurs départements du Midi ; aujourd'hui la distillation des goudrons de houille fournit l'alizarine à bien meilleur compte et la culture de la Garance est absolument ruinée.

L'Aspérule, les Gaillets, la Garance représentent une première tribu de la famille des Rubiacées, la tribu des *Rubiées*, qui offrent, avec la plus grande netteté, les caractères énoncés plus haut.

Fig. 621. — Branche et fruit de Caféier.

Le Caféier (*Coffea arabica*) (*fig.* 621) a pour fruit une drupe, qui contient intérieurement deux graines : après avoir été torréfiées, ces graines, dont l'albumen est riche en principes toniques, servent à la préparation du *café*.

Une autre Rubiacée exotique, *Cephælis Ipecacuanha*, contient dans sa racine une substance vomitive.

Les genres *Coffea* et *Cephælis* appartiennent à une seconde tribu de la famille des Rubiacées, celle des *Cofféées*; elles se distinguent des Rubiées par l'aspect des stipules, qui, au lieu d'offrir une apparence foliacée, sont réduites à l'état membraneux.

Les Rubiacées du genre *Cinchona* contiennent, dans la couche profonde de leur écorce et à la périphérie de leur moelle, de longues cellules qui renferment un liquide laiteux et résineux : ce liquide, riche en alcalis organiques, tels que la quinine et la cinchonine, donne à l'écorce de ces plantes, connue sous le nom de *quinquina*, des propriétés fébrifuges qui en font un remède précieux. Le fruit des *Cinchona* est une capsule septicide.

Avec le genre *Gardenia*, le genre *Cinchona* représente une troisième tribu de Rubiacées, celle des *Cinchonées*; les Cinchonées se rapprochent des Cofféées par la nature membraneuse de leurs stipules; mais elles en diffèrent essentiellement parce que chacun de leurs deux carpelles, au lieu de contenir un seul ovule, en renferme un grand nombre.

Le tableau ci-joint permet de résumer la distribution des Rubiacées entre les trois tribus que nous venons de passer en revue.

FAMILLE			TRIBUS	GENRES
RUBIACÉES	à deux ovules	à stipules foliacées........	RUBIÉES.......	*Rubia.*
		à stipules membraneuses....	COFFÉÉES......	*Coffea.*
	à ovules nombreux et à stipules membraneuses.............		CINCHONÉES....	*Cinchona.*

Les Composées. — La famille des *Composées* est la

plus vaste de tout l'embranchement des Phanérogames : elle comprend plus de 9500 espèces, c'est-à-dire environ 1/10 de l'ensemble des espèces connues parmi les Phanérogames. Ce sont ordinairement des plantes herbacées.

Les Composées tirent leur nom de la nature de leurs inflorescences : ce sont des *capitules*. Le capitule (*fig.* 622)

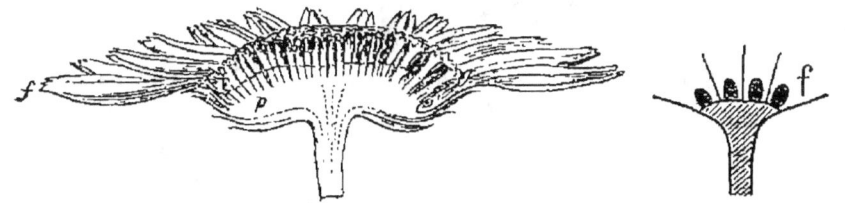

Fig. 622. — Capitule de la Reine-Marguerite. — A droite, schéma.

réunit à la fois les caractères de l'ombelle et ceux de l'épi : les fleurs sont toutes portées au sommet de l'axe d'inflorescence, comme dans l'ombelle, et leurs pédoncules sont extrêmement réduits, comme dans l'épi, de manière à les rapprocher étroitement les unes des autres. Dans une telle inflorescence, les fleurs ne sauraient se développer côte à côte qu'à une condition, c'est que le sommet de l'axe d'inflorescence s'aplatisse et s'étale pour leur servir de support commun ou de *réceptacle*. L'ensemble des bractées qui entourent la base de l'inflorescence forme, comme dans l'ombelle, une sorte de gaine protectrice qu'on appelle un *involucre*. Le Bleuet, la Chicorée, le Souci, la Marguerite, etc., fournissent des exemples bien connus de capitules : ce qu'on appelle communément la « fleur » du Bleuet, de la Chicorée, du Souci ou de la Marguerite n'est pas une simple fleur, mais un ensemble de fleurs, ce qu'on nommait autrefois, d'un terme assez impropre, une *fleur composée* ; de là le nom donné à la famille tout entière. Cette « fleur composée » se décompose, au premier coup d'œil, en un certain nombre de corolles distinctes : les plus voisines de la périphérie de l'inflorescence sont aussi les plus anciennes ; elles se développent suivant une direction centripète.

Pour continuer l'étude des caractères de la famille des

Composées, prenons un premier type : il nous sera fourni par le Bleuet (*Centaurea cyanus*) (*fig.* 623).

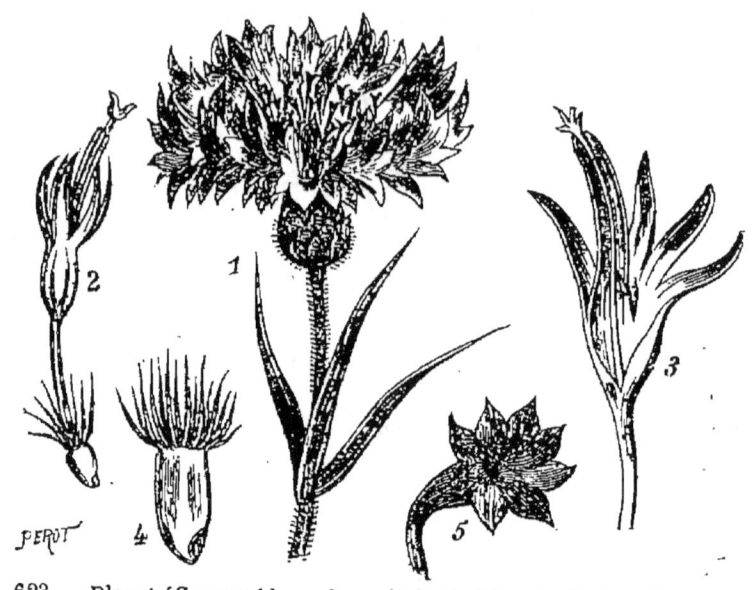

Fig. 623. — Bleuet (*Composée*). — 1, capitule du Bleuet; 2, fleur du centre, fertile; une corolle gamopétale, à cinq divisions régulières, surmonte l'ovaire; elle est, à sa base, entourée de poils; 3, corolle fendue pour montrer le tube formé par les anthères soudées, et le style; 4, fruit indéhiscent, il renferme une graine; 5, fleur stérile du pourtour.

Détachons une des fleurs voisines du centre d'un capitule de Bleuet.

Nous y trouvons d'abord une corolle bleue, en forme de tube dont la partie supérieure s'ouvre en entonnoir; le bord libre de ce dernier porte cinq dents égales, régulièrement disposées. C'est une corolle *tubuleuse*, formée de cinq pétales égaux et concrescents.

A l'entrée du tube de la corolle paraît une sorte de manchon, de couleur violet foncé; de l'ouverture de ce manchon émerge un filament, bifurqué à son extrémité. Il est facile de constater (*fig.* 624), en ouvrant la corolle dans le sens longitudinal à l'aide d'une paire de ciseaux fins, que ce manchon est formé par cinq anthères (a) concrescentes entre elles. Les cinq filets (f), libres entre eux, qui soutiennent, comme autant de colonnettes, le manchon formé par les anthères, vont se fixer à la face interne du tube de la corolle. Cette organisation de l'androcée des Composées peut être résumée en disant qu'elles sont à la fois *corolliflores* (puisque leurs étamines sont adhérentes à la corolle) et *synanthérées* (puisque leurs anthères sont concrescentes entre elles) : on étend quelquefois ce dernier qualificatif à la famille tout entière, qu'il sert à désigner, aussi bien que le nom de *Composées*.

Au-dessous de la corolle on observe l'ovaire, dont la position est par suite *infère*. Il est uniloculaire et contient, à la maturité, un ovule unique; mais l'étude de sa structure et de son développement permet de s'assurer qu'il est constitué par deux carpelles, l'un antérieur, l'autre postérieur, ouverts et concrescents suivant le mode pariétal de placentation. De la face supérieure de l'ovaire, à l'intérieur de la corolle, se détache un style très long, qui traverse la couronne formée par les anthères et se termine par deux stigmates, indices de la structure bicarpellaire du pistil : c'est le style, surmonté de ces deux stigmates, qu'on aperçoit au premier abord, émergeant du manchon staminal.

Une couronne de poils, fixés au sommet de l'ovaire et enveloppant la base de la corolle, représente le calice, concrescent dans sa partie inférieure avec le pistil.

Une fleur ainsi constituée est dite *tubuleuse*; c'est encore ce qu'on appelle un *fleuron*.

Dans les fleurs les plus externes du capitule, la forme de la corolle est à peu près la même, bien que moins régulière et ouverte vers l'extérieur où elle tend à s'étaler en forme de languette; mais c'est encore, somme toute, une corolle tubuleuse. Remarquons que cette corolle n'abrite ni étamines ni pistil; la fleur se réduit à une corolle, entourée, au voisinage du réceptacle, par une couronne de poils qui représentent le calice : c'est une fleur stérile.

Le capitule du Bleuet, ne comprenant que des fleurons, est dit *flosculeux*.

Après la fécondation, les étamines, la corolle et le style

se flétrissent; l'ovaire infère se transforme en un akène, qui contient une graine dépourvue d'albumen; l'aigrette de poils qui représente le calice persiste et surmonte le fruit, dont elle favorise la dissémination : le calice est, en un mot, *persistant*.

L'organisation d'un capitule de Chardon ou d'Artichaut offrirait à peu près les mêmes caractères que celle d'un capitule de Bleuet.

Comme second exemple de Composées, considérons le Pissenlit (*Taraxacum Dens-leonis*).

Du centre d'une rosette de feuilles très découpées et appliquées contre la terre, se détache une hampe verticale qui porte à son sommet un capitule (*fig.* 625).

Ici encore toutes les fleurs du capitule se ressemblent et, quel que soit son rang dans le capitule, la forme de la corolle (*fig.* 626) diffère sensiblement de celle que nous avons observée dans

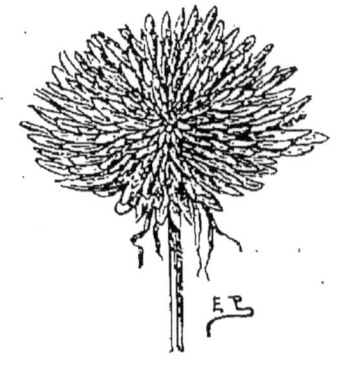

Fig. 625. — Un capitule de Pissenlit.

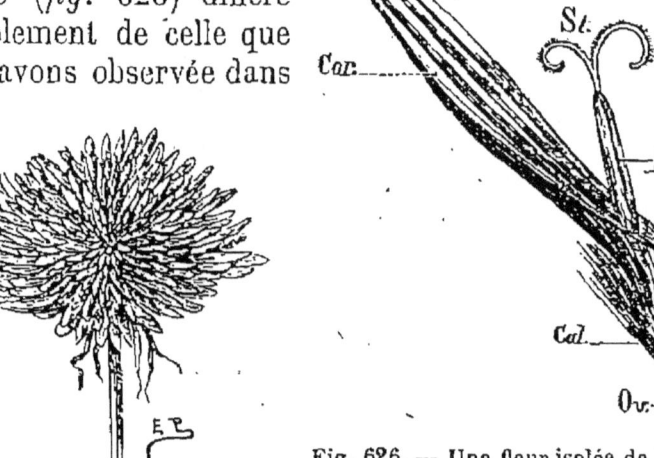

Fig. 626. — Une fleur isolée de Pissenlit. — *Cal.*, calice; *Cor.*, corolle; *Anth.*, anthères concrescentes; *Ov.*, ovaire.

le Bleuet : elle s'ouvre largement à sa partie supérieure et se termine, vers l'extérieur du capitule, par une languette ou *ligule* dont le bord libre porte cinq dents, indices de cinq pétales; c'est une corolle *ligulée* et la fleur tout entière est ce qu'on appelle un *demi-fleuron*.

L'organisation de l'androcée et du pistil sont à peu de chose près les mêmes que chez le Bleuet.

Un capitule entièrement formé, comme celui du Pissenlit, de fleurs ligulées est un capitule *demi-flosculeux*.

Les akènes du Pissenlit, surmontés d'aigrettes délicates, que forment les calices persistants, sont réunis sur le réceptacle du capitule en une boule légère et blanche que le plus léger souffle détruit (*fig.* 627); ainsi se trouvent disséminés les fruits.

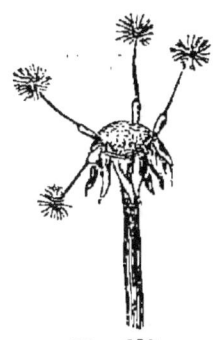

Fig. 627.
Réceptacle et fruits du Pissenlit.

Les mêmes caractères se rencontreraient dans le capitule de la Chicorée (*fig.* 628 et 629), du Salsifis ou de la Laitue.

Un troisième exemple de Composées sera la Grande Marguerite (*Leucanthemum vulgare*).

Ici le capitule comprend deux sortes de fleurs. Celles du centre sont régulières et tubuleuses; leurs corolles sont jaunes; elles contiennent à la fois des étamines et un pistil, organisés comme chez le Bleuet ou le Pissenlit :

Fig. 628 — Une sommité fleurie de Chicorée.

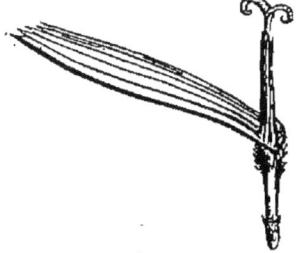

Fig. 629.
Une fleur de Chicorée.

ce sont des fleurs hermaphrodites. Celles du pourtour ont des corolles ligulées, de couleur blanche, et forment comme des rayons autour du disque occupé par les fleurs tubuleuses. Ces fleurs blanches contiennent un pistil, mais sont dépourvues d'androcée : ce sont des fleurs femelles. Un capitule ainsi constitué est un capitule *radié*. La même organisation se retrouve chez la Pâquerette, la Camomille, le Souci, le Grand-Soleil, le Topinambour, le Chrysanthème (*fig.* 630), le Dahlia ; mais les fleurs du pourtour sont généralement hermaphrodites, aussi bien que celles du centre.

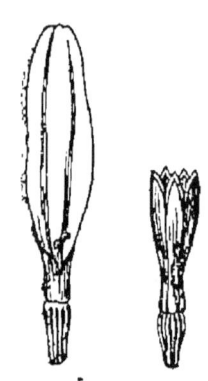

Fig. 630. — Fleurs de Chrysanthème.

De la comparaison des trois types que nous avons choisis pour faire l'étude sommaire de la famille des Composées, se dégagent aisément les caractères généraux de ces plantes, mis en évidence par le diagramme ci-joint (*fig.* 631). Ce sont : la disposition des fleurs en capitule, — l'organisation corolliflore et synanthérée de l'androcée, — la position infère de l'ovaire, dont les carpelles sont ouverts.

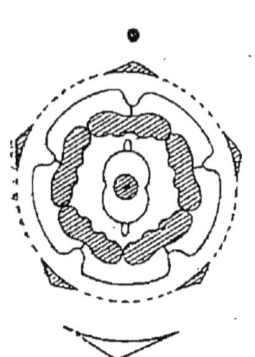

Fig. 631. — Diagramme des Composées.

D'ailleurs, les feuilles des Composées sont dépourvues de stipules ; simples ou composées, elles ont ordinairement un limbe très découpé.

Les espèces et les genres de cette famille sont tellement nombreux qu'il faut y distinguer trois tribus principales, dont chacune a l'importance numérique d'une sous-famille. La tribu des *Tubuliflores* comprend toutes les Composées dont le capitule ne contient que des fleurs tubuleuses, comme le Bleuet. Dans la tribu des *Liguliflores*, à laquelle appartient le Pissenlit, toutes les fleurs du capitule sont ligulées. Enfin la tribu des *Radiées*, dont la Grande-Marguerite est le type, est caractérisée par la localisation des fleurs ligulées à la périphérie du capitule, dont le centre est occupé par des fleurs tubuleuses.

Les Composées sont riches en produits de sécrétion.

Chez les Tubuliflores, l'appareil sécréteur est formé de cellules, isolées ou disposées en files, qui contiennent des oléorésines. Chez les Liguliflores, l'appareil sécréteur prend la forme d'un réseau complexe, dont les éléments contiennent un latex amer et irritant. Les essences diverses que produisent les Radiées sont contenues dans de véritables canaux sécréteurs. Ainsi l'étude de l'appareil sécréteur chez les Composées vient justifier la division en tribus que permet d'établir la morphologie de la fleur.

Passons rapidement en revue quelques-uns des genres principaux appartenant aux trois tribus de la famille.

Parmi les *Tubuliflores*, citons :

les Chardons (*Cirsium, Carduus*) ;

les Centaurées (*Centaurea, C. cyanus* par exemple) ;

l'Artichaut (*Cynara Scolymus*), dont l'inflorescence est comestible : on mange le réceptacle du capitule de l'Artichaut avant l'épanouissement des fleurs (c'est le « fond »), avec les bases des bractées de l'involucre (« feuilles ») ; le « foin » est formé par les fleurs, encore en boutons ;

le *Carthame* (*Carthamus tinctorius*), dont les capitules fournissent une matière colorante rose.

Les feuilles de beaucoup de *Liguliflores*, comme la Chicorée, le Pissenlit, la Laitue (*Lactuca*), sont mangées en salade : pour les approprier à cet usage, on les cultive à l'abri de la lumière, de manière à réduire le latex âcre qu'elles renferment à l'état naturel.

La racine de la Chicorée (*Cichorium Intybus*), soumise à la torréfaction, fournit une poudre qu'on emploie comme succédané du café. Les racines du Salsifis blanc (*Tragopogon porrifolius*) et de la Scorzonère ou Salsifis noir (*Scorzonera hispanica*) se mangent cuites.

La tribu des *Radiées* fournit un grand nombre d'espèces ornementales. Les inflorescences des Dahlias et des Chrysanthèmes, par exemple, sont aisément doublées par la culture, c'est-à-dire qu'on obtient la transformation des fleurs tubuleuses du centre d'un capitule en fleurs ligulées comme celles du pourtour.

Avec la Grande-Marguerite, la Pâquerette, le Dahlia, le Chrysanthème, la tribu des Radiées renferme encore les Séneçons (*Senecio*), les Asters, les Soleils (*Helianthus*) : le Grand-Soleil (*Helianthus annuus*) est surtout ornemental ; le Topinambour (*Helianthus tuberosus*) renfle ses tiges souterraines en tubercules comestibles.

L'Arnica (*Arnica montana*) contient un principe employé contre les contusions. La Camomille (*Matricaria Chamomilla*) est excitante et vermifuge. L'Absinthe (*Artemisia Absinthium, A. vulgaris*) est amère et tonique ; elle entre dans la composition d'une liqueur très nuisible à la santé.

Autres familles de Gamopétales inférovariées.
— Au voisinage de la famille des Composées on peut placer celles des *Dipsacées*, avec les Scabieuses (*Scabiosa*) et le Chardon à foulons (*Dipsacus fullonum*) (fig. 632), — des *Valérianées*, avec la Valériane (*Valeriana officinalis*) et la Mâche (*Valerianella olitoria*), — des *Caprifoliacées*, avec le Chèvrefeuille

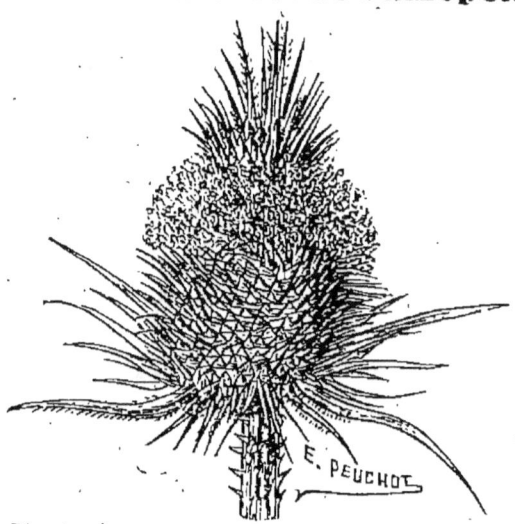

Fig. 632. — Inflorescence du Chardon à foulons.

(*Lonicera Caprifolium*), le Sureau (*Sambucus nigra*) et la Viorne (*Viburnum Opulus*) ; elles la rattachent à la famille des Rubiacées.

C'est encore parmi les Gamopétales inférovariées que viennent se classer les *Campanulacées*, telles que les Campanules (*Campanula*) (fig. 633 et 634), et les *Cucurbitacées*, telles que le Melon (*Cucumis Melo*), le Concombre (*Cucumis sativus*), et la Bryone (*Bryonia dioica*) (fig. 635).

Résumé de la classification des Gamopétales.
— Le résumé synoptique ci-joint permettra d'embrasser

d'un coup d'œil la classification des principales familles de Gamopétales.

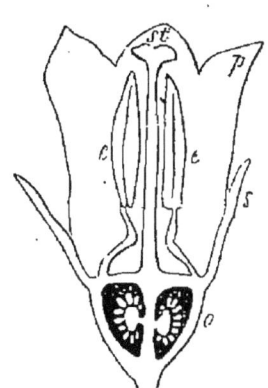

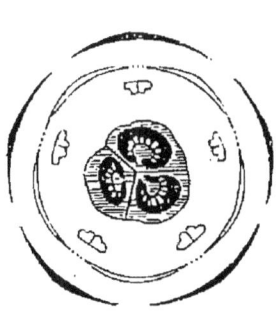

Fig. 633. — Coupe verticale d'une fleur de Campanule.

Fig. 634. Diagramme de la même.

Fig. 635. — Une tige de Bryone, avec ses vrilles.

GROUPEMENT DES PRINCIPALES FAMILLES DE GAMOPÉTALES

GAMOPÉTALES	supérovariées	étamines alternes avec les pétales { nombreux ovules	fleurs régulières { feuilles opposées.	APOCYNÉES..	Vinca.
			feuilles alternes.	SOLANÉES....	Solanum.
			fleurs irrégulières.....	PERSONÉES...	Linaria.
		quatre ovules	fleurs régulières.......	BORRAGINÉES.	Borrago.
			fleurs irrégulières.....	LABIÉES.....	Lamium.
		étamines opposées aux pétales..		PRIMULACÉES.	Primula.
	inférovariées	étamines libres entre elles......		RUBIACÉES...	Rubia.
		étamines synanthérées, fleurs groupées en capitules.........		COMPOSÉES...	Centaurea.

Résumé de la classification végétale. — Le tableau d'ensemble qui suit permettra enfin de jeter un regard rétrospectif sur les principaux groupes de plantes actuelles qui ont été successivement passées en revue dans les pages qui précèdent.

TABLEAU RÉSUMANT LA CLASSIFICATION DU RÈGNE VÉGÉTAL.

EMBRANCHEMENTS	CLASSES		ORDRES	FAMILLES
THALLOPHYTES	CHAMPIGNONS	isolés	MYXOMYCÈTES. SIPHOMYCÈTES. BASIDIOMYCÈTES. ASCOMYCÈTES.	
		associés à des algues	LICHENS.	
	ALGUES		CYANOPHYCÉES, avec	*Bactériacées.*
			CHLOROPHYCÉES	*Protococcacées. Siphonées. Confervacées. Conjuguées.* avec *Characées.*
			PHÉOPHYCÉES	*Diatomées. Fucacées.*
			RHODOPHYCÉES	*Floridées.*
BRYOPHYTES	HÉPATIQUES.			
	MOUSSES			*Sphagnacées. Bryacées.*
PTÉRIDOPHYTES	FILICINÉES		FOUGÈRES. MARATTINÉES. HYDROPTÉRIDES.	
	ÉQUISÉTINÉES			*Équisétacées.*
	LYCOPODINÉES			*Lycopodiacées. Sélaginellées. Isoétées.*

PHANÉROGAMES.
{
  GYMNOSPERMES .... {
    Ptéridospermées.
    Cycadacées.
    Ginkgoacées.
    Conifères.
    Gnétacées.
  }
  ANGIOSPERMES {
    MONOCOTYLÉDONES .... {
      Liliacées.
      Amaryllidées.
      Iridées.
      Orchidées.
      Palmiers.
      Graminées.
      Cypéracées.
      Aroïdées.
    }
    DICOTYLÉDONES .... {
      APÉTALES .... {
        Urticacées.
        Salicinées.
        Polygonées.
        Chénopodiacées.
        Cupulifères.
      }
      DIALYPÉTALES .. {
        Renonculacées.
        Papavéracées.
        Crucifères.
        Malvacées.
        Caryophyllées.
        Rutacées.
        Légumineuses.
        Rosacées.
        Ombellifères.
      }
      GAMOPÉTALES ... {
        Apocynées.
        Solanées.
        Personées.
        Borraginées.
        Labiées.
        Primulacées.
        Rubiacées.
        Composées.
      }
    }
  }
}

Détermination des plantes. — Le meilleur exercice qui puisse conduire à une connaissance sérieuse des principales familles végétales est celui qui consiste à *déterminer* les plantes qu'on rencontre dans la nature, c'est-à-dire à trouver pour chacune d'elles, d'après les caractères qu'elle présente, les noms de genre et d'espèce qui lui conviennent. Quand on aura renouvelé cet exercice pour un grand nombre de plantes communes, on aura forcément passé en revue les principales familles, dont les caractères, maintes fois observés, se graveront aisément dans la mémoire.

Flores et synopsis. — Pour la détermination des plantes, on se sert d'ouvrages appelés *flores* ou *synopsis*.

Dans une *flore*, celui qui cherche le nom d'une plante se trouve placé successivement en face d'une série de questions groupées deux par deux, de telle sorte qu'il ne puisse pas y avoir d'hésitation sur la réponse à fournir. Par exemple : La plante a-t-elle des fleurs ? La plante est-elle sans fleurs ? — Les étamines et les pistils se trouvent-ils sur la même plante ? Toutes les fleurs sont-elles sans pistil ou sans étamines ? — La fleur est-elle à deux enveloppes (calice et corolle) de couleur et de consistance différentes ? La fleur a-t-elle une seule enveloppe, ou deux enveloppes de couleur et de consistance semblables, ou pas d'enveloppes florales ? etc. Chaque fois que l'observateur a répondu affirmativement à l'une de ces questions, il se trouve placé en face d'une nouvelle alternative, et il arrive ainsi, de proche en proche, à la détermination du genre et de l'espèce de la plante étudiée. Un tel système constitue ce qu'on appelle une *clef dichotomique*.

Le débutant commencera par étudier des plantes à grandes fleurs, dont toutes les pièces soient bien distinctes ; ce n'est qu'après ces déterminations faciles qu'il s'attaquera peu à peu à des plantes dont les fleurs seront plus petites ou d'un examen plus difficile. Il pourra prendre, pour son premier début, une plante bien connue, par exemple le Fraisier, et se proposer de déterminer son nom scientifique ; cet exercice pourra se renouveler avec d'autres espèces très communes, comme le Coquelicot, le Lamier blanc ou Ortie blanche, la

Primevère, le Pois, et, parmi des plantes un peu moins faciles à déterminer, le Bleuet, la Chicorée, etc.

Dans les *synopsis*, l'ensemble des questions auxquelles l'observateur doit répondre se trouve réuni dans un tableau qu'il peut embrasser d'un seul coup d'œil, un tableau « synoptique ». On comprend qu'une pareille disposition facilite singulièrement les recherches [1].

Herborisation; récolte des plantes. — Toutes les parties de la plante sont utiles à étudier; quand on récolte des plantes pour l'étude, quand on fait ce qu'on appelle une *herborisation*, il ne suffit donc pas de cueillir des fleurs; il faut encore, toutes les fois que cela est possible, prendre les plantes entières avec leurs parties souterraines; il est évident que, pour les arbres ou les arbustes, on se contentera de branches portant des fleurs ou des fruits.

Les plantes récoltées pourraient être simplement conservées, pendant l'herborisation, dans une grande feuille de papier épais, dans un journal par exemple; mais il est plus commode de se servir de la *boîte d'herborisation*, en fer-blanc peint en vert, que tout le monde connaît.

Préparation des plantes. — Les plantes, rapportées à la maison, doivent être, autant que possible, déterminées pendant qu'elles sont fraîches, puis *préparées*, si on désire les conserver pour des études ultérieures. Le procédé le plus commode consiste à dessécher les échantillons. Le moyen le plus économique de les dessécher est le suivant. On se procure une quantité suffisante de papier *qui ne boive pas*,

---

[1]. Nous ne saurions mieux recommander aux débutants que la *Petite Flore* par MM. Gaston Bonnier, professeur à la Sorbonne, et de Layens, lauréat de l'Institut (prix 1f,50, Librairie générale de l'Enseignement), qui leur permettra de déterminer les espèces les plus répandues de la flore française.
Un ouvrage plus complet est la *Nouvelle Flore*, des mêmes auteurs, qui leur assurera la détermination de toutes les plantes vasculaires des environs de Paris. Une édition spéciale a été publiée pour le nord de la France et la Belgique. On peut lui adjoindre l'*Album de la Nouvelle Flore*, qui donne une vue photographique d'ensemble de chaque espèce.
Enfin la *Flore complète de la France*, ouvrage nécessairement plus volumineux, contient toutes les espèces de la Flore française.
Ces trois ouvrages sont remarquables par la simplicité du vocabulaire scientifique, par la disposition synoptique des clefs et par le grand nombre des figures, insérées dans le texte, qui représentent les caractères des genres et des espèces.

par exemple ce papier jaune connu sous le nom de *papier paille*, dont les commerçants se servent pour envelopper les paquets. Le plus tôt possible après l'excursion, on dispose dans chaque feuille double un certain nombre d'échantillons bien étalés et séparés les uns des autres. Lorsque la première feuille a reçu des échantillons, on la place sur trois ou quatre autres feuilles doubles, engagées l'une dans l'autre et disposées en sens inverse, c'est-à-dire le dos à droite si on tourne à gauche celui de la feuille qui contient les échantillons. Au-dessus de celle-ci on dispose un nouveau coussin de trois ou quatre feuilles, le dos à droite, puis au-dessus une nouvelle feuille chargée d'échantillons, et ainsi de suite. On place le paquet formé par les plantes et les coussins au-dessous d'une planche sur laquelle on pose une grosse pierre ou un poids considérable. Le lendemain on étale le tout dans un endroit sec, de façon qu'une moitié de chaque feuille ou coussin recouvre la moitié du coussin ou de la feuille qui est placée au-dessous : l'eau extraite des plantes par la pression, et que le papier n'a pas bue, s'évapore rapidement; au bout d'une heure, on réunit le tout en un nouveau paquet, qu'on remet sous presse. En renouvelant l'opération un nombre suffisant de fois, on finit par obtenir des échantillons complètement secs.

Herbier. — Une fois les plantes préparées, on les range dans des feuilles doubles de papier, en ne plaçant qu'une seule espèce dans chaque feuille. Il est bon de fixer les échantillons à la feuille, par exemple à l'aide de petites bandes de papier qu'on place sur les tiges, pétioles ou racines, en les attachant avec des épingles qu'on fait passer sous la plante et la feuille de l'herbier. Chaque feuille doit être munie d'une étiquette indiquant le nom de l'espèce, la date, le lieu et les circonstances intéressantes de sa découverte. Puis les feuilles sont rangées dans l'ordre de la classification naturelle qu'on a adoptée.

Les plantes sèches sont rapidement attaquées par les insectes; le plus simple, pour les préserver de leurs atteintes, est de mettre, dans le meuble qui les contient, des morceaux de naphtaline brute du commerce, qu'on renouvelle au fur et à mesure de leur évaporation[1].

CHAPITRE XIX

Notions de géobotanique.

Géobotanique. — La *géobotanique* a pour objet l'étude de la distribution naturelle des végétaux à la surface de la terre.

Stations des diverses espèces. — Il suffit de porter son attention sur la répartition des plantes qu'on observe, à l'état spontané, dans une région très limitée pour s'assurer que chaque espèce ne se développe que dans des conditions spéciales, qui ne conviennent pas à toutes les autres.

Supposons, par exemple, que nous ayons entrepris d'explorer une vallée au sol calcaire, orientée de l'est à l'ouest et parcourue par une rivière.

Dans les prés voisins du cours d'eau et exposés à des inondations périodiques, le tapis végétal sera formé au printemps, de Carex et de Joncs, en été de Menthes, de Chardons, d'Epilobes. Les arbres qui jalonneront le cours d'eau et permettront de le deviner à distance seront des Saules, des Peupliers, des Aunes.

Dans les prairies plus élevées, qui ne sont pas exposées, pendant les périodes de crues, aux incursions de la rivière, le fond de la végétation sera formé de Graminées, comme les Bromes, les Fétuques, les Dactyles, les Paturins, et de Légumineuses, comme les Trèfles, le Lotier, le Sainfoin;

---

[1]. Pour tout ce qui concerne la récolte et la conservation des plantes, on trouvera plus de détails dans les Flores de MM. G. Bonnier et de Layens, auxquelles nous avons emprunté ces indications sommaires.

des Primevères et des Saxifrages émailleront les prairies.

Le versant de la vallée exposé au midi pourra être couvert par un bois. Sur sa lisière fleuriront au printemps des Violettes, des Primevères, des Anémones, des Luzules, quelques espèces de Carex ; en été des Orchidées et des Polygalées. Les essences qui domineront dans le bois seront le Chêne, le Hêtre, le Charme, le Noisetier. Sous leur couvert, le tapis de gazon s'émaillera des fleurs de l'Anémone sylvie, de la Jacinthe des bois, de l'Aspérule odorante, de la Pervenche, de la Pulmonaire ; dans les endroits humides et abrités abonderont les Mousses et les Fougères ; les parties plus sèches seront riches en Lichens.

Le versant exposé au nord, moins favorisé sous le rapport de la lumière et de la chaleur, pourra être dépourvu de bois ; la végétation sera moins abondante que celle du versant opposé et manifestera un retard sensible sur elle.

Supposons que le sol de la vallée dont nous avons fait l'exploration botanique, au lieu d'être calcaire, ait été siliceux ; les essences du bois attaché à ses flancs auraient été différentes : le Châtaignier aurait dominé, associé au Pin silvestre, à l'Epicéa, au Bouleau ; dans les parties découvertes se seraient développés le Genêt à balais, les Bruyères, la Fougère Grand aigle ; sous le couvert des bois, certaines espèces de Mousses, différentes de celles qui végètent sur un sol calcaire, les Polytrics par exemple. Il y a donc des espèces qui recherchent de préférence les sols calcaires (elles sont, comme on dit en un mot, *calcicoles*), tandis que d'autres semblent les fuir (ce sont des espèces *calcifuges*) ; les espèces *silicicoles* paraissent rechercher les sols siliceux.

Cette étude sommaire de la flore d'une région limitée nous permettrait déjà de conclure que chaque espèce habite exclusivement certaines régions déterminées, qu'on appelle ses *stations*.

Facteurs qui définissent une station. — Parmi les facteurs qui composent une station déterminée et permettent de la définir, il faut nommer en première ligne les quantités de *chaleur* et de *lumière* que reçoit cette station ;

il faut encore considérer l'*humidité* de l'atmosphère et celle du sol, enfin la *nature chimique* de ce dernier.

Influence de l'altitude et de la latitude sur la répartition des espèces. — C'est surtout l'*altitude* et la *latitude* qui déterminent les quantités de chaleur et de lumière que reçoit une région déterminée. On doit donc s'attendre à voir varier les caractères généraux de la végétation soit quand on s'élève, sur les flancs d'une haute chaîne de montagnes, depuis le niveau de la plaine jusqu'à celui des neiges persistantes, soit quand on se déplace, à la surface du globe, de l'équateur vers le pôle, sans quitter le niveau des plaines.

Quand on gravit les premières pentes d'une chaîne du massif des Alpes, on voit les cultures s'élever jusqu'à un niveau qui est en moyenne de 1300 mètres. A partir de ce niveau, les cultures cessent et font place à des forêts : jusqu'à une altitude qui varie entre 1800 et 1900 mètres, le Hêtre et le Chêne et, d'une manière plus générale, les espèces à feuilles caduques, sont les essences dominantes; à partir de ce niveau, les espèces à feuilles caduques deviennent plus rares, puis disparaissent et sont remplacées par des espèces résineuses, à feuilles généralement persistantes, du groupe des Conifères, comme le Pin silvestre, l'Epicéa, le Pin Cembro, le Mélèze. Vers 2300 mètres, les arbres verts disparaissent à leur tour; les pentes de la montagne se couvrent de prairies, émaillées de Saxifrages et de Gentianes; de distance en distance se développent quelques arbustes peu élevés, comme des Rhododendrons, et des arbres nains dont les rameaux rampent au ras du sol, tels que le Bouleau nain, l'Aune vert, le Saule herbacé. Quand on atteint l'altitude de 2700 mètres environ, on voit les prairies s'appauvrir insensiblement : le roc n'est plus recouvert que d'une maigre végétation, dont les Lichens forment l'élément principal; enfin on voit s'effacer toute trace de végétation et les sommets qui dépassent ce niveau sont couverts, en toute saison, d'un manteau de neiges persistantes. *Cultures, forêts, prairies alpines, neiges persistantes*, tels sont, en résumé, les termes dont il convient de désigner les zones successives que déterminent les variations de l'altitude dans une chaîne de montagnes de la région tempérée.

Supposons maintenant qu'un voyageur, partant des bords de la Méditerranée, se dirige vers le nord de l'Europe, en évitant les chaînes de montagnes qui pourraient se dresser devant lui.

Sur le littoral méditerranéen et dans toute la Provence, il remarquera surtout des arbres à feuilles persistantes, comme l'Olivier, le Laurier, l'Oranger, le Myrte; les forêts qu'il rencontrera, chemin faisant, seront peuplées de Chênes verts, de Chênes-lièges, de Pins d'Alep et de Pins pignons; aux espèces spontanées se mêleront, de loin en loin, quelques espèces des pays chauds, telles que des Palmiers et des Eucalyptus, dont la douceur du climat aura permis la naturalisation.

Au nord de la Provence commence une vaste région, qui s'étend jusqu'au nord de la Suède et dont la culture a modifié assez profondément la physionomie naturelle pour qu'elle puisse échapper au premier regard. On sait pourtant qu'à l'époque romaine presque toute la surface de l'Allemagne actuelle était couverte d'immenses forêts qui ont disparu progressivement devant la culture; dans les régions où la densité de la population est restée faible, comme le nord de la péninsule scandinave et de vastes étendues du territoire russe, les forêts ont persisté et nous permettent de juger, par leur état actuel, de ce que devait être jadis celui de toute la plaine centrale de l'Europe. Les forêts qui occupaient cette région et dont les derniers vestiges s'observent encore de loin en loin étaient formées, aux basses latitudes, d'arbres à feuilles caduques comme le Chêne, le Hêtre et le Bouleau; aux latitudes plus élevées dominaient les Conifères, qui couvrent encore la Suède et la Russie septentrionales, comme le Pin silvestre, le Sapin et l'Epicéa.

En quittant cette dernière zone pour explorer la Laponie, le Spitzberg ou l'Islande, notre voyageur atteindrait une région où la longueur de l'hiver restreint à deux ou trois mois la période de végétation et dont la flore se réduit, comme celle des prairies alpines, à des arbustes nains, tels que le Bouleau nain, le Saule des Lapons, le Saule herbacé, des Rhododendrons, entremêlés de Bruyères et de Saxifrages, de Mousses et de Lichens : c'est la région des prairies arctiques. Plus au nord, la végétation s'appauvrit rapidement, puis cesse tout à fait : le sol est constamment soustrait aux regards par les calottes glaciaires.

On voit donc, en somme, que les variations de la latitude, en diminuant progressivement la quantité de chaleur reçue annuellement par le sol, produisent des effets de tous points comparables à ceux des variations de l'altitude. — A la *zone méditerranéenne*, qui correspond évidemment à la zone des cultures sur le flanc d'une chaîne alpine, succèdent la *zone des forêts* et celle des *prairies arctiques*.

C'est qu'en effet chaque espèce végétale a besoin, pour se développer, d'une quantité déterminée de chaleur : il existe une température au-dessous de laquelle ne doit pas descendre la moyenne annuelle des températures d'un lieu donné pour que l'espèce puisse y végéter. Ce n'est pas, d'ailleurs, uniquement la moyenne des températures de l'année qui importe ; chaque plante exige encore des conditions spéciales dans le mode de distribution de la chaleur qui lui est nécessaire. C'est ainsi que la Vigne, qui fournit d'excellent vin sur les bords du Rhin, entre Mayence et Carlsruhe, où la moyenne des températures annuelles est de 9°,5, n'en donne pas dans le midi de l'Irlande, où la moyenne est cependant la même : la température de l'Irlande, uniformisée par le voisinage de l'Océan et beaucoup plus égale que celle des bords du Rhin, ne s'élève pas assez haut en été pour permettre à la plante de mûrir ses fruits, tandis que celle-ci résiste facilement aux froids vifs qu'elle subit en hiver sur les bords du Rhin. Au contraire, les plantes vertes qui, comme le Figuier et le Myrte, craignent surtout les froids extrêmes, peuvent se développer en pleine terre sous les climats égaux et doux qu'on rencontre fréquemment sur les bords de la mer, tandis qu'elles ne sauraient résister aux hivers rigoureux des climats continentaux. En un mot, ce qui importe au développement d'une plante dans un lieu déterminé, ce n'est pas tant la moyenne des températures annuelles que les valeurs des températures extrêmes auxquelles elle est exposée.

Influence de l'humidité. — L'humidité, nous le savons, n'est pas moins nécessaire que la chaleur au développement des plantes. Or, à mesure qu'on s'éloigne du littoral de la mer pour s'enfoncer à l'intérieur d'un continent, la quantité annuelle de pluie qui tombe à la surface du sol décroît progressivement, en même temps que s'accentue la différence entre les températures extrêmes de l'hiver et de l'été : au *climat maritime*, remarquable par son humidité et par l'uniformité assez grande de sa température, succède le *climat continental*, beaucoup plus sec et exposé à des variations beaucoup plus sensibles de température. On peut donc s'attendre, si on parcourt le continent européen de l'ouest à l'est, à voir varier les caractères de la végétation.

Sur les côtes bretonnes de l'Océan et de la Manche, réchauffées par le voisinage du Gulf-Stream, vivent des plantes vertes, ennemies des hivers rigoureux, comme le Laurier, l'Arbousier, l'Ajonc, le Houx, les Bruyères; on cultive en pleine terre, à Jersey et sur quelques points des côtes continentales, le Myrte, le Laurier-rose, le Grenadier, le Figuier. En s'éloignant de cette zone littorale, on voit disparaître les arbustes verts; mais, malgré les variations très sensibles de la température, la quantité annuelle de pluie est suffisante pour permettre le développement des forêts de Hêtres, Charmes, Chênes, Bouleaux, Frênes, Ormes, Pins silvestres, Sapins, Epicéas : cette *zone des forêts* s'étend sur l'Europe centrale tout entière et sur une grande partie de la Russie. Dans la partie méridionale de cette dernière contrée, le climat se modifie sensiblement : les variations annuelles de la température deviennent considérables; les hivers sont très rigoureux, les étés très chauds et très secs, la pluie ne tombe avec quelque abondance qu'au printemps et en automne. Aussi la végétation prend-elle des caractères très spéciaux : le sol, plat et desséché, est couvert de Graminées à feuilles raides (du genre *Stipa* par exemple), entremêlées de quelques espèces fourragères (des genres *Festuca* et *Triticum*); de distance en distance, la monotonie du tapis végétal est interrompue par des arbustes épineux et verts, à feuilles très réduites, ou par des Armoises couvertes d'un duvet très épais; bref, à la zone des forêts a succédé la région des *steppes*, qui s'étend aussi sur la Perse et sur une grande partie de l'Asie centrale.

Influence de la nature chimique du sol. — La constitution chimique du sol est encore un facteur qui intervient dans la détermination des espèces végétales que peut nourrir un lieu donné. Nous avons déjà vu que telle espèce recherche de préférence les sols calcaires, tandis que telle autre s'en accommode difficilement. De même, certaines plantes se défendent plus aisément que d'autres contre le chlorure de sodium qu'elles peuvent trouver dans le sol et prospèrent, par conséquent, dans les prairies fréquemment inondées par la mer ou simplement humectées par les embruns, qui bordent les côtes basses. De ce nombre sont quelques Chénopodiacées à feuilles épaisses, charnues et de couleur terne, comme la Salicorne, qui impriment à la végétation des prairies littorales une allure toute particulière. Chose remarquable et bien faite pour démontrer le rôle que joue la présence du sel marin dans la constitution de ces zones de végétation, une végétation très analogue se retrouve dans toutes les plaines salées de l'intérieur des continents, comme celles qui occupent, au milieu des steppes du Turkestan, les emplacements d'anciens lacs à demi desséchés.

Division des continents en flores naturelles. — En se superposant, les divers facteurs dont quelques-uns viennent d'être étudiés isolément établissent en chaque point de l'écorce terrestre un ensemble de conditions qui permettent la végétation de certaines espèces et excluent celle de certaines autres.

C'est ainsi qu'on peut fixer dans chaque région, la France par exemple, les limites de latitude que le climat impose à la culture de quelques espèces, recherchées pour les produits utiles qu'elles fournissent (*fig.* 636). La culture de l'Olivier

756　COURS ÉLÉMENTAIRE DE BOTANIQUE.

est limitée à la Provence et à la partie de la vallée du Rhône située au sud de Valence. Celle du Maïs ne s'étend qu'aux

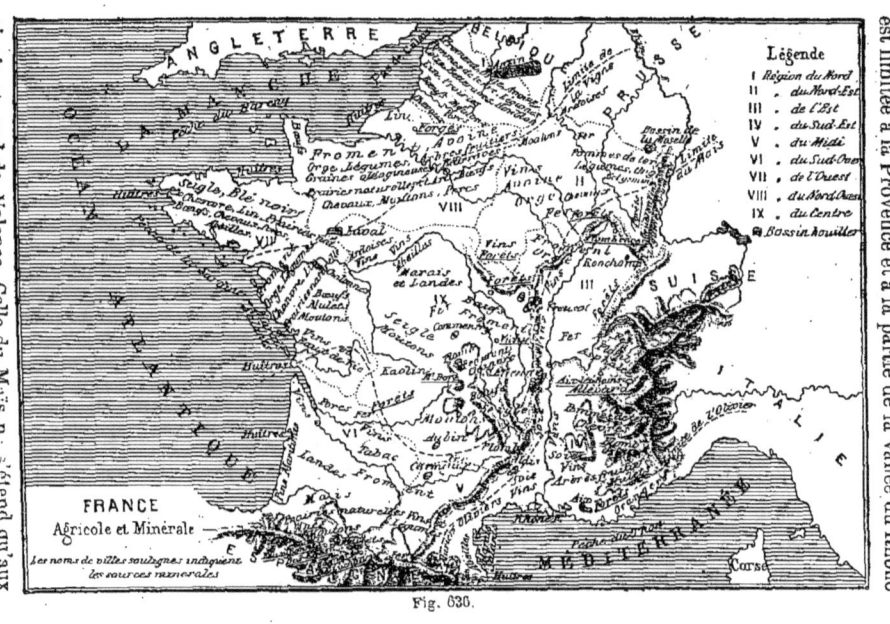

Fig. 636.

bassins de la Saône, du Rhône et de la Garonne. La ligne qui limite, vers le nord, la culture de la Vigne côtoie la Bretagne, la Normandie, la Picardie et l'Artois.

On peut aussi, en coordonnant les nombreuses données que l'observation fournit sur la distribution des espèces végétales, diviser le sol de chaque continent en un petit nombre de grandes régions naturelles, dont chacune est caractérisée par une *flore* propre (*fig.* 637).

Ancien continent. — La lisière septentrionale de l'Europe et de l'Asie, dans l'ancien continent, revient à la *flore arctique*, remarquable par son extrême pauvreté et l'absence totale de forêts et de cultures.

Une grande partie de la zone tempérée est occupée par la *flore forestière*, que caractérisent un petit nombre d'essences, comme les Hêtres, les Chênes et les Pins, dont les cultures ont amené la raréfaction dans la région la plus méridionale de la zone. Dans la partie centrale de l'Asie, en raison des caractères extrêmes d'un climat essentiellement continental, la flore forestière fait place à celle des *steppes*: le nombre des espèces capables de résister aux grandes variations de température que supporte cette région est assez restreint; ce sont surtout des Graminées au feuillage sec et dur.

La *flore tropicale*, qui, en Asie, s'étend à l'Inde et l'Indo-Chine et se limite, au nord, à la chaîne de l'Himalaya, est celle qui convient à un climat chaud et humide, capable de favoriser le développement d'espèces nombreuses et variées. Les Palmiers, les Bambous, les Cycadées, les Fougères arborescentes, entremêlés de plantes grimpantes appartenant à la famille des Palmiers ou à celle des Orchidées, en forment le fond; ces plantes constituent, par places, de vastes forêts auxquelles on donne le nom de *jungles*. Ailleurs, le sol est couvert de prairies ou *savanes*, riches en Graminées qui résistent aux étés les plus secs.

En Afrique, du Sénégal et de la Guinée jusqu'au Zambèze, s'étend une vaste région sur laquelle on ne possédait encore, il y a un demi-siècle, que les notions les plus vagues et qu'on pouvait être tenté de considérer comme déshéritée :

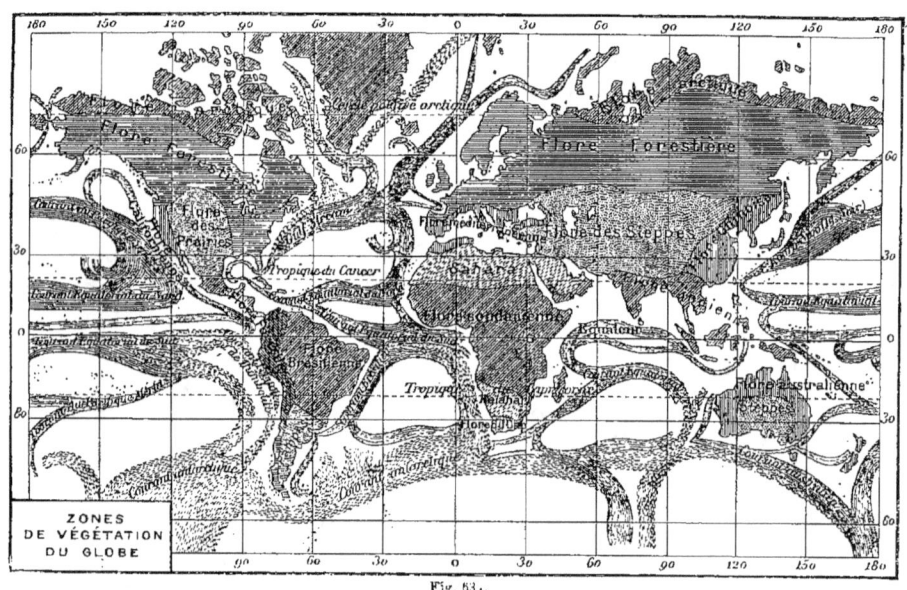

Fig. 531.

plus les récentes explorations nous apprennent à la connaître et plus il devient certain que la *flore soudanienne* ne le cède en rien pour la profusion, sinon pour la variété, à celle des autres régions tropicales. Une ou deux périodes de pluie, durant de quatre à huit mois, favorisent le développement d'une luxuriante végétation. Toutefois les forêts ne renferment pas d'arbres de très haute taille : elles sont surtout formées de Palmiers, de Baobabs, d'Acacias, entre lesquels la circulation est aisée.

Au sud de la région des forêts, en Europe, le caractère de la végétation change considérablement. La présence d'une mer intérieure, la Méditerranée, détermine sur ses côtes un climat tempéré, mais plutôt chaud, où l'humidité de l'air reste sensiblement constante. La *flore méditerranéenne* est surtout caractérisée par des arbres dicotylédones à feuilles persistantes, épaisses, souvent même coriaces, tels que le Laurier, l'Olivier et l'Oranger.

Située en dehors des tropiques, la *région chinoise*, en y comprenant l'archipel japonais, possède cependant une flore qui se rapproche assez de celle des régions tropicales : les Palmiers, les Bambous en sont des éléments essentiels ; mais ils s'associent à des végétaux caractéristiques de la flore méditerranéenne, comme les Lauriers et les Orangers. D'ailleurs, en s'élevant du tropique vers le nord, à travers la région chinoise, on voit les caractères de sa flore se modifier peu à peu et passer insensiblement à ceux de la flore forestière, qui s'étend à toute la Sibérie.

Au nord de la région soudanienne et parallèlement à la région méditerranéenne, court de l'ouest à l'est, à travers l'ancien continent, une immense étendue de sables ou de rochers, à peu près dépourvue de végétation parce que les pluies y sont rares : c'est le *Sahara* africain, se continuant vers l'Orient par les déserts de Libye et d'Arabie et interrompu, de loin en loin, par des bosquets de Dattiers ou *oasis*, qui jalonnent les *oueds* ou vallées le long desquelles les nappes d'eau souterraines sont à une petite distance du sol et fournissent des sources ou des puits.

De même, la région soudanienne est bordée au sud par les déserts de *Kalahari*, moins pauvres que le Sahara, renfermant même dans leur partie septentrionale des forêts entièrement composées d'Acacias épineux, mais se transformant vers le midi en plaines rocailleuses où la végétation est des plus maigres.

Pauvre en forêts, la *région du Cap*, qui termine au sud le continent africain, est très riche en Orchidées, en Liliacées et surtout en Iridées, plantes bulbeuses qui s'associent principalement à des arbustes tels que les Bruyères, et à des arbres, tels que les Acacias.

Continent américain. — Quand on parcourt le continent américain en partant de l'équateur pour se diriger soit vers le nord, soit vers le sud, on observe, d'une manière générale, les mêmes variations de température que si on suivait un itinéraire semblable en Asie ou en Afrique. Aussi ne faut-il pas s'étonner si la distribution des espèces végétales y offre à peu près les mêmes caractères que dans l'ancien continent et si la division du sol en régions naturelles accuse un parallélisme frappant avec celle que nous venons d'étudier sommairement.

Toute la partie orientale des Etats-Unis et l'Amérique anglaise ont une *flore forestière*, comparable à celle de l'Europe et de l'Asie russe.

L'extrême nord de l'Amérique et le Groënland appartiennent à la *flore arctique*.

La région centrale de l'Amérique du Nord forme de vastes plateaux, dans lesquels les cours d'eaux se sont creusé des lits étroits et profonds parfois de plusieurs centaines de mètres. Comparable à celui des steppes de l'Asie, le climat essentiellement continental de cette région ne permet à la végétation de se développer que pendant quelques mois, au moment des pluies printanières : c'est alors que se forment d'immenses *prairies*, couvertes de hautes Graminées, auxquelles se mêlent des Cactées nombreuses et de grande taille, appartenant aux genres *Cereus*, *Opuntia*, *Mamillaria*, etc.; ces dernières persistent pendant la saison chaude, après la disparition des Graminées, et communiquent à la flore des prairies un aspect caractéristique.

A l'ouest de la région des prairies, la Californie, dont les côtes sont baignées par des courants chauds, possède un climat moins froid que celui des États-Unis et une flore assez analogue à celle de la région méditerranéenne : une des essences caractéristiques de cette flore est *Wellingtonia gigantea*, dont le tronc peut atteindre une hauteur de 140 mètres, avec une largeur supérieure à 10 mètres vers sa base.

La plus grande partie de l'Amérique du Sud, comprenant le Brésil, le Pérou, la Bolivie, l'Équateur, auxquels il faut ajouter les États de l'Amérique centrale, le Mexique et les Antilles, occupent la région intertropicale. Les plantes de cette région présentent des formes extrêmement nombreuses et plus variées encore que celles des régions correspondantes en Asie ou en Afrique. C'est là que la famille des Palmiers atteint tout son développement. Avec eux vivent des Liliacées arborescentes, comme les *Yucca* et les *Agave*, des Orchidées épiphytes, des Bambous, des Bananiers, des Balisiers, etc. Les Césalpiniées, avec le Bois de Campêche, les Mimosées, avec les Acacias, les Rubiacées, avec les *Cinchona*, etc., fournissent des plantes dont l'homme extrait des produits de la première utilité. La plus grande partie des plaines basses qui bordent les grands fleuves de cette région, au Brésil et dans les Guyanes, sont occupées par de vastes forêts, formées de Mimosées, de Césalpiniées, de Palmiers, etc.; leurs troncs sont couverts de plantes grimpantes qui forment un fouillis inextricable et rendent très difficile l'accès de ces forêts, qu'on appelle communément « forêts vierges ». Les seules voies de pénétration dans les forêts vierges sont les cours d'eau, bordés eux-mêmes d'une végétation épaisse qui masque la vue de la forêt en même temps qu'elle en défend les approches. Souvent les forêts vierges sont inondées, dans la saison des pluies, et couvertes d'une couche d'eau qui peut atteindre de 3 à 10 mètres d'épaisseur. Vers le sud du Brésil, les forêts vierges se limitent au littoral; plus rares vers le centre, elles y sont remplacées par des savanes, dont le fond est formé de Graminées auxquelles s'associent des Mimosées et des Cactées : exposées pendant l'été à une température de 50°, ces prairies se dessèchent et se transforment en un vaste désert, inaccessible à la culture et au développement des forêts.

Les parties montagneuses de la région tropicale, grâce aux variations d'altitude qu'elles présentent, offrent une végétation plus variée. Les ascensions faites le long de la chaîne des Andes, en partant du niveau de la mer, permettent de reconnaître des zones de végétation comparables à celles qu'on observe sur les flancs des chaînes alpines : la zone d'altitude moyenne, où poussent le Chêne, l'Aune, le Tilleul, jouit d'une végétation assez analogue à celle des régions forestières de l'Ancien Continent et de l'Amérique du Nord. Cette zone forestière se prolonge sur le versant occidental de la chaîne des Andes au delà du tropique et jusqu'au voisinage de la Terre de Feu : le climat de cette bande littorale est surtout caractérisé par une excessive humidité ; les pluies y sont presque constantes, en hiver comme en été.

Sur le versant oriental des Andes, dans toute la région située au sud du Brésil, est une immense étendue de plaines dépourvues de forêts et de cultures et offrant à l'élevage des bestiaux d'excellents pâturages naturels : c'est la région des *pampas*. Vers le midi, elle devient aride et les prairies sont remplacées par les steppes de la Patagonie, au sol rocailleux et hérissé, de loin en loin, par des arbustes épineux.

Continent australien. — La flore naturelle de l'Australie, encore imparfaitement connue, présente un grand nombre de formes qui lui sont spéciales. Parmi les arbres les plus caractéristiques sont les *Eucalyptus*, remarquables par la rapidité de leur croissance et dont les feuilles orientent généralement leurs limbes dans des plans verticaux ; de là résulte un aspect particulier aux forêts de l'Australie : de loin, elles paraissent touffues ; sous leur couvert, on ne trouve pas d'ombre. Dans les parties où l'humidité est suffisante, on rencontre des savanes forestières dont le sol est couvert de Graminées; les forêts y sont clairsemées et mêlées d'Eucalyptus et d'Acacias dont les pétioles, prenant l'aspect de limbes, s'orientent, comme ceux des Eucalyptus, dans des plans verticaux. C'est dans ces savanes forestières, principale source de richesse pour le continent australien, que se fait en grand l'élevage du bétail. De distance en distance, la savane est coupée par des *scrubs*, fourrés inextricables de buissons à la constitution desquels prennent part les Protéacées et les Bruyères, tandis que les Graminées y font absolument défaut; ni la hache ni le feu n'arrivent à s'y frayer un passage ; ils opposent un obstacle sérieux à la colonisation. La région centrale de l'Australie, privée de pluie, est couverte de steppes, dont le gazon sert de pâturage, ou occupée par de véritables déserts, comparables à ceux qui alternent avec les steppes de l'Asie.

Considérations générales. — Cette étude rapide de la distribution des espèces végétales à la surface du globe nous montre chacune d'elles confinée en des points où elle trouve réunies toutes les conditions physiques qui sont nécessaires à son complet développement. Mais si on compare les flores de deux contrées choisies l'une dans l'ancien, l'autre dans le nouveau continent et offrant les plus grandes ressemblances de climat et de sol, on observe que la proportion des espèces communes à ces deux flores est en général très faible. Il arrive, en d'autres termes couramment que telle espèce végétale n'existe pas spontanément dans une contrée où elle trouverait cependant tous les éléments nécessaires à sa vie. C'est ainsi qu'*Erigeron Canadense*, plante originaire du Canada, dépourvue d'applications et que personne n'aurait jamais songé à introduire dans le nouveau continent, y a été importée accidentellement et s'est répandue abondamment en Europe, où cependant elle n'existait pas jusque-là. La même remarque s'applique à une plante aquatique, *Elodea Canadensis*, qui vivait spontanément dans les eaux douces du Canada et qui était totalement inconnue en Europe : on l'employait fréquemment comme matière d'emballage; il a suffi d'en jeter accidentellement dans l'eau quelques pieds encore vivants, bien que desséchés, pour voir l'espèce se développer rapidement; aujourd'hui c'est une des plantes les plus répandues dans nos cours d'eau. Pourquoi, dira-t-on, ne s'y trouvait-elle pas spontanément? Pourquoi, sur tous les points du globe qui possèdent un même climat, n'observe-t-on pas exactement les mêmes formes végétales? A cette question il n'y a évidemment qu'une réponse, c'est que la distribution actuelle des plantes à la surface du globe résulte, au moins en partie, des conditions qui y ont été réalisées dans les périodes antérieures; en d'autres termes, les flores actuelles des divers continents sont, dans une certaine mesure, un héritage des flores qui les y ont précédées. Une étude rationnelle de la végétation actuelle ne saura donc être complète que le jour où les botanistes auront acquis des connaissances suffisantes sur les flores anciennes: ces connaissances sont du domaine de la *Paléobotanique*, dont nous allons étudier les grandes lignes.

CHAPITRE XX

Notions de paléobotanique.

Les fossiles. — On sait que l'écorce terrestre est formée, en grande partie, par des terrains qui se sont déposés au sein des eaux, sous forme de sédiments successifs et parallèles, et qui, en raison de cette origine, sont appelés *terrains sédimentaires*. Ces terrains contiennent fréquemment des débris pétrifiés ou de simples empreintes d'êtres vivants, animaux ou végétaux, derniers vestiges des espèces qui ont vécu aux époques successives où les sédiments se sont déposés : c'est ce qu'on appelle des *fossiles*. C'est l'étude des fossiles qui permet de reconstituer, dans une certaine mesure, les faunes et les flores de ces époques.

Il est nécessaire de dire quelques mots du mécanisme de la *fossilisation*, c'est-à-dire de la transformation en fossiles des cadavres d'êtres vivants qui ont été emprisonnés dans les sédiments au moment de leur dépôt.

Le corps d'un être vivant comprend des parties molles et des parties dures. Les parties dures sont celles qui ont le mieux résisté à la destruction ; quant aux parties molles, elles ont presque toujours disparu. Le corps des végétaux, généralement mou, se prête beaucoup moins à la fossilisation que celui des animaux, chez qui les parties dures sont ordinairement plus développées : les os et les dents des Vertébrés, les coquilles des Mollusques, les carapaces des Crustacés se sont conservés aisément par la fossilisation.

La fossilisation des parties dures s'est opérée de diverses manières. Quelquefois elle s'est réduite à une simple altération, qui a rendu la substance du débris organique plus friable, sans changer sa composition chimique. Plus souvent une nouvelle substance, telle que du calcaire ou de la silice, apportée par une source sur un point limité ou répandue par infiltration dans le sédiment tout entier, s'est substituée peu à peu à la matière primitive : le débris organique a été littéralement *pétrifié*. Dans d'autres cas, ce débris a été enveloppé par le sédiment, qui en a pris un *moule*, et le débris lui-même a pu disparaître plus tard, dissous par des eaux d'infiltration ; son empreinte seule a été conservée. Les êtres vivants peuvent livrer à l'observation des traces encore plus vagues de leur passage, comme les empreintes qu'ils laissent lorsqu'ils se traînent ou sont traînés sur des vases molles.

Classification des terrains de sédiment. — Parmi les terrains de sédiment, on peut distinguer quatre séries successives, qui sont par ordre d'ancienneté décroissante : la série primaire, la série secondaire, la série tertiaire et la série quaternaire, qui nous conduit aux dépôts actuels.

Flores cambrienne, silurienne et dévonienne.
— Les plus anciens terrains de sédiment, le Cambrien et le Silurien inférieur, ne renferment d'autres débris végétaux que des empreintes douteuses d'Algues ou de Fougères. De nombreuses et sagaces observations, accompagnées d'expériences, ont permis d'affirmer que beaucoup d'empreintes qu'on attribuait jadis à des Algues ne sont pas autre chose que les traces mécaniques laissées sur les vases primaires par des corps de Crustacés ou de Vers qui se seraient déplacés à leur surface, ou même par des corps inertes qui y auraient été traînés. D'autre part, certaines empreintes, aux contours très découpés, qui avaient été faussement attribuées à des feuilles de Fougères, ne sont pas autre chose que des dépôts chimiques dont les cristaux se sont groupés en dessins arborescents, qu'on appelle des *dendrites*.

Le Silurien supérieur de l'Amérique du Nord renferme des fossiles végétaux d'organisation beaucoup plus élevée.

Ce sont, par exemple, des restes de plantes qui paraissent avoir appartenu au groupe des **Lycopodinées** hétérosporées, comme les Sélaginelles actuelles, mais dont les feuilles, au lieu d'être opposées et étroitement serrées les unes contre les autres, comme chez les Sélaginelles, étaient espacées à la surface de la tige sur des spirales régulières : de ce nombre sont les *Psilophyton*, premiers représentants de la famille des *Lépidodendracées*, qui a poursuivi plus tard son développement.

De même, le groupe des Equisétinées, réduit actuellement à la seule famille des Equisétacées, chez lesquelles les spores sont toutes semblables entre elles, était représenté à cette époque par des formes hétérosporées qu'on a réunies dans la famille des *Annulariées*, dont le type est le genre *Annularia*, pourvu de feuilles ovales et bien développées, disposées en verticilles successifs.

A la même époque avait déjà paru, avec le genre *Protostigma*, la famille des *Sigillariées* : c'étaient, selon toute vraisemblance, des Lycopodinées hétérosporées, assez voisines des Lépidodendracées, mais dont les tiges renfermaient deux bois différents, l'un centripète, conformément au type normal du bois chez les Lycopodinées, l'autre centrifuge; ce qu'on a exprimé en disant qu'elles étaient *diploxylées*.

La flore du Silurien supérieur était complétée par des plantes d'organisation encore supérieure, les *Cordaïtes*

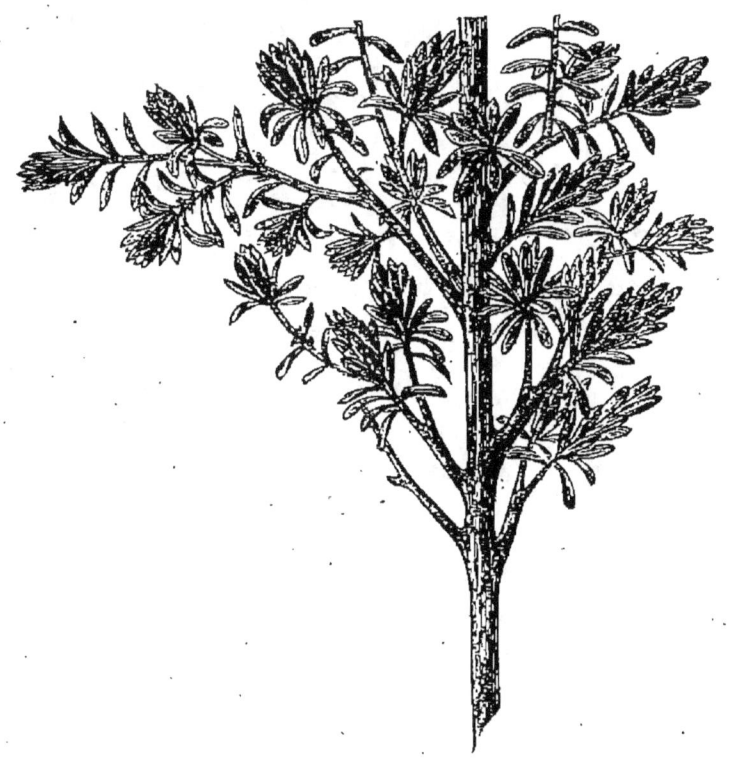

Fig. 638. — Cordaïtes.

(*fig.* 638), dont on a trouvé des échantillons dans les sédiments siluriens de l'Hérault et qui paraissent avoir appartenu à la classe des Gymnospermes, où elles auraient occupé une position intermédiaire entre les Conifères et les Cycadées.

La flore dévonienne n'est guère plus riche que la flore silurienne. Elle est surtout formée, comme celle-ci, de Ptéridophytes.

Aux types caractéristiques du Silurien supérieur viennent s'en ajouter quelques autres, comme les *Calamodendron*, les *Lycopodites*, les *Asterophyllites* (*fig.* 639) (du groupe des

Annulariées), les *Lepidodendron* (type de la famille des *Lépidodendracées*) : dans les empreintes de *Lepidodendron* (*fig.* 640), la surface de la tige est divisée régulièrement en

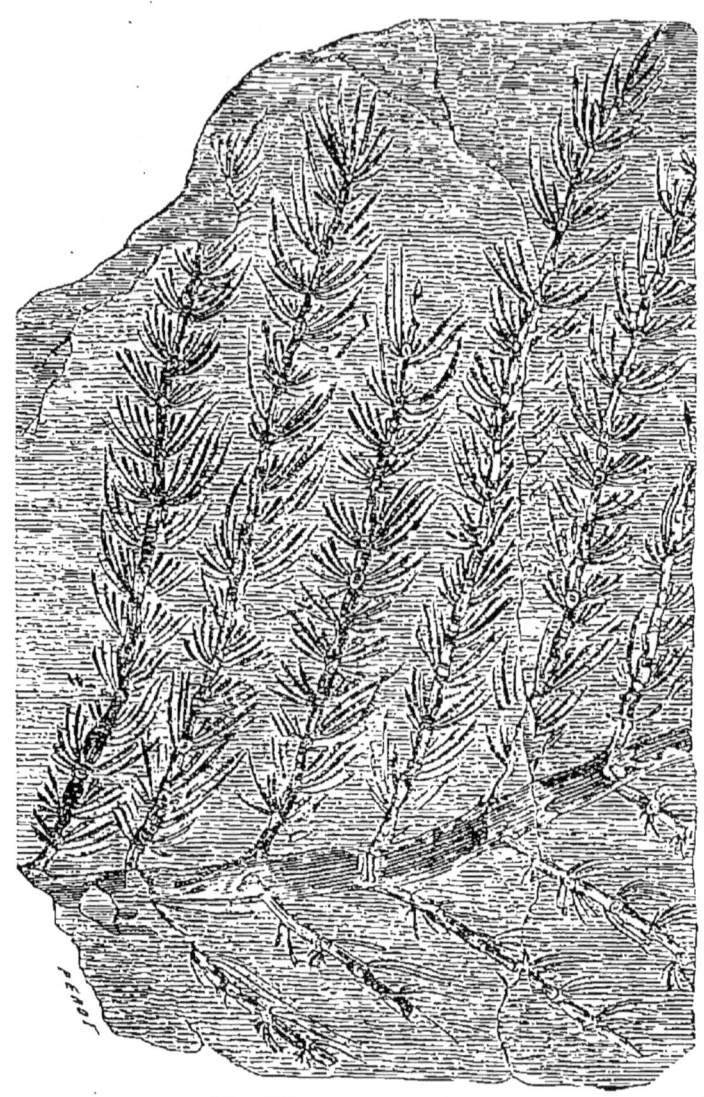

Fig. 639. — Asterophyllites.

espaces de forme losangique, dont chacun porte en son centre la trace d'une feuille ; les feuilles étaient petites et formaient, à la surface de la tige, une sorte de revêtement écailleux.

Le groupe des Sigillariées était représenté par de véritables Sigillaires (*Sigillaria*) : dans les Sigillaires (*fig. 641*), les traces de feuilles, affectant l'aspect de marques laissées par l'impression d'un sceau, sont disposées en séries régulières au fond de cannelures longitudinales.

Des plantes à feuilles de Fougères, de forme très variée, appartenant aux genres *Nevropteris*, *Megalopteris*, *Sphenopteris*, etc., dont les unes sont de vraies Fougères et les autres des « Fougères à graines », c'est-à-dire des Gymnospermes inférieures, du groupe des Ptéridospermées (voir p. 611), enfin quelques Conifères, comme les *Prototaxites*, viennent compléter cette flore.

Flore carbonifère. — C'est surtout à l'époque carbonifère que la flore paraît avoir acquis une richesse extraordinaire.

La houille. — Ce qui imprime au terrain carbonifère son caractère propre, c'est la présence du combustible minéral connu sous le nom de *houille* ou de charbon de terre.

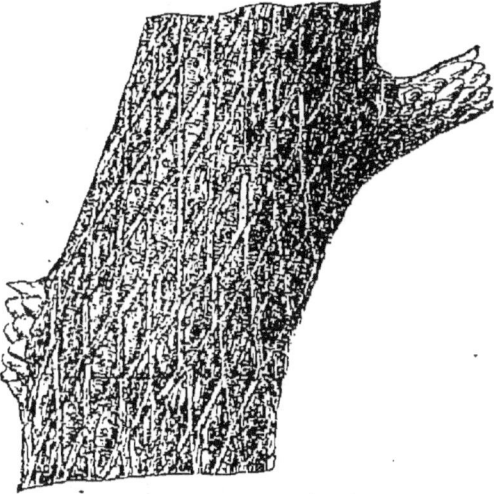

Fig. 640. — Lepidodendron.

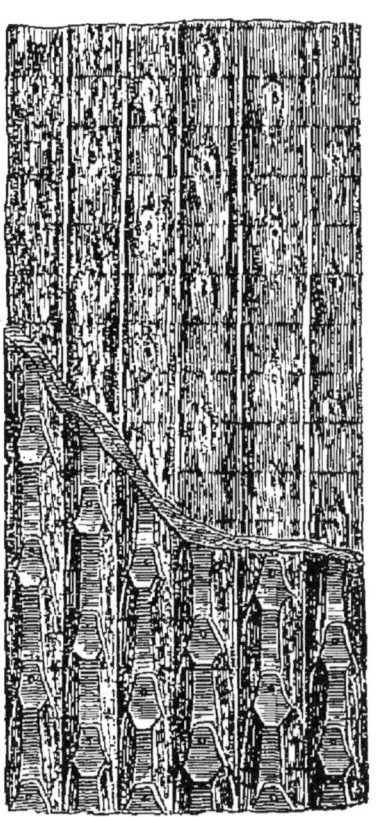

Fig. 641. — Sigillaria (1/2 grandeur naturelle).

La *houille* est une matière noire, compacte, dont la cassure présente un reflet plus ou moins métallique. Elle renferme une forte proportion de carbone libre, mélangé avec des combinaisons de carbone et d'hydrogène appelées *carbures d'hydrogène*, que l'action d'une température élevée peut séparer de la houille, qui sont *volatiles* en un mot.

La houille, comme on le sait, est employée, à cause de la présence de ces carbures, pour la fabrication du *gaz d'éclairage :* chauffée à une très haute température dans des récipients appelés *cornues*, la houille dégage, par distillation, ses produits gazeux, qu'on recueille sur l'eau dans de vastes éprouvettes appelées *gazomètres*. Avec les gaz distillent aussi des goudrons, appelés *goudrons de houille*, et des *eaux ammoniacales;* le résidu de la distillation, ou *coke*, qu'on retrouve dans les cornues à la fin de l'opération, est employé comme combustible. On utilise aussi directement la houille comme source de chaleur en la brûlant dans les foyers. Quand elle est riche en carbures volatils, elle brûle avec beaucoup de flamme et de fumée, et convient surtout à la fabrication du gaz d'éclairage; quand elle est pauvre en carbures volatils, elle brûle avec peu de flamme et de fumée, mais dégage plus de chaleur.

On appelle *anthracite* une variété de houille très sèche, qui s'allume difficilement, brûle sans flamme ni fumée, mais dégage beaucoup de chaleur.

La houille proprement dite forme un assez grand nombre de variétés, que l'on peut répartir en trois catégories d'après la proportion des matières volatiles qu'elles fournissent à la distillation :

1° les *houilles maigres*, qui se rapprochent de l'anthracite, brûlent avec une flamme courte, sans se gonfler, et ne fournissent pas plus de 18 p. 100 de matières volatiles;

2° les *houilles grasses*, contenant de 20 à 35 p. 100 de matières volatiles, qui brûlent avec une flamme assez longue, en s'agglutinant plus ou moins; ce sont elles qui ont les emplois les plus étendus dans l'industrie;

3° les *houilles sèches*, à longue flamme, qui brûlent,

comme la houille maigre, sans se déformer ni se coller, mais avec une flamme longue et enfumée, et qui fournissent de 40 à 50 p. 100 de matières volatiles.

La houille affleure quelquefois au niveau du sol, par suite des bouleversements qu'a subis l'écorce terrestre. Mais le plus souvent elle est située à des profondeurs plus ou moins considérables ; elle forme des lits plus ou moins épais, inter-

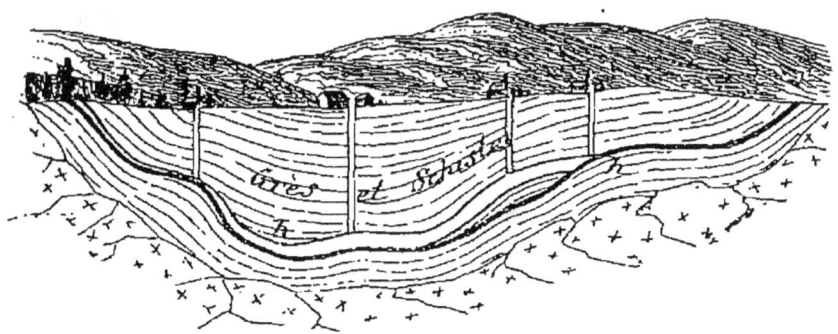

Fig. 642. — Disposition des lits de houille (*h*) à l'intérieur du sol.

calés entre des couches de schiste ou de grès (*fig.* 642) : on appelle *mur* la couche de schiste ou de grès qui supporte le lit de houille, et *toit* celle qui le surmonte. Parfois les lits de houille sont horizontaux à l'intérieur du sol. Généralement, au contraire, ils sont plus ou moins obliques ; mais il est toujours possible de distinguer le mur du toit. Pour découvrir et exploiter les lits de houille, on creuse des *puits* verticaux qui peuvent atteindre une profondeur de plusieurs centaines de mètres ; chaque fois qu'un puits vertical rencontre un lit de houille susceptible d'être exploité, on pratique des *galeries* latérales qui suivent, autant que possible, la direction du lit et qui permettent de l'épuiser.

Flore de la houille. — On observe fréquemment, soit dans la masse de la houille, soit à la surface de séparation de la houille et du schiste ou du grès qui l'emprisonne, c'est-à-dire contre le mur ou le toit, de nombreuses empreintes végétales. Les plantes qui ont laissé ces empreintes appartenaient surtout aux Ptéridophytes et aux Gymnospermes. C'étaient, par exemple, des Fougères (*fig.* 643) ou des Ptéridospermées, les unes herbacées (*Pecopteris, Hymenophyllites, Odontopteris*, etc.), les autres arborescentes (*Pecopteris, Psaronius*, etc.), dont les feuilles très découpées

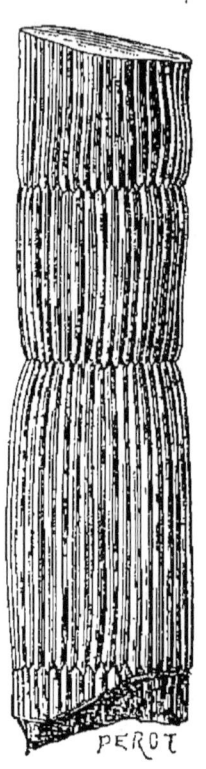

Fig. 643. — Feuille de Fougère de la houille.

Fig. 644. Calamites (1/2 gr.).

affectaient les formes les plus diverses. C'étaient aussi des Annulariées, comme les *Asterophyllites* et les *Annularia*, ou de vraies Equisétacées, comme les *Calamites* (*fig.* 644). Le groupe des Lycopodinées était représenté à la fois par des formes hétérosporées et par des formes isosporées. Parmi les premières, citons les Sigillariées, avec le genre *Sigillaria*, les Lépidodendracées, avec le genre *Lepidodendron*, enfin les *Sphénophyllées*, avec le genre *Sphenophyllum* : c'étaient des plantes dont l'aspect général rappelle celui des Prêles, mais qui doivent être, en réalité, considérées comme des Lycopodinées hétérosporées et diploxylées, ainsi que les Sigillaires. Les formes isosporées peuvent être rattachées à la famille actuelle des Lycopodiacées, avec le genre *Lycopodium*. Parmi les Phanérogames, la classe des Gymnospermes était encore représentée par des *Cordaïtes*, puis aussi par des Cycadacées, comme les *Nœggerathia*, des Ginkgoacées, comme les *Ginkgophyllum*, et des Conifères, comme les *Walchia* et les *Araucarites*. Mais aucune empreinte ne révèle l'existence de plantes appartenant au sous-embranchement des Angiospermes.

On n'a trouvé dans la houille aucune trace de Bryophytes. Les Algues y sont représentées par des Diatomées et des Bactéries, par exemple l'Amylobacter.

D'une manière générale, on peut dire que la flore de la houille est plus remarquable par sa profusion que par sa variété.

Les Lycopodinées dominent à la base des dépôts houillers, ce qui ne doit pas surprendre, puisque ces plantes formaient essentiellement la flore terrestre du terrain dévonien. Plus tard, les Sigillariées et ensuite les Fougères et les Ptéridospermées se mêlent en grand nombre aux Lycopodinées et deviennent bientôt prépondérantes; à la fin de l'époque carbonifère, les Conifères se montrent avec quelque fréquence.

Formation de la houille. — L'abondance des empreintes végétales dans la houille, rapprochée des observations qu'on peut faire actuellement sur la formation de la tourbe, a conduit à penser que la houille doit être le produit de la décomposition partielle, au sein de l'eau ou sous la terre, de débris végétaux arrachés aux forêts qui couvraient les continents anciens.

Cette transformation de débris végétaux en une matière combustible s'est-elle produite sur place, là où avaient vécu les plantes qui en ont fourni les débris, comme se fait actuellement la transformation des débris de Sphaignes en tourbe? Ou bien ces débris ont-ils été transportés par des pluies torrentielles à une grande distance de leur lieu d'origine, jusqu'au fond de dépressions du sol où ils se sont accumulés pour s'y carboniser? En d'autres termes, la houille s'est-elle formée *sur place* ou *par transport?*

Les deux opinions ont été soutenues.

Il y a, par exemple, des lits de houille dans lesquels on retrouve des tiges entières, dressées verticalement et fixées par leurs racines à la roche sous-jacente : on est alors tenté de supposer que les plantes se sont décomposées sur place.

Mais ce sont là des faits exceptionnels. Il est extrêmement rare de retrouver entières, dans la houille, les plantes qui ont contribué à la former, ce qui avait conduit, depuis longtemps, à admettre que les débris végétaux, réunis par les eaux torrentielles en masses considérables, auraient été transportés au loin par les courants comme ces énormes radeaux que charrient encore aujourd'hui les grands fleuves de l'Amérique.

A cette théorie ancienne on peut opposer que la plupart des lits de houille affectent une régularité très grande, incompatible avec l'hypothèse d'une action torrentielle. D'ailleurs, si on calcule l'épaisseur qu'auraient dû avoir les radeaux de débris pour fournir, par leur carbonisation, des lits de houille d'une épaisseur appréciable, on arrive à des nombres dont la grandeur démontre l'imperfection de cette hypothèse. Elie de Beaumont a montré que, pour obtenir une couche de charbon d'un mètre de puissance, il faudrait un amas de bois de plus de 26 mètres de hauteur.

A la théorie plus récente de la décomposition sur place, qui assimile complètement la formation de la houille à celle de la tourbe, on objecte d'abord que la formation de chaque couche houillère exigerait une durée considérable, puisqu'un hectare de haute futaie ne donnerait pas, suivant les calculs d'Elie de Beaumont, plus d'un centimètre d'épaisseur de charbon uniformément réparti sur cette surface. D'ailleurs, la plupart des plantes de la houille sont des plantes terrestres, qui n'ont pu vivre dans les mêmes conditions que les plantes des tourbières actuelles.

La plupart des géologues admettent aujourd'hui que les débris végétaux arrachés aux forêts de l'époque houillère auraient été charriés, mais à une faible distance, jusqu'aux eaux tranquilles des lagunes ou des lacs, dans lesquelles ils auraient subi une première fermentation ; puis l'action de la pression et de la chaleur, postérieure à leur enfouissement, en aurait achevé la carbonisation.

Les lignites. — On trouve parfois, dans des sédiments beaucoup plus récents que ceux de l'époque carbonifère, une matière noirâtre d'origine évidemment végétale, renfermant au plus 80 p. 100 de charbon et formant un combustible assez imparfait : c'est ce qu'on appelle le *lignite*. On en rencontre, par exemple, dans certains sables de la région du Soissonnais. Le lignite peut être considéré comme un intermédiaire entre la houille et la tourbe.

Les combustibles minéraux peuvent donc être rangés par ordre de richesse décroissante en charbon, dans l'ordre suivant : anthracite, houille, lignite, tourbe.

Flore permienne. — La flore de la période permienne est beaucoup plus pauvre que celle de la période carbonifère. Elle présente, d'ailleurs, à peu près les mêmes caractères que celle-ci. Parmi les types de Gymnospermes qui lui sont plus spéciaux, on peut citer le genre *Walchia*, qui avait déjà fait son apparition à l'époque carbonifère et qui offrait quelque ressemblance avec le genre actuel *Araucaria*.

Un caractère général de la flore permienne, comme de la flore carbonifère, est la grande uniformité de sa composition, quelles que soient les régions où on l'étudie : partout, par exemple, cette flore est riche en Cycadées, plantes qui sont aujourd'hui exclusivement localisées dans les régions tropicales. Toutefois on ne saurait, comme il a été fait par certains auteurs, conclure de ces faits qu'à cette époque reculée, les climats étaient beaucoup moins différenciés qu'ils ne le sont aujourd'hui ; il est préférable d'admettre que les espèces végétales qui vivaient à cette époque avaient des exigences d'habitat moindres que n'en ont la plupart des espèces de la flore actuelle.

Flores secondaires. — La première partie de l'ère secondaire ne diffère pas très sensiblement, par ses fossiles végétaux, de la période primaire. Depuis le Trias jusqu'au Néocomien supérieur, la flore paraît avoir été assez uniforme aux diverses latitudes. Les eaux étaient peuplées d'Algues nombreuses et beaucoup plus variées que pendant la période primaire : on a trouvé des débris de Siphonées calcaires, qui ont été longtemps pris pour des squelettes de Polypiers ; les Characées ont fait leur apparition dès le Trias. Les Bryophytes ne semblent pas avoir encore existé. Parmi les plantes vasculaires, ce sont encore les Cryptogames à racines et les Gymnospermes qui dominent : au nombre de ces dernières, on peut citer le genre *Voltzia*, du Trias, voisin des *Araucaria*; le genre *Araucaria* lui-même, avec le genre *Pinus*, se rencontre dans le Néocomien ; des *Ptéridospermées*, des Cycadacées (*Zamites*), des *Ginkgo*, s'y trouvent également. On a observé quelques empreintes de Monocotylédones (Alismacées), mais nulle trace de Dicotylédones. Toutefois on ne saurait assurer que les Monocotylédones sont antérieures aux Dicotylédones. Certaines Gymnospermes portent des Champignons parasites.

Pendant la seconde partie de l'ère secondaire, de l'époque cénomanienne jusqu'au début de l'ère tertiaire, c'est-à-dire pendant la plus grande partie de la période crétacée, les Angiospermes se multiplient et constituent bientôt la majeure partie de la flore : les Dicotylédones apétales sont représentées, en particulier, par des Saules, des Chênes, des Hêtres, des Platanes; on trouve des *Magnolia* en Provence, du Lierre en Bohême et dans l'Amérique du Nord. Des Monocotylédones (Bananiers, Bambous, de vrais Palmiers) s'observent çà et là, et jusqu'au Groenland. Par contre, les Cryptogames à racines et les Algues sont peu répandues dans le Crétacé supérieur.

Flores tertiaires. — Les sédiments qui remontent à l'époque de l'éocène inférieur sont assez pauvres en fossiles végétaux, et les localités fossilifères sont en nombre assez restreint : on en connaît aux environs de Liége, de Reims, de Soissons. D'après les renseignements qu'a fournis l'exploration de ces localités, il semble que la première végétation de l'ère tertiaire n'ait guère été qu'une continuation de la flore crétacée et que le climat de l'Europe se soit rapproché à cette époque de celui que possède actuellement la région méditerranéenne. Pour la première fois, à l'époque de l'éocène inférieur, l'existence des Mousses se manifeste avec certitude.

Avec les périodes de l'éocène moyen et supérieur, le climat des régions tempérées est devenu sensiblement plus chaud : la flore de l'Europe rappelait alors ce qu'est aujourd'hui celle de l'Afrique ou des Indes; on y remarque, entre autres, de nombreuses espèces de Palmiers : on a trouvé le genre *Sabal* dans le centre de la France, le genre *Flabellaria* aux environs de Paris, le genre *Phœnix* dans le Velay. Au Spitzberg, au Groenland, dans la partie septentrionale du Canada, on a découvert des flores fossiles qui ont été rapportées, avec plus ou moins de certitude, à cette époque et qui s'étagent régulièrement suivant la latitude ; mais la zone forestière occupait alors les terres arctiques d'aujourd'hui ; dans ces régions, comme dans les régions tempérées, le climat était donc sensiblement plus chaud qu'à l'heure actuelle.

Sur la flore de l'époque miocène les renseignements abondent. L'Europe paraît avoir possédé alors un climat plus humide qu'à l'époque éocène. A la fin de la période, toute l'Europe, sauf les régions extrêmes du Nord, semble avoir joui d'un climat assez uniforme. La flore forestière s'était étendue vers le Midi. Beaucoup de genres actuels habitaient sous les mêmes latitudes qu'aujourd'hui ; de ce nombre étaient le Chêne, l'Erable, l'Orme, le Châtaignier.

La période pliocène n'a pas apporté de changements très sensibles dans la flore européenne : les formes méridionales ont disparu ; beaucoup de fossiles appartiennent à des genres ou même à des espèces actuelles, dont certaines vivaient à la place qu'elles occupent aujourd'hui.

D'une manière générale, il semble que, parmi les Dicotylédones, dont l'ère tertiaire a vu l'épanouissement, les Apétales se soient développées les premières, qu'elles aient été suivies par les Dialypétales et que les Gamopétales n'aient apparu qu'en dernier lieu.

Flores quaternaires. — Les renseignements qu'on possède sur les diverses flores quaternaires montrent que les climats ont dû subir encore, pendant la période correspondante, des changements profonds. La région septentrionale de l'Afrique semble avoir possédé, à un moment donné de cette période, une flore toute semblable à celle que possède actuellement la partie méridionale de la Bretagne. Or, à un moment peu différent, peut-être le même, des contrées très voisines de celle-là nourrissaient des plantes arctiques ou alpines. On voit combien il est difficile de se faire une idée exacte de ce qu'ont pu être les conditions de la vie végétale sur le globe pendant la période qui a précédé immédiatement la nôtre : bien des bouleversements ont pu modifier la distribution des espèces à la surface des continents, et c'est l'héritage de cette distribution qui a été transmis aux flores actuelles.

Résumé général. — On a pu voir, au cours de cet exposé sommaire, dans quel ordre les divers types végétaux semblent s'être succédé à la surface du globe. Si on considère, dans un groupe déterminé, celui des plantes vasculaires par exemple, la série des formes qui s'est déroulée depuis l'époque où la vie a fait sa première apparition jusqu'à nos jours, on constate un progrès continu : ce sont les Ptéridophytes, végétaux vasculaires du type le plus inférieur, qui se sont montrés les premiers ; ensuite viennent les Gymnospermes, intermédiaires entre les Ptéridophytes et les Phanérogames Angiospermes, puis les Angiospermes eux-mêmes, et parmi les Dicotylédones, qui en forment la classe la plus importante, c'est l'ordre des Gamopétales qui paraît le dernier.

CHAPITRE XXI

L'espèce végétale. — Idée générale du transformisme.

La notion d'espèce. — Il est un mot, celui d'*espèce*, que nous avons sans cesse prononcé, au cours de cet ouvrage, sans l'avoir jamais défini avec précision. Le moment est venu d'utiliser les notions qui nous sont maintenant familières pour tenter de combler cette lacune : tel sera l'objet de ce dernier chapitre.

Tout le monde sait qu'un individu quelconque, animal ou végétal, transmet à ses descendants des caractères qui lui sont communs avec eux : c'est la propriété de l'*hérédité*, et ces caractères sont dits *héréditaires*. Au premier abord, les formes animales et végétales semblent stables dans leur descendance. Mais cette stabilité n'est qu'apparente : on peut remarquer que les divers individus qui proviennent d'un même parent présentent quelques différences, soit qu'on les compare entre eux, soit qu'on les compare avec leur parent. Les variations qu'on observe ainsi sont dites *variations individuelles*, et les caractères qui distinguent entre eux ces divers individus sont dits *caractères individuels*. Les caractères qui leur sont communs sont, au contraire, des *caractères spécifiques*. On réunit dans une même *espèce* tous les êtres qui descendent les uns des autres ou de parents communs.

En dehors des individus qu'une parenté incontestable permet ainsi de ranger dans une même espèce, on en rencontre d'autres qui diffèrent peu des précédents ou, pour préciser, qui n'en diffèrent que par des caractères individuels de même nature et de même valeur que ceux qui distinguent ces derniers entre eux. Par une convention tacite et, en quelque sorte, instinctive, on rattache ces nouveaux individus à l'espèce édifiée sur la base précédente. On peut ainsi, avec Cuvier, définir l'espèce comme *la réunion des êtres vivants descendus les uns des autres (ou de parents communs) et de ceux qui leur ressemblent autant qu'ils se ressemblent entre eux.*

Mais comment, dans l'étendue d'une même espèce, les caractères individuels s'éliminent-ils d'un individu à l'autre, tandis que les caractères spécifiques restent assez constants pour permettre de définir l'espèce morphologiquement, en dehors de toute donnée généalogique? C'est la fécondation qui, en fondant deux éléments reproducteurs fournis par des individus différents, opère ce travail de sélection, élimine les caractères individuels, fixe les caractères spécifiques, établit, en un mot, parmi les caractères de l'individu nouveau, un équilibre suffisant pour en autoriser l'attribution à une espèce déterminée.

Nous touchons ici du doigt un nouvel élément de la définition de l'espèce. Quand deux individus, animaux ou végétaux, sont susceptibles d'un croisement fécond, ils appartiennent à la même espèce. Si le croisement est impossible ou infécond, ils appartiennent à deux espèces différentes.

Somme toute, et sans aller, pour l'instant, plus avant dans la question, le biologiste semble donc en possession de trois criteriums qui lui permettent de reconnaître si deux individus donnés appartiennent à une même espèce : la parenté généalogique, — la ressemblance morphologique, — la fécondité du croisement.

Les classifications. — L'espèce étant ainsi définie, les espèces végétales qui vivent à la surface de la terre sont évidemment trop nombreuses pour qu'un observateur unique puisse espérer les connaître toutes. On peut du moins chercher à les distribuer en un certain nombre de groupes, d'importance plus grande et de nombre plus faible, dont chacun renfermera des espèces offrant entre elles beaucoup de ressemblances : c'est ce qu'on appelle faire une *classification*. De même, pour prendre une comparaison dans la vie ordinaire, lorsqu'on a en sa possession un grand nombre d'objets de même nature, par exemple des livres, on a soin de les ranger de manière à retrouver facilement, chaque fois qu'on le désirera, tel ou tel d'entre eux.

On voit immédiatement qu'il y a bien des manières d'établir une classification. Pour garder la comparaison que nous avons prise, il est évident qu'il y a une foule de façons de ranger une bibliothèque : on peut, par exemple, réunir en un même groupe tous les livres de même dimension, ou bien rassembler ceux qui ont la même reliure; on peut encore rapprocher ceux du même auteur, ou enfin ceux qui traitent du même sujet. Dans tous ces cas, il sera facile de retrouver un ouvrage dont on connaîtra la dimension, la couleur, l'auteur ou le sujet, et inversement il suffira de savoir la place à laquelle a été pris un livre pour en connaître la dimension, la couleur, l'auteur ou le sujet. Mais le dernier système, réunissant ensemble des livres qui offrent entre eux de profondes ressemblances, est le seul qui nous apprendra réellement la nature de l'objet que nous aurons pris.

On appelle *classifications artificielles* celles qui, comme le premier de ces systèmes, permettent seulement de trouver le nom d'une espèce et sa place dans la classification, à l'aide de quelques caractères, choisis arbitrairement. Une *classification naturelle* ou *méthode* est celle qui, comme le dernier, nous fournit, en même temps que le nom de cette espèce, des connaissances exactes sur sa constitution.

Le genre. — Le nombre des espèces est énorme; mais si on en considère une en particulier, on ne tarde pas à reconnaître que quelques autres ont avec elle de grandes ressemblances. Il est évident, par exemple, que la Violette odorante, bien que différente de la Pensée sauvage, présente avec elle beaucoup de caractères communs, en particulier dans son organisation florale. Cependant, si on examine avec attention les fleurs de l'une et l'autre espèce, on remarque que, chez la Violette odorante, deux pétales seulement sont dressés à la partie supérieure de la corolle, tandis que la Pensée sauvage en dresse quatre. Avec un peu de soin, on observerait d'autres différences, de même valeur. On en conclut que ces deux plantes sont bien d'espèces différentes ; mais on les réunit dans un groupe de rang supérieur, qu'on appelle un *genre*. Un genre est donc la collectivité de plusieurs espèces qui offrent entre elles de grandes ressemblances. La Violette odorante et la Pensée sauvage sont deux espèces du genre Violette.

La première notion du genre en Botanique est due à Tournefort ; mais c'est Linné qui lui a donné une plus grande précision.

Nomenclature binaire. — C'est aussi Linné qui, le premier, pour mettre un peu d'ordre et de concision dans le langage des naturalistes descripteurs, a formulé la règle de la *nomenclature binaire*. D'après la convention qu'il a établie, chaque espèce est désignée à l'aide de deux mots latins : le premier est un substantif qui indique le genre ; le second, qui est souvent un adjectif, sert à qualifier l'espèce. Ainsi, pour reprendre l'exemple précédent, la Violette odorante est désignée du nom de *Viola odorata*, et la Pensée sauvage du nom de *Viola tricolor* : ce sont deux espèces (*odorata* et *tricolor*) du genre *Viola*. — Cette convention a évidemment l'avantage de faciliter les communications entre botanistes parlant des langues différentes.

Groupes de rangs supérieurs. — Le groupement des plantes en espèces et en genres simplifie déjà très sensiblement l'étude du règne végétal. Mais cette étude serait encore fort pénible si l'on n'avait eu soin de rassembler, à leur tour, les genres en groupes de rang plus élevé. La réunion de plusieurs *genres* assez voisins forme une *famille* ; plusieurs familles sont groupées de façon à constituer un *ordre* ; les ordres sont rassemblés en *classes*, et enfin les classes en *embranchements* ou *types* : unités de plus en plus importantes et de moins en moins nombreuses. La Violette odorante, par exemple, appartient à la *famille* des Violariées, à l'*ordre* des Dialypétales, à la *classe* des Dicotylédones, à l'*embranchement* des Phanérogames. Une plante dont on connaît l'espèce, le genre, la famille, l'ordre, la classe, l'embranchement, a sa place aussi bien fixée pour le naturaliste que le serait celle d'un soldat dont on connaîtrait, par exemple, le prénom, le nom, la compagnie, le bataillon, le régiment et le corps d'armée.

C'est encore à Linné que la science doit d'avoir établi, parmi les groupes entre lesquels il décomposa le règne animal et le règne végétal, une hiérarchie dont la nécessité s'imposait. En 1735 paraissait sa classification du règne végétal, qui a longtemps prévalu parmi les botanistes descripteurs et qui offrait effectivement de grandes facilités pour la détermination des plantes. Le *Systema naturæ* de Linné a eu, de 1735 à 1766, douze éditions, toutes revues par l'auteur, qui a apporté à chacune d'elles de nombreuses modifications.

Classification naturelle. — Mais la classification de Linné présentait le grave défaut d'être purement artificielle : elle reposait sur un petit nombre de caractères, choisis arbitrairement. Linné attribuait, par exemple, pour l'établissement des classes parmi les plantes à fleurs, qui accaparaient presque la totalité de sa classification, une importance très exagérée au nombre et à la disposition des étamines. Qui ne voit qu'un pareil système pouvait avoir pour effet de rapprocher dans une même classe des plantes dont l'organisation ne se ressemblait que par le nombre des étamines et dont tous les autres caractères étaient profondément différents? Ainsi le Lilas et la Sauge étaient réunis dans la classe de la *diandrie*, à cause de leurs deux étamines; la Violette et la Marguerite dans celle de la *syngénésie*, parce que leurs étamines sont adhérentes entre elles par leurs anthères, etc.

Adanson (1727-1806) est le premier qui ait tenté une classification naturelle du règne végétal. Avant de rapprocher deux espèces, il s'assurait qu'elles présentaient entre elles un grand nombre de caractères communs : plus le nombre de ces caractères était grand, plus les espèces étaient voisines. Mais Adanson attribuait une importance égale à tous les caractères qu'il passait en revue : sa classification naturelle se réduisait à une opération d'arithmétique.

Bernard de Jussieu, chargé de diriger les plantations du

jardin botanique de Trianon, se proposa de ranger méthodiquement les plantes dans les parterres et tenta d'établir, parmi les caractères qu'il pouvait utiliser pour cette classification, une sorte d'hiérarchie. Il attribua à certains caractères une grande importance, à d'autres une importance moindre. Il considéra les *caractères dominateurs* comme susceptibles de justifier les divisions de premier rang, et les *caractères subordonnés* comme devant servir uniquement à l'établissement des groupes de rangs inférieurs. Il ne se contenta plus de compter les caractères, comme Adanson : il les pesa et se fit, en un mot, une idée précise de la *subordination des caractères;* mais il ne publia rien. C'est à Antoine-Laurent de Jussieu qu'il était réservé d'appliquer, vingt-cinq ans après, en 1789, les principes établis par son oncle Bernard de Jussieu : il exposa les caractères des genres connus et les distribua en *familles naturelles*.

Quelques années plus tard, au commencement du dix-neuvième siècle, Cuvier appliquait, de son côté, à la classification du règne animal les principes de la méthode naturelle, fondée sur la subordination des caractères : à l'étude des formes extérieures il ajoutait, d'ailleurs, celle de la forme intérieure ou structure. C'est en 1817 que paraissait la première édition, et en 1829 la deuxième édition du *Règne animal distribué d'après son organisation*.

Ainsi la Zoologie et la Botanique paraissaient être en possession d'une méthode définitive de classification qui n'aurait plus à subir que des modifications de détails pour s'accorder, à chaque instant, avec l'état de nos connaissances scientifiques.

Première idée du transformisme. — Mais Cuvier, aussi bien que Linné, admettait explicitement que les espèces sont nettement séparées les unes des autres. Pour eux, les espèces actuelles offriraient aujourd'hui les mêmes caractères qu'au jour de leur création; elles seraient restées fixes et immuables depuis leur première apparition à la surface du globe. C'est la doctrine *fixiste*.

Or on s'aperçut bientôt que les limites provisoirement

tracées entre les espèces sont beaucoup moins nettes qu'on ne l'avait imaginé, et les nombreuses observations qui furent faites dans ce sens suggérèrent cette idée que les espèces ne sont pas immuables. Elles seraient au contraire en état de perpétuelle variation; celles qui ont paru les premières à la surface du globe se seraient, par des transformations successives, profondément modifiées et auraient donné naissance, par une évolution plus ou moins rapide, à de nouvelles espèces. C'est la doctrine *transformiste* ou *évolutionniste*.

Son développement. — La doctrine transformiste était depuis longtemps en germe dans la science. Buffon avait très nettement exprimé l'idée de la possibilité d'une transformation des espèces les unes dans les autres : avec son hypothèse des « molécules organiques », il allait jusqu'à admettre que les éléments résultant de la désagrégation du corps d'un animal ou d'une plante supérieure pouvaient entrer spontanément dans de nouvelles combinaisons organisées et former les corps de nouveaux êtres vivants, d'espèces différentes. Énoncée sous cette forme, la doctrine transformiste ne tarda pas à heurter toutes les observations que fournissait l'étude de l'origine actuelle, de la reproduction et du développement des êtres vivants; aussi ne faut-il pas s'étonner qu'elle ait recruté peu d'adhérents parmi les hommes de science. Elle fut reprise en France, au commencement du dix-neuvième siècle, par Lamarck et Étienne Geoffroy Saint-Hilaire, sous une forme plus scientifique; mais elle y rencontra une vive opposition, et ce n'est qu'après les mémorables travaux du naturaliste anglais Darwin, dont le livre sur l'*Origine des espèces* parut en 1859, que la théorie de l'évolution retrouva dans son pays d'origine la faveur dont elle est à cette heure universellement entourée.

Critique de la notion d'espèce. — Pour examiner sommairement la créance qu'il convient d'accorder à la doctrine transformiste, il est bon de reprendre avec plus de rigueur la critique de la notion d'espèce que nous avons établie tout à l'heure.

Les individus qui proviennent d'un même parent présentent entre eux, comme nous l'avons dit, des *variations individuelles*. Si les caractères qui résultent de ces variations sont assez marqués, on est en présence de ce qu'on appelle une *variété*. Souvent, par suite de l'influence de conditions particulières, on observe tout un lot de plantes qui présentent les mêmes caractères de variation : c'est ainsi qu'on pourra rencontrer, dans une station déterminée, tout un lot d'individus à tige peu élevée et à courts entrenœuds; on dira qu'on est en présence de la *variété naine*.

Une telle variation est produite souvent par l'action des conditions extérieures sur l'organisme végétal : on dit dans ce cas qu'elle est due à l'*influence du milieu*. Ce qui le montre bien, c'est qu'en certains cas on peut à volonté déterminer cette variation. Ainsi G. Bonnier, expérimentant sur l'Anthyllide vulnéraire et transportant des pieds de cette espèce recueillis dans la plaine pour les cultiver à une grande altitude, a vu se produire, au bout de quelques générations, une tubérisation des parties souterraines, un raccourcissement de la tige, une disposition des feuilles en rosette, une production d'anthocyane dans les fleurs qui, de jaunes, devenaient orangées, etc., c'est-à-dire un ensemble de caractères qui définissent la variété alpestre de la Vulnéraire.

Des résultats analogues peuvent être obtenus en transportant sur le sol salé du voisinage de la mer certaines plantes continentales susceptibles de s'y acclimater : on les voit prendre peu à peu les caractères de plantes grasses qui caractérisent la végétation halophyte.

Une fois obtenue l'adaptation aux conditions nouvelles, on peut tenter le retour aux conditions anciennes, en transplantant à nouveau dans la plaine, par exemple, la variété alpine obtenue aux grandes altitudes. Alors, de deux choses l'une: ou bien la plante, dans ces nouvelles conditions, perd peu à peu les caractères nouveaux qu'elle avait acquis et retourne plus ou moins vite au type primitif, c'est que la variété était *instable* : c'est le cas le plus général... Ou bien il peut arriver que certains individus, tout au moins, conservent leurs caractères spéciaux et les transmettent à leurs descendants pendant une longue suite de générations : on dit alors que la variété est *stable* et on lui donne le nom de *race*. Une race est donc une *variété devenue stable dans sa descendance*.

Des races se forment dans les conditions naturelles; les éleveurs et les horticulteurs en obtiennent artificiellement. Tout le monde a présents à l'esprit des exemples de races appartenant à des espèces de plantes annuelles. On connaît le végétal sauvage, souche de plusieurs de nos légumes, et ainsi on peut mieux apprécier le nombre et la valeur des modifications que la culture y a apportées. Le Chou sauvage, originaire de nos côtes, ne porte que des feuilles espacées et immangeables; mais l'Homme a successivement modifié toutes les parties de cette plante pour les approprier à son usage : lorsqu'il s'est attaqué aux feuilles, il a obtenu six races principales de Choux de Milan, dix de Choux cavaliers, dix-sept de Choux cabus; lorsqu'il s'est occupé de la racine, il a eu trois races de Choux-raves; lorsqu'il a touché aux fleurs, il en a fait sortir onze races de Choux-fleurs ou de Brocolis.

Ici, le criterium morphologique de l'espèce est manifestement en défaut : entre les diverses races d'une même espèce, obtenues par la culture, on observe des différences qui paraissent de beaucoup supérieures à celles qui suffisent, dans bien des cas, à distinguer deux espèces d'un même genre.

D'autre part, le botaniste lyonnais Alexis Jordan, qui vivait au milieu du dix-neuvième siècle, démontra, par une série de cultures méthodiques, que les espèces admises par Linné et ses continuateurs ne sont pas les véritables unités naturelles, mais sont au contraire, pour la plupart, des groupes composés d'unités moins vastes, auxquelles on a donné le nom d'*espèces élémentaires* ou *petites espèces*, ou encore *espèces jordaniennes*. C'est ainsi que Jordan a pu montrer que l'unique espèce linnéenne *Draba verna* comprend en réalité plus de deux cents formes distinctes et stables; ces formes diffèrent par des caractères menus, il est vrai, mais parfaitement nets; d'autre part, ces caractères sont entièrement stables dans la descendance : ces deux cents formes sont donc, pour Jordan, de véritables espèces ; ce sont les véritables unités naturelles, et leur ensemble constitue le groupement plus élevé qu'est l'espèce linnéenne *Draba verna*.

Ici encore la notion morphologique de l'espèce, telle que nous l'ont fournie Linné et Cuvier, ne suffit plus pour rendre compte des faits.

Le criterium de la fécondité du croisement va-t-il nous permettre de lever cette difficulté ? Entre deux espèces voisines, avons-nous dit, si grandes que soient les ressemblances qu'elles offrent entre elles, les croisements sont inféconds ; entre deux races d'une même espèce, les croisements sont féconds. Mais il faut bien dire que ce langage n'est exact que pour une première approximation. Si l'on y regarde de plus près, on se heurte à de nombreuses difficultés.

Tout d'abord souvent le croisement de deux espèces voisines est fécond : le produit qui en résulte est ce qu'on appelle un *hybride*. Les exemples d'hybrides sont extrêmement fréquents dans le règne végétal.

Il est vrai que les hybrides ainsi obtenus sont eux-mêmes souvent inféconds. Mais cette règle est soumise encore à des exceptions : il est des hybrides féconds et il en est même qui transmettent indéfiniment leur fécondité : c'est ainsi, par exemple, que deux espèces bien différentes de Luzerne, *Medicago sativa* et *Medicago falcata*, donnent par leur croisement des hybrides stables et féconds. Ces cas, bien qu'exceptionnels, suffisent à infirmer la règle. Bref, on observe certaines espèces, reconnues comme telles, qui paraissent offrir entre elles les mêmes relations que celles qui existent de race à race dans l'étendue d'une même espèce.

D'autre part, il est des races qui, fixées depuis de longues années, voire des siècles, ont perdu la faculté de donner des croisements féconds avec les représentants typiques de l'espèce à laquelle elles appartiennent.

C'est ainsi que le croisement est impossible entre le Cochon d'Inde ou Cobaye de nos pays et l'Apéréa du Brésil, qui en est la souche, entre le Chat du Paraguay et notre Chat domestique, etc. Un exemple classique est celui des Lapins de Porto-Santo : on apporta vers le quinzième siècle dans l'île de Porto-Santo, voisine de Madère, des Lapins d'origine européenne ; ils y ont pris peu à peu des caractères spéciaux qui en font aujourd'hui une race distincte, incapable de croisement fécond avec notre Lapin indigène.

On voit, en somme, qu'une grande indécision plane sur les caractères qui permettent de distinguer la race de l'espèce.

De même entre la variété stable qu'est la *race* et la *variété instable*, il n'y a que des différences de degré. Gaston Bonnier a montré que certaines plantes de plaine, adaptées au climat de montagne et devenues variétés alpestres, se montrent, à leur retour en plaine d'autant plus stables que leur séjour en montagne a été plus prolongé. L'agronome suédois Schübeler avait observé depuis longtemps déjà une loi analogue pour le Blé. Ayant récolté du Blé en Allemagne, où la durée de végétation de cette céréale est de cent vingt jours, il le cultiva en Suède, où, comme on sait, la période de saison chaude est très courte. Or, au bout de cinq générations, ayant pris chaque fois comme semis les grains précoces, qui seuls en ce pays froid avaient pu atteindre leur maturité, il obtint une variété de Blé à grains lourds et bien remplis, qui n'exigeait plus que soixante-dix jours au lieu de cent vingt pour son entier développement. Il observa, en outre, que ce Blé ramené en Allemagne, y conservait ses caractères de précocité et de lourdeur en grains, qui en faisaient dès lors une variété recherchée par les agriculteurs. Schübeler avait donc réalisé une fixation partielle d'un caractère, et on conçoit qu'une expérience plus longtemps poursuivie donnerait une fixation plus complète.

Ces quelques exemples, qu'on pourrait multiplier, montrent qu'il n'y a aucune ligne de démarcation bien nette entre l'espèce, la race et la variété instable : variété, race, espèce expriment simplement des degrés dans la différenciation des formes entre elles.

En résumé, la science actuelle ne possède aucun moyen d'établir une distinction rigoureuse entre les différences spécifiques (qu'il s'agisse d'espèce linnéenne ou d'espèce élémentaire) et les différences qui caractérisent les variétés. Il ne paraît donc pas absurde d'admettre *a priori*, qu'une *variété* provenant de la variation d'une espèce initiale puisse acquérir, lentement ou rapidement, une stabilité dans la descendance qui en fasse une *race* ou une *espèce élémentaire*; puis que, la variation s'accentuant et continuant à se fixer, on aboutisse enfin à une forme différant du point de départ autant qu'une *espèce linnéenne* peut différer d'une autre espèce linnéenne.

Mécanisme de la variation. — Cette conception *a priori* est d'ailleurs justifiée par les résultats des expériences effectuées en vue d'élucider le mécanisme de la variation. Comment se produisent dans la nature les variétés susceptibles de se fixer ensuite en races ou espèces élémentaires et peut-être en espèces linnéennes?

Pour nous rendre compte de ce mécanisme, reportons-nous à l'étude des procédés qu'emploient les éleveurs ou les horticulteurs pour obtenir des races nouvelles.

Sélection artificielle. — Quand on observe, chez deux individus appartenant à une même espèce, un même caractère qu'on estime avantageux et qu'on juge utile de fixer et de développer dans une race nouvelle, on féconde l'un de ces individus par l'autre, et il y a quelque chance que leur progéniture reproduise ce caractère : l'expérience a permis, en effet, de reconnaître que les descendants immédiats d'un couple dans lequel les deux parents possèdent un même caractère, présentent d'ordinaire ce caractère, plus accentué.

Si on renouvelle cette opération avec persévérance sur des descendants du couple initial, le caractère utile et recherché finit par se fixer : on a reconnu, en effet, que si on accouple, pendant un certain nombre de générations successives, des individus présentant un ensemble de caractères communs, ces caractères finissent par apparaître régulièrement et sans variation dans la descendance.

Ces procédés, bien connus des éleveurs et des horticulteurs, et qui reposent sur la possibilité de fixer un ensemble de caractères par un choix convenable de progéniteurs, constituent ce qu'on appelle la *sélection artificielle*. Comment les choses se passent-elles dans la nature?

Sélection naturelle. — Imaginons, en un lieu donné, un individu initial ou un couple d'individus appartenant à une espèce déterminée d'êtres vivants. Si cet individu ou ce couple trouvent en ce lieu une nourriture suffisante, ils vont vivre, se reproduire, et ainsi l'espèce à laquelle ils appartiennent sera bientôt représentée par un grand nombre d'individus. Mais supposons que, pendant que ceux-ci se multiplient, la nourriture dont ils disposent n'augmente pas. Dès qu'elle devient insuffisante, il s'établit entre ces êtres de même espèce une rivalité, que Darwin a appelée *concurrence vitale* ou *lutte pour la vie*. Dans cette lutte, les plus aptes survivent, tandis que les plus faibles succombent. Ceux-là seuls dont les caractères individuels sont de nature à leur assurer le triomphe dans la lutte auront quelque chance de se perpétuer; par leurs croisements, ils fixeront les caractères qui leur auront procuré la victoire, et ainsi la descendance du couple ou de l'individu initial tendra à se perfectionner. Il faut bien remarquer d'ailleurs que cette lutte ne vise pas seulement la nourriture, mais d'une façon générale tous les moyens d'existence. Au bout d'un temps suffisamment long, l'espèce aura revêtu les caractères les plus propres à lui assurer une existence facile dans le milieu auquel elle se sera ainsi peu à peu *adaptée*. Il pourra sembler, au premier abord, qu'elle ait été faite pour ce milieu et c'est parce qu'ils ont été victimes de cette illusion que beaucoup de penseurs ont admis que chaque espèce avait été armée pour vivre dans des conditions déterminées : c'était la théorie, tout à fait superficielle, des *causes finales*. Tout autre et bien plus rationnelle est l'explication que fournit le principe de la *sélection naturelle*, dont nous venons d'exposer les grandes lignes. Ce principe n'est nullement, comme on l'a prétendu quelquefois, une théorie, mais bien l'expression naturelle des faits : il s'impose à l'esprit comme une vérité évidente.

Influence du milieu ; adaptation. — Mais le mécanisme de la sélection naturelle n'est pas suffisant pour expliquer la formation d'une variété. La sélection naturelle agit, on le voit, à la façon d'un crible, qui séparerait ce qui peut vivre et ce qui doit mourir. Mais elle ne crée rien par elle-même. Pour que, dans la concurrence vitale, une variation utile détermine la formation d'une variété stable, encore faut-il que cette variation se soit manifestée une première fois chez un individu appartenant à l'espèce type.

C'est à l'*influence du milieu* qu'il faudrait accorder, avec Lamarck et les néolamarckiens, la part prépondérante dans la production de cette variation initiale.

Pour profiter des conditions que réalise le milieu dans lequel il se trouve, pour *s'adapter*, en un mot, à ce milieu, l'organisme vivant met en jeu ceux de ses organes ou de ses appareils qui répondent le mieux aux besoins du moment. Or, l'emploi fréquent et soutenu d'un organe a pour effet, ainsi que l'a montré Lamarck, de le fortifier et de le développer, tandis que le défaut d'usage l'affaiblit et tend à le faire disparaître. C'est ainsi que l'exercice développe les muscles, tandis que les animaux qui vivent constamment à l'obscurité, par exemple ceux qui habitent les cavernes, perdent plus ou moins complètement le sens de la vue.

Nous avons eu l'occasion de voir, au cours de cet ouvrage, comment l'influence du milieu souterrain ou aquatique, de la sécheresse, de l'éclairement, etc., s'exerce sur les fonctions des plantes supérieures et, par contre-coup, sur les organes ou les tissus par lesquels ces fonctions s'accomplissent.

A la vérité, les expériences que nous avons rapportées n'ont pas déterminé, à proprement parler, la création d'espèces nouvelles, mais il n'en faut sans doute accuser que leur courte durée, insuffisante pour fixer définitivement de nouveaux caractères chez des végétaux aussi élevés en organisation. Des expériences récentes sur certains animaux du groupe des Insectes ont montré des faits comparables, avec, au contraire, une remarquable rapidité de fixation des caractères spécifiques nouveaux : c'est ainsi qu'une cochenille, qui vit normalement sur le Pêcher, *Lecanium corni*, si elle vient à être transplantée sur un Robinier, se transforme rapidement en une espèce différente, *Lecanium robiniarum*, et l'espèce nouvelle est suffisamment stable pour ne point pouvoir s'adapter de nouveau à la vie sur le Pêcher.

De tels faits, que les recherches scientifiques rendront sans doute de plus en plus nombreux et probants, établissent, à n'en pas douter, l'influence profonde qu'exerce le milieu sur la forme et la structure des organismes, et par suite sur l'évolution de l'espèce.

D'ailleurs, pour adapter un organisme déterminé à de nouvelles conditions d'existence, ce n'est généralement pas un organe ou un appareil unique qui se modifie : plusieurs organes ou plusieurs appareils se transforment simultanément et corrélativement. Le fait n'avait pas échappé à Cuvier. Il avait remarqué, par exemple, que lorsqu'un mammifère est organisé pour le régime carnassier, en même temps que sa dentition revêt des caractères spéciaux, la tête du condyle de son maxillaire inférieur prend la forme qui permet à cette dentition de produire son maximum d'effet utile. C'est cette correspondance qu'il avait érigée en loi, sous le nom de *principe de la corrélation des formes*. Mais il n'avait pas reconnu le mécanisme producteur de la corrélation, et cette ignorance même l'avait conduit à donner à son énoncé un caractère trop absolu. Il ne faut pas croire, en effet, que la corrélation des formes soit forcément et dans tous les cas parfaite : elle ne saurait l'être que lorsque l'adaptation de l'organisme à son milieu est complètement achevée ; chez un organisme en voie d'adaptation, la corrélation peut être imparfaite.

La mutation. — Des travaux récents, dus au botaniste hollandais Hugo de Vries, ont fait connaître un autre mécanisme de la variation, lequel, au premier abord, semble très différent du mécanisme lamarckien de l'influence du milieu. Il s'agit de la *variation brusque* ou *mutation*.

Expérimentant sur une espèce d'Onagre (*Œnothera Lamarckiana*), de Vries en fit la *culture pédigrée*, c'est-à-dire qu'à partir de graines issues d'un pied unique et autofécondé, il réalisa des générations successives d'Onagre, qu'il protégeait avec soin contre tout mélange et toute hybridation. Or, dans de telles conditions de pureté des cultures, il vit, dès la seconde génération, apparaître au milieu de 15 000 individus normaux, semblables à l'individu original, une dizaine d'individus aberrants appartenant à deux formes bien différentes du type. De plus, ces formes se montrèrent absolument stables dans leur descendance.

De Vries avait donc assisté à l'apparition *brusque* de deux espèces élémentaires nouvelles, bien nettement différentes d'*Œnothera Lamarckiana*; il leur donna les noms d'*Œ. nanella* et *Œ. lata*. La suite des cultures fit apparaître d'autres espèces élémentaires nouvelles; au bout de dix années d'expériences, de Vries en comptait six présentant une remarquable stabilité de caractères.

Ainsi donc, dans la descendance d'une espèce type autofécondée, peuvent apparaître brusquement des formes nouvelles qui, par leurs caractères morphologiques spéciaux, la fécondité et la stabilité de leur descendance, se montrent absolument comparables à des espèces véritables. A la vérité, les expériences de de Vries sur les Onagres, ainsi que celles qu'on a réalisées depuis (Nilsson sur les Céréales, Wettstein sur les Sedums, Blaringhem sur le Maïs), ont donné naissance à des espèces nouvelles ne différant de l'espèce originelle que dans la mesure où une espèce jordanienne diffère d'une autre. Mais rien ne prouve que pour d'autres plantes, et dans certaines conditions, les formes nouvelles brusquement apparues ne puissent différer du type autant qu'une espèce linnéenne diffère d'une autre espèce linnéenne. L'avenir seul pourra répondre à cette question.

De Vries a donné le nom de *mutation* à cette variation brusque qui, dans la descendance d'une forme donnée, fait apparaître une forme spécifiquement distincte. Il est à remarquer que la forme nouvelle apparaît d'emblée, avec tout un ensemble de caractères modifiés à la fois; on est, en quelque sorte, en présence d'un état d'équilibre nouveau, que cimente le principe de la corrélation des formes, et qui caractérise l'espèce nouvelle.

On s'est demandé si, dans la mutation, la variation est aussi brusque qu'elle le paraît au premier abord. On a, en particulier, émis l'idée qu'elle serait précédée d'une *période de prémutation*, durant laquelle la descendance, sans présenter de changement dans la forme, présenterait, par exemple, une modification graduelle du milieu intérieur; cette modification irait s'exagérant peu à peu, jusqu'à ce que se produise la rupture d'équilibre qui détermine la mutation. Mais, jusqu'à présent, aucune expérience probante n'est venue justifier cette manière de voir.

Résumé de la doctrine transformiste. — Les notions sommaires que nous possédons maintenant sur les causes et sur le mécanisme de la variation nous montrent que la doctrine transformiste, qui repose essentiellement sur la variabilité des espèces, s'impose de plus en plus à tout esprit réfléchi.

Dans l'état actuel de nos connaissances, nous devons admettre *que la variation existe*, non seulement la *variation individuelle* qui fait osciller l'espèce autour d'une sorte de forme moyenne, mais aussi la *variation spécifique* qui change une forme moyenne en une autre forme moyenne, dite spécifiquement distincte.

La variation spécifique peut s'effectuer de deux façons différentes : 1° soit *lentement*, par *adaptation progressive* à des conditions nouvelles de milieu (Lamarck); 2° soit *brusquement*, par *mutation* apparaissant chez un petit nombre de descendants (De Vries).

Les caractères nouveaux ainsi acquis sont partiellement ou totalement héréditaires; dès lors intervient la *sélection* (Darwin), sorte de crible qui laisse subsister les formes les mieux douées, et arrête celles qui sont moins bien adaptées aux conditions de milieu.

Autres arguments en faveur du transformisme. — Si on compare l'organisation d'un certain nombre de types appartenant à un même groupe du règne animal ou du règne végétal, on ne tarde pas à reconnaître que cette organisation réalise, avec des modifications diverses suivant les types, un plan sensiblement identique : tel organe, très développé chez un type, se réduit chez le type voisin, et inversement ; ici, il est adapté à une fonction, là il répond à une autre ; partout les mêmes organes se retrouvent, avec des dimensions et des fonctions différentes. Deux organes sont dits *homologues*, lorsqu'ils occupent la même position relative et contractent les mêmes connexions, quel que soit, d'ailleurs, le rôle qui leur appartient. On dit, au contraire, que deux organes sont *analogues* lorsqu'ils jouent le même rôle, bien qu'ayant, dans les organismes auxquels ils appartiennent, des positions et des connexions différentes.

Il n'est pas rare d'observer, dans l'organisation d'un grand nombre d'êtres vivants, des organes réduits à des dimensions très faibles, incapables de remplir les fonctions auxquelles ils semblaient destinés, *rudimentaires*, en un mot. Comment s'expliquer la présence de ces organes rudimentaires si on n'admet pas que ce sont les vestiges d'organes qui ont cessé de remplir leurs fonctions normales et qui se sont, pour cette raison, progressivement atrophiés ?

On observe fréquemment, entre deux espèces sensiblement différentes ou entre deux groupes nettement distincts, une série plus ou moins complète d'intermédiaires. C'est ainsi que, parmi les Champignons Basidiomycètes, on trouve tous les intermédiaires entre les formes à baside normale et les formes à baside très différenciée qu'on rencontre chez les Urédinées ; les Algues passent aux Mousses grâce aux transitions fournies par les Floridées et les Hépatiques ; les Gymnospermes se relient d'une part aux Ptéridophytes par les Cycadacées et d'autre part aux Angiospermes, par les Gnétacées, etc. Ces intermédiaires ne doivent-ils pas être considérés comme les étapes successives que l'un des types de structure a pu parcourir, dans son évolution, pour se transformer en l'autre?

Mais, dira-t-on, les formes intermédiaires, moins bien organisées que la forme extrême à laquelle elles devaient aboutir, auraient dû disparaître dans la lutte pour l'existence, victimes de la concurrence vitale. Cette objection a sa valeur. Oui : quand la concurrence vitale a produit tous ses effets, quand la lutte est terminée, les vainqueurs seuls doivent survivre et les formes intermédiaires doivent avoir disparu ; mais si la lutte n'est pas arrivée à son terme, si la victoire des formes les plus parfaites n'est pas encore complètement assurée, ne peut-on trouver quelques survivants parmi les combattants appelés à disparaître? Et, de fait, il est de ces formes intermédiaires à la disparition desquelles nous assistons en ce moment : tels sont les *Salvinia*, que supplantent actuellement, dans les eaux douces d'Europe, les *Azolla* venus d'Amérique; les *Sequoia*, les *Ginkgo*, qui ne subsistent que grâce aux soins dont l'homme les entoure, etc.

D'ailleurs, si les exemples de formes très différentes, que relie toute une chaîne d'intermédiaires, ne manquent pas dans la nature actuelle, combien est-il de formes entre lesquelles, au contraire, on observe des lacunes que rien ne vient combler! Pour ne prendre qu'un exemple, le groupe des Characées, que nous avons placé dans la classe des Algues, n'y est-il pas singulièrement isolé?

Ainsi, par la manifestation d'une sorte d'unité de plan de composition dans les groupes bien définis, par l'existence des organes rudimentaires, par celle des formes intermédiaires, l'anatomie comparée fournit à la doctrine des arguments dont on ne saurait contester la valeur.

Arguments paléontologiques. — Si, sortant du domaine de l'anatomie comparée, nous consultons les données que fournit la paléobotanique, la restauration des formes aujourd'hui disparues permet, dans bien des cas, de combler certaines des lacunes qui existent dans la nature actuelle. Nous avons vu, par exemple, le groupe des Lycopodinées hétérosporées, si restreint à l'époque actuelle, prendre, à l'époque carbonifère, un développement beaucoup plus grand, avec une richesse de formes incomparables; l'ordre des Équisétinées, qui se réduit aujourd'hui aux formes isosporées de la famille des Équisétacées, avec le seul genre *Equisetum*, comprenait, à la même époque, des formes hétérosporées; le groupe des Cordaïtes a vraisemblablement formé un trait d'union entre les Cycadées et les Conifères; celui des Ptéridospermées nous paraît la transition naturelle qui relie les Ptéridophytes les plus élevées en organisation aux Gymnospermes les plus inférieures, etc. Ainsi, parmi les formes anciennes, beaucoup sont intermédiaires entre des formes différentes de notre époque; elles semblent être leur point de départ commun ou permettent de les relier à un même rameau. La paléontologie établit que la population végétale du globe, d'abord très différente de celle qui nous entoure aujourd'hui, s'est graduellement modifiée de manière à offrir un nombre de plus en plus grand d'espèces voisines des espèces actuelles.

Conclusion. — Tout nous conduit donc à accepter l'idée d'une variation continue qui se serait produite dans le monde organisé depuis l'heure de sa première apparition : par une lente évolution, les formes simples, qui auraient été, à la surface du globe, les premières manifestations de la matière organisée, se seraient peu à peu différenciées et auraient donné naissance, de proche en proche, aux formes infiniment variées qui constituent, à l'heure actuelle, le domaine de la botanique.

Dans la doctrine transformiste, il existe une parenté réelle entre les végétaux d'un même groupe naturel, et les ressemblances qu'ils offrent entre eux s'expliquent par cette parenté : les plus proches parents sont ceux qui offrent les plus grandes affinités, et le but de la classification naturelle est, en définitive, la reconstitution de l'arbre généalogique du règne végétal.

TABLE DES MATIÈRES

CHAPITRE Ier. — **Caractères généraux des êtres vivants** 9

Caractères généraux des êtres vivants, 9. — Modes de conservation, 10. — Nutrition, 10. — Développement, 11. — Reproduction, 12. — La question des générations spontanées, 12. — Organisation, 28.

CHAPITRE II. — **La cellule végétale** 30

La cellule végétale, 30. — Le protoplasme, 31. — Ses propriétés, 31. — Propriétés physiques, 31. — Structure du protoplasme, 32. — Propriétés chimiques, 34. — Réactifs coagulants et fixateurs, 35. — Réactifs colorants, 35. — Réactifs dissolvants, 36. — Propriétés biologiques, 36. — Le noyau, 38. — Sa structure, 39. — La membrane, 43. — Sa composition chimique, 44. — Sa structure, 46.

CHAPITRE III. — **La division cellulaire** 48

Origine des cellules végétales, 48. — Bipartition cellulaire, 49. — Bipartition du noyau, 49. — Le cloisonnement, 56.

CHAPITRE IV. — **Les tissus végétaux** 58

Tissus végétaux, 58. — Méristème, 58. — Différenciation, 58. — Agencement des cellules. Méats et lacunes, 59. — Sa croissance, 60. — Différenciation de la membrane cellulaire, 61. — Ornementation, 61. — Modifications chimiques, 64. — Différenciation du contenu cellulaire, 66. — La chlorophylle et les chloroleucites, 66. — L'amidon, 70. — Aleurone, 74. — Corps gras, 75. — Essences, 77. — Substances dissoutes, 78. — Vacuoles, 81. — Classification des tissus végétaux, 83. — Tissu cutineux, 83. — Parenchyme sécréteur, 83. — Sclérenchyme, 87. — Tissu vasculaire, 88. — Tissu criblé, 89.

CHAPITRE V. — **Les grandes divisions du règne végétal** 90

Les grands embranchements du règne végétal. Leurs caractères extérieurs, 90. — Leurs caractères anatomiques, 93.

CHAPITRE VI. — **Les Thallophytes. — Les Champignons** 95

§ 1er. — Les Champignons Siphomycètes, 95. — Thallophytes. Algues et Champignons, 95. — Mucoracées, 95. — Type : *Mucor mucedo*, 96. — Mycélium, 96. — Multiplication par simple division, 97. — Reproduction par spores. Sporanges, 97. — Leur formation, 98. — Déhiscence des sporanges, 99. — Spores mûres; leur fragilité, 99. — Leur germination, 100. — Vie ralentie, 100. — Définition plus précise de la germination, 102. — Reconstitution du mycélium, 101. — Signification morphologique du mycélium de *Mucor mucedo*, 102. — Définition générale d'une spore, 102. — Dissémination naturelle de la Moisissure, 102. — Reproduction par œufs, 103. — Formation de l'œuf, 103. — Développement de l'œuf en embryon, 104. — Germination de la zygote, 104. — Rôle de la zygote, 105. — Mucorinées, 105. — Péronosporées, 110.

§ 2. — Les Myxomycètes, 114. — Myxomycètes, 114. — Reproduction des Myxomycètes, 117.

§ 3. — **Les Ascomycètes**, 120. — Ascomycètes, 120. — Etude d'un type : *Pézize*, 120. — Variations de l'asque, 123. — Origine du périthèce. L'œuf chez les Ascomycètes, 124. — Variations du périthèce, 126. — Gymnoascées, 126. — Pézizacées, 128. — Sphériacées, 128. — Périsporiacées, 130. — Laboulbéniacées, 131. — Formes conidiennes, 131. — Polymorphisme des Ascomycètes, 133.

§ 4. — **Les Basidiomycètes**, 136. — Les Basidiomycètes, 136. — Etude d'un type : *Psalliota campestris*, 136. — Thalle, 137. — Appareil sporifère, 138. — Définition générale de la baside, 140. — Variations du thalle, 141. — Variations de l'appareil sporifère, 142. — Variations de la baside, 144. — Appareils conidiens, 146. — Etude d'un type de Pucciniacées : *Puccinia graminis*, 147. — Caractères généraux des Basidiomycètes, 156. — Classification des Champignons, 156.

CHAPITRE VII. — **Les Algues** 157

Les Algues, 157. — Classification des Algues, 159.

§ 1er. — **Les Cyanophycées**, 160. — Les Cyanophycées, 160. — Les Oscillaires, 160. — Les Nostocs, 162.

§ 2. — **Les Chlorophycées**, 164. — Les Chlorophycées, 164. — Les Protococcacées, 164. — Les Siphonées, 166. — Les Confervacées, 171. — Les Conjuguées, 172. — Classification des Chlorophycées, 174.

§ 3. — **Les Phéophycées**, 174. — Les Phéophycées, 174. — Les Diatomées, 175. — Les Fucacées, 180.

§ 4. — **Les Floridées**, 187. — Les Floridées, 187.

CHAPITRE VIII. — **Les Bactéries et la technique bactériologique.** 194

§ 1er. — **Les Bactéries en général**, 194. — Les Bactéries, 194. — Etude d'un type : *Bacillus subtilis*, 195. — Extrême diffusion des Bactéries, 199.

§ 2. — **La technique bactériologique**, 199. — Recherche des bactéries, 199. — Cultures pures, 201. — Milieux de culture, 201. — Vases à culture, 204. — Stérilisation des vases, 205. — Stérilisation des milieux, 206. — Semis, 211. — Développement de la culture, 212. — Séparation des espèces, 212. — Résumé, 213. — Applications de la technique bactériologique, 213.

§ 3. — **Morphologie des Bactéries**, 214. — Variabilité de la forme chez les Bactéries, 216.

§ 4. — **Physiologie des Bactéries**, 218. — Bactéries chromogènes. Bactéries pourpres, 218. — Bactéries ferments, 218. — Bactéries pathogènes, 220. — La diphtérie, 222. — Le bacille de la diphtérie, 223. — Mécanisme de son action sur l'organisme, 225. — Atténuation du virus diphtérique : vaccination, 226. — Mécanisme physiologique de l'immunité, 227. — Guérison de la diphtérie; la sérothérapie, 232. — Place des Bactéries dans la classification, 236.

CHAPITRE IX. — **Les Lichens** 237

Divers aspects du thalle, 237. — Affinités apparentes des Lichens, 238. — Structure d'un Lichen, 239. — Multiplication : sorédies, 241. — Reproduction : apothécies, 242. — Véritable nature des Lichens, 243. — Propagation et conservation naturelles des Lichens, 248. — Place des Lichens dans la classification, 249. — Rôle des Lichens dans la nature, 249.

CHAPITRE X. — **Les Characées** 250

Appareil végétatif, 250. — Multiplication, 253. — Reproduction, 253. — Place des Characées dans la classification, 256.

CHAPITRE XI. — **Les Bryophytes**..................................... 257

§ 1ᵉʳ. — Les Mousses, 257. — Les Mousses, 257. — Etude d'un type : *Funaria hygrometrica*, 257. — Appareil végétatif, 257. — Reproduction : formation de l'œuf, 259. — Développement de l'œuf : le sporogone, 264. — Développement de la spore : protonéma, 268. — Résumé du développement de la Mousse, 270. — Multiplication, 271. — Classification des Mousses, 271. — Formation de la tourbe, 272.

§ 2. — Les Hépatiques, 274.

CHAPITRE XII. — **Morphologie des Plantes vasculaires ou Rhizophytes**.. 277

L'appareil végétatif des plantes vasculaires, 277.

§ 1ᵉʳ. — La racine, 278. — Morphologie externe, 278. — Morphologie interne : structure primaire, 281. — Origine de la structure primaire, 286. — Etude anatomique de la ramification, 290.

§ 2. — La tige, 292. — La tige : morphologie externe, 292. — Morphologie interne : structure primaire, 295. — Origine de la structure primaire, 301. — Etude anatomique de la ramification, 303. — Comparaison entre la racine et la tige, 304. — Passage de la racine à la tige, 305. — Origine des racines latérales, 306.

§ 3. — Formations secondaires de la tige et de la racine, 307. — Tissus secondaires, 307. — Fonctionnement d'une assise génératrice, 308. — Tige : formations secondaires de la tige dans la première année, 310. — Bois et liber secondaires, 311. — Liège, 313. — Lenticelles, 314. — Structure d'une tige d'un an, 316. — Formations secondaires des années suivantes, 317. — Formations secondaires de la racine, 321.

§ 4. — La feuille, 323. — La feuille : morphologie externe, 323. — Phyllotaxie, 328. — Morphologie interne, 331. — Origine de la structure primaire de la feuille, 337. — Mécanisme de la chute des feuilles, 337. — Comparaison entre la structure de la feuille et celle de la tige, 339.

§ 5. — Influence du milieu sur la structure de la plante, 341. — Influence du milieu souterrain, 341. — Influence du milieu aquatique, 349. — Influence de la sécheresse atmosphérique, 354. — Influence de la lumière, 355. — Influence du climat sur la structure des plantes, 359. — Influence du climat alpin, 360. — Influence du climat arctique, 362. — Considérations générales, 364.

CHAPITRE XIII. — **Physiologie des plantes vasculaires**........... 365

Echanges gazeux, 365.

§ 1ᵉʳ. — La respiration, 365. — Respiration végétale : sa généralité, 365. — Nature du phénomène respiratoire, 367. — Variations de l'intensité respiratoire, 371. — Résistance à l'asphyxie, 373. — Comparaison avec la fermentation, 375. — Oxydases, 377.

§ 2. — L'assimilation chlorophyllienne, 378. — L'assimilation chlorophyllienne, 378. — Influence de la lumière sur l'assimilation chlorophyllienne, 381. — Rôle de la chlorophylle dans la décomposition de l'anhydride carbonique, 386. — Séparation de l'assimilation chlorophyllienne et de la respiration, 386. — Les plantes sans chlorophylle : parasitisme, 388. — Les plantes vertes et parasites, 389.

§ 3. — La transpiration, 390. — La transpiration, 390. — Sa mesure, 391. — Variations de la transpiration, 394. — La chlorovaporisation, 396.

§ 4. — Mécanisme des échanges. Les échanges gazeux, 399. — Diffusion à travers l'épiderme, 399. — Rôle des stomates, 399. — Circulation des gaz dans l'intérieur de la plante, 402. — Absorption des liquides par la racine, 404.

§ 5. — La circulation des liquides, 407. — La sève brute, 407. — Causes de son ascension, 409. — Élaboration de la sève, 412. — Répartition de la sève élaborée, 412. — Circulation de la sève, 414. — Repos hivernal, 415.

§ 6. — L'aliment de la plante, 417. — Sa nature, 418. — Forme absorbable de l'aliment, 424. — Alimentation azotée de la plante, 425. — Enrichissement du sol en azote, 428. — Fixation de l'azote atmosphérique par les nodosités de Légumineuses, 429. — Cycle de l'azote dans la nature, 434.

§ 7. — Les réserves nutritives, 434. — Organes de réserve, 435. — Substances de réserve, 436. — Les sucres, 436. — L'amidon, 437. — Autres exemples, 440. — Caractère général de la fonction de réserve, 440.

§ 8. — La sécrétion, 442. — Produits de sécrétion, 442.

§ 9. — Les phénomènes de mouvement chez les plantes, 444. — Mouvements dus à la croissance, 444. — Nutation, 444. — Circumnutation, 444. — Tiges volubiles, 445. — Géotropisme, 446. — Phototropisme, 454. — Thermotropisme, 459. — Hydrotropisme, 459. — Autres exemples, 460. — Mouvements d'organes ayant achevé leur croissance, 461. — Phototactisme, 461. — Chimiotactisme, 464. — Mouvements nyctitropiques, 464. — Mouvements provoqués par des contacts, 468. — Mouvements spontanés, 469. — Résumé, 470.

CHAPITRE XIV. — **Les Ptéridophytes ou Cryptogames vasculaires.** 471

Classification des plantes vasculaires, 471. — Les Ptéridophytes, 471.

§ 1er. — Les Filicinées, 471. — Les Fougères, 471. — Appareil végétatif, 471. — Tige, 472. — Feuille, 477. — Racine, 477. — Reproduction et développement, 479. — Sporange et spores, 480. — Prothalle, 484. — Œuf, 487. — Sa germination; reconstitution de la Fougère feuillée, 487. — Résumé du développement, 490. — Comparaison avec le développement des Bryophytes, 491. — Multiplication, 492. — Les Marattinées, 492. — Les Hydroptéridées, 493. — Étude d'un type : *Salvinia natans*, 493. — Autres exemples, 498. — Les Filicinées, 499.

§ 2. — Les Equisétinées, 499. — Les Prêles, 499. — Appareil végétatif, 499. — Reproduction et développement, 504. — Les Equisétinées, 509.

§ 3. — Les Lycopodinées, 509. — Les Lycopodes, 509. — Appareil végétatif, 509. — Reproduction et développement, 510. — Les Sélaginelles : appareil végétatif, 511. — Reproduction et développement, 512. — Les Isoètes, 514. — Les Lycopodinées, 514. — Classification des Ptéridophytes, 515. — Considérations générales, 515.

CHAPITRE XV. — **Les Phanérogames.** — **Reproduction des Phanérogames**.. 516

§ 1er. — L'inflorescence, 516. — Les Phanérogames, 516. — L'inflorescence, 516.

§ 2. — La fleur, 518. — Les enveloppes florales, 521.

§ 3. — L'étamine, 521. — L'androcée, 521. — L'étamine, 521. — Le pollen, 527. — Germination du pollen, 529. — Nature morphologique de l'étamine, 530.

§ 4. — Le pistil, 531. — Le carpelle, 532. — Nature morphologique du carpelle, 534. — Variations du pistil, 535. — L'ovule, 537. — Ses variations de forme, 542.

§ 5. — La reproduction, 544. — Rôle des diverses parties de la fleur, 544. — Pollinisation, 545. — Fécondation, 546. — Double fécondation, 551.

§ 6. — Le fruit et la graine, 553. — Conséquences de la fécondation, 553. — Transformation de l'ovule en graine, 556. — Constitution de la graine mûre, 562. — Dissémination de la graine, 563.

§ 7. — Germination de la graine, 563. — Vie ralentie de la graine mûre, 564. — Conditions nécessaires à la germination, 565. — Phénomènes de la germination, 569. — Phénomènes morphologiques, 569. — Phénomènes physiologiques, 576. — Phénomènes externes, 576. — Phénomènes internes, 578. — Limites de la période germinative, 580.

§ 8. — Développement total de la plante, 580. — Variations de la respiration pendant le développement, 582. — Chaleur végétale, 583. — Lumière végétale, 586.

§ 9. — Multiplication des Phanérogames, 587.

Chapitre XVI. — **Classification des Phanérogames. — Les Phanérogames gymnospermes**.................................. 590

Classification des Phanérogames, 590. — Les Gymnospermes, 590.

§ 1er. — Les Conifères, 591. — Étude d'un type : *Pinus silvestris*, 591. — Appareil végétatif, 591. — Appareil reproducteur, 592. — Fécondation, 597. — Développement de l'embryon, 599. — Autres types de Conifères, 602.

§ 2. — Les Ginkgoacées, 605.

§ 3. — Les Cycadées, 608.

§ 4. — Les Ptéridospermées, 611.

§ 5. — Les Gnétacées, 612. — Classification des Gymnospermes, 613. — Comparaison entre les Gymnospermes et les Angiospermes, 613. — Comparaison entre les Gymnospermes et les Ptéridophytes, 615.

Chapitre XVII. — **Les Phanérogames Angiospermes**............ 617

§ 1er. — Les Monocotylédones, 617. — Distinction entre Monocotylédones et Dicotylédones, 617.

§ 2. — Classe des Monocotylédones, 621. — Monocotylédones à fleurs vivement colorées. Les Liliacées, 621. — Familles voisines, 626. — Les Iridées, 627. — Les Amaryllidées, 629. — Les Orchidées, 630. — Familles voisines, 636. — Monocotylédones à fleurs peu colorées, 637. — Les Palmiers, 637. — Les Graminées, 641. — Les Cypéracées, 648. — Familles voisines, 648. — Résumé de la classe des Monocotylédones, 650.

Chapitre XVIII. — **Les Phanérogames Angiospermes** (*suite*).... 650

§ 1er. — Classe des Dicotylédones, 650.

§ 2. — Les Dicotylédones apétales, 651. — Les Urticacées, 652. — Famille voisine, 654. — Les Salicinées, 655. — Les Polygonées, 656. — Les Chénopodiacées, 658. — Les Cupulifères, 658. — Les Juglandées, 665. — Résumé de la classification des Dicotylédones apétales, 666.

§ 3. — Les Dicotylédones dialypétales, 666. — Les Renonculacées, 666. — Familles voisines, 674. — Les Malvacées, 674. — Famille voisine, 678. — Les Euphorbiacées, 678. — Famille voisine, 680. — Les Crucifères, 680. — Les Papavéracées, 684. — Familles voisines, 687. — Résumé, 687. — Les Caryophyllées, 687. — Les Rutacées, 691. — Les Légumineuses, 691. — Les Rosacées, 698. — Familles voisines, 706. — Autres familles de Dicotylédones dialypétales supérovariées, 706. — Les Ombellifères, 707. — Familles voisines, 710. — Résumé de la classification des Dicotylédones dialypétales, 710.

§ 4. — Les Gamopétales, 712. — Les Dicotylédones gamopétales, 712. — Les Gamopétales supérovariées, 712. — Les Solanées, 712. — Les Personées, 716. — Famille voisine, 718. — Les Borraginées, 719. — Les Labiées, 721. — Résumé des quatre familles précédentes, 724. — Familles voisines des Solanées, 724. — Les Apocynées, 725. — Familles voisines des Labiées, 726. — Les Primulacées, 726. — Famille voisine, 730. — Gamopétales inférovariées, 730. — Les Rubiacées, 730. — Les Composées, 731. — Autres familles de Gamopétales inférovariées, 742. — Résumé de la classification des Gamopétales, 742. — Résumé de la classification végétale, 743. — Détermination des plantes, 746. — Flores et synopsis, 746. — Herborisation ; récolte des plantes, 747. — Préparation des plantes, 747. — Herbier, 748.

CHAPITRE XIX. — **Notions de géobotanique** 749

Géobotanique, 749. — Stations des diverses espèces, 749. — Facteurs qui définissent une station, 750. — Influence de l'altitude et de la latitude sur la répartition des espèces, 751. — Influence de l'humidité, 754. — Influence de la nature chimique du sol, 755. — Division des continents en flores naturelles, 755. — Ancien continent, 757. — Continent américain, 760. — Continent australien, 762. — Considérations générales, 763.

CHAPITRE XX. — **Notions de paléobotanique** 764

Les fossiles, 764. — Classification des terrains de sédiment, 765. — Flores cambrienne, silurienne et dévonienne, 766. — Flore carbonifère, 769. — La houille, 769. — Flore de la houille, 771. — Formation de la houille, 773. — Les lignites, 775. — Flore permienne, 775. — Flores secondaires, 775. — Flores tertiaires, 776. — Flores quaternaires, 778. — Résumé général, 778.

CHAPITRE XXI. — **L'espèce végétale. — Idée générale du transformisme** 779

La notion d'espèce, 779. — Les classifications, 780. — Le genre, 781. — Nomenclature binaire, 782. — Groupes de rangs supérieurs, 782. — Classification naturelle, 783. — Première idée du transformisme, 784. — Son développement, 785. — Critique de la notion d'espèce, 785. — Mécanisme de la variation, 790. — Sélection artificielle, 790. — Sélection naturelle, 791. — Influence du milieu ; adaptation, 792. — La mutation, 793. — Résumé de la doctrine transformiste, 795. — Autres arguments en faveur du transformisme, 796. — Arguments paléontologiques, 797. — Conclusion, 798.

SAINT-CLOUD. — IMPRIMERIE BELIN FRÈRES.

www.ingramcontent.com/pod-product-compliance
Lightning Source LLC
Chambersburg PA
CHW070717020526
4115CB00031B/1144